Microsoft Windows Server 2022 Essentials – Das Praxisbuch

Thomas Joos

ist selbstständiger IT-Consultant und seit 20 Jahren in der IT-Branche tätig. Er schreibt Fachbücher und berät Unternehmen im Mittelstands- und Enterprise-Bereich in den Themenfeldern Active Directory, Exchange Server und IT-Sicherheit. Durch seinen praxisorientierten und verständlichen Schreibstil sind seine Fachbücher für viele IT-Spezialisten eine wichtige Informationsquelle geworden. Seinen Blog finden Sie auf *http://thomasjoos.wordpress.com*. Neben vielen erfolgreichen Büchern schreibt er für zahlreiche IT-Publikationen wie z. B. *c't*, *iX*, *IT Administrator* und *tecchannel.de*.

Thomas Joos

Microsoft Windows Server 2022 Essentials – Das Praxisbuch

Active Directory, Dateifreigabe, VPN, Microsoft 365 und Homeoffice in kleinen und mittleren Unternehmen

Thomas Joos

Lektorat: Sandra Bollenbacher
Korrektorat: Petra Heubach-Erdmann, Düsseldorf
Satz: Gerhard Alfes, mediaService, Siegen, *www.mediaservice.tv*
Herstellung: Stefanie Weidner
Umschlaggestaltung: Michael Oréal, *www.oreal.de*
Bildnachweis: ViewApart, Stock-Fotografie-ID: 1093103622
Druck und Bindung: BELTZ Grafische Betriebe GmbH, Bad Langensalza

Bibliografische Information der Deutschen Nationalbibliothek
Die Deutsche Nationalbibliothek verzeichnet diese Publikation in der deutschen Nationalbibliografie; detaillierte bibliografische Daten sind im Internet über *http://dnb.d-nb.de* abrufbar.

ISBN:
Print 978-3-96009-175-2
PDF 978-3-96010-475-9
ePub 978-3-96010-476-6
mobi 978-3-96010-477-3

1. Auflage 2024

Wieblinger Weg 17
69123 Heidelberg

Dieses Buch erscheint in Kooperation mit O'Reilly Media, Inc. unter dem Imprint »O'REILLY«. O'REILLY ist ein Markenzeichen und eine eingetragene Marke von O'Reilly Media, Inc. und wird mit Einwilligung des Eigentümers verwendet.

Hinweis:
Dieses Buch wurde mit mineralölfreien Farben auf FSC®-zertifiziertem Papier aus nachhaltiger Waldwirtschaft gedruckt. Der Umwelt zuliebe verzichten wir zusätzlich auf die Einschweißfolie. Hergestellt in Deutschland.

Schreiben Sie uns:
Falls Sie Anregungen, Wünsche und Kommentare haben, lassen Sie es uns wissen:
kommentar@oreilly.de.

5 4 3 2 1 0

Inhaltsverzeichnis

Vorwort

In diesem Buch gehe ich darauf ein, wie Sie Windows Server 2022 Essentials/Standard in kleinen und mittleren Unternehmen mit etwa zehn bis 100 Mitarbeitern betreiben können.

Im Fokus steht dabei die schnelle Inbetriebnahme eines einzelnen Servers, der die verschiedenen Dienste im Netzwerk bereitstellt. Ich gehe bewusst nicht auf die Ausfallsicherheit im Netzwerk ein, da dazu mehrere Server notwendig sind. Hier empfehle ich das Buch »Microsoft Windows Server 2022 – Das Handbuch«. Das Buch zeigt erweiterte Möglichkeiten für Windows Server 2022, die in kleinen und mittleren Unternehmen keine Rolle spielen.

In diesem Buch zeige ich Ihnen, wie Sie auf einem Server Active Directory installieren und auch in kleinen Netzwerken einsetzen und wie Sie Daten richtig freigeben. Sie lernen Konzepte zur Datensicherung und zur Absicherung des Servers kennen, wobei ich gezielt auf Bordmittel von Windows Server 2022 eingehe und auf Tools, die Microsoft selbst kostenlos oder in der Cloud bereitstellt.

Mit diesem Buch können Sie einen Server installieren, auf dem Sie Active Directory betreiben, Daten freigeben und gemeinsam arbeiten. Dabei erfahren Sie alle wichtigen Details zu Einrichtung, Verwaltung und Betrieb.

Parallel dazu zeige ich Ihnen, wie Sie die Microsoft-Cloud einsetzen, um Ihre Daten verschlüsselt in der Cloud zu sichern, sodass Sie im Notfall jederzeit darauf zugreifen können.

Ich wünsche Ihnen viel Spaß beim Lesen und viel Erfolg bei der Umsetzung!

Ihr Thomas Joos

Bad Wimpfen, im Oktober 2023

Kapitel 1
Windows Server 2022 Essentials: Die Grundlagen

Windows Server 2022 Essentials ist die ideale Grundlage für kleine Unternehmen, um auf einem oder mehreren Servern Windows-Dienste im Netzwerk günstig zur Verfügung zu stellen. Windows Server 2022 Essentials ist kein Nachfolger des betagten Small Business Servers, sondern eine besonders günstige Lizenz von Windows Server 2022.

Im Gegensatz zu älteren Versionen handelt es sich bei Windows Server 2022 Essentials aber nicht um eine eigene Edition mit spezieller Oberfläche wie noch bis zu Windows Server 2019, sondern um eine Edition, die sich wie Windows Server 2022 Standard verhält und technisch nicht eingeschränkt ist. Es lohnt sich also für Unternehmen, sich mit dieser Edition auseinanderzusetzen, denn hier lassen sich moderne Windows-Funktionen günstig einkaufen.

Die Einschränkungen von Windows Server 2022 Essentials sind folglich nicht mehr im produktiven Betrieb zu spüren, sondern spielen nur bei der Lizenzierung eine Rolle. Unternehmen können mit Windows Server 2022 Essentials theoretisch alle Funktionen nutzen, die auch mit der Datacenter-Edition möglich sind, es gibt keinerlei technische Einschränkungen. Der Server fährt auch nicht mehr einfach herunter, wenn bei den Lizenzen etwas nicht stimmt, so wie es bei den Vorgängerversionen teilweise der Fall war.

Allerdings müssen Sie bei der Lizenzierung darauf achten, alle lizenztechnischen Einschränkungen einzuhalten. Das spielt technisch zwar keine Rolle, weil Windows Server 2022 Essentials keine Dienste abschaltet oder Benutzer trennt, bei Lizenzkontrollen kann der nicht lizenzierte Einsatz von Windows Server 2022 Essentials aber schnell teuer werden.

Windows Server 2022 Essentials führt keine technischen Prüfungen durch. Es dürfen in einem Netzwerk auch mehr Server auf Basis von Windows Server 2022 in Active Directory (AD) zum Einsatz kommen, nicht nur ein Server mit Windows Server 2022 Essentials.

Wichtig ist, dass es im AD dann nur 25 Benutzer mit maximal 50 PCs gibt, die mit den Essentials-Servern arbeiten. Essentials-Server fahren nicht mehr einfach herunter, wenn es mehrere Varianten im Netzwerk gibt.

Dadurch können Sie jederzeit mit weiteren Servern skalieren. Reicht die Hardware für die 25 Benutzer oder 50 Geräte nicht mehr aus, lagern Sie zum Beispiel Dienste auf einen weiteren Server mit Windows Server 2022 Essentials aus. Sie brauchen keine Clientzugriffslizenzen (CALs), solange die Anzahl der Benutzer nicht 25 und die Anzahl der Geräte nicht 50 überschreitet. Nutzen Sie mehr Geräte oder binden Sie mehr Benutzer an, müssen Sie den Server als Standard-Lizenz lizenzieren und brauchen in diesem Fall für ALLE Benutzer oder Geräte CALs.

1.1 Windows Server 2022 Essentials richtig lizenzieren

Ein großer Vorteil von Windows Server 2022 Essentials ist der geringe Preis für kleine Unternehmen. Dazu kommt, dass für den Server keine CALs notwendig sind. Die Software kann als OEM-Version gekauft werden. Die Preise liegen zwischen 150 und 400 Euro. Achten Sie beim Kaufen auf eine seriöse Quelle.

Nach der Installation meldet sich Windows Server 2022 Essentials als Standard-Edition im Netzwerk. Die Bezeichnung »Essentials« taucht dabei nicht mehr auf. Mit der neuen Version ist es jetzt auch möglich, im laufenden Betrieb zur Standard- oder zur Datacenter-Edition zu wechseln.

1.1.1 Besonderheiten bei Windows Server 2022 Essentials

Die drei Editionen Standard, Datacenter und Essentials unterscheiden sich zunächst vorrangig bei der Lizenzierung. Es gibt keine technischen Einschränkungen der Editionen. Einfach ausgedrückt heißt das, es ist mit Windows Server 2022 Essentials möglich, einen Cluster zu erstellen. Wichtig ist nur das Einhalten der Bedingungen, die ich in diesem Kapitel aufliste.

Alle Funktionen aus Windows Server 2022 Datacenter stehen in der Essentials-Edition ebenfalls zur Verfügung. Wenn Sie einen Server kaufen, der 48 TB RAM unterstützt, und darauf einen Cluster installieren wollen, ist das problemlos mit Windows Server 2022 Essentials möglich.

Nach der Installation von Windows Server 2022 Essentials taucht das Betriebssystem als Standard-Edition im Netzwerk auf. Windows Server 2022 Essentials ist sozusagen nur eine Lizenz für die Standard-Edition. Dabei stehen alle Funktionen der Standard-Edition zur Verfügung. Das ist neu an Windows Server 2022: Wenn die Lizenzbedingungen, die Microsoft bei Essentials stellt, nicht mehr erfüllt werden können, können Kunden im laufenden Betrieb zur Standard- oder Datacenter-Edition wechseln. Windows Server 2022 Essentials ist damit für Unternehmen aller Größenordnungen ein wichtiges Instrument bei der Migration zur neuen Version. Technisch gibt es keine Einschränkungen, lediglich lizenzrechtlich.

Alles, was Sie also brauchen, sind eine Lizenz, ein Produktschlüssel und die entsprechenden CALs ab den Editionen »Standard« und »Datacenter«. Für Essentials brauchen Sie keine CALs. Ohne technische Maßnahmen lässt sich ein Server mit Windows Server 2022 Essentials ohne Neuinstallation zur Standard-Edition hochstufen. Von dort kann wiederum zur Datacenter-Edition gewechselt werden, ebenfalls ohne erneute Installation. Alles, was Sie dazu benötigen, ist neben einer neuen Lizenz mit Produktschlüssel das Tool dism.exe, das zu den Bordmitteln von Windows gehört.

Überschreiten Sie von Windows Server 2022 Essentials die Lizenzgrenze, müssen Sie nur die nötigen CALs neu erwerben, um auf die Standard-Edition zu wechseln. Die 25 Lizenzen von Essentials können Sie nicht zur Standard-Lizenz übernehmen, sondern müssen diese neu erwerben.

Windows Server 2022 Essentials gibt es nur als OEM-Version. Allerdings können deutsche Kunden problemlos OEM-Lizenzen auch ohne Hardware erwerben. Die Lizenz ist mit etwa 250 Euro relativ günstig.

Dabei zählt der Server die aktiven Zugriffe. Ist die Grenze überschritten, sperrt er den Zugriff nicht, aber die Kunden müssen in diesem Fall mindestens auf die Standard-Edition wechseln und CALs erwerben.

Windows Server 2022 Essentials kann auch als Host für Remote-Desktop-Sitzungen eingesetzt werden. In diesem Fall müssen Unternehmen aber für die Benutzer RDS-CALs kaufen, andere Lizenzen sind nicht notwendig.

1.1.2 Windows Server 2022 Standard versus Essentials

Als Alternative zu Windows Server 2022 Essentials kann auf Windows Server 2022 Standard gesetzt werden. Nach der Installation meldet sich Windows Server 2022 Essentials im Netzwerk als Standard-Edition, der Name »Essentials« taucht an keiner Stelle auf. Die Funktionen entsprechen auch der Standard-Edition. Allerdings gibt es Unterschiede bei der Lizenzierung. Während Sie bei Windows Server 2022 Essentials auf CALs verzichten können, müssen Sie beim Einsatz von Windows Server 2022 Standard für jeden Benutzer CALs erwerben.

Sobald Sie aber von Essentials zur Standard-Edition wechseln, müssen Sie auch daran denken, CALs zu kaufen. Nach der Aktualisierung von Essentials zu Standard können die 25 kostenlosen Zugriffslizenzen nicht für 50 Geräte genutzt werden. Windows Server 2022 Standard benötigt eigene CALs. Technisch sind aber keinerlei Maßnahmen notwendig, denn auf dieser Ebene entspricht Windows Server 2022 Essentials einer Standard-Installation mit der Essentials-Lizenz.

1.1.3 Lizenzeinschränkungen von Windows Server 2022 Essentials

Windows Server 2022 Essentials wird meistens als OEM-Lizenz zusammen mit passender Hardware gekauft. Das ist auch sinnvoll, da dadurch die maximale Leistung der Edition genutzt werden kann.

Der Server, auf dem Windows Server 2022 Essentials installiert werden kann, darf maximal über eine einzelne CPU mit maximal zehn CPU-Kernen verfügen. Hat der Server mehr Kerne, spielt das technisch keine Rolle, allerdings setzen Sie in diesem Fall den Server unlizenziert ein, was bei Lizenzkontrollen oder Supportanfragen schnell zu einem Problem führen kann. Auf der anderen Seite ist es sinnvoll, die maximale Kapazität auszuschöpfen und einen Server zu wählen, der über eine CPU mit zehn Kernen verfügt. Der Einsatz von zwei oder mehr CPUs ist technisch möglich, aber lizenztechnisch nicht erlaubt.

Beim Arbeitsspeicher gibt es in Windows Server 2022 Essentials keine Einschränkungen. Die Edition unterstützt zum Beispiel auch 48 TB Arbeitsspeicher, genauso wie Windows Server 2022 Datacenter. Es ist beim Erwerb eines Servers für Windows Server 2022 Essentials sehr sinnvoll, möglichst viel Arbeitsspeicher zu installieren und die maximale Anzahl von zehn CPU-Kernen mit einer einzelnen CPU voll auszuschöpfen.

Mit dem Server dürfen sich maximal 25 Benutzer verbinden und dabei maximal 50 Geräte nutzen. Verbinden sich mehr Benutzer mit mehr Geräten, ist das technisch kein Problem, allerdings besteht hier wieder das Problem, dass die Umgebung in diesem Fall nicht lizenziert ist. Bei Lizenzkontrollen oder Supportanfragen müssen Sie in diesem Fall eine Windows Server 2022 Standard-Lizenz kaufen sowie CALs für alle Benutzer oder Geräte. Dabei sind die ersten 25 CALs nicht kostenlos dabei, sondern Sie müssen für alle Benutzer CALs kaufen.

Wenn der Server als Hyper-V-Host zum Einsatz kommt, darf auf dem Host nur noch eine VM installiert werden. Es gibt aber sicher viele Einsatzszenarien, bei denen der Betrieb einer VM auf einem Host sinnvoll ist. Das muss im Einzelfall natürlich geplant werden. Da es mit Windows Server 2022 keinen Hyper-V-Server mehr gibt, stellt die Essentials-Lizenz die günstigste Art der Virtualisierung dar, allerdings nur für eine einzelne VM.

1.1.4 Clientzugriffslizenzen beachten

Für die Editionen Standard und Datacenter benötigen Sie Clientzugriffslizenzen (CALs). Wenn Sie daher mehr als 25 Benutzer oder 50 Geräte an Windows Server 2022 Essentials anbinden, müssen Sie zur Standard-Lizenz wechseln und alle Benutzer lizenzieren, auch die 25 Benutzer, die bisher über die Essentials-Lizenz abgedeckt waren.

Auch in Windows Server 2022 können Sie die CALs benutzerbasiert oder pro Gerät erwerben, dürfen diese aber nicht aufsplitten. In den meisten Fällen ist die Lizenzierung pro Benutzer besser geeignet, da diese auch die verschiedenen Geräte der Benutzer abdeckt. Neben PCs und Notebooks kann es sich dabei um Smartphones, Tablets und Computer im Homeoffice handeln. Ein einziger Benutzer kann dadurch schnell mehr als fünf Gerätelizenzen verbrauchen, sodass eine Benutzerlizenz in diesem Fall besser geeignet ist.

Clientzugrifflizenzen (CALs) und Remotedesktop-Clientzugrifflizenzen (RDCALs) sowie Lizenzen für die Active Directory-Rechteverwaltung (ADRMS) sind auch in Windows Server 2022 weiterhin notwendig. Hier gibt es ebenfalls Gerätelizenzen oder Benutzerlizenzen für den Zugriff. Sie müssen bereits bei der Bestellung Ihrer Lizenzen im Voraus planen, welchen Lizenztyp Sie einsetzen wollen.

Wenn Sie Anwender per RDP an Windows Server 2022 Essentials anbinden möchten, müssen Sie RDS-Lizenzen erwerben. Die 25 Zugriffslizenzen gelten nur für den herkömmlichen Zugriff auf den Server, sie gelten nicht für RDP-Zugriffe.

Sie können die verschiedenen Lizenzen miteinander mischen. Es ist jedoch nicht erlaubt, die einzeln erhältlichen Lizenzpakete in Geräte- und Benutzerlizenzen aufzusplitten. Sie dürfen also ein 5er-Paket Gerätelizenzen und ein 5er-Paket Benutzerlizenzen für einen Server kaufen und lizenzieren. Es ist aber nicht erlaubt, diese Pakete aufzusplitten und zum Beispiel als 2er-Gerätelizenz und 8er-Benutzerlizenz zu verwenden. Auch ist es nicht zulässig, mit CALs von Vorgängerversionen auf Server mit Windows Server 2022 zuzugreifen.

Geräte-CALs und Benutzer-CALs

Wenn Sie mit Geräte-CALs lizenzieren, müssen Sie für jeden PC, der auf diesen Server zugreift, eine Lizenz kaufen, unabhängig davon, wie viele Benutzer an diesem PC arbeiten. Wenn Sie PCs betreiben, an denen zu unterschiedlichen Zeiten unterschiedliche Benutzer arbeiten, zum Beispiel im Schichtbetrieb, benötigen Sie für diese PCs nur jeweils eine Geräte-CAL. Im umgekehrten Fall, wenn also ein Benutzer mit mehreren Geräten auf den Server zugreift, benötigen Sie für ihn mehrere Geräte-CALs, da er mit mehreren PCs auf den Server zugreift (siehe Abbildung 1.1). Alternativ können Sie auch eine Benutzer-CAL kaufen.

CALs sind bei Microsoft an die Version gebunden. Sie dürfen CALs für Windows Server 2019 nicht mit Windows Server 2022 nutzen. Allerdings ist es erlaubt, mit CALs für Windows Server 2022 auf Server mit Windows Server 2019 zuzugreifen. Sie sollten daher möglichst immer die aktuellsten CALs einsetzen, wenn Sie von Windows Server 2022 Essentials neu lizenzieren müssen, um zur Standard-Edition zu wechseln.

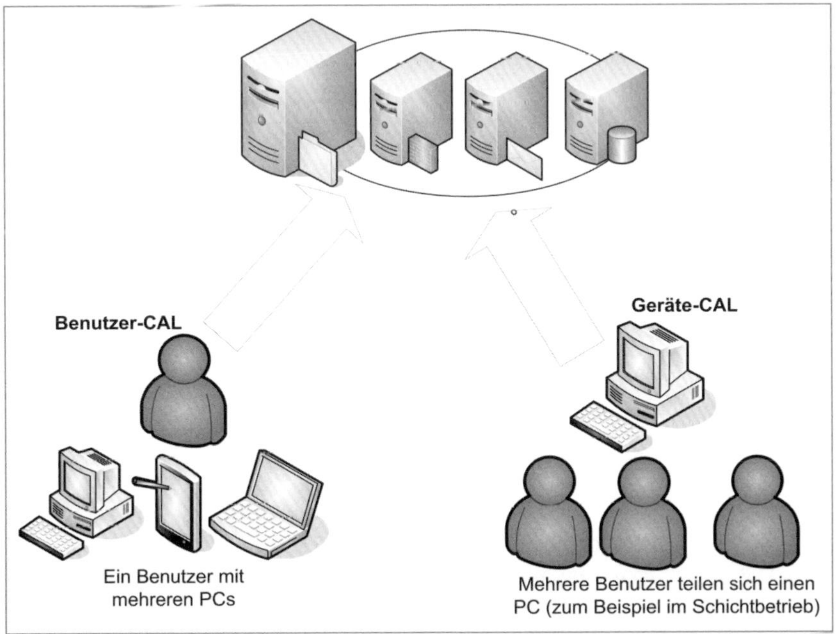

Abb. 1.1 Windows Server 2022 lässt sich weiterhin mit Benutzer-CALs und Geräte-CALs lizenzieren. Für Windows Server 2022 Essentials ist das erst ab 25 Benutzern und 50 Geräten notwendig.

Jeder Benutzer mit einer Benutzer-CAL kann an beliebig vielen Geräten eine Verbindung mit einem Server aufbauen. Die CALs müssen eindeutig zugewiesen sein. Sie können daher nicht nur so viele CALs kaufen, wie gleichzeitig Benutzer arbeiten, sondern müssen die Gesamtzahl Ihrer Arbeitsstationen, Smartphones und sonstiger Geräte lizenzieren, wenn Sie Gerätelizenzen kaufen.

Bei Benutzerlizenzen müssen diese genau der Anzahl der Benutzer zugewiesen werden, die insgesamt mit dem Server arbeiten. Es ist nicht erlaubt, auf einem Server Lizenzen von Standard und Datacenter zu mischen. Sie dürfen eine Lizenz auch nicht auf mehrere Server aufsplitten.

In Ihrem Unternehmen sind beispielsweise 100 Mitarbeiter beschäftigt, von denen jedoch lediglich 63 mit PCs am Server arbeiten. Wenn Sie Geräte-CALs kaufen, wird jede gekaufte Lizenz einem bestimmten PC zugeordnet. Mit diesen PCs können sich jetzt beliebig viele Mitarbeiter mit Servern verbinden, wenn diese sich zum Beispiel PCs im Schichtbetrieb teilen. Wenn neue PCs hinzukommen, müssen Sie für diese PCs weitere Gerätelizenzen kaufen.

Im nächsten Beispiel gehen wir von einer IT-Firma aus, in der 40 Mitarbeiter beschäftigt sind. Von diesen 40 Mitarbeitern arbeiten 25 mit der Windows-Domäne. Jeder dieser Mitarbeiter hat einen PC und ein Notebook, mit denen er am Server arbeitet. Obwohl in diesem Unternehmen nur 40 Mitarbeiter beschäftigt sind, verbinden sich 50 PCs mit dem Server. Es müssen in diesem Beispiel daher 50 Gerätelizenzen erworben werden. Wenn das Unternehmen seine Lizenzen jedoch als Benutzerlizenz erwirbt, werden lediglich 25 Lizenzen benötigt, da nur 25 Benutzer mit Server arbeiten.

Damit Unternehmen Investitionen im eigenen Rechenzentrum, aber auch bei den Arbeitsplätzen sparen, gibt es zahlreiche Ansätze. Der Einsatz von runderneuerten Leasing-Rückläufern (refurbished) und von gebrauchter Software ist dabei mehr als sinnvoll, da die Leistung der Geräte und Software hoch ist, und die Komponenten erneuert und überprüft wurden.

1.2 Gebrauchte Server und Software günstig kaufen – auch als OEM

Bei gebrauchten Servern handelt es sich nicht um alte, defekte und verschmutzte Hardware ohne Garantie. Diesen Irrglauben haben noch immer viele Verantwortliche für den Einkauf von Hard- und Software in Unternehmen. Leasing-Rückläufer von großen und kleinen Unternehmen werden beim Hersteller neu aufbereitet, Verbrauchsteile ersetzt und die komplette Hardware geprüft. Die Hardware entspricht unter Umständen nicht mehr dem Highend-Stand der aktuellen Technik, ist aber in vielen Fällen noch immer schneller als neue, sehr günstige Hardware, die zum gleichen Preis gekauft wird. Nahezu alle großen Serverproduzenten bieten gebrauchte Hardware an, zum Beispiel auch HPE oder Dell. Ältere High-End-Server können durchaus mehr Leistung bieten als aktuelle Low-End- oder Standard-Hardware.

Refurbished-Geräte sind in den meisten Fällen Leasing-Rückläufer, Testgeräte oder Ausstellungsstücke. Die Geräte waren bei Kunden bereits ein bis drei Jahre im Einsatz. Das ist übrigens auch kein Nachteil, sondern zeigt, dass die Hardware gut funktioniert. Das ist auch bei neuer Hardware nicht immer der Fall. Hier kann es jederzeit passieren, dass Komponenten nach kurzer Zeit kaputt gehen. Bei gebrauchten Geräten ist sicher, dass die Hardware keine Kinderkrankheiten hat. Dazu kommt, dass Refurbished-Geräte von den Herstellern einer umfassenden Prüfung unterzogen werden. Dabei findet auch eine Generalüberholung statt und der Verkäufer gibt auch wieder eine neue Garantie.

Neben den preislichen Vorteilen bieten Refurbished-Geräte auch große Vorteile beim Klima- und Umweltschutz. Durch den Einsatz gebrauchter Geräte vermeiden Unternehmen Elektro-Abfälle. Dazu kommen die eingesparten Ressourcen, da keine neue Hardware produziert werden muss, deren Leistung überhaupt nicht notwendig ist.

Unternehmen handeln beim Kaufen von Refurbished-Hardware also umwelt- und klimabewusst. Gleichzeitig werden hohe Kosten eingespart, und das bei der gleichen oder sogar besseren Leistung der Geräte.

Im Internet finden sich haufenweise Händler, die gebrauchte Server anbieten. Die Händler können die Server natürlich auch aufrüsten, erweitern und so anpassen, dass sie dem Kundenwunsch entsprechen. Auch hier stehen gebrauchte Geräte den neuen Servern in nichts nach. Es gibt vielleicht ein paar weniger Optionen zum Konfigurieren des Servers, das lässt sich aber leicht ausgleichen, indem die Hardware einfach entsprechend ausgestattet wird.

Natürlich kann auch die gebrauchte Hardware mit aktueller Software betrieben werden, und das Aktualisieren von BIOS und Firmware stellt genauso wenig ein Problem dar wie bei neuer Hardware und Software. Auch auf gebrauchter Hardware können moderne Anwendungen und Betriebssysteme wie Windows Server 2022 problemlos installiert werden. Wichtig ist in diesem Fall, dass die Hardware für Windows Server 2022 zertifiziert ist und entsprechende Treiber vorliegen. Das lässt sich vor dem Kauf aber ohne Probleme herausfinden. Sie erfragen das beim Hersteller oder lassen sich eine Liste der verbauten Komponenten geben. Wichtig sind in diesem Bereich vor allem Speichercontroller, Netzwerkadapter, Systemkomponenten und Grafikkarte. Die Belohnung dafür ist, eine moderne Infrastruktur mit geringeren Kosten zu erhalten.

1.2.1 Auch gebrauchte Lizenzen können bares Geld sparen

In den meisten Fällen ist bei den gebrauchten Servern, genauso wie bei neuen Servern, keine Software dabei, auch keine Betriebssystemlizenzen. Nicht nur bei reburbished Hardware, sondern auch bei neuer Hardware kann es sinnvoll sein, gebrauchte Softwarelizenzen zu kaufen. Diese sind in keiner Weise eingeschränkt und ermöglichen die gleichen technologischen Einsatzgebiete, inklusive Support, wie andere Lizenzen auch. Seit 2012 hat der EuGH bestätigt, dass Verkauf und Kauf von gebrauchter Software legal sind. Beim Verkauf der Software spielt es keinerlei Rolle, wie der Verkäufer diese erworben hat. Wichtig ist natürlich, dass der Kauf legal war.

Aktuell stellen viele Unternehmen ihre Lizenzen auf Abo-Modelle um. Diese Unternehmen haben im Rahmen der Software Assurance von Microsoft noch zahlreiche Lizenzen zur Verfügung, die sie verkaufen dürfen. Beim Kauf von gebrauchter Software können Unternehmen und Organisationen schnell Tausende Euros sparen. Wichtig ist dabei, dass auf legale Software und seriöse Anbieter geachtet wird. Als Käufer muss sichergestellt sein, dass die legale Herkunft und Auditierbarkeit der Software gegeben ist.

1.2.2 Soft & Cloud: Gebrauchte Software aus der EU mit TÜV-Zertifizierung

Einer der bekanntesten Anbieter für gebrauchte Software ist Soft & Cloud (*https://www.softandcloud.com*). Das Interessante an diesem Händler ist, dass er durch den TÜV zertifiziert und damit nachweislich legal ist. Im Rahmen der Prüfung müssen Händler nachweisen, dass die Nutzungsrechte der Software gegeben sind und der Kauf legal ist. Einkauf, Verkauf und Bestandsprüfung werden durch den TÜV geprüft. Außerdem müssen die gebrauchten Lizenzen aus der EU gekauft sein und zeitlich unbegrenzt eingesetzt werden dürfen.

Das Unternehmen verkauft seit 2014 gebrauchte Lizenzen. Beim Kauf von gebrauchter Software ist es auch wichtig, dass Käufer Upgrade-Rechte zu neuen Versionen mit erwerben und dadurch die Lizenzen auch jederzeit aktualisieren dürfen. Bei vielen Lizenzen werden beim Kauf auch verschiedene Support- und Wartungsvorteile mit gekauft. Das hängt natürlich von Art und Umfang der gekauften Lizenz ab.

Mit gebrauchter (refurbished) Hardware können Unternehmen Server namhafter Hersteller inklusive Garantie und der Möglichkeit zum Aufrüsten kaufen. Dazu kommen die Möglichkeiten der individuellen Konfiguration. Hier lassen sich enorme Summen sparen, die bis zu 80% und mehr gegenüber dem Kauf neuer Hardware betragen können. Das gilt auch bei gebrauchter Software. Nach Berechnungen des Unternehmens Soft & Cloud lassen sich bis zu 70% Kosten einsparen, wenn Unternehmen und Organisationen auf gebrauchte Software setzen. Wichtig ist dabei der legale Kauf bei seriösen Händlern.

1.2.3 OEM-Lizenzierung für Windows Server verstehen und Geld sparen

Mit der richtigen Lizenzierung ersparen sich Unternehmen zum Teil hohe Kosten und vermeiden gleichzeitig Strafzahlungen für nicht korrekt gekaufte und zugeordnete Lizenzen. Illegale Lizenzen sollten Sie natürlich ohnehin vermeiden. Ich zeige Ihnen in diesem Abschnitt, worauf Verantwortliche dabei achten sollten.

Wichtig ist zunächst zu wissen, dass Sie für jeden Windows-Computer eine (legale) Lizenz für das Betriebssystem benötigen. Lesen Sie dazu gerne meine Beiträge »Microsoft-Lizenzen optimieren und bares Geld sparen« auf *https://www.ip-insider.de/microsoft-lizenzen-optimieren-und-bares-geld-sparen-a-1107502* über die Lizenzierung von Microsoft-Produkten sowie »KMU-Edition mit vollem Funktionsumfang: Windows Server 2022 Essentials« auf *https://www.ip-insider.de/windows-server-2022-essentials-a-1091101*, in dem ich beschreibe, was bei der Lizenzierung der kleinsten Windows Server 2022-Version zu beachten ist.

Alle physischen CPU-Kerne müssen lizenziert werden, aber mindestens 16

Bei der Lizenzierung von Windows Server 2022 muss darauf geachtet werden, dass mindestens 16 CPU-Kerne lizenziert werden müssen, auch wenn die Hardware über weniger Kerne verfügt. Eine OEM-Basislizenz muss daher mindestens die 16 Kerne umfassen. Wenn ein Server über mehr als 16 CPU-Kerne verfügt, dann müssen für diesen Server auch mehrere Lizenzen von Windows Server 2022 in der jeweiligen Edition erworben werden. Microsoft bietet dazu Basis-Lizenzen an, die 16 CPU-Kerne abdecken. Hat ein Server 32 CPU-Kerne, reichen eine Basis-Lizenz und zwei Additional-Core-Lizenzen mit je acht CPU-Kernen. Alternativ ist es auch möglich, zwei Basis-Lizenzen zu erwerben. Bei Windows Server 2022 Essentials läuft die Lizenzierung anders ab, wie ich in diesem Kapitel bereits erwähnt habe. Wollen Sie jedoch weitere Server betreiben, etwa auf Basis von Windows Server 2022 Standard, müssen Sie die Core-Lizenzierung beachten. Sie können aber auch mehrere Server mit Windows Server 2022 Essentials installieren und erhalten die gleichen Funktionen.

Um günstig zu lizenzieren, sollten sich Verantwortliche damit auseinandersetzen, wie ein Unternehmen günstig zu legalen Lizenzen kommt. Hier bietet Microsoft verschiedene Verträge an und mit Software Assurance auch die Möglichkeit, immer die aktuellsten Versionen der eingesetzten Produkte im Rahmen des Lizenzvertrags einzusetzen. Parallel dazu können mit OEM-Lizenzen einige Kosten gespart werden.

1.2.4 Direct OEM, Reseller Option Kit und Channel OEM für System Builder

Wer OEM-Lizenzen einkauft, sollte sich umfassend damit beschäftigen, welcher Art die Lizenzen sind. Generell gibt es für Microsoft drei verschiedene OEM-Varianten. Diese sind Direct OEM (DOEM), Reseller Option Kit (ROK) und Channel OEM (COEM) für System Builder. Diese Lizenzen haben alle keinerlei technische Einschränkungen für Windows Server und bietet identische Nutzungsrechte.

Wer OEM-Lizenzen kauft, kann innerhalb von 90 Tagen nach dem Kauf einen Software Assurance-Vertrag mit Microsoft abschließen. Nehmen Sie dazu Kontakt mit einem Lizenzhändler oder mit Microsoft auf.

DOEM kommt oft bei Arbeitsstationen zum Einsatz, da hier das Betriebssystem meistens bereits vorinstalliert ist und mitgeliefert wird. Daher gehört DOEM zu den am meisten verbreiteten Lizenzformen. Es gibt aber auch DOEM-Lizenzen, die nicht vorinstalliert sind. Das Reseller Option Kit ist eine flexible Lizenz, die zum Kauf von Servern dazugebucht werden kann, um Windows Server zu lizenzieren. Mit Channel OEM (System Builder) können Unternehmen ihre Server lizenzieren, die sie selbst gebaut haben. Bevor Sie sich für eine dieser OEM-Lizenzen entscheiden, informieren Sie sich beim Verkäufer darüber, was genau die Lizenz abdeckt. Wichtig sind hier vor allem die von der Lizenz abgedeckten CPU-Kerne, da Windows Server 2022 nach CPU-Kernen lizenziert wird. Natürlich spielt auch die Edition von Windows Server eine Rolle.

Achtung bei BIOS-Lock OEM-Medien

Wenn ein OEM-Medium ein BIOS-Lock mitbringt, ist es damit nur möglich, bestimmte Hardware zu installieren. Das spielt bei der Lizenzierung aber keine Rolle. Durch die OEM-Lizenz ist es erlaubt, auch jedes andere Installationsmedium zu verwenden, da die Lizenz nicht damit verbunden ist. Das liegt daran, dass BIOS-Lock kein Bestandteil der Lizenzbedingungen von Microsoft ist. Der Produktschlüssel eines OEM-Installationsmediums mit BIOS-Lock lässt sich unproblematisch mit anderen Installationsmedien nutzen. Das ist auch erlaubt! Generell haben Channel OEMs nie ein BIOS-Lock. Die Entfernung des BIOS-Locks ist nicht erlaubt.

Software Assurance/Open Value macht aus OEM-Lizenzen Volumenlizenzen

Sie können auch Volumenlizenzen einsetzen, um zahlreiche Server zentral zu lizenzieren und mit einem eigenen Serverdienst zu aktivieren. Dazu kommt Multiple Activation Keys (MAK) zum Einsatz. Hier können Unternehmen mit einem Produktschlüssel eine bestimmte Anzahl an Servern installieren und betreiben. OEM-Lizenzen sind Einzellizenzen und erhalten eigene Produktschlüssel. Die Installationen müssen einzeln aktiviert werden, es gibt keinen zentralen Dienst dafür. Durch das Abschließen einer Software Assurance über Open Value lassen sich OEM-Lizenzen dauerhaft zu Volumenlizenzen umwandeln. Dadurch erhalten Kunden Zugriff auf das Volume Licensing Service Center (VLSC) und alle Vorteile der Software Assurance.

Lizenzportale nutzen: Besondere Bedingungen für Deutschland beachten

Microsoft bietet auf seiner Internetseite ein Portal, über das die jeweiligen Lizenzbestimmungen der einzelnen Produkte abgerufen werden können (*https://www.microsoft.com/de-de/useterms*). Darüber hinaus ist in diesem Bereich auch die Lizenzierungswebseite (*https://www.microsoft.com/de-de/licensing*) von Microsoft eine wichtige Informationsquelle für die einzelnen Produkte.

Um die genauen Bedingungen für OEM-Lizenzen zu lesen, verwenden Sie bei »Wie wird die Software erworben?« die Option »Vom Computerhersteller auf dem Computer vorinstalliert?«. Diese Auswahl beschreibt die OEM-Lizenzen. Bei »Version« wählen Sie das Produkt aus. Wichtig ist bei »Sprache« die Auswahl »German-in-Country«. Nach der Auswahl der Option lassen sich die Lizenzbedingungen anzeigen.

1.2.5 Spezielle Lizenzbedingungen in Deutschland nutzen: Gebrauchte OEM-Lizenzen kaufen

Für Deutschland gibt es spezielle Lizenzbedingungen. So sind zum Beispiel OEM-Lizenzen nicht fest an die Hardware gebunden. Das erlaubt in Deutschland, sie ohne Hardware zu verkaufen und zu bestehender Hardware hinzuzufügen. OEM-Lizenzen sind in Deutschland daher sehr flexibel und lassen sich mit Hardware verbinden oder von Hardware trennen. Sie können Benutzer-CALs mit jeder beliebigen OEM-Lizenz kombinieren. Herkömmliche CALs und RDCALs können uneingeschränkt auf alle OEM-Lizenzen zugreifen.

OEM-Lizenzen für Windows Server haben uneingeschränktes Downgrade-Recht und bieten VM-Portabilität. Es ist möglich, dass OEM-lizenzierte Windows-Server als VM auf verschiedenen Hosts betrieben werden. Das Verschieben ist unlimitiert möglich. Mit einer OEM-Lizenz für Windows Server 2022 dürfen Sie daher auch Windows Server 2016/2019 installieren sowie Windows Server 2012/2012 R2. Dazu ist aber ein Installationsmedium der vorhergehenden Version notwendig und ein Produkt-Schlüssel dieser Lizenz, der die Aktivierung erlaubt. Die Aktivierung ist zwingend vorgeschrieben. Ohne eine erfolgreiche Aktivierung dürfen und können Sie auf Dauer einen Windows-Server nicht betreiben. Nicht aktivierte Server fahren regelmäßig automatisch herunter.

Wenn das nicht vorliegt, bieten Microsoft und Serverhersteller günstige Downgrade-Kits an. Diese enthalten Installationsmedien und Produktschlüssel. Es ist erlaubt, das Downgrade-Kit des Serverherstellers A für die Installation eines Servers von Serverhersteller B zu nutzen.

Es ist auch erlaubt, einen Schlüssel und ein Installationsmedium zu verwenden, das für einen anderen Server im Einsatz ist. Der Produktschlüssel und das Installationsmedium stellen nicht die Lizenz dar, sondern die OEM-Lizenz mit Windows Server 2022. Produktschlüssel und Installationsmedium dürfen auch ausgeliehen werden, da die Lizenzierung auch hier über die OEM-Lizenz erfolgt.

1.3 Windows Server 2022 Essentials installieren und einrichten

Die Installation von Windows Server 2022 Essentials entspricht der Installation von Windows Server 2022 Standard. Hier gibt es keinerlei Unterschiede bei Installation und Einrichtung. Es gibt auch seit einigen Generationen keine eigenen Verwaltungswerkzeuge mehr für Windows Server 2022 Essentials und genauso wenig ein eigenes Dashboard oder spezielle Zusatzwerkzeuge. Daher lässt sich die Essentials-Rolle auch nicht mehr auf Servern mit Windows Server 2022 Standard oder Datacenter installieren. Wie Sie Windows Server 2022 Essentials installieren, zeige ich Ihnen Schritt für Schritt in Kapitel 2.

1.4 Microsoft 365: Welches Abonnement ist am besten für Sie geeignet?

Wollen Unternehmen auf Microsoft-Produkte setzen, also zum Beispiel Microsoft Office und parallel auf Serverdienste wie Exchange, SharePoint oder Teams, kann es sinnvoll sein, zusätzlich Microsoft 365 zu verwenden.

Generell buchen Anwender Microsoft 365 auf Basis von zwei verschiedenen Varianten: Wenn ein Office-Paket mit Word, Excel und PowerPoint notwendig ist, stellt Microsoft verschiedene Abonnements zur Verfügung. Ich zeige Ihnen in Kapitel 10, wie Sie die Installation von Office automatisieren. Damit können Sie auch die Office-Apps automatisieren und absichern, die Microsoft über ein Microsoft 365-Abonnement zur Verfügung stellt. Die zweite Variante für Microsoft 365-Abonnements besteht aus dem Zugriff auf eigene Microsoft Teams-Konferenzen, ein Postfach bei Exchange Online, Cloudspeicher auf Basis von OneDrive for Business / SharePoint Online und weitere Dienste, die Microsoft als Software-as-a-Service anbietet. Natürlich gibt es auch Kombinationen dieser beiden Varianten und es gibt verschiedene Ausstattungen.

Wer nur ein E-Mail-Postfach mit Zugriff auf Outlook Web App, Cloudspeicher bei OneDrive und auf die kostenlosen Onlineversionen von Word, Excel oder PowerPoint braucht, kann einfach ein kostenloses Microsoft-Konto erstellen. Das Schreiben von Texten, das Erstellen von Tabellen oder auch das Nutzen von PowerPoint-Präsentationen kann mit einem kostenlosen Konto erledigt werden. Die Speicherung der Dokumente muss allerdings in OneDrive erfolgen, wofür beim Microsoft-Konto ein kostenloses Kontingent vorhanden ist.

1.4.1 Microsoft 365 mit Word, Excel und PowerPoint

Wer privat oder in kleinen Unternehmen ein Office-Programm braucht, kann Microsoft 365 in den Editionen »Microsoft 365 Family« für 99 Euro/Jahr (oder zehn Euro pro Monat) oder »Microsoft 365 Single« für 69 Euro/Jahr (oder sieben Euro/Monat) buchen. Microsoft 365 Family eignet sich vor allem für Familien mit bis zu sechs Personen und bis zu jeweils fünf Geräten. Damit können auf allen Geräten Word, Excel und PowerPoint in der aktuellsten Version genutzt werden. Die Office-Anwendungen in Microsoft 365 entsprechen dabei der aktuellen Version Microsoft Office 2021. Ebenfalls dabei sind 6 TB Cloudspeicher, 1 TB für jeden Teilnehmer. Wenn in einer Familie mehrere Personen auf bis zu fünf PCs mit Microsoft Office arbeiten, kann sich ein Abonnement durchaus lohnen.

Microsoft 365 Single ist nur für eine Person gedacht, die aber ebenfalls bis zu fünf Geräte einsetzen darf. Auch hier sind alle oben genannten Office-Produkte dabei plus 1 TB Speicherplatz in OneDrive (nicht OneDrive for Business). Als Alternative können Sie aber an dieser Stelle auch einfach Office Home & Business 2021 kaufen. Hier ist kein Cloudspeicher dabei, dafür aber ebenfalls Word, Excel, PowerPoint und Outlook in den aktuellen Versionen.

Die Lizenz dürfen Sie auf einem PC installieren. Im Internet sind Lizenzen um die 200 Euro zu finden, OEM-Lizenzen ohne Support kosten sogar nur um die 100 Euro. In vielen Fällen ist ein Einmalkauf günstiger, als sich von einem Abonnement abhängig zu machen. Und selbst wenn irgendwann der Nachfolger von Office 2021 auf den Markt kommt, benötigen die meisten Anwender die neuen Funktionen überhaupt nicht.

Die Lizenz ist unbegrenzt und Office 2021 erhält noch bis 13.10.2026 Sicherheitsupdates. Studenten und Privatanwender können auch auf Office Home & Student 2021 setzen. Hier sind ebenfalls Word, Excel, PowerPoint dabei, aber nicht die installierbare Version von Outlook. Dafür ist diese Version sehr viel günstiger zu bekommen, teilweise deutlich unter 100 Euro. Dabei handelt es sich um eine Einmalzahlung für eine Lizenz, die ein Leben lang gültig ist und bis 13.10.2026 Support und damit Updates erhält.

1.4.2 Unterschied zwischen Microsoft 365 und Microsoft Office 2021

Neben dem Cloudspeicher ist in Microsoft 365 in den Editionen »Single« und »Family« die jeweils aktuelle Microsoft Office-Version, aktuell also Office 2021, enthalten. Veröffentlicht Microsoft eine neue Office-Version, dann wird diese in Microsoft 365 integriert. Es ist aber auch möglich, ältere Versionen zu installieren.

Im Laufe des Lebenszyklus von Office-Programmen entwickelt Microsoft ständig Neuerungen. In vielen Fällen integriert Microsoft diese Neuerungen nur in Microsoft 365 und stellt sie nicht für Office 2021-Installationen zur Verfügung. Beispiel dafür sind verschiedene Funktionen in Excel und Word oder neue Preview-Funktionen und Oberflächen. Die meisten Anwender benötigen diese Funktionen nicht, daher spielt das oft keine große Rolle.

1.4.3 Microsoft 365 für Profis und Unternehmen: E-Mail-Postfach, SharePoint, Teams und OneDrive

Zusätzlich zu den Family- und Single-Editionen von Microsoft 365 bietet Microsoft Business-Varianten an. Diese sind auch für kleine und mittlere Unternehmen (KMU) sehr sinnvoll, da sie den Betrieb weiterer Server ersparen. Hier sind neben Word, Excel und PowerPoint noch andere Dienste wie Exchange Online, SharePoint, Teams und OneDrive for Business enthalten.

Für Freiberufler ist Microsoft 365 Business Basic interessant. Für fünf, zehn Euro/Monat und Benutzer erhalten Anwender Zugriff auf ein Postfach bei Exchange Online, inklusive der Domäne *<Name>.onmicrosoft.com*. Natürlich ist es jederzeit möglich, weitere Domänen anzubinden. Ebenfalls dabei ist 1 TB Speicherplatz in OneDrive for Business und Zugang zu SharePoint Online und Microsoft Teams für das Erstellen von eigenen Konferenzen. In dem Abonnement sind zwar keine installierbaren Versionen von Microsoft Office enthalten, die Benutzer können aber auf die Online-Versionen von Word, Excel und PowerPoint zugreifen.

1.4.4 Microsoft Office für Unternehmen ohne Postfach, SharePoint und Teams

Wenn im Unternehmen die Desktopversionen von Microsoft Office über Microsoft 365 gebucht werden sollen, ist Microsoft 365 Apps for Business für 8,80 Euro/Monat und Benutzer das passende Abonnement. Mit dabei sind Word, Excel, PowerPoint, Outlook, Access und Publisher. Außerdem bekommt jeder Benutzer 1 TB Speicherplatz. Allerdings stellt sich hier auch die Frage der Sinnhaftigkeit. Der Preis für dieses Abonnement liegt bei über 100 Euro pro Jahr.

Als Alternative können Sie aber auch einfach Office Home & Business 2021 kaufen. Hier ist kein Cloudspeicher dabei, dafür aber ebenfalls Word, Excel, PowerPoint und Outlook in den aktuellen Versionen. Es fehlen allerdings Access und Publisher. In Microsoft Office 2021 Standard ist Publisher noch dabei. Wer zusätzlich Access braucht, greift zu Office Professional 2021. Diese beiden Editionen sind ebenfalls günstig zu kaufen und ein Leben lang gültig, ohne ein Abonnement abschließen zu müssen.

1.4.5 Microsoft Office plus Clouddienste in Microsoft 365 Business Standard und Premium

Unternehmen, die die aktuelle Office-Version als Desktop-Programme nutzen möchten und auf die Dienste von Microsoft 365 Business Basic zugreifen wollen, können Microsoft 365 Business Standard für 10,50 Euro/Monat und Benutzer buchen. Diese Edition von Microsoft 365 besteht aus den Funktionen aus Microsoft 365 Business Basic und Microsoft 365 Apps for Business. Da hier der Preisunterschied zwischen den Funktionen von Microsoft 365 Business Basic und den Desktop-Apps nur 4,40 Euro/Monat und damit etwa 50 Euro/Jahr und Benutzer ausmacht, kann es sinnvoll sein, die Desktop-Apps zu abonnieren, anstatt direkt zu kaufen. Wer kein Access und Publisher braucht, kommt günstig an die Lizenzen von Office Home & Business 2021.

1.4.6 Maximale Sicherheit für KMU mit Microsoft 365 Business Premium

Die Edition »Microsoft 365 Business Premium« umfasst die Funktionen von Microsoft 365 Business Standard und zusätzlich erweiterte Sicherheitsfunktionen gegen Cyberbedrohungen. Das Abonnement macht generell nur Sinn, wenn im Unternehmen ein Administrator oder ein externer Berater diese Sicherheitsfunktionen auch konfigurieren kann. Im Fokus steht dabei der Phishing-Schutz. Das Abonnement kostet 18,60 Euro/Monat und Benutzer. Sinnvoll ist das Abonnement für Unternehmen, die Wert auf maximale Sicherheit legen und viele Daten in der Cloud speichern sowie umfassend auf Microsoft 365 setzen.

Kapitel 2

Windows Server 2022 Essentials installieren und einrichten

In diesem Kapitel zeige ich Ihnen, wie Sie Windows Server 2022 Essentials installieren. Ich gehe auch darauf ein, wie Sie erweiterte Installationen durchführen, zum Beispiel mit einem USB-Stick. Die Installation von Windows Server 2022 Essentials entspricht generell den Vorgehensweisen, die auch für Windows Server 2022 Standard und Datacenter gelten. Es gibt weder eine spezielle Installationsoberfläche noch ein Dashboard.

Mit Windows Server 2022 Essentials gibt es keine spezifischen Installationsmedien. Stattdessen wird ein Essentials Edition-Product Key verwendet, um die Standard-Edition von Windows Server 2022 zu aktivieren.

2.1 Das sollten Sie vor der Installation beachten

In jedem Fall sollten Sie das Betriebssystem auf einem anderen Datenträger installieren als dem, auf dem Sie später die Daten speichern. Daher ist es sinnvoll, einen Server zu verwenden, der über einen RAID-Controller verfügt und bei dem zwei Festplatten als Spiegelung (RAID 1) für das Betriebssystem genutzt werden. Die Daten selbst speichern Sie auf einem anderen Datenträger, der zum Beispiel als RAID 5 oder ein alternatives System zum Einsatz kommen sollte. Ein idealer Server für Windows Server 2022 Essentials für die Ausschöpfung der maximalen Leistung könnte folgendermaßen aussehen:

- Aktuelle CPU mit zehn Kernen
- Mindestens 256GB Arbeitsspeicher, besser mehr
- RAID-Controller für zwei RAID-Systeme (Betriebssystem und Daten getrennt)
- Mindestens zwei LAN-Schnittstellen
- Mindestens fünf Datenträger (2x Spiegelung RAID 1 für Betriebssystem und 3x RAID 5 für Daten) oder vergleichbar
- Möglichst schnelle Datenträger, idealerweise SSD

Die Auflistung ist natürlich nur ein Beispiel, zeigt aber, dass Sie möglichst die Grenzen von Windows Server 2022 Essentials ausnutzen sollten. Arbeitsspeicher ist darüber hinaus ein wichtiger Faktor für die Leistung eines Servers, das gilt auch für kleine Unternehmen.

Vor der Installation des Servers ist es in vielen Fällen notwendig, in der Firmware des RAID-Controllers die RAID-Systeme anzulegen. Das sollten Sie vor der Installation durchführen, eventuell mithilfe des Unternehmens, von dem Sie den Server gekauft haben. Das RAID-System wird oft im Rahmen des Startvorgangs durch einen Tastendruck aufgerufen.

2.2 Neuinstallation von Windows Server 2022 Essentials

Grundsätzlich sollten Sie nur in Ausnahmefällen eine vorab installierte Version von Windows Server 2022 Essentials nutzen und auch nur dann, wenn Sie die Abläufe mit dem Lieferanten der Hardware abgesprochen haben. Besorgen Sie sich vor der Installation alle aktuellen Treiber für alle Geräte, damit Sie diese möglichst schnell aktualisieren können.

Wenn der Computer mit einer unterbrechungsfreien Stromversorgung (USV) verbunden ist, trennen Sie vor der Installation das serielle oder USB-Kabel dieses Geräts. Das Installationsprogramm von Windows Server 2022 versucht automatisch, die Geräte an den seriellen Anschlüssen oder USB-Geräten zu erkennen. Eine USV kann zu Problemen bei diesem Vorgang führen und die Installation deutlich ausbremsen oder sogar mit einem Fehler abbrechen lassen.

2.2.1 USB-Installationsstick erstellen

Für die Installation von Windows Server 2022 Essentials nutzen Sie die herkömmlichen Installationsdateien von Windows Server 2022. Nach der Installation können Sie den Produktschlüssel eintragen, der den Server als Windows Server 2022 Essentials identifiziert. Abhängig von den Installationsdateien, die Sie verwenden, können Sie den Produktschlüssel von Windows Server 2022 Essentials bereits bei der Installation eingeben.

Nach der Installation und der Aktivierung von Windows Server 2022 Essentials meldet sich der Server im Netzwerk immer als Standard-Edition. Die Einschränkungen und Voraussetzungen von Windows Server 2022 Essentials sind lediglich lizenztechnischer Natur, es gibt keinerlei technische Einschränkungen.

USB-Stick manuell erstellen

Liegen Ihnen die Windows Server 2022-Installationsdateien im ISO-Format vor, können Sie die Datei zum Beispiel auf einem Computer mit Windows 10 oder Windows 11 über einen Doppelklick als Laufwerk bereitstellen und auf dieser Basis einen bootfähigen USB-Stick erstellen.

Damit die Image-Datei von Windows Server 2022 (*install.wim*) auf einen USB-Stick mit dem FAT32-Dateisystem passt, müssen Sie sie unter Umständen aufteilen. Das Installations-Image von Windows Server 2022 befindet sich im Verzeichnis *sources* innerhalb der ISO-Datei. Das hängt von der Größe des Installationsimages ab. Ansonsten können Sie die

Datei nicht kopieren. Das Aufteilen ist aber kein komplizierter Vorgang. Sie können in einem ersten Schritt herausfinden, ob die WIM-Datei problemlos ohne Aufteilen kopierbar ist. Erhalten Sie einen Kopierfehler, teilen Sie die Datei auf und gehen dazu wie folgt vor:

Der Befehl dazu sieht zum Beispiel so aus:

Dism /Split-Image /ImageFile:f:\sources\install.wim /SWMFile:c:\temp\install.swm /FileSize:3600

Achten Sie darauf, dass Sie den richtigen Laufwerksbuchstaben verwenden. Außerdem muss sichergestellt sein, dass sich im entsprechenden Laufwerk auch die Installationsdateien befinden.

Die beiden Dateien können Sie anstatt der Datei *install.wim* aus dem Verzeichnis *sources* auf den USB-Stick kopieren. Auf diesem Weg lassen sich auch UEFI-fähige USB-Sticks erstellen. Das Tool *dism.exe* gehört zu den Bordmitteln von Windows 10/11, sodass Sie den bootfähigen Datenträger auf einer Arbeitsstation erstellen können. Achten Sie darauf, die korrekten Pfade zur originalen *install.wim* und den neuen *install.swm*-Dateien zu verwenden.

Bevor Sie die Dateien auf den USB-Stick kopieren, müssen Sie diesen aber erst vorbereiten, damit Windows davon starten kann:

1. Starten Sie eine Eingabeaufforderung über das Kontextmenü im Administratormodus.
2. Geben Sie *diskpart* ein.
3. Geben Sie *list disk* ein.
4. Geben Sie den Befehl *select disk <Nummer des USB-Sticks aus list disk>* ein. Sie erkennen den Stick an dessen Größe.
5. Geben Sie *clean* ein. Achten Sie darauf, dass alle Dateien auf dem USB-Stick gelöscht werden.
6. Geben Sie *create partition primary* ein.
7. Geben Sie *active* ein, um die Partition zu aktivieren. Dies ist für den Bootvorgang notwendig, denn nur so kann der USB-Stick booten.
8. Formatieren Sie den Datenträger mit *format fs=fat32 quick*.
9. Geben Sie den Befehl *assign* ein, um dem Gerät im Explorer einen Laufwerkbuchstaben zuzuordnen,
10. Beenden Sie Diskpart mit *exit*.
11. Kopieren Sie den kompletten Inhalt der Windows Server 2022-DVD/ISO-Datei in den Stammordner des USB-Sticks. Anstatt der Datei *install.wim* aus dem Verzeichnis *sources* kopieren Sie aber die beiden erstellten SWM-Dateien. Der Installationsassistent erkennt die Dateien und verwendet sie wie die *install.wim*.
12. Booten Sie einen Computer mit diesem Stick, startet die Windows Server-Installation.

Rufus: Kostenloses Tool für das Erstellen von USB-Installationssticks

Um es sich etwas einfacher zu machen, können Sie das kostenlose Open-Source-Tool Rufus (*https://rufus.ie*) verwenden, um einen bootfähigen USB-Stick für Windows Server 2022 zu erstellen. Sie müssen das Tool nicht installieren, sondern können es direkt starten. Um einen USB-Installationsstick zu erstellen, starten Sie zunächst Rufus. Die Frage nach dem Überprüfen auf eine neue Version können Sie mit »Nein« wegklicken.

Danach wählen Sie bei *Laufwerk* den USB-Stick aus, auf den Sie die Installationsdateien von Windows Server 2022 Essentials übertragen wollen. Der Stick sollte mindestens 8 GB Speicherplatz haben. Bei dem Vorgang werden alle Daten auf dem Stick gelöscht. Nach der Erstellung des Sticks können Sie jedoch Dateien auf den Stick kopieren, zum Beispiel Treiber oder Anwendungen, die Sie auf dem Server installieren möchten.

Bei *Startart* wählen Sie *Medium oder Abbilddatei* und über die Schaltfläche *Auswahl* wählen Sie die ISO-Datei der Installationsdateien aus. Wählen Sie danach bei *Abbildeigenschaft* die Option *Standard-Windows-Installation* und lassen Sie den Rest auf den Standardeinstellungen. Mit *Start* beginnt der Vorgang (siehe Abbildung 2.1).

Abb. 2.1 Erstellen eines USB-Sticks für die Installation von Windows Server 2022 Essentials

Deaktivieren Sie die Option *Remove requirement for 4Gb+, RAM, Secure Boot and TPM 2.0* und klicken Sie danach auf *OK*. Bestätigen Sie jetzt noch die Warnung, dass durch den Vorgang alle Daten auf dem Stick überschrieben werden. Nach einigen Minuten ist der Vorgang abgeschlossen und Sie können den Server mit dem USB-Stick booten und Windows Server 2022 installieren.

Kopieren Sie Treiber für den Server auf den Stick, damit Sie diese nach der Installation gleich integrieren können. Erkennt der Installationsassistent von Windows Server 2022 den RAID-Controller für die Datenträger nicht, brauchen Sie den Treiber bereits während der Installation. Achten Sie darauf, die Treiberdateien zu extrahieren, damit Sie direkt Zugriff auf den Treiber haben und dieser nicht in einem Archiv komprimiert ist.

2.2.2 Windows Server 2022 Essentials installieren

Die Installation über einen USB-Stick läuft schneller ab und Sie können damit Windows Server 2022 auch auf Geräten installieren, die über kein DVD-Laufwerk verfügen. Generell lässt sich die ISO-Datei von Windows Server 2022 ohnehin schwer auf DVD brennen, da die Größe die der meisten Rohlinge übersteigt. Die Windows Server 2022-Bereitstellung basiert auf Images, genauso wie bei Windows 10 und Windows 11. Bei Images handelt es sich einfach ausgedrückt um eine Kopie eines installierten Betriebssystems.

Egal ob Sie Windows Server 2022 über eine DVD oder einen USB-Stick installieren, müssen Sie den entsprechenden Datenträger mit dem Computer verbinden und im BIOS oder den Booteinstellungen vom Datenträger aus starten. Anschließend beginnt der Installationsassistent von Windows Server 2022 mit seiner Arbeit (siehe Abbildung 2.2). In den meisten Fällen erscheint das Bootmenü nach der Eingabe einer Taste. Welche das ist, sehen Sie beim Starten des Rechners. Häufig sind das die Tasten F1, F2, F10 und auch Entf.

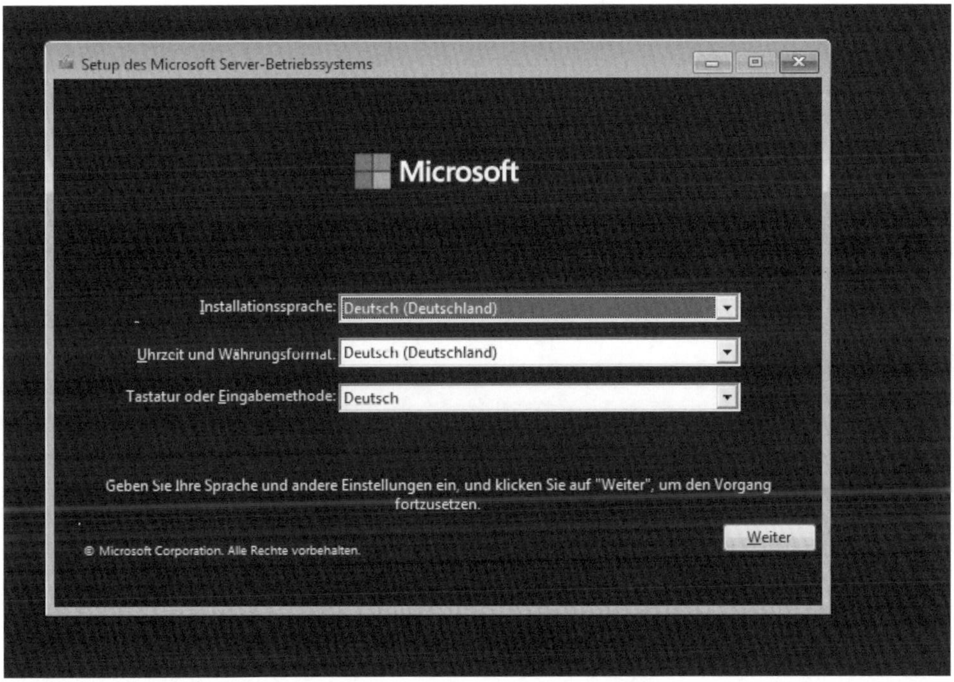

Abb. 2.2 Starten der Installation von Windows Server 2022 Essentials

Im ersten Schritt wählen Sie die Installationssprache, das Uhrzeit- und Währungsformat sowie die Tastatur- oder Eingabemethode aus und klicken auf *Weiter*.

Auf der nächsten Seite starten Sie mit *Jetzt installieren* die eigentliche Installation. Durch Auswahl von *Computerreparaturoptionen* starten Sie bei Bedarf die Systemwiederherstellung von Windows Server 2022, wenn es Probleme mit dem Server geben sollte. Die Computerreparaturoptionen helfen bei der Problemlösung des Betriebssystems, das auf dem jeweiligen Server installiert ist.

Starten Sie die Installation, müssen Sie im nächsten Schritt den Product Key eingeben. Hier verwenden Sie den Product Key für Windows Server 2022 Essentials. Dieser schaltet die Funktionen von Windows Server 2022 Standard für den Server frei. Sie müssen sich aber an die lizenztechnischen Vorgaben halten, die ich in Kapitel 1 erläutert habe (maximal 25 Benutzer, 50 Geräte und eine CPU mit maximal zehn Kernen).

Im nächsten Schritt wählen Sie aus, ob Sie eine Server-Core-Installation durchführen wollen (Standardauswahl) oder eine Installation eines Servers mit grafischer Oberfläche (Desktopdarstellung). Die Installation als Core-Server ist standardmäßig ausgewählt. In kleineren und mittleren Umgebungen arbeiten Sie normalerweise eher mit der grafischen Oberfläche. Daher ist es sinnvoll, hier die Desktopdarstellung auszuwählen (siehe Abbildung 2.3).

Achten Sie darauf, dass Sie den Server komplett neu installieren müssen, wenn Sie von einer Core-Installation zu einer Installation mit Desktop-Darstellung wechseln wollen.

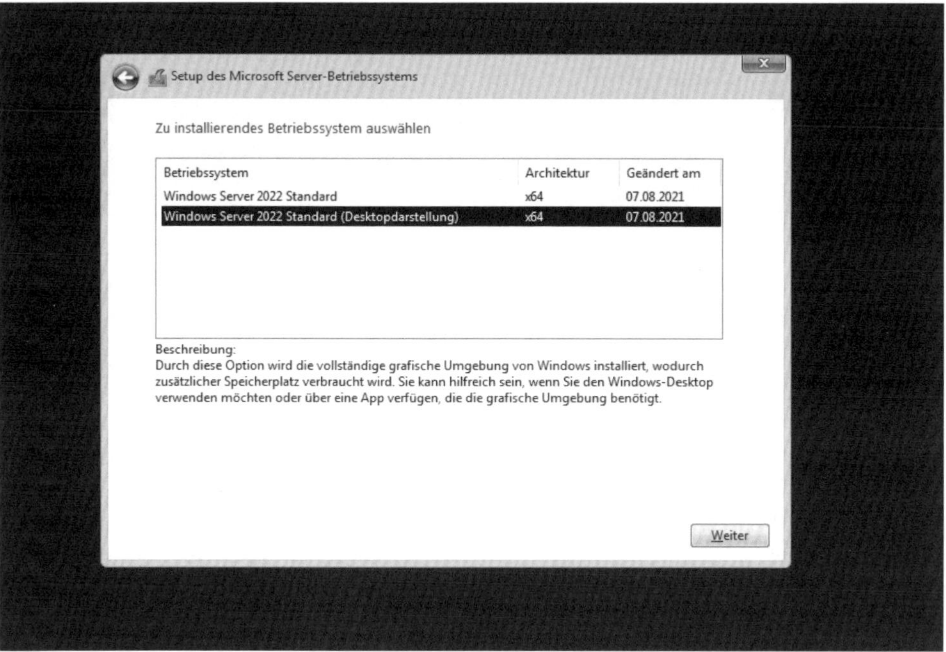

Abb. 2.3 Auswählen der Installationsvariante bei der Installation von Windows Server 2022 Essentials

Ein Core-Server verfügt über keine grafische Oberfläche, keine Shell, keine Mediafunktionen und keinerlei Zusatzkomponenten, außer den notwendigen Serverdiensten. Der Anmeldebildschirm sieht allerdings identisch aus, Sie müssen sich nach der Installation über die Tastenkombination Strg+Alt+Entf anmelden. Sobald Sie sich angemeldet haben, sehen Sie nur eine Eingabeaufforderung.

Zur Bearbeitung der Einstellungen des Servers können Sie den Editor (Notepad) öffnen, aber zum Beispiel keinen Windows-Explorer oder Internet Explorer, Microsoft Edge und keinen Registrierungseditor (Regedit). Durch diese Funktion können die Standardfunktionen von Windows Server 2022 betrieben werden, ohne dass der Server durch unwichtige Komponenten belastet oder kompromittiert werden kann. Als Serverrollen können Sie auf Core-Servern folgende Rollen installieren:

- Active Directory-Zertifikatsdienste
- Active Directory-Domänendienste
- DHCP-Server
- DNS-Server
- Dateidienste (einschließlich Ressourcen-Manager für Dateiserver)
- Active Directory Lightweight Directory Services
- Hyper-V
- Druck- und Dokumentdienste
- Streaming Media-Dienste
- Webserver
- Windows Server Update Services
- Active Directory-Rechteverwaltungsserver
- Routing- und RAS-Server

Die Core-Installation von Windows Server 2022 Essentials sollten daher nur erfahrene Administratoren durchführen, die den Server für einen bestimmten Verwendungszweck nutzen möchten, der als Core-Installation besser geeignet ist, zum Beispiel in unsicheren Umgebungen. In kleinen und mittleren Unternehmen ist die Installation als Server mit Desktopdarstellung meistens besser geeignet.

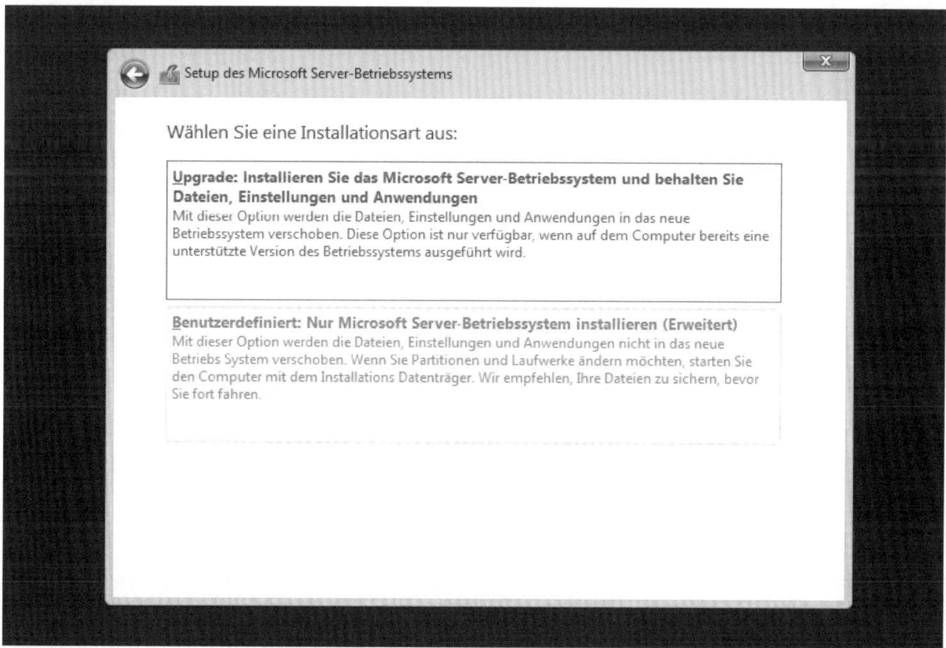

Abb. 2.4 Auswählen der Installationsart

Um einen Server neu zu installieren, wechseln Sie zur nächsten Seite des Assistenten und bestätigen die Lizenzbedingungen. Wählen Sie danach aus, ob Sie ein bereits installiertes Betriebssystem aktualisieren oder Windows Server 2022 neu installieren möchten. Bei einer Neuinstallation wählen Sie *Benutzerdefiniert* aus. Ein Upgrade können Sie ohnehin nur aus einem laufenden Betriebssystem heraus starten (siehe Abbildung 2.4).

Nachdem Sie die Installationsart ausgewählt haben, gelangen Sie zum nächsten Fenster der Installationsoberfläche. Hier wählen Sie die Partition aus, auf der Windows Server 2022 installiert werden soll (siehe Abbildung 2.5). In diesem Fenster können Sie auch zusätzliche Treiber laden, wenn die Controller für die Festplatten nicht erkannt werden und Sie an dieser Stelle keine Laufwerke sehen. Klicken Sie dazu auf den Link *Treiber laden*.

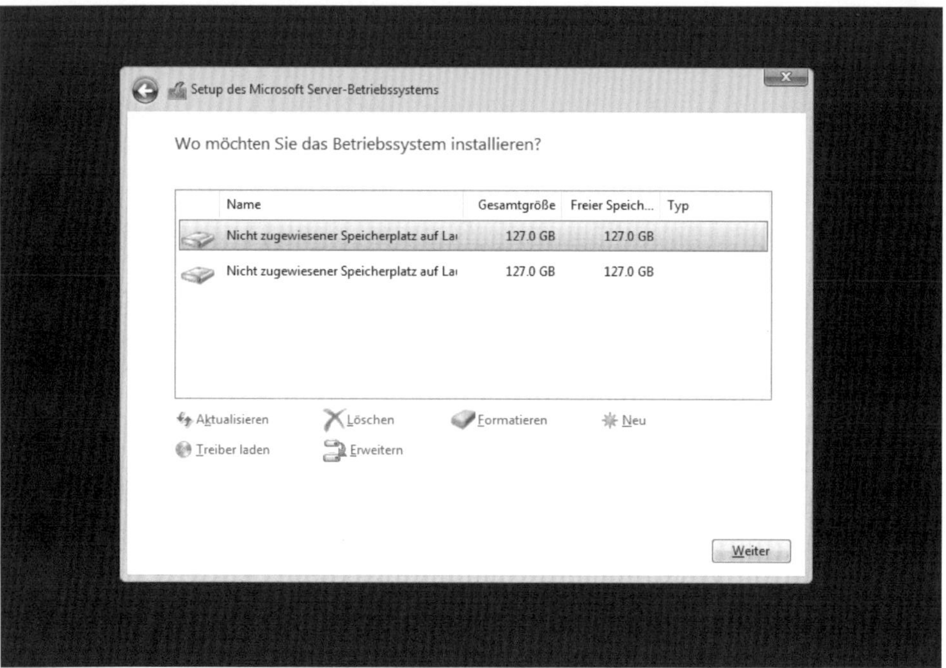

Abb. 2.5 Auswählen der Partition für die Installation

Installieren Sie das Betriebssystem auf dem RAID-System, das Sie dafür vorgesehen haben, idealerweise RAID 1 oder RAID 5. Sie sollten die Daten auf einer anderen, physisch getrennten Partition speichern.

Mit *Treiber laden* können Sie die Treiberdateien für den RAID-Controller laden, den Sie im Vorfeld auf den Stick kopiert haben Achten Sie darauf, dass Sie das Archiv mit den Treibern extrahiert haben. Meistens stellen die Hardwarelieferanten die Treiber über *.exe-Dateien oder als ZIP-Archiv zur Verfügung. Die Archive sollten Sie vorher extrahieren, damit Sie den Treiber für den Controller an dieser Stelle laden können.

Wollen Sie die Partitionierung ändern oder eine Partition löschen, klicken Sie auf den Link *Neu*. Eine zu komplizierte Partitionierung ergibt normalerweise selten Sinn. Besser ist es, Betriebssystem und Daten auf physisch getrennten Datenträgern zu speichern, die Sie über RAID-Controller abbilden. Es kann durchaus sinnvoll sein, auch mehr als zwei Datenträgersysteme zu nutzen, zum Beispiel für das Trennen von Datenbankprotokolldateien von den restlichen Daten. Das erhöht noch einmal die Leistung. Das Trennen von Betriebssystem und Daten macht aber in so gut wie jeder Umgebung Sinn.

Häufig legen Serverhersteller eigene Partitionen für die Systemwiederherstellung an. Ob dies sinnvoll ist, müssen Sie mit dem Support des Serverherstellers besprechen. Am besten ist es aber, wenn ein System so einfach wie möglich aufgebaut ist und es so wenig Partitionen wie möglich gibt.

Systempartitionen und Startpartitionen sind Bezeichnungen für Partitionen oder Volumes auf einer Festplatte, die zum Starten von Windows verwendet werden. Die Systempartition enthält die hardwarebezogenen Dateien, die einem Computer mitteilen, von wo aus Windows gestartet werden kann. Eine Startpartition ist eine Partition, die die Windows-Betriebssystemdateien enthält, die sich im Windows-Dateiordner befinden. Diese Partition legt Windows automatisch auf dem Datenträger an, auf dem Sie das Betriebssystem installieren. Wenn Sie den Computer einschalten, werden die auf der Systempartition verwendeten Informationen zum Starten von Windows verwendet.

Mit einem Klick auf *Weiter* beginnt die Installation. Abhängig von der Leistung des Rechners startet die Installationsroutine den Computer nach zehn bis 20 Minuten automatisch neu. Sie müssen keine weiteren Eingaben durchführen und keine Taste drücken. Sollten Sie versehentlich eine Taste gedrückt haben und die Installation wieder von der DVD oder vom USB-Stick startet, schalten Sie den Rechner aus und starten Sie ihn erneut.

Der Computer bootet und ein Fenster informiert Sie darüber, dass der Rechner für den ersten Start von Windows vorbereitet wird. Lassen Sie den Computer am besten ungestört weiterarbeiten. Es kann sein, dass der Bildschirm während der Installation der Monitor- und Grafikkartentreiber ein paar Mal flackert oder schwarz wird. Dies ist normal und muss Sie nicht beunruhigen.

Sobald der Assistent seine Arbeit abgeschlossen hat, erscheint die Abfrage für das gewünschte Administratorkennwort, das Sie zur Sicherheit zwei Mal nacheinander eingeben müssen (siehe Abbildung 2.6). Achten Sie beim Kennwort darauf, mindestens einen Großbuchstaben und eine Zahl oder ein Sonderzeichen zu verwenden und dass es ein sicheres Kennwort ist. Wenn Sie auf dem Server auch Active Directory installieren, handelt es sich bei dem Benutzer um das Admin-Konto für das ganze Netzwerk.

Abb. 2.6 Festlegen des Kennworts für das Administratorkonto auf dem Server

Anschließend melden Sie sich mit der Tastenkombination [Strg]+[Alt]+[Entf] am Server an. Als Anmeldenamen verwenden Sie *Administrator* und das zuvor festgelegte Kennwort. Danach machen Sie sich an die grundlegende Einrichtung des Servers.

2.3 Windows Server 2022 Essentials nach der Installation einrichten

Zunächst sollten Sie für das interne Netzwerk die Frage »Möchten Sie zulassen, dass Ihr PC von anderen PCs gefunden werden kann?« mit »Ja« beantworten (siehe Abbildung 2.7). Ansonsten aktiviert sich das Firewallprofil *Öffentlich* für den Server und die interne Netzwerkkommunikation wird erschwert.

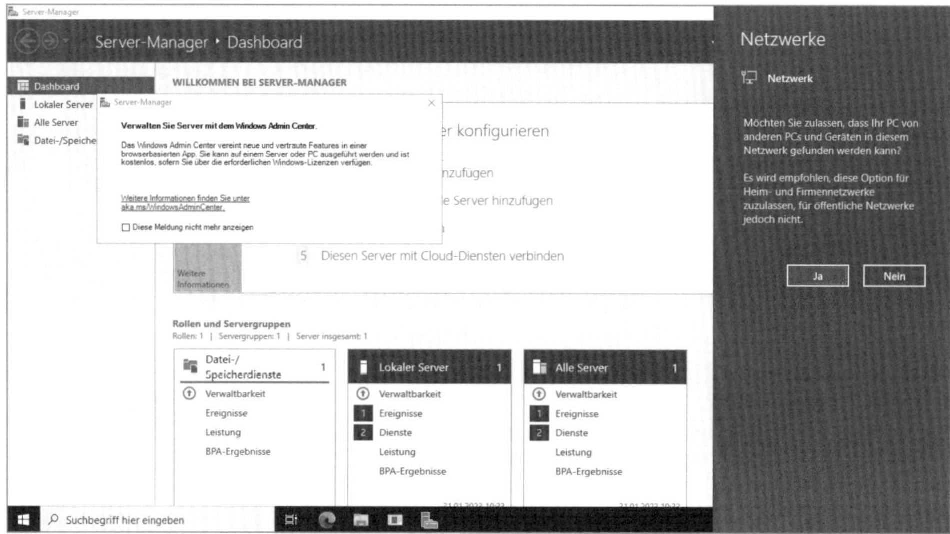

Abb. 2.7 Erste Schritte nach der Einrichtung von Windows Server 2022 Essentials

2.3.1 Das richtige Netzwerkprofil einstellen

Wenn Sie die Meldung versehentlich falsch angeklickt haben, können Sie in der PowerShell auf dem Server die Einstellung nachträglich ändern. Welche Firewallregeln Windows aktiviert und ob Verbindungen überhaupt möglich sind, wird durch das Netzwerkprofil gesteuert. Hier stehen in Windows die Profile *Öffentlich*, *Privat* und *Domäne* zur Verfügung.

Wenn eine Verbindung auf *Öffentlich* gesetzt ist, funktionieren kaum Netzwerkverbindungen, mit *Privat* eher zu viele. In Unternehmen kommt meistens *Domäne* zum Einsatz, wenn ein Computer Mitglied eines Active Directory ist. In Windows Server 2022 ist der Status auch in den Einstellungen bei *Netzwerk und Internet* zu finden. Änderungen und Infos dazu lassen sich aber besser in der PowerShell anzeigen. Wenn Sie auf dem Server Active Directory einrichten, stellt das Betriebssystem das Netzwerkprofil automatisch auf *Domäne* um.

Das Cmdlet *Get-NetConnectionProfile* zeigt den aktuellen Verbindungsstatus an, mit *Set-NetConnectionProfile* lässt er sich im laufenden Betrieb ändern. Als Parameter kommen *-InterfaceAlias* oder *-Name* zum Einsatz, mit den Werten, die in *Get-NetConnectionProfile* zu sehen sind. Für die Änderung des Profils wird der Parameter *-NetworkCategory* mit den Werten *Public*, *Private* oder *DomainAuthenticated* genutzt:

Set-NetConnectionProfile -InterfaceAlias Ethernet -NetworkCategory "Private"

Normalerweise setzt Windows den Wert *DomainAuthenticated* automatisch bei Aufnahme in einer Domäne. Die Einstellungen haben auch Auswirkungen auf die Ping-Antworten und weitere Netzwerkfunktionen, die verwendet werden.

In diesem Zusammenhang ist es natürlich auch wichtig zu erfahren, welches Firewallprofil auf dem Server aktiv ist. Das lässt sich wiederum mit dem Cmdlet *Get-NetFirewallProfile* herausfinden. Parallel kann darüber für das jeweils gesetzte Netzwerkprofil angezeigt werden, welche Firewallregeln aktiv sind:

Get-NetFirewallProfile -Name Public | Get-NetFirewallRule

2.3.2 Grundlegende Einstellungen für Windows Server 2022 Essentials

Nach der Installation sollten Sie zunächst grundlegende Einstellungen auf dem Server durchführen.

Server-Manager anpassen

Dazu starten Sie den Server-Manager, wenn er nicht bereits automatisch gestartet ist. Zunächst bestätigen Sie die Option *Diese Meldung nicht mehr anzeigen* beim Start des Server-Managers. Sie erhalten den Hinweis, dass Sie das Windows Admin Center zur Verwaltung nutzen sollen. Darauf gehe ich in Kapitel 3 noch näher ein.

Wenn Sie auf dem Server Active Directory installieren wollen, können Sie darauf nicht das Windows Admin Center installieren, können aber auf den Server von einem anderen Computer aus mit dem Windows Admin Center zugreifen. Es ist zum Beispiel möglich, das Windows Admin Center auf einem PC oder einem anderen Server zu installieren und von dort auf den Server mit Windows Server 2022 Essentials zuzugreifen.

Über das Menü *Ansicht* deaktivieren Sie die Willkommen-Kachel, über *Verwalten/Server-Manager-Eigenschaften* aktivieren Sie das Kontrollkästchen *Server-Manager beim Anmelden nicht automatisch starten*, wenn Sie nicht wollen, dass der Server-Manager automatisch mit Windows startet.

Für die Installation von Treibern auf dem Server benötigen Sie teilweise Microsoft Edge. Bei Windows Server 2022 ist automatisch die verstärkte Sicherheit des Internet Explorers aktiv, was beim Herunterladen von Treibern oder bei Test- und Entwicklungsumgebungen durchaus stören kann, auch wenn in Windows Server 2022 Microsoft Edge als Browser bereits vorinstalliert ist. Sie können die erweiterte Sicherheit des Internet Explorers oder von Microsoft Edge im Server-Manager deaktivieren. Allerdings ist das aus Sicherheitsgründen nicht empfehlenswert. Die Sicherheit sollte im produktiven Betrieb eingeschaltet bleiben. Wenn Sie aber auf dem Server mit dem Browser arbeiten wollen, schalten Sie den Schutz so lange ab:

1. Öffnen Sie den Server-Manager.
2. Klicken Sie auf der linken Seite auf *Lokaler Server.*
3. Klicken Sie im rechten Bereich im Abschnitt *Eigenschaften* neben *Verstärkte Sicherheitskonfiguration für IE* auf *Ein.*
4. Deaktivieren Sie im daraufhin geöffneten Dialogfeld die Option für alle Benutzer oder nur für Administratoren (siehe Abbildung 2.8).

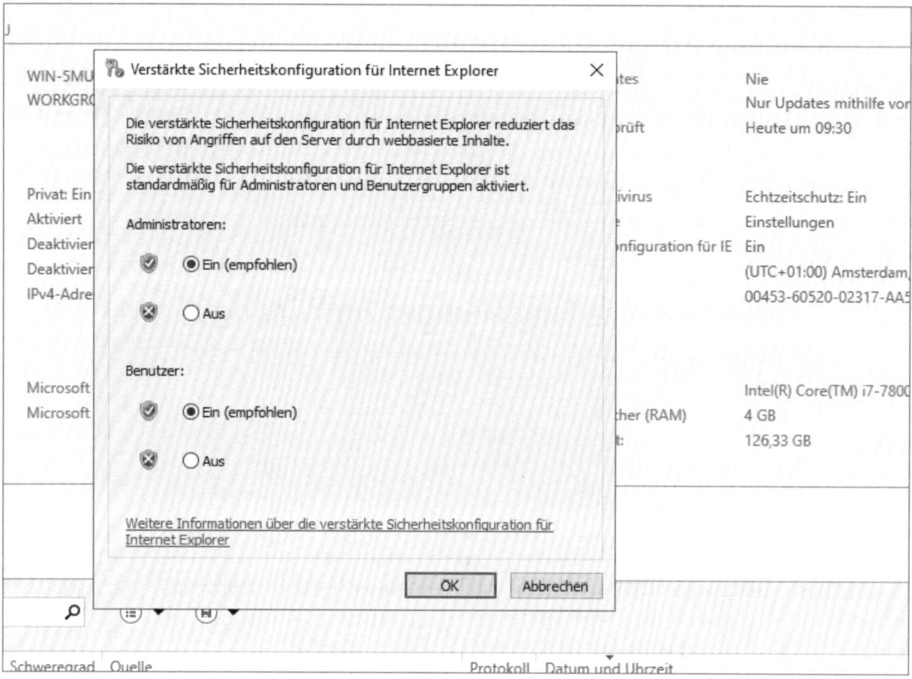

Abb. 2.8 Deaktivieren der verstärkten Sicherheit des Webbrowsers auf dem Server

2.3.3 Windows Server 2022 aktivieren

Nach der Installation müssen Sie die Aktivierung von Windows Server 2022 durchführen. In den meisten Fällen müssen Sie aber den Produktschlüssel manuell eingeben und das Betriebssystem aktivieren. Mehr Informationen erhalten Sie auch, wenn Sie im Startmenü nach *slui* suchen. Wenn Sie bei der Installation des Servers den Produktschlüssel für Windows Server 2022 Essentials eingegeben haben und der Server über eine Internetverbindung verfügt, sollte das Betriebssystem bereits aktiviert sein. Sie erkennen das, wenn Sie *slui* starten. Hier sollte dann im Abschnitt *Aktivierung* die Meldung *Windows ist aktiviert* zu sehen sein. Wenn nicht, geben Sie im Fenster den neuen Produktschlüssel ein und testen Sie die Aktivierung erneut. Dazu muss der Server mit dem Internet verbunden sein. Wenn im Netzwerk ein DHCP-Server im Einsatz ist, sollte das automatisch geschehen sein.

Sie können Windows Server 2022 entweder über das Internet aktivieren oder per Telefon. Bei der Aktivierung per Telefon werden Sie mit einem automatischen Telefonsystem verbunden.

Sollten Sie Probleme bei der Aktivierung bekommen, überprüfen Sie die Uhrzeit und die Zeitzone Ihres Servers. Sind die entsprechenden Einstellungen nicht korrekt, können Sie Windows nicht aktivieren.

2.3.4 Treiberinstallation überprüfen

Nach der Installation sollten Sie auch überprüfen, ob Windows Server 2022 alle Geräte erkannt hat, die in Ihrem Computersystem verbaut sind. Geben Sie dazu im Startmenü *devmgmt.msc* ein und stellen Sie sicher, dass keine unbekannten Geräte vorhanden und alle Treiber installiert sind. Vor allem die Treiber des Netzwerkadapters und der Systemgeräte sollten Sie überprüfen. In den meisten Fällen fehlen nach der Installation von Windows auf einem Server noch Treiber für verschiedene Geräte.

Darüber hinaus ist es wahrscheinlich, dass der Serverhersteller optimierte Treiber anbietet, die mehr Funktionen, Leistung und Stabilität bieten als die Standard-Windows-Treiber. Aus diesem Grund sollten nach der Installation auf der Treiberseite des Herstellers aktuelle Treiber heruntergeladen und auf dem Server installiert werden. Ob Treiber fehlen, können Sie im Gerätemanager überprüfen, der mit *devmgmt.msc* gestartet wird.

Mit dem Befehl *msinfo32* können Sie eine sehr ausführliche Übersicht über die eingebaute Hardware und die Ressourcen eines PC abrufen. Mit dem Befehl *systeminfo* zeigen Sie alle Informationen Ihres Computers in der Eingabeaufforderung an. Darunter finden sich Infos über Hotfixes, Netzwerkkarten, Prozessor, Betriebssystem, Hersteller usw. – sogar die aktuelle Systembetriebszeit (also wie lange Sie schon arbeiten) und das ursprüngliche Installationsdatum lässt sich anzeigen.

Hier empfiehlt sich die Umleitung in eine Textdatei, wobei Sie zusätzlich den Parameter */FO list* angeben sollten, um die Informationen formatiert zu speichern. Um alle Infos in die Textdatei *C:\sysinfo.txt* zu speichern, müssen Sie den Befehl *systeminfo /FO list > C:\sysinfo.txt* verwenden.

Treiber erhalten Sie vom Hersteller der Hardware und Sie sollten vor der Inbetriebnahme darauf achten, dass alle Treiber installiert sind, genauso wie auf einem PC mit Windows 10 oder Windows 11.

2.3.5 Firmware und BIOS/UEFI aktualisieren

Neben Treibern sollten auch die Firmware-Versionen auf dem Server und den angeschlossenen Geräten überprüft werden. Oft stellen Serverhersteller hier neue Versionen zur Verfügung, die Fehler beseitigen, die Leistung verbessern und die Stabilität optimieren. In den meisten Fällen werden für die Aktualisierung der Firmware vom Hersteller Installationsprogramme auch für Windows angeboten. Es lohnt sich also, einen Blick auf die Treiber- und Firmware-Seite eines Herstellers zu werfen. Meistens muss nach der Aktualisierung der Server neu gestartet werden. Hersteller wie Dell bieten oft Zusatztools an, die in Windows nach fehlenden Treibern und Updates für das BIOS/UEFI suchen und diese auch gleich installieren.

2.3.6 Netzwerkverbindung testen

Um Windows Server 2022 aktuell zu halten, ist eine Verbindung mit dem Internet und damit mit dem Netzwerk notwendig. Nachdem Sie die Treiberinstallation kontrolliert haben, überprüfen Sie über das Symbol der Netzwerkverbindung in der Taskleiste, ob Windows Server 2022 mit dem Netzwerk und dem Internet kommunizieren kann. Zeigt Windows ein Netzwerksymbol ohne Fehler an, funktioniert beides.

Kann der Computer mit dem Netzwerk kommunizieren, aber nicht mit dem Internet, wird das Netzwerksymbol mit einem Ausrufezeichen gekennzeichnet. In diesem Fall überprüfen Sie die Einstellungen der Netzwerkkarte. Am schnellsten geht dies, wenn Sie im Startmenü nach *ncpa.cpl* suchen. Verfügt der Computer über keine physische Netzwerkverbindung, ist das Netzwerksymbol mit einem roten X gekennzeichnet.

Die Konfiguration der Netzwerkverbindungen läuft bei Windows Server 2022 wie bei Windows 10 und Windows 11 ab. Idealerweise sollte der Server über eine statische IP-Adresse verfügen. Mehr zu den Netzwerkeinstellungen erfahren Sie in den Kapiteln 3 und 4.

2.3.7 Windows Update aktivieren

Im nächsten Schritt sollten Sie, unabhängig davon, ob Sie Treiber manuell oder über Windows Update installieren wollen, die Windows Update-Funktion in den Einstellungen aufrufen. Sie können diese Einstellungen zwar auch über Richtlinien durchführen, aber nach der Installation von Windows Server 2022 ist es empfehlenswert, diese Funktion sofort zu aktivieren, zumindest wenn der Server Zugriff auf das Internet hat.

Um die aktuellen Windows-Updates zu installieren, rufen Sie über das Startmenü die Einstellungen über das Zahnradsymbol auf und wechseln danach zu *Update und Sicherheit | Windows Updates* (siehe Abbildung 2.9). Lassen Sie nach Updates suchen und installieren Sie diese gleich. Nach der Installation der Updates lassen Sie erneut nach Updates suchen, um sicherzustellen, dass keine weiteren gefunden werden.

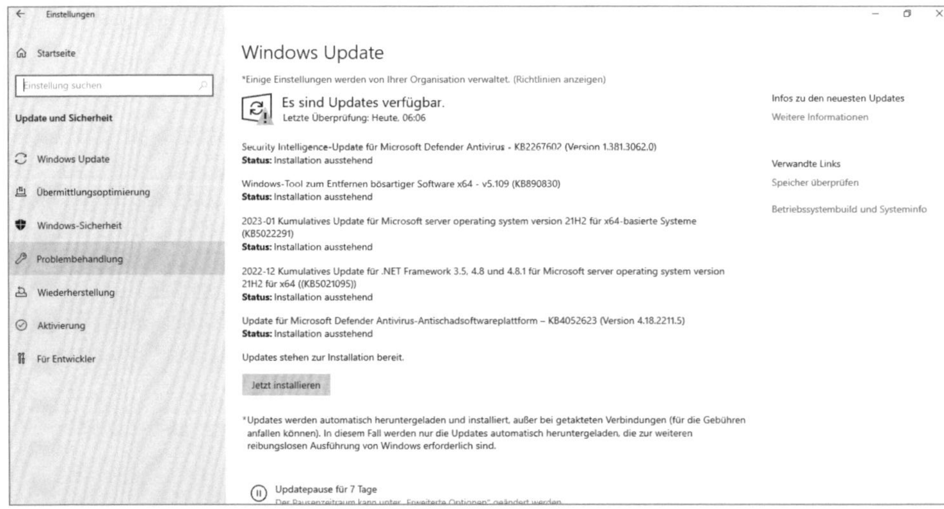

Abb. 2.9 Nach der Installation sollten Sie den Server aktualisieren.

Haben Sie alle Aufgaben durchgeführt, starten Sie als Nächstes das Wartungscenter. Dieses finden Sie auf dem Desktop in der Taskleiste über das Kontextmenü der Windows-Fahne. Es sollten keine Fehler angezeigt werden. Sind Fehler vorhanden, gehen Sie diesen nach und beheben Sie sie.

Wichtig ist vor allem das aktuelle kumulative Update für den Server, da hier zahlreiche Sicherheitslücken geschlossen werden. In den meisten Fällen sind nach der Installation noch ein bis zwei Neustarts notwendig (siehe Abbildung 2.10).

Windows Update

*Einige Einstellungen werden von Ihrer Organisation verwaltet. (Richtlinien anzeigen)

Neustart erforderlich

Ihr Gerät wird außerhalb der Nutzungszeit neu gestartet.

2023-01 Kumulatives Update für Microsoft server operating system version 21H2 für x64-basierte Systeme (KB5022291)

Status: Neustart ausstehend

Jetzt neu starten   Neustart planen

*Updates werden automatisch heruntergeladen und installiert, außer bei getakteten Verbindungen (für die Gebühren anfallen können). In diesem Fall werden nur die Updates automatisch heruntergeladen, die zur weiteren reibungslosen Ausführung von Windows erforderlich sind.

Abb. 2.10 Nach der Installation von Windows Server 2022 stehen oft noch einige Neustarts an.

An jedem zweiten Dienstag eines Monats veröffentlicht Microsoft Updates für seine Produkte. Diese erscheinen in Deutschland am folgenden Mittwoch. Sie sollten daher spätestens am Mittwochabend oder am Donnerstag überprüfen, ob der Server seine Updates erhalten, heruntergeladen und installiert hat.

2.3.8 Media Player deinstallieren

Standardmäßig ist in Windows Server 2022 der Windows Media Player aktiv. Auf produktiven Servern wird dieser nicht benötigt. Es ist daher sinnvoll, ihn aus Sicherheitsgründen zu deinstallieren (siehe Abbildung 2.11). Um den Media Player zu deinstallieren, verwenden Sie:

dism /online /Disable-Feature /FeatureName:WindowsMediaPlayer /norestart

```
Administrator: Eingabeaufforderung
Microsoft Windows [Version 10.0.20348.1487]
(c) Microsoft Corporation. Alle Rechte vorbehalten.

C:\Users\Administrator>dism /online /Disable-Feature /FeatureName:WindowsMediaPlayer /norestart

Tool zur Imageverwaltung für die Bereitstellung
Version: 10.0.20348.681

Abbildversion: 10.0.20348.1487

Features werden deaktiviert
[==========================100.0%==========================]
Der Vorgang wurde erfolgreich beendet.

C:\Users\Administrator>_
```

Abb. 2.11 Media Player in Windows Server 2022 deaktivieren

2.3.9 Computernamen und Domänenmitgliedschaft festlegen

Sie müssen den Computernamen und die Domänenmitgliedschaft nach der Installation manuell festlegen. Wenn bereits ein Active Directory vorliegt, nehmen Sie den Server als Mitgliedsserver mit auf. Handelt es sich um den ersten oder einzigen Server, erstellen Sie auf dem Server Active Directory. Darauf gehe ich in den nächsten Abschnitten noch ausführlich ein. Haben Sie bereits ein Active Directory vorliegen, können Sie den Server in die Domäne mit aufnehmen. Wichtig ist in diesem Fall aber, dass Sie in der Netzwerkkonfiguration (*ncpa.cpl*) den ersten Server als DNS-Server hinterlegen, damit die Namensauflösung funktioniert. Danach können Sie den Server in die Domäne mit aufnehmen. Gehen Sie dazu folgendermaßen vor:

1. Starten Sie den Server-Manager.
2. Klicken Sie auf *Lokaler Server*, dann im mittleren Bereich auf den Namen des Servers.
3. Klicken Sie im neuen Fenster auf *Ändern*.
4. Geben Sie den neuen Namen des Computers ein und booten Sie den Rechner neu. Verwenden Sie einen kurzen Namen, zum Beispiel *srv1*.
5. Klicken Sie auf OK und lassen Sie den Computer neu starten.

Sie erreichen die Systemeinstellungen und die Aktivierung für den Remotedesktop am schnellsten, wenn Sie aus dem Startmenü heraus *sysdm.cpl* aufrufen.

Wollen Sie den Server gleich in eine Domäne aufnehmen, gehen Sie folgendermaßen vor:

1. Tippen Sie im Startmenü *ncpa.cpl* ein und rufen Sie die Eigenschaften der Netzwerkverbindung und von IPv4 auf.
2. Stellen Sie sicher, dass als DNS-Server mindestens ein Server eingetragen ist, der die DNS-Zone der Windows-Domäne auflösen kann, der Sie beitreten wollen.
3. Klicken Sie im Server-Manager auf *Lokaler Server* und dann auf den Link bei *Workgroup*. Sie finden die Einstellungen auch über *sysdm.cpl*.
4. Klicken Sie danach auf *Ändern*. Geben Sie bei *Computername* den neuen Namen des Servers in der Domäne ein und aktivieren Sie die *Domäne*.

5. Geben Sie den Namen der Domäne ein.
6. Kann der Server über seinen DNS-Server die Domäne auflösen, erscheint ein Authentifizierungsfenster. Wenn nicht, erscheint ein Fehler. In diesem Fall überprüfen Sie, ob der DNS-Server korrekt ist. Authentifizieren Sie sich an der Domäne. Kann der DNS-Server den Namen der Domäne auflösen und haben Sie sich korrekt authentifiziert, erhalten Sie eine Rückmeldung der Domänenaufnahme und können den Server neu starten.

2.3.10 Aktivieren von Remotedesktop in Windows Server 2022

Die Einrichtung von Servern direkt im Serverraum oder Rechenzentrum ist nicht gerade sehr bequem. Hier bietet es sich an, eine Remotedesktopverbindung zu aktivieren und von Ihrem Computer aus auf den Server zuzugreifen. Das hat den Vorteil, dass Sie auf dem Server mit Maus und Tastatur arbeiten können und Treiber, die Sie mit dem Computer herunterladen, per Kopieren/Einfügen über den Remotedesktop auf den Server kopieren können. Um nach der Netzwerkverbindung eine Remotedesktopverbindung herzustellen, gehen Sie folgendermaßen vor:

1. Rufen Sie die Systemeinstellungen durch Eingabe von *sysdm.cpl* im Startmenü auf.
2. Öffnen Sie die Registerkarte *Remote* (siehe Abbildung 2.12). Aktivieren Sie die Option *Remoteverbindung mit diesem Computer zulassen*. Funktioniert die Verbindung nicht, deaktivieren Sie noch die Option *Verbindungen nur von Computern zulassen, auf denen Remotedesktop mit Authentifizierung auf Netzwerkebene ausgeführt wird*. Bestätigen Sie die Eingabe mit *OK*. Sie finden diese Einstellungen auch in der Einstellungs-App von Windows Server 2022, im Bereich *System | Remotedesktop*.
3. Stellen Sie im unteren Bereich der Taskleiste sicher, dass eine Netzwerkverbindung hergestellt ist.

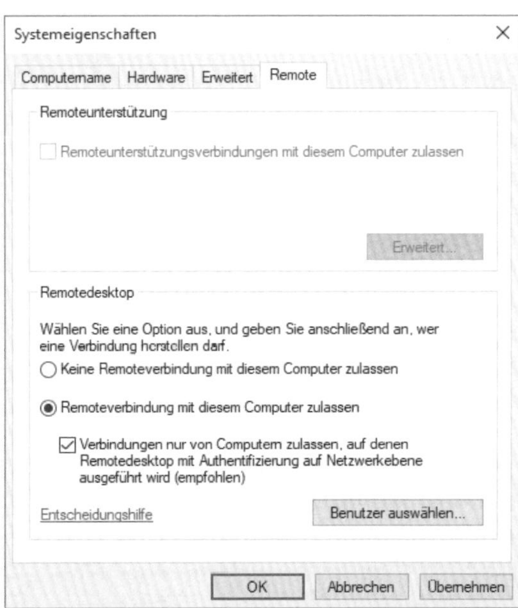

Abb. 2.12 ktivieren des Remotedesktops in Windows Server 2022

Um zum Beispiel von einem Windows 10/11-Computer aus eine Remotedesktopverbindung zum Server herzustellen, geben Sie im Startmenü *mstsc* ein. Es öffnet sich der Client für die Remotedesktopverbindung.

Verwenden Sie den internen Remotedesktopclient in Windows 10/11, geben Sie bei *Computer* die IP-Adresse des Servers ein und bei *Benutzername* den Anmeldenamen mit der Syntax <*Name des Servers*>\<*Anmeldenamen*>. Auf Wunsch aktivieren Sie noch *Speichern der Anmeldeinformationen zulassen.*

Wechseln Sie zur Registerkarte *Anzeige* und verwenden Sie entweder den Vollbildmodus oder setzen Sie die gewünschte Anzeige.

Auf der Registerkarte *Lokale Ressourcen* sollten Sie die Option *Auf dem Remotecomputer anwenden* bei *Windows-Tastenkombinationen anwenden* aktivieren.

Auf der Registerkarte *Leistung* aktivieren Sie die Option *LAN (10 MBit/s oder höher)* und überzeugen sich, dass alle Optionen aktiviert sind. Wechseln Sie dann zur Registerkarte *Allgemein* und speichern Sie die Verbindung mit *Speichern unter.*

Starten Sie die Verbindung, müssen Sie einmalig eine Ausnahme für die Windows-Firewall eintragen lassen, das Kennwort für das Benutzerkonto angeben und das Zertifikat bestätigen. Anschließend wird eine Remotedesktopverbindung hergestellt. Bei weiteren Verbindungen sind diese Eingaben nicht mehr notwendig, wenn Sie die entsprechenden Optionen speichern lassen.

2.3.11 Windows Server 2022 mit Windows 10/11 verwalten

Um Windows Server 2022 mit Windows 10/11 zu verwalten, bietet Microsoft die Remoteserververwaltungstools (Remote Server Administration Tools, RSAT) an. Aus Sicherheitsgründen ist die Verwendung von RDP besser, da Sie sich dadurch mit dem Administratorkonto anmelden können. Sie sollten nicht mit dem gleichen Benutzerkonto den Server verwalten, mit dem Sie auch Ihre herkömmliche PC-Arbeit verrichten. Gelingt es einem Angreifer, den PC mit Malware zu verseuchen, kann er durch die entsprechenden Rechte auch den Server angreifen. Dennoch ist es natürlich möglich, die gleichen Verwaltungstools, die in Windows Server 2022 zur Verfügung stehen, auch auf einer Arbeitsstation mit Windows 11 zu installieren.

Die Tools müssen Sie in Windows 10/11 nicht installieren, sondern Sie können sie als optionale Features aktivieren, wenn Sie auf Windows 10/11 Pro oder Enterprise setzen. Mit den Tools aktivieren Sie auf einer Arbeitsstation mit Windows 10/11 Programme, die zur Verwaltung von Windows Server 2022 notwendig sind.

Neben den verschiedenen Verwaltungstools der Serverrollen bieten die Remote Server Administration Tools auch den Server-Manager von Windows Server 2022 in Windows 10/11. Über den Server-Manager binden Sie die verschiedenen Server im Netzwerk an, auf denen Windows Server 2022 installiert ist, oder auch nur Ihren einzelnen Server mit Windows Server 2022 Essentials/Standard. Sie können mit dem Server-Manager auf diesem Weg ebenso über Windows 10/11-Arbeitsstationen aus Serverrollen auf Servern installieren. Auch im Server-Manager von Windows Server 2022 können Sie andere Server mit Windows Server 2022 im Netzwerk verwalten. Sie können ebenfalls das Windows Admin Center auf Windows 10/11 installieren und Ihre Server parallel mit dem Windows Admin Center verwalten.

Die Remoteserververwaltungstools für Windows 10/11 umfassen Server Manager, Verwaltungstools der Serverrollen und Features von Windows Server 2016/2019/2022, PowerShell-Cmdlets und Befehlszeilentools für die Verwaltung von Rollen und Features.

Remoteserververwaltungstools installieren

In aktuellen Windows 10/11-Versionen sind die Remote Server Administration Tools bereits integriert, sie müssen als optionale Funktionen nur aktiviert werden. Auf diesem Weg lassen sich Windows-Server mit dem Server-Manager und anderen Tools verwalten. Dazu müssen sich aber Server und Arbeitsstation im gleichen Active Directory befinden. Die Installation erfolgt über die Einstellungs-App von Windows 10/11, die über das Startmenü aufgerufen wird:

1. Klicken Sie auf *Apps*.
2. Wählen Sie in der Mitte des Fensters die Option *Optionale Features*.
3. Klicken Sie auf *Feature hinzufügen* oder auf *Optionales Feature hinzufügen* (siehe Abbildung 2.13).

Im Fenster stehen jetzt die Verwaltungstools zur Verfügung. Um zum Beispiel mit dem Server-Manager Funktionen wie Freigaben oder Storage-Bereiche zu verwalten, klicken Sie auf *RSAT: Server Manager*. Zusätzlich steht hier auch das Modul für die Speicherreplikation und die Storage Migration Service Management Tools zur Verfügung. Natürlich können Sie auch alle weiteren Remoteserververwaltungstools aktivieren.

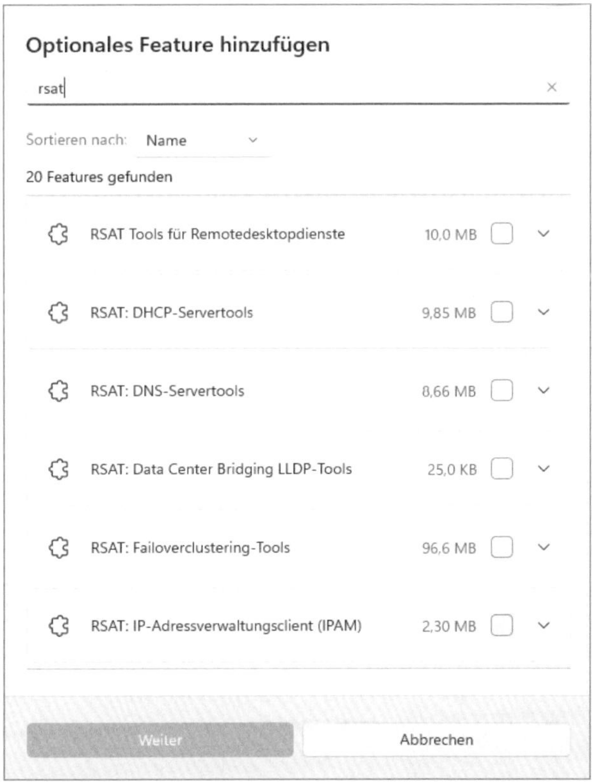

Abb. 2.13 Installieren von Remote Server Administration Tools in Windows 11

Remoteverwaltung mit dem Server-Manager

Die Server im Netzwerk lassen sich zentral im Server-Manager verwalten. Sie können daher in Windows 11 den Server-Manager installieren und Ihre Server mit Windows Server 2022 Essentials anbinden. Das geht parallel zum Windows Admin Center, auf das ich in Kapitel 3 noch umfassender eingehe. Mit dem Windows Admin Center können Sie Ihren Server auch über das Internet mit Azure Arc verwalten. Wie das geht, zeige ich ebenfalls in Kapitel 3. Mit dem Server-Manager können Sie aber im eigenen Netzwerk von Windows 11 aus Ihren Server verwalten.

Klicken Sie im Server-Manager von Windows 11 auf *Dashboard*, können Sie über das Menü *Ansicht* die Willkommen-Kachel ausblenden und gewinnen Platz zur Verwaltung von Servern. Über das Menü *Verwalten* erstellen Sie eigene Servergruppen.

Dazu gruppiert der Server-Manager die verschiedenen Serverfunktionen zur besseren Verwaltung. Alle installierten Serverrollen zeigt er automatisch gruppiert an. Verwaltungswerkzeuge zeigt er direkt über das Menü *Tools* an. Hierüber lassen sich alle wichtigen Werkzeuge starten. So stört auch die neue Oberfläche nicht, da alle Verwaltungsaufgaben zentral im Server-Manager stattfinden. Diese Funktionen sind nach der Installation von RSAT auch in Windows 10/11 verfügbar.

Um im Server-Manager in Windows Server 2022 und Windows 10/11 weitere Server anzubinden, klicken Sie auf *Verwalten* und dann auf *Server hinzufügen*. Im Fenster können Sie anschließend nach Servern suchen, um sie im lokalen Server-Manager zu verwalten (siehe Abbildung 2.14). Auf diesem Weg erstellen Sie auch eigene Servergruppen, die Sie im Server-Manager zusammenfassen, wenn Sie mehrere Server im Netzwerk verwalten. Von diesen Gruppen können Sie dann über das Netzwerk Ereignismeldungen anzeigen lassen.

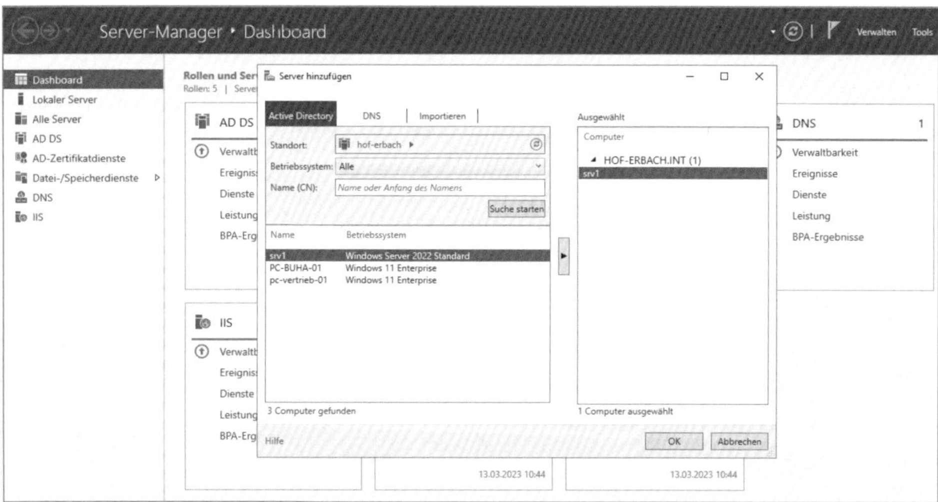

Abb. 2.14 Verwalten von Windows Server 2022 im Server-Manager von Windows 11

2.4 Zusammenfassung

In diesem Kapitel habe ich Ihnen anhand diverser Anleitungen gezeigt, wie Sie Windows Server 2022 Essentials installieren. Außerdem haben Sie erfahren, welche wichtigen Aufgaben Sie nach der Installation durchführen müssen und wie Sie Windows Server 2022 aktivieren. Sie haben gelernt, wie Sie Windows Server 2022 über einen USB-Stick installieren. Im nächsten Kapitel lesen Sie, wie Sie Windows Server 2022 so einrichten, dass Sie nach der Installation optimal mit dem Server arbeiten können. Ich zeige Ihnen außerdem die Einrichtung und Installation des Windows Admin Centers.

Kapitel 3

Erste Schritte mit Windows Server 2022 Essentials

In diesem Kapitel zeige ich Ihnen die ersten Schritte, die zur Verwaltung eines Servers mit Windows Server 2022 Essentials notwendig sind. Bereits in Kapitel 1 haben Sie wichtige Einstellungsschritte gesehen. Ich schreibe in diesem und den folgenden Kapiteln meistens die Bezeichnung Windows Server 2022 Essentials. Wie in den Kapiteln 1 und 2 bereits erläutert, handelt es sich bei Windows Server 2022 Essentials aber nur um eine Lizenz, deren Produkt-Schlüssel die Funktionen von Windows Server 2022 Standard auf einem Server freischalten. Im Netzwerk melden sich daher Server, die mit einem Windows Server 2022 Essentials Product Key installiert wurden, immer als Standard-Edition. Wichtig dabei ist, dass Sie die Einschränkungen und Vorgaben aus Kapitel 1 in diesem Buch berücksichtigen.

In diesem Kapitel gehe ich auf erste Schritte bei der Verwaltung von Windows Server 2022 ein. Ich erkläre Ihnen auch die Installation und Einrichtung des Windows Admin Centers. Mit dieser webbasierten Verwaltungsoberfläche können Sie Netzwerke mit Windows Server 2022 parallel zu den anderen Werkzeugen verwalten. Das Windows Admin Center entspricht noch am ehesten den Verwaltungstools, die Microsoft früher in Small Business Server oder dem Vorgänger von Windows Server 2022 Essentials zur Verfügung gestellt hat.

Wenn Sie auf dem Server aber Active Directory installieren wollen und ihn zu einem Domänencontroller heraufstufen, können Sie das Windows Admin Center nicht auf dem Server installieren. In diesem Fall installieren Sie es auf einer Arbeitsstation. Sie können mit dem Browser auf Ihre Arbeitsstation zugreifen und von da aus mit dem Windows Admin Center auch mobil Ihren Server im Browser verwalten.

3.1 Erste Schritte nach der Installation

Während der Installation legt Windows Server 2022 automatisch einen Namen für den Server fest, der nachträglich angepasst werden sollte. Wie Sie dabei vorgehen, lesen Sie in Kapitel 2. Viele Aufgaben, die zur Grundkonfiguration des Servers gehören, nehmen Sie direkt im Server-Manager oder im Windows Admin Center vor. Dazu klicken Sie auf *Lokaler Server*. Im mittleren Bereich sehen Sie die verschiedenen Aufgaben, deren Assistenten Sie über einen Klick auf den entsprechenden Link erreichen. Alternativ rufen Sie das Tool *sysdm.cpl* auf. Auch hier können Sie den Namen des Servers ändern.

3.1.1 Windows Server 2022 mit Windows 10/11 verwalten

Um Windows Server 2022 mit Windows 10/11 zu verwalten, bietet Microsoft die Remoteserververwaltungstools (Remote Server Administration Tools, RSAT) an. Diese lassen sich direkt zum Beispiel in Windows 11 Version 22H2 über die Einstellungs-App mit *Apps | Optionale Features* installieren. Hier sind die verschiedenen Verwaltungstools mit dem Präfix »RSAT« zu finden. An dieser Stelle können Sie zum Beispiel auf einer Arbeitsstation mit Windows 10/11 mit »RSAT: Server-Manager« auch den Server-Manager installieren. Von dieser Installation aus können Sie über das Netzwerk auf den Server zugreifen und ihn genauso verwalten wie am lokalen Bildschirm.

Die Tools müssen Sie in Windows 10/11 nicht mehr installieren, sondern können sie als optionale Features aktivieren, wenn Sie auf Windows 10/11 Pro oder Enterprise setzen. Mit den Tools aktivieren Sie auf einer Arbeitsstation mit Windows 10/11 Programme, die zur Verwaltung von Windows Server 2022 notwendig sind. Sie können über diesen Weg alle Verwaltungstools für jeden Serverdienst installieren, der sich auf Windows Server 2022 Essentials/Standard betreiben lässt.

Über den Server-Manager binden Sie in Windows 10/11 auf Anforderung auch mehrere Server im Netzwerk an, auf denen Windows Server 2022 Essentials/Standard installiert ist. Ebenso können Sie mit dem Server-Manager auf diesem Weg über Windows 10/11-Arbeitsstationen aus Serverrollen auf Servern installieren. Außerdem können Sie im Server-Manager von Windows Server 2022 andere Server mit Windows Server 2022 im Netzwerk verwalten sowie das Windows Admin Center auf Windows 10/11 installieren und Ihre Server parallel mit dem Windows Admin Center verwalten.

Remoteverwaltung mit dem Server-Manager

Im Vergleich zu den Vorgängern sind keine Neuerungen im Server-Manager zu sehen, außer der Information, dass Sie zur Verwaltung der Umgebung noch auf das Windows Admin Center setzen können. Die Server im Netzwerk lassen sich zentral im Server-Manager verwalten. Wenn Sie mehrere Server mit Windows Server 2022 Essentials installieren, können Sie von allen Servern aus mit dem Server-Manager auf alle anderen Server zugreifen.

Klicken Sie im Server-Manager auf *Dashboard*, können Sie über das Menü *Ansicht* die Willkommen-Kachel ausblenden und gewinnen Platz zur Verwaltung von Servern. Über die Programmgruppe *Verwalten* erstellen Sie eigene Servergruppen.

Dazu gruppiert der Server-Manager die verschiedenen Serverfunktionen zur besseren Verwaltung. Alle installierten Serverrollen zeigt der Server-Manager automatisch gruppiert an. Verwaltungswerkzeuge zeigt er direkt über das Menü *Tools* an. Hierüber lassen sich alle wichtigen Werkzeuge starten. So stört auch die neue Oberfläche nicht, da alle Verwaltungsaufgaben zentral im Server-Manager stattfinden. Diese Funktionen sind nach der Installation von RSAT auch in Windows 10/11 verfügbar.

Um im Server-Manager in Windows Server 2022 und Windows 10/11 weitere Server anzubinden, klicken Sie auf *Verwalten* und dann auf *Server hinzufügen*. Im Fenster können Sie anschließend nach Servern suchen, um sie im lokalen Server-Manager zu verwalten (siehe Abbildung 3.1). Auf diesem Weg erstellen Sie auch eigene Servergruppen, die Sie im Server-Manager zusammenfassen. Von diesen Gruppen können Sie dann Ereignismeldungen anzeigen lassen.

Um auf Servern im Netzwerk über den Server-Manager remote Rollen oder Features zu installieren, ist eine vorherige Anbindung notwendig. Im Assistenten zum Hinzufügen von zusätzlichen Rollen erscheint ein Fenster, über das Sie den Server auswählen können, auf dem Sie eine neue Rolle oder ein neues Feature installieren wollen. Dazu klicken Sie auf *Verwalten/Rollen und Features hinzufügen*.

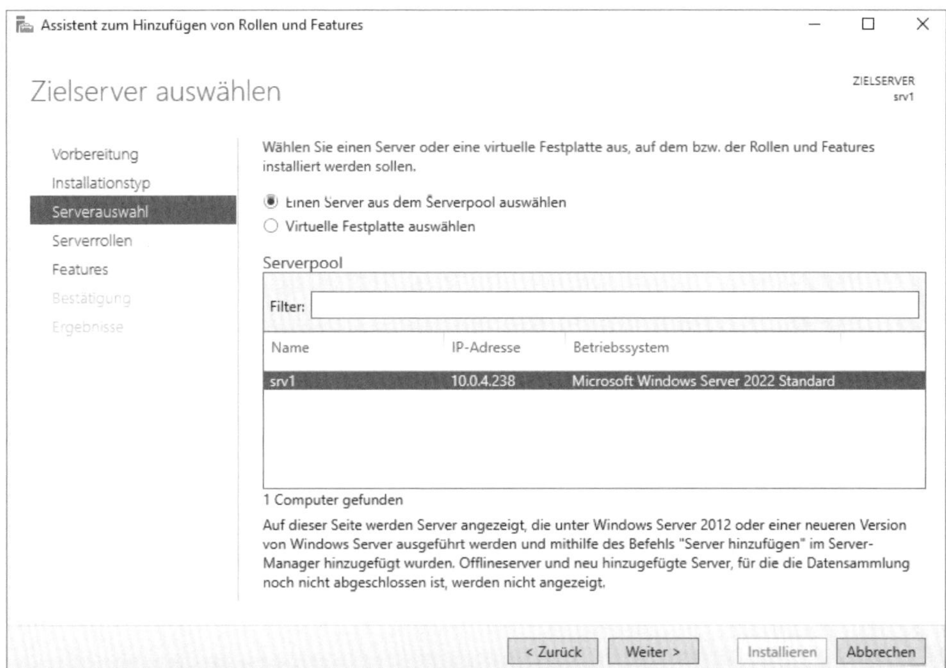

Abb. 3.1 Auswählen des Zielservers zur Installation von Serverrollen

In Windows Server 2022 sind die Assistenten zum Hinzufügen von Rollen und Features zusammengefasst. Das heißt, Sie können über einen einzelnen Assistenten mehrere Serverrollen und Features gemeinsam und auf einmal installieren. Das erspart unnötige Neustarts und Installationen, da alles in einem Arbeitsschritt erfolgt. Im Assistenten lassen sich aber nicht nur physische Server im Netzwerk auswählen, um Serverrollen zu installieren, sondern auch virtuelle Festplatten auf Hyper-V-Hosts.

Auf einem Server lassen sich mehrere Rollen parallel und gleichzeitig über den Assistenten zum Hinzufügen von Rollen und Features installieren. In Windows Server 2022 Essentials/Standard können Sie Features zusammen mit Rollen installieren, wenn Sie den Server-Manager verwenden. Über den Eintrag *Verwalten/Rollen und Features hinzufügen* im Server-Manager startet ein Assistent, über den Sie einzelne Rollen auswählen und installieren können, auch mehrere Rollen auf einmal.

Im Windows Admin Center sind Rollen und Features untereinander angeordnet. Zum Installieren verbinden Sie sich mit dem Server im Windows Admin Center und klicken auf *Rollen und Features*. Setzen Sie einen Haken bei der Rolle, die Sie installieren wollen, und klicken Sie danach auf *Installieren*. Auf demselben Weg können Sie mit *Deinstallieren* Serverrollen wieder entfernen.

Beim Abschluss der Installation erhalten Sie eine Zusammenfassung angezeigt und die Möglichkeit geboten, die Konfiguration in XML-Dateien zu exportieren. Mit dieser Datei können Sie die gleichen Rollen oder Features auf einem anderen Server installieren. Zusätzlich haben Sie die Möglichkeit, einen alternativen Pfad zu den Installationsdateien von Windows Server 2022 anzugeben. Hier sollten Sie auch die Option zum automatischen Neustart aktivieren.

In diesem Fall starten die Server automatisch neu, falls dies notwendig ist. Vor allem, wenn Sie Installationen von Serverrollen über das Netzwerk oder über eine RDP-Verbindung ausführen, ist dies sinnvoll, da viele Rollen die Netzwerkverbindung kappen können, zum Beispiel die Installation von Hyper-V. Damit der Assistent seine Arbeit erfolgreich fortsetzt, müssen Sie das Fenster nicht geöffnet lassen, sondern können es nach dem Start der Installation schließen.

Überall im Server-Manager lassen sich die anderen Server im Netzwerk schnell und einfach integrieren sowie verwalten. Über das Kontextmenü (siehe Abbildung 3.2) von Servern können Sie diese über das Netzwerk remote neu starten lassen, eine PowerShell-Sitzung auf dem Server starten oder eine RDP-Verbindung öffnen. Auch die Installation von Rollen und Features über das Netzwerk ist mit dem Kontextmenü möglich.

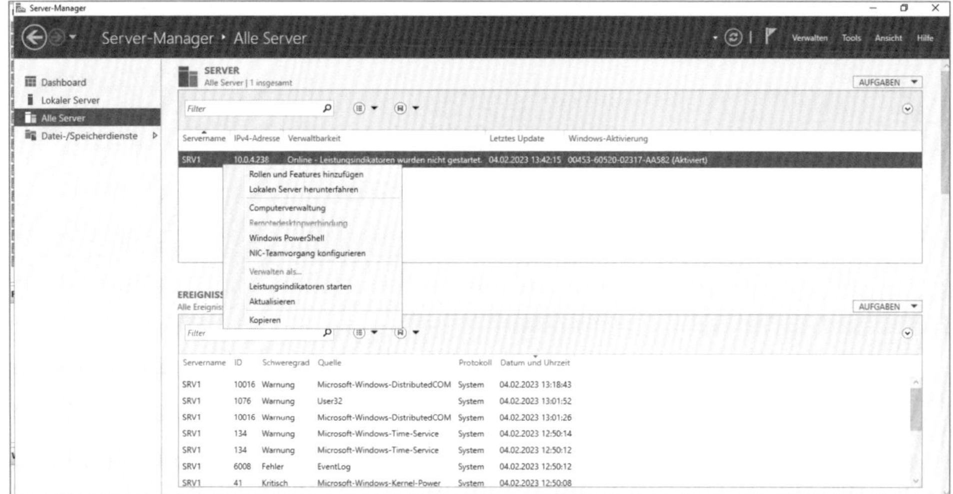

Abb. 3.2 Über das Kontextmenü von Servern lassen sich Verwaltungswerkzeuge von Windows Server 2022 auch in Windows 10/11 starten.

Im Server-Manager sehen Sie am Wartungscentersymbol im oberen Bereich, ob Fehler auf einem angebundenen Server vorliegen oder Maßnahmen zur Verwaltung notwendig sind. Sie können sich über diesen Weg in Windows 10/11 auch gesammelt alle Fehlermeldungen aller Server anzeigen lassen.

Klicken Sie in der Ansicht *Alle Server* auf einen Server im oberen Bereich, sehen Sie unten wichtige Fehlermeldungen der Ereignisanzeige. Im oberen Bereich ist außerdem zu sehen, ob die entsprechenden Server online sind und ob Windows Server 2022 aktiviert ist.

Nach der Installation von Windows Server 2022 sollten Sie im Server-Manager über das Kontextmenü der Server den Befehl *Leistungsindikatoren starten* ausführen, damit der Server über das Netzwerk überwachbar ist und die Best Practices Analyzer funktionieren und Daten abrufen können. Über das Kontextmenü der Server können Sie sich auch mit einem anderen Benutzernamen am Server anmelden, um diesen zu administrieren.

3.2 Troubleshooting: Erweiterte Startoptionen nutzen

Die erweiterten Startoptionen bieten Möglichkeiten zur Reparatur des Servers. Ich behandle in Kapitel 8 noch ausführlicher die Themen Datensicherung, Wiederherstellung und Reparatur von Windows Server 2022. Die erweiterten Optionen lassen sich zum Beispiel aufrufen, wenn der Server beim Starten einige Male abstürzt oder Sie den Windows-Start dreimal oder viermal abbrechen. Mit der Auswahl von *Starteinstellungen* starten Sie die Reparatur des Servers (siehe Abbildung 3.3). Dadurch können Sie oftmals Probleme in Windows Server 2022 beheben.

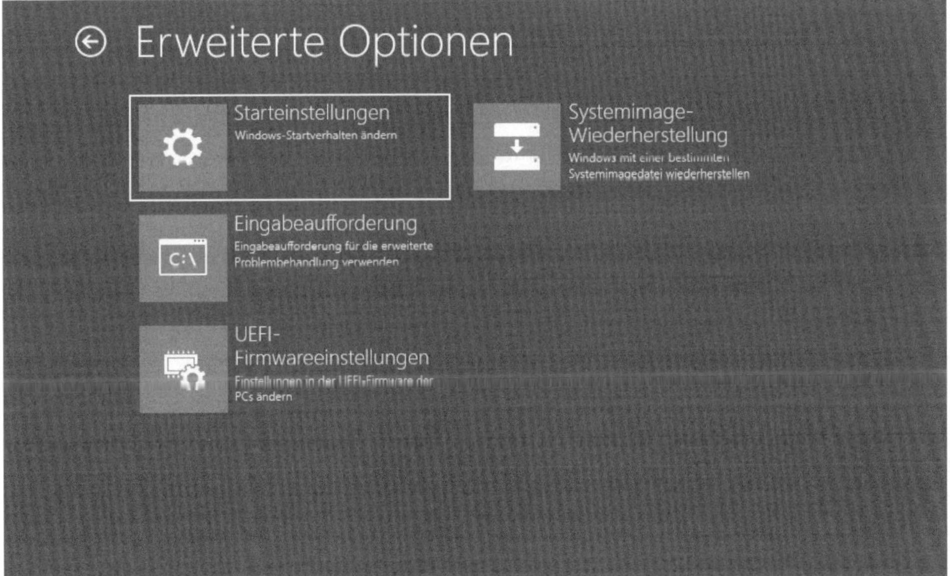

Abb. 3.3 Problembehandlung in Windows Server 2022 über die Starteinstellungen starten

Wenn Sie *Starteinstellungen* aufrufen, startet der Server mit einer Auswahl von Möglichkeiten, die dabei helfen, Windows Server 2022 wieder lauffähig zu bekommen, wenn das Betriebssystem nicht mehr ordnungsgemäß startet. In den nächsten Abschnitten gehe ich ausführlicher darauf ein.

3.2.1 Starten der automatischen Reparatur von Windows Server 2022

Nach dem Auswählen der Starteinstellungen über die Problembehandlung zeigt Windows Server 2022 ein Startmenü an (siehe Abbildung 3.4):

- **Computer reparieren** startet die Reparatur des Betriebssystems in der Recovery-Oberfläche.
- **Abgesicherter Modus** startet Windows mit den mindestens erforderlichen Treibern und Diensten.
- **Abgesicherter Modus mit Netzwerktreibern** startet Windows im abgesicherten Modus zusammen mit den für den Zugriff auf das Internet oder auf andere Computer im Netzwerk erforderlichen Netzwerktreibern und -diensten.
- **Abgesicherter Modus mit Eingabeaufforderung** startet Windows im abgesicherten Modus mit einem Eingabeaufforderungsfenster anstelle der normalen Windows-Benutzeroberfläche.
- **Startprotokollierung aktivieren** erstellt die Datei *Ntbtlog.txt*, in der alle Treiber aufgelistet werden, die beim Starten installiert werden und für die erweiterte Problembehandlung nützlich sein können.
- **Videomodus mit niedriger Auflösung aktivieren** startet Windows mithilfe des aktuellen Videotreibers und mit niedrigen Einstellungen für Auflösung und Aktualisierungsrate. Mithilfe dieses Modus können Sie die Anzeigeeinstellungen zurücksetzen.
- **Letzte als funktionierend bekannte Konfiguration** startet Windows mit der letzten funktionsfähigen Registrierungs- und Treiberkonfiguration.
- **Debugmodus** startet Windows in einem erweiterten Problembehandlungsmodus.
- **Automatischen Neustart bei Systemfehler deaktivieren** verhindert, dass Windows nach einem durch einen eigenen Fehler verursachten Absturz automatisch neu gestartet wird. Wählen Sie diese Option nur aus, wenn Windows in einer Schleife festgefahren ist, die aus Absturz, Neustart und erneutem Absturz besteht.
- **Erzwingen der Treibersignatur deaktivieren** ermöglicht, dass Treiber mit ungültigen Signaturen installiert werden.
- **Frühen Start des Treibers der Antischadsoftware deaktivieren** – In Windows Server 2022 startet der installierte Virenscanner wesentlich früher als in Windows Server 2008 R2. Das kann zu Problemen führen, wenn der Computer nicht mehr startet. Hier deaktivieren Sie diesen Schutz.

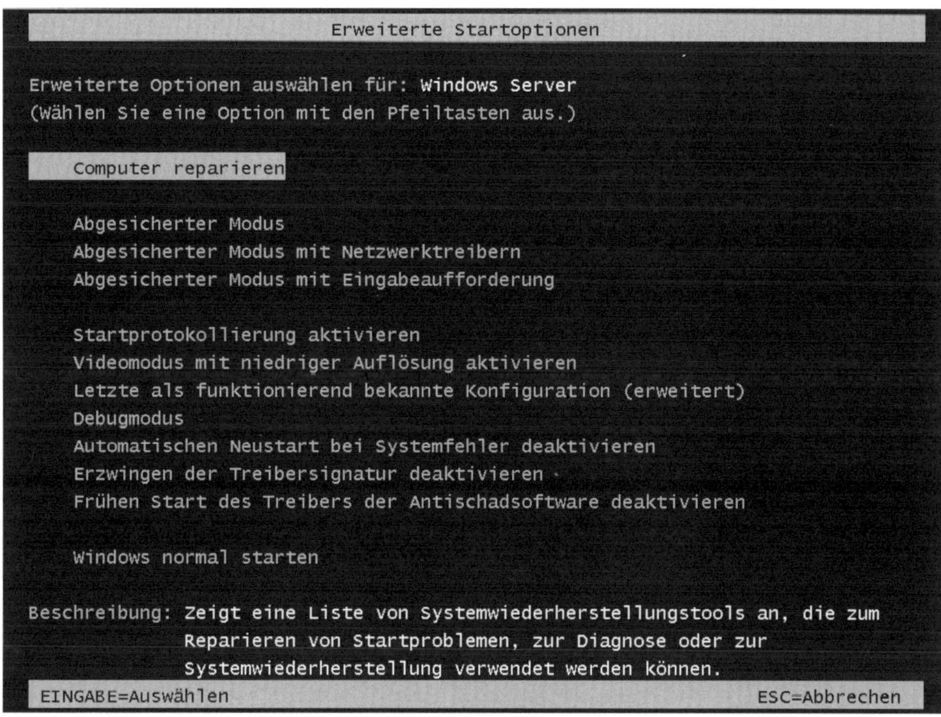

Abb. 3.4 Nutzen der erweiterten Startoptionen von Windows Server 2022

3.2.2 Windows Server 2022 im abgesicherten Modus starten

Wenn Windows Server 2022 nicht mehr ordnungsgemäß funktioniert, hilft oft der Start im abgesicherten Modus. In diesem werden nur notwendige Systemtreiber geladen. Administratoren haben in diesem Modus die Möglichkeit, Programme oder Treiber zu deinstallieren oder das Betriebssystem zu reparieren, damit es wieder optimal funktioniert.

Der abgesicherte Modus lässt sich in Windows Server 2022 auf mehreren Wegen starten. Der einfachste ist das Verwenden der Tastenkombination STRG+F8 während des Starts von Windows Server 2022. Allerdings ist es bei aktuellen Rechnern sehr schwer, den richtigen Moment zu treffen, da das Betriebssystem schneller startet als in den Vorgängerversionen. Zum Glück gibt es noch eine Möglichkeit, den abgesicherten Modus zu starten.

3.2.3 Abgesicherter Modus über msconfig.exe

Startet Windows Server 2022 noch, können Sie den abgesicherten Modus auch über die Systemkonfiguration (*msconfig.exe*) im Suchfeld des Startmenüs starten (siehe Abbildung 3.5). Rufen Sie das Tool auf und wechseln Sie zur Registerkarte *Start*. Aktivieren Sie das Kontrollkästchen *Abgesicherter Start*.

Klicken Sie auf *OK* und starten Sie dann den Rechner neu. Damit Windows 10/11 wieder normal startet, rufen Sie im abgesicherten Modus abermals *msconfig* auf und deaktivieren Sie den Modus wieder.

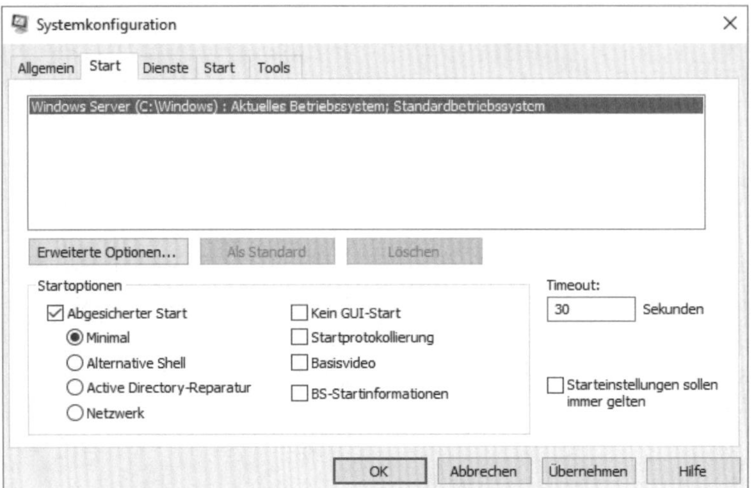

Abb. 3.5 Abgesicherter Modus über msconfig starten

3.3 Serverrollen mit dem Best Practices Analyzer überprüfen

Mit Windows Server 2022 erweitert Microsoft die automatische Überprüfung der Serverrollen durch Best Practices Analyzer. Diese gehören zu den Bordmitteln in Windows Server 2022 und stehen im Server-Manager auch für die Überprüfung von Serverrollen über das Netzwerk zur Verfügung (siehe Abbildung 3.6). Nahezu alle Serverrollen lassen sich dadurch überprüfen und das Ergebnis lässt sich zentral anzeigen. Sinnvoll ist die Überprüfung vor allem, wenn Sie Active Directory, Dateidienste und weitere Serverrollen installieren, wie in den nächsten Abschnitten beschrieben.

Installieren Sie Serverrollen und konfigurieren diese, gibt es oft fehlerhafte Konfigurationen. Dazu hat Microsoft den Best Practices Analyzer entwickelt, der regelmäßig die Server auf Konfigurationsprobleme überprüft und entsprechende Maßnahmen zur Beseitigung ausführt. Das ist gerade in kleinen Unternehmen sinnvoll, vor allem weil es hier meistens keine IT-Experten gibt, die sich den ganzen Tag um die Server kümmern. Außerdem sind auf Servern in kleinen Unternehmen in vielen Fällen mehrere Serverrollen auf einmal installiert. Diese Rolle interagieren miteinander und sollten regelmäßig durch den Best Practices Analyzer untersucht werden.

Die Ergebnisse dieser automatischen Überprüfung werden direkt in den einzelnen Kacheln der verschiedenen Serverdienste im Dashboard des Server-Managers integriert. Durch einen Klick auf eine Kachel wird schnell ersichtlich, ob Maßnahmen notwendig sind. Bei grün eingefärbten Kacheln ist alles in Ordnung, bei Kacheln in roter Farbe gibt es Probleme. Durch einen Klick auf das entsprechende Problem zeigt der Server-Manager Informationen an und gibt teilweise Tipps zur Behebung. Bei *BPA-Ergebnisse* sind die Informationen und Tipps des Best Practices Analyzers (BPA) verfügbar.

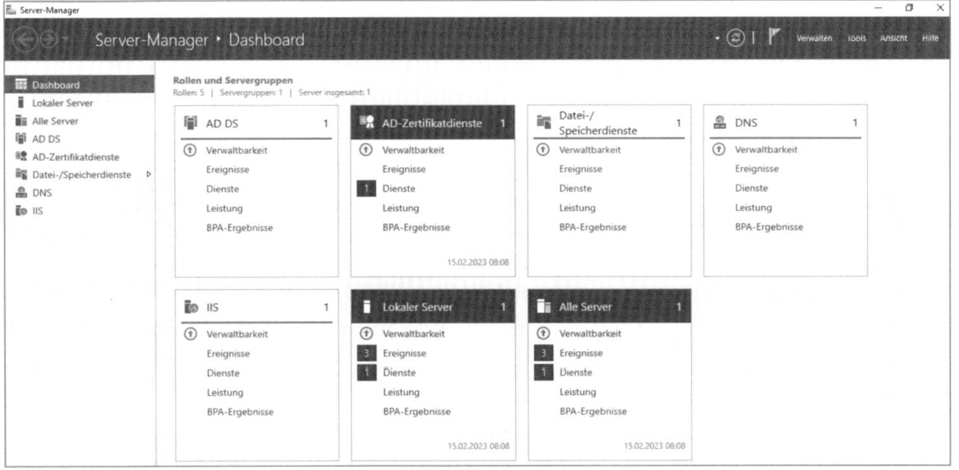

Abb. 3.6 Im Server-Manager lassen sich auf einen Blick Ergebnisse des BPA, aber auch Fehler des Servers anzeigen.

3.3.1 Überprüfen von Servern über das Netzwerk

In Windows Server 2022 lassen sich Server über den Server-Manager vollständig über das Netzwerk verwalten. Über *Verwalten/Server hinzufügen* lassen sich alle Windows Server 2022-Computer im Netzwerk zum Server-Manager hinzufügen (siehe Abbildung 3.7). Die Server ordnet der Server-Manager dann nach ihren Rollen und erstellt automatisch Servergruppen.

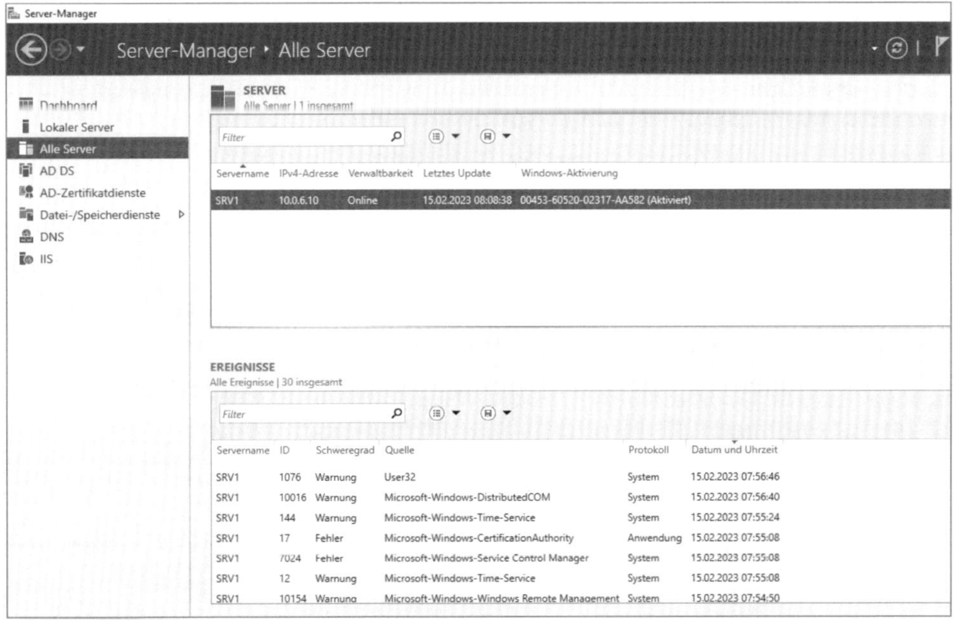

Abb. 3.7 Überwachen von Windows Server 2022 Essentials/Standard im Dashboard

Erste Schritte

Dadurch kann der Server-Manager zum Beispiel auch auf einer Arbeitsstation mit Windows 10 oder Windows 11 installiert werden und Informationen eines oder mehrerer Server auslesen. Dazu sollte aber ein eigenständiger Computer oder mindestens eine VM genutzt werden. Administratoren sollten keinesfalls auf dem gleichen Computer ihre tägliche Arbeit durchführen und parallel noch den oder die Server verwalten.

Im Dashboard des Server-Managers sind für alle Serverrollen die BPA-Ergebnisse aller Server zu sehen. Allerdings muss dazu zunächst ein Scan der Rechner im Netzwerk gestartet werden. Klicken Sie in der Ansicht *Alle Server* auf einen Server im oberen Bereich, sehen Sie unten wichtige Fehlermeldungen der Ereignisanzeige. Das hat generell nichts mit dem BPA zu tun, ist aber an der gleichen Stelle zu sehen und genauso relevant.

Im oberen Bereich ist außerdem zu erkennen, ob die entsprechenden Server online sind und ob Windows Server 2022 aktiviert ist. Diese Informationen haben nichts mit dem BPA zu tun, ergänzen aber dessen Informationen.

Nach der Installation von Windows Server 2022 sollten Sie im Server-Manager über das Kontextmenü der Server den Befehl *Leistungsindikatoren starten* ausführen, damit der Server über das Netzwerk überwachbar ist, die neuen Best Practices Analyzer funktionieren und Daten abrufen können. Über das Kontextmenü der Server können Sie sich auch mit einem anderen Benutzernamen am Server anmelden, um diesen zu administrieren. Die Leistungsindikatoren haben aber nur am Rande etwas mit dem BPA zu tun. Die eigentliche Aktivierung erfolgt nachträglich.

3.3.2 BPA für Windows Server 2022 Essentials starten

Öffnen Sie den Server-Manager und klicken Sie auf die Serverrolle, die überprüft werden soll. Durch einen Klick auf *Server* sind die Server mit dieser Rolle im Netzwerk zu sehen.

Hier sind allerdings nur die Server zu sehen, die Sie über *Verwalten/Server hinzufügen* dem lokalen Server-Manager hinzugefügt haben. Im unteren Bereich des Server-Managers findet sich der Bereich *Best Practices Analyzer*. Durch einen Klick auf *Aufgaben/BPA-Überprüfung starten* beginnt der Test der Serverrolle (siehe Abbildung 3.8). Zunächst müssen Sie aber den Server auswählen, den der BPA überprüfen soll.

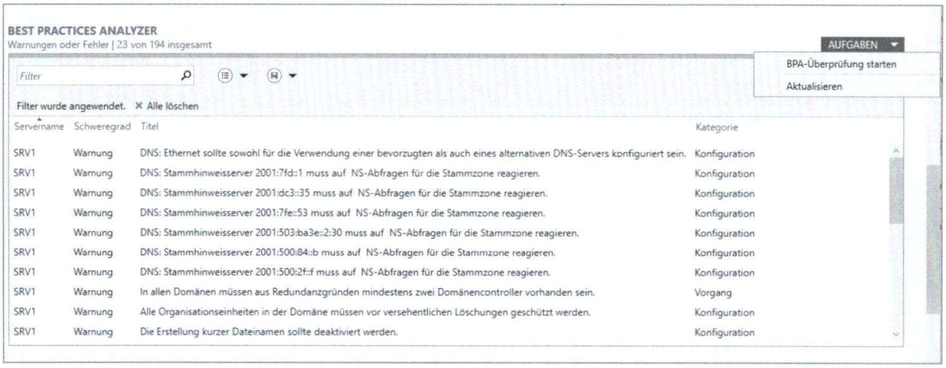
BEST PRACTICES ANALYZER
Warnungen oder Fehler | 23 von 194 insgesamt
AUFGABEN
BPA-Überprüfung starten
Aktualisieren
Filter
Filter wurde angewendet. ✕ Alle löschen
Servername Schweregrad Titel Kategorie
SRV1 Warnung DNS: Ethernet sollte sowohl für die Verwendung einer bevorzugten als auch eines alternativen DNS-Servers konfiguriert sein. Konfiguration
SRV1 Warnung DNS: Stammhinweisserver 2001:7fd::1 muss auf NS-Abfragen für die Stammzone reagieren. Konfiguration
SRV1 Warnung DNS: Stammhinweisserver 2001:dc3::35 muss auf NS-Abfragen für die Stammzone reagieren. Konfiguration
SRV1 Warnung DNS: Stammhinweisserver 2001:7fe::53 muss auf NS-Abfragen für die Stammzone reagieren. Konfiguration
SRV1 Warnung DNS: Stammhinweisserver 2001:503:ba3e::2:30 muss auf NS-Abfragen für die Stammzone reagieren. Konfiguration
SRV1 Warnung DNS: Stammhinweisserver 2001:500:84::b muss auf NS-Abfragen für die Stammzone reagieren. Konfiguration
SRV1 Warnung DNS: Stammhinweisserver 2001:500:2f::f muss auf NS-Abfragen für die Stammzone reagieren. Konfiguration
SRV1 Warnung In allen Domänen müssen aus Redundanzgründen mindestens zwei Domänencontroller vorhanden sein. Vorgang
SRV1 Warnung Alle Organisationseinheiten in der Domäne müssen vor versehentlichen Löschungen geschützt werden. Konfiguration
SRV1 Warnung Die Erstellung kurzer Dateinamen sollte deaktiviert werden. Konfiguration

Abb. 3.8 Aktivieren und Auswerten der Serverüberprüfung mit BPA

Sie können den Start für alle installierten Server-Rollen über *Alle Server* und den Bereich *Best Practices Analyzer* ausführen. Diese Überprüfung lässt sich ebenfalls auf Windows 10/11-Computern starten. Dazu installieren Sie die Remoteserververwaltungstools für Windows 10/11 auf dem Rechner und binden über den Server-Manager die entsprechenden Server an. Über *Aufgaben | BPA-Überprüfung starten* beginnt die Überprüfung.

Der Vorgang dauert natürlich etwas, vor allem wenn Sie auf dem Server mehrere Rollen installiert haben. Es ist sinnvoll, nach der Installation jeder Rolle, die ich in den nächsten Abschnitten vorstelle, die Überprüfung neu zu starten.

3.3.3 BPA auswerten

Wenn Sie die BPA-Überprüfung gestartet haben, stehen auf den einzelnen Kacheln im Server-Manager die Ergebnisse zur Verfügung. Diese sind sofort ersichtlich und lassen sich durch einen Klick auf die Kachel öffnen. Klicken Sie auf das Ergebnis der BPA-Überprüfung, zeigt der Server-Manager die gefundenen Fehler an. Hierüber lassen sich auch alle Fehler von allen Servern im Netzwerk anzeigen. Über *Alle Server* sind alle gefundenen Tipps des BPA zu sehen. Diese sollten Sie durchgehen, untersuchen und entscheiden, ob Sie sie über das Kontextmenü in Zukunft deaktivieren (selten empfehlenswert) oder beheben (empfehlenswert). Für die meisten Hinweise zeigt der BPA umfangreiche Hilfen an, wie sich die Probleme beheben lassen.

Über das Kontextmenü eines Ergebnisses lässt sich eine erneute Überprüfung für den entsprechenden Server starten, das Ergebnis ausblenden oder in die Zwischenablage kopieren, zum Beispiel für eine Recherche im Internet (siehe Abbildung 3.9). Wenn für eine Serverrolle für einen der Server im Netzwerk ein BPA-Ergebnis angezeigt wird, wechselt die Kachel die Farbe, genauso wie beim Auftreten von Ereignissen in der Ereignisanzeige. Auf diese Weise sehen Sie sofort, wenn für einen Server Verbesserungen möglich sind oder Fehler vorliegen. Durch das Ausschließen eines Ergebnisses lassen sich die einzelnen Meldungen deaktivieren. Über die Ansicht im BPA können Sie bei *Schweregrad*, *Server* und *Kategorien* das Ergebnis filtern lassen.

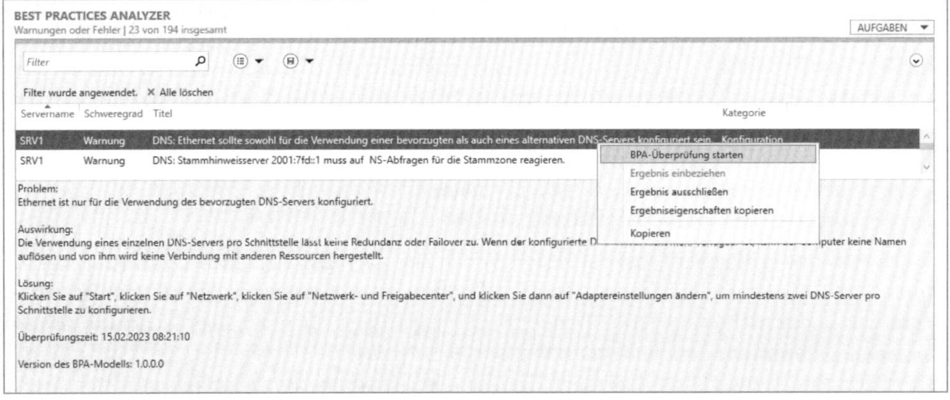

Abb. 3.9 Der BPA zeigt Probleme auf und zeigt auch gleich Lösungsvorschläge an.

Zusammenfassend stehen nach einem Scan mit dem BPA den Administratoren über *Aufgaben* im Bereich *Best Practices Analyzer* die Ergebnisse an verschiedenen Stellen zur Verfügung: in der Ansicht *Lokaler Server* für alle Rollen des lokalen Servers, über *Alle Server* für alle Rollen auf allen Servern und für alle Rollen. Klicken Sie im Server-Manager auf eine Serverrolle, können Sie die Ansicht nach dieser Rolle filtern lassen und erhalten hier auch alle Informationen von allen Servern.

3.4 Windows Admin Center in der Praxis

Das Windows Admin Center ist das empfohlene Werkzeug, mit dem Sie über einen Webbrowser die verschiedenen Server und Arbeitsstationen zentral verwalten können. Microsoft erweitert seine Funktionen mit jeder neuen Version. Die Installation erfolgt zunächst über die Installation eines Admin Center-Gateways. Dieses stellt den Zugriffspunkt für Webbrowser dar. Das Windows Admin Center können Sie aber nicht direkt auf dem Server installieren, wenn Sie darauf bereits Active Directory installiert haben.

Das Windows Admin Center funktioniert optimal mit Google Chrome und Microsoft Edge. Andere Browser unterstützen die Funktionen in der Verwaltungslösung derzeit noch nicht ausreichend. Im Internet Explorer kann das Admin Center nicht genutzt werden.

Das heißt, auf einem Server kann das Admin Center nur dann direkt geöffnet werden, wenn Chrome oder Edge installiert ist. Das ist natürlich für den Gateway-Endpunkt nicht notwendig. Der Browser wird nur auf dem zugreifenden Client benötigt.

Da bei Windows Server 2022 automatisch Microsoft Edge installiert ist, können Sie auch die grafische Oberfläche des Windows Admin Centers auf Servern öffnen.

Wenn im Webbrowser im Windows Admin Center eine Verbindung zu einem Server erfolgt, wird die Verbindung zwischen dem Gateway und dem entsprechenden Server hergestellt. Das heißt, alle Server kommunizieren mit dem Gateway, die Administratoren verwenden Webbrowser, zum Beispiel Google Chrome, und verbinden sich ebenfalls mit dem Gateway. Das Gateway kann auf Servern mit grafischer Oberfläche installiert werden, aber auch auf Core-Servern und Arbeitsstationen mit Windows 10/11. Beim Einsatz eines einzelnen Servers auf Basis von Windows Server 2022 Essentials sollte das Windows Admin Center idealerweise auf einer Arbeitsstation installiert werden, die zum Beispiel ein Benutzer oder Admin nutzt. Die Installation ist problemlos auf Computern möglich, mit denen die Benutzer auch normal arbeiten. Aus Sicherheitsgründen wird dies für größere Unternehmen nicht empfohlen, in kleinen Netzwerken ist es aber oft die Regel.

Bei Servern mit grafischer Oberfläche wird das Gateway über eine MSI-Datei in der grafischen Oberfläche installiert. Am besten ist die Installation auf einem Server mit Windows Server 2022, der nicht zum Domänencontroller heraufgestuft wird. Das Windows Admin Center bietet ähnliche Möglichkeiten wie der herkömmliche Server-Manager (siehe Abbildung 3.10). Auch PowerShell-Sitzungen und Remotedesktopverbindungen lassen sich direkt über das Windows Admin Center aufrufen, und zwar ohne Zusatzsoftware mit dem Webbrowser.

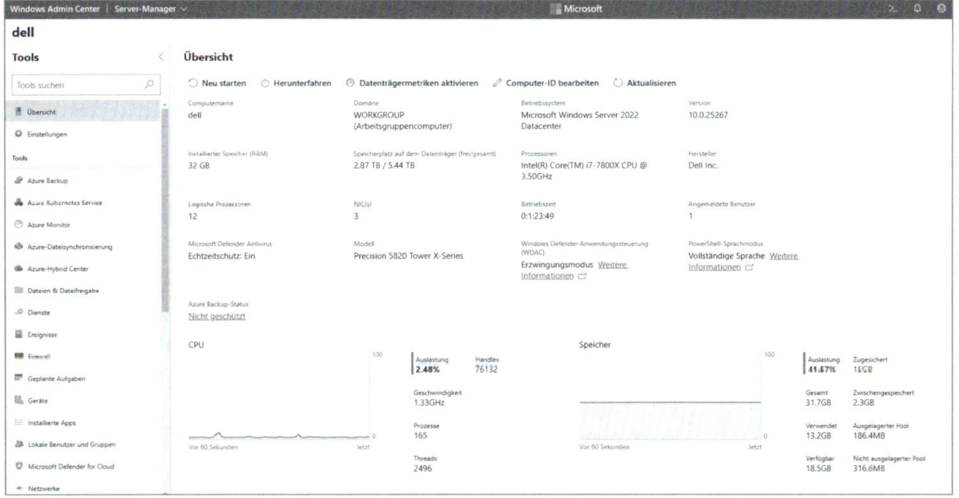

Abb. 3.10 Das Verwalten von lokalen Servern mit dem Windows Admin Center

Über das Zahnradsymbol am oberen rechten Bereich sind Einstellungen für das Windows Admin Center-Gateway zu finden. Hier lassen sich auch Einstellungen für einzelne Administratoren anpassen, zum Beispiel die Sprache. Auch die Anbindung an Microsoft Azure wird hier konfiguriert. Es ist durchaus auch für kleine Unternehmen sinnvoll, auf Dienste in Microsoft Azure zu setzen, zum Beispiel zum Sichern der Daten des Servers in die Cloud.

3.4.1 Admin Center-Gateway installieren und aktualisieren

Die Installation des Gateways besteht aus der Bestätigung weniger Fenster. Hier werden auch Zertifikate und Ports gesteuert. Erscheint eine neue Version des Windows Admin Centers, können Sie diese auf dem Gateway installieren. Die vorhandenen Einstellungen bleiben dabei erhalten. Innerhalb des Windows Admin Centers gibt es außerdem die Möglichkeit, in den Einstellungen über die Option *Updates* seine Aktualisierung zu automatisieren.

Nicht möglich ist die Installation des Windows Admin Centers auf Domänencontrollern und keinesfalls empfohlen ist die Installation auf Rechnern, mit denen webbasierte Dienste genutzt werden, wie zum Beispiel Exchange oder der IIS.

Das Gateway kann jederzeit wieder deinstalliert werden. Auch die vertrauenswürdigen Hosts auf einem Server lassen sich automatisch pflegen, zum Beispiel in Umgebungen ohne Domänen oder mit mehreren Gesamtstrukturen. Betreiben Sie das Windows Admin Center in einer Active Directory-Domäne, müssen Sie keine vertrauenswürdigen Hosts definieren. In diesem Fall arbeitet das Windows Admin Center mit den Berechtigungen in Active Directory. Das Gateway des Windows Admin Centers dürfen Sie aber nicht direkt auf einem Domänencontroller installieren, sondern nur auf einer Arbeitsstation oder einem Mitgliedsserver von Active Directory.

Die aktuellen Installationsdateien für das Windows Admin Center finden Sie auf der Seite *https://www.microsoft.com/de-de/windows-server/windows-admin-center.*

Im Rahmen der Installation wird auch der Port festgelegt und das Zertifikat angegeben, mit dem die Verbindung über SSL abgesichert wird. Wenn bei der Installation kein Zertifikat angegeben wird, verwendet das Admin Center ein selbst signiertes Zertifikat. Verbinden sich Administratoren mit dem Gateway, erhalten diese über den Webbrowser eine Zertifikatswarnung.

Die Verbindung des Webbrowsers von Administratoren erfolgt über das Gateway. Dieses verbindet sich wiederum mit WinRM und Remote-PowerShell oder WMI mit dem jeweiligen Server. Damit die Remoteverbindung zwischen den Servern funktioniert, müssen die Remoteverwaltungen auf den beteiligten Servern aktiviert sein.

3.4.2 Verbindungsaufbau zu Servern herstellen

Sobald der Gateway-Endpunkt für das Windows Admin Center installiert ist, kann über das Netzwerk mit der URL *https://<Gateway-Endpunkt>:Port* auf das Windows Admin Center zugegriffen werden (siehe Abbildung 3.11). Erscheint ein Fenster zur Anmeldung, muss der Benutzername eines Administrators eingegeben werden. Das Windows Admin Center nutzt zur Authentifizierung das Active Directory.

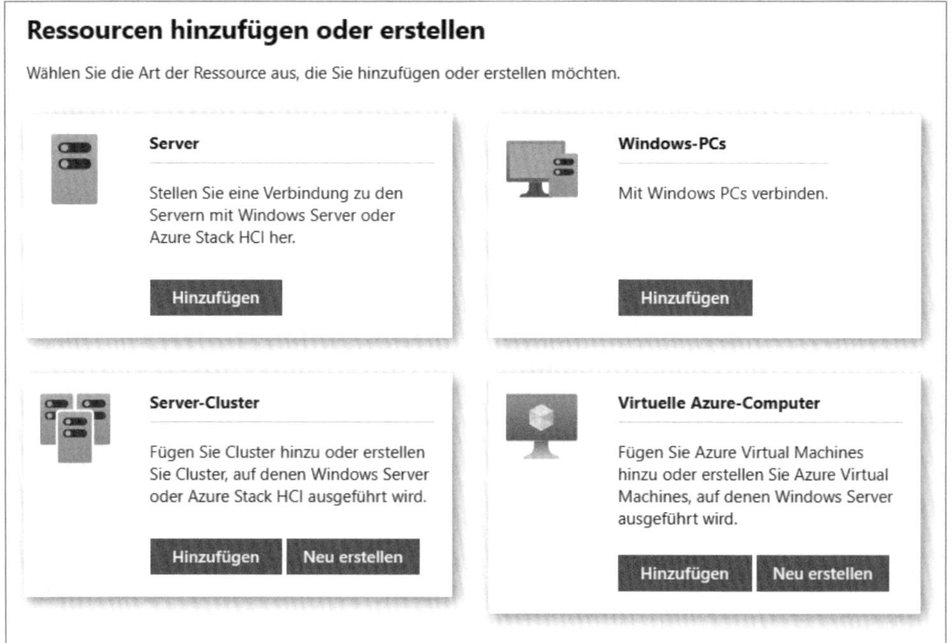

Abb. 3.11 Hinzufügen von neuen Objekten zum Windows Admin Center

Im Windows Admin Center lassen sich alle aktuellen Windows-Server im Netzwerk verbinden. Dazu werden zwischen dem Gateway und den Servern die standardmäßigen Remoteverbindungen von Windows-Servern genutzt. Das Hinzufügen von Servern erfolgt über den Button *Hinzufügen* und der anschließenden Auswahl des Objekts, das hinzugefügt werden soll.

Beim ersten Start erscheint ein Assistent, der über die Möglichkeiten des Windows Admin Centers informiert. Mit *Weiter* kann zur nächsten Seite des Fensters gewechselt werden. Ist die Einrichtung nach wenigen Sekunden abgeschlossen, zeigt der Browser das Startfenster des Windows Admin Centers an. Der Server, auf dem der Gateway-Endpunkt installiert ist, wird automatisch hinzugefügt. Weitere Server können jederzeit hinzugefügt werden.

Das Admin Center kann auch ganze Cluster und Arbeitsstationen hinzufügen. Alle Objekte lassen sich zentral im Webbrowser verwalten, sobald sich ein Administrator mit dem Gateway verbindet. Bei der Anbindung geben Sie den Namen des Servers ein oder dessen IP-Adresse. Auch die Anmeldeinformationen können Sie hier angeben und für Ihr Konto zwischenspeichern. Dadurch können Sie Server mit unterschiedlichen Benutzerkonten verwalten. Neben der manuellen Eingabe von IP-Adresse oder Servername können Sie auch das Active Directory nach neuen Servern durchsuchen.

3.4.3 Fehler bei der Verbindung beheben

Wenn keine Verbindung zum Windows Admin Center-Gateway erfolgen kann, kann zunächst mit dem folgenden Befehl überprüft werden, ob die Firewallregeln korrekt gesetzt sind:

Get NetFirewallRule -DisplayName "SmeInboundOpenException"

Von dem Rechner aus, mit dem eine Verbindung hergestellt werden soll, kann die Verbindung in der PowerShell getestet werden:

Test-NetConnection -Port <Port> -ComputerName <Gateway> -InformationLevel Detailed

Beispiel:

Test-NetConnection -Port 443 -ComputerName s1.joos.int -InformationLevel Detailed

Wenn auf dem Server die Installation nicht funktioniert, können Sie den Port löschen und für das Windows Admin Center neu belegen:

netsh http delete sslcert ipport=0.0.0.0:443

netsh http delete urlacl url=https://+:443/

Kann keine Verbindung zu einem zu verwaltenden Server aufgebaut werden, kann vom Windows Admin Center-Gateway getestet werden, ob eine Remote-PowerShell-Sitzung funktioniert:

Enter-PSSession <Server>

3.4.4 Server im Windows Admin Center verwalten

Durch einen Klick auf den Server, der im Windows Admin Center bereits verbunden ist, öffnet sich die Hauptseite des Admin Centers. Hier sind auf der linken Seite zunächst alle Bereiche zu sehen, die für die einzelnen Server konfiguriert werden können. Im oberen Bereich kann zwischen dem webbasierten Server-Manager, dem Cluster-Manager und der Computerverwaltung von PCs umgeschaltet werden (siehe Abbildung 3.12).

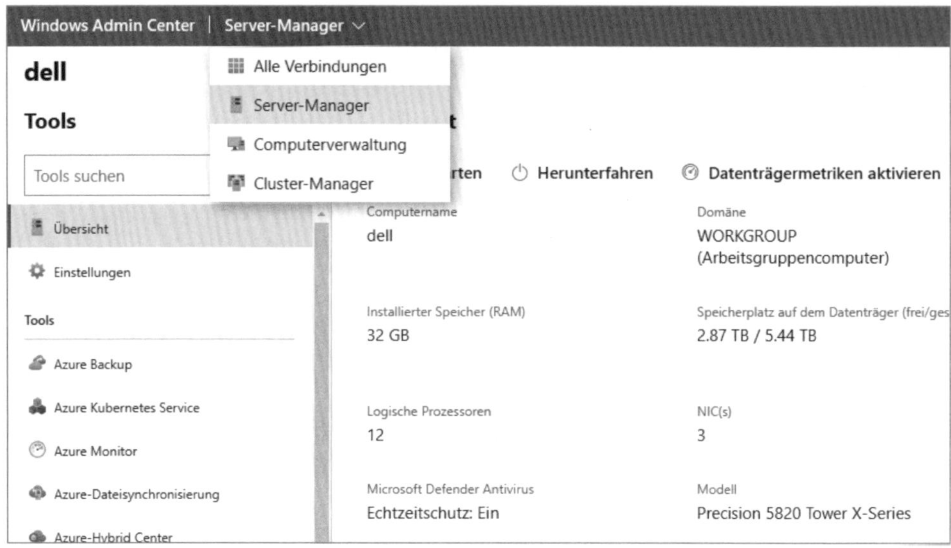

Abb. 3.12 Verschiedene Werkzeuge im Windows Admin Center

In der Mitte des Fensters werden im oberen Bereich verschiedene Befehle angezeigt und im unteren Bereich sind Informationen und Optionen zum Server zu sehen. Um Server anzubinden, wird zunächst über *Hinzufügen* im Hauptfenster des Windows Admin Centers eine neue Server-Verbindung hinzugefügt. Durch einen Klick auf *Windows Admin Center* wechseln Sie jederzeit in das Hauptmenü zurück.

Nach der erfolgreichen Anbindung werden die Server im Fenster angezeigt. Durch das Anklicken eines Servers wird eine Verbindung aufgebaut. Der Zeitpunkt der letzten Verbindung wird angezeigt. Über *Verwalten als* kann ein alternatives Benutzerkonto ausgewählt werden, mit dem der Server verbunden wird. Auch die Bearbeitung der Tags ist auf der Startseite des Windows Admin Centers möglich. Sobald der Server verbunden ist, kann er über die Befehle am linken Rand verwaltet werden. Hier lassen sich Serverrollen installieren, die Windows-Firewall anpassen, die Registry öffnen und vieles mehr. Das Windows Admin Center verfügt außerdem über einen Benachrichtigungsbereich. Durch einen Klick auf das Icon mit der Glocke oben rechts werden die durchgeführten Aktionen und Infos zu den Aktionen angezeigt.

Auf der Übersichtsseite kann der Server neu gestartet oder heruntergefahren werden. Auch das Ändern des Servernamens, inklusive Domänenmitgliedschaft, kann über *Computer-ID bearbeiten* erfolgen. Durch einen Klick auf einen Menüpunkt, zum Beispiel *Rollen und Features* oder *Firewall*, erscheinen auf der rechten Seite weitere Befehle und Informationen. Hier stehen die Menüpunkte *Übersicht*, *Regeln für eingehende Verbindungen* und *Regeln für ausgehende Verbindungen* zur Verfügung. Mit diesen Menüpunkten können nicht nur die Regeln überprüft, sondern auch angepasst, deaktiviert und aktiviert werden. Bei *Übersicht* ist zu sehen, welche Firewallprofile aktiv sind. Die Firewallregeln können im Webbrowser zusätzlich angepasst werden. Auch das Erstellen neuer Regeln ist möglich.

Auf diesem Weg lassen sich über das Netzwerk zahlreiche Einstellungen auf Servern vornehmen, bis hin zur Installation von Serverrollen und der Verwaltung von Windows-Updates. Für Hyper-V-Hosts lassen sich über den Server-Manager die virtuellen Switches konfigurieren. Auch Warnungen und Fehler werden hier angezeigt und lassen sich korrigieren.

Um mit dem Windows Admin Center Rollen zu installieren, klicken Sie den Menüpunkt *Rollen und Features* an. Danach zeigt das Fenster in der Mitte alle verfügbaren Serverrollen an. Hier sehen Sie bei *Status*, welche Rollen bereits installiert sind (siehe Abbildung 3.13). Durch einen Klick auf eine Serverrolle kann diese über das Fenster installiert oder deinstalliert werden. Ebenso lassen sich hier einzelne Rollendienste installieren oder deinstallieren.

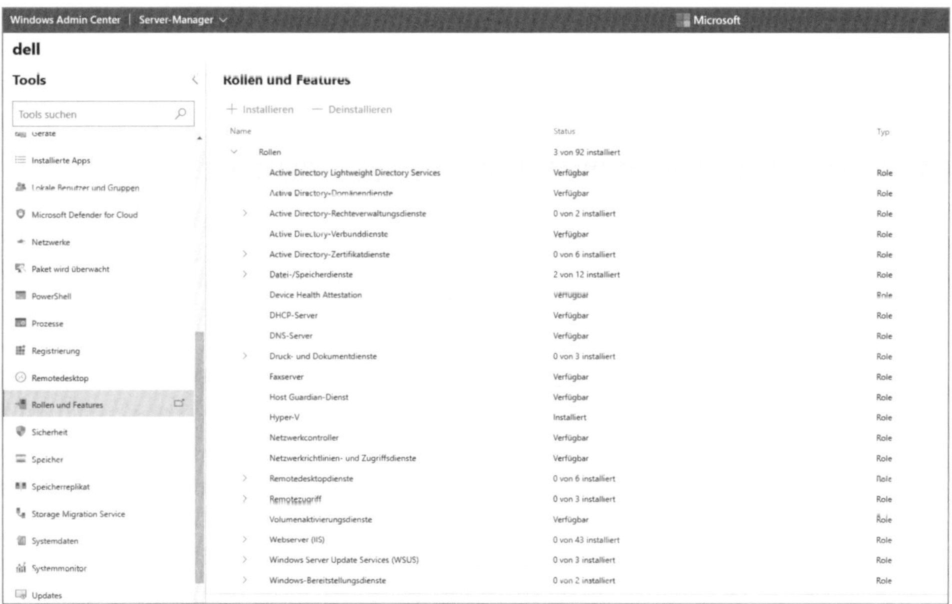

Abb. 3.13 Serverrollen im Windows Admin Center installieren

3.4.5 Datei-Explorer, Registry-Editor, PowerShell und Remotedesktop nutzen

Neben der Verwaltung von Serverrollen und Einstellungen für den Server kann über das Windows Admin Center auch auf das Dateisystem des Servers zugegriffen werden. Hier sind Dateiaktionen auf dem jeweiligen Server möglich und Dateien lassen sich vom PC, der mit dem Windows Admin Center verbunden ist, hoch- und herunterladen. Auch Informationen zu Dateien können angezeigt werden. Ordner können erstellt, Daten gelöscht und umbenannt werden. Der webbasierte Datei-Explorer ist über den Menüpunkt *Dateien und*

Dateifreigabe zu finden. An dieser Stelle können Sie später Freigaben erstellen, mit denen die Benutzer im Netzwerk Daten austauschen. Mehr zu diesem Thema erfahren Sie in Kapitel 7.

Wenn Sie über einen Webbrowser mit dem Windows Admin Center verbunden sind, lassen sich Dateien auf die Arbeitsstationen des Administrators herunter- und von dort zum verbundenen Server hochladen. Die Verbindung läuft auch hier über das Gateway. Für den Down- und Upload steht der Bereich *Dateien und Dateifreigabe* zur Verfügung (siehe Abbildung 3.14). Hierüber wird der webbasierte Datei-Explorer des Windows Admin Centers gestartet.

Über den Menüpunkt *Registrierung* kann wiederum der webbasierte Registry-Editor auf dem Server geöffnet werden. Neben dem Lesen von Einträgen in der Registry können Einträge exportiert und importiert werden. Auch das Bearbeiten von Schlüsseln und Werten sowie die Erstellung von Werten ist möglich.

Zusätzlich kann über *PowerShell* eine PowerShell-Sitzung im Webbrowser geöffnet werden, der Befehle auf dem remote gesteuerten Server ausführt. Mit *Remotedesktop* kann im Webbrowser eine Remotedesktopverbindung zum jeweiligen Server aufgebaut werden.

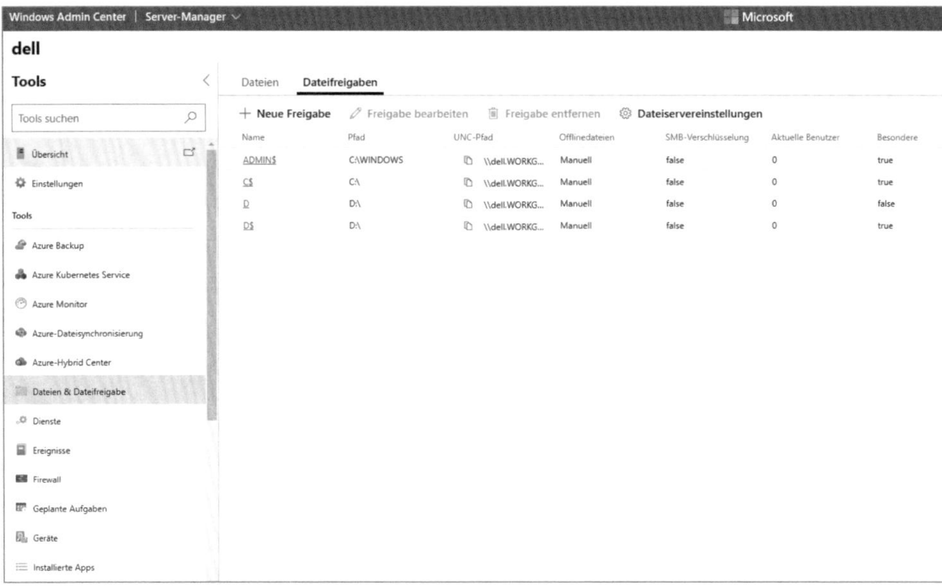

Abb. 3.14 Verwalten von Dateifreigaben über das Windows Admin Center

3.4.6 Gatewayzugriff steuern

Natürlich kann festgelegt werden, welche Administratoren Zugriff auf das Admin Center erhalten sollen und welche Server sie verwalten dürfen. Dazu steht im Admin Center die rollenbasierte Zugriffssteuerung zur Verfügung. In den Einstellungen des Gateways finden Sie links den Menüpunkt *Gatewayzugriff*. Hier können Sie steuern, welche Benutzergruppen das Recht erhalten, auf das Gateway zuzugreifen. Am besten setzen Sie an dieser Stelle auf Active Directory (siehe Abbildung 3.15). Mit der rollenbasierten Zugriffssteuerung kann über Active Directory-Benutzer und -Gruppen gesteuert werden, wer das Windows Admin Center nutzen darf.

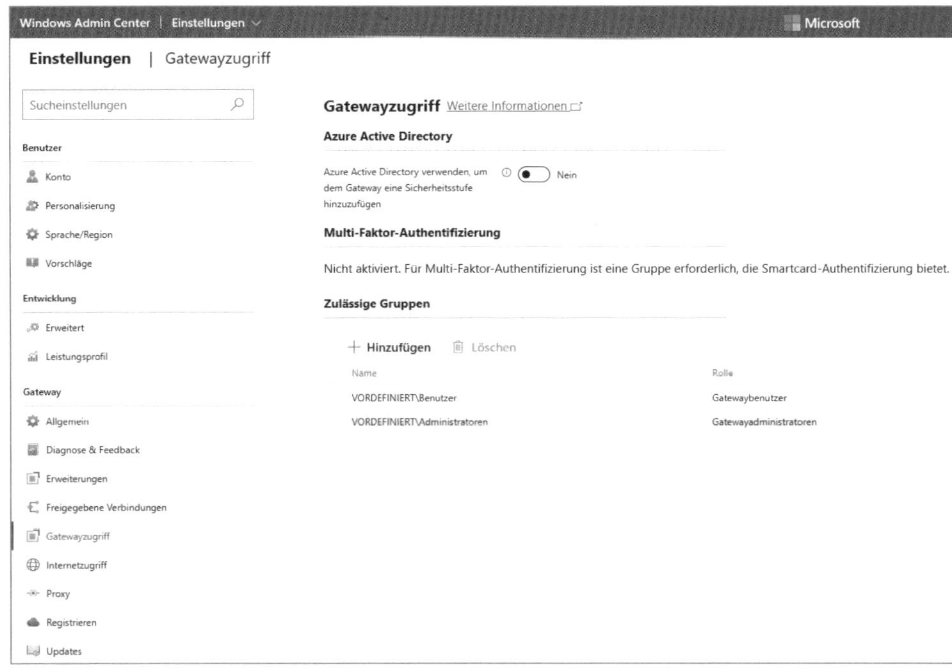

Abb. 3.15 Konfigurieren der Rechte für den Zugriff auf das Gateway

3.4.7 Zertifikat für das Windows Admin Center steuern

Wer das Windows Admin Center dauerhaft produktiv im Netzwerk einsetzt, sollte ein Zertifikat verwenden. Hier lassen sich die Active Directory-Zertifikatsdienste nutzen. Dazu muss dem Server mit dem Windows Admin Center-Gateway zunächst ein Zertifikat zugewiesen werden. Das Zertifikat kann über *certlm.msc* verwaltet werden.

Auch das Abrufen von neuen Zertifikaten kann hier erfolgen. In den Eigenschaften eines Zertifikats kann anschließend der Fingerabdruck auf der Registerkarte *Details* abgerufen werden. Der Fingerabdruck wird danach im Windows Admin Center hinterlegt. Dazu wird das Installationsprogramm aufgerufen und die Option *Ändern* ausgewählt. Auch bei einer Neuinstallation kann das Zertifikat verwendet werden, indem im entsprechenden Feld der Fingerabdruck des Zertifikats verwendet wird. Anschließend steht das Zertifikat zur Verfügung und das Windows Admin Center verwendet es in Zukunft für Verbindungen der Administratoren.

3.4.8 Erweiterungen für das Windows Admin Center

Im Windows Admin Center finden sich oben rechts die Optionen. Hier können Erweiterungen installiert werden (siehe Abbildung 3.16). Auch hier erweitert Microsoft die Funktionen mit jeder neuen Version. In den Erweiterungen werden Funktionen von Drittherstellern integriert, aber auch erweiterte Funktionen von Windows-Servern wie zum Beispiel der Windows Server Storage Migration-Assistent von Windows Server 2022.

Microsoft bietet außerdem eine API an, mit der sich Erweiterungen für das Admin Center programmieren lassen. Diese können direkt hinzugefügt werden. Dazu steht ein eigener Menüpunkt zur Verfügung.

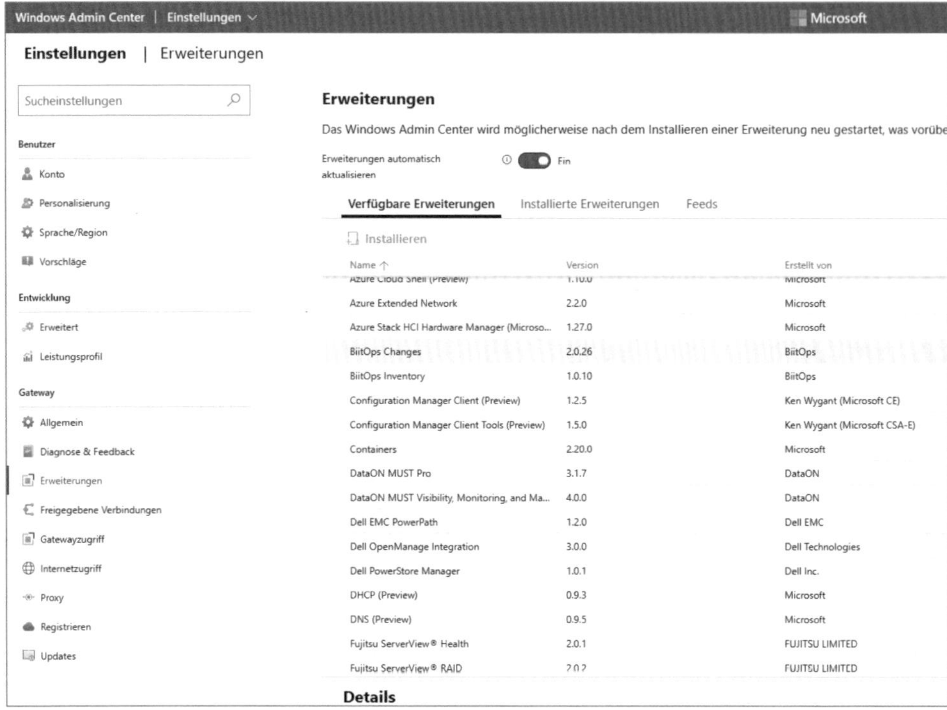

Abb. 3.16 Erweiterungen im Windows Admin Center installieren

3.4.9 Windows Admin Center und Microsoft Azure

Verbinden Sie das Windows Admin Center mit Microsoft Azure, können Sie nicht nur Azure-VMs im Windows Admin Center verwalten. Sie können Server im lokalen Netzwerk mit Azure Backup sichern, VMs mit Azure Site Recovery in Azure hochverfügbar replizieren und andere Funktionen von Microsoft Azure nutzen.

Lokale Netzwerke mit Azure verbinden: für KMUs sehr sinnvoll

Die interessantesten Funktionen in Microsoft Azure zur Unterstützung von lokalen Netzwerken sind Azure Backup, Azure Monitor, Azure Security Center und Azure Site Recovery. Es gibt weitaus mehr Funktionen, aber diese Dienste sind für lokale Netzwerke am geeignetsten. Kleine Unternehmen profitieren davon, dass sie Funktionen aus Azure nutzen können und dafür weder eigene Server betreiben noch Server verwalten müssen. Die Dienste lassen sich schnell und einfach buchen und über das Windows Admin Center sehr leicht verwalten.

Um das Windows Admin Center mit Microsoft Azure zu verbinden, müssen Sie die entsprechende Konfiguration nur auf dem Server vornehmen, auf dem das Admin Center-Gateway installiert ist. Sobald die Anbindung einmal erfolgt ist, erhalten Administratoren, die mit dem Webbrowser auf das Gateway zugreifen, auch Zugriff auf die Funktionen in Microsoft Azure, wenn sie dazu berechtigt sind.

Der Vorteil dabei besteht darin, dass die Anbindung an Microsoft Azure nur einmal durchgeführt werden muss. Danach stehen die Azure-Funktionen an verschiedenen Stellen zur Verfügung und können auf lokalen Servern eingebunden werden.

Zur Anbindung rufen Sie im Windows Admin Center über das Zahnradsymbol die Einstellungen auf. Über die Einstellungen des Gateways ist bei *Azure* der Assistent zu finden, mit dem die Anmeldung erfolgt. Danach stehen die verschiedenen Azure-Dienste im Netzwerk zur Verfügung (siehe Abbildung 3.17).

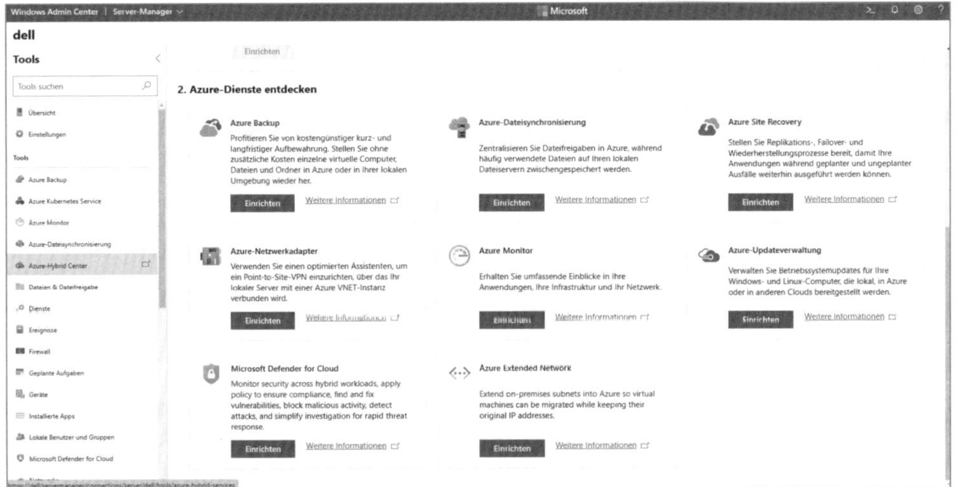

Abb. 3.17 Das Windows Admin Center verknüpft Windows Server 2022 Essentials mit Azure, zum Beispiel zur Sicherung der Daten in die Cloud.

Sobald das lokale Windows Admin Center-Gateway in Microsoft Azure registriert ist, wird der Status im Windows Admin Center angezeigt. An dieser Stelle kann die Registrierung auch wieder aufgehoben werden. Wenn die lokale Installation des Windows Admin Centers aktualisiert wird, übernimmt der Installationsassistent die Registrierung, sodass keine erneute Anmeldung an Microsoft Azure erfolgen muss.

Windows Admin Center als Brücke zwischen On-Premises und Microsoft Azure

Neben der Datensicherung von lokalen Servern und deren Daten mit Azure Backup in der Cloud können lokale Server mit Azure Monitor überwacht, mit Azure Update Management über die Cloud mit Patches versorgt und Daten mit Azure-Dateisynchronisation mit Azure synchronisiert werden. Dazu kommen Funktionen, um VMs von lokalen Hyper-V-Hosts mit der Cloud zu synchronisieren, zum Beispiel für mehr Verfügbarkeit. Container aus der Cloud können mit Azure Kubernetes Service mit dem Windows Admin Center auch an lokale Rechenzentren angebunden werden. Lokale Netzwerke können in die Cloud ausgedehnt werden, um bei Migrationen in die Cloud die lokalen IP-Adressen weiterhin nutzen zu können.

Windows Admin Center kostenlos bei Azure registrieren

Um mit dem Windows Admin Center On-Premises-Funktionen aus Azure auch kostenlos im lokalen Rechenzentrum zu nutzen, muss das Windows Admin Center-Gateway beim jeweiligen Azure-Abonnement registriert werden. Das erfolgt nach der Installation im Windows Admin Center über den Bereich *Azure Hybrid Center* und dem Link *Registrieren Sie Ihr Windows Admin Center-Gateway*.

Danach wird ein Fenster eingeblendet, in dem zunächst die Anmeldung an Microsoft Azure erfolgt und danach das Windows Admin Center an das jeweilige Abonnement angebunden wird. Der Vorgang dauert nur wenige Sekunden. Nach der Registrierung muss in den Einstellungen, die über das Zahnrad oben rechts zur Verfügung stehen, bei *Konto* ein lokales Konto für den Server hinterlegt werden, ebenso wie bei Microsoft Azure.

Wenn Azure und das Windows Admin Center miteinander verknüpft sind, stehen bei der Verbindung mit einem Server im Windows Admin Center bei *Azure-Hybrid Center* die verschiedenen Dienste zur Verfügung, mit denen sich Ressourcen aus Azure im lokalen Rechenzentrum nutzen lassen. Dienste, die bereits im Einsatz sind, lassen sich über den Menüpunkt *Installierte Dienste* anzeigen und verwalten. Hier sind Links verfügbar, mit denen der jeweilige Dienst und die entsprechenden Einstellungen im Azure-Portal aufgerufen werden können.

Azure Arc und lokale Server im Windows Admin Center nutzen

Im Bereich *Azure Arc* ist es mit wenigen Schritten möglich, lokale Server mit einem Agent an Azure anzubinden. Dadurch wird der Server zu einer Ressource in Azure, die sich im Portal verwalten und überwachen lässt. Die komplette Einrichtung erfolgt im Windows Admin Center. Nach kurzer Zeit ist der lokale Server im Azure-Portal über die jeweilige Ressourcengruppe verfügbar und kann dort verwaltet, gesichert, überwacht und angepasst werden.

Parallel dazu ist es für die Ressource des lokalen Servers im Microsoft Azure-Portal möglich, das Windows Admin Center im Azure-Portal zu aktivieren. Dadurch können berechtigte Admins des Servers über das Azure-Portal das Windows Admin Center in der Cloud aufrufen und den lokalen Server über den Azure Arc-Agent verwalten. Hier bestehen im Grunde genommen die gleichen Zugriffsmöglichkeiten wie bei der Verwaltung im lokalen Rechenzentrum. Es sind aber keinerlei Portfreigaben notwendig. Das Windows Admin Center wird innerhalb des Azure-Portals geöffnet und der Zugriff lässt sich natürlich entsprechend mit Berechtigungen absichern.

Neben Azure Arc, also der Verknüpfung des kompletten Servers als Ressource in der Cloud, ist es mit dem Azure-Hybrid Center jetzt möglich, zahlreiche Dienste aus Azure im lokalen Rechenzentrum einzubinden. Dabei erfolgt die komplette Konfiguration der Anbindung im Windows Admin Center über das *Azure-Hybrid Center*. Hier lassen sich zahlreiche Dienste wie Azure Backup für die Sicherung lokaler Daten in der Cloud nutzen.

Azure-Dateisynchronisierung ermöglicht zusammen mit Azure-Files den Aufbau von SMB-Freigaben, die über Azure verfügbar sind und mit dem lokalen Server synchronisiert werden. Häufig verwendete Dateien lassen sich dadurch mit der Cloud synchronisieren. Azure Site Recovery ist ein Dienst, mit dem sich komplette VMs in Hyper-V mit Azure synchronisieren lassen, ähnlich einem Cluster. Bei Ausfall eines Hosts können die VMs in Azure aktiv geschaltet werden und stehen unabhängig vom Rechenzentrum zur Verfügung, sodass lokale Anwender weiter mit den Diensten auf den Servern arbeiten können.

Azure Site Recovery lässt sich über einen Assistenten einrichten, der im Windows Admin Center über den Menüpunkt *Virtuelle Computer* mit *Jetzt einrichten* gestartet werden kann.

Natürlich lassen sich alle Aufgaben parallel und nachträglich auch im Azure-Portal steuern. Die Links dazu sind zum Beispiel bei *Installierte Dienste* über *Azure-Hybrid Center* verfügbar.

3.5 Azure Arc: Server über das Internet remote verwalten

Azure Arc hat die Aufgabe, eine Schnittstelle zwischen Servern und Azure aufzubauen. Dadurch können Unternehmen lokale physische oder virtuelle Server in Azure anbinden und mit Azure-Funktionen überwachen, verwalten und lokale Ressourcen auf lokalen Servern in Azure nutzen. Lokal betriebene Server mit Windows oder Linux können dadurch im Azure-Portal verwaltet werden. Das ist für kleine Unternehmen sinnvoll, da sie dadurch ihren Server über den bereits beschriebenen Azure-Agent über das Internet überwachen und verwalten können. Das geht im Einstieg kostenlos, was für KMU natürlich ideal ist.

3.5.1 Kostenlose Anbindung lokaler Server

Die Anbindung lokaler Server an Azure Arc erfolgt am besten über das Windows Admin Center. Dazu wird dieses zunächst bei einem Azure-Abonnement registriert, wie in den vorhergehenden Abschnitten beschrieben. Danach können Sie im *Azure-Hybridcenter* bei *Azure Arc einrichten* über *Einrichten* Ihren Server mit Windows Server 2022 Essentials an Azure anbinden (siehe Abbildung 3.18). Das geht sogar mit einem kostenlosen Abonnement von Microsoft Azure. Nutzen Sie Azure Backup, wie in Kapitel 8 beschrieben, können Sie Azure Arc parallel nutzen. Die Vorteile dazu zeige ich Ihnen in den nächsten Abschnitten.

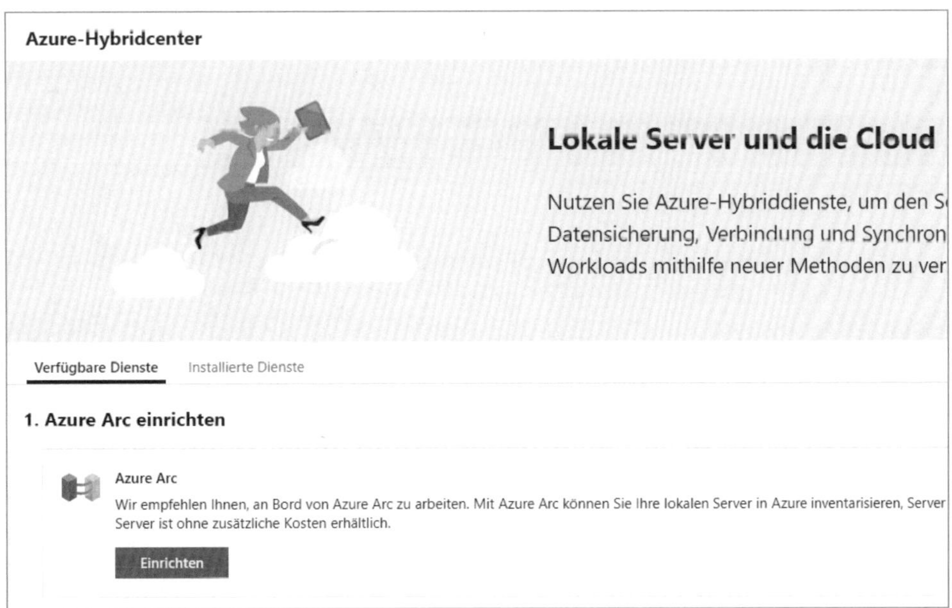

Abb. 3.18 Lokale Server an Azure Arc anbinden

Wählen Sie das verbundene Azure-Abonnement aus. Das geht an dieser Stelle problemlos mit einem kostenlosen Konto bei Microsoft Azure. Wählen Sie bei *Ressourcengruppe* die Option *Neu erstellen* aus und geben Sie dieser zum Beispiel den Namen des Servers, in diesem Beispiel »srv1«.

Nach der erfolgreichen Verbindung ist der Server im Azure-Portal in Azure Arc bei *Server* zu sehen. Das Portal zeigt den Status des Servers an und ob dieser erfolgreich mit Azure Arc verbunden ist. Über *Hinzufügen* können weitere Server hinzugefügt werden. Bei *Azure-Region* nutzen Sie *West Europe* (siehe Abbildung 3.19). Klicken Sie danach auf *Einrichten*.

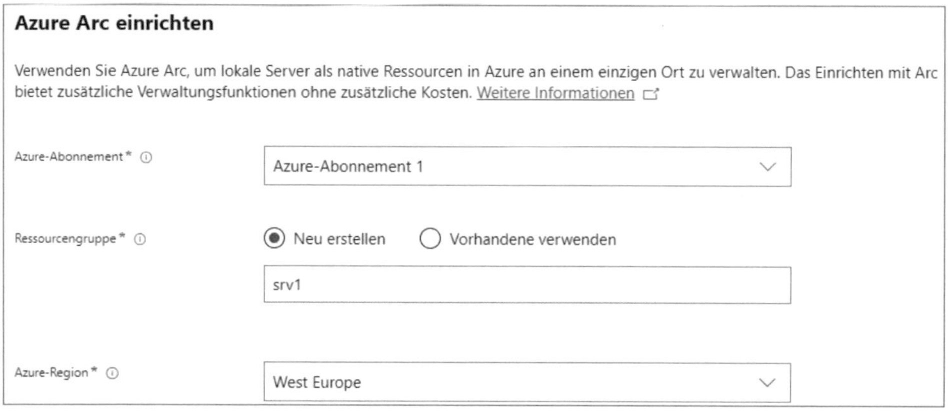

Abb. 3.19 Verbinden eines lokalen Servers mit Azure Arc

Bei dem Vorgang erstellt das Windows Admin Center die neue Ressourcengruppe und installiert auf Ihrem Server den Agent für die Verbindung mit Azure. Sie sehen die aktuellen Vorgänge oben rechts über das Icon mit der Glocke (siehe Abbildung 3.20). Nach kurzer Zeit sollte der Server erfolgreich eingerichtet sein.

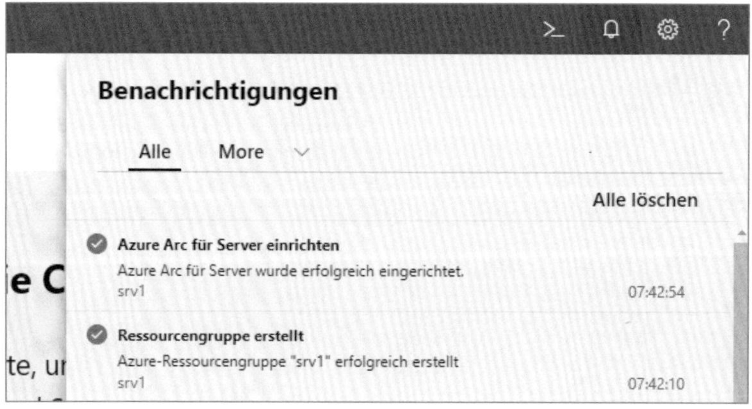

Abb. 3.20 Anbindung von Windows Server 2022 Essentials/Standard an Azure Arc

Überprüfen Sie nach der erfolgreichen Installation auf dem Server durch Eingabe von *appwiz.cpl*, ob auf dem Server der Azure Connected Machine Agent installiert ist. Danach können Sie direkt im Azure-Portal Ihren Server verwalten, auch wenn Sie unterwegs sind. Wie das geht, zeige ich Ihnen in den nächsten Abschnitten.

3.5.2 Lokal angebundene Server in Azure Arc verwalten

Nach der erfolgreichen Anbindung eines Servers an Azure Arc können dessen Einstellungen aufgerufen werden. Für Azure handelt es sich bei dem lokalen Server um eine Azure-Ressource und es lassen sich vielfältige Verwaltungsaufgaben durchführen. Dazu gehört die Anbindung an Azure-Policies, Inventarisierung und die Überwachung des Servers auf Sicherheitsprobleme.

Automatische Verwaltungsvorgänge sind genauso möglich wie das Verteilen von Updates über das Azure Update Management Center. In Azure lässt sich sogar eine cloudbasierte Version des Windows Admin Centers nutzen, um damit alle lokal angebundenen Server über das Azure-Portal zu verwalten. Dazu ist kein VPN notwendig. Stattdessen werden alle Abläufe vom Azure Arc-Agent auf den lokalen Servern gesteuert. Gesichert wird die Verbindung über das Azure-Portal.

Lokale Server, die an Azure über Azure Arc angebunden sind, unterstützen außerdem Änderungsverfolgung (Change Tracking). Dadurch lassen sich Konfigurationsänderungen nachverfolgen sowie Hard- und Software inventarisieren. Über Erweiterungen kann die Zusammenarbeit mit Azure noch intensiviert werden. So lassen sich zum Beispiel lokal betriebene SQL-Server eng mit Azure verknüpfen oder umfassende Überwachungsszenarien umsetzen.

Darüber hinaus ist es über das Azure-Portal möglich, lokal betriebene Server fernzuwarten. Der Zugriff ist zum Beispiel über SSH durchführbar. Öffnen Sie dazu über die Adresse *portal.azure.com* das Azure-Portal und klicken Sie auf *Alle Ressourcen*. Sie sehen im Fenster die einzelnen Ressourcen, die Sie in Azure haben (siehe Abbildung 3.21). Dazu gehört auch die neue Gruppe für den Server.

Abb. 3.21 Anzeigen von angebundenen Servern im Azure-Portal

Wenn Sie auf den Namen Ihres Servers klicken, öffnet sich eine Übersicht. Im unteren Bereich sind verschiedene Kacheln zu finden, mit denen Sie Verwaltungsaufgaben über das Internet direkt auf dem Server vornehmen können (siehe Abbildung 3.22).

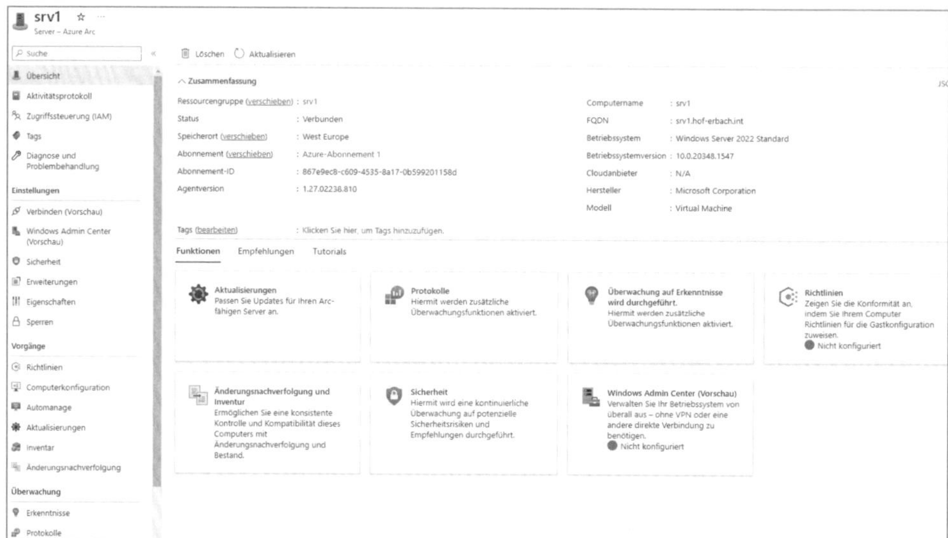

Abb. 3.22 Über das Azure-Portal lassen sich mit Azure Arc auch lokal betriebene Server verwalten und überwachen.

Durch einen Klick auf *Windows Admin Center (Vorschau)* starten Sie einen Assistenten, der Sie dabei unterstützt, den Server an das Windows Admin Center in Azure anzubinden. Danach können Sie den Server genauso von unterwegs oder zu Hause verwalten wie im lokalen Rechenzentrum. Sie brauchen dazu kein VPN und keine weitere Verbindung mit dem Server. Alles läuft verschlüsselt über den Azure Connected Machine Agent. Wählen Sie noch den gewünschten Port aus und schließen Sie die Einrichtung ab (siehe Abbildung 3.23).

Abb. 3.23 Anbindung von lokalen Servern mit Windows Server 2022 Essentials/Standard an das Windows Admin Center in Microsoft Azure

Sobald die Erweiterung erfolgreich installiert ist, zeigt das Azure-Portal das an. Danach ist bei *appwiz.cpl* auf dem Server neben dem *Azure Connected Machine Agent* noch *Windows Admin Center* zu finden. Außerdem finden Sie die Erweiterung über den Menüpunkt *Erweiterungen*, wenn Sie im Azure-Portal auf Ihren Server klicken. Hier können Sie mit *Hinzufügen* noch mehr Erweiterungen anbinden, die dann zum Teil aber kostenpflichtig sind. Beispiele dafür sind die Überwachung des Servers mit Azure Monitor oder Azure Extensions for SQL Server. Damit können Sie lokal betriebene SQL-Installationen in Azure nutzen, zum Beispiel für die Analyse von Daten in der Cloud.

Damit Sie sich anmelden dürfen, müssen Sie zuerst noch Benutzerkonten in der Cloud auswählen, die dazu berechtigt sein sollen – auch sich selbst. Klicken Sie dazu im Azure-Portal auf die Ressourcengruppe Ihres Servers und danach auf der linken Seite auf *Zugriffssteuerung (IAM)*. Hier legen Sie die Rechte fest, die Ihr Konto oder auch andere Konten für Ihren Server erhalten, zum Beispiel zur Anmeldung am Windows Admin Center.

Klicken Sie danach bei *Zugriff auf diese Gruppe gewähren* auf *Rollenzuweisung hinzufügen*. Wählen Sie *Windows Admin Center Administrator Login* aus und klicken Sie auf *Weiter*. Klicken Sie auf der nächsten Seite bei *Mitglieder* auf *Mitglieder auswählen*. Wählen Sie die gewünschten Benutzerkonten aus und fügen Sie diese hinzu. Mit der Schaltfläche *Überprüfen und zuweisen* schließen Sie den Vorgang ab. Das kann einige Sekunden dauern. Klicken Sie danach im Menü *Zugriffssteuerung (IAM)* bei *Mein Zugriff* auf *Zugriff anzeigen*, sehen Sie bei *Rollenzuweisungen* das Recht *Windows Admin Center* (siehe Abbildung 3.24).

Thomas Joos Zuweisungen – srv1

Aktuelle Rollenzuweisungen Berechtigte Zuweisungen

Zuweisungen für ausgewählte Benutzer, Gruppen, Dienstprinzipale oder verwaltete Identitäten, die in diesem Bereich gelten oder von diesem Bereich geerbt werden.

Nach Zuweisungsname oder Beschreibung suchen

Rollenzuweisungen (1)

Rolle	Beschreibung	Bereich	Gruppenzuweisung	Bedingung
Windows Admin Center	Let's you manage the OS of your...	Diese Ressource		Keine

Ablehnungszuweisungen (0)

Klassische Administratoren (1)

Rolle	Beschreibung
Dienstadministrator	Verfügt über Vollzugriff auf alle Ressourcen im Abonnement

Abb. 3.24 Überprüfen von Rollenzuweisungen über einen Server, der an Azure Arc angebunden ist

Wenn Sie danach in der Ressourcengruppe Ihres Servers auf den Menüpunkt *Windows Admin Center* auf der linken Seite klicken, können Sie sich mit der Schaltfläche *Verbinden* mit Ihrem lokalen Server verbinden. Die Verbindung läuft über den Azure Connected Machine Agent und das installierte Windows Admin Center. Ein VPN zu Ihrem Server ist nicht notwendig. Nach kurzer Zeit erscheint das Anmeldefenster des Windows Admin Centers. Hier müssen Sie sich mit dem Administrator-Konto des lokalen Servers authentifizieren, nicht mit den Anmeldedaten von Microsoft Azure (siehe Abbildung 3.25). An dieser Stelle können Sie auch Active Directory-Anmeldungen verwenden. Die Einrichtung zeige ich Ihnen im nächsten Kapitel. Die Anmeldung erfolgt nach der Syntax *<Server oder Domäne>\Benutzername*.

Abb. 3.25 Verbindungsaufbau zum Windows Admin Center über Azure Arc

Nach kurzer Zeit öffnet sich das Windows Admin Center genauso wie im lokalen Rechenzentrum und Sie können alle Dienste und Funktionen Ihres Servers über das Internet durch die gesicherte Verbindung des Azure Connected Machine Agent verwalten (siehe Abbildung 3.26).

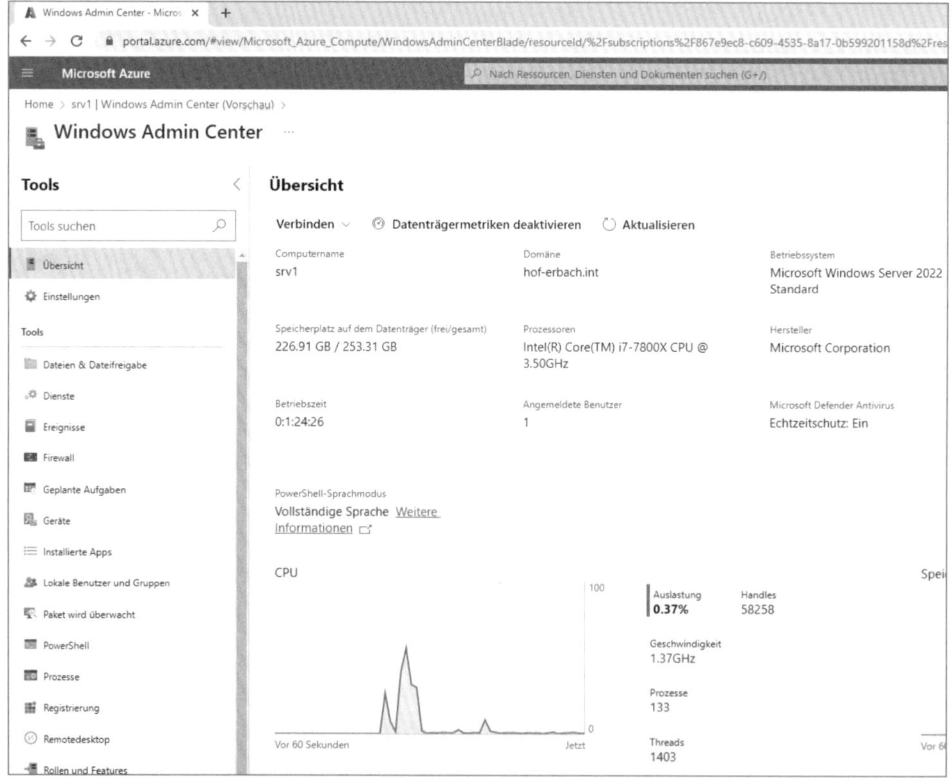

Abb. 3.26 Verwalten von Windows Server 2022 Essentials/Standard über Azure Arc mit dem Windows Admin Center

3.5.3 Remotedesktopverbindung zum Server über das Internet

Über den Menüpunkt *Remotedesktop* im Windows Admin Center können Sie Ihren lokalen Server über das Internet im Webbrowser per RDP verwalten. Dazu müssen Sie auf dem Server über *sysdm.cpl* auf der Registerkarte *Remote* die Option *Remoteverbindung mit diesem Computer zulassen* aktivieren. Geben Sie im Fenster für den Remotedesktop noch einmal den Benutzernamen und das Kennwort ein. Bestätigen Sie die Option *Automatisches Herstellen einer Verbindung mit dem Zertifikat, das von diesem Computer vorgeführt wird* und klicken Sie auf *Verbinden* (siehe Abbildung 3.27).

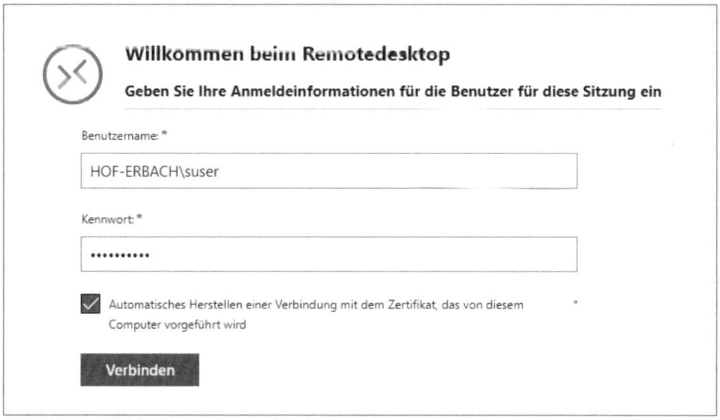

Abb. 3.27 Verbindungsaufbau zum lokalen Server per RDP über Azure Arc vom Azure-Portal

Danach öffnet sich ein Remotedesktop-Fenster und Sie können Ihren Server bequem über das Internet, abgesichert durch das Azure-Portal, remote verwalten und die gleichen Aufgaben durchführen wie lokal mit dem Windows Admin Center (siehe Abbildung 3.28). Parallel dazu lassen sich an dieser Stelle alle in diesem Kapitel beschriebenen Funktionen nutzen, die auch lokal genutzt werden können.

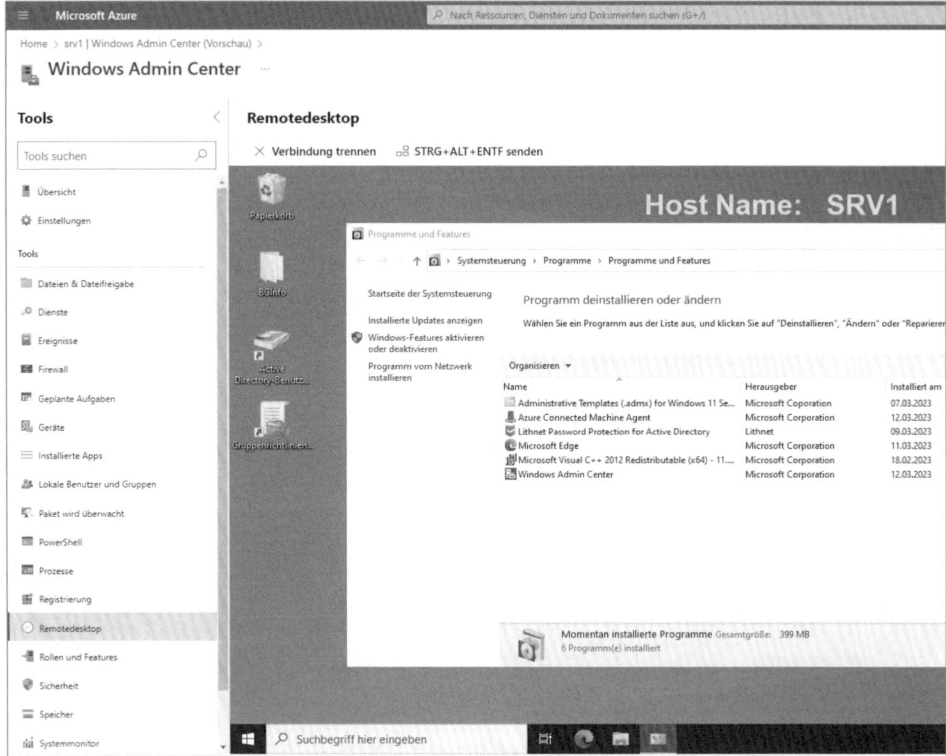

Abb. 3.28 Remoteverbindung über den Webbrowser und Azure Arc mit einem Server im lokalen Rechenzentrum

3.5.4 Sicherheits- und Updatecheck des Servers über das Windows Admin Center

Das Windows Admin Center ist dazu in der Lage, einen umfassenden Sicherheitscheck über den Webbrowser für Ihren Server vorzunehmen. Das lässt sich lokal genauso durchführen wie über Azure Arc und in der Cloud. Dazu verbinden Sie sich mit dem Windows Admin Center mit dem Server und klicken links auf den Menüpunkt *Sicherheit*. Überprüfen Sie zunächst, ob bei *Zusammenfassung* der *Echtzeitschutz* aktiviert ist. Mehr zu diesem Thema finden Sie in Kapitel 9. Überprüfen Sie bei *Schutzverlauf*, ob in letzter Zeit Viren auf dem Server gefunden wurden. Bei *Secured-Core* (siehe Kapitel 9) sollten idealerweise alle Optionen aktiviert sein (siehe Abbildung 3.29). Sind sie das nicht, aktivieren Sie sie.

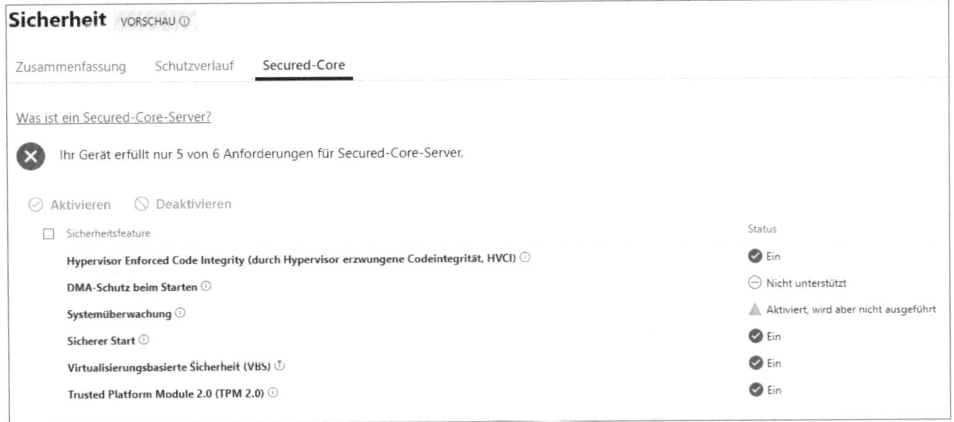

Abb. 3.29 Das Windows Admin Center hilft bei der Überprüfung der Sicherheitseinstellungen Ihres Servers.

Klicken Sie danach auf der linken Seite auf *Übersicht*. Hier müssen bei *Microsoft Defender Antivirus* der Wert *Echtzeitschutz: Ein* und bei *Windows Defender-Anwendungssteuerung* der Wert *Erzwingungsmodus* zu sehen sein. Windows Defender Application Control (WDAC) verhindert, dass gefährliche oder unerwünschte Anwendungen in Windows Probleme bereiten. Nicht genehmigte Anwendungen lassen sich so zuverlässig blockieren. WDAC kann Programme umfassend überwachen und auf verschiedenen Ebenen blockieren. Auch das Blockieren von Systemprogrammen oder Treibern kann auf diesem Weg durchgeführt werden.

3.6 OpenVPN, Pritunl, WireGuard, SoftEther: VPNs mit Open Source

Mit dem Aufbau eigener VPN-Umgebungen können Organisationen externe und mobile Mitarbeiter an das eigene Netzwerk anbinden, auch im Homeoffice. Es gibt dazu verschiedene Open-Source-Lösungen, die professionellen Anwendungen in nichts nachstehen, ganz im Gegenteil. Idealerweise sollten Sie das VPN direkt auf dem Router einrichten, der Ihr Netzwerk mit dem Internet verbindet. Kommen dazu Open-Source-Firewalls wie OPNsense zum Einsatz, kann parallel auf OpenVPN oder WireGuard gesetzt werden. Ich zeige Ihnen in diesem Abschnitt weitere Beispiele, die Sie aber idealerweise nicht auf dem Server mit Windows Server 2022 Essentials installieren sollten, sondern besser auf einem externen Gerät oder Mini-PC.

Damit sich externe Mitarbeiter oder Benutzer aus dem Homeoffice am lokalen Netzwerk in Unternehmen anmelden können, sind selbst gehostete VPNs in den meisten Fällen die beste Wahl. Es gibt verschiedene Open-Source-Lösungen in diesem Bereich, die relativ schnell einzurichten sind, eine hohe Sicherheit bieten und sogar kostenlos sind. Reichen die kostenlosen Versionen der in diesem Kapitel vorgestellten Lösungen nicht aus, können kostengünstig auch erweiterte Funktionen dazugebucht werden. Lösungen wie OpenVPN und WireGuard bieten darüber hinaus die Möglichkeit, zwei Standorte miteinander zu verknüpfen, indem an beiden Standorten ein OpenVPN- oder WireGuard-Server zum Einsatz kommt.

3.6.1 OpenVPN – seit Jahren etabliert und in vielen Geräten enthalten

Neben WireGuard gehört OpenVPN (*https://openvpn.net*) zu den bekanntesten Lösungen für den Aufbau einer selbst gehosteten VPN-Lösung. Ein OpenVPN-Server (*https://www.ip-insider.de/was-ist-openvpn-a-868729*) ist in vielen Firewalls und Routern bereits standardmäßig integriert, sodass in diesem Fall die Installation eines Servers entfällt. Dazu kommt die hohe Sicherheit, die gute Geschwindigkeit und gleichzeitig die relativ einfache Bedienung.

Mit OpenVPN können Admins umfassende Einstellungen bezüglich Sicherheit und Authentifizierung vornehmen. Außerdem gibt es OpenVPN-Clients für so gut wie jedes Betriebssystem und Endgerät, auch für iOS und Android. Natürlich lassen sich Windows, Linux und macOS ebenfalls an denselben Server anbinden. Sichere Anmeldungen mit 2FA, PAM, LDAP und Active Directory sind standardmäßig enthalten.

In Appliances wie OPNsense (*https://opnsense.org*) sind Firewall-Technologien und gleichzeitig VPN-Funktionen wie OpenVPN und WireGuard integriert, sodass der Aufbau eines eigenen VPN-Servers als VM erfolgen kann.

In dem Artikel »Home Office mit OpenVPN und OPNsense« (*https://www.ip-insider.de/home-office-mit-openvpn-und-opnsense-a-934146*) zeige ich die Einrichtung eines VPN mit OPNsense in der Praxis. Auch der Artikel »So stellen Sie OpenVPN und andere Dienste mit Proxmox bereit« (*https://www.ip-insider.de/so-stellen-sie-openvpn-und-andere-dienste-mit-proxmox-bereit-a-937136*) zeigt Möglichkeiten, wie OpenVPN in der Praxis eingesetzt werden kann.

Zusätzlich zu der Möglichkeit, Clients von extern an das eigene Netzwerk anzubinden, ist es mit OpenVPN möglich, mehrere Standorte miteinander zu verknüpfen. In diesem Fall können Clients mit Servern aus anderen Standorten kommunizieren, ohne dass auf diesen ein OpenVPN-Client installiert und eingerichtet sein muss.

3.6.2 WireGuard – der Platzhirsch beim Aufbau von VPNs

Ohne Zweifel ist das relativ neue WireGuard-Protokoll (*https://www.wireguard.com*) aktuell der Platzhirsch, wenn es darum geht, VPNs zwischen Standorten oder für mobile Anwender und Homeoffice anzubinden. Viele namhafte Hersteller nehmen das VPN-Protokoll in ihre Umgebung mit auf und ermöglichen dadurch den Aufbau von VPN-Verbindungen über das WireGuard-Protokoll. Auch im Linux-Kernel ist WireGuard enthalten.

Zuletzt wurde WireGuard durch die Integration in aktuelle FRITZ!Boxen noch bekannter. Es hat den Vorteil, eine sehr schlanke, sichere und gleichzeitig enorm leistungsstarke VPN-Lösung zu sein. Ursprünglich wurde WireGuard für Linux entwickelt, steht aber auch für Windows, macOS und BSD zur Verfügung. Dazu kommt die Integration in viele Firewalls, auch im KMU-Bereich.

WireGuard ist ähnlich schnell eingerichtet wie OpenVPN. Verbindungen können auf dem Austausch öffentlicher Schlüssel erfolgen. Die verwendete Kryptografie ist sehr fortgeschritten und bietet auch für kleine Unternehmen einen hohen Schutz. Ein großer Vorteil von WireGuard gegenüber anderen Lösungen wie OpenVPN ist die sehr viel geringere

Bandbreite, die für eine leistungsstarke Verbindung notwendig ist. Dadurch sind die Verbindungen sehr viel schneller, da es kaum Overhead für das VPN gibt. Wireguard nutzt vor allem UDP-Verbindungen, die sehr schnell sind. Es ist aber auch mit OpenVPN möglich, auf UDP zu setzen.

Beim Aufbau eines leistungsstarken, schnellen und sicheren VPNs setzen aktuell viele Unternehmen entweder auf OpenVPN oder auf WireGuard. Wer in seiner Umgebung nicht sicher ist, welches der beiden Protokolle zum Einsatz kommen soll, kann kostengünstig auch parallel zwei verschiedene VPNs aufbauen. Aktuell ist WireGuard allerdings das schnellste VPN-Protokoll auf dem Markt.

WireGuard-VPN auf der FRITZ!Box verfügbar machen

Das WireGuard-Protokoll lässt sich auf FRITZ!Boxen nutzen, allerdings muss die FRITZ!Box mindestens auf Version 7.3.x aktualisiert sein, besser auf 7.5.x. Nach der Installation von FritzOS steht auf FRITZ!Boxen über das Menü *Internet | Freigaben* die Registerkarte *VPN (WireGuard)* zur Verfügung (siehe Abbildung 3.30). Das Menü ist aber nur dann zu sehen, wenn die Firewall auf der FRITZ!Box aktiv ist. Kommt die FRITZ!Box als IP-Client hinter einer Firewall zum Einsatz, lässt sich WireGuard nicht nutzen, die entsprechende Registerkarte fehlt.

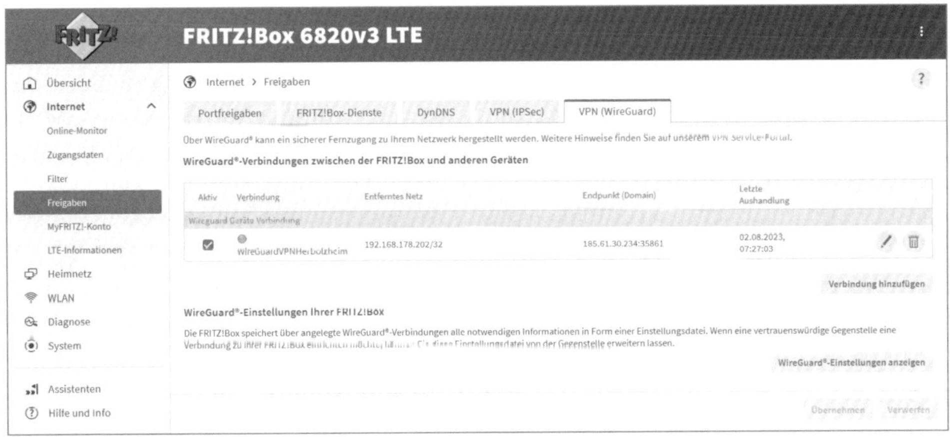

Abb. 3.30 WireGuard lässt sich in KMUs auch auf FRITZ!Boxen aktivieren.

Damit WireGuard zum Einsatz kommen kann, müssen erst verschiedene Voraussetzungen getroffen werden. Zunächst muss die FRITZ!Box an ein MyFritz!-Konto angemeldet sein. Das Konto ist kostenlos und Voraussetzung für den Einsatz von WireGuard. Beim Einsatz einer dynamischen IP-Adresse, was beim Einsatz einer FRITZ!Box meistens der Fall ist, wird eine DynDNS-Adresse benötigt. Auch diese ist kostenlos. Die Einrichtung von MyFritz läuft in der Weboberfläche über den Bereich *MyFritz!-Konto* unter *Internet*.

Um DynDNS zu nutzen, muss eine Registrierung beim entsprechenden DynDNS-Dienst erfolgen. Hierfür gibt es im Internet zahlreiche Anbieter, zum Beispiel der kostenlose Dienst *No-IP.com* oder Dienste wie *DynDNS.org*, *selfhost.de* oder auch *Strato*. Danach kann bei *Internet | Freigaben* auf der Registerkarte *DynDNS* die Anbindung der FRITZ!Box an den jeweiligen Dienst erfolgen. Sobald die beiden Voraussetzungen konfiguriert sind und die FRITZ!Box alle notwendigen Daten aktualisiert hat, lässt sich das WireGuard-VPN einrichten.

Die Verbindung mit einem WireGuard-VPN erfolgt über einen Client, der für die meisten Betriebssysteme direkt auf der Webseite von WireGuard zur Verfügung gestellt wird (*https://www.wireguard.com/install*). Im App Store von Apple (*https://itunes.apple.com/us/app/wireguard/id1441195209?ls=1&mt=8*) und in Google Play (*https://play.google.com/store/apps/details?id=com.wireguard.android*) stehen die Apps für Mobilgeräte zur Verfügung. Bei Smartphones oder Tablets kann die Einrichtung des VPNs auch durch das Scannen eines QR-Codes erfolgen, der auf der Webseite der FRITZ!Box im Bereich der Konfiguration des VPNs angezeigt wird.

Für eine Verbindung zu einem WireGuard-VPN wird eine Verbindungsdatei benötigt, die im Rahmen der Einrichtung von WireGuard-VPN auf der FRITZ!Box erstellt wird. Diese Datei wird für jeden Client erstellt. Die Konfigurationsdatei kann jederzeit direkt auf der Weboberfläche der FRITZ!Box im Bereich der Konfiguration des WireGuard-VPNs neu heruntergeladen werden.

Einrichtung von WireGuard auf der FRITZ!Box

Die Einrichtung eines WireGuard-VPN auf der FRITZ!Box startet über die Schaltfläche *Verbindung hinzufügen* auf der Registerkarte *VPN (WireGuard)*, die wiederum bei *Internet | Freigaben* auf der FRITZ!Box zu finden ist (siehe Abbildung 3.31).

Hier kann ausgewählt werden, ob eine *Vereinfachte Einrichtung* oder eine *Benutzerdefinierte Einrichtung* erfolgen soll. Bei der benutzerdefinierten Einrichtung ist es möglich, zwei FRITZ!Boxen oder andere WireGuard-Server über das Internet per VPN zu verbinden. Dadurch sind alle Clients, die sich in den jeweiligen Netzwerken befinden, miteinander verbunden, ohne dass hier der WireGuard-Client installiert oder konfiguriert werden muss.

Nach dem Klicken auf *Weiter* wird entweder der Name der Verbindung eingegeben oder es sind weitere Daten notwendig, wenn die benutzerdefinierte Einrichtung gewählt wurde. Das Erstellen einer neuen VPN erfordert die Bestätigung einer Taste auf der FRITZ!Box oder der Eingabe einer Nummer auf einem mit der FRITZ!Box verbundenen Telefon.

Danach erstellt die FRITZ!Box das VPN und zeigt den QR-Code für Smartphones und Tablets an sowie einen Link für den Download einer Konfigurationsdatei, die wiederum für PC-Clients benötigt wird. Nach der Einrichtung sind an dieser Stelle alle Clients zu sehen, die sich mit dem WireGuard-VPN verbinden dürfen. Über die Schaltfläche *WireGuard-Einstellungen anzeigen* kann in der Weboberfläche die Verbindung zu den einzelnen Clients angepasst werden. An dieser Stelle ist es möglich, die entsprechenden Konfigurationsdateien für den Client noch einmal herunterzuladen.

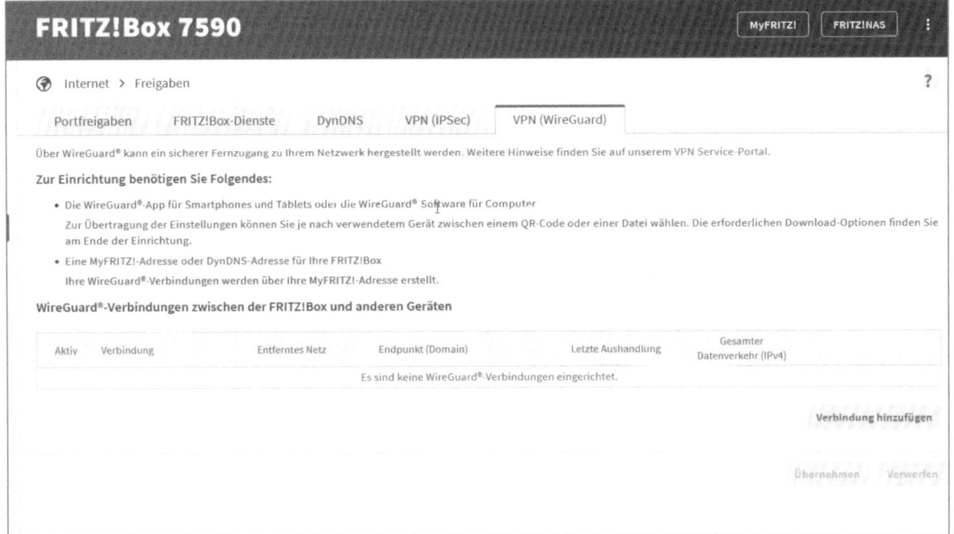

Abb. 3.31 Einrichten von WireGuard auf einer FRITZ!Box

Verbindungsaufbau von Clients über den WireGuard-Client auf dem PC, Smartphone und Tablet

Nach der Installation des WireGuard-Clients lässt sich diese Datei schnell und einfach auf dem PC öffnen. Nach dem Import auf dem Client zeigt dieser die Daten des FRITZ!Box-VPNs an und erlaubt die Verbindung mit einem Klick auf *Aktivieren*. Nach wenigen Sekunden stellt der Client die Verbindung mit dem WireGuard-VPN auf der FRITZ!Box her und zeigt dies in Windows 10 und Windows 11 mit einer Benachrichtigung an. Im WireGuard-Client ist die Verbindung als *Aktiv* gekennzeichnet.

Im Client ist es über das Kontextmenü der Verbindung möglich, Einstellungen anzupassen. Wie bei OpenVPN kann auch WireGuard mit einem Client mehrere VPNs verwalten und Anwender können nach dem Start des WireGuard-Clients auswählen, mit welchem VPN sie sich verbinden wollen.

3.6.3 Pritunl: VPNs mit IPsec, OpenVPN und WireGuard

Die Enterprise-Open-Source-Lösung Pritunl (*https://pritunl.com*) ermöglicht ebenfalls den Aufbau von VPNs, setzt dabei aber nicht auf eigene Protokolle, sondern auf IPSec, OpenVPN oder WireGuard. Die Lösungen von Pritunl orientieren sich vor allem an großen Unternehmen, die mehrere Standorte miteinander vernetzen wollen, kann jedoch auch für mittlere Unternehmen interessant sein. Anbinden lassen sich nahezu alle bekannten Betriebssysteme, zum Beispiel Windows, Linux, macOS, Android und iOS. Mit Pritunl können Unternehmen und Organisationen Tausende Benutzer anbinden und zahlreiche Standorte international miteinander vernetzen.

Der Quellcode der Enterprise-VPN-Lösung ist auf GitHub (*https://github.com/pritunl/pritunl*) verfügbar, sodass Schwachstellen schnell entdeckt und geschlossen werden können. Obwohl sich Pritunl vor allem an große Unternehmen mit vielen Standorten und zahlreichen Benutzern richtet, ist die Verwaltung über die Weboberfläche sehr einfach gehalten. In einer Demo-Umgebung (*https://demo.pritunl.com*) können Sie alle Möglichkeiten von Pritunl testen. Für die Anbindung von Clients kommen bei Pritunl entweder OpenVPN oder WireGuard zum Einsatz. Beim VPC-Peering und bei Site-to-Site-Links setzt Pritunl auf IPSec. Alle drei Protokolle können parallel zum Einsatz kommen, jeweils optimiert für das passende Einsatzgebiet. Pritunl lässt sich problemlos auf Linux-Servern installieren. Die VPN-Lösung ist seit Jahren auf dem Markt etabliert und bietet eine sinnvolle Ergänzung zu OpenVPN und WireGuard, da sich beide Protokolle beim Einsatz von Pritunl auch parallel einsetzen und damit testen lassen.

3.6.4 SoftEther: Open Source-VPN-Server für Windows, Linux, macOS, Solaris und FreeBSD

Neben OpenVPN, WireGuard und Pritunl gehört SoftEther (*https://www.softether.org*) seit Jahren zu den bekanntesten Lösungen auf dem VPN-Markt. Das liegt unter anderem daran, dass die Serverkomponenten sowohl für viele bekannte als auch weniger häufig eingesetzte Umgebungen zum Einsatz kommen können. Zur Authentifizierung setzt das System auf bekannte Lösungen wie Radius, interne Authentifizierung oder Active Directory. Die Verwaltung erfolgt über eine grafische Oberfläche.

Basis von SoftEther ist eine VM, die als Appliance auf beliebigen Hypervisoren zum Einsatz kommen kann. Der Betrieb ist auch in Cloud-Lösungen wie AWS, GCP oder Microsoft Azure möglich. SoftEther unterstützt den Aufbau von SSL-VPNs und Layer-3-Verbindungen wie OpenVPN oder WireGuard. Auf dem SoftEther-VPN-Server lassen sich natürlich auch andere Protokolle nutzen, zum Beispiel OpenVPN, IPsec, L2TP, MS-SSTP, L2TPv3 und EtherIP. Vor allem das SSL-VPN kommt gerne bei SoftEther zum Einsatz, da bei diesem Protokoll eine Anbindung von Clients durch Firewalls hinweg unproblematisch ist. Wie OpenVPN und WireGuard bietet SoftEther eine geringe Latenz und hohen Durchsatz bei VPN-Verbindungen.

SoftEther funktioniert außerdem unproblematisch bei dynamischen IP-Adressen, die häufig bei kleinen und mittleren Unternehmen zum Einsatz kommen. Die Verbindungen lassen sich mit RSA 4096-Bit und AES 256-Bit verschlüsseln. Als IP-Stack können IPv4 und parallel IPv6 zum Einsatz kommen.

3.6.5 Algo VPN: Das VPN mit Ansible-Skriptss und WireGuard oder IPSec

Bei Algo VPN (*https://github.com/trailofbits/algo*) handelt es sich um eine Open-Source-Sammlung von Ansible-Skripts, mit denen sich ein VPN mit den Protokollen WireGuard oder IPsec aufbauen lässt. Die Skripts von Algo VPN unterstützen IKEv2 mit starker Verschlüsselung (AES-GCM, SHA2 und P-256) für iOS, macOS und Linux. Dazu kommt die umfassende Unterstützung von WireGuard für Apple-Geräte, Linux, Android sowie Windows 10/11.

Mit den Skripts können die notwendigen Konfigurationsdateien für alle Betriebssysteme erstellt werden. Dazu kommt die Erstellung von Konfigurationsprofilen für Apple-Geräte. Die Installation ist auf privaten Clouds und Hypervisoren problemlos möglich. Durch das Verwenden der Clients der unterstützten Betriebssysteme ist für die Verwendung von Algo VPN kein zusätzlicher Client auf den Endgeräten notwendig.

3.7 Zusammenfassung

In diesem Kapitel haben Sie erfahren, wie Sie mit der neuen Oberfläche in Windows Server 2022 umgehen. Sie haben gelernt, wie Sie Server im Netzwerk verwalten und mit dem Server-Manager in Windows Server 2022 umgehen.

Im nächsten Kapitel erfahren Sie, wie Sie auf dem Server Active Directory installieren und ihn als Domänencontroller nutzen. Das macht die Verwaltung wesentlich einfacher und bietet auch flexiblere Möglichkeiten bei der Erstellung von Freigaben und dem Verwalten von Berechtigungen.

Kapitel 4
Active Directory

Auch in kleinen Netzwerken ist es sinnvoll, auf dem Server Active Directory zu installieren, da Sie dadurch die Verwaltung der Benutzerkonten und Gruppen zentralisieren können. Dazu kommt eine einfachere Verwaltung der Berechtigungen für Freigaben und Drucker. Die einzelnen Arbeitsstationen können ebenfalls Mitglieder von Active Directory werden, sodass sich die Anwender nur einmal an ihrem PC anmelden müssen, um danach auf die Daten des Servers zugreifen zu können.

Wer auf Active Directory setzt, muss zunächst eine Active Directory-Domäne aufbauen. Das erfolgt über die Systemrolle *Active Directory-Domänendienste*, die auf einem Server installiert wird. Danach wird die Active Directory-Gesamtstruktur eingerichtet. Anschließend lassen sich verschiedene Dienste verwenden, die das Verzeichnis für die Authentifizierung der Benutzer und Dienste sowie zur Speicherung der eigenen Konfiguration nutzen.

Viele Microsoft-Dienste verwenden Active Directory, um die Benutzer zu authentifizieren, Daten zur Konfiguration zu speichern oder um Benutzerfunktionen zu erweitern. Durch die Installation von Microsoft Exchange Server werden zum Beispiel die Benutzerattribute um zusätzliche Funktionen für E-Mail und Groupware erweitert. Exchange-Funktionen integrieren sich direkt in die Eigenschaften der Benutzer.

In diesem Kapitel zeige ich Ihnen, wie Sie Active Directory mit Windows Server 2022 aufbauen und verwalten. Ich gehe darauf ein, welche Vorbereitungen Sie für einen Domänencontroller treffen müssen und was der beste Weg ist, um ein Active Directory zu installieren. Dieses Kapitel stellt die Grundlage für die nächsten Kapitel dar, in denen es noch tiefgehender um den Einsatz von Active Directory gehen wird.

4.1 Active Directory für Einsteiger

Unternehmen, die verschiedene Computer im Netzwerk einsetzen und mehreren Anwendern Zugriff auf diese Computer sowie auf Freigaben im Netzwerk geben wollen, kommen kaum um einen Verzeichnisdienst herum. Active Directory ist dazu eine ideale Lösung. Wenn in einem Unternehmen verschiedene Benutzer im Einsatz sind, die sich mit einem eigenen Benutzernamen und Kennwort an ihrem PC anmelden sollen, macht es Sinn, diese Benutzer in einem zentralen Verzeichnis zu speichern. So können die Anmeldungen nicht nur zentral überwacht, Benutzereinstellungen gesetzt und Kennwörter verwaltet werden, sondern die Benutzernamen können auch für das Zuteilen von Berechtigungen und für die Mitgliedschaft in Gruppen verwendet werden. Das erleichtert die Verwaltung der Sicherheit und der Zugriffe auf Ressourcen im Netzwerk enorm. Die Daten des Verzeichnisses werden auf einem Domänencontroller gespeichert. Gibt es mehrere Domänencontroller im Netzwerk, replizieren diese ihre Daten miteinander, wodurch im Grunde genommen alle Domänencontroller über die gleichen Daten verfügen.

4.1.1 Das ist Active Directory

Einfach ausgedrückt ist Active Directory ein Verzeichnisdienst, in dem Benutzernamen sowie die Namen von Computern, Arbeitsstationen und Servern gespeichert sind. Meldet sich ein Benutzer an, erkennt das Active Directory den Benutzernamen, authentifiziert ihn mit seinem Kennwort und erlaubt ihm die Anmeldung an den Computern, die Mitglied des Active Directory sind. Administratorbenutzer dürfen sich zusätzlich auch an Servern anmelden.

Damit eine solche Technik funktioniert, müssen die Daten der Computer sowie die Anmeldedaten der Anwender gespeichert werden. Das geschieht in der Active Directory-Datenbank, die zwischen den Domänencontrollern repliziert wird. Eine Domäne ist eine Gruppe von Benutzern und Computern in Active Directory. Daher wird auch von einer Active Directory-Domäne gesprochen. Innerhalb einer Domäne, die zum Beispiel alle Benutzer einer Niederlassung zusammenfassen kann, können sich Benutzer anmelden und Ressourcen nutzen. Die Daten der Benutzer werden auf den Domänencontrollern gespeichert.

4.1.2 Konkreter Nutzen eines Active Directory

Microsoft bietet Active Directory auch für sehr kleine Unternehmen an. Mit Windows Server 2022 Essentials erhalten Unternehmen einen zentralen Server, inklusive Active Directory. Durch den Einsatz eines Active Directory können sie den Benutzerkonten Rechte für die Freigabe zuteilen. Außerdem lassen sich zentrale Sicherheitsrichtlinien vorgeben und Skripts definieren. Meldet sich ein Benutzer an seinem Computer an, erhält er automatisch Zugriff auf die Dateifreigaben, die er benötigt, und das genau mit den Rechten, die er braucht. Dadurch können Mitarbeiter im Team arbeiten und die Daten werden durch Berechtigungen geschützt.

Häufig unterstützen viele Serveranwendungen wie E-Mail-Server, CRM/ERP und andere Lösungen die Authentifizierung mit Active Directory. Dazu gehören auch Datenbankserver wie Microsoft SQL-Server sowie die meisten Microsoft-Lösungen für Unternehmen. Melden sich Benutzer an ihrem PC an, können sie auf alle Ressourcen zugreifen, ohne sich erneut anmelden zu müssen. Das erleichtert die Arbeit, da sich Anwender nicht verschiedene Benutzernamen und Kennwörter merken müssen. Auch Drucker lassen sich in den meisten Fällen an Active Directory anbinden.

Haben Sie den Computernamen festgelegt, sollten Sie die IP-Einstellungen des Servers anpassen, wie im letzten Kapitel erläutert. Wichtig ist hier, dass Sie die lokale IP-Adresse des Servers als primären DNS-Server festlegen. Da dieser Server der erste Domänencontroller des neuen Active Directory werden soll, wird er auch der erste DNS-Server. Tragen Sie in den Eigenschaften des IP-Protokolls die IP-Adresse des Servers als bevorzugten Server ein. Der nächste Schritt besteht darin, den DNS-Server für Active Directory vorzubereiten.

An dieser Stelle müssen Sie noch keinen alternativen DNS-Server eintragen. Der alternative DNS-Server in den IP-Einstellungen wird erst von einem Client angefragt, wenn der bevorzugte DNS-Server nicht mehr antwortet. Auch eine fehlerhafte Auflösung akzeptiert ein DNS-Client als Antwort. Die IP-Einstellungen für Netzwerkverbindungen erreichen Sie über die Eingabe von *ncpa.cpl* im Startmenü.

In Kapitel 6 finden Sie ebenfalls wichtige Hinweise für den Betrieb von Servern in Active Directory. Diese Anmerkungen gelten genauso für Domänencontroller.

4.1.3 Tipps für die Verwaltung von Active Directory in kleinen Unternehmen

Geht es um die Verwaltung von Active Directory, spielen vor allem folgende Punkte eine wichtige Rolle:

Das Active Directory sollte gut organisiert sein. Mit Organisationseinheiten (Organizational Units, OUs) können die verschiedenen Objekte optimal strukturiert werden. Organisationseinheiten sind Ordner, die Sie in den Verwaltungswerkzeugen von Active Directory anlegen können. Daher empfiehlt Microsoft, dass zum Beispiel Computer- und Benutzerkonten nicht in den gleichen Organisationseinheiten gespeichert werden sollten. Bei einer optimalen Struktur können Gruppenrichtlinien optimal eingesetzt werden, um Ordnung und Sicherheit zu schaffen. Mehr dazu lesen Sie in Kapitel 12.

Durch eine richtige OU-Struktur ist es darüber hinaus möglich, Berechtigungen zu delegieren. Dadurch können Verwaltungsaufgaben einzelner Organisationseinheiten leichter an verschiedene Gruppen weitergeleitet werden, was die IT-Abteilung entlastet. Eine optimale OU-Struktur bietet zahlreiche Vorteile, die das Leben der Admins und Benutzer deutlich erleichtert.

Um die richtige OU-Struktur zu finden, sollten zunächst Benutzerkonten und Computerkonten voneinander getrennt werden. Da OUs auch in einer Baumstruktur angeordnet werden können, ist es sinnvoll, für einzelne Abteilungen untergeordnete OUs zu erstellen, aber nur, wenn das notwendig ist. In kleinen Netzwerken mit bis zu 25 Benutzern mit Windows Server 2022 Essentials werden nicht für jede Abteilung OUs benötigt. Hier reicht es aus, Benutzer und Computer voneinander zu trennen. Darüber hinaus empfehlen viele Experten, in den verschachtelten OUs für spezielle Funktionen eigene OUs zu erstellen. Beispiele bei Computern sind OUs für Testcomputer, bestimmte Server oder auch Dienstkonten. Dadurch können Gruppenrichtlinien angepasst und genau für diese Objekte umgesetzt werden, ohne mit komplexen Filtern arbeiten zu müssen, die viel Potenzial für Fehler haben können. Gleichzeitig erreichen Unternehmen eine übersichtliche Struktur, durch die leicht navigiert werden kann und bei der schnell ersichtlich ist, wo sich die einzelnen Produkte befinden.

Microsoft empfiehlt, als DNS-Namen für das Active Directory eine Internetdomäne zu verwenden, zum Beispiel »hof-erbach.de«. Ich verwende in diesem Kapitel und den weiteren Kapiteln im Buch aber dennoch die Domäne »hof-erbach.int«, damit die Trennung zwischen Internet und lokalem Netzwerk gegeben ist.

Nutzen Sie Ihre Internetdomäne und wollen Nutzer von intern auf Rechner Ihrer Domäne zugreifen, müssen Sie die entsprechenden DNS-Einträge in Active Directory vornehmen, damit die Namensauflösung funktioniert.

4.1.4 Für Sicherheitsgruppen und Server eine eigene OU erstellen

Durch das Erstellen einer eigenen OU für die Sicherheitsgruppen im Netzwerk ist sichergestellt, dass alle Gruppen schnell und einfach gefunden werden können und nicht in verschiedenen OUs verteilt sind. Das verbessert die Übersicht deutlich und sorgt für mehr Sicherheit, da die Gruppen immer im Blick und dadurch sehr viel leichter abzusichern sind.

Gleichzeitig sollten auch die Server in eine eigene OU kommen. Der Vorteil liegt auch hier darin, dass Server schneller gefunden werden können und Gruppenrichtlinien leichter umsetzbar sind. Innerhalb der OU für die Server können weitere, untergeordnete OUs erstellt werden. Auch das ermöglicht eine spezifische Zuordnung von Gruppenrichtlinien. Nutzen Sie nur einen Server mit Windows Server 2022 Essentials, kann es dennoch sinnvoll sein, eine eigene OU zu erstellen, damit der Server von anderen Objekten in Active Directory getrennt wird.

4.1.5 Standardisierte Namenskonventionen nutzen

Ein wichtiger Punkt bei der Ordnung in Active Directory sind Namenskonventionen. Zusammen mit einer optimalen OU-Struktur lassen sich dadurch Objekte schneller finden und einheitlicher verwalten. Häufig kommt bei Anmeldenamen eine Kombination aus einem Buchstaben oder Initialen in Verbindung mit dem Nachnamen zum Einsatz.

So wird aus »Thomas Joos« zum Beispiel »joost« oder »tjoos«. Teilweise trennen Unternehmen auch Vor- und Nachname mit Sonderzeichen, zum Beispiel »thomas.joos«. Gibt es identische Namen, können mittlere Initialen zum Einsatz kommen. Weniger empfehlenswert ist die Verwendung von abgekürzten Namen oder Zahlen, weil das die Anzeige verwirrend gestaltet.

Bei Computerkonten oder anderen Geräten kann es sinnvoll sein, mit einem Buchstaben der Eigenschaft des Computers zu beginnen, zum Beispiel »S« für Server, »W« für Workstations, »N« für Notebooks, »P« für Drucker oder auch »VM« für virtuelle Computer. Bei Computern kann der Abteilungsname mit zwei Buchstaben abgekürzt und der Rest mit Nummern gefüllt werden, zum Beispiel »L-HR-1456«.

Bei Gruppen kann mit einer Kombination aus Abteilung/Gruppe plus Ressource plus Berechtigungen gearbeitet werden. Zusätzlich sollte ein Präfix oder Suffix genutzt werden, das definiert, um welche Art von Gruppe es sich handelt, zum Beispiel »L« für Domänen-lokale Gruppen, »G« für globale Gruppen und »U« für universelle Gruppen. So kann die Helpdesk-Gruppe, die für das Ändern von Kennwörtern verantwortlich ist und über eine globale Gruppe abgewickelt wird, mit »Helpdesk-PasswordReset-G« abgekürzt werden oder die

Gruppe in der Personalabteilung für Schreibberechtigungen auf die Freigaben der Abteilung mit »HR-HRShare-RW-G«. Generell ist es bei Abteilungen sinnvoll, mit Abkürzungen aus zwei Buchstaben zu arbeiten, damit die Namen nicht zu lang werden.

Dadurch stehen Ihnen bereits über den Namen der Gruppe wichtige Informationen zur Verfügung, ohne dass Sie die Eigenschaften der Gruppe oder die Dokumentation kennen müssen. Wenn die Gruppen zusätzlich in der richtigen OU-Struktur angeordnet sind, geht auch bei einer großen Anzahl an Gruppen der Überblick nicht verloren.

4.1.6 Active Directory überwachen

Active Directory und die Domänencontroller sollten überwacht werden. Dazu stellt Microsoft Überwachungsrichtlinien zur Verfügung (siehe Kapitel 9 und 12). Um Zugriffe auf Active Directory zu überwachen, besteht der erste Schritt darin, eine bestehende Richtlinie zu bearbeiten, die den Domänencontrollern zugewiesen ist, zum Beispiel die Default Domain Controller Policy, oder eine neue Richtlinie zu erstellen und den Domänencontrollern zuzuweisen. Die Einstellungen zur Überwachung finden sich in der Richtlinienüberwachung im Bereich *Computerkonfiguration | Richtlinien | Windows-Einstellungen | Sicherheitseinstellungen | Lokale Richtlinien | Überwachungsrichtlinie.*

Um Anmeldungen in Active Directory zu überwachen, muss die Richtlinie *Anmeldeereignisse überwachen* aktiviert sein. Die erweiterten Einstellungen finden Sie über *Computerkonfiguration | Richtlinien/Windows-Einstellungen | Sicherheitseinstellungen | Erweiterte Überwachungsrichtlinienkonfiguration.* Wie bei der normalen Überwachung ist es sehr empfehlenswert, für die Überwachung eine eigene Gruppenrichtlinie für Überwachungseinstellungen zu erstellen und zuzuweisen. Ich gehe auf beide Themen noch ausführlicher in Kapitel 12 ein.

4.2 DNS für Active Directory installieren

Damit sich die Benutzer im Netzwerk nicht die IP-Adressen der Server und anderen Computer merken müssen, kommt der Domain Name Service (DNS) zum Einsatz. Hier registrieren sich alle Computer und auch die weiteren Server im Netzwerk mit ihrer IP-Adresse. Dadurch lassen sich die einzelnen Geräte untereinander einfacher verbinden. Active Directory benötigt DNS, um die internen Dienste des Systems zu identifizieren. DNS und Active Directory sind eng miteinander verwoben. Die internen Clients können den DNS-Dienst des Servers außerdem für das Auflösen von Internetadressen nutzen. Das Gute am DNS-Dienst in Windows Server 2022 ist, dass Sie diesen nach der Installation und ersten Einrichtung kaum verwalten müssen. Seine Daten speichert der Dienst in der Active Directory-Datenbank und die einzelnen Server und Computer registrieren sich automatisch.

Der Assistent für die Installation von Active Directory kann im Rahmen der Einrichtung die DNS-Funktionalität automatisch installieren und einrichten. Für ein besseres Verständnis der Thematik ist diese Vorgehensweise nicht optimal, da Sie viele Einstellungen später nicht nachvollziehen können. Außerdem legt der Assistent keine Reverse-Lookupzone an, also die Möglichkeit, IP-Adressen nach Namen aufzulösen. Die Einrichtung ist nicht sehr kompliziert, weshalb sich die Mühe lohnt, vor der Einrichtung von Active Directory zuerst den DNS-Dienst zu installieren und für die Integration von Active Directory vorzubereiten.

4.2.1 Vorbereitungen für DNS treffen und DNS installieren

Um DNS zu installieren, starten Sie den Server-Manager und klicken auf *Verwalten | Rollen und Features hinzufügen*. Wählen Sie die Rolle *DNS-Server* aus. Nach der Installation müssen Sie den Server nicht neu starten. Zuvor sollten Sie aber den Namen des Servers bereits richtig gesetzt haben, wie in den vorhergehenden Kapiteln zu sehen. Den Namen des Servers legen Sie über *sysdm.cpl* fest, wenn Sie auf der Registerkarte *Computername* auf *Ändern* klicken. Klicken Sie danach auf die Schaltfläche *Weitere*. Hier geben Sie das DNS-Suffix Ihrer zukünftigen Active Directory-Domäne ein, die Sie installieren wollen, zum Beispiel »hof-erbach.int« (siehe Abbildung 4.1). Dadurch wird der Domänencontroller ein Bestandteil der DNS-Domäne, die später ebenfalls Grundlage von Active Directory ist. Zwar wird auch diese Einstellung automatisch gesetzt, wenn Active Directory installiert wird, allerdings ist es vor der Einrichtung von Active Directory sinnvoll, wenn DNS-Einstellungen vorgegeben werden. Verwenden Sie einen möglichst einfachen Namen und das Suffix ».int«.

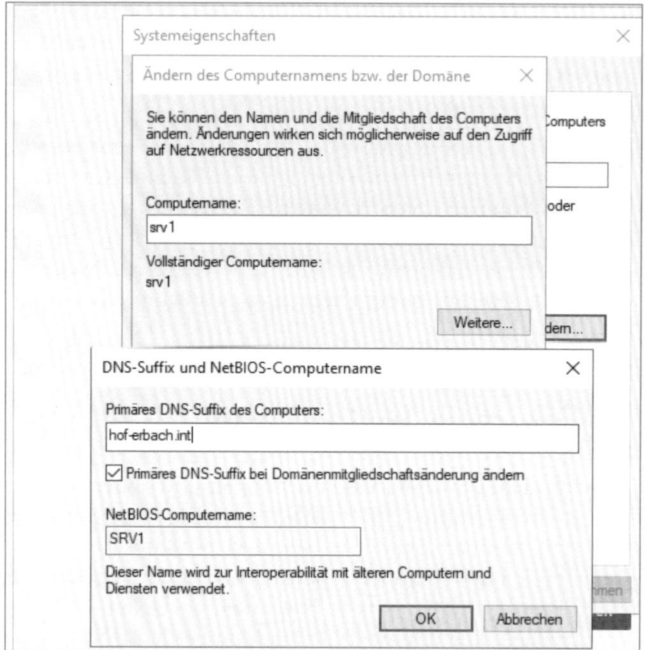

Abb. 4.1 Festlegen des Servernamens und der DNS-Domäne

Außerdem sollten Sie auf dem Server eine statische IP-Adresse definieren. Dazu geben Sie im Startmenü *ncpa.cpl* ein und öffnen die Eigenschaften der Netzwerkverbindung. Doppelklicken Sie auf *Internetprotokoll Version 4*. Tragen Sie hier die IP-Adresse des Servers ein, am besten im gleichen Subnetz wie das des Routers zum Internet. Geben Sie bei *Standardgateway* die IP-Adresse des Routers oder der Firewall ein, die Sie mit dem Internet verbindet. Bei *Bevorzugter DNS-Server* tragen Sie die lokale IP-Adresse des Servers ein (siehe Abbildung 4.2). Da Sie diesen zum DNS-Server heraufstufen, kann er später auch für sich selbst die Namen auflösen. Einen alternativen DNS-Server brauchen Sie nicht, außer Sie installieren irgendwann einen zweiten Domänencontroller.

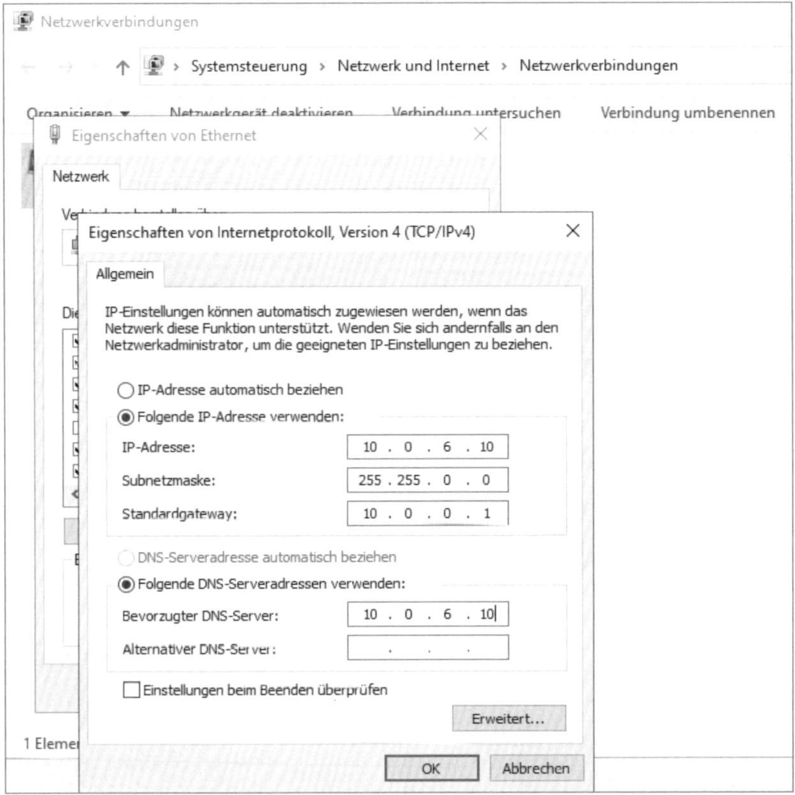

Abb. 4.2 Vor der Installation von DNS und Active Directory legen Sie zunächst die statische IP-Adresse des Servers fest.

Die anderen Computer im Netzwerk befinden sich im gleichen Subnetz, zusammen mit der Firewall, die den Internetverkehr steuert. Wenn Sie die statische IP-Adresse festgelegt haben, lassen Sie auf dem Server den DNS-Dienst installieren, wie auf den vorhergehenden Seiten beschrieben (siehe Abbildung 4.3).

Sobald die Installation abgeschlossen ist, können Sie sich an die Einrichtung des Servers machen und an dieser Stelle auch gleich die Namensauflösung auf dem lokalen Server steuern.

Wollen Sie ein neues Active Directory erstellen, besteht der erste Schritt darin, auf dem ersten geplanten Domänencontroller nach der Installation von Windows Server 2022 Essentials zunächst die DNS-Erweiterung zu installieren. Sie können in einem kleinen Netzwerk problemlos DNS, Dateifreigaben und Domänencontroller auf einem gemeinsamen Server betreiben. In großen Unternehmen ist das zwar nicht empfehlenswert, aber in kleinen Netzwerken mit maximal 25 Geräten ist das noch relativ unproblematisch, solange der Server über ausreichend Leistung verfügt (siehe Kapitel 1).

Nach der Installation von DNS finden Sie das Verwaltungsprogramm für den DNS-Server im Server-Manager über den Bereich *Tools*. Alternativ starten Sie das Programm mit *dnsmgmt.msc*.

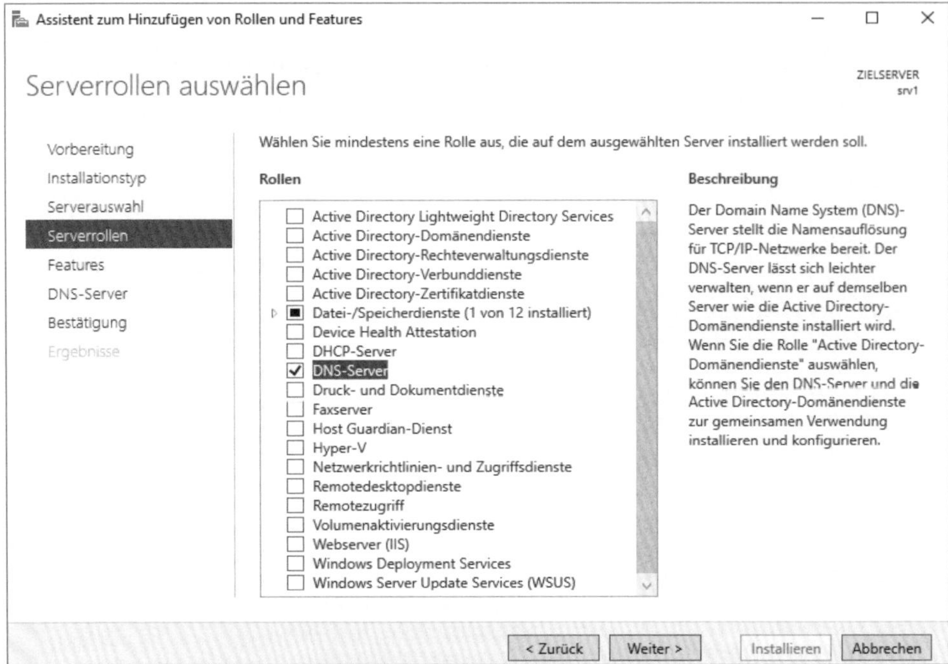

Abb. 4.3 Installieren von DNS auf dem lokalen Server

Mit den Knoten *Forward-Lookupzonen* (Auflösung Computername zu IP-Adresse) und *Reverse-Lookupzonen* (Auflösung IP-Adresse zu Computernamen) legen Sie die Zonen an, die Active Directory für seinen Betrieb benötigt und mit denen Sie auch Computernamen nach IP-Adressen und umgekehrt auflösen können.

4.2.2 Erstellen der notwendigen DNS-Zonen für Active Directory

Der nächste Schritt zur Erstellung von Active Directory besteht in der Erstellung der neuen Zonen, die die DNS-Domänen von Active Directory verwalten. Starten Sie dazu die DNS-Verwaltung. Diese Einrichtung übernimmt der Assistent zum Installieren einer Active Directory-Domäne.

Die erste und wichtigste Zone, die Sie auf einem DNS-Server erstellen, ist die *Forward-Lookupzone* der ersten Domäne von Active Directory. Klicken Sie dazu in der Verwaltungskonsole mit der rechten Maustaste auf *Forward-Lookupzonen* und wählen Sie im Kontextmenü den Eintrag *Neue Zone* aus. Es startet der Assistent zum Erstellen von neuen Zonen. Im nächsten Fenster können Sie festlegen, welche Art von Zone Sie erstellen wollen.

Wählen Sie die Option *Primäre Zone* aus. Beim Erstellen neuer Domänen in Active Directory werden ausschließlich primäre Domänen benötigt. Auf der nächsten Seite des Assistenten legen Sie den Namen der neuen Zone fest. Hier ist es sehr wichtig, dass Sie als Zonennamen exakt den Namen wählen, den Sie als DNS-Suffix des Servers eingetragen haben und den Sie als DNS-Namen der Active Directory-Domäne wählen wollen. Das DNS-Suffix des Namens legt der Installationsassistent automatisch an, die Forward-Lookupzone auch. Das DNS-Suffix des Domänencontrollers wird später in diese Zone integriert und die erste

Active Directory-Domäne speichert ihre SRV-Records ebenfalls in dieser Domäne. Aus diesem Grund sollten Sie darauf achten, dass der Name des Servers und die verwendeten DNS-Zonen identisch sind (siehe Abbildung 4.4).

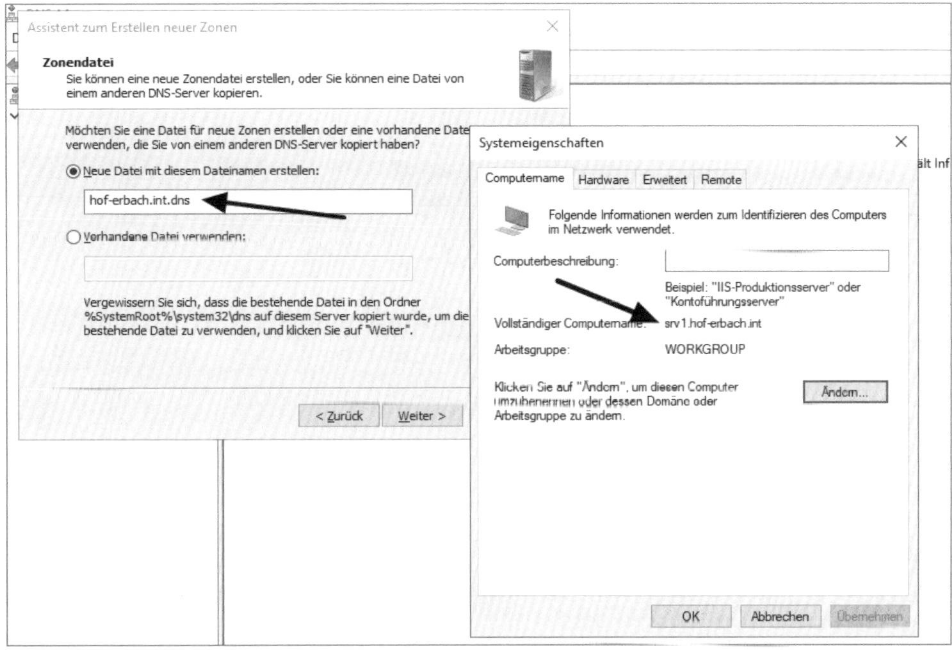

Abb. 4.4 DNS-Zone und Server-DNS-Name müssen identisch sein.

Forward-Lookupzone anlegen

In diesem Beispiel heißt die Zone »hof-erbach.int«. Im Anschluss erscheint das Fenster, in dem Sie die Erstellung einer neuen Datei für die Zone bestätigen müssen. Sie könnten an dieser Stelle den Namen der Datei zwar ändern, sollten ihn aber möglichst immer so belassen, wie er festgelegt wurde.

Im nächsten Fenster legen Sie die dynamischen Updates der DNS-Zone fest. DNS-Server unter Windows Server 2022 arbeiten mit dynamischen Updates. Das heißt, alle Servernamen und IP-Adressen sowie die SRV-Records von Active Directory werden automatisch in diese Zone eingetragen. Ohne dynamische Updates können Sie in einer Zone kein Active Directory integrieren.

Der Installationsassistent von Active Directory muss in einer Zone Dutzende Einträge automatisch erstellen können. Aktivieren Sie daher im Fenster die Option *Nicht sichere und sichere dynamische Updates zulassen* (siehe Abbildung 4.5). Sichere Updates können Sie nach der Erstellung von Active Directory konfigurieren. Vor der Installation ist diese Einstellung deaktiviert.

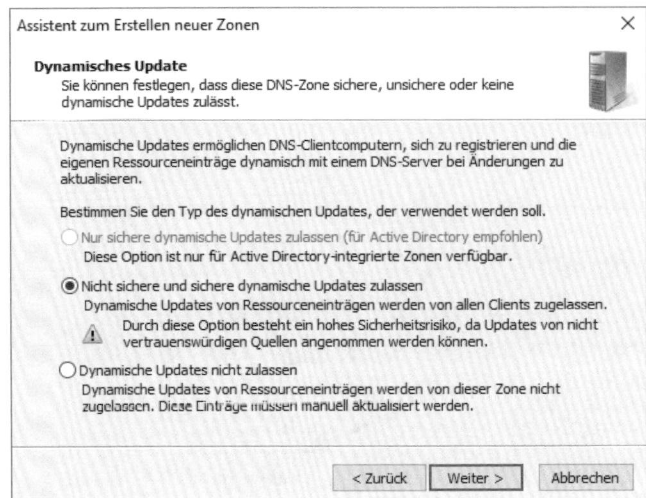

Abb. 4.5 Aktivieren der dynamischen Updates für eine Zone

Im Anschluss erhalten Sie nochmals eine Zusammenfassung Ihrer Angaben aufgelistet. Danach wird die Zone erstellt und in der Microsoft Management Console (MMC) angezeigt. Innerhalb der Zone sollte bereits der lokale Server als Host (A) mit seiner IP-Adresse registriert sein. Diese Registrierung findet nur statt, wenn das primäre DNS-Suffix des Servers mit der erstellten Zone übereinstimmt und die dynamische Aktualisierung zugelassen wurde. In den IP-Einstellungen des Servers muss außerdem der DNS-Server eingetragen sein, der die Zone verwaltet.

Reverse-Lookupzone anlegen

Im Anschluss an die Forward-Lookupzone sollten Sie eine Reverse-Lookupzone erstellen. Diese Zone ist dafür zuständig, IP-Adressen in Rechnernamen zu übersetzen. Diese Zonen werden zwar für den stabilen Betrieb von Active Directory nicht zwingend benötigt, gehören aber dennoch zu einer ordentlichen Namensauflösung im Netzwerk und sind genauso schnell eingerichtet.

Klicken Sie mit der rechten Maustaste auf den Menüpunkt *Reverse-Lookupzone* und wählen Sie *Neue Zone* aus. Auf der ersten Seite des Assistenten wählen Sie wieder die Option *Primäre Zone*. Danach können Sie festlegen, ob Sie eine IPv4- oder eine IPv6-Reverse-Lookupzone anlegen wollen. Legen Sie auf der nächsten Seite des Assistenten den IP-Bereich fest, der durch diese Zone verwaltet werden soll. Tragen Sie zur Definition des IP-Bereichs unter *Netzwerk-ID* den IP-Bereich ein, den Sie verwalten wollen. Für jeden eigenständigen IP-Bereich müssen Sie eine eigene Zone anlegen. Verwalten Sie ein Klasse-B-Netz (255.255.0.0), können Sie auch einfach die letzte Stelle leer lassen (siehe Abbildung 4.6). Hat sich bei einer Zone, die Sie für die Netzwerkkennung *10.0.* konfiguriert haben, ein Server mit der IP-Adresse *10.0.6.10* registriert, legt der DNS-Server automatisch eine Sortierung für die verschiedenen Subnetze an.

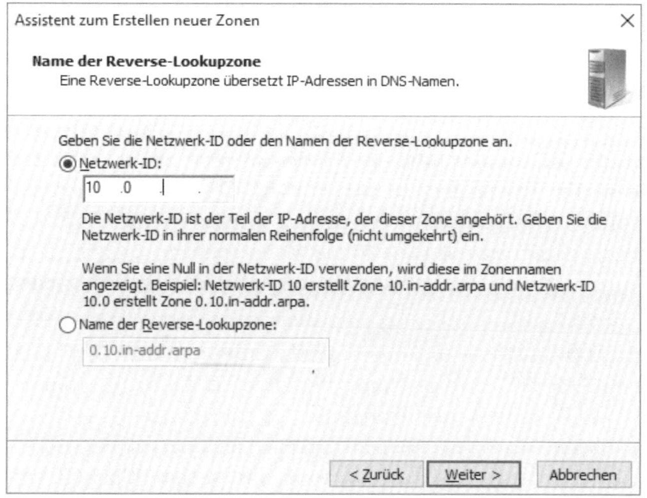

Abb. 4.6 Erstellen einer neuen Reverse Lookupzone

Sie müssen daher bei einem Klasse-B-Netzwerk nicht manuell für jedes Unternetz eine eigene Zone anlegen. Nur wenn sich der IP-Bereich vollständig unterscheidet, zum Beispiel *192.168.* und *10.1.*, müssen Sie zwei getrennte Zonen anlegen.

Auf der nächsten Seite des Assistenten legen Sie den Zonennamen fest. Danach müssen Sie die dynamischen Updates zulassen und die Zusammenfassung bestätigen.

Durch die Erstellung der Reverse-Lookupzone wird die IP-Adresse zum Servernamen aufgelöst. Die beiden unterschiedlichen Namensauflösungen sollten nach dem Anlegen der Zone getestet werden (siehe Abbildung 4.7). Nach der Einrichtung und der späteren Aktivierung der dynamischen Updates tragen sowohl die Mitgliedsserver als auch später die Arbeitsstationen ihren Rechnernamen und die IP-Adresse in der DNS-Zone ein und sind dadurch auflösbar. Das erleichtert die Verbindungsaufnahme zu den Rechnern.

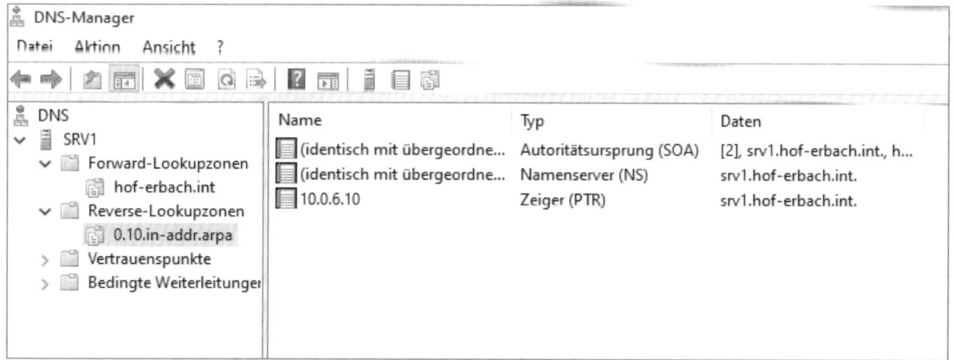

Abb. 4.7 Überprüfen der DNS-Einträge für den lokalen Server

DNS-Zonen testen und Namen für den Server festlegen

Hat sich der Server noch nicht automatisch registriert, können Sie über die Eingabe des Befehls *ipconfig /registerdns* in der Eingabeaufforderung die dynamische Registrierung anstoßen. Danach sollte die IP-Adresse des Servers in der Zone registriert sein und der Name auch.

Das funktioniert aber nur dann, wenn Sie das DNS-Suffix des Servers vorher anpassen. Konfigurieren Sie daher zunächst über *sysdm.cpl* neben dem NetBIOS-Namen des neuen Domänencontrollers, zum Beispiel »srv1«, noch das DNS-Suffix. Klicken Sie dazu im Fenster auf die Schaltfläche *Weitere* und geben Sie das DNS-Suffix des Servers an. Geben Sie an dieser Stelle exakt den DNS-Namen an, den Ihre Active Directory-Domäne später erhalten soll, zum Beispiel »hof-erbach.int«.

Der vollständige Name des Servers (FQDN) setzt sich aus dem Computernamen und dem primären DNS-Suffix zusammen. Der vollständige Computername des Domänencontrollers lautet in diesem Beispiel »srv1.hof-erbach.int«. Haben Sie die Änderungen vorgenommen, sollten Sie den Server neu starten. Nach dem Neustart können Sie überprüfen, ob sich der Server in seine DNS-Zone sowie in die Reverse-Lookupzone, die Sie erstellt haben, eingetragen hat.

Mit dem Cmdlet *test-dnsserver* können Sie die Verfügbarkeit und generelle Funktion von einem oder mehreren DNS-Servern testen. Geben Sie in der Liste die IP-Adresse des DNS-Servers ein, dessen Verfügbarkeit Sie testen wollen. Danach erhalten Sie eine Zusammenfassung der wichtigen Informationen und sehen, ob der DNS-Server funktioniert.

4.2.3 Überprüfung und Fehlerbehebung der DNS-Einstellungen

Bevor Sie Active Directory auf dem Server installieren, sollten Sie sicherstellen, dass alle DNS-Einstellungen korrekt vorgenommen sind. Überprüfen Sie, ob sich der Server sowohl in der Forward- als auch in der Reverse-Lookupzone korrekt eingetragen hat.

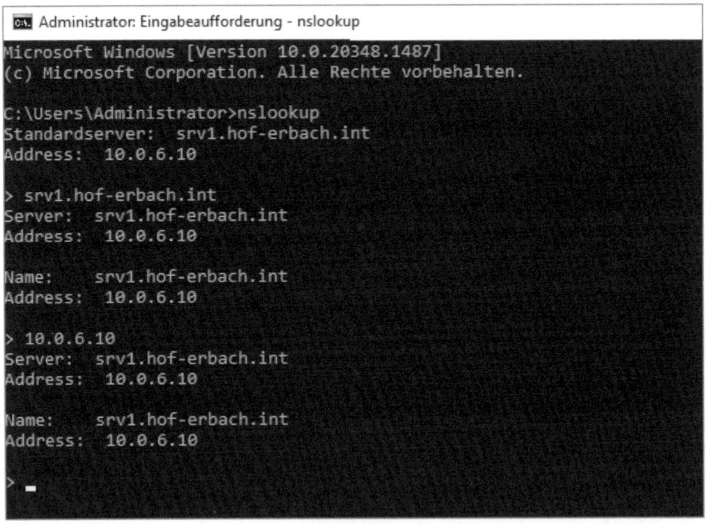

```
Administrator: Eingabeaufforderung - nslookup
Microsoft Windows [Version 10.0.20348.1487]
(c) Microsoft Corporation. Alle Rechte vorbehalten.

C:\Users\Administrator>nslookup
Standardserver:  srv1.hof-erbach.int
Address:  10.0.6.10

> srv1.hof-erbach.int
Server:  srv1.hof-erbach.int
Address:  10.0.6.10

Name:    srv1.hof-erbach.int
Address:  10.0.6.10

> 10.0.6.10
Server:  srv1.hof-erbach.int
Address:  10.0.6.10

Name:    srv1.hof-erbach.int
Address:  10.0.6.10

> _
```

Abb. 4.8 Überprüfen der Namensauflösung auf dem lokalen Server

Öffnen Sie danach eine Eingabeaufforderung und geben Sie den Befehl *nslookup* ein (siehe Abbildung 4.8). Die Eingabe des Befehls darf keinerlei Fehlermeldungen verursachen. Es müssen der richtige FQDN des DNS-Servers und seine IP-Adresse angezeigt werden. Die IP-Adresse muss nach dem Servernamen aufgelöst werden.

Sollte das nicht der Fall sein, gehen Sie Schritt für Schritt vor, um den Fehler einzugrenzen:

1. Sollte ein Fehler erscheinen, versuchen Sie es einmal mit dem Befehl *ipconfig /registerdns* in der Eingabeaufforderung. Überprüfen Sie, ob sich der Server in die Zone eingetragen hat.
2. Sollte der Fehler weiterhin auftreten, überprüfen Sie, ob das primäre DNS-Suffix auf dem Server mit dem Zonennamen übereinstimmt.
3. Stellen Sie als Nächstes fest, ob die IP-Adresse des Servers stimmt und der Eintrag des bevorzugten DNS-Servers auf die IP-Adresse des Servers zeigt.
4. Überprüfen Sie in den Eigenschaften der Zone, ob die dynamische Aktualisierung zugelassen wird, und ändern Sie gegebenenfalls die Einstellung, damit die Aktualisierung stattfinden kann. Die Eigenschaften der Zonen erreichen Sie, wenn Sie mit der rechten Maustaste auf die Zone klicken und die *Eigenschaften* auswählen.

Treten keine Fehler auf, können Sie mit der Erstellung von Active Directory auf diesem Server beginnen.

4.2.4 Namensauflösung zum Internet konfigurieren

Der DNS-Server kann für Ihre Clients und sich selbst auch DNS-Namen zum Internet auflösen. Das macht er aber nicht selbst, sondern er leitet die Anfragen an DNS-Server ins Internet weiter, empfängt die Antworten und gibt diese an die Clients weiter. Damit das funktioniert, rufen Sie in der Verwaltung des DNS-Servers die Eigenschaften auf und wechseln auf die Registerkarte *Weiterleitungen*. Klicken Sie auf *Bearbeiten* und tragen Sie die beiden IP-Adressen *1.1.1.1* (Cloudflare) und *8.8.8.8* (Google) ein. Dabei handelt es sich um die DNS-Server der beiden Internetunternehmen. Bestätigen Sie die Eingabe und klicken Sie erneut auf *Bearbeiten*. Bei beiden Servern sollte ein grünes Icon erscheinen (siehe Abbildung 4.9). Kann der DNS-Server selbst keine DNS-Server auflösen, sendet er die Anfragen zu den beiden Servern. Dadurch können die Clients im Netzwerk die IP-Adresse Ihres Servers als DNS-Server verwenden und sind ebenfalls in der Lage, DNS-Namen und URLs im Internet aufzulösen. Damit die Auflösung funktioniert, muss der Server das Recht in der Firewall erhalten, den TCP-Port 53 zu nutzen.

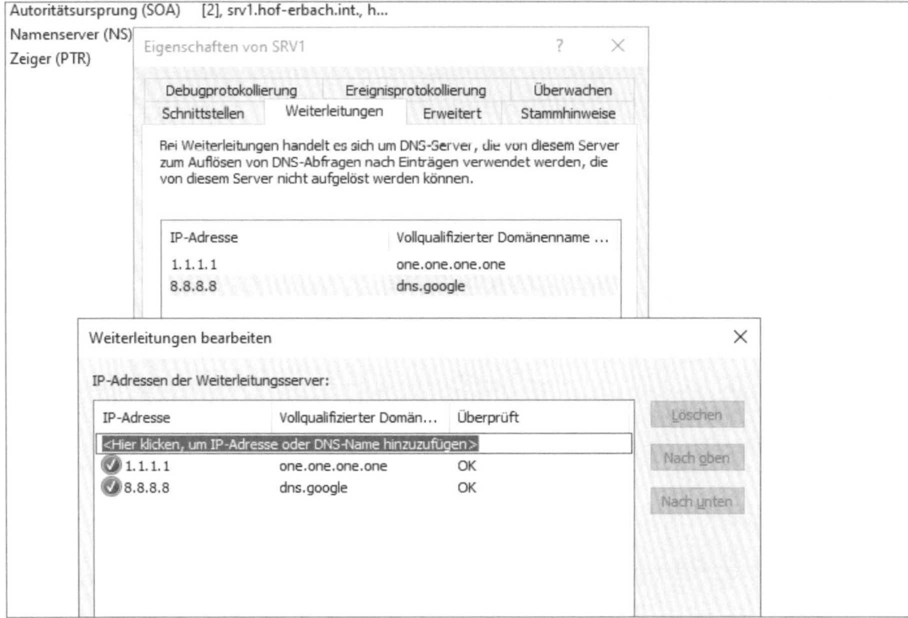

Abb. 4.9 Konfigurieren der Namensauflösung zum Internet

Sie können die Namensauflösung in der Befehlszeile testen, indem Sie mit *nslookup* zunächst den internen Namen auflösen, zum Beispiel »srv1.hof-erbach.int«, und danach eine Adresse im Internet, zum Beispiel *www.dunkpt.de*. Beides sollte ohne Fehler aufgelöst werden können. Für die Auflösung bei *www.dpunkt.de* erscheint die Meldung »Nicht autorisierende Antwort« (siehe Abbildung 4.10). Das bedeutet, dass der lokale DNS-Server für die Zone nicht verantwortlich ist und für die Abfrage die Weiterleitungsserver nutzt. Eine Fehlermeldung sollte nicht erscheinen, sondern die IP-Adresse des Servers.

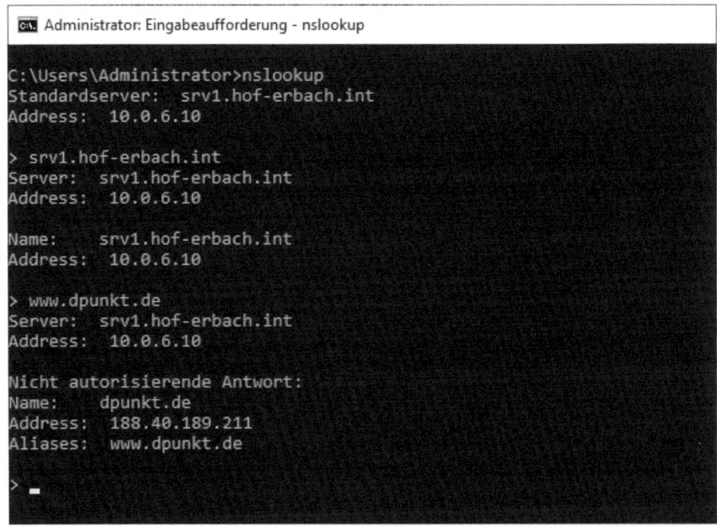

Abb. 4.10 Interne und externe Namensauflösung testen

4.3 Installation der Active Directory-Domänendienste-Rolle

Nachdem Sie diese Vorbereitungen getroffen haben, können Sie Active Directory auf dem Server installieren. Zuvor sollte jedoch sichergestellt werden, dass dieser optimal funktioniert. Achten Sie dabei auf folgende Punkte:

- Das Betriebssystem sollte möglichst aktuell sein, damit keine unnötigen Sicherheitslücken vorhanden sind.
- Für alle angebundenen Geräte sollten entweder die passenden Treiber installiert sein oder das Gerät deaktiviert werden. Die Überprüfung kann im Gerätemanager in Windows vorgenommen werden. Gestartet wird dieser über *devmgmt.msc*.
- Der Name des Servers und sein DNS-Suffix sollten vorgegeben werden, vor allem wenn es sich um den ersten Domänencontroller handelt. Dadurch ist die Namensstruktur bereits vor der Installation von Active Directory festgelegt und funktioniert.
- Auf dem Server sollten möglichst keine anderen Serverdienste installiert sein, zumindest nicht ohne Überprüfung, ob diese kompatibel mit der lokalen Installation von Active Directory sind oder die Installation auf einem Domänencontroller empfohlen werden kann. Beim Einsatz von Windows Server 2022 Essentials in kleinen Netzwerken lassen sich durchaus weitere Systemdienste auf dem Server betreiben, aber auch das sollte nicht ausufern.
- Starten Sie den Server-Manager und vergewissern Sie sich, dass bei *Dashboard* bei den Kacheln keine Fehler erscheinen. Sind dennoch Fehler zu sehen, beheben Sie diese zuerst oder stellen Sie sicher, dass sie nicht relevant für Active Directory sind.

Neben dem Server-Manager und dem Windows Admin Center können Sie die Binärdateien von Active Directory inklusive der Verwaltungstools auch in der PowerShell installieren. Dazu verwenden Sie den folgenden Befehl:

Install-WindowsFeature -Name AD-Domain-Services -IncludeManagementTools.

Im Server-Manager wählen Sie *Verwalten* | *Rollen und Features hinzufügen* | *Rollenbasierte oder featurebasierte Installation* | *<Server auswählen>* | *Active Directory-Domänendienste*. Lassen Sie die vorgeschlagenen Features installieren und schließen Sie den Vorgang ab (siehe Abbildung 4.11).

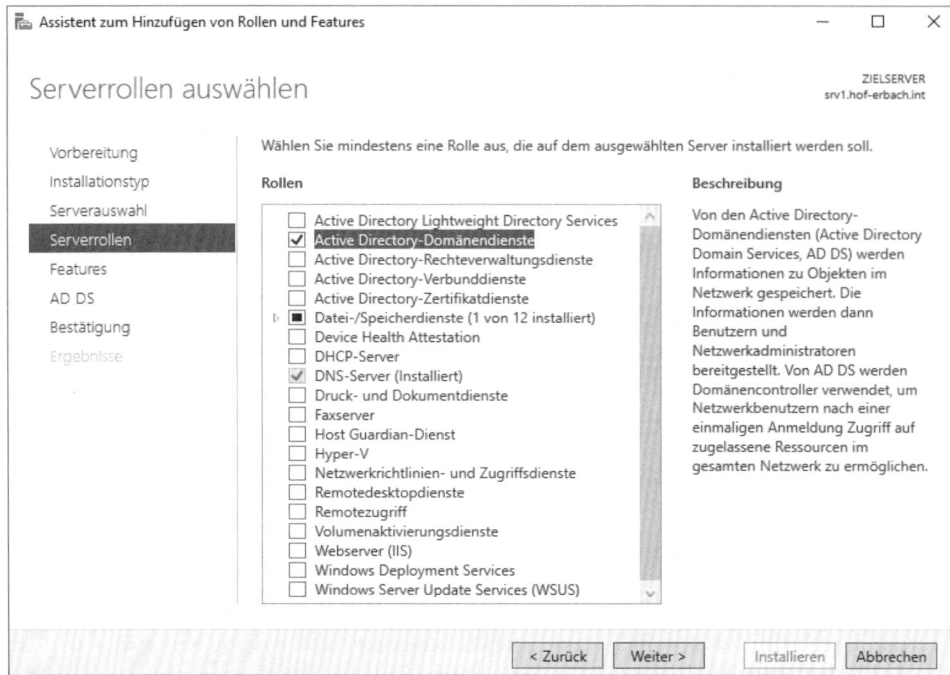

Abb. 4.11 Installieren von Active Directory

Aktivieren Sie noch die Option *Zielserver bei Bedarf automatisch starten* und klicken Sie am Ende des Assistenten auf *Installieren.* Die eigentliche Einrichtung von Active Directory nehmen Sie erst später vor.

4.3.1 Starten der Einrichtung von Active Directory

Nachdem Sie die Serverrolle installiert haben, beginnen Sie mit der Einrichtung der Domäne. Diesen Vorgang starten Sie im Server-Manager über das Wartungssymbol. Dieses zeigt mit einer kleinen Fahne oben rechts an, dass die Active Directory-Domänendienste konfiguriert werden müssen, bevor sie eingesetzt werden können (siehe Abbildung 4.12).

Klicken Sie auf *Server zu einem Domänencontroller heraufstufen.* Im Anschluss startet der Assistent zur Einrichtung von Active Directory. Da Sie die erste Domäne für Ihre Gesamtstruktur erstellen, wählen Sie die Option *Neue Gesamtstruktur hinzufügen* aus (siehe Abbildung 4.13). Sie erstellen durch diese Auswahl eine neue Domäne und auch die dazugehörige Gesamtstruktur. Insgesamt gibt es in Active Directory die drei Container *Gesamtstruktur*, *Struktur* und *Domäne.*

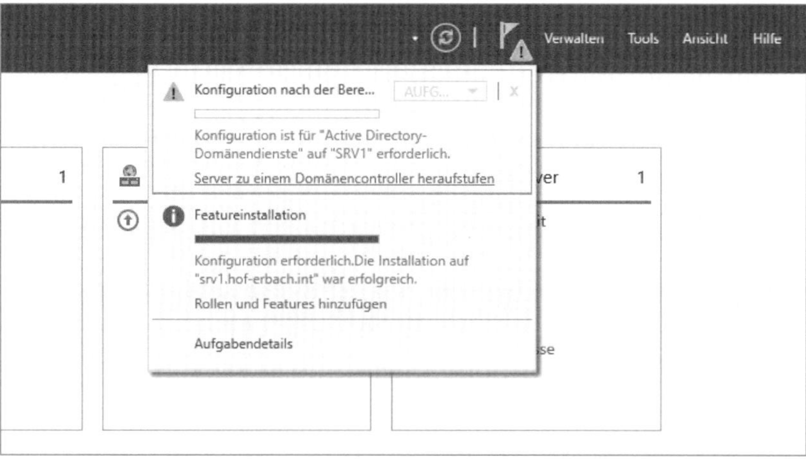

Abb. 4.12 Starten der Einrichtung von Active Directory auf einem Server mit Windows Server 2022 Essentials/Standard

Als Nächstes wählen Sie den DNS-Namen der Domäne. Dieser muss mit der erstellten DNS-Zone und dem DNS-Suffix des Servers übereinstimmen. Nur dann funktioniert die Namensauflösung problemlos, da die DNS-Zone bereits erstellt und der Servername auf diese Zone gesetzt wurde. Einfach ausgedrückt müssen die Namen des Servers, die erstellte DNS-Zone in der DNS-Verwaltung und die neue Active Directory-DNS-Zone identisch sein, damit das bereits erstellte DNS-System optimal funktioniert und die einzelnen Bestandteile ineinandergreifen und funktionieren. In diesem Beispiel verwenden wir wieder *hof-erbach.int*.

Konfigurations-Assistent für die Active Directory-Domänendienste
Bereitstellungskonfiguration
ZIELSERVER
srv1.hof-erbach.int
Bereitstellungskonfigurati...
Domänencontrolleroption...
Zusätzliche Optionen
Pfade
Optionen prüfen
Voraussetzungsüberprüfu...
Installation
Ergebnisse
Wählen Sie den Bereitstellungsvorgang aus.
Domänencontroller zu einer vorhandenen Domäne hinzufügen
Neue Domäne zu einer vorhandenen Gesamtstruktur hinzufügen
Neue Gesamtstruktur hinzufügen
Geben Sie die Domäneninformationen für diesen Vorgang an.
Name der Stammdomäne: hof-erbach.int
Weitere Informationen zu Bereitstellungskonfigurationen
< Zurück
Weiter >
Installieren
Abbrechen

Abb. 4.13 Erstellen einer neuen Active Directory-Gesamtstruktur

Active Directory

Auf der nächsten Seite des Assistenten legen Sie die Funktionsebene der Gesamtstruktur und damit aller Domänen fest. Active Directory kann unter verschiedenen Funktionsebenen betrieben werden. Die aktuellste Funktionsebene ist auch in Windows Server 2022 Essentials die Funktionsebene »Windows Server 2016«. Die Ebene legt fest, welche Funktionen in Active Directory zur Verfügung stehen und welches Betriebssystem auf den Domänencontrollern mindestens installiert sein muss. Für Mitgliedsserver und Arbeitsstationen hat diese Einstellung keine Auswirkung.

Sie können die Funktionsebene für die Domänen später im Snap-In *Active Directory-Benutzer und -Computer* über das Kontextmenü der Domäne einstellen. Die Funktionsebene für die Gesamtstruktur stellen Sie über das Snap-In *Active Directory-Domänen und -Vertrauensstellungen* ein, ebenfalls über das Kontextmenü. Das Abändern der Funktionsebene lässt sich nicht rückgängig machen.

Während die Funktionsebene der Gesamtstruktur nur einmal verändert werden muss, müssen Sie für jede Domäne der Gesamtstruktur deren eigene Funktionsebene anpassen. Diese beiden Ebenen können teilweise unabhängig voneinander jeweils verschiedene Funktionsebenen annehmen. Diese Funktionsebenen haben keine Kompatibilitätsunterschiede für Mitgliedsserver oder -PCs. Wichtig ist der Modus nur für die integrierten Domänencontroller. Das heißt, auch im Betriebsmodus *Windows Server 2022* dürfen Sie Server mit Windows Server 2008/2008 R2/2012/2012 R2 als Mitgliedsserver betreiben, nur eben nicht als Domänencontroller.

- **Windows Server 2008** – In dieser Funktionsebene werden Kennwortrichtlinien für mehrere Organisationseinheiten unterstützt. Außerdem nutzt Windows in diesem Modus DFS zur Replikation des SYSVOL-Ordners, was wesentlich performanter und stabiler funktioniert. In diesem Modus können Sie den Kerberos-Verkehr mit AES 128 oder 256 verschlüsseln.
- **Windows Server 2008 R2** – Diese Funktionsebene ist für die Unterstützung des Active Directory-Papierkorbs notwendig oder wenn Sie Authentifizierungsrichtlinien mit Active Directory-Verbunddiensten konfigurieren wollen.
- **Windows Server 2012** – Diese Funktionsebene ist notwendig, wenn Sie erweiterte Active Directory-Funktionen nutzen wollen. Dazu gehört die Möglichkeit, Domänencontroller zu klonen oder verwaltete Dienstkonten auf mehreren Servern einzusetzen. Auf der Windows Server 2012/2012 R2-Domänenfunktionsebene ist die Kerberos-Domänencontrollerrichtlinie für die Unterstützung der dynamischen Zugriffssteuerung und Kerberos-Armoring aktiv. Die Windows Server 2012/2012 R2-Gesamtstrukturfunktionsebene bietet keine neuen Features, stellt aber sicher, dass alle in der Gesamtstruktur erzeugten neuen Domänen automatisch auf Windows Server 2012-Domänenfunktionsebene gestellt werden.
- **Windows Server 2012 R2** – Diese neue Funktionsebene aktivieren Sie, wenn Sie nur noch Domänencontroller mit Windows Server 2012 R2 einsetzen. Die Funktionsebene bietet die gleichen Möglichkeiten wie Windows Server 2012. Haben Sie Ihre Domänencontroller alle auf Windows Server 2012 R2 aktualisiert, sollten Sie die Gesamtstrukturfunktionsebene und die Domänenfunktionsebenen der Domänen auf Windows Server 2012 R2 heraufstufen, wenn Sie tiefgehende Active Directory-Funktionen aus Windows Server 2012 R2 nutzen, zum Beispiel Webanwendungen mit Claim-Based-Authentication und ADFS zusammen betreiben.

- **Windows Server 2016** – Diese Funktionsebene nutzen Sie, wenn Sie nur Domänencontroller mit Windows Server 2016 einsetzen. Alle neuen Funktionen in Active Directory werden damit aktiviert. Dieser Betriebsmodus gilt auch für Windows Server 2019 und Windows Server 2022.

Auf der gleichen Seite des Assistenten konfigurieren Sie, dass der Domänencontroller auch zum DNS-Server konfiguriert wird. Der erste Domänencontroller in der Gesamtstruktur sollte möglichst auch immer DNS-Server sein. Wenn Sie das bereits im Vorfeld erledigt haben, übernimmt Active Directory die Einstellungen.

Der neue Domänencontroller wird darüber hinaus der erste globale Katalogserver. Auf dieser Seite können Sie festlegen, ob ein Domänencontroller zum schreibgeschützten Domänencontroller (RODC) werden soll. Hierbei wird auf dem Domänencontroller ein Replikat der Active Directory-Datenbank gespeichert, die keinerlei Änderungen akzeptiert. Der erste Domänencontroller einer Gesamtstruktur kann nicht zum RODC konfiguriert werden, aus diesem Grund ist diese Option, genau wie die Auswahl zum globalen Katalog, deaktiviert, da dem ersten Domänencontroller gewisse Verpflichtungen zukommen, die Sie an dieser Stelle nicht ändern können.

In diesem Fenster legen Sie außerdem das Kennwort für den Verzeichnisdienst-Wiederherstellungsmodus an (siehe Abbildung 4.14). Dabei handelt es sich um das Kennwort des lokalen Administrators, wenn Sie zur Wiederherstellung von Active Directory ohne den Active Directory-Dienst starten. Das Kennwort sollten Sie sich daher gut merken.

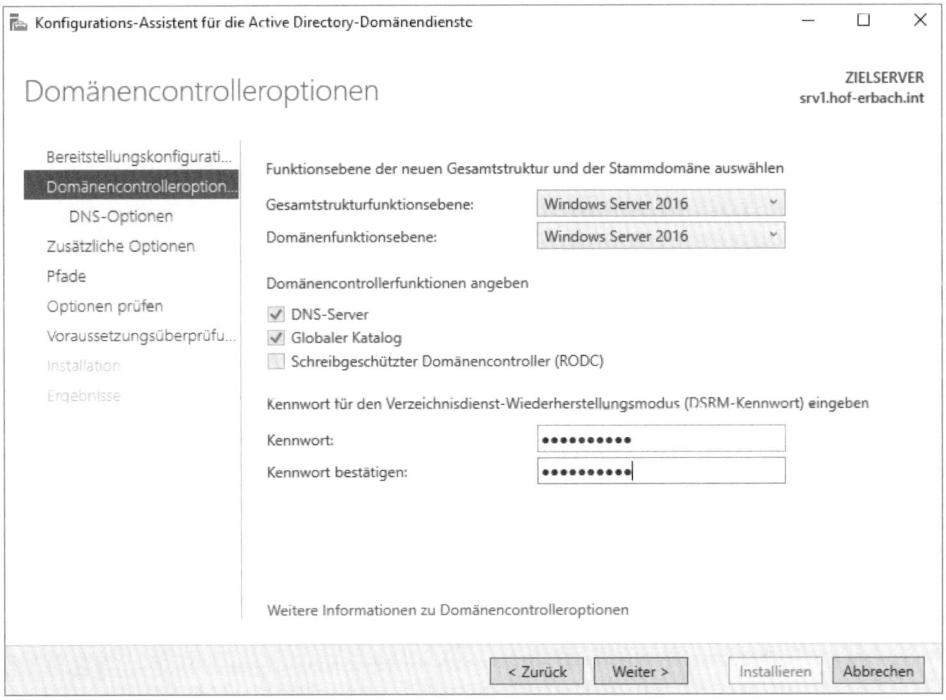

Abb. 4.14 Konfigurieren des neuen Domänencontrollers

Auf der nächsten Seite erkennt der Assistent, dass bereits eine DNS-Zone vorhanden ist, wenn Sie diese zuvor angelegt haben, wie in diesem Abschnitt beschrieben. Der Assistent bietet an, eine neue Zone für Active Directory zu installieren und diese unterhalb der aktuellen Zone zu integrieren. Diese DNS-Delegierung sollten Sie aktivieren, damit die Daten von Active Directory in einer eigenen Zone unterhalb der aktuellen Zone gebündelt werden. Klicken Sie auf *Ändern* und authentifizieren Sie sich mit dem lokalen Administrator konto am Server (siehe Abbildung 4.15).

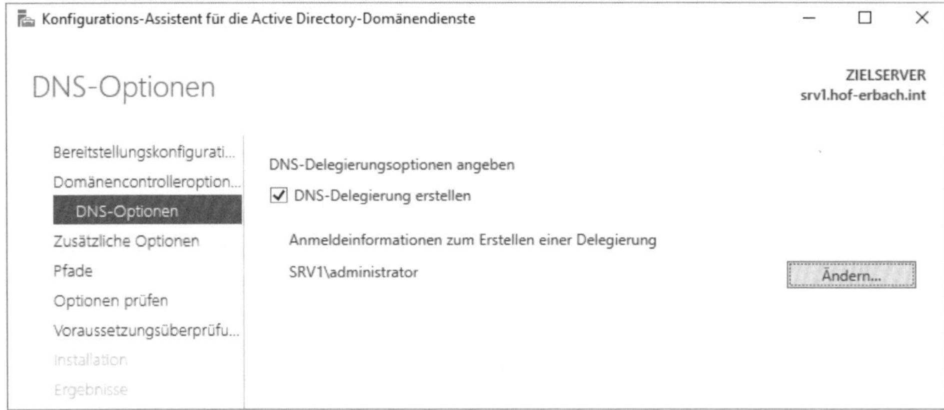

Abb. 4.15 Konfigurieren von DNS für Active Directory

Nachdem Sie die Delegation eingerichtet haben, wird die Zone für Active Directory unterhalb der Hauptzone als delegiert angezeigt. Lassen Sie den Assistenten zum Erstellen von Active Directory eine Delegation einrichten, erstellt er eine neue DNS-Zone mit dem Namen *_msdcs_<DNS-Name des Servers>*. In der originalen DNS-Zone legt der Assistent eine Delegierung zur neu angelegten Zone an. So ist sichergestellt, dass Anpassungen an der DNS-Zone des Servers Active Directory nicht beeinträchtigen. Legen Sie keine Delegierung an, erstellt der Assistent innerhalb der bereits vorhandenen DNS-Zone einen neuen Ordner mit der Bezeichnung *_msdcs*.

Nachdem Sie die Konfiguration von DNS abgeschlossen und einen Benutzernamen mit Administratorrechten für die Änderung der Zone eingegeben haben, wechseln Sie auf die nächste Seite des Assistenten. Hier legen Sie den NetBIOS-Namen der neuen Domäne fest. Auch dieser sollte so einfach wie nur möglich sein.

Im nächsten Fenster legen Sie den Speicherort der Datenbank und der Protokolle fest, die Active Directory zum Speichern der Informationen benötigt. Sie sollten hier den Ordner an der Stelle belassen, die vorgeschlagen wird. Im Anschluss müssen Sie noch die Ordner festlegen, die als Netlogon- und SYSVOL-Freigabe verwendet wird. In diesem Ordner werden die Anmeldeskripts und später die Gruppenrichtlinien gespeichert. Belassen Sie auch an dieser Stelle den Standardpfad.

Anschließend erhalten Sie eine Zusammenfassung angezeigt. Klicken Sie auf *Weiter*, testet der Assistent den Server dahin gehend, ob Active Directory installiert werden kann. Sie erhalten außerdem Informationen und Warnungen, die Sie berücksichtigen sollten. Mit *Installieren* beginnt der Assistent die Installation von Active Directory. Die Warnung »Domänencontroller unter Windows Server 2022 haben einen Standardwert für die Sicherheitseinstellung mit Namen ›Mit Windows NT 4.0 kompatible Kryptografiealgorithmen zulassen‹, welcher verhindert, dass beim Herstellen von Sicherheitskanalsitzungen schwächere Kryptografiealgorithmen verwendet werden« ignorieren Sie. Weitere Informationen zu dieser Einstellung finden Sie im Knowledge Base-Artikel 942564 (*http://go.microsoft.com/fwlink/?LinkId=104751*). Nach kurzer Zeit ist die Installation abgeschlossen, es sind aber noch Nacharbeiten notwendig.

Melden Sie sich nach der Installation und dem Neustart des Servers an. Es gibt auf einem Domänencontroller keine lokalen Anmeldekonten, sondern nur noch die Domänenkonten. Der ehemalige lokale Administrator ist nach der Heraufstufung zum Domänencontroller der Administrator der Domäne und der Gesamtstruktur.

4.3.2 Administratorkonto umbenennen

Cyberkriminelle versuchen häufig, durch Angriffe auf Standardbenutzerkonten an Anmeldedaten zu gelangen. Daher sollten Sie möglichst auf allen Geräten die Standardadministratorkonten umbenennen. Dadurch eliminieren Sie Angriffe auf das Benutzerkonto »Administrator«. Das Umbenennen des Kontos ist recht einfach. Sie öffnen auf dem Server *Active Directory-Benutzer und -Computer* mit der Eingabe von *dsa.msc*, über die Gruppe *Windows-Verwaltungsprogramme* oder über den Menüpunkt *Tools*.

Danach navigieren Sie zum Container *Users* unterhalb Ihrer Domäne und klicken den Benutzer *Administrator* mit der rechten Maustaste an. Wählen Sie *Umbenennen* und geben Sie dem Administrator einen passenden Namen, zum Beispiel »suser«. Wählen Sie als *Benutzeranmeldename* im Fenster den gleichen Namen aus und bestätigen Sie die Umbenennung. Melden Sie sich danach mit dem neuen Benutzernamen neu am Server an.

4.3.3 DNS in Active Directory integrieren und sichere Updates konfigurieren

Die erste Maßnahme, die Sie nach der Installation von Active Directory durchführen sollten, ist die Integration der DNS-Zonen in Active Directory. Bisher werden diese nur als Textdateien gespeichert. Windows Server 2022 führt diesen Vorgang automatisch durch, wenn der Assistent die Zone erstellt. Sie sollten die Einstellungen aber überprüfen. Erstellen Sie die Zone manuell, wie in diesem Kapitel gezeigt, müssen Sie auch die Integration in Active Directory selbst durchführen.

Durch diese Integration werden die kompletten Daten der DNS-Zonen über die Active Directory-Replikation verteilt und sind auch in Active Directory gespeichert. Um die Konfiguration zu überprüfen, rufen Sie zunächst das DNS-Snap-In über den Server-Manager oder mit *dnsmgmt.msc* auf. Erweitern Sie die Zone, sehen Sie die Erweiterungen, die Active Directory hinzugefügt hat. In den einzelnen Unterdomänen der Zone finden Sie die verschiedenen SRV-Records. Um die Zonen in Active Directory zu integrieren, markieren Sie die gesamte DNS-Zone.

1. Klicken Sie mit der rechten Maustaste auf die Zone und wählen Sie im Kontextmenü den Eintrag *Eigenschaften*.
2. Auf der Registerkarte *Allgemein* können Sie durch Klicken auf die Schaltfläche *Ändern* im Bereich *Typ* die Zone in Active Directory integrieren lassen.

3. Aktivieren Sie im Fenster *Zonentyp ändern* das Kontrollkästchen *Zone in Active Directory speichern* (siehe Abbildung 4.16).
4. Anschließend können Sie im Bereich *Dynamische Updates* die Option *Nur sichere* aktivieren. Bei dieser Einstellung können sich nur Computer, die sich erfolgreich in Active Directory authentifizieren, dynamisch in DNS registrieren.

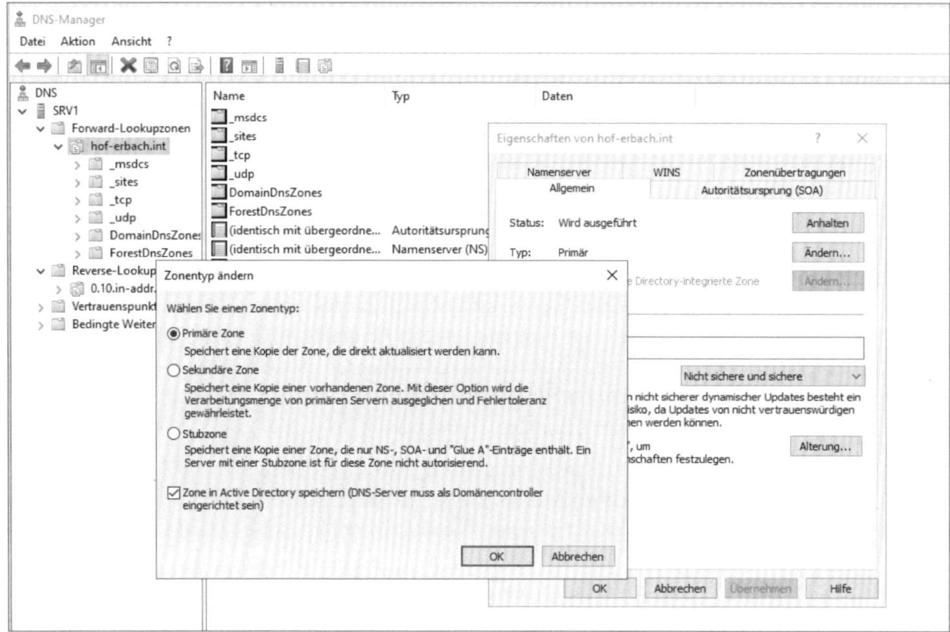

Abb. 4.16 Speichern der DNS-Zonen in Active Directory

Die Integration nehmen Sie sowohl für die Forward-Lookupzone als auch für die Reverse-Lookupzone vor.

4.3.4 DNS-IP-Einstellungen anpassen

Windows Server 2022 ändert bei der Einrichtung von Active Directory die Konfiguration der Netzwerkverbindungen so ab, dass die Einstellungen für manche Administratoren verwirrend sein können. Geben Sie nach der Installation von Active Directory auf dem Domänencontroller in der Eingabeaufforderung *nslookup* ein, erhalten Sie unter Umständen eine etwas verwirrende Ausgabe. Der Server gibt als Adresse *:1* zurück.

Diese Ausgabe wird durch eine Konfiguration der Netzwerkverbindungen verursacht. Rufen Sie zunächst die Verwaltung Ihrer Netzwerkverbindungen auf. Der schnellste Weg ist, wenn Sie *ncpa.cpl* im Startmenü eingeben. Rufen Sie die Eigenschaften des IPv6-Protokolls auf. Wie Sie sehen, hat Windows Server 2022 die Option *Folgende DNS-Serveradressen verwenden* aktiviert und den Eintrag *::1* hinterlegt. Dies entspricht bei IPv4 dem Eintrag *127.0.0.1 (localhost).*

Durch diesen Eintrag fragt der DNS-Server bei Reverse-Abfragen per IPv6 den lokalen DNS-Server. Legen Sie entweder eine IPv6-Reverse-Lookupzone an und stellen Sie sicher, dass ein Zeiger zur IPv6-Adresse des Servers eingetragen wird, oder lassen Sie die Einstellungen, wie sie sind, damit eine lokal zugewiesene IPv6-Adresse zum Einsatz kommt.

Aktivieren Sie am besten die Option *DNS-Serveradresse automatisch beziehen*. Durch diese Konfiguration vermeiden Sie die irreführende Meldung in Nslookup. Rufen Sie als Nächstes die Eigenschaften für das IPv4-Protokoll auf. Auch hier hat der Assistent als bevorzugten DNS-Server die Adresse des lokalen Hosts hinterlegt (*127.0.0.1*). In diesem Fall funktionieren zwar Abfragen per DNS, aber diese Konfiguration ist nicht sauber und resultiert in einer fehlerhaften Ausgabe bei Nslookup. Tragen Sie auch hier die richtige IPv4-Adresse des Servers ein. Anschließend sollte die Eingabe von *nslookup* in der Eingabeaufforderung keine Fehler mehr ausgeben.

4.4 Problembehandlung bei der Bereitstellung von Domänencontrollern

Bei der Bereitstellung von neuen Domänencontrollern kann es durchaus zu Problemen kommen. Hier hilft eine strukturierte Vorgehensweise, um diese Probleme zu umgehen oder zu lösen.

4.4.1 Einstieg in das Troubleshooting mit Active Directory

Ein wichtiger Punkt bei der Fehlerbehandlung der Domänencontrollerbereitstellung besteht darin, zu überprüfen, ob der Fehler durch den neuen Domänencontroller verursacht wird oder ob es Probleme im vorhandenen Active Directory gibt. Die wichtigsten Tools zur Überprüfung dieser Fehler sind *dcdiag.exe* und *repadmin.exe*, die auf allen beteiligten Domänencontrollern ausgeführt werden sollten. Kommt nur ein Domänencontroller zum Einsatz, ist *repadmin.exe* nicht notwendig.

Diese Tools decken Fehler auf den Domänencontrollern schnell auf. Häufige Fehler und auch Fehlercodes der Protokolldateien sind auch auf der Seite »Problembehandlung der Domänencontrollerbereitstellung« (*https://docs.microsoft.com/de-de/windows-server/identity/ad-ds/deploy/troubleshooting-domain-controller-deployment*) in der Microsoft-Dokumentation zu finden.

Hilfreiche Onlineartikel

Im Beitrag »In 17 Schritten zum perfekten Domänencontroller« (*https://www.ip-insider.de/in-17-schritten-zum-perfekten-domaenencontroller-a-489759*) wird die ideale Vorgehensweise für die Installation von Domänencontrollern beschrieben.

Der Beitrag »Verwalten der Betriebsmasterrollen von Domänencontrollern« (*https://www.ip-insider.de/verwalten-der-betriebsmasterrollen-von-domaenencontrollern-a-372128*) ist etwas älter, die Anleitung gilt aber auch noch für Windows Server 2022 und kann mit Essentials eingesetzt werden.

Im Beitrag »10 Stolpersteine beim Einsatz von Active Directory« (*https://www.ip-insider.de/10-stolpersteine-beim-einsatz-von-active-directory-a-737499*) wird unter Punkt 3 darauf eingegangen, welche FSMO-Rollen es gibt und was bei der grundsätzlichen Einrichtung und Verwaltung von Active Directory bezüglich dieser Rollen dringend beachtet werden sollte.

Im Beitrag »10 schnelle Praxistipps für Windows Server 2016« (*https://www.ip-insider.de/10-schnelle-praxistipps-fuer-windows-server-2016-a-791897*) zeigen wir in Tipp 5, wie die Betriebsmaster getestet werden können. Auch im Beitrag »Active-Directory-Probleme in 7 Schritten systematisch lösen« (*https://www.ip-insider.de/active-directory-probleme-in-7-schritten-systematisch-loesen-a-865985*) sind entsprechende Tests zu finden. Active Directory in Windows Server 2019/2022 entspricht im Grunde genommen noch exakt den Möglichkeiten aus Windows Server 2016.

Der Beitrag »So ersetzen Sie AD-Domänencontroller nach einem Ausfall« (*https://www.ip-insider.de/so-ersetzen-sie-ad-domaenencontroller-nach-einem-ausfall-a-702431*) zeigt, wie die FSMO-Rollen zwischen Servern verschoben werden können. Hier ist auch der Beitrag »Diese Active-Directory-Einstellungen müssen Admins kennen« (*https://www.ip-insider.de/diese-active-directory-einstellungen-muessen-admins-kennen-a-494331*) ein wichtiger Einstiegspunkt.

4.4.2 Diese fünf Fehler verursachen die meisten Probleme

In den meisten Fällen werden Fehler bei der Bereitstellung eines Domänencontrollers von zwei Faktoren verursacht:

1. Die Namensauflösung funktioniert nicht richtig und sollte umfassend getestet werden.
2. Die Berechtigungen des Benutzers sind nicht richtig gesetzt.

Weitere Fehler sind:

3. Ein Problem mit der FSMO-Rolle des Domänennamenmasters in bereits vorhandenen AD-Strukturen
4. Firewalls, die die Kommunikation zwischen den Domänencontrollern unterbrechen

Sind diese vier mehr oder weniger wahrscheinlichen Fehlerquellen ausgeschlossen, sollten 99 % der Probleme bei der Bereitstellung von Active Directory behoben sein.

Ein fünfter, häufiger Fehler ist:

5. Die Software von Drittherstellern, die unter Umständen Probleme bei der Heraufstufung eines Domänencontrollers verursacht. Dabei kann es sich um Sicherheitstools handeln oder um Tools, die in Wechselwirkung mit Active Directory stehen. Bei Problemen sollten diese Tools deaktiviert oder entfernt werden.

4.4.3 Protokolldateien auswerten

Wenn die Tools und Vorgehensweisen der erwähnten Beiträge und die vorhergehenden Tipps nicht helfen, kann es sinnvoll sein, die Protokolldateien auf dem Domänencontroller auszuwerten, der sich nicht in Active Directory integrieren lässt. Das wichtigste Verzeichnis in diesem Bereich ist *C:\Windows\debug*. Hier befinden sich die verschiedenen Protokolldateien, die Sie nach Fehlern durchsuchen sollten. Die wichtigsten Dateien für die Bereitstellung sind:

dcpromoui.log

dcpromo.log

Ein sinnvoller Weg, die Protokolldateien zu überprüfen, ist ein Vergleich mit dem Protokoll auf einem Domänencontroller, auf dem die Bereitstellung funktioniert.

Parallel dazu spielt die Ereignisanzeige auf dem Server eine wichtige Rolle. Hier finden Sie in den verschiedenen Protokollen Einträge, die auch Active Directory betreffen. Die Ereignisse dazu finden sich in:

- *Windows Protokolle\System*
- *Windows Protokolle\Anwendung*
- *Anwendungs- und Dienstprotokolle\Verzeichnisdienst oder Directory Service*
- *Anwendungs- und Dienstprotokolle\Dateireplikationsdienst*
- *Anwendungs- und Dienstprotokolle\DFS-Replikation*

Diese Protokolle sind vor allem bei der Heraufstufung von Servern zu Domänencontrollern wichtig.

4.4.4 NetTools: Portable Toolsammlung für Troubleshooting in Active Directory

Um Probleme von Active Directory auf einem Server zu untersuchen oder den Status des Servers zu überprüfen, steht in der Befehlszeile das Tool *dcdiag.exe* zur Verfügung. Um noch mehr Informationen zu erhalten, die zum Beispiel zur Optimierung oder bei der Fehlerbehebung eine Rolle spielen, sind die kostenlosen NetTools interessant (siehe Abbildung 4.17). Diese müssen nicht installiert werden und stellen für IT-Profis und weniger erfahrene Admins Informationen zur Verfügung, um Probleme in Active Directory zu identifizieren. Im Zusammenhang mit Windows Server 2022 Essentials/Standard sind diese Tools eine sinnvolle Ergänzung.

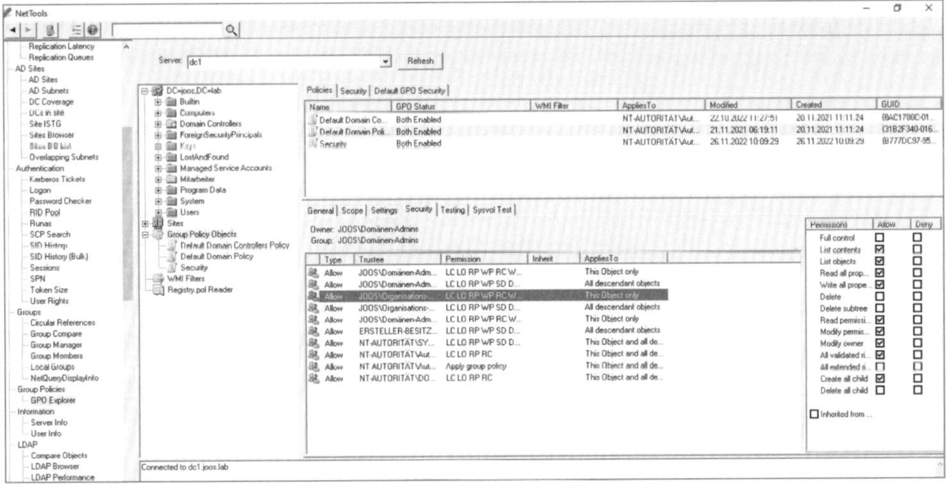

Abb. 4.17 Die NetTools stellen verschiedene Tools für die Verwaltung von AD zur Verfügung.

NetTools (*https://nettools.net*) lässt sich direkt bei den Entwicklern herunterladen. Der Download der Tools-Sammlung erfolgt als ZIP-Datei. Im Archiv befinden sich die Dateien *nettools.exe* und *nettools.ini*. Die Einstellungen zur Anpassung der Sammlung speichert NetTools in der Datei *nettools.init*. Es ist daher keine Installation notwendig, um das Tool zu nutzen. Bestandteil von NetTools sind auch verschiedene Werkzeuge, mit denen sich LDAP-Abfragen in Active Directory durchführen lassen. Die verschiedenen LDAP-Abfragen sind in NetTools unterhalb von *LDAP* gesammelt.

Interessant ist die Toolsammlung auch für IT-Profis, die in mehreren AD-Umgebungen nach Fehlern suchen oder Optimierungen durchführen. In der Toolsammlung können Sie verschiedene Profile definieren, mit denen wiederum eine Verbindung zu unterschiedlichen Domänencontrollern erfolgen kann. Auch Anmeldedaten lassen sich direkt hinterlegen.

NetTools in der Praxis: Verbindungen zu Active Directory aufbauen

Nach dem Start der Sammlung sind zunächst alle Tools im Fenster zu sehen. Über das Icon *Connection Profiles* oben links erfolgt die Konfiguration von Verbindungen zu Active Directory-Domänen. Mit *Add* erstellen Sie ein neues Profil. Auf der Registerkarte *Server* wird zunächst der Name oder die IP-Adresse des Servers angegeben sowie die Verbindungsdaten. Die Anmeldung erfolgt wiederum auf der Registerkarte *Credentials*. Hier lassen sich für alle Profile unterschiedliche Anmeldedaten hinterlegen.

Sobald die Anmeldedaten hinterlegt sind, lassen sie sich für die verschiedenen Tools auf der linken Seite nutzen. Die Vorgehensweise dazu ist immer die gleiche. Zunächst wählen Sie auf der linken Seite das entsprechende Tool aus, zum Beispiel der *AD Permission Browser*. Danach erfolgt in der Mitte des Fensters im oberen Bereich die Auswahl des jeweiligen Servers. Hier zeigt NetTools die Profile an, die im Fenster *Connection Profiles* hinterlegt sind. Es ist an dieser Stelle möglich, mehrere Profile mit unterschiedlichen Benutzerkonten für die gleiche Active Directory-Gesamtstruktur zu nutzen.

AD Permissions Browser und Co. für die Überprüfung von AD nutzen

Nachdem das jeweilige Tool über das Profil eine Verbindung zum Active Directory aufgebaut hat, zeigt es das Ergebnis in der Mitte des Fensters an. Der AD Permissions Browser ermöglicht dadurch die Überprüfung von Berechtigungen für alle Objekte in einer AD-Gesamtstruktur, ob unberechtigte Benutzer Zugriff auf Daten haben, auf die sie keinen Zugriff haben sollten.

Über das Dropdownmenü *Context* lassen sich die Verbindung auf Basis unterschiedlicher Kontexte aufbauen, zum Beispiel im Kontext der standardmäßigen Container oder der DNS-Zonen in der Gesamtstruktur. Über verschiedene Felder blenden Sie auch Informationen ein und aus. Wählen Sie in der Mitte des Fensters ein Objekt aus, zeigt das jeweilige Tool auf der rechten Seite Detailinformationen an. Mit der Schaltfläche *Refresh* liest es die Daten aus Active Directory neu ein. Abhängig vom verwendeten Tool bietet NetTools in der Mitte des Fensters unterschiedliche Filter und Einstellungen an. Die Verbindung erfolgt aber immer im Kontext des jeweilig ausgewählten Verbindungsprofils.

Replikation in Active Directory überprüfen

NetTools bietet verschiedene Werkzeuge an, mit denen sich die Replikation in Active Directory überprüfen lässt. Das ist dann notwendig, wenn Sie einen weiteren Server betreiben und Active Directory zwischen den Servern replizieren lassen. Unterhalb von *AD Replikation* finden sich Menüs, mit denen Sie die Replikation überprüfen können. Bei *DC Updates* ist zum Beispiel zu erkennen, ob es bei einzelnen Domänencontrollern in der Gesamtstruktur zu Replikationsproblemen kommt. Mit den verschiedenen Menüpunkten lässt sich danach die Replikation umfangreich und detailliert aufschlüsseln.

Fehlerbehebung bei Kerberos und der Authentifizierung

Die Menüpunkte bei *Authentication* helfen dabei, die Gültigkeit von Kerberos-Tickets zu überprüfen, und unterstützen bei der Analyse des RID-Masters, der für das Anlegen von neuen Objekten und der Erstellung von SIDs wichtig ist. Eine SID wird vom jeweiligen DC immer auf Basis einer RID und einer DC-spezifischen Erweiterung erstellt. Funktioniert der RID-Master nicht mehr, stellt er keine RIDs mehr aus, was zwangsläufig darin resultiert, dass keine neuen Objekte mehr in AD angelegt werden können.

Bei *Sessions* lassen sich wiederum aktuelle Anmeldungen umfangreich untersuchen. An dieser Stelle spielen oft auch Berechtigungen eine wesentliche Rolle. Diese können Sie wiederum bei *User Rights* unterhalb von *Authentication* untersuchen.

Gruppenrichtlinien mit NetTools analysieren

Im Bereich *Group Policies* steht in den NetTools der *GPO-Explorer* zur Verfügung (siehe Kapitel 12). Dieser zeigt alle Gruppenrichtlinien in der Domäne an sowie deren Status. Außerdem lassen sich an dieser Stelle die Einstellungen der Richtlinien anzeigen, und zwar deren direkte Auswirkung auf die Registry von Computern. Dazu kommen die Sicherheitseinstellungen für die Gruppenrichtlinien.

4.5 Das Active Directory-Verwaltungscenter

Die meisten Routineaufgaben können Sie im Active Directory-Verwaltungscenter durchführen. Das Tool verbindet sich über die Active Directory-Webdienste mit Active Directory und stellt Routineaufgaben zur Verfügung (siehe Abbildung 4.18).

Sie starten das Active Directory-Verwaltungscenter entweder über die Programmgruppe *Tools* im Server-Manager oder indem Sie *dsac* im Startmenü eintippen. Auf der linken Seite der Konsole navigieren Sie durch die Domäne und die Organisationseinheiten. Im linken oberen Bereich können Sie die Ansicht anpassen.

Abb. 4.18 Das Active Directory-Verwaltungscenter in Windows Server 2022

Active Directory

Wenn Sie das Active Directory-Verwaltungscenter öffnen, wird die Domäne, mit der Sie derzeit auf diesem Server angemeldet sind, im linken Bereich angezeigt. Verwenden Sie die linke Ansicht, verhält sich die Navigation ähnlich zum Startmenü. Über die Kategorie *Globale Suche* können Sie in allen Domänen der Gesamtstruktur suchen, unabhängig von der Domäne, mit der Sie aktuell verbunden sind.

Direkt auf der Startseite können Sie häufige Aufgaben durchführen wie das Zurücksetzen eines Benutzerkennworts oder das Durchsuchen von Active Directory. Sie passen die Seite durch Anzeigen oder Ausblenden verschiedener Fenster an. In der Listenansicht können Sie Spalten anzeigen lassen, die mehr Informationen enthalten als das Snap-In *Active Directory-Benutzer und -Computer*.

Zur Anpassung des Navigationsbereichs können Sie Navigationsknoten hinzufügen, umbenennen oder entfernen, Duplikate dieser Knoten erstellen oder sie im Navigationsbereich nach oben oder unten verschieben. Klicken Sie mit der rechten Maustaste auf den Knoten, den Sie ändern möchten.

Die Liste der zuletzt verwendeten Objekte wird automatisch unter einem Navigationsknoten angezeigt, wenn Sie mindestens einen Container innerhalb dieses Navigationsknotens besuchen. Für jeden Navigationsknoten können Sie einen bestimmten Domänencontroller konfigurieren.

Um Active Directory zu verwalten, Fehler zu beheben oder Informationen abzurufen, stehen vor allem die bekannten Verwaltungstools der Managementkonsole zur Verfügung. Dazu gehören die Verwaltung der Benutzer und Computer mit der Konsole Active Directory-Benutzer und Computer (*dsa.msc*) und die Verwaltung der Standorte und Dienste mit Active Directory-Standorte und -Dienste (*dssite.msc*) oder das Active Directory-Verwaltungscenter (*dsac.exe*).

Diese Tools werden am häufigsten verwendet und lassen sich über ihre Startdatei aufrufen. Die Befehle können in der Eingabeaufforderung, im Suchfeld der Taskleiste und in der PowerShell aufgerufen werden. Die DNS-Verwaltung starten Sie mit *dnsmgmt.msc*, Active Directory-Domänen und -Dienste mit *domain.msc*.

4.5.1 Objekte schützen und wiederherstellen

In Windows Server 2022 sind Active Directory-Objekte vor dem versehentlichen Löschen geschützt. Dieser Schutz ist standardmäßig aktiviert. Nachdem Sie über das Menü *Ansicht* in *Active Directory-Benutzer und -Computer* die erweiterte Ansicht aktiviert haben, finden Sie auf der Registerkarte *Objekt* das Kontrollkästchen *Objekt vor zufälligem Löschen schützen* vor.

Diese Option steuert die Berechtigungen auf der Registerkarte *Sicherheit*. Der Gruppe *Jeder* wird der Eintrag *Löschen* verweigert. Dies äußert sich darin, dass ein Administrator vor dem Löschen eines solchen geschützten Objekts zunächst das Kontrollkästchen zu dieser Option deaktivieren muss, bevor er das Objekt löschen kann.

Den Papierkorb für gelöschte Objekte verwalten Sie in Windows Server 2022 im Active Directory-Verwaltungscenter. Grundlage ist der Papierkorb von Active Directory, den Sie zunächst für die Gesamtstruktur aktivieren müssen. Diesen Vorgang nehmen Sie über das

Kontextmenü der Gesamtstruktur auf der linken Seite der Konsole im Active Directory-Verwaltungscenter vor (siehe Abbildung 4.19). Sie können den Papierkorb nur dann aktivieren, wenn die Funktionsebene der Gesamtstruktur auf Windows Server 2008 R2 gesetzt ist.

Abb. 4.19 Aktivieren des Papierkorbs in Active Directory

Um gelöschte Objekte wiederherzustellen, verwenden Sie am besten das Active Directory-Verwaltungscenter. Das hat den Vorteil, dass Ihnen eine grafische Oberfläche zur Verfügung steht. Nachdem Sie den Papierkorb aktiviert und das Active Directory-Verwaltungscenter neu gestartet haben, gibt es für die entsprechende Gesamtstruktur einen neuen Ordner *Deleted Objects*.

Rufen Sie die Eigenschaften von Organisationseinheiten in der Verwaltungskonsole Active Directory-Benutzer und -Computer (*dsa.msc*) auf, stehen nicht alle Optionen zur Verfügung. Es fehlen zum Beispiel die Einstellungen für die Sicherheit von Objekten. Aktivieren Sie daher in der Konsole über den Menüpunkt *Ansicht* die Option *Erweiterte Features*. So werden mehr Einstellungen angezeigt.

Um Objekte davor zu schützen, dass sie von einem Administrator versehentlich gelöscht werden, sollten Sie die Option *Objekt vor zufälligem Löschen schützen* auf der Registerkarte *Objekt* aktivieren. Dadurch wird verhindert, dass ein Objekt löschbar ist. Wird versucht, ein Objekt zu löschen, erscheint eine Fehlermeldung, dass die Berechtigungen dazu fehlen oder dass das Objekt bereits vor dem zufälligen Löschen geschützt ist. Um es zu löschen, entfernen Sie den Haken wieder. Es ist sinnvoll, den Schutz auch für untergeordnete Objekte zu aktivieren und zu kontrollieren, ob er auch aktiviert wurde.

Beim Anlegen von Organisationseinheiten kann der Schutz aber auch deaktiviert werden. In diesem Fall wird beim Erstellen einfach der entsprechende Haken entfernt. Beim Anlegen anderer Objekte, zum Beispiel Gruppen oder Benutzer, erscheint die Option nicht. Hier muss der Schutz nachträglich aktiviert werden.

4.6 Verwaltungs-PCs für Administratoren einrichten

Die Verwaltung des Servers wollen Sie natürlich nicht immer vor dem Monitor durchführen, den Sie am Server angeschlossen haben. Bequemer ist es, wenn Sie zunächst eine RDP-Verbindung einrichten. In diesem Fall können Sie von Ihrem gewohnten PC per Remote-Desktop-Verbindung (RDP) eine Verbindung mit dem Server aufbauen.

4.6.1 RDP-Verbindung und DNS konfigurieren

Dazu öffnen Sie auf dem Server zunächst mit *sysdm.cpl* die Systemeinstellungen. Aktivieren Sie auf der Registerkarte *Remote* die Option *Remoteverbindung mit diesem Computer zulassen* und aus Sicherheitsgründen noch *Verbindungen nur von Computern zulassen, auf denen Remotedesktop mit Authentifizierung auf Netzwerkebene ausgeführt wird.*

4.6.2 DNS-Auflösung auf Admin-PC sicherstellen

Damit der Name funktioniert, müssen Sie bei Ihrem Rechner aber zunächst mit *ncpa.cpl* die Netzwerkverbindungen aufrufen. Öffnen Sie anschließend die IP-Einstellungen von IPv4, wie zuvor beim Domänencontroller.

Damit die Namensauflösung funktioniert und Sie später Ihren Computer in die Domäne mitaufnehmen können, sollten Sie in den IP-Einstellungen bei *Allgemein* über *Folgende DNS-Serveradressen verwenden* die IP-Adresse Ihres Servers angeben. Da Sie DNS konfiguriert haben und auf dem DNS-Server die Namensauflösung funktioniert, können Sie danach im Netzwerk die Namen auflösen, die sich automatisch auf dem DNS-Server registrieren. Bei *Alternativer Server* geben Sie die IP-Adresse Ihrer Firewall, Ihres Internetrouters oder 1.1.1.1 ein. Das stellt sicher, dass Ihr PC weiterhin mit dem Internet kommunizieren kann, falls der Server einmal ausgeschaltet sein sollte.

URLs aus dem Internet löst der DNS-Server ebenfalls auf. Das können Sie genauso testen wie bei der Einrichtung von Active Directory, indem Sie in der Befehlszeile nach der Änderung mit *nslookup* zunächst den Servernamen, zum Beispiel mit *srv1.hof-erbach.int*, eingeben und mit *www.dpunkt.de* eine Verbindung ins Internet herstellen. Öffnen Sie auf dem PC den Webbrowser, sollte dieser problemlos eine Verbindung mit dem Internet aufbauen können. Durch den DHCP-Server im Netzwerk wird die Verbindung aufgebaut und die Namensauflösung übernimmt Ihr Server. Ist er ausgeschaltet oder nicht verfügbar, erkennt Windows 10/11 das und nutzt den alternativen DNS-Server.

4.6.3 RDP-Verbindung auf Arbeitsstationen herstellen

Öffnen Sie danach auf einem PC mit Windows 10/11 die Remotedesktopverbindungen, zum Beispiel durch Eingabe von *mstsc*. Um die Verbindung aufzubauen, geben Sie im Feld *Computer* die IP-Adresse des Servers ein oder dessen Namen (siehe Abbildung 4.20). Besser ist natürlich die Verwendung des Namens. In diesem Fall müssen Sie die Namensauflösung konfigurieren, wie zuvor beschrieben.

Klicken Sie danach auf *Optionen einblenden*. Aktivieren Sie die Option *Speichern der Anmeldedaten zulassen*, wenn Sie die Verbindung zum Server in Zukunft einfach per Doppelklick und ohne die Eingabe der Benutzerinformationen öffnen wollen. Bei *Anzeige* können Sie festlegen, ob Sie die RDP-Verbindung als Vollbildschirm öffnen möchten oder ob Ihnen ein Fenster reicht. Ein Fenster hat den Vorteil, dass Sie über die Zwischenablage und per Drag & Drop einfacher Daten und Dateien zwischen Ihrem Rechner und dem Server austauschen können.

Auf der Registerkarte *Lokale Ressourcen* können Sie festlegen, dass sich die Zwischenablage zwischen Ihrem Computer und dem Server synchronisiert, um Daten auszutauschen. Das Gleiche gilt für *Drucker*. Mit *Weitere* können Sie Laufwerke Ihres lokalen Rechners im Explorer auf dem Server anbinden.

Außerdem können Sie bei *Windows-Tastenkombinationen anwenden* festlegen, ob Tastenkombinationen auf Ihrem PC oder in der Remotesitzung durchgeführt werden dürfen. Im Vollbildmodus führt Windows die Tastenkombinationen auf dem Server aus. Mit *Speichern unter* speichern Sie die Einstellung als RDP-Datei an einer beliebigen Stelle. Verwenden Sie als Name am besten den Servernamen. Per Doppelklick können Sie die Remoteverbindung öffnen.

Abb. 4.20 Aufbau einer RDP-Verbindung mit eigenen Einstellungen

Per Doppelklick starten Sie die Verbindung. Beim ersten Verbindungsaufbau müssen Sie im Fenster *Der Herausgeber dieser Remoteverbindung kann nicht identifiziert werden* die Option *Nicht erneut nach Verbindungen mit diesem Computer fragen* aktivieren und auf *Verbinden* klicken (siehe Abbildung 4.21).

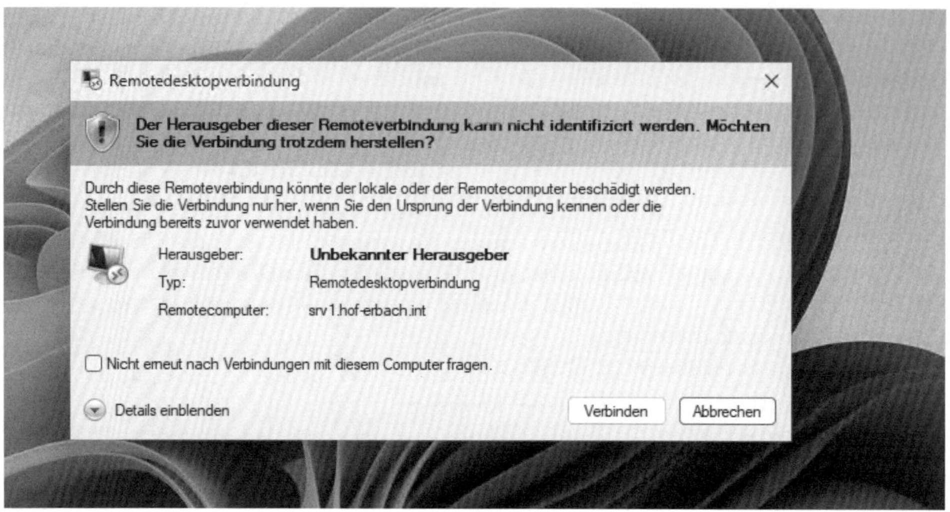

Abb. 4.21 Bestätigen der Warnmeldung bei der ersten Verbindung mit dem Server

Teilweise erscheint danach eine weitere Warnmeldung, die Sie ebenfalls bestätigen können. Aktivieren Sie an dieser Stelle ebenfalls, dass diese nicht mehr erscheinen soll. Sie können den Benutzernamen in der RDP-Verbindung speichern.

Generell können Sie beim Verbindungsaufbau auch das Kennwort des Benutzers speichern. Das ist bei Administrationsverbindungen zu einem Server aber nicht empfehlenswert. Domänennamen und Anmeldenamen sind noch akzeptabel, aber das Speichern des Kennworts ist spätestens dann ein Problem, wenn sich ein unberechtigter Benutzer mit Ihrem PC verbinden kann, Sie Malware auf den Rechner bekommen oder Cyberkriminelle sich Zugang verschaffen.

Sie sollten daher keine Verwaltungstools auf Ihrem PC installieren und auch keine Zugangsdaten speichern. Außerdem sollte das Benutzerkonto, das Sie für die tägliche Arbeit nutzen, keinesfalls als Administrator für die Domäne genutzt werden. Ansonsten können Angreifer oder unberechtigte Benutzer bei Übernahme Ihres Kontos die komplette Umgebung und auch den Server kompromittieren.

Nutzen Sie zur Verwaltung die RDP-Verbindung idealerweise sogar einen eigenen PC mit Remoteverwaltung und speichern Sie die Anmeldedaten nicht zwischen. Es kann auch sinnvoll sein, auf Ihrem PC Hyper-V zu installieren und in Hyper-V einen virtuellen Computer, den Sie in die Domäne aufnehmen und mit dem Sie nichts anderes machen, als die Umgebung zu verwalten. Das geht im Notfall auch mit anderen Virtualisierungslösungen wie VirtualBox oder VMware Workstation. In Microsoft-Netzwerken ist Hyper-V dazu aber wesentlich besser geeignet.

In der Remotesitzung können Sie mit dem Server arbeiten wie vor dem Bildschirm. Sie können daher alle Verwaltungsaufgaben remote durchführen und den Server entsprechend sichern. Die Aktionen, die Sie in der Remotesitzung durchführen, sind auf dem Bildschirm des Servers nicht zu erkennen.

Sie können in der RDP-Sitzung zum Beispiel auf dem Server Verwaltungsaufgaben durchführen, Programme installieren, Skripts laufen lassen und vieles mehr. Parallel dazu können Sie auf Ihrem PC weiterarbeiten, ohne den Server zu beeinträchtigen. Die Programme bleiben auch gestartet, wenn die Sitzung beendet wird, allerdings pausieren einige Programme dann.

4.7 Arbeitsstationen in die Domäne aufnehmen

Sie sollten alle Arbeitsstationen in Ihrem Netzwerk als Mitglieder in die Domäne aufnehmen. Das hat den Vorteil, dass sich die Benutzer mit einem Benutzerkonto an der Domäne anmelden können und dadurch Zugriff auf alle Ressourcen erhalten, die Sie auf dem Server speichern und freigeben, zum Beispiel Dateifreigaben. Außerdem können Sie auf dem Server Gruppenrichtlinien erstellen, mit denen Sie Sicherheitseinstellungen wie das automatisierte Installieren von Updates im Netzwerk verteilen können. Das geht schnell und einfach. Gleichzeitig können Sie dadurch sicherstellen, dass alle Arbeitsstationen auf dem neuesten Stand sind.

Damit Sie Computer in Windows-Domänen aufnehmen können, müssen Sie Windows 10/11 in den Editionen Pro oder Enterprise installiert haben. Diese Versionen können auch Gruppenrichtlinien umsetzen. Windows 10/11 Home ist nicht in der Lage, Mitglied einer Active Directory-Domäne zu werden, und kann auch keine Gruppenrichtlinien umsetzen.

Achten Sie aber darauf, dass Windows 10 und Windows 11 beim Aufnehmen eines Benutzerkontos ein neues Benutzerprofil im Verzeichnis *C:\Users* (*C:\Benutzer*) anlegt. Der Benutzer muss seinen Desktop und seine Einstellungen neu anpassen. Die installierten Programme bleiben jedoch verfügbar.

Wichtige Daten sollten auf den Arbeitsstationen nicht gespeichert werden. Hier sollten Sie darauf achten, dass nach der Einrichtung alle Daten der Anwender auch auf dem Server gespeichert sind. Nur das stellt sicher, dass diese für alle berechtigen Benutzer zur Verfügung stehen und gleichzeitig durch die Datensicherung des Servers gesichert werden können.

4.7.1 IP-Einstellungen vor der Domänenaufnahme konfigurieren

Um einen Computer in die Domäne aufzunehmen, müssen Sie entweder manuell in den Netzwerkeinstellungen den Server als DNS-Server eintragen oder Sie konfigurieren auf Ihrem DHCP-Server, meistens Router oder Firewall, dass als erster DNS-Server die IP-Adresse des Servers verteilt wird und als zweite IP-Adresse auf Wunsch die IP-Adressen der DNS-Server von Cloudflare (1.1.1.1) oder Google (8.8.8.8).

4.7.2 Grundlagen für die Aufnahme in Active Directory konfigurieren

Wichtig ist, dass die Namensauflösung zum Internet auf dem Server mit Windows Server 2022 Essentials konfiguriert ist, damit die Clients nach der Umstellung weiterhin mit dem Internet kommunizieren können. Auf Dauer ist es hier empfehlenswert, dass die Benutzer keine direkte Internetverbindung aufbauen, sondern einen Proxy-Server nutzen, zum Beispiel auf Firewalls wie OPNsense (*https://opnsense.org*). Die mächtige Open-Source-Firewall lässt sich auf beliebiger Hardware installieren, ist hochsicher, schnell und bietet alles, was kleine Unternehmen für eine schnelle und sichere Internetverbindung benötigen, inklusive der Möglichkeit, VPN-Server mit OpenVPN, IPSec oder WireGuard aufzubauen (siehe Abbildung 4.22).

Sie können aber auch weiterhin die IP-Adresse vom Router oder der Firewall verteilen lassen und bei Aufnahme eines Computers in die Domäne die IP-Adresse des DNS-Servers manuell angeben. Es ist jedoch sauberer, wenn Sie über DHCP auf der Firewall oder dem Router alle Optionen verteilen lassen, auch die IP-Adresse des DNS-Servers. Das Standardgateway bleibt die Firewall oder der Router, der Server mit Windows Server 2022 Essentials/Standard übernimmt die Aufgaben des DNS-Servers.

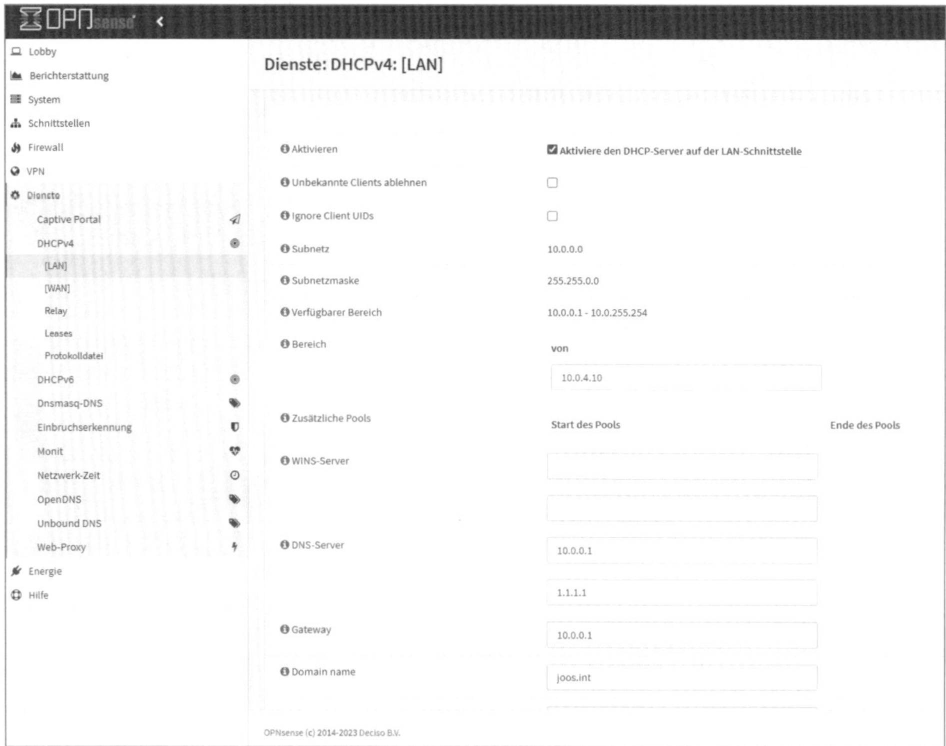

Abb. 4.22 In den Einstellungen des Routers oder der Firewall sollte beim Einsatz von DHCP darauf geachtet werden, dass die IP-Adresse Ihres Servers als DNS-Server genutzt wird.

Die DNS-Einstellungen entsprechen im Grunde genommen denen, die Sie auch für die Admin-Arbeitsstation brauchen, um sich über den Servernamen per RDP mit dem Server zu verbinden.

Öffnen Sie die Befehlszeile und geben Sie *nslookup* ein. Es sollte ohne Fehler der Name des Servers mit Windows Server 2022 Essentials/Standard erscheinen. Geben Sie zur Sicherheit noch den Namen Ihres Servers ein, um zu prüfen, ob dieser aufgelöst werden kann, und auch dessen IP-Adresse, wenn Sie die Reverse-Lookupzone erstellt haben, so wie in diesem Kapitel empfohlen. Lassen sich Name und IP-Adresse auflösen, können Sie Computer in die Domäne aufnehmen.

4.7.3 Computer über Assistenten in Active Directory aufnehmen

Geben Sie danach in der Suche des Startmenüs *sydm.cpl* ein. Klicken Sie auf der Registerkarte *Computername* auf *Netzwerk-ID*. Wählen Sie im Assistenten *Dieser Computer gehört zu einem Firmennetzwerk* (siehe Abbildung 4.23).

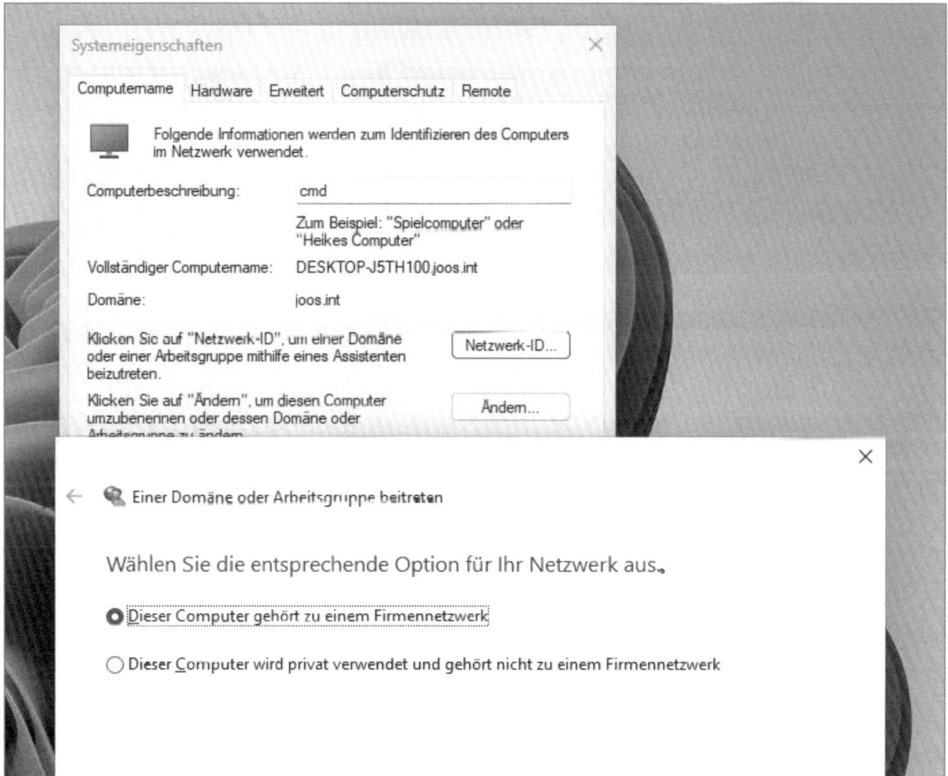

Abb. 4.23 Aufnehmen einer Arbeitsstation in eine Active Directory-Domäne

Wählen Sie auf der nächsten Seite die Option *Meine Firma verwendet ein Netzwerk mit Domäne* (siehe Abbildung 4.24).

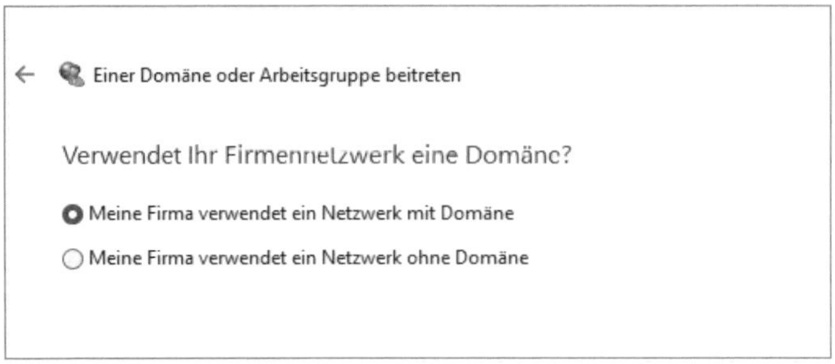

← Einer Domäne oder Arbeitsgruppe beitreten

Verwendet Ihr Firmennetzwerk eine Domäne?

- Meine Firma verwendet ein Netzwerk mit Domäne
- Meine Firma verwendet ein Netzwerk ohne Domäne

Abb. 4.24 Auswählen des Beitritts einer Domäne

Sie erhalten danach die Information, dass Sie Benutzernamen und Kennwort für die Aufnahme in die Domäne benötigen. Sie können die Aufnahme entweder als Administrator der Domäne durchführen und der Benutzer meldet sich danach mit seinem Benutzerkonto an Active Directory an oder Sie verwenden für die Aufnahme in die Domäne gleich das Konto des Benutzers.

Auf der nächsten Seite des Assistenten geben Sie den Namen des Benutzerkontos in Active Directory ein. Bei *Kennwort* verwenden Sie das Kennwort des Benutzers in Active Directory und bei *Domänennamen* geben Sie den DNS-Namen Ihrer Domäne ein, in diesem Beispiel *hof-erbach.int* (siehe Abbildung 4.25).

← Einer Domäne oder Arbeitsgruppe beitreten

Geben Sie Benutzernamen, Kennwort und Namen für das Domänenkennwort ein.

Benutzername: joost

Kennwort: ••••••••••

Domänenname: HOF-ERBACH.INT

Abb. 4.25 Eingeben von Benutzername, Kennwort und Domäne

Auf der nächsten Seite geben Sie bei *Computername* den Namen des Computers in der Domäne ein. Verwenden Sie hier Namen, die auf den Standort schließen lassen, zum Beispiel »pc-admin-01« oder »pc-buha-2« oder auch »pc-mueller« (siehe Abbildung 4.26). Idealerweise sollten die Namen konsistent aufgebaut sein, das macht später die Verwaltung einfacher. Bei *Computerdomäne* verwenden Sie noch den Namen Ihrer Active Directory-Domäne.

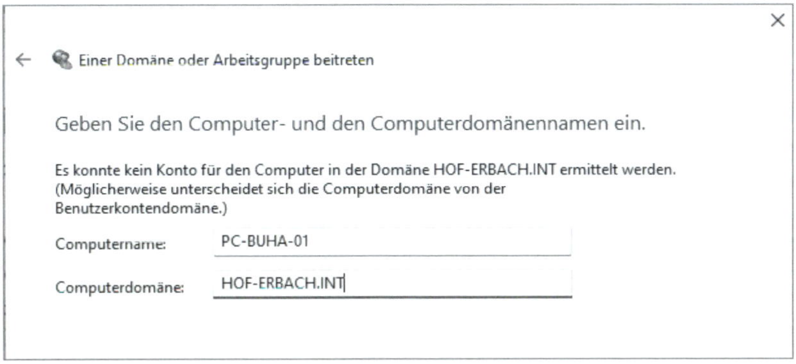

← Einer Domäne oder Arbeitsgruppe beitreten

Geben Sie den Computer- und den Computerdomänennamen ein.

Es konnte kein Konto für den Computer in der Domäne HOF-ERBACH.INT ermittelt werden. (Möglicherweise unterscheidet sich die Computerdomäne von der Benutzerkontendomäne.)

Computername: PC-BUHA-01

Computerdomäne: HOF-ERBACH.INT

Abb. 4.26 Festlegen des Computernamens

Klicken Sie auf *Weiter* und authentifizieren Sie sich danach noch an der Domäne. Geben Sie den Benutzernamen des Benutzers oder eines Admins ein sowie dessen Kennwort und bei *Domäne* wieder den Namen der Domäne, zum Beispiel *hof-erbach.int*. Anschließend erhalten Sie die Meldung, dass Sie der Domäne beitreten können. Klicken Sie auf *Fertig stellen*, damit der Computer neu startet. Nach dem Neustart kann sich der Benutzer mit seinem Anmeldenamen der Domäne und dem Kennwort anmelden und ist Mitglied der Domäne. Dazu muss er bei der Anmeldung unten links die Option *Anderer Benutzer* angeben. Bei *Anmelden an* ist der Name der Domäne zu sehen. Bei *Benutzernamen* und *Kennwort* müssen der Name des Benutzers in der Domäne und sein Kennwort eingegeben werden.

4.8 Kennwortsicherheit in Active Directory

Unsichere Kennwörter und Kennwörter, die schon eine lange Zeit nicht mehr geändert wurden, können von Cyberkriminellen leicht übernommen werden. Nutzen Anwender parallel noch geleakte Kennwörter, die Hacker also bereits kennen, besteht die Gefahr, dass Angreifer auch über VPN oder auf anderen Wegen im Netzwerk Schaden anrichten können. Kriminelle können sich ungestört im Netzwerk bewegen und Probleme bereiten, Daten stehlen oder Ransomware einschmuggeln. Es ist daher sehr wichtig, dafür zu sorgen, dass die Kennwörter möglichst sicher sind. Anwender sollten außerdem ihre Kennwörter regelmäßig ändern.

4.8.1 Kennwörter und Richtlinien im Windows Admin Center verwalten

Im Windows Admin Center können Sie Kennwörter für Benutzer zurücksetzen (siehe Abbildung 4.27). Dadurch können Admins über den Webbrowser die Kennwortänderungen von Benutzern anstoßen und auch Kennworteinstellungen überwachen. Damit das funktioniert, muss die Erweiterung *Active Directory* im Windows Admin Center zur Verfügung stehen, wenn die Verbindung zu einem Domänencontroller aufgebaut wird.

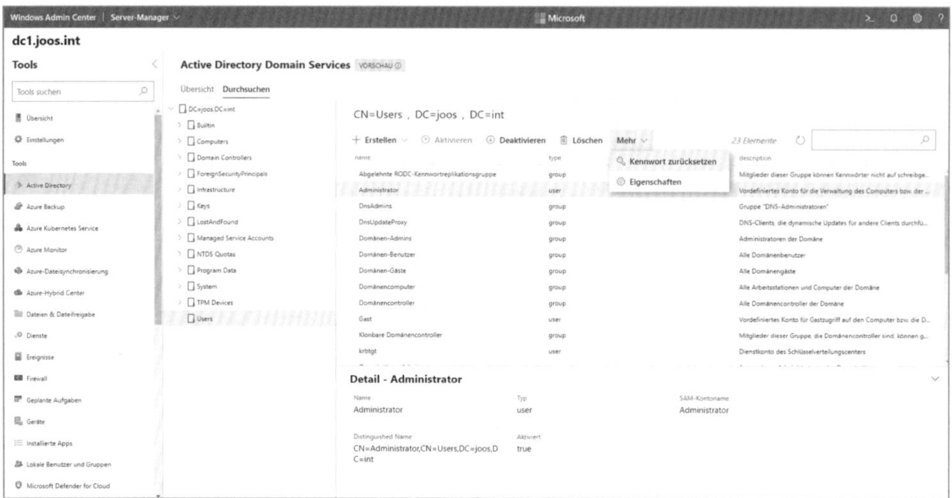

Abb. 4.27 Im Windows Admin Center können Admins die Kennwörter für Benutzer über den Webbrowser zurücksetzen.

In Kapitel 12 erfahren Sie, wie auch die PowerShell mit eingebunden werden kann, um Kennwörter in Active Directory abzusichern. So kann zum Beispiel mit dem Cmdlet *Get-ADDefaultDomainPasswordPolicy joos.int* überprüft werden, welche Einstellungen für die Kennwortrichtlinie gesetzt sind (siehe Abbildung 4.28).

Abb. 4.28 Überprüfen der Kennwortsicherheit in Active Directory

4.8.2 Kostenloses Tool: Specops Password Auditor

Wenn sich Admins oder Führungskräfte von kleinen Unternehmen mit dem Thema Sicherheit in Active Directory auseinandersetzen und die Kennwörter von Admins und Benutzern so sicher wie nur möglich gestalten wollen, besteht der erste sinnvolle Schritt darin, sich einen Überblick zu verschaffen. Kostenlose Tools wie Specops Password Auditor (*https://specopssoft.com/de/produkte/specops-password-auditor*) scannen das Netzwerk auf unsichere Kennwörter. Dabei erkennt das Tool nicht nur unsichere und schon lange nicht mehr geänderte Kennwörter, sondern es verfügt auch über eine Datenbank von Kennwörtern, die bereits in kriminellen Kreisen im Internet als bekannt/geleakt kursieren (siehe Abbildung 4.29).

Abb. 4.29 Specops Password Auditor erkennt kostenlos unsichere Kennwörter im Netzwerk.

Nach dem Start scannt das Tool die Benutzerkonten und zeigt an, wann Benutzer ihr Kennwort zum letzten Mal geändert und sich das letzte Mal angemeldet haben. Im Tool lassen sich außerdem identische Kennwörter identifizieren. Dazu kommt ein Bericht, der für Vorgesetzte offenlegt, warum das Netzwerk gefahrdet ist. Mit dem Tool lässt sich daher sehr schnell ein Überblick gewinnen, wo Maßnahmen notwendig sind.

4.8.3 Kennwortrichtlinien in Active Directory nutzen

Über neue oder bereits vorhandene Gruppenrichtlinien in Active Directory lassen sich die wichtigsten Einstellungen vorgeben. Die Einstellungen für Kennwörter sind über *Computerkonfiguration* | *Richtlinien* | *Windows-Einstellungen* | *Sicherheitseinstellungen* | *Kontorichtlinien* | *Kennwortrichtlinien* zu finden. Hier sollten die verschiedenen, verfügbaren Richtlinien maximal sicher gestaltet sein. Mehr zu diesem Thema finden Sie in Kapitel 12. Die Verwaltung der Gruppenrichtlinien starten Sie wiederum über *gpmc.msc* auf dem Server.

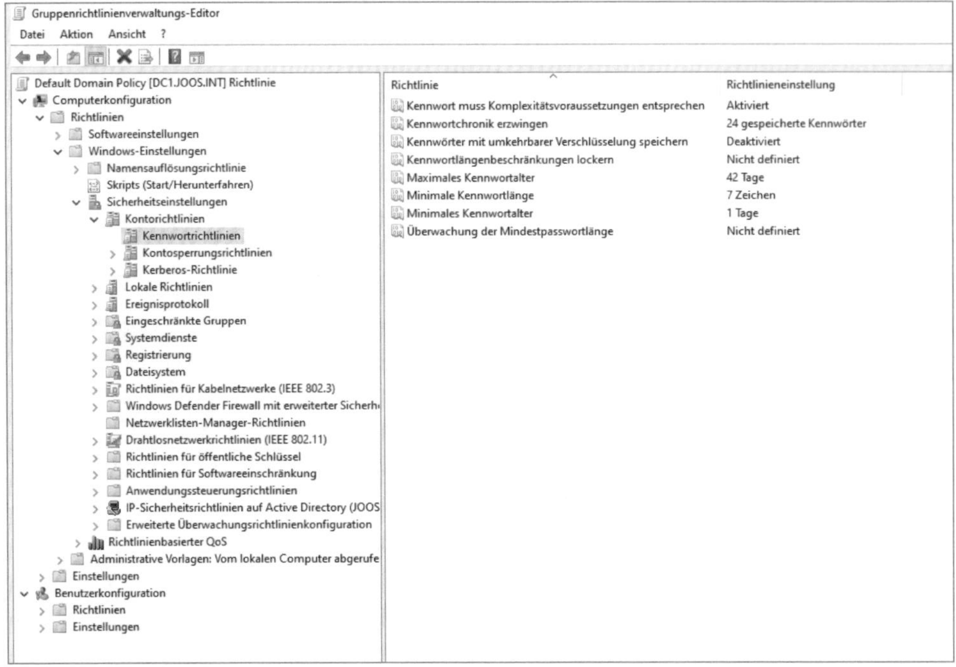

Abb. 4.30 Kennwortrichtlinien in Active Directory schützen die Benutzerkonten und damit ihre Daten.

Zunächst sollte sichergestellt werden, dass *Kennwort muss Komplexitätsvoraussetzungen entsprechen* gesetzt ist. Dadurch müssen Benutzer drei der fünf Kriterien beim Setzen ihrer Kennwörter einhalten:

- Großbuchstaben (A bis Z)
- Kleinbuchstaben (a bis z)
- Ziffern (0 bis 9)
- Sonderzeichen (zum Beispiel !, &, /, %)
- Unicodezeichen (€, @, ®)

Außerdem darf in diesem Fall das Kennwort keinen Teil des Benutzer- oder Anzeigenamens enthalten.

Parallel dazu sollten Admins sicherstellen, dass die *Kennwortchronik* auf einem hohen Wert von 24 steht, damit Benutzer nicht ständig die gleichen Kennwörter nutzen. Der Wert bei *Maximales Kennwortalter* legt fest, wann Benutzer spätestens ihr Kennwort ändern sollten. Die Option *Minimale Kennwortlänge* steuert, wie lang die Benutzerkennwörter sein sollten. Hier ist mindestens ein Wert von 8 sinnvoll, besser mehr. Durch das Setzen dieser Optionen sind die Kennwörter zunächst zuverlässig abgesichert.

Erweiterte Richtlinieneinstellungen setzen

Nachdem die grundlegenden Sicherheitseinstellungen gesetzt sind, besteht der nächste Schritt darin, mit zusätzlichen Richtlinien in diesem Bereich für mehr Sicherheit zu sorgen. Die wichtigsten Einstellungen für mehr Sicherheit von Kennwörtern sind im Bereich *Computerkonfiguration | <Richtlinien> | Windows-Einstellungen | Sicherheitseinstellungen | Lokale Richtlinien | Sicherheitsoptionen* zu finden. Mehr dazu in Kapitel 12.

Zunächst sollte an dieser Stelle die Option *Interaktive Anmeldung: Anwender vor Ablauf des Kennworts zum Ändern des Kennworts auffordern* gesetzt werden. Hier erhalten die Anwender mehrere Tage vor der notwendigen Änderung des Kennworts die Information, wann die Änderung erfolgen muss. Dadurch ändern viele Anwender ihr Kennwort vor dem Ablauf, ohne dazu gezwungen zu sein.

Kennwörter mit reversibler Verschlüsselung speichern

Zusätzlich zu den Möglichkeiten, komplexe Kennwörter zu nutzen, steht die Einstellung *Kennwörter mit reversibler Verschlüsselung speichern* über den Pfad *Computerkonfiguration | Richtlinien | Windows-Einstellungen | Sicherheitseinstellungen | Kontorichtlinien | Kennwortrichtlinien* zur Verfügung. Generell wird diese Richtlinie vor allem zur Authentifizierung für Anwendungen von Drittanbietern genutzt oder wenn CHAP und die Digest-Authentifizierung bei IIS zum Einsatz kommen.

Vor allem dann, wenn Kennwörter in Klartext übermittelt werden oder die Gefahr besteht, dass dies in IIS oder bei der jeweiligen Anwendung passiert, ist die reversible Verschlüsselung sinnvoll, um das Kennwort zu schützen. Die Aktivierung sollte nur dann erfolgen, wenn die Domänencontroller maximal abgesichert sind und Anwendungen im Netzwerk den Einsatz rechtfertigen. Generell sollte diese Funktion in einer eigenen Richtlinie nur für die Anwender granular gesetzt werden, die mit den entsprechenden Anwendungen arbeiten.

4.9 Zusammenfassung

In diesem Kapitel sind wir darauf eingegangen, wie auch in kleinen Unternehmen der Einsatz von Active Directory relevant sein kann. Schlussendlich lassen sich dadurch Daten leichter freigeben und Anwender können auf Ressourcen im Netzwerk einfacher zugreifen. Wie Sie Benutzer und Gruppen verwalten erfahren Sie im nächsten Kapitel.

Kapitel 5

Benutzer und Gruppen verwalten

Die Berechtigungen für den Zugriff auf die Ressourcen des Servers sollten Sie möglichst mit Active Directory-Benutzern abwickeln. Dazu legen Sie zunächst für jeden Benutzer, der sich an einer Arbeitsstation anmelden soll, ein Benutzerkonto an. Dadurch können Sie später für jeden Benutzer Rechte definieren, auf welche Daten er zugreifen darf.

5.1 Einstieg in die Verwaltung von Benutzern

Die Verwaltung der Benutzerkonten nehmen Sie entweder auf dem Server mit dem Programm *Active Directory-Benutzer und -Computer* vor oder Sie verwenden dazu das Active Directory-Verwaltungscenter.

Das Snap-In *Active Directory-Benutzer und -Computer* rufen Sie am schnellsten über *dsa.msc* auf, das Active Directory-Verwaltungscenter mit *dsac*.

Ein wichtiger Punkt bei der Ordnung in Active Directory sind ordentliche Namenskonvention. Zusammen mit einer optimalen OU-Struktur (Organizational Unit = Organisationseinheit) lassen sich dadurch Objekte schneller finden und einheitlicher verwalten. Häufig kommt bei Anmeldenamen eine Kombination aus einem Buchstaben oder Initialen in Verbindung mit dem Nachnamen zum Einsatz.

Durch diese Vorgehensweise sind bereits über den Namen der Gruppe wichtige Informationen verfügbar. Wenn die Gruppen dann auch noch in der richtigen OU-Struktur angeordnet sind, geht auch bei einer großen Anzahl an Gruppen der Überblick nicht verloren.

Für nahezu jedes Objekt in Active Directory gibt es die Möglichkeit, eine Beschreibung zu hinterlegen. Die Beschreibungen werden in den meisten Fällen in den Verwaltungstools angezeigt. Dies erhöht die Übersichtlichkeit.

In diesem Kapitel erfahren Sie, wie Benutzer in Active Directory und auf lokalen Servern verwaltet werden. Außerdem gehe ich darauf ein, wie Sie Benutzerprofile in Active Directory und auf Clients mit Windows 7/8/8.1/10 und für Windows 11 verwalten, und Sie erfahren, wie Benutzer mit dem Active Directory-Verwaltungscenter administriert werden. Mehr dazu lesen Sie auch in den vorangegangenen Kapiteln.

Die Verwaltung von Benutzern einer Domäne findet meistens mit dem Snap-In *Active Directory-Benutzer und -Computer* statt. Lokale Benutzerkonten verwalten Sie über den lokalen Benutzer-Manager, den Sie über *lusrmgr.msc* im Startmenü aufrufen.

5.2 Grundlagen zur Verwaltung von Benutzern

Nach der Heraufstufung Ihres Servers zu einem Domänencontroller verwalten Sie die Benutzer am besten über das Snap-In *Active Directory-Benutzer und -Computer*. Dieses starten Sie zum Beispiel über die Eingabe von *dsa.msc* im Suchfeld des Startmenüs. Danach sehen Sie die verschiedenen Container/Organisationseinheiten. Sie können eigene OUs anlegen und Benutzer sowie ihre Computer dadurch optimal ordnen.

In Active Directory gibt es verschiedene Administratorengruppen, die über unterschiedliche Berechtigungen verfügen. Nur wenn ein Konto in allen wichtigen Administratorgruppen Mitglied ist, verfügt es über umfassende Rechte in Active Directory. Diese Gruppen befinden sich im Container *Users*. Das Benutzerkonto, mit dem Sie Active Directory installiert haben (siehe Kapitel 4), ist Mitglied in allen diesen Gruppen. Aus diesem Grund sollten Sie das Konto umbenennen, wie in Kapitel 4 beschrieben, und Sie sollten ein möglichst sicheres Kennwort verwenden.

Auf Ihrem PC sollten Sie mit keinem Benutzerkonto produktiv arbeiten, das auch in der Domäne Berechtigungen hat, die Umgebung zu verwalten. Entweder nutzen Sie dazu eine RDP-Verbindung, wie in den vorhergehenden Kapiteln beschrieben, oder Sie installieren auf Ihrem PC mit Windows 10/11 über Hyper-V einen virtuellen Computer, auf dem Sie die Verwaltungswerkzeuge von Active Directory installieren und den Sie nur zur Verwaltung nutzen.

Folgende Gruppen in Active Directory sollten Sie kennen:

- **Domänen-Admins** enthalten die Administratoren, die die lokale Domäne verwalten und umfassende Rechte darin haben. Ein Administrator ist jeweils nur für eine Domäne zuständig. Wenn Sie mehrere Domänen in einer Gesamtstruktur anlegen, gibt es mehrere Administratorbenutzerkonten, die jeweils zu einer Domäne gehören und nur in dieser einen Domäne volle administrative Berechtigungen besitzen. Domänen-Admins haben in einer Domäne umfassendere Rechte als Organisations-Admins.
- **Organisations-Admins** sind eine spezielle Gruppe von Administratoren, die Berechtigungen für alle Domänen in Active Directory besitzen. Sie haben auf Ebene der Gesamtstruktur die meisten Rechte, aber in einzelnen Domänen haben die Domänen-Admins mehr Rechte. Organisations-Admins gibt es nur in der Root-Domäne.
- **Schema-Admins** sind eine der kritischsten Gruppen überhaupt. Mitglieder dieser Gruppe dürfen Veränderungen am Schema von Active Directory vornehmen. Produkte, die das Schema von Active Directory erweitern, zum Beispiel Exchange, können nur installiert werden, wenn der installierende Administrator in dieser Gruppe Mitglied ist.

Das Konto *Administrator* in der ersten installierten Domäne einer Gesamtstruktur ist das wichtigste und kritischste Konto im gesamten System. Es erlaubt den administrativen Zugriff auf alle wichtigen Systemfunktionen und ist Mitglied aller beschriebenen Administratorengruppen.

5.2.1 Active Directory-Benutzerverwaltung

Um einen Benutzer anzulegen, klicken Sie im Snap-In *Active Directory-Benutzer und -Computer* mit der rechten Maustaste auf die Organisationseinheit. Im Kontextmenü dieses Containers wählen Sie im Untermenü *Neu* den Befehl *Benutzer* aus (siehe Abbildung 5.1). Alternativ verwenden Sie das Active Directory-Verwaltungscenter.

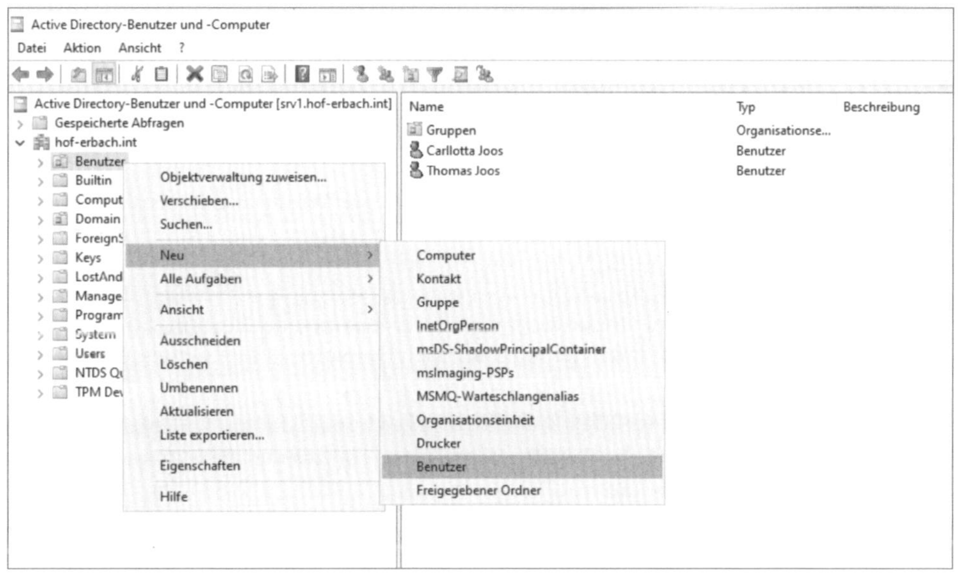

Abb. 5.1 Anlegen von neuen Benutzern in Active Directory-Benutzer und -Computer

Im ersten Dialogfeld legen Sie die Namensinformationen für diesen Benutzer fest, wenn Sie *Active Directory-Benutzer und -Computer* verwenden. Im Active Directory-Verwaltungscenter finden Sie alles auf einer Seite. Mit dem kleinen Pfeil können Sie einzelne Optionen ein- und ausblenden. Hier können der Vorname, ein oder mehrere Mittelinitialen und der Nachname angegeben werden (siehe Abbildung 5.2).

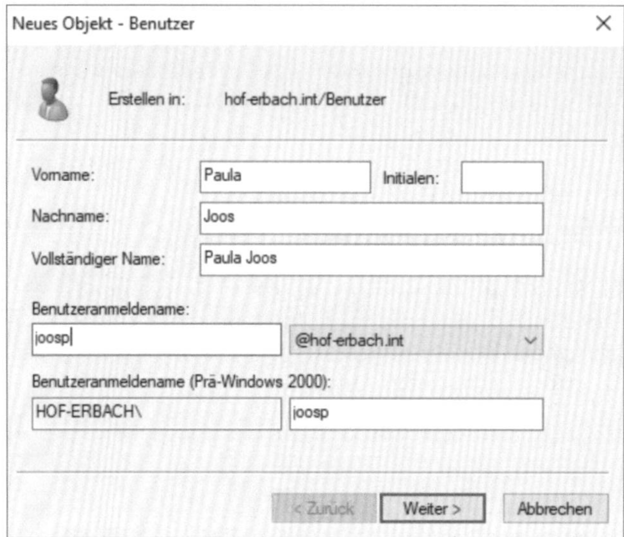

Abb. 5.2 Erstellen eines neuen Benutzerkontos

Den Benutzeranmeldenamen legen Sie als DNS-Name für Windows Server 2022 (*joosp@hof-erbach.int*) und als NetBIOS-kompatibler Name (*hof-erbach\joosp*) fest. Meist melden sich die Benutzer über den NetBIOS-Namen an. Dieser darf eine Länge von bis zu 20 Zeichen haben und muss innerhalb der Domäne eindeutig sein. Es darf aber mehrere Benutzer mit demselben Benutzernamen in unterschiedlichen Domänen der Gesamtstruktur geben, da sich hier der Name schon durch die verschiedenen Domänen unterscheidet. In aktuellen Windows 10/11-Versionen wird nach der ersten Anmeldung am Computer der Name angezeigt, den Sie für das Benutzerkonto festgelegt haben.

Durch Auswahl der Schaltfläche *Weiter* wechseln Sie zur zweiten Seite des Assistenten, wenn Sie *Active Directory-Benutzer und -Computer* verwenden. Falls Sie den Benutzer im Active Directory-Verwaltungscenter anlegen, nehmen Sie alle Einstellungen auf der ersten Seite des Assistenten vor. Wichtig sind noch folgende Optionen, unabhängig davon, ob Sie *Active Directory-Benutzer und -Computer* oder das Active Directory-Verwaltungscenter verwenden (siehe Abbildung 5.3):

- Wenn das Kontrollkästchen *Benutzer muss Kennwort bei der nächsten Anmeldung ändern* aktiviert ist, muss der Benutzer bei der ersten Anmeldung ein neues Kennwort eingeben. Er erhält dazu eine entsprechende Aufforderung gleich nach der Anmeldung an seinem PC.
- *Benutzer kann Kennwort nicht ändern* ist selbsterklärend und wird meistens für Dienstkonten verwendet. Für herkömmliche Benutzerkonten ist das nicht empfehlenswert, außer Sie haben einen Kiosk-Computer, an dem Gäste arbeiten.
- Aktivieren Sie das Kontrollkästchen *Kennwort läuft nie ab*, muss der Anwender das Kennwort nicht ändern, auch wenn in den Gruppenrichtlinien eine entsprechende Änderung vorgeschrieben ist. Das ist bequem, reduziert aber deutlich die Sicherheit.
- Durch das Kontrollkästchen *Konto ist deaktiviert* in *Active Directory-Benutzer und -Computer* wird das Konto zwar erstellt, steht aber nicht zur Anmeldung bereit, bis ein Administrator das Konto in den Eigenschaften aktiviert. Diese Option ist von Bedeutung, wenn ein Benutzer für eine längere Zeit abwesend ist und verhindert werden soll, dass

trotzdem mit seinem Konto gearbeitet wird. Beispiele dafür sind Elternzeit oder ein längerer Urlaub. Sie sollten einen Benutzer in dieser Situation nicht löschen, da die Zugriffsrechte jeweils über die eindeutige Sicherheits-ID (SID) vergeben werden. Wenn Sie den Benutzer löschen und neu erstellen, erhält dieser eine neue SID, die sich von seiner früheren unterscheidet. Damit müssen Sie ihm alle Zugriffsrechte neu zuweisen.

Abb. 5.3 Festlegen der Einstellungen für das Kennwort

Sie können nach dem Anlegen eines Benutzers alle weiteren Einstellungen nachträglich anpassen. Auch hier können Sie das Snap-In *Active Directory-Benutzer und -Computer* oder das Active Directory-Verwaltungscenter einsetzen. Über das Kontextmenü lassen sich jederzeit weitere Aufgaben durchführen, zum Beispiel das Konto zu Gruppen hinzufügen oder das Kennwort ändern.

5.2.2 Verwalten von Benutzerkonten

Im Kontextmenü eines angelegten Benutzers in *Active Directory-Benutzer und Computer* steht Ihnen eine Reihe von Möglichkeiten zur Verfügung. Viele Einstellungen erreichen Sie auch über das Active Directory-Verwaltungscenter (siehe Abbildung 5.4).

- Mit dem Befehl *Kopieren* können Sie die meisten Einstellungen dieses Benutzerkontos in ein neues Konto übernehmen. Die Einstellungen für den Benutzernamen und das Kennwort müssen erneut eingegeben werden. Dazu wird der beschriebene Assistent aufgerufen. Beim Kopieren werden die Gruppenmitgliedschaften übernommen. Dadurch können Sie ganz einfach mehrere Benutzerkonten anlegen.
- Durch Auswahl von *Einer Gruppe hinzufügen* können Sie den Benutzer zu Gruppen Ihrer Domäne oder Gesamtstruktur hinzufügen (siehe auch Kapitel 4). Durch Auswahl von *Mitglieder einer Gruppe hinzufügen* können Sie ihn ebenfalls zu Gruppen Ihrer Domäne hinzufügen. Sie geben entweder den Namen ein oder klicken alternativ auf *Er-*

weitert, um nach Gruppen zu suchen. Dort können Sie Teile von Namen eingeben oder sich alle Gruppen auflisten lassen. Die Änderung wurde durchgeführt, um in großen Umgebungen effizienter zu suchen.

- Der Befehl *Konto deaktivieren* dient zur zeitweiligen Deaktivierung eines Kontos. Das Konto bleibt mit allen Einstellungen erhalten, kann aber nicht zur Anmeldung genutzt werden. Deaktivierte Konten werden durch ein besonderes Symbol in der Anzeige des Snap-Ins *Active Directory-Benutzer und -Computer* gekennzeichnet. Ein deaktiviertes Konto können Sie über den gleichen Weg wieder aktivieren.
- Mit *Kennwort zurücksetzen* weisen Sie einem Benutzer ein neues Kennwort zu. Danach kann sich der Benutzer an seiner Arbeitsstation mit seinem neuen Kennwort anmelden und danach selbst ein eigenes Kennwort wählen.
- Mit dem Befehl *Verschieben* lässt sich ein Dialogfeld öffnen, über das der Benutzer in eine andere OU der Domäne, in der er angelegt wurde, verschoben werden kann. Damit können auf einfache Weise Reorganisationen durchgeführt werden.
- Zusätzlich gibt es die beiden Befehle *Löschen* und *Umbenennen*. Mit diesen kann ein Benutzerkonto gelöscht oder der vollständige Name des Benutzers verändert werden. Beim Löschen müssen Sie darauf achten, dass es sich um eine nicht widerrufbare Aktion handelt, weil damit die SID des Benutzers gelöscht wird. Haben Sie den Active Directory-Papierkorb aktiviert (siehe Kapitel 12), können Sie das Objekt mit dem Active Directory-Verwaltungscenter wiederherstellen. Durch das Anlegen eines Benutzers mit gleichem Namen erzeugen Sie nicht das gleiche Benutzerkonto, da sich die SID ändert. Die Wiederherstellung muss in diesem Fall über den Active Directory-Papierkorb geschehen.

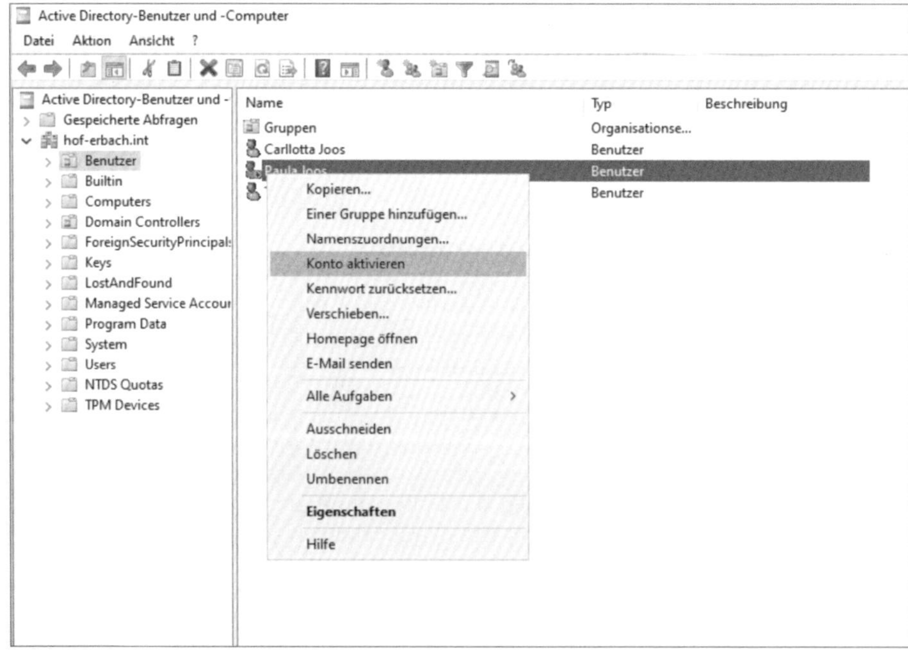

Abb. 5.4 Benutzerkonten in Active Directory verwalten

Rufen Sie im Snap-In *Active Directory-Benutzer und -Computer* den Menübefehl *Ansicht | Erweiterte Features* auf, damit alle Registerkarten angezeigt werden, stehen noch mehr Informationen zur Auswahl.

- Auf der Registerkarte *Allgemein* befinden sich unter anderem die Informationen zum vollständigen Namen des Benutzers, die Sie beim Anlegen des Benutzerkontos eingegeben haben.
- Auf der Registerkarte *Konto* werden die Einstellungen für Kennwörter und Anmeldenamen verwaltet:
  - *Anmeldezeiten* – Mit dieser Schaltfläche öffnen Sie ein Dialogfeld, in dem Sie die Zeiten festlegen, zu denen sich ein Benutzer anmelden darf. Lassen Sie die Anmeldung zum Beispiel nur zu den Geschäftszeiten zu, kann ein Angreifer das Konto nachts oder an unüblichen Zeiten am Wochenende nicht übernehmen.
  - *Anmelden an* – Über diese Schaltfläche wählen Sie Computer aus, an denen sich der Anwender anmelden darf. Hier sind die Computer zu sehen, die in Active Directory Mitglied sind (siehe Kapitel 4). Diese Computer sehen Sie in *Active Directory-Benutzer und -Computer* in der OU *Computers.*
  - *Kontosperrung aufheben* – Dieses Kontrollkästchen wählen Sie, nachdem ein Konto gesperrt wurde. Die Situationen, in denen ein Konto gesperrt werden soll, können Sie in den Gruppenrichtlinien konfigurieren (siehe Kapitel 12). Das Sperren von Konten hat die gleiche Auswirkung wie das Deaktivieren. Anwender können gesperrte Konten nicht zur Anmeldung nutzen. Die Sperrung kann von Admins aufgehoben werden, ebenfalls in den Eigenschaften des Benutzerkontos. Active Directory sperrt Benutzerkonten zum Beispiel nach der mehrfachen fehlerhaften Eingabe von Kennwörtern.
  - *Benutzer kann das Kennwort nicht ändern* setzt ein Kennwort auf eine feste Vorgabe, die nur von entsprechend autorisierten Operatoren und von Administratoren verändert werden kann.
  - *Kennwort läuft nie ab* definiert, dass für dieses Konto keine Änderungen nach in den Richtlinien definierten Zeiträumen erforderlich werden.
  - *Kennwort mit umkehrbarer Verschlüsselung speichern* führt dazu, dass Administratoren die Kennwörter auslesen können.
  - *Konto ist deaktiviert* führt dazu, dass das Konto nicht mehr für eine Anmeldung genutzt werden kann, aber mit allen Eigenschaften verfügbar bleibt.
  - *Benutzer muss sich mit einer Smartcard anmelden* hat zur Folge, dass sich ein Benutzer in jedem Fall unter Verwendung einer Smartcard authentifizieren muss. Er kann sich nicht mehr mit einer Kombination von Benutzername und Kennwort anmelden.
  - *Konto ist vertraulich und kann nicht delegiert werden* verhindert die Delegation eines Kontos an andere Benutzer. Es kann nur von Administratoren verwaltet werden.
  - *Kerberos-DES-Verschlüsselungstypen für dieses Konto* legt fest, welche Verschlüsselungsverfahren für das Konto eingesetzt werden. Das ist für das Deployment von Clients im internationalen Umfeld mit unterschiedlichen rechtlichen Rahmenbedingungen für die Verschlüsselung von Bedeutung. Das gilt auch für das Festlegen des maximalen Verschlüsselungszustands in den nachfolgenden beiden Punkten.
  - *Dieses Konto unterstützt Kerberos-AES-128-Bit-Verschlüsselung* steuert die Verschlüsselung für das Konto.

- *Dieses Konto unterstützt Kerberos-AES-256-Bit-Verschlüsselung* steuert die Verschlüsselung für das Konto.
- *Keine Kerberos-Präauthentifizierung erforderlich* – Laut dem Kerberos-Standard ist die TGT-Anforderung des Clients ein unverschlüsseltes Paket, da es keine sicherheitssensiblen Daten enthält. Bei Verwendung der Kerberos-Präauthentifizierung ist dieses Paket bereits mit dem privaten Schlüssel des Benutzers/Anforderers verschlüsselt. Für die Interoperabilität mit anderen Kerberos-Implementierungen kann diese Präauthentifizierung deaktiviert werden.

Zusätzlich legen Sie im unteren Bereich ein Ablaufdatum für das Konto fest. Die Registerkarte *Mitglied von* zeigt eine Liste der Gruppen an, in denen der Benutzer Mitglied ist. Das steuert schlussendlich auch die Zugriffsmöglichkeiten auf Freigaben, wie in Kapitel 7 beschrieben.

Eine weitere interessante Registerkarte bei den Eigenschaften eines Benutzers ist *Objekt*. Diese wird nur angezeigt, wenn Sie im Menü *Ansicht* die erweiterten Features aktiviert haben. Auf dieser Registerkarte werden einige systeminterne Informationen angezeigt. Dazu gehört der vollqualifizierte Domänenname des Objekts, die Objektklasse – die Klasse, auf der dieses Objekt basiert – sowie Erstellungs- bzw. Änderungsdaten und die USN (Update Sequence Number). Die USN wird fortlaufend vergeben und zeigt an, um die wievielte Änderung in Active Directory es sich handelt. Sie bildet die Basis für die Replikation, da anhand ihrer überprüft werden kann, ob die Einträge auf zwei unterschiedlichen Domänencontrollern den gleichen Status haben. Auf dieser Registerkarte können Sie außerdem konfigurieren, dass das Objekt nicht gelöscht werden kann.

5.3 Benutzerprofile verstehen und nutzen

Wenn Computer einer Domäne beitreten, legt Windows automatisch ein neues Benutzerprofil für den Domänenbenutzer an. Benutzerprofile werden auf den Arbeitsstationen, aber auch auf den Domänencontrollern verwaltet. In den Benutzerprofilen sind die Dateien gespeichert, die Anwender lokal auf ihren Rechnern ablegen, sowie die Einstellungen für die verschiedenen Ansichten.

5.3.1 Benutzerprofile lokal und im Profieinsatz

Alle persönlichen Einstellungen der einzelnen Benutzer auf einem Computer speichert Windows in einem Benutzerprofil. Dieses Profil ist ein Ordner mit dem Namen des Benutzers im Ordner *C:\Benutzer*, beziehungsweise *C:\Users*.

Wenn Sie ein Profil löschen, erstellt Windows es neu, sobald sich der Benutzer das nächste Mal am Computer anmeldet. Alle Einstellungen des Benutzers werden beim Löschen zurückgesetzt, das Profil wird neu erstellt und ist entsprechend vollkommen leer. Beachten Sie aber, dass beim Löschen eines Profils alle Daten des jeweiligen Benutzers verloren gehen. Sie sollten diese daher vorher möglichst sichern. Ausnahme ist, wenn Sie die Ordner im Profil über Gruppenrichtlinien umleiten. Generell sollten Anwender aus diesen Gründen alle Daten immer in den Freigaben auf dem Server speichern. Wenn diese Daten auch mobil benötigt werden, sind Offline-Dateien oft der bessere Weg (siehe Kapitel 7). Noch besser ist der Zugriff über ein VPN oder die Verwendung von SharePoint Online in Microsoft 365.

Verwaltung von Benutzerprofilen

Über den Link *Erweiterte Benutzerprofileigenschaften konfigurieren* im Fenster *Benutzerkonten* der Systemsteuerung können Sie sich alle Benutzerprofile auf einem PC anzeigen lassen und diese verwalten. Sie sehen hier auch die Größe des jeweiligen Profils. Im Ordner auf der Festplatte des Profils befinden sich mehrere Unterordner. Die persönlichen Daten jedes Benutzers liegen in seinem eigenen Ordner, auf den nur er selbst sowie die Administratoren Zugriff haben. Die Einstellungen der Benutzerkonten finden Sie in Windows 10 und Windows 11 über *Erweiterte Benutzerprofileigenschaften konfigurieren* (siehe Abbildung 5.5).

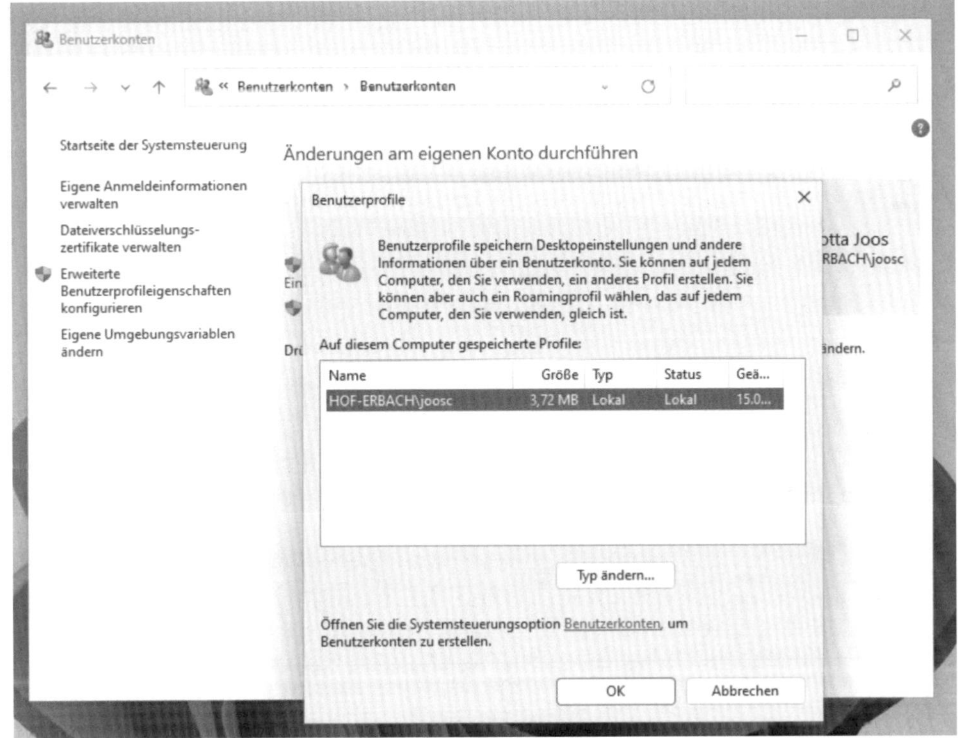

Abb. 5.5 Benutzerprofile in Windows 10 und Windows 11 verwalten

Ordnerstruktur von Profilen

Zur Abwärtskompatibilität hat Microsoft zusätzlich einige Verknüpfungen eingefügt, die in den vorangegangenen Windows-Versionen verwendet wurden oder die direkt auf einen anderen Ordner verweisen. Achten Sie darauf, dass einige Ordner standardmäßig im Explorer ausgeblendet sind. Sie müssen zunächst die versteckten Dateien aktivieren. Sie finden diese Möglichkeit auf der Registerkarte *Ansicht* im Explorer nach einem Klick auf *Optionen | Ordner- und Suchoptionen ändern.*

Folgende Ordner spielen dabei eine wesentliche Rolle:

- **Desktop** – Symbole und Einstellungen des Benutzerdesktops
- **Dokumente** – Standardmäßiger Speicherort aller persönlichen Dateien eines Benutzers
- **Downloads** – Speicherort aller Downloads

- **Favoriten** – Favoriten des Internet Explorers (nicht von Microsoft Edge)
- **Musik** – Ablageort von Musikdateien
- **Videos** – Ablageort für Filmdateien
- **Bilder** – Ablageort für Bilddateien und Grafiken
- **Suchvorgänge** – Ablageort für abgespeicherte Suchen
- **AppData** – Ablageort für benutzerspezifische Daten und Systemdateien von Applikationen. Diesen Ordner sehen Sie nur, wenn Sie in den Explorer-Optionen die versteckten Dateien anzeigen lassen.
- **Gespeicherte Spiele** – Zentraler Ablageort für Spielstände von kompatiblen Windows-Spielen
- **Links** – Hierbei handelt es sich um die Favoriten im Windows-Explorer.

Neben den Ordnern findet sich im Profilpfad die Datei *NTUSER.DAT*. Diese enthält die Einstellungen der Registry, die sich dort unter *HKEY_CURRENT_USER (HKLM)* finden. Die gesamten benutzerspezifischen Einstellungen sind hier enthalten. Sie müssen dazu die versteckten und geschützten Systemdateien einblenden lassen.

Zur Vereinheitlichung von anwendungsspezifischen Daten hat Microsoft den Ordner *AppData* im Benutzerprofil eingeführt. Dieser Ordner enthält drei Unterordner:

- *Local*
- *LocalLow*
- *Roaming*

In den beiden Ordnern *Local* und *LocalLow* speichert Windows Daten von Anwendungen, die nicht mit dem Benutzer bei der Verwendung von verschiedenen Arbeitsstationen mitwandern.

Der Ordner *Roaming* enthält die Daten, die benutzerspezifisch sind und für servergespeicherte Profile verwendet werden können. Diese Daten können mit dem Benutzer auf verschiedene Arbeitsstationen mitwandern. In diesen Ordnern speichern auch viele Anwendungen ihre Konfigurationsdateien.

5.3.2 Ordnerumleitungen von Profilen

Windows 10 und Windows 11 bieten die Möglichkeit, verschiedene Ordner innerhalb des Profils auf ein Serverlaufwerk umzuleiten. Dadurch ist sichergestellt, dass die Daten der Anwender sicher gespeichert werden, aber dennoch zugreifbar sind, wenn ein Anwender zum Beispiel seinen *Dokumente*-Ordner öffnet. Die Größe der Profile ist dadurch reduziert und die Anmeldezeit verkürzt. Sie finden die Ordnerumleitungen im Gruppenrichtlinienverwaltungseditor unter *Benutzerkonfiguration | Richtlinien | Windows-Einstellungen | Ordnerumleitungen* (siehe Abbildung 5.6). Mehr zu den Gruppenrichtlinien erfahren Sie in Kapitel 12.

Die effizienteste Möglichkeit, um Ordner umzuleiten, ist über eine Gruppenrichtlinie in einer Active Directory-Domäne. Mit Windows Server 2022 können Sie Ordner abhängig von einer Sicherheitsgruppe umleiten, sodass für unterschiedliche Abteilungen im Unternehmen unterschiedliche Ordner im Netzwerk als Umleitung verwendet werden können, zum Beispiel die Dateifreigaben, die Sie in Kapitel 7 erstellen.

Bei der Umleitung können Sie die Ordner in vordefinierte Ordner auf den Servern umleiten oder für jeden Anwender automatisch einen Ordner für die Ordnerumleitung anlegen lassen. Die Einstellungen in den Richtlinien für die Ordnerumleitung sind selbsterklärend. Sie konfigurieren die Einstellungen über das Kontextmenü und wählen den Befehl *Eigenschaften* aus.

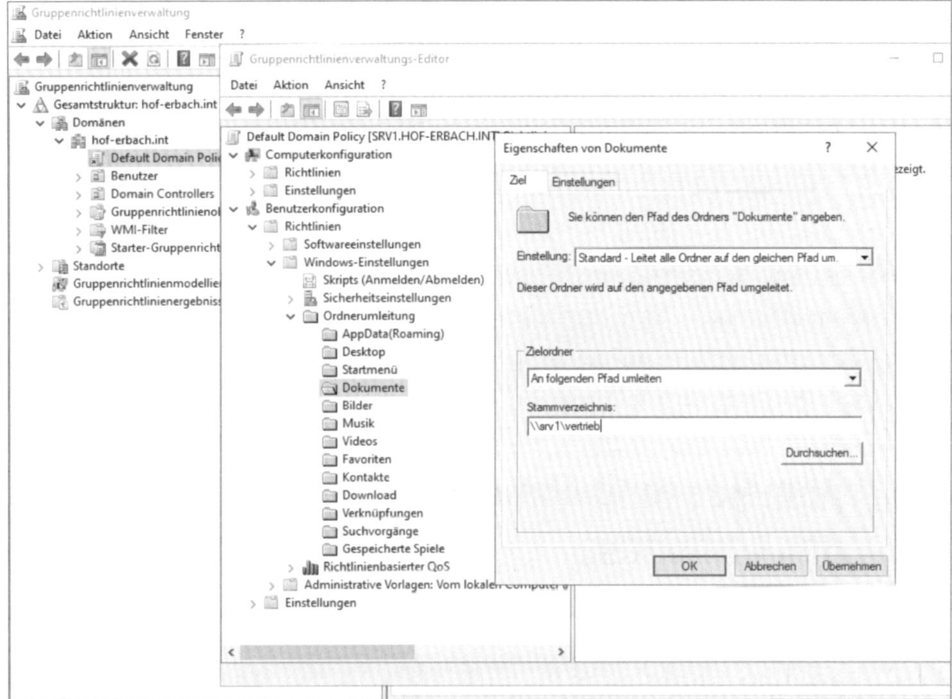

Abb. 5.6 Automatisches Umleiten von Ordnern zu Freigaben auf einem Server

Auf der Registerkarte *Ziel* legen Sie die Umleitungsoptionen fest. Einen Stammordner, also eine Freigabe, auf die alle Anwender zugreifen dürfen, müssen Sie daher zuvor anlegen (siehe Kapitel 7). Innerhalb des Stammordners legt Windows Unterordner für die Benutzer an und konfiguriert automatisch entsprechende Rechte exklusiv für den Benutzer, genauso wie bei den Profilen. Das sollten Sie aber kontrollieren und unter Umständen nacharbeiten, wie in Kapitel 7 beschrieben.

Für die Anwender ändert sich bei der Umleitung nichts. Sie arbeiten mit den normalen Verknüpfungen des Rechners. Der Vorteil ist, dass Profile schlank bleiben und wichtige Daten automatisch auf den Servern landen, ohne Benutzer zu beeinträchtigen oder dass komplizierte Konfigurationen notwendig sind. Haben Sie das automatische Anlegen von Ordnern aktiviert, legt Windows diese erst dann in der konfigurierten Freigabe an, wenn Anwender darauf zugreifen und Daten speichern.

In den Eigenschaften der Bibliotheken auf dem Clientrechner lässt sich der Pfad der Umleitung anzeigen. Sie können die entsprechende Freigabe auch als Netzlaufwerk verbinden. So liegen alle Daten der umgeleiteten Ordner im Netzwerk und sind für den Anwender vollkommen transparent zugreifbar.

Profile löschen mit Delprof2

Das Freeware-Tool Delprof2 (*http://helgeklein.com/free-tools/delprof2-user-profile-deletion-tool*) ermöglicht das Löschen von Profilen, wenn zum Beispiel Berechtigungs- oder Zugriffsprobleme vorliegen. Mit dem Tool lassen sich Computer sehr schnell von alten Profilen bereinigen. Neben den Standardoptionen können Sie damit auch die lokalen Kopien von servergespeicherten Profilen löschen. Auch Zeitabfragen sind möglich. Dadurch können Sie Profile mit einem bestimmten Alter löschen lassen. Das Tool starten Sie über die Eingabeaufforderung oder innerhalb eines Anmeldeskripts. Die Syntax des Tools lautet:

```
delprof2 [/q] [/i] [/p] [r] [/c:[\\]] [/d:]
```

- **/q** – Keine Rückmeldungen
- **/i** ignoriert Fehler und führt den Löschvorgang fort.
- **/p** erfordert eine Bestätigung für das Löschen jedes einzelnen Profils.
- **/r** löscht lokale Kopien von servergespeicherten Profilen.
- **/c:<Computername>** löscht Profile auf einem Remotecomputer.
- **/d:<Tage>** löscht Profile mit einem bestimmten Alter in x Tagen.
- **/l** zeigt nur an, welche Profile gelöscht werden, wenn das Tool startet (What-if).

5.4 Anmelde- und Abmeldeskripts für Benutzer und Computer

Sie können Benutzern in Active Directory Anmeldeskripts zuweisen, die ein Computer ausführt, sobald sich der Benutzer anmeldet. Dadurch können Sie zum Beispiel Netzlaufwerke automatisiert verbinden lassen, etwa mit *net use* (siehe Kapitel 7).

Über Gruppenrichtlinien (siehe Kapitel 12) lassen sich sogar Skripts starten, die beim Starten, Herunterfahren, bei der Abmeldung und der Anmeldung ablaufen. Es gibt daher fünf Arten von Skripts, die Sie Anwendern oder Computern zuweisen können:

1. Das klassische Anmeldeskript, das in den Eigenschaften des Profils eingetragen ist. Die Ausführung sieht der Anwender teilweise in einem Fenster der Eingabeaufforderung. Das Skript muss in der Freigabe *Netlogon* auf dem Server gespeichert sein (siehe auch Kapitel 7).
2. Anmeldeskripts in den Gruppenrichtlinien für Benutzer

Skripts in den Gruppenrichtlinien beim Hochfahren eines Computers, unabhängig vom Benutzer

Skripts in den Gruppenrichtlinien beim Herunterfahren eines Computers, unabhängig vom Benutzer

Es ist auch möglich, mehrere Arten von Skripts zu mischen. Windows-Computer führen alle aus.

Die klassischen Anmeldeskripts, die Programme und Befehle ausführen, hinterlegen Sie auf der Registerkarte *Profil* in den Eigenschaften der Benutzer in *Active Directory-Benutzer und -Computer*. An dieser Stelle haben Sie auch die Möglichkeit, das lokale Benutzerprofil des Anwenders auf eine Freigabe zu speichern. Damit die Skripts beim Anmelden von Benutzern auch starten, müssen Sie die Dateien und die Programme, die die Skripts starten sollen, in der *Netlogon*-Freigabe auf den Domänencontrollern speichern.

Wenn Sie ein Skript in die *Netlogon*-Freigabe eines Domänencontrollers kopieren, wird es durch den Dateireplikationsdienst (File Replication Service, FRS) automatisch auf die anderen Domänencontroller repliziert, wenn Sie im Netzwerk mehrere Domänencontroller betreiben.

Überprüfen Sie den Vorgang oder kopieren Sie das Skript manuell. Der lokale Speicherort der *Netlogon*-Freigabe ist der Ordner *\Windows\SYSVOL\sysvol\<Domänennamen>\scripts*.

Die Skripts können entweder einfache Batchdateien, spezielle Varianten mit KiXtart (*http://www.kixtart.org*) oder AutoIT (*http://www.autoitscript.com*), aber auch andere Skript-Dateien sein. Windows muss die Skripts nur ausführen können und über die entsprechende Erweiterung verfügen.

Klassische Anmeldeskripts laufen sichtbar ab, wenn sich ein Anwender bei seinem Computer anmeldet. Damit ist es nicht möglich, Skripts zu schreiben, die ein Computer bereits beim Starten abarbeitet. In einem Active Directory können Sie neben den klassischen Skripts auch Skripts beim Anmelden und Abmelden sowie beim Starten und Herunterfahren eines Computers über Richtlinien festlegen (siehe Kapitel 19). Dies hat den Vorteil, dass sich solche Skripts auch Organisationseinheiten oder ganzen Domänen zuordnen lassen. Die Skripts werden in den Gruppenrichtlinien (siehe Kapitel 12) an folgender Stelle hinterlegt:

- Skripts für Computer zum Starten und Herunterfahren werden über *Computerkonfiguration | Richtlinien | Windows-Einstellungen | Skripts* gesteuert (siehe Kapitel 12).
- Skripts für Anwender beim An- oder Abmelden werden über *Benutzerkonfiguration | Richtlinien | Windows-Einstellungen | Skripts* gesteuert (siehe Kapitel 12).

Die Abarbeitung von Skripts in den Gruppenrichtlinien hat den Vorteil, flexibler zu sein. Es besteht außerdem die Möglichkeit, herkömmliche Anmeldeskripts einfach über Gruppenrichtlinien ausführen zu lassen, nicht mehr über die Eigenschaften der Benutzerprofile. Die Skripts in den Gruppenrichtlinien laufen nicht sichtbar im Hintergrund ab. Benutzer bekommen von den Skripts nichts mit, auch wenn herkömmliche *.bat*- oder *.cmd*-Dateien im Einsatz sind. Um Skripts in den Gruppenrichtlinien zu verwenden, gehen Sie folgendermaßen vor:

1. Legen Sie die entsprechende Gruppenrichtlinie an und verknüpfen Sie diese mit der Domäne oder den gewünschten Organisationseinheiten.
2. Öffnen Sie die Bearbeitung der Gruppenrichtlinie und navigieren Sie zu dem Bereich, für den Sie das Skript hinterlegen wollen, also *Computerkonfiguration* oder *Benutzerkonfiguration*.
3. Klicken Sie doppelt auf den jeweiligen Eintrag des Skripts, also *Anmelden*, *Abmelden*, *Starten* oder *Herunterfahren*. Neben herkömmlichen Skripts lassen sich an dieser Stelle auch PowerShell-Skripts anbinden.
4. Klicken Sie auf die Schaltfläche *Dateien anzeigen*. Es öffnet sich ein Explorer-Fenster.
5. Kopieren Sie Ihre Skriptdatei in diesen geöffneten Ordner.
6. Klicken Sie anschließend auf die Schaltfläche *Hinzufügen* und wählen Sie das Skript aus. Das Skript wird danach im Fenster angezeigt. Sie können auch mehrere Skripts hintereinander ausführen lassen.

Auch die Kombination von klassischen Skripts und Skripts über Gruppenrichtlinien ist möglich. Das heißt, manche Skripts können in den Eigenschaften der Benutzerkonten gespeichert sein und ablaufen, andere in den Gruppenrichtlinien. Es ist auch kein Problem, wenn die Skripts in den Gruppenrichtlinien von übergeordneten OUs nach unten vererbt werden und in den untergeordneten OUs weitere Skripts starten.

Sie können alle möglichen Formen miteinander kombinieren. Wenn Unternehmen mit klassischen und Gruppenrichtlinienskripts arbeiten, laufen beide parallel ab. Diesen Sachverhalt sollten Administratoren in den Skripts beachten, wenn zum Beispiel Abhängigkeiten existieren. Skripts in den Gruppenrichtlinien laufen meistens vor den klassischen Anmeldeskripts.

Außer speziellen Skripts lassen sich in den Gruppenrichtlinien auch diverse Einstellungen hinterlegen, die den Ablauf der Skripts steuern. Die Einstellungen finden Sie in den Gruppenrichtlinien. Die entsprechenden Erläuterungen und Hilfen finden Administratoren direkt in der Hilfe der jeweiligen Einstellung. Folgende Richtlinieneinstellungen spielen dabei eine Rolle (siehe Kapitel 12).

- *Computerkonfiguration | Richtlinien | Administrative Vorlagen | System | Skripts*
- *Computerkonfiguration | Richtlinien | Administrative Vorlagen | System | Anmeldung*
- *Computerkonfiguration | Richtlinien | Administrative Vorlagen | System | Gruppenrichtlinien*
- *Benutzerkonfiguration | Richtlinien | Administrative Vorlagen | Skripts*
- *Benutzerkonfiguration | Richtlinien | Administrative Vorlagen | Anmeldung*

5.5 Gruppen verwalten

Nicht weniger wichtig als die Verwaltung von Benutzern ist die Verwaltung von Gruppen in Active Directory. Im nachfolgenden Abschnitt erfahren Sie, wie Sie Gruppen anlegen und verwenden.

5.5.1 Gruppen anlegen und verwenden

Gruppen werden ebenfalls im Snap-In *Active Directory-Benutzer und -Computer* erstellt und verwaltet. Wählen Sie im Menü *Neu* die Option *Gruppe* aus (siehe Abbildung 5.7). Mehr zum Thema Gruppen für die Verwaltung von Berechtigungen lesen Sie in Kapitel 7. In Active Directory werden die folgenden vier Gruppentypen unterschieden:

- **Lokal** – Nur auf Servern lokal verfügbar, die nicht Mitglied in Active Directory sind
- **Domänenlokal** – Lokale Gruppen auf Servern, die Mitglied in Active Directory sind und daher auf allen Servern und Rechnern verfügbar sind, siehe Kapitel 7
- **Global** ist nur beim Einsatz mehrerer Domänen notwendig.
- **Universal** ist ebenfalls nur beim Einsatz mehrerer Domänen sinnvoll.

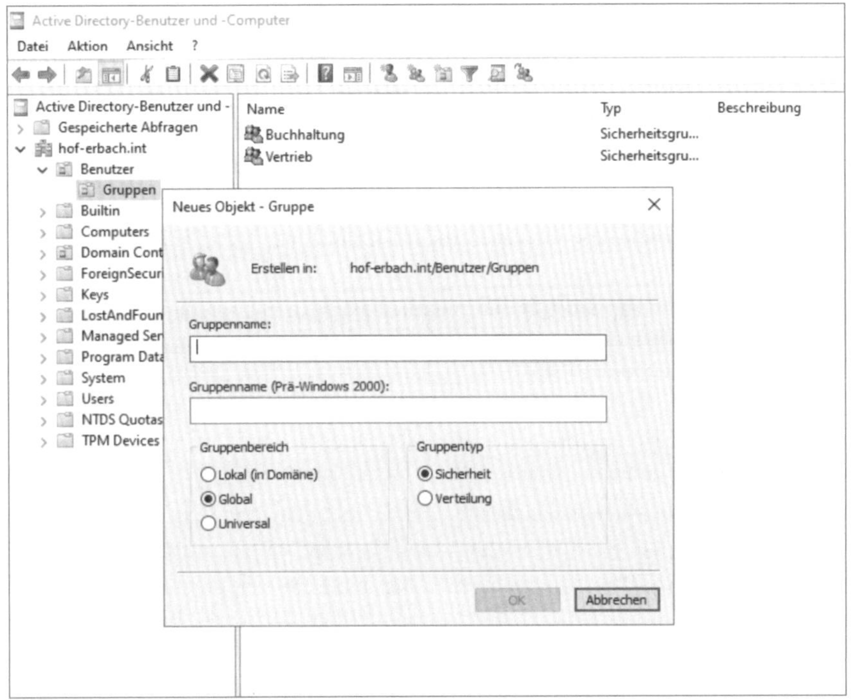

Abb. 5.7 Erstellen von neuen Gruppen

Bei der Unterscheidung und Verwendung dieser Gruppen müssen Sie folgende Punkte beachten:

- **Lokale Gruppen** werden für die Zusammenfassung von globalen Gruppen oder in Ausnahmefällen Benutzern eingesetzt, denen Sie Zugriffsberechtigungen erteilen. Aus lokalen Gruppen auf Servern werden in einem Active Directory automatisch domänenlokale Gruppen. Der Unterschied besteht darin, dass diese Gruppen einheitlich auf allen Mitgliedssystemen der Domäne zu sehen sind. Der Vorteil ist, dass damit eine lokale Gruppe nur einmal pro Domäne definiert werden muss. Wenn Sie ohnehin nur einen oder zwei Servern einsetzen, reichen diese Gruppen für das Zuweisen von Berechtigungen aus.
- **Globale Gruppen** sind überall in der Gesamtstruktur sichtbar, können aber nur Mitglieder aus der eigenen Domäne enthalten. Globale Gruppen können Mitglied von lokalen und universellen Gruppen werden. Globale Gruppen können zudem verschachtelt werden. Diese Verschachtelung macht in kleinen Unternehmen keinen Sinn, vor allem, wenn nur eine Domäne in der Gesamtstruktur vorhanden ist.
- **Universelle Gruppen** – Alle Informationen über Zugehörigkeiten zu universellen Gruppen sind auf den globalen Katalogservern gespeichert. Universelle Gruppen sind in allen Domänen der Gesamtstruktur verfügbar und können Mitglieder aus allen Domänen enthalten. Durch die Replikation im globalen Katalog belasten Sie allerdings das Netzwerk und die globalen Katalogserver. Diese Gruppen machen nur in großen und verschachtelten Umgebungen Sinn, keineswegs in kleinen Umgebungen.

Neben den verschiedenen Gruppenbereichen können zwei unterschiedliche Gruppentypen erstellt werden.

- **Sicherheit** definiert, dass es sich um eine Gruppe handelt, über die Zugriffsberechtigungen zugeordnet werden sollen. Diese Gruppe können Sie zusätzlich als E-Mail-Verteilerliste verwenden, wenn Sie im Netzwerk noch einen lokalen Exchange-Server betreiben. Allerdings ist das bei kleinen und mittleren Unternehmen in den meisten Fällen nicht mehr sinnvoll. Hier setzen Sie besser auf Microsoft 365 und Exchange Online. Das erspart Betrieb und Pflege eines eigenen Exchange-Servers.
- **Verteilung** gibt an, dass die Gruppe nur für Verteiler in E-Mail-Programmen zur Verfügung steht. Sie können diese Gruppen nicht für die Zuordnung von Zugriffsberechtigungen verwenden.

Die Eigenschaften von Gruppen können Sie auch nach dem Erstellen bearbeiten. Dazu rufen Sie die Eigenschaften der Gruppen auf. Neben dem Gruppennamen können Sie eine Beschreibung für die Gruppe eingeben.

- Auf der Registerkarte *Mitglieder* können Sie über die Schaltflächen *Hinzufügen* und *Entfernen* neue Benutzer in Gruppen aufnehmen oder entfernen. Das spielt für das Zuweisen von Berechtigungen eine wichtige Rolle (siehe Kapitel 7).
- Auf der Registerkarte *Mitglied von* werden die Gruppen angezeigt, in denen diese Gruppe Mitglied ist. In kleinen Unternehmen ist das meistens nicht sinnvoll, aber möglich.
- Über die Registerkarte *Verwaltet von* sehen Sie den Benutzer, der für eine Gruppe zuständig ist. Dazu wird über die Schaltfläche *Ändern* eine Liste der Benutzer und Gruppen geöffnet, aus der der entsprechende Benutzer ausgewählt werden kann. Der Benutzer kann über die AD-Verwaltungswerkzeuge Gruppenmitgliedschaften steuern. In kleinen Unternehmen ist es aber besser und sicherer, wenn diese Aufgabe durch einen Administrator vorgenommen wird, der sich per RDP verbindet.

5.5.2 Berechtigungen für Benutzer und Gruppen verwalten

Die Vergabe von Zugriffsberechtigungen sollte immer an Gruppen erfolgen, da damit der geringste administrative Aufwand entsteht (siehe Kapitel 7). Wenn ein weiterer Benutzer diese Berechtigung erhalten soll, müssen Sie sein Benutzerkonto nur der Gruppe zuordnen, die Zugriff auf den gewünschten Ordner und eine Freigabe hat. Die Berechtigungen selbst müssen nicht verändert werden, sondern nur die Gruppenmitgliedschaften. Ebenso lassen sich die Zugriffsberechtigungen einzelnen Benutzern entziehen, indem Sie diese aus der Gruppe entfernen.

Microsoft empfiehlt folgende Berechtigungsstruktur:

1. Eine domänenlokale Gruppe erhält Berechtigung auf den Ordner und Freigabe.
2. Globale Gruppen mit Benutzern werden in die lokale Gruppe aufgenommen. In kleinen Umgebungen können die Benutzerkonten direkt in die domänenlokalen Gruppen aufgenommen werden. Das erspart das Anlegen und Verwalten von globalen Gruppen.

Die Benutzerkonten der Anwender sind Mitglieder der einzelnen globalen Gruppen.

Mehr zu diesem Thema habe ich in Kapitel 7 beschrieben. Die Verbindung der Clients erfolgt zunächst zu einem Server. Auf diesem Server steht eine Freigabe zur Verfügung. Eine Freigabe definiert, auf welche Ordner auf den Datenträgern Anwender zugreifen können (siehe Kapitel 7). Der Client sieht nicht die physischen Festplatten auf den Servern und die dort definierten Ordnerstrukturen. Vielmehr stellt ihm eine Freigabe einen Eintrittspunkt zum Server bereit, von dem aus er die dort definierten Ordnerstrukturen durchsuchen kann. Der Benutzer muss nicht wissen, welche Festplatten es auf den Servern gibt und wie diese strukturiert sind, sondern soll nur die Bereiche sehen, die für ihn relevant sind.

Für Freigaben können Administratoren Zugriffsberechtigungen definieren. Auch hier ist die Arbeit mit Gruppen der beste Weg. Damit können Sie Freigaben als weitere Ebene der Sicherheit einsetzen, zusätzlich zu den Berechtigungen auf der Ebene des Dateisystems (siehe Kapitel 7). Auf Ordner im Dateisystem sollten die Administratoren Vollzugriff erhalten. Zusätzlich sollten Sie eine domänenlokale Gruppe anlegen, die Berechtigung auf der Ordnerebene und auf Freigabeebenen erhält.

Der Sinn dieses Konzepts liegt darin, dass Sie einerseits nicht ständig Berechtigungen für den freigegebenen Ordner ändern müssen, da nur die domänenlokale Gruppe Zugriff erhält. Da die Anwender in globalen Gruppen aufgenommen sind oder direkt Mitglied der domänenlokalen Gruppen sind, können Sie sie auch in andere domänenlokale Gruppen in anderen Domänen von Active Directory aufnehmen. Das hat in großen Organisationen den Vorteil, dass Freigaben sehr effizient überall zur Verfügung stehen.

Mitgliedschaften und Änderungen sollten Sie deshalb auf ein Minimum beschränken. Sie sollten keine einzelnen Benutzer zu den Berechtigungen auf Freigabe- oder Dateiebene hinzufügen. Zugriffsberechtigungen vergeben Sie im Regelfall pro Ordner einheitlich. Eine Anpassung von Berechtigungen für einzelne Dateien ist nur in Ausnahmen sinnvoll und lässt sich oft dadurch umgehen, dass Sie mit eigenen Ordnern arbeiten. Am Beispiel von Abbildung 5.8 sehen Sie den Sinn dieses Konzepts:

- Domänenlokale Gruppen können zwar globale Gruppen aus der kompletten Gesamtstruktur aufnehmen, aber selbst nicht in anderen Domänen verwendet werden.
- Globale Gruppen können zwar nur Mitglieder aus der eigenen Domäne aufnehmen, dafür können sie überall in Active Directory verwendet werden.
- Die Vertriebsmitarbeiter in Dallas können durch dieses Konzept sowohl auf die Freigabe in Dallas als auch auf die Freigabe in München zugreifen. Wenn neue Mitarbeiter Zugriff erhalten müssen, kann dies durch Aufnahme in die entsprechende globale Gruppe recht schnell erledigt werden. Zugriffsberechtigungen sollten nie ad hoc, sondern immer nur nach genau definierten Konzepten vergeben werden. Nur so lässt sich sicherstellen, dass mit einem durchdachten und damit sicheren Verfahren gearbeitet wird.

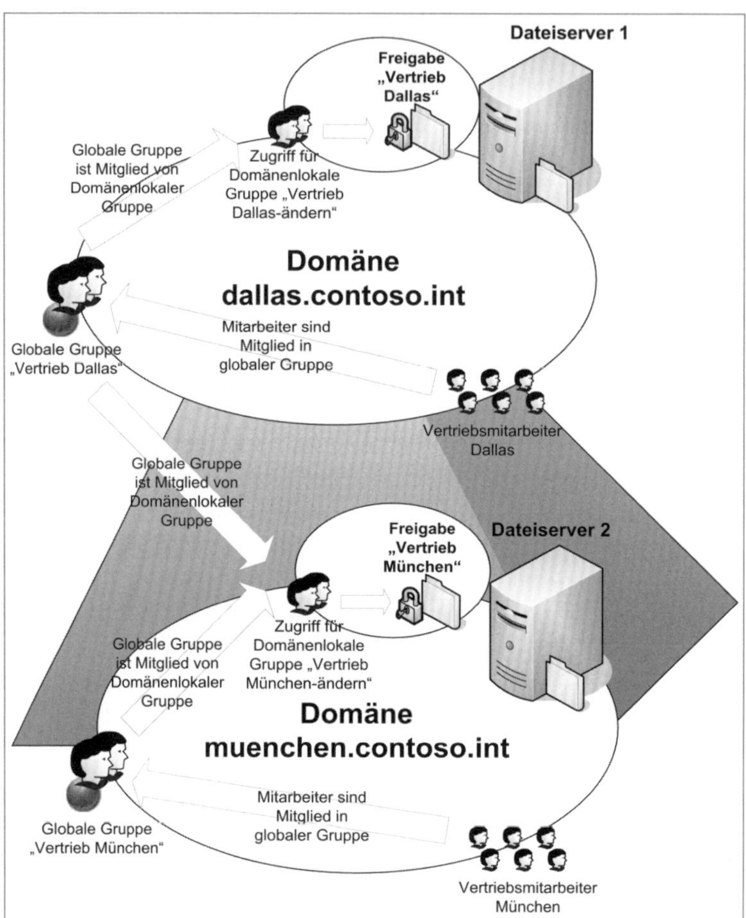

Abb. 5.8 Beispiel der Zuweisung von Benutzerrechten in großen Netzwerken. Kleine Netzwerke funktionieren ähnlich, lassen sich aber einfacher steuern, da weniger Gruppen notwendig sind.

5.6 Zusammenfassung

In diesem Kapitel haben Sie gelernt, wie Sie Benutzerkonten und Profile in Active Directory-Umgebungen verwalten. Im nächsten Kapitel gehe ich ausführlicher auf die Verwaltung von Datenträgern ein, auf denen Sie die Freigaben Ihrer Benutzer speichern.

Kapitel 6

Datenträger und Datenspeicherung verwalten

Idealerweise sollte ein Server für kleine Unternehmen mehrere RAID-Systeme und mehrere Laufwerke verbaut haben. Das Betriebssystem und die installierten Anwendungen sollten auf einem eigenen RAID-Kanal und eigenen Datenträgern liegen. Die Daten der Anwender sollten sich auf einem getrennten RAID-System befinden, das ebenfalls mit eigenen Datenträgern abgesichert wird, zum Beispiel RAID 5, 10 oder einem System, das zum Server passt.

Hier sollten Sie sich vom Hersteller beraten lassen. Wichtig ist, dass der Zugriff der Benutzer auf ihre Daten so schnell wie möglich abgewickelt werden kann und das Betriebssystem eigene Zugriffsmöglichkeiten auf eigene Datenträger hat. Das verteilt die Belastungen der Datenträger auf zwei Systeme, die durch einen leistungsstarken RAID-Controller und ausreichend Laufwerken vor Ausfällen geschützt werden.

Betreiben Sie auf dem Server auch noch eine Datenbank, kann es sehr sinnvoll sein, noch einen weiteren RAID-Controller oder einen dritten Kanal für die Datenbankdateien zu verwenden. Es ist für die meisten Datenbanken außerdem empfehlenswert, ihre Protokolldateien von den Datenbankdateien zu trennen, da dadurch die Leistung steigt. Das würde einen weiteren Kanal und weitere Datenträger bedeutet. Hier sollten Sie daher bereits vor dem Kauf richtig planen und den Server so ausstatten, dass er seine Dienste schnell und sicher zur Verfügung stellen kann. Ob ein weiterer Server Sinn macht, der in die Active Directory-Struktur eingebunden wird, hängt von den Anforderungen und den Kosten ab.

6.1 Datenträger erstellen und anpassen

Wenn Sie die RAID-Systeme eingerichtet und das Betriebssystem installiert haben, können Sie den oder die Datenträger einrichten, auf denen Sie die Daten speichern und die Dateifreigaben ablegen. Auch die Daten von Geschäftsanwendungen legen Sie entweder auf diesem Datenträger ab oder nutzen dafür ein weiteres RAID-System, wie in den vorhergehenden Abschnitten beschrieben.

Vermeiden Sie das Erstellen von mehreren Partitionen auf einem physischen oder logischen Datenträger, der von einem RAID-System zur Verfügung gestellt wird. Sie gewinnen dadurch faktisch keine Leistung, sondern verkomplizieren nur die Verwaltung. In den meisten Fällen reicht eine Ordnerstruktur aus.

Wenn eine Anwendung eine eigene Partition benötigt, ist es besser, dazu gleich physische oder logische Datenträger auf dem RAID-Controller zu erstellen und zu verwenden.

Sie finden die Datenträgerverwaltung in der Systemsteuerung über *System und Sicherheit* | *Verwaltung* | *Computerverwaltung* oder im Schnellmenü von Windows Server 2022 über die Tastenkombination [Win]+[X] (siehe Abbildung 6.1). Als weitere Möglichkeit bietet sich der Aufruf durch Eintippen von *compmgmt.msc* im Startmenü an. Sie können die Datenträgerverwaltung auch durch Eintippen von *diskmgmt.msc* im Startmenü aufrufen. Das ist der schnellste Weg.

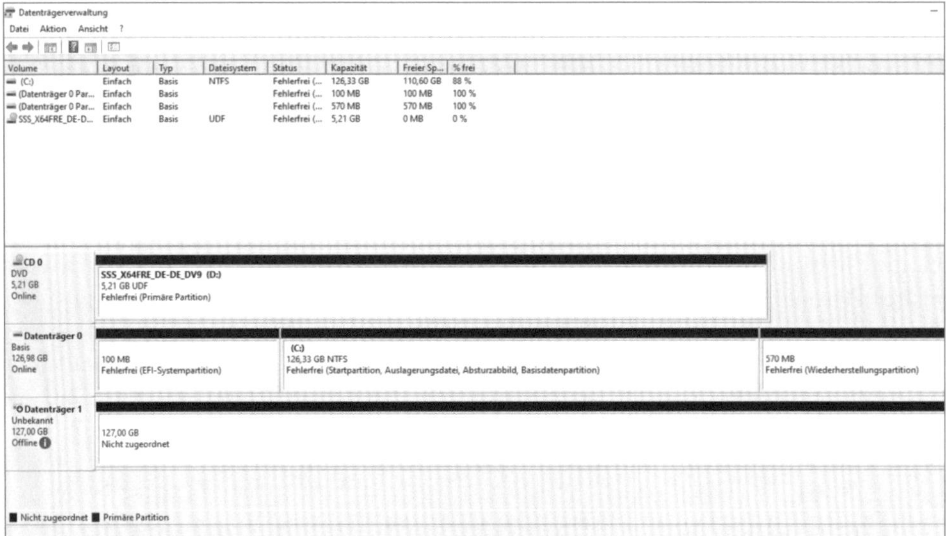

Abb. 6.1 Aufrufen der Datenträgerverwaltung in Windows

Starten Sie die Datenträgerverwaltung, zum Beispiel durch Eintippen von *diskmgmt.msc* im Startmenü, werden im oberen Bereich alle konfigurierten Datenträger angezeigt. Im unteren Bereich sind die physischen Datenträger inklusive eventuell vorhandener Wechselmedien zu sehen. Bei Festplatten wird angezeigt, auf welchen der installierten Festplatten sich die logischen Laufwerke befinden und welcher Platz noch nicht zugeordnet ist.

Eine Partition, auch als Volume bezeichnet, ist ein Bereich auf einer Festplatte, der mit einem Dateisystem formatiert und mit einem Buchstaben des Alphabets identifiziert werden kann. Beispielsweise stellt das Laufwerk C: unter Windows eine Partition dar. Eine Festplatte muss partitioniert und formatiert sein, bevor Sie Daten darauf speichern können. Auf vielen Computern wird nur eine einzige Partition eingerichtet, die der Größe der Festplatte entspricht. Es ist nicht erforderlich, eine Festplatte in mehrere kleine Partitionen zu unterteilen.

Im unteren Bereich sollten Sie nach der Installation von Windows Server 2022 Essentials/ Standard mindestens einen weiteren Datenträger sehen, der noch nicht eingerichtet ist. Wenn Sie mehrere RAID-Kanäle nutzen, können hier auch mehrere Datenträger zu sehen sein. Ist das nicht der Fall, stellen Sie sicher, dass in der RAID-Verwaltung des Servers die Datenträger eingerichtet sind. Außerdem muss der RAID-Controller im Gerätemanager erscheinen, wie in Kapitel 2 und Kapitel 3 beschrieben.

Bevor Sie fortfahren, sollten Sie daher zunächst überprüfen, ob in der Datenträgerverwaltung alle Datenträger angezeigt werden, die Sie im RAID-System angelegt haben (siehe Abbildung 6.2). Im Gerätemanager überprüfen Sie wiederum, ob der aktuelle Treiber des RAID-Controllers installiert ist. Beachten Sie, dass in der Windows-Datenträgerverwaltung die logischen Laufwerke angezeigt werden, die Sie als RAID im RAID-Controller angelegt haben. Sie sehen an dieser Stelle nicht Ihre physischen Festplatten, die an den RAID-Controller angeschlossen wurden, sondern die RAID-Laufwerke, die Sie über die Verwaltungssoftware des RAID-Controllers angelegt haben. Meistens starten Sie diese über eine Tastenkombination beim Starten des Servers. Diese wird beim Starten im Rahmen des Bootvorgangs angezeigt.

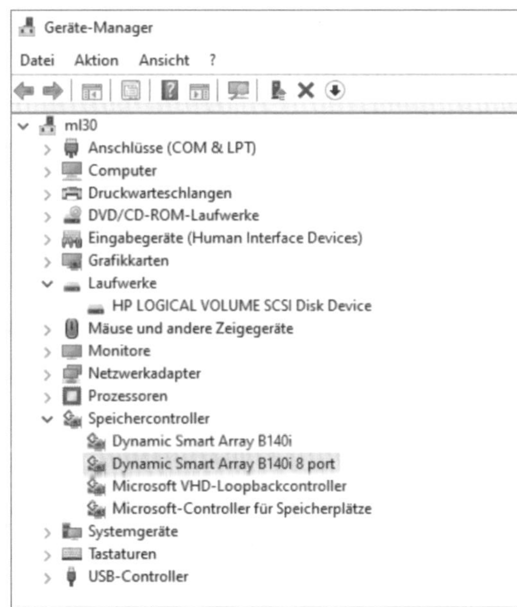

Abb. 6.2 Überprüfen der Treiber-Installation von RAID-Controllern

Die RAID-Controller zeigt Windows im Gerätemanager (*devmgmt.msc*) über den Bereich *Speichercontroller* an. Die erstellten, logischen Laufwerke sind wiederum bei *Laufwerke* im Gerätemanager zu sehen und werden in der Datenträgerverwaltung (*diskmgmt.msc*) angezeigt.

6.1.1 Einrichten von Datenträgern

Wenn eine zusätzliche Festplatte im Server eingebaut wird, müssen Sie diese in Windows einbinden. Nutzen Sie ein RAID-System, erstellen Sie in der Software des RAID-Controllers das logische Laufwerk, das wiederum die physischen Datenträger nutzt, die am RAID-

Controller angeschlossen sind. In der Datenträgerverwaltung sehen Sie anschließend diese logischen Laufwerke, die Sie genauso einrichten wie herkömmliche Festplatten. Sie sehen daher in der Datenträgerverwaltung die logischen Laufwerke, die im Gerätemanager unterhalb der Laufwerke angezeigt werden. Diese logischen Laufwerke basieren auf der Konfiguration des RAID-Controllers.

Die weitere Einrichtung der logischen Laufwerke, die wiederum als Volume in Windows Server 2022 eingebunden werden, erfolgt über die Datenträgerverwaltung. Dazu ist zunächst festzulegen, wie die Festplatte initialisiert werden soll. Bestätigen Sie den Vorschlag, MBR (Master Boot Record) zu verwenden, oder nutzen Sie GPT (GUID-Partitionstabelle). Auf modernen Servern ist GPT besser geeignet. Warum das so ist, erkläre ich in den nächsten Abschnitten in diesem Kapitel.

Sind die Festplatten noch als offline hinterlegt, müssen Sie sie über das Kontextmenü online schalten (siehe Abbildung 6.3). Wenn sie online sind, müssen Sie sie als Nächstes initialisieren. Erscheint kein Fenster, nehmen Sie das Initialisieren über das Kontextmenü des linken Bereichs vor, auf dem der Status und die Nummer des Datenträgers zu sehen sind (siehe Abbildung 6.4).

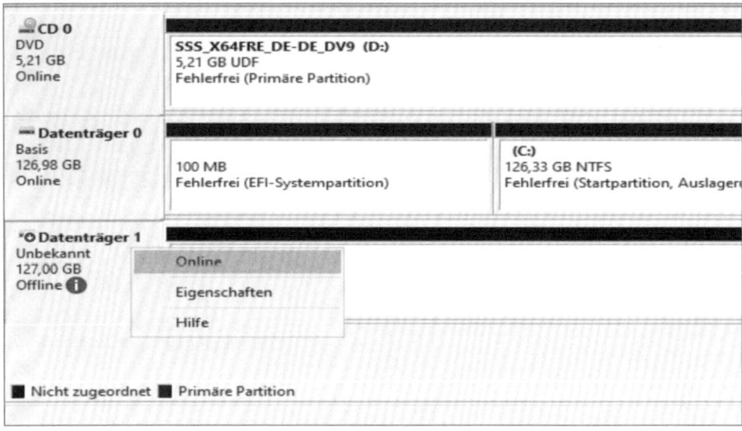

Abb. 6.3 Datenträger in Windows online schalten

Das Datenträgerpartitionsformat MBR unterstützt Volumes mit einer Größe von bis zu 2 TB und bis zu vier Primärpartitionen pro Datenträger (oder drei Primärpartitionen, eine erweiterte Partition und eine unbegrenzte Anzahl logischer Laufwerke).

Im Vergleich dazu unterstützt das Partitionsformat GPT Volumes mit einer Größe von bis zu 18 EB (Exabytes) und bis zu 128 Partitionen pro Datenträger. Anders als bei Datenträgern mit dem MBR-Partitionsformat werden Daten, die für den Betrieb der Plattform zwingend erforderlich sind, in Partitionen abgelegt und nicht in Sektoren ohne Partition oder in versteckten Sektoren.

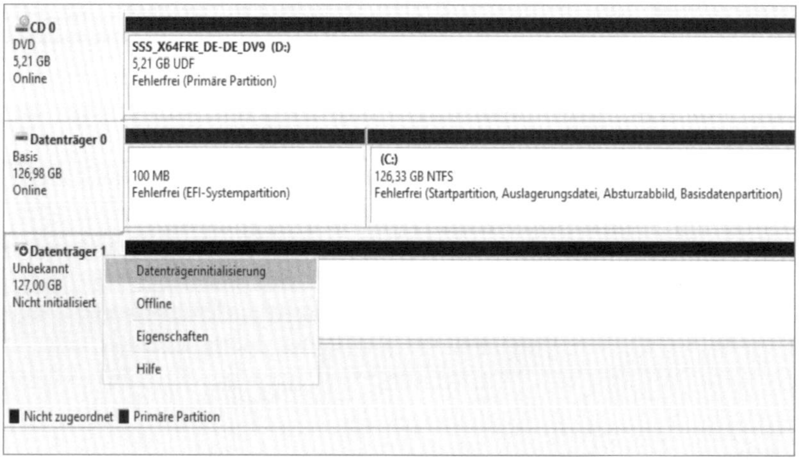

Abb. 6.4 Initialisieren von Datenträgern in der Datenträgerverwaltung von Windows Server 2022

Außerdem besitzen Datenträger mit dem GPT-Partitionsformat redundante Primär- und Sicherungspartitionstabellen, wodurch die Integrität der Partitionsdatenstruktur verbessert wird. Auf GPT-Datenträgern können Sie dieselben Aufgaben wie auf MBR-Datenträgern durchführen. Die Konvertierung eines MBR-Datenträgers in einen GPT-Datenträger und umgekehrt kann nur durchgeführt werden, wenn der Datenträger leer ist. Die Umwandlung nehmen Sie über das Kontextmenü des Datenträgers auf der linken Seite vor. Idealerweise nehmen Sie auf modernen Servern mit Windows Server 2022 daher das GPT-Format (siehe Abbildung 6.5).

Abb. 6.5 Datenträger initialisieren in Windows

Nach der Initialisierung sehen Sie die Datenträger in der Datenträgerverwaltung und Sie können sie konfigurieren. Die leeren Festplatten können Sie in dynamische Datenträger umstellen, das ist aber nicht immer notwendig und wird auch nicht von allen Serverdiensten unterstützt. Windows Server 2022 unterscheidet zunächst zwei Arten von Festplatten:

1. Basisdatenträger können feste Partitionen einrichten, in denen wiederum logische Laufwerke vorhanden sind. Wenn Sie Partitionen auf einer Basisfestplatte erstellen, sind die ersten drei Partitionen, die Sie erstellen, primäre Partitionen:
   - Eine primäre Partition kann ein Betriebssystem hosten und verhält sich wie ein physischer separater Datenträger. Auf einem Basisdatenträger können bis zu vier primäre Partitionen vorhanden sein. Wenn Sie mehr als drei Partitionen erstellen möchten, erstellen Sie die vierte Partition als erweiterte Partition.
   - Eine erweiterte Partition bietet die Möglichkeit, eine Beschränkung der möglichen Anzahl von primären Partitionen auf einer Basisfestplatte zu umgehen. Sie ist ein Container, der ein oder mehrere logische Laufwerke enthalten kann. Logische Laufwerke haben dieselbe Funktion wie primäre Partitionen, können jedoch nicht für den Start eines Betriebssystems verwendet werden. Erweiterte Partitionen können mehrere logische Laufwerke enthalten, die sich formatieren lassen und denen Laufwerkbuchstaben zugewiesen werden.
2. Dynamische Datenträger lassen sich einfacher verwalten als Basisdatenträger. Das betrifft die Veränderung der logischen Laufwerke ohne einen Neustart des Systems. Dynamische Datenträger können eine unbegrenzte Anzahl von dynamischen Volumes enthalten und funktionieren wie die primären Partitionen, die auf Basisdatenträgern verwendet werden. Konvertieren müssen Sie die Datenträger aber erst dann, wenn eine Datenträgeraufgabe dies erfordert.

Der Hauptunterschied zwischen Basisdatenträgern und dynamischen Datenträgern besteht darin, dass dynamische Datenträger Daten zwischen zwei oder mehreren dynamischen Festplatten eines Computers freigeben und Daten auf mehrere Festplatten verteilen können.

Beispielsweise kann sich der Speicherplatz eines einzelnen dynamischen Volumes auf zwei separaten Festplatten befinden. Zudem können dynamische Datenträger Daten zwischen zwei oder mehreren Festplatten duplizieren, um dem Ausfall einer einzelnen Festplatte vorzubeugen. Diese Fähigkeit erfordert mehr Festplatten, erhöht jedoch die Zuverlässigkeit. Für die Verwaltung von Speicherpools müssen Sie in diesem Bereich aber zunächst keine Änderungen vornehmen.

Um einen vorhandenen Basisdatenträger in einen dynamischen Datenträger umzuwandeln, rufen Sie im unteren Bereich der Datenträgerverwaltung beim Eintrag der Festplatte über das Kontextmenü den Befehl *In dynamischen Datenträger umwandeln* auf. Es wird ein Dialogfeld angezeigt, in dem sich die zu aktualisierenden Basisfestplatten auswählen lassen. Es können also in einem Schritt alle noch vorhandenen Basisfestplatten in einem System aktualisiert werden.

Nach der Auswahl der Festplatten zeigt Windows ein zweites Dialogfeld an, in dem Sie die gewählten Festplatten noch einmal sehen. Hier können Sie entscheiden, welche der neuen Festplatten in dynamische Datenträger umgewandelt werden sollen.

Basisdatenträger können Sie in dynamische Datenträger umwandeln. Wenn Sie Datenträgerkonfigurationen wie zum Beispiel die Erweiterung eines Laufwerks durchführen wollen und Sie den Datenträger noch nicht zu einem dynamischen Datenträger konvertiert haben, schlägt der Assistent die Konvertierung vor.

Schalten Sie Datenträger online, initialisieren Sie diese als GPT-Laufwerk und lassen Sie die Einstellungen so, wie sie von Windows vorgeschlagen werden.

6.1.2 Konfigurieren von Laufwerken

Sobald die physischen Datenträger eingerichtet sind, können Sie auf diesen logische Laufwerke einrichten. Diese logischen Laufwerke haben zunächst aber nichts mit den logischen Laufwerken zu tun, die Sie im RAID-Controller angelegt haben. Die logischen Laufwerke in Windows stellen schlussendlich die Datenträger dar, die Sie in Windows anlegen und die Sie dort zur Datenspeicherung nutzen. Diese basieren auf den logischen Laufwerken, die wiederum im RAID-Controller angelegt wurden. Solche logischen Laufwerke, auf Windows-Servern auch als »Datenträger« bezeichnet, werden mit dem Befehl *Neues einfaches Volume* im Kontextmenü eines freien Bereichs angelegt (siehe Abbildung 6.6).

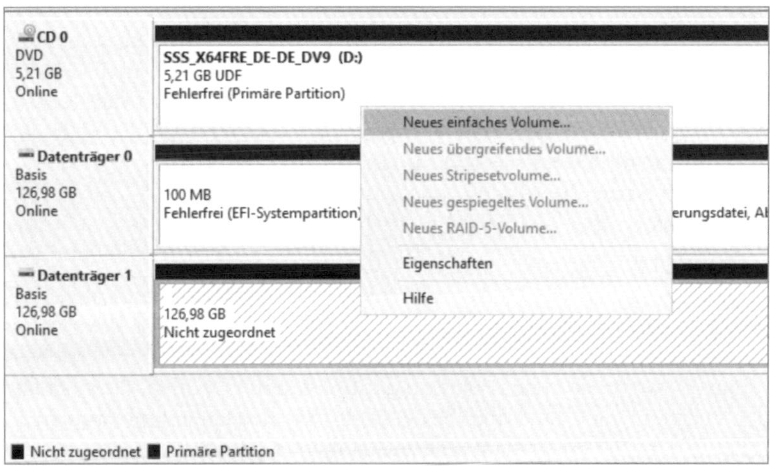

Abb. 6.6 Erstellen von neuen, logischen Laufwerken in Windows Server

Um ein Volume anzulegen, müssen Sie einen freien Bereich auf einem Datenträger oder der Festplatte, auf der Sie das neue logische Laufwerk erstellen wollen, mit der rechten Maustaste anklicken. Wenn Sie mit der rechten Maustaste allerdings direkt auf den Datenträger im linken Bereich klicken und nicht auf einen freien Bereich, wird Ihnen die Option *Neues einfaches Volume* nicht angezeigt, sondern nur die Optionen *Neues übergreifendes Volume* und *Neues Stripesetvolume* sowie *Neues gespiegeltes Volume* und *Neues RAID-5-Volume*. Ein Software-RAID macht aber auf einem Windows-Server keinen Sinn. Da Sie bereits ein Hardware-RAID erstellt haben, können Sie den Datenträger in Windows wie eine normale physische Festplatte konfigurieren. Der Schutz der Daten wird durch den RAID-Controller übernommen. Hier müssen Sie in Windows nichts konfigurieren.

Ein einfacher Datenträger hält Daten nur auf einer einzelnen physischen Festplatte. Allerdings gilt das nicht für logische RAID-Datenträger. Diese erscheinen für Windows wie herkömmliche Datenträger, werden aber durch den RAID-Controller auf Basis verschiedener physischer Datenträger zur Verfügung gestellt. Ein übergreifender Datenträger erstreckt sich über mehrere physische Festplatten, erscheint im Explorer aber als einzelnes Laufwerk.

Sie können in Windows auch erweiterte Datenträger erstellen. Das macht beim Einsatz von RAID-Controllern aber keinen Sinn. Wenn bei solchen Datenträgern der konfigurierte Speicherplatz auf dem ersten physischen Datenträger voll ist, werden weitere Daten auf dem nächsten konfigurierten Datenträger gespeichert. Dieser Ansatz ist nur dann sinnvoll, wenn sehr große logische Datenträger notwendig sind, die größer als die vorhandenen physischen Datenträger sind. RAID-Controller sind in Windows Server 2022 in diesem Bereich besser geeignet.

Ein Stripesetdatenträger geht einen Schritt weiter. Bei dieser Variante sind mehrere physische Festplatten beteiligt. Auf jeder dieser Festplatten belegt Windows den gleichen Speicherplatz. Die Daten liegen in Blöcken von 64 KB zunächst auf der ersten Festplatte, der zweiten und so weiter. Wenn eine Datei nur 8 KB groß ist, verwendet Windows trotzdem einen 64-KB-Block, die restlichen 56 KB sind dann verschwendet.

Dieser Ansatz bietet keine Fehlertoleranz. Durch die Verteilung der Daten über mehrere Festplatten erreichen Sie eine verbesserte Performance, allerdings sind die Daten verloren, wenn einer der physischen Datenträger ausfällt. Besser geeignet sind Hardware-RAIDs. Falls Sie einen Datenträger erzeugen, der sich über mehrere physische Festplatten erstreckt, müssen Sie bei der Definition des Datenträgertyps im folgenden Schritt die Festplatten auswählen. Der nächste Schritt ist die Zuordnung von Laufwerkbuchstaben und -pfaden. Dies lässt sich auch jederzeit später über den Befehl *Laufwerkbuchstaben und -pfad ändern* im Kontextmenü des entsprechenden Laufwerks durchführen. Hier finden sich drei Optionen:

- Dem Laufwerk kann zunächst ein Laufwerkbuchstabe fest zugeordnet werden. Das Laufwerk lässt sich in einem leeren Ordner eines NTFS-Systems bereitstellen. Damit können Sie auch bestehende Datenträger erweitern. Dies kann im laufenden Betrieb erfolgen und ist sinnvoll, wenn Sie neue Ordnerstrukturen schaffen wollen, die viel Platz erfordern. In den meisten Fällen ist es aber besser, wenn Sie die Daten direkt auf einem Laufwerk speichern, dem Sie einen Laufwerkbuchstaben zugeordnet haben und der durch ein RAID-System abgesichert ist.
- Sie weisen dann dem Laufwerk keinen eigenen Laufwerkbuchstaben zu, sondern wählen einen bestimmten Ordner aus, der auf einem bereits konfigurierten Laufwerk liegt. Speichern Sie Daten in diesem Ordner, lagert Windows sie auf den neuen Datenträger aus. Das kommt eher selten zum Einsatz, vor allem nicht in kleinen Unternehmen.
- Sie können auch auf die Zuordnung von Laufwerkbuchstaben verzichten. Dieses Laufwerk verwenden Sie dann dazu, um von einem Ordner einer Festplatte auf einen Ordner einer anderen Festplatte zu gelangen. Dazu verwenden Sie den Explorer oder den Befehl *cd* in der Eingabeaufforderung. Die ausführliche Syntax erfahren Sie, wenn Sie in der Eingabeaufforderung *cd /?* eingeben.

Im Regelfall können Sie bei der Formatierung die Standardzuordnungseinheit übernehmen. Diese setzt Windows in Abhängigkeit von der Größe des Laufwerks und sie ist damit in den meisten Situationen korrekt gewählt. Nur wenn feststeht, dass Sie ausschließlich mit sehr großen Dateien arbeiten, ist es sinnvoll, manuell einen höheren Wert zu setzen. Über die Befehle im Kontextmenü von Datenträgern können Sie anschließend noch weitere Funktionen ausführen.

Sie können zum Beispiel Datenträger formatieren, wobei allerdings alle vorhandenen Daten verloren gehen. Außerdem können Sie Datenträger über das Kontextmenü erweitern. Damit kann bei dynamischen Datenträgern im laufenden Betrieb weiterer, nicht konfigurierter Platz hinzugefügt werden.

Die Erweiterung eines Datenträgers kann dabei auf andere physische Festplatten erfolgen. Diese Vorgehensweise ist sinnvoll, wenn mehr Platz in einer bestehenden Ordnerstruktur notwendig ist. Die Datenträger können Sie über das Kontextmenü auch löschen und neu erstellen.

6.1.3 Komprimieren von Datenträgern und Ordnern

Um Speicherplatz zu sparen, können Sie Dateien auf NTFS-Laufwerken auch komprimieren. Diese Komprimierung erfolgt für den Benutzer völlig transparent, er muss keine zusätzlichen Programme verwenden und arbeitet mit den Dateien genauso wie mit allen anderen auf dem Laufwerk. Sinnvoll ist das nur, wenn Sie Archivdaten auf einem Datenträger speichern und sich diese gut komprimieren lassen. Für Daten, die im laufenden Betrieb verwendet werden, macht die Komprimierung keinen Sinn.

Beachten Sie bei der Komprimierung, dass dies zulasten der Performance des Servers geht, da dieser die Komprimierung und Dekomprimierung der Dateien übernimmt, sobald ein Benutzer darauf zugreift. Die Komprimierung kann jedoch für spezielle Archivierungsordner sinnvoll sein. In Zeiten, in denen genügend Speicherplatz zur Verfügung steht, sollte die Komprimierung daher nur für Archivdateien verwendet werden, die ansonsten Speicherplatz verschwenden würden. Sie können auf einem NTFS-Datenträger einzelne Ordner oder Dateien komprimieren, während andere Ordner unkomprimiert bleiben.

Die Komprimierung können Sie in den Eigenschaften eines Ordners auswählen. Komprimierte Ordner werden blau gekennzeichnet.

Dateien, mit denen Sie ständig arbeiten, sollten Sie nicht komprimieren, da der Zugriff auf diese Daten deutlich langsamer sein kann. Archive oder Ordner mit Bildern im BMP-Format, auf die Sie nicht häufig zugreifen, lassen sich dadurch allerdings deutlich verkleinern. Die Funktion steht Ihnen nur auf NTFS-Datenträgern zur Verfügung. FAT-Laufwerke lassen sich in der Eingabeaufforderung mit dem Befehl *convert <Laufwerk> /fs:ntfs* leicht umwandeln. Allerdings lassen sich auf diesem Weg nur FAT-Laufwerke konvertieren, für ReFS-Datenträger (Resilient File System, unverwüstliches Dateisystem) steht diese Funktion nicht zur Verfügung. Die Komprimierung von NTFS-Laufwerken oder einzelnen Ordnern aktivieren Sie folgendermaßen:

1. Rufen Sie die Eigenschaften des Ordners auf, den Sie komprimieren wollen.
2. Klicken Sie auf der Registerkarte *Allgemein* auf *Erweitert*.
3. Aktivieren Sie das Kontrollkästchen *Inhalt komprimieren*, um Speicherplatz zu sparen.
4. Beim Bestätigen kann ausgewählt werden, ob auch die Unterordner im Ordner komprimiert werden sollen.
5. Anschließend werden die Ordner und Dateien komprimiert.

Die Dateinamen komprimierter Daten werden daraufhin in einer blauen Schriftfarbe dargestellt. Möchten Sie das nicht, können Sie diese Einstellung im Menüband des Explorers auf der Registerkarte *Ansicht* über *Optionen | Ordner- und Suchoptionen ändern* ändern. Dazu deaktivieren Sie im Dialogfeld *Ordneroptionen* auf der Registerkarte *Ansicht* das Kontrollkästchen *Verschlüsselte oder komprimierte NTFS-Dateien in anderer Farbe anzeigen.*

Die Platzersparnis können Sie in den Eigenschaften des Ordners nachprüfen. Dort werden auf der Registerkarte *Allgemein* die originale Größe und der tatsächliche Plattenverbrauch angezeigt. Das funktioniert auch, wenn Sie die Eigenschaften von Freigaben im Netzwerk aufrufen.

Die Komprimierung lässt sich jederzeit wieder deaktivieren. Bereits komprimierte Daten wie MP3- und JPG-Dateien oder bereits komprimierte Archive wie ZIP-Dateien profitieren nicht von der Komprimierung und werden nicht weiter verkleinert. Verschieben Sie neue Dateien in bereits komprimierte Ordner, müssen diese gegebenenfalls nachträglich komprimiert werden, da die Funktion nicht automatisch auf neue Dateien überprüft.

6.1.4 Festplattenverwaltung in der PowerShell und Befehlszeile

Um Festplatten zu verwalten, müssen Sie in Windows nicht immer die grafische Oberfläche nutzen. Viele Einstellungen lassen sich teilweise schneller in der PowerShell und Befehlszeile durchführen und auch Informationen lassen sich in der PowerShell schneller anzeigen. In der Befehlszeile stehen ebenfalls Optionen zur Verfügung, mit denen sich Datenträger anpassen lassen. In der Eingabeaufforderung können Sie mit *diskpart* Partitionen erstellen und verwalten, zum Beispiel um einen bootfähigen USB-Stick zu erstellen, mit dem Sie Windows Server 2022 installieren können (siehe Kapitel 2).

Alle Befehle, die in der PowerShell zur Verfügung stehen, können Sie sich mit *Get-Command -Module Storage | Sort Noun, Verb* anzeigen lassen. Um etwa die physischen Festplatten beziehungsweise die logischen Laufwerke des RAID-Systems abzufragen, hilft der Befehl *Get-PhysicalDisk*. Generell verhalten sich logische RAID-Laufwerke in Windows wie einzelne physische Datenträger. Das liegt daran, dass die Datenträger in diesem Fall, komplett unabhängig vom Betriebssystem, durch den RAID-Controller verwaltet werden. Wollen Sie genauere Informationen, geben Sie *Get-PhysicalDisk |fl* ein (siehe Abbildung 6.7). Durch Eingabe von Spalten nach *|fl* lassen sich erweiterte Informationen ausgeben und unwichtige ausblenden. Ein Beispiel dafür ist *Get-PhysicalDisk |fl FriendlyName, BusType, CanPool, Manufacturer, Healthstatus.* Das funktioniert mit allen Get-Cmdlets. Mit *Get-Disk* lassen Sie sich ebenfalls alle Festplatten anzeigen und die Partitionierung mit *Get-Disk <Nummer> | Get-Partition.*

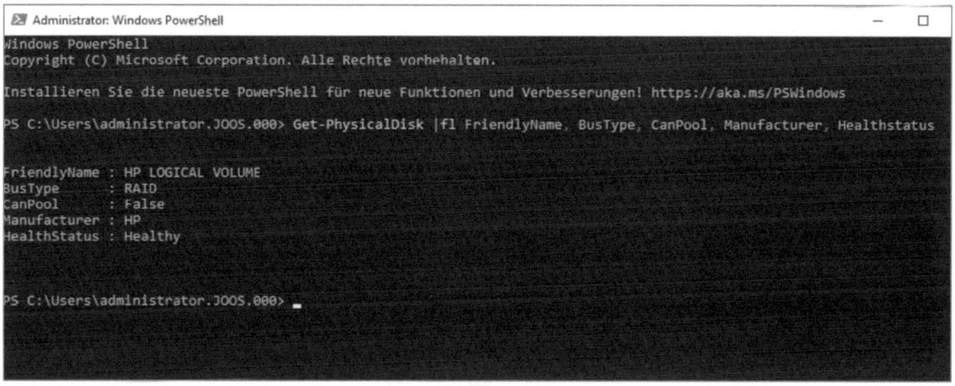

```
Administrator: Windows PowerShell
Windows PowerShell
Copyright (C) Microsoft Corporation. Alle Rechte vorbehalten.

Installieren Sie die neueste PowerShell für neue Funktionen und Verbesserungen! https://aka.ms/PSWindows

PS C:\Users\administrator.JOOS.000> Get-PhysicalDisk |fl FriendlyName, BusType, CanPool, Manufacturer, Healthstatus


FriendlyName : HP LOGICAL VOLUME
BusType      : RAID
CanPool      : False
Manufacturer : HP
HealthStatus : Healthy


PS C:\Users\administrator.JOOS.000> _
```

Abb. 6.7 Informationen zu Datenträgern in der PowerShell anzeigen

In der PowerShell erkennen Sie auf diesem Weg auch, wie viele logische Laufwerke eines RAID-Controllers Sie in Windows eingebunden haben. Die verschiedenen RAID-Systeme zeigt die PowerShell mit den oben genannten Befehlen an (siehe Abbildung 6.8).

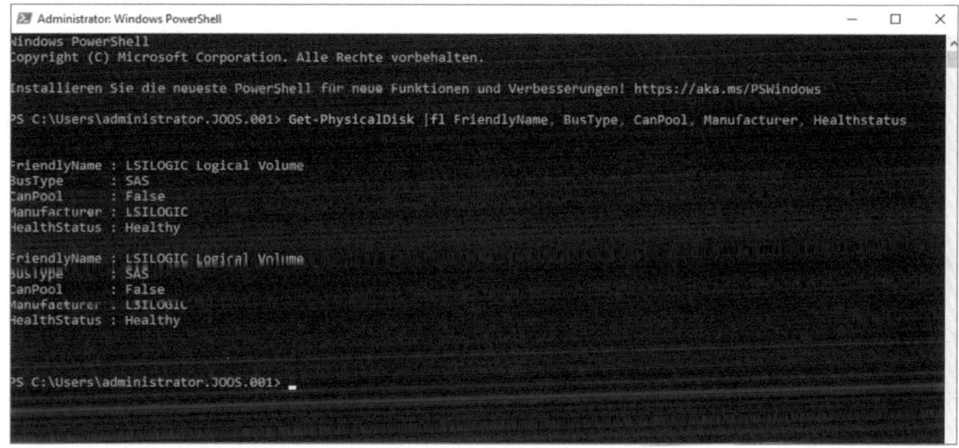

Abb. 6.8 Die PowerShell zeigt die verschiedenen RAID-Laufwerke an, die in Windows zur Verfügung stehen.

6.1.5 Repair-Cmdlets für das Troubleshooting von SSD/HDD nutzen

In der PowerShell stehen verschiedene Repair-Cmdlets zur Verfügung, mit denen Admins Objekte reparieren können, wenn Probleme auftauchen, darunter auch Dateisysteme. In diesem Abschnitt zeige ich Ihnen einige Cmdlets dazu.

Repair-Fileintegrity – Dateien auf NTFS und ReFS reparieren

Mit dem Cmdlet *Repair-Fileintegrity* kann das Dateisystem auf Volumes repariert werden, vor allem defekte Dateien. Zu den unterstützten Dateisystemen gehören NTFS und ReFS. Das Cmdlet kann daher Dateien reparieren, die das Dateisystem als defekt anzeigt. Es lassen sich keine Metadaten reparieren und für die Reparaturen muss die Integrität von Dateien aktiviert sein.

Die beiden Cmdlets *Get-FileIntegrity* und *Set-FileIntegrity* spielen in diesem Zusammenhang ebenfalls eine wichtige Rolle. Damit lässt sich die Integrität für Dateien konfigurieren und abfragen. Über die PowerShell können korrupte Daten auf ReFS-Laufwerken untersucht und teilweise auch repariert werden. Die Voraussetzung dafür ist, dass die Funktion *Integrity Streams* (Integritätsströme) aktiviert ist.

Aufgrund von Problemen mit der Hardware oder Treibern kann es auf Microsoft-ReFS-Laufwerken passieren, dass Daten korrupt sind. Mit der PowerShell können Sie das untersuchen und teilweise auch beheben. In jedem Fall ist die PowerShell ein ideales Mittel dazu, um festzustellen, ob ReFS-Datenträger ordnungsgemäß arbeiten. Damit das funktioniert und auch eine Reparatur möglich ist, müssen Sie erst Integrity Streams aktivieren. Wenn die Funktion nicht aktiviert ist, kann bei Problemen nur eine Wiederherstellung des kompletten Laufwerks helfen. ReFS arbeitet mit Integrity Streams, um das Dateisystem stabil zu halten. Dabei werden Prüfsummen erstellt, mit denen Windows überprüfen kann, ob eine Datei und die Metadaten fehlerfrei oder korrupt sind. Diese Funktion ist aber in den meisten Fällen nicht aktiv.

Integrity Streams können für einzelne Dateien, Verzeichnisse oder das gesamte Volume aktiviert werden. Ob ein Stream defekt ist, lässt sich für Ordner oder Dateien mit dem folgenden Befehl überprüfen:

Get-FileIntegrity -FileName "C:\Docs\einkauf.docx"

Der Befehl kann auch mit der Pipeline in der PowerShell zum Einsatz kommen, um mehrere Dateien oder Ordner zu überprüfen. Dazu kann die Ausgabe von *Get-Item* an *Get-FileIntegrity* weitergeleitet werden, zum Beispiel mit:

Get-Item -Path "C:\Docs" | Get-FileIntegrity*

Die Streams lassen sich für einzelne Dateien oder Ordner aktivieren:

Set-FileIntegrity -FileName "C:\Docs\TextDocument.txt" -Enable $True

Soll die Funktion für ein ganzes Laufwerk zum Einsatz kommen, verwenden Sie den folgenden Befehl:

Set-FileIntegrity D:\ -Enable $True

Repair-Volume als Alternative zu Chkdsk

Wenn das Dateisystem auf einem Laufwerk nicht mehr richtig funktioniert, kann es mit *Repair-Volume* repariert werden. Mit dem Parameter *-OfflineScanAndFix* schaltet das Cmdlet das Laufwerk zunächst offline, repariert das Dateisystem, beseitigt alle Fehler und schaltet es danach wieder online. Der Befehl entspricht im Grunde genommen dem Befehl *chkdsk /f*.

Der Parameter *-Scan* löst eine Untersuchung des Datenträgers aus und zeigt Fehler an, die sich im nächsten Schritt mit *-OfflineScanAndFix* reparieren lassen. Bei *-Scan* bleibt der Datenträger online. Die Syntax sieht zum Beispiel folgendermaßen aus:

Repair-Volume -DriveLetter H -Scan

6.2 Mit GPT-Partitionen und ReFS arbeiten

Große Datenträger mit mehr als 3TB profitieren davon, wenn Sie als Datenträgerformat GPT nutzen und als Dateisystem ReFS. Nur die beiden neuen Systeme sind für Festplatten dieser Größe optimiert. Achten Sie aber darauf, dass einige Anwendungen nicht mit ReFS zurechtkommen. Recherchieren Sie zuerst, ob Ihre Geschäftsanwendung mit dem modernen Dateisystem arbeiten kann. Generell ist ReFS robuster, das heißt, bei Abstürzen ist die Wahrscheinlichkeit geringer, dass das Dateisystem beschädigt wird und Daten verloren gehen.

6.2.1 GPT versus MBR

Das Datenträgerpartitionsformat MBR (Master Boot Record) unterstützt Festplatten mit einer Größe von bis zu 2TB. Im Vergleich dazu unterstützt das Partitionsformat GPT (GUID-Partitionstabelle) Festplatten mit einer Größe von bis zu 18 EB und bis zu 128 Partitionen pro Datenträger.

Datenträger mit dem GPT-Partitionsformat sind besser vor Ausfällen geschützt, sie besitzen redundante Primär- und Sicherungspartitionstabellen. Nachdem Sie den Partitionierungsstil festgelegt haben, arbeiten Sie auf beiden Systemen identisch. Sie legen Partitionen und Volumes an, erstellen Verzeichnisse und Freigaben. Nutzen Sie daher am besten immer GPT.

Datenträgerformat im laufenden Betrieb wechseln

Die Konvertierung eines MBR-Datenträgers in einen GPT-Datenträger und umgekehrt kann nur durchgeführt werden, wenn der Datenträger leer ist. Dazu klicken Sie in der Datenträgerverwaltung von Windows den Datenträger mit der rechten Maustaste an und wählen den entsprechenden Befehl aus. Sie können die Konvertierung aber auch in der Befehlszeile durchführen:

1. Starten Sie eine Eingabeaufforderung mit Administratorrechten.
2. Starten Sie *diskpart*.
3. Geben Sie *list disk* ein.
4. Geben Sie *select disk <Nummer der Disk, die Sie konvertieren wollen>* ein.
5. Geben Sie *clean* ein.
6. Geben Sie *convert gpt* ein; den umgekehrten Weg gehen Sie mit *convert mbr*.

In der Datenträgerverwaltung (*diskmgmt.msc*) finden Sie den Partitionierungsstil auf der Registerkarte *Volumes*, wenn Sie die Eigenschaften des Datenträgers aufrufen. In der PowerShell lassen Sie sich den Partitionierungsstil mit *Get-Disk | select FriendlyName, PartitionStyle* anzeigen.

Den Partitionierungsstil legen Sie mit dem folgenden Befehl auf GPT fest:

Initialize-Disk <Nummer> -PartitionStyle GPT

Ein weiterer Weg, um einen Datenträger zu erstellen und zu formatieren, ist:

Get-Disk 1 | Clear-Disk -RemoveData

New-Partition -DiskNumber 1 -UseMaximumSize -IsActive -DriveLetter Z | Format-Volume -FileSystem NTFS -NewFileSystemLabel Data

6.2.2 Verkleinern und Erweitern von Datenträgern

Sie können Datenträger beziehungsweise die Partitionen unter Windows Server 2022 erweitern oder verkleinern. Beim Verkleinern von Laufwerken gibt Windows den konfigurierten Speicherplatz als neuen, unpartitionierten Bereich frei. Den freien Speicherplatz können Sie für einen anderen Datenträger beziehungsweise eine andere Partition verwenden. Der verkleinerte Bereich eines Datenträgers steht genauso zur Verfügung, als wäre er nie partitioniert gewesen.

Die Verkleinerung und Erweiterung nehmen Sie über das Kontextmenü des entsprechenden Datenträgers vor (siehe Abbildung 6.9). Sie können dazu auch die Eingabeaufforderung verwenden. Es können jedoch nur NTFS-Datenträger verkleinert und erweitert werden, ReFS unterstützt diese Funktion nicht.

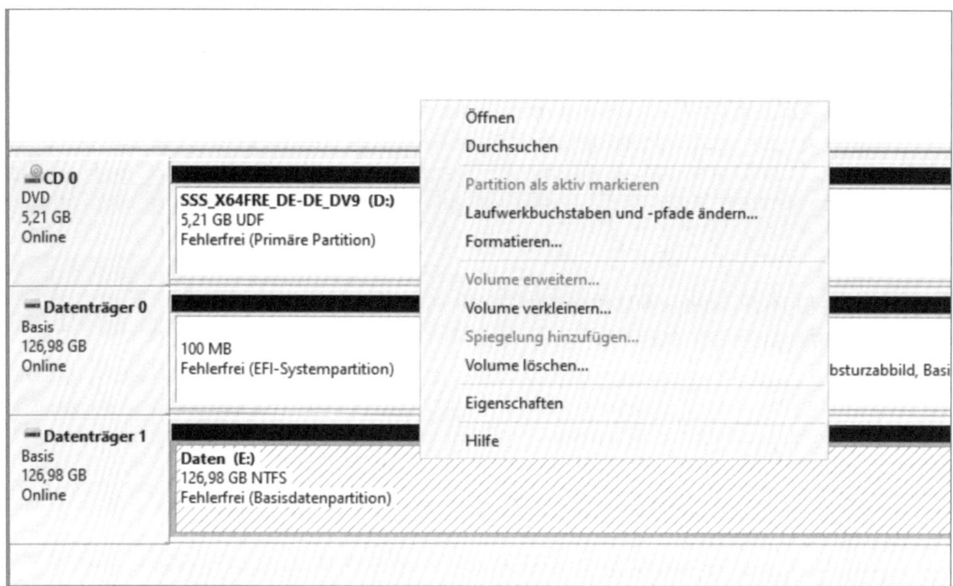

Abb. 6.9 Partitionen in Windows Server 2022 Essentials/Standard verkleinern und vergrößern

Verkleinern von Partitionen

Beim Verkleinern einer Partition verschiebt Windows nicht verschiebbare Dateien wie die Auslagerungsdatei nicht automatisch. Sie können den reservierten Speicherplatz nicht über den Punkt hinaus verkleinern, an dem sich die nicht verschiebbaren Dateien befinden. Wenn Sie die Partition weiter verkleinern wollen, verschieben Sie die Auslagerungsdatei auf einen anderen Datenträger, verkleinern das Volume und verschieben die Auslagerungsdatei dann wieder zurück auf den Datenträger.

Sie können nur primäre Partitionen und logische Laufwerke auf unformatierten Partitionen oder Partitionen mit dem NTFS-Dateisystem verkleinern. Klicken Sie auf *Verkleinern*, führt der Assistent die Aufgabe durch. Mehr ist zum Verkleinern eines Laufwerks nicht notwendig.

Erweitern von Partitionen

Vorhandenen primären Partitionen und logischen Laufwerken können Sie mehr Speicherplatz hinzufügen, indem Sie diese auf angrenzenden verfügbaren Speicherplatz auf demselben Datenträger erweitern. Wenn Sie den Datenträger aber zu Beginn nicht in mehrere Partitionen aufteilen, ist das auch nicht notwendig. Sollten Sie mehrere Partitionen angelegt haben, können Sie durch das Erweitern nach und nach die nicht mehr notwendigen Partitionen zu einer einzelnen Partition auf dem Laufwerk zusammenfassen.

Zum Erweitern eines Basisvolumes muss dieses unformatiert oder mit dem NTFS-Dateisystem formatiert sein. Sie können ein logisches Laufwerk innerhalb eines zusammenhängenden freien Speicherplatzes in der erweiterten Partition, die dieses Laufwerk enthält, erweitern. Wenn Sie ein logisches Laufwerk über den in der erweiterten Partition verfügbaren Speicherplatz hinaus erweitern, wird die erweiterte Partition zur Unterbringung des logischen Laufwerks vergrößert.

Bei logischen Laufwerken, Start- oder Systemvolumes können Sie das Volume nur innerhalb von zusammenhängendem freiem Speicherplatz erweitern und nur dann, wenn der Datenträger zu einem dynamischen Datenträger aktualisiert werden kann. Bei anderen Volumes können Sie das Volume auch innerhalb von nicht zusammenhängendem Speicherplatz erweitern, werden aber aufgefordert, den Datenträger in einen dynamischen Datenträger zu konvertieren. Um ein Basisvolume zu erweitern, gehen Sie folgendermaßen vor:

1. Klicken Sie in der Datenträgerverwaltung mit der rechten Maustaste auf das Volume, das Sie erweitern möchten.
2. Klicken Sie auf *Volume erweitern.*
3. Wählen Sie die Datenträger aus, auf die Sie das bestehende Volume erweitern wollen, und schließen Sie den Assistenten ab. Belassen Sie die Auswahl auf dem aktuell ausgewählten Volume, erweitert Windows den Datenträger auf den kompletten Bereich des aktuellen Datenträgers.

Es ist nicht möglich, die aktuellen System- oder Startpartitionen zu erweitern. Systempartitionen und Startpartitionen sind Namen für Partitionen oder Volumes auf einer Festplatte, die zum Starten von Windows verwendet werden.

Die Systempartition enthält die hardwarebezogenen Dateien, die einem Computer mitteilen, von wo aus Windows startet (siehe Kapitel 2). Eine Startpartition ist eine Partition, die die Windows-Betriebssystemdateien enthält, die sich im *Windows*-Dateiordner befinden. Mit einem weiteren Begriff, der aktiven Partition, wird beschrieben, welche Systempartition (und daher welches Betriebssystem) der Computer zum Starten verwendet.

Generell ist es sehr empfehlenswert, dass Sie auf diesen Partitionen nur Windows installieren und maximal noch die Anwendungen, die Sie auf dem Server benötigen. Daten sollten Sie auf weiteren RAID-Systemen und damit physischen Laufwerken speichern. Das ist besser für die Leistung und reduziert Probleme mit dem Betriebssystem.

6.2.3 ReFS nutzen

Das Dateisystem ReFS ist Bestandteil von Windows Server 2022 Essentials/Standard. Sie haben die Möglichkeit, Festplatten mit dem ReFS-Dateisystem zu formatieren. Das geht aber nur auf Datenplatten in Windows Server 2022. Das Betriebssystem kann von ReFS-Datenträgern nicht booten. Bevor Sie auf einem in Windows eingebundenen Datenträger ReFS nutzen, überprüfen Sie, ob der Serverdienst, der diesen Datenträger nutzen soll, auch kompatibel mit ReFS ist.

Grundlagen zu ReFS

ReFS ist in der Lage, defekte Dateien automatisch zu reparieren. Außerdem gilt ReFS im Vergleich zu NTFS als wesentlich unempfindlicher gegenüber Abstürzen des Betriebssystems oder dem Ausschalten des Servers ohne vorheriges Herunterfahren. Das Dateisystem arbeitet mit den Speicherpools zusammen. Speicherpools erlauben das Zusammenfassen mehrerer physischer Datenträger zu einem logischen Pool, auch zwischen Clusterknoten in einem Cluster.

Neben der automatischen Korrektur verursacht das Dateisystem keine langen Ausfallzeiten mehr durch Reparaturmaßnahmen. Reparaturen lassen sich im laufenden Betrieb durchführen. Stundenlange Reparaturorgien gehören somit der Vergangenheit ein. In ReFS lassen sich Metadaten und Prüfsummen von Dateien wesentlich effizienter integrieren als in Vorgängerversionen. Das Dateisystem protokolliert Änderungen in Dateien und kann ursprüngliche Änderungen speichern.

NTFS überschreibt ältere Versionen von Metadaten und Prüfsummen unwiederbringlich. Das heißt, Daten gehen nicht verloren, sondern können im Dateisystem wiederhergestellt werden, auch wenn Anwender Dateien geändert haben. Das funktioniert ähnlich wie bei den Schattenkopien in NTFS, ist aber nicht vom Erstellen solcher Schattenkopien abhängig, sondern läuft ständig im Hintergrund. Die Technik entspricht in etwa den transaktionalen Datenbanken. Der Vorteil dabei ist, dass auch bei Stromausfällen keinerlei Daten auf ReFS-Datenträgern verloren gehen.

Allerdings handelt es sich bei ReFS um kein Dateisystem, das Daten in Datenbanken speichern kann. Microsoft hat nur einige Vorteile des transaktionalen Systems integriert. Aktuell unterstützt ReFS auch keine Wechseldatenträger. Anwender können aber mit Windows-Clients auf Freigaben zugreifen, die in Windows Server 2022 auf Basis von ReFS erstellt wurden.

ReFS trägt den immer größeren Dateien und Festplatten Rechnung. Das System unterstützt eine in nächster Zeit unerreichbare Größe von Dateien und Festplatten, die weit über den Möglichkeiten von NTFS hinausgehen. Laut Angaben von Microsoft beherrschen ReFS-Datenträger eine Größe von 16 EB. Ordner auf ReFS-Dateiträgern können nahezu eine unbegrenzte Anzahl Dateien speichern, und auch die Anzahl der Ordner kann mehrere Trillionen betragen. Dateinamen können eine Länge von 32.000 Zeichen erreichen. Die Leistung soll durch große Dateien aber nicht einbrechen, dafür sorgt die neue Technologie im Hintergrund, die Daten effizienter speichert. Wie NTFS lassen sich auch in ReFS Berechtigungen auf Basis der Zugriffssteuerungslisten (ACL) vergeben.

ReFS unterstützte bis Windows Server 2022 weder die Komprimierung von Dateien über das Dateisystem noch die Verschlüsselung einzelner Dateien. Auch Quotas auf dem Datenträger unterstützte ReFS nicht. Ab Windows Server 2022 lassen sich jedoch Daten auf ReFS-Datenträger komprimieren. ReFS-Datenträger können eine Größe von bis zu 64TB erreichen und Dateien bis zu 1TB speichern.

Anwender und Administratoren bemerken bei der Verwendung des neuen Dateisystems keinen Unterschied zu NTFS, die Bedienung ist vollkommen transparent. Auch Entwickler können die standardmäßige API von NTFS für den Zugriff auf ReFS nutzen. Laut Microsoft sollen keine Inkompatibilitäten mit aktuellen Anwendungen bestehen. Programme, die mit NTFS funktionieren, sollen auch mit ReFS laufen. Das liegt nicht zuletzt daran, dass die Zugriffsschnittstelle (API), mit der das Dateisystem kommuniziert, dem von NTFS entspricht. Nur die zugrunde liegende Technik ist unterschiedlich. Die Master File Table (MFT) auf ReFS Datenträger unterscheidet sich ebenfalls von NTFS.

ReFS versus NTFS

Sie können in der Befehlszeile oder der PowerShell die Formatierung durchführen und ReFS verwenden. Dazu nutzen Sie den Befehl

Format /fs:ReFS <Laufwerksbuchstabe>:

oder

Format-Volume -DriveLetter <Buchstabe> -FileSystem ReFS -Full

in der PowerShell.

Eine Schnellformatierung führen Sie in der Befehlszeile mit

Format /fs:ReFS /q <Buchstabe>:

durch.

Um einen Datenträger von FAT32 zu NTFS umzuwandeln, können Sie in der Eingabeaufforderung mit dem Befehl *convert <Buchstabe> /fs:ntfs* arbeiten. Einen solchen Befehl gibt es für ReFS nicht. Hier müssen Sie eine Neuformatierung durchführen.

6.3 Verwalten von Datenträgern

Sie können Datenträger entweder im Ordnerfenster *Dieser PC* oder in der Datenträgerverwaltung mit der rechten Maustaste anklicken und im Kontextmenü den Eintrag *Eigenschaften* wählen. Daraufhin stehen Ihnen verschiedene Registerkarten zur Verfügung.

Auf der Registerkarte *Allgemein* sehen Sie den freien und belegten Speicher (siehe Abbildung 6.10). Außerdem können Sie hier die Bezeichnung des Datenträgers festlegen. Sie können den gesamten Datenträger komprimieren, was allerdings aus Performancegründen nicht empfohlen wird und auf ReFS-Datenträgern nicht möglich ist. Auf dieser Registerkarte legen Sie auch fest, ob das Laufwerk für die Windows-Suche indexiert werden soll.

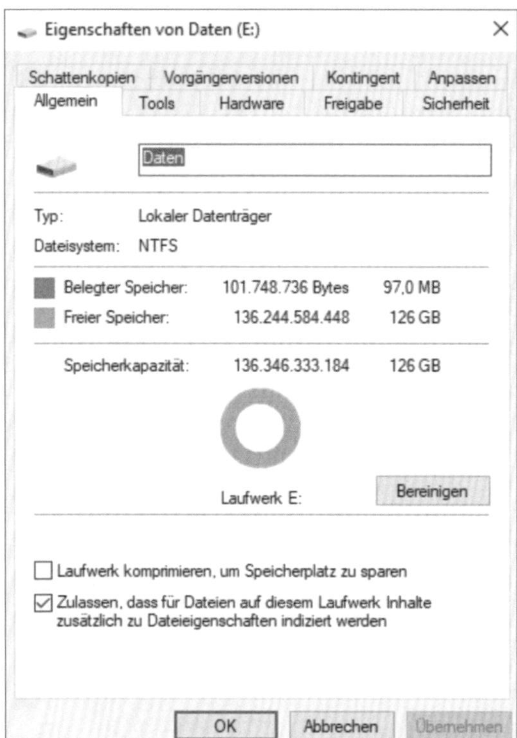

Abb. 6.10 Datenträger in Windows Server 2022 Essentials/Standard verwalten

Auf der Registerkarte *Tools* im Eigenschaftenfenster eines Datenträgers überprüfen Sie die physische Festplatte auf fehlerhafte Sektoren. Wollen Sie den Systemdatenträger überprüfen, müssen Sie den Computer neu starten, da die Überprüfung vor dem eigentlichen Start von Windows stattfindet.

6.3.1 Defragmentierung verwalten

Die Defragmentierung löst ein Problem, das vor allem entsteht, wenn Dateien vergrößert werden, Anwender zusätzliche Dateien erstellen oder vorhandene löschen. Die meisten Dateien werden in Form eines Extents nicht direkt in der MFT (Master File Table) gespeichert, sondern in einem oder mehreren zusätzlichen Blöcken, auf die aus der MFT verwiesen wird.

NTFS versucht dabei, möglichst zusammenhängende Speicherblöcke zu wählen. Wenn eine Datei vergrößert wird, kann es vorkommen, dass am Ende des bisherigen Extents kein weiterer Speicherplatz mehr frei ist. Dann muss die Datei in mehreren Blöcken gespeichert werden, sie wird also fragmentiert.

Durch die Fragmentierung werden wiederum Zugriffe auf Datenträger deutlich verlangsamt, denn nun sind mehr einzelne Zugriffe und Neupositionierungen des Schreib-/Lesekopfs der Festplatte erforderlich, um auf die Datei zuzugreifen.

Eine regelmäßige Defragmentierung kann daher zu deutlichen Verbesserungen der Performance führen. Das Defragmentierungsprogramm ist zeitlich gesteuert, da die Defragmentierung relativ viel Rechenzeit benötigt und durch die logischerweise intensiven Zugriffe auf die Festplatte in diesem Bereich zu einer Beeinträchtigung der Performance führt. Sinn ergibt dies nur, wenn viele Dateien oft in der Größe geändert oder gelöscht werden.

Sie können an dieser Stelle die Defragmentation sofort starten oder den Zeitplan entsprechend anpassen. Mit der Schaltfläche *Analysieren* überprüft der Assistent, ob eine Defragmentierung sinnvoll ist oder nicht.

Die Einstellungen der automatischen Defragmentierung der Festplatten können Sie so abändern, dass sie nicht mehr automatisch startet. Dies ist beispielsweise dann angebracht, wenn Sie auf ein Defragmentierungsprogramm eines anderen Herstellers setzen.

Tippen Sie dazu *dfrgui* im Startmenü ein. Klicken Sie dann auf die Schaltfläche *Einstellungen ändern*. Dort können Sie das Kontrollkästchen *Ausführung nach Zeitplan* deaktivieren. Wollen Sie einen Bericht über die Defragmentierung beispielsweise von Laufwerk C: aufrufen, geben Sie den Befehl *defrag c: -a -v* in einer Eingabeaufforderung ein.

6.3.2 Hardware und Richtlinie von Datenträgern verwalten

Auf der Registerkarte *Hardware* im Eigenschaftenfenster eines Datenträgers können Sie die zugrunde liegende Hardware von Datenträgern konfigurieren und die Eigenschaften überprüfen.

An dieser Stelle werden Ihnen alle eingebauten Festplatten angezeigt. Wenn Sie eine der Festplatten markieren, können Sie über die Schaltfläche *Eigenschaften* weitere Einstellungen aufrufen. Diese Stelle ist der zentrale Bereich zur Verwaltung der Hardware, die den einzelnen Datenträgern zugeordnet ist.

Nachdem Sie auf der Registerkarte *Hardware* des Eigenschaftenfensters ein Laufwerk markiert und die Schaltfläche *Eigenschaften* angeklickt haben, klicken Sie im nächsten Fenster auf *Einstellungen ändern*. Danach werden Ihnen mehrere Registerkarten angezeigt.

Auf der Registerkarte *Richtlinien* können Sie festlegen, dass der Schreibcache auf der Festplatte aktiviert sein soll (siehe Abbildung 6.11). Dies hat den Vorteil, dass die Festplatte Daten »als auf die Festplatte geschrieben« ansieht, sobald sich diese im Cache der Platte befinden. Wenn allerdings der Strom ausfällt, während die Daten noch vom Schreibcache auf die Festplatte geschrieben werden, kann dies zum Datenverlust führen.

Wenn Sie den Schreibcache für eine Festplatte deaktivieren, wird die Performance des Servers beeinträchtigt. Dafür ist aber sichergestellt, dass keine Daten verloren gehen, wenn der Server ausfällt.

Auf der Registerkarte *Volumes* können Sie nach einem Klick auf die Schaltfläche *Aktualisieren* feststellen, welche Datenträger in Windows einer physischen Festplatte zugewiesen sind.

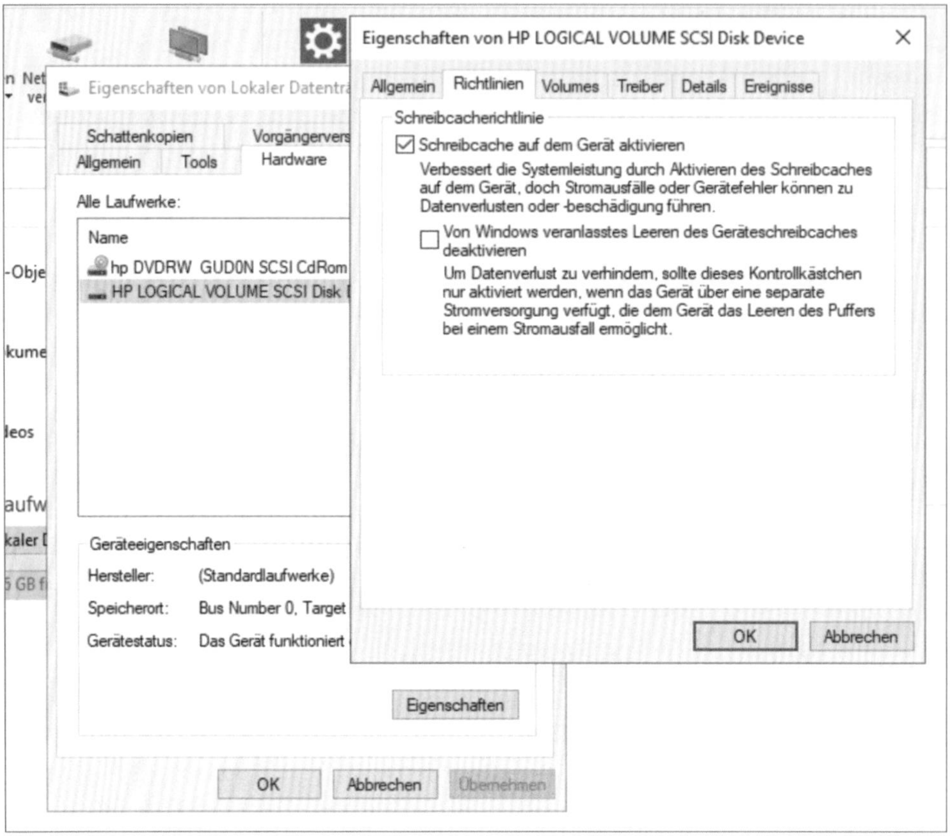

Abb. 6.11 Aktivieren des Schreibcaches für eine Festplatte

Klicken Sie ein Laufwerk im Explorer von Windows Server 2022 mit der rechten Maustaste an, steht Ihnen die Registerkarte *Kontingent* zur Verfügung. Aktivieren Sie die Kontingentüberwachung, können Sie festlegen, welche Datenmenge die einzelnen Benutzer auf dem Computer speichern dürfen (siehe Abbildung 6.12).

Klicken Sie zunächst auf die Schaltfläche *Kontingenteinträge*, können Sie über das daraufhin geöffnete Fenster definieren, für welche Anwender oder Gruppen Sie besondere Grenzen festlegen wollen. Alle anderen Anwender können die maximale Datenmenge speichern, die Sie auf der Hauptseite des Fensters festlegen.

Sie erreichen im Explorer die Möglichkeit, die Datenträgerverwendung zu überwachen. Dazu aktivieren Sie die Kontingentüberwachung im Explorer, legen aber keine Grenzwerte fest. So erhalten Sie eine umfangreiche Überwachung der Datenträgernutzung.

Über die Schaltfläche *Kontingenteinträge* sehen Sie die einzelnen Benutzer und Gruppen sowie deren Datenträgernutzung. In der Eingabeaufforderung verwenden Sie dazu die Anweisung *fsutil quota query <Laufwerk>*.

Abb. 6.12 Kontingente in Windows Server 2022 Essentials/Standard verwenden

Administratoren sind von der Kontingentüberwachung nicht ausgenommen, allerdings können sie auch bei harten Grenzwerten weiter speichern. Normale Benutzer dürfen beim Erreichen des Grenzwerts nicht mehr speichern.

6.4 BitLocker-Laufwerkverschlüsselung

BitLocker-Laufwerkverschlüsselung ist ein Feature zur Datenverschlüsselung von kompletten Festplatten. Selbst wenn ein Angreifer die verschlüsselte Festplatte in einen anderen Computer einbaut, schützt BitLocker die Daten vor einem Zugriff.

In Windows Server 2022 verschlüsselt BitLocker nicht die komplette Festplatte, sondern nur den verwendeten Teil. Sobald weitere Teile beschrieben werden, verschlüsselt Windows Server 2022 auch diesen Bereich. BitLocker verschlüsselt bei der Aktivierung daher nur beschriebene Sektoren und fügt dann inkrementell Sektoren hinzu, wenn diese beschrieben werden. BitLocker arbeitet auch mit Hardwareverschlüsselungen von Festplatten oder RAID-Systemen zusammen.

Interessant ist die Möglichkeit, USB-Sticks mit BitLocker To Go zu verschlüsseln. In diesem Fall lassen sich die Daten auf dem USB-Stick erst nach der Eingabe eines Kennworts anzeigen. Generell ist es durchaus sinnvoll, die Laufwerksverschlüsselung für Server zu aktivieren. Allerdings sollten Sie das nur dann tun, wenn die Hardware des Servers über ausreichend Leistung verfügt und nicht bereits ohne BitLocker überlastet ist.

6.4.1 Grundlagen zu BitLocker und Trusted Platform Module (TPM)

Im Idealfall ist im Computer, dessen Festplatten Sie verschlüsseln möchten, ein Chip mit der Bezeichnung TPM (Trusted Platform Module) eingebaut. Dieser überwacht die integrierte Hardware im Computer und verweigert den Start, wenn die Festplatte in einen anderen Computer eingebaut wird, ohne die PIN zu kennen. Für die Verwendung als Secured Core Server in Windows Server 2022 muss in einem Server ein TPM-Chip vorhanden und aktiviert sein.

Wenn Sie nicht wissen, ob Ihr Computer über einen TPM-Chip verfügt, können Sie die TPM-Verwaltungskonsole durch Eintippen von *tpm.msc* im Startmenü aufrufen. Hier erhalten Sie eine entsprechende Meldung (siehe Abbildung 6.13). Allerdings muss der TPM-Chip im BIOS aktiviert werden. In vielen Fällen ist der Chip nicht aktiviert, auch wenn ein solcher im Computer verbaut ist.

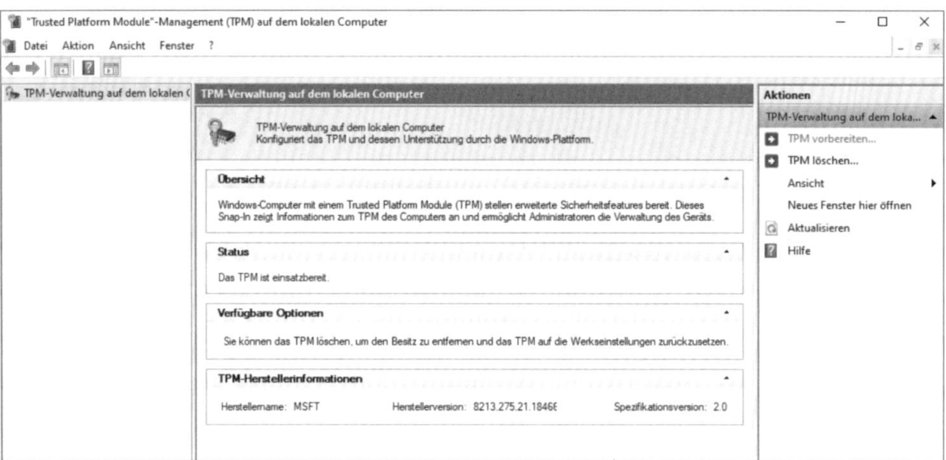

Abb. 6.13 Verwalten von TPM-Chips in Windows Server 2022

Die Konfiguration von BitLocker findet über *Systemsteuerung | System und Sicherheit | BitLocker-Laufwerkverschlüsselung* statt. In Windows Server 2022 müssen Sie dazu aber BitLocker erst als Feature über den Server-Manager oder das Windows Admin Center installieren. Dazu verwenden Sie den Assistenten zum Hinzufügen von Rollen und Features, wie bei der Installation von Active Directory (siehe Abbildung 6.14).

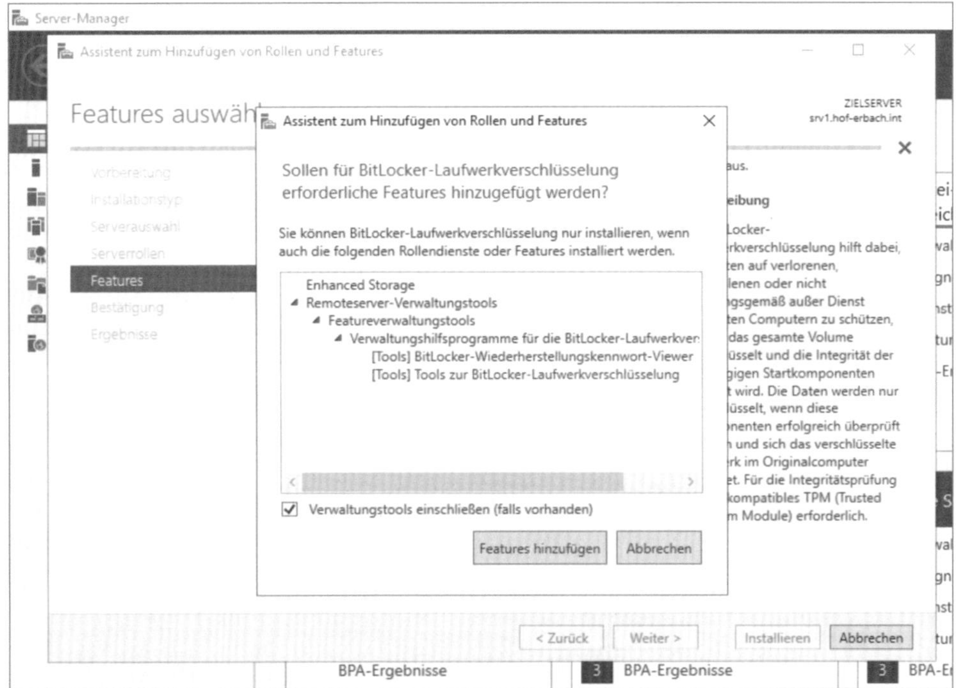

Abb. 6.14 Installieren von BitLocker in Windows Server 2022

Verfügt der Computer über einen TPM-Chip und haben Sie ihn im BIOS aktiviert, muss dieser nach der Installation zunächst initialisiert werden:

1. Öffnen Sie durch Eintippen von *tpm.msc* im Startmenü die TPM-Verwaltungskonsole.
2. Klicken Sie im Bereich *Aktionen* auf *TPM initialisieren*, um den TPM-Initialisierungs-Assistenten zu starten. Diese Option erscheint nur, wenn ein TPM-Chip im Computer verbaut ist.
3. Starten Sie nach der Initialisierung den Computer neu.
4. Nach dem Neustart erscheint eine Bestätigungsaufforderung, um sicherzustellen, dass keine bösartige Software versucht, das TPM einzuschalten.
5. Bevor das TPM zum Schützen Ihres Computers nutzbar ist, muss es einem Besitzer zugeordnet sein. Beim Festlegen des TPM-Besitzers wird ein Kennwort zugewiesen, sodass nur der autorisierte Besitzer auf das TPM zugreifen und es verwalten kann.

6.4.2 BitLocker schnell und einfach aktivieren

Nachdem diese Aufgaben durchgeführt sind, können Sie BitLocker aktivieren. Starten Sie die Konfigurationsoberfläche von BitLocker über *Systemsteuerung | System und Sicherheit | BitLocker-Laufwerkverschlüsselung*. Die Systemsteuerung starten Sie am schnellsten, indem Sie im Suchfeld des Startmenüs »systemsteuerung« eingeben.

Klicken Sie auf den Link *BitLocker aktivieren* (siehe Abbildung 6.15). Anschließend überprüft Windows den Rechner. Danach legen Sie fest, ob der Start des Rechners über einen USB-Stick oder nach der Eingabe eines Kennworts erfolgen soll. Dann bestimmen Sie den Speicherort für den Wiederherstellungsschlüssel. Dieser wird benötigt, wenn das Kennwort für BitLocker nicht mehr verfügbar ist.

Abb. 6.15 Aktivieren von BitLocker in Windows Server 2022

Sie müssen BitLocker für jedes einzelne Laufwerk aktivieren, auf dem Sie die Daten verschlüsseln wollen. Diese Verschlüsselung ist in jedem Fall anzuraten, da dadurch Datendiebstahl verhindert wird, selbst wenn Diebe den kompletten Server stehlen. Bei der Einrichtung wird ein Entschlüsselungsschlüssel erstellt. Diesen sollten Sie an einem sicheren Ort speichern und parallel ausdrucken (siehe Abbildung 6.16). Ohne diesen Schlüssel kommen Sie im Notfall nicht mehr an Ihre Daten. Den Ausdruck sollten Sie natürlich nicht beim Server aufbewahren, sondern idealerweise in einem Tresor oder an einem anderen sicheren Ort.

Sobald Sie die Einrichtung vorgenommen haben, startet Windows neu und die Verschlüsselung beginnt. Bereits jetzt muss das BitLocker-Kennwort eingegeben werden, wenn Sie nicht mit dem TPM-Modus arbeiten. Fortan ist der Server mit BitLocker geschützt. Über die ESC-Taste starten Sie den Wiederherstellungsmodus, wenn Sie das Kennwort vergessen haben. Beim Einsatz in Active Directory kann dabei auf die Daten in Active Directory oder den Daten des Microsoft-Kontos zugegriffen werden.

In Windows Server 2022 werden beim ersten Verschlüsseln nur die bereits beschriebenen Festplattensektoren verschlüsselt, wenn Sie diese Option ausgewählt haben. Werden neue Sektoren beschrieben, verschlüsselt Windows diese ebenfalls. Sie können bei der Einrichtung aber festlegen, dass Windows den kompletten Datenträger verschlüsseln soll. Das ist durchaus empfehlenswert.

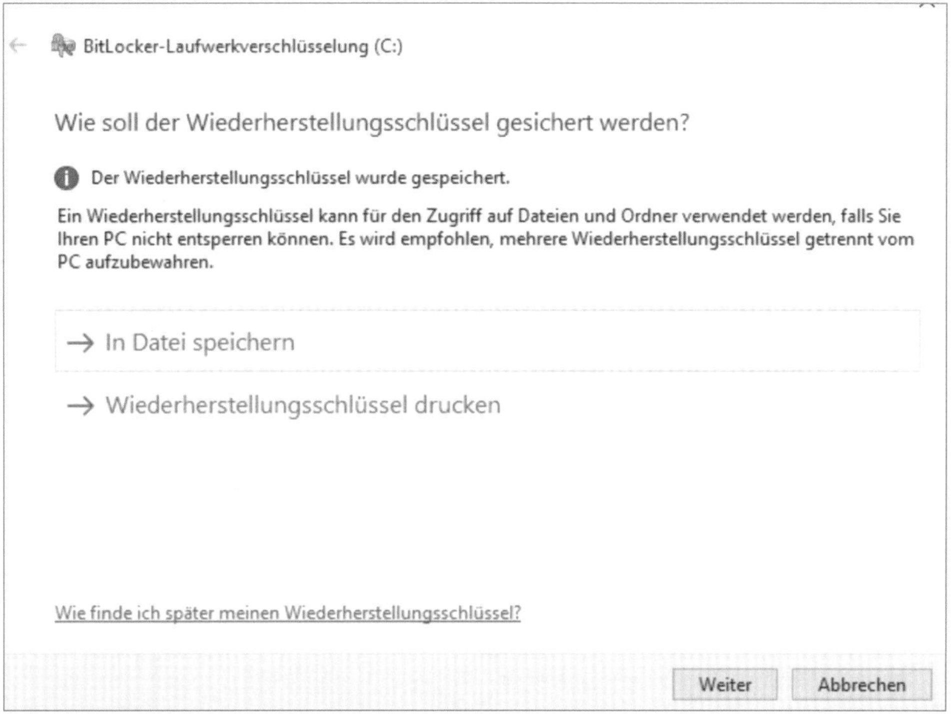

Abb. 6.16 Speichern und Drucken des Wiederherstellungsschlüssels für BitLocker in Windows Server 2022 Essentials/Standard

Nach der BitLocker-Aktivierung erreichen Sie das Fenster für die Verwaltung des Kennworts jederzeit über die Systemsteuerung. So lässt sich der Schlüssel auch nachträglich ausdrucken oder speichern.

Nach der Einrichtung von BitLocker können Sie weitere Festplatten auf dem Computer verschlüsseln. Auch wenn Sie nachträglich Festplatten einbauen, können Sie über die BitLocker-Verwaltungsoberfläche die Verschlüsselung nachträglich für diese Laufwerke aktivieren.

6.4.3 Troubleshooting für BitLocker

Haben Sie das Kennwort vergessen oder ist der USB-Stick oder das TMP defekt, mit dem Sie den Rechner starten, können Sie mit dem Wiederherstellungsschlüssel auf dem Rechner den Computer starten und auf Ihre Daten zugreifen.

Wenn Daten verschlüsselt werden, trägt der Administrator immer das Risiko, dass er selbst nicht mehr an die Daten kommt, wenn er die entsprechenden Schlüssel verliert. Es besteht auch die Möglichkeit, dass das TPM defekt oder der Startschlüssel zerstört ist oder dass Anwender ihre PIN vergessen haben. Damit bei solchen Vorfällen, auch bei der Erweiterung des Computers, die Daten noch zugänglich sind, gibt es die BitLocker-Recovery-Konsole.

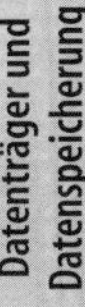

6.5 Verwenden von Schattenkopien

Eine wichtige Funktionalität zur Datensicherung und dem generellen Schutz Ihrer Daten in Windows Server 2022 sind die Schattenkopien. Diese stehen aber nur in NTFS zur Verfügung. Auf ReFS-Laufwerken können Sie keine Schattenkopien konfigurieren. Benutzer können wieder auf frühere Versionen von Dateien zurückgreifen, indem Sie diese aus einer Schattenkopie wiederherstellen. Schattenkopien werden in den Eigenschaften von Datenträgern auf der Registerkarte *Schattenkopien* konfiguriert (siehe Abbildung 6.17). Sie können die Datenträger auswählen, für die Schattenkopien erzeugt werden sollen. Auf jeden Fall sollten Sie diese Funktion für die Datenträger aktivieren, auf denen Sie Daten speichern.

Abb. 6.17 Schattenkopien aktivieren

Bei der Nutzung von Schattenkopien müssen Sie berücksichtigen, dass dafür einiges an Speicherplatz erforderlich ist, da alle Änderungen gespeichert werden müssen. Dafür lassen sich versehentlich geänderte oder gelöschte Dateien wiederherstellen, parallel zur Datensicherung. Die Aktivierung macht auf jeden Fall Sinn.

Wenn Sie zusätzliche Datenträger einbauen, müssen Sie die Schattenkopien zunächst manuell konfigurieren. Bei ihren Eigenschaften können Sie zudem ein Limit für den maximal dadurch belegten Platz auf dem Datenträger definieren (siehe Abbildung 6.18). Darüber hinaus können Sie einen Zeitplan für die Erstellung von Schattenkopien festlegen. Sie können sie manuell jederzeit über die Schaltfläche *Jetzt erstellen* erzeugen. Aktivieren Sie für alle Datenträger die Schattenkopien, vor allem für die Datenträger, auf denen Sie Daten speichern. Lassen Sie die Schattenkopien auch gleich erstellen.

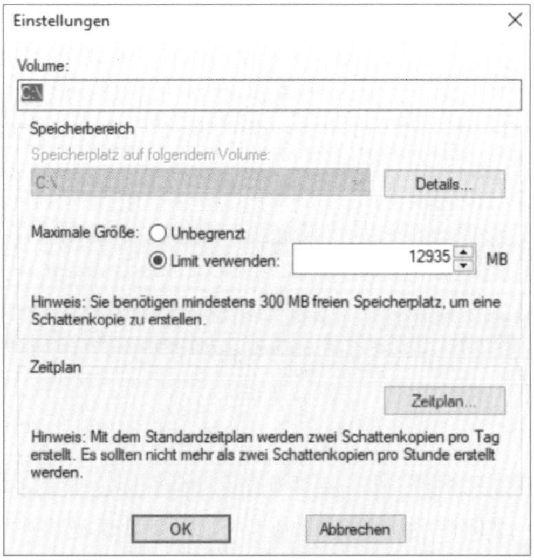

Abb. 6.18 Anpassen der Einstellungen für Schattenkopien

Je nach Berechtigungsstruktur kann jeder Benutzer selbst seine Dateien wiederherstellen. Dazu steht im Explorer in den Eigenschaften von Dateien, Ordnern der Menüpunkt *Vorgängerversionen* zur Verfügung. An dieser Stelle können Anwender bequem ältere Versionen direkt vom Server herunterladen und dadurch versehentlich gelöschte oder fehlerhaft geänderte Dokumente wiederherstellen (siehe Abbildung 6.19).

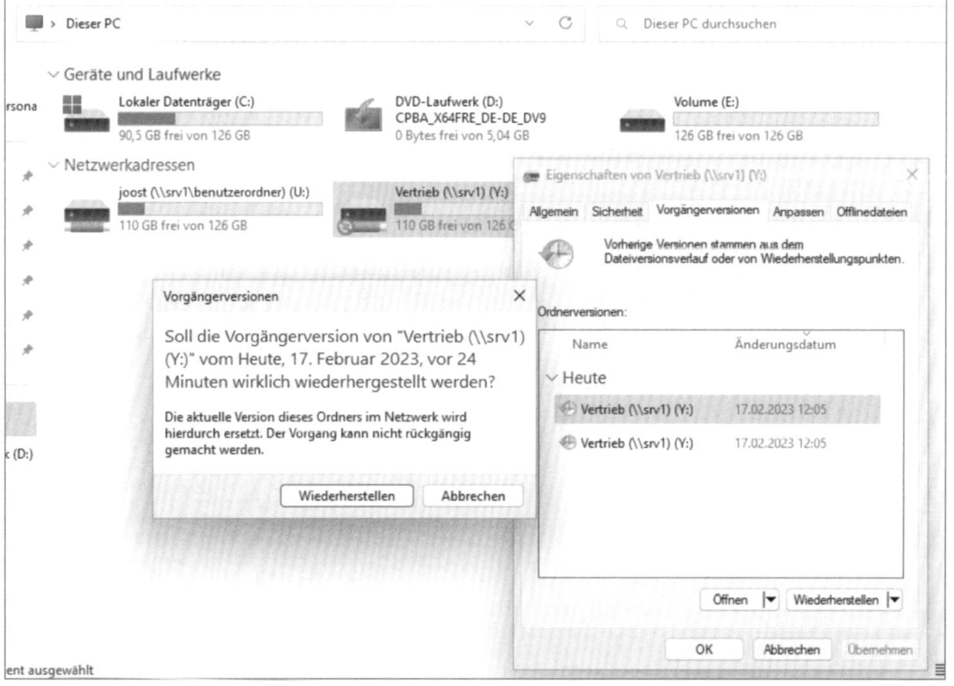

Abb. 6.19 Wiederherstellen von Vorgängerversionen im Windows-Explorer von Windows 11 über Schattenkopien in Windows Server 2022

Bevor Sie Schattenkopien einführen, sollten Sie sich Gedanken über die folgenden Punkte machen:

- Schattenkopien werden immer für komplette Laufwerke erstellt. Komprimierte und verschlüsselte Dateien werden ebenfalls gesichert. Damit Sie Schattenkopien verwenden können, muss der Datenträger mit NTFS formatiert sein.
- Wenn Sie Schattenkopien für ein Laufwerk aktivieren, werden standardmäßig 10 % des Datenträgers reserviert (was Sie auf der Registerkarte *Einstellungen* ändern können). Wenn diese 10 % belegt sind, werden die ältesten Versionen der gesicherten Dateien automatisch überschrieben.
- Während einer Sicherung reagiert die entsprechende Platte aufgrund von Schreibvorgängen eventuell etwas langsamer.
- Passen Sie den Zeitplan für die Erstellung der Schattenkopien Ihren Bedürfnissen an. Standardmäßig erstellt Windows Server 2022 an jedem Wochentag (Montag bis Freitag) um 07:00 Uhr und um 12:00 Uhr eine Schattenkopie. Je öfter Schattenkopien erstellt werden, umso mehr Versionen der Dateien stehen folglich zur Verfügung und können von Ihren Benutzern oder Administratoren wiederhergestellt werden. Maximal können 64 Schattenkopien eines Datenträgers hergestellt werden. Mit steigender Anzahl von Schattenkopien steigt auch der Speicherplatzbedarf.

6.6 Zusammenfassung

In diesem Kapitel habe ich Ihnen gezeigt, wie Sie Festplatten in Windows Server 2022 verwalten und Laufwerke erstellen. Ich bin darauf eingegangen, wie Sie das Dateisystem ReFS und die Verschlüsselung von Laufwerken nutzen sowie mit Schattenkopien den Verlust von Dateien auch ohne Sicherungsprogramm verhindern. Im nächsten Kapitel zeige ich Ihnen, wie Sie Daten in Windows Server 2022 mit Bordmitteln sichern und wiederherstellen.

Kapitel 7
Ordner freigeben und Berechtigungen steuern

Generell ist das Freigeben von Ordnern und das Arbeiten mit Dokumenten im Netzwerk ein häufiges Einsatzgebiet für den Betrieb von Windows Server 2022 Essentials/Standard im Unternehmen. Ich zeige Ihnen in diesem Kapitel, wie Ordner einfach und gleichzeitig sicher freigegeben werden können und was die ideale Vorgehensweise für das Anlegen und Freigeben von Ordnern sowie dem Erteilen von Berechtigungen ist.

Vor allem in kleinen Unternehmen ist das Freigeben von Ordnern oft nicht optimal gelöst. Wenn Ordner freigegeben werden, muss klar sein, welche Benutzer Zugriff darauf erhalten sollen (siehe Abbildung 7.1). Für die Benutzer sollten in Active Directory die entsprechenden Konten vorhanden sein. Dazu kommt die Benutzergruppe, die für die Freigabe verwendet werden.

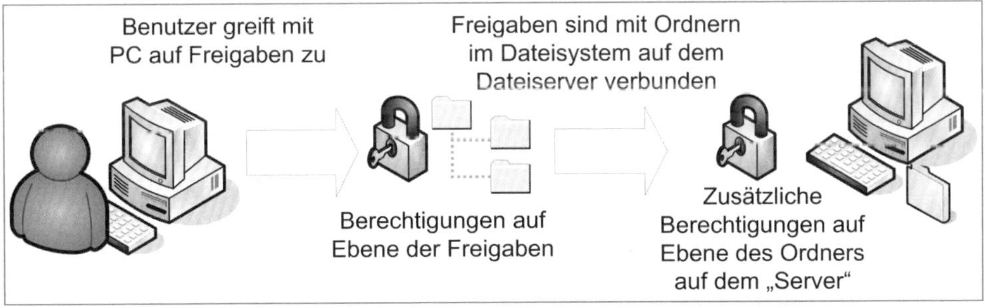

Abb. 7.1 Zugriffe auf Freigaben des Servers verstehen und richtig absichern

Damit auf einen Windows Server 2022 über Freigaben zugegriffen werden kann, müssen Sie zunächst im Netzwerk- und Freigabecenter die Dateifreigaben aktivieren. Erst dann ist der Zugriff über das Netzwerk möglich. Klicken Sie dazu mit der rechten Maustaste auf das Symbol der Netzwerkverbindung und wählen Sie *Netzwerk- und Interneteinstellungen* öffnen. Rechts im Fenster klicken Sie bei *Erweiterte Netzwerkeinstellungen* auf *Netzwerk- und Freigabecenter*. Bei *Erweiterte Freigabeeinstellungen ändern* muss bei *Privat* die Option *Datei- und Druckerfreigabe aktivieren* gesetzt sein. Bei *Domäne* muss die gleiche Option aktiviert sein.

Installieren Sie über den Server-Manager auf dem Server die Rolle *Dateiserver*, um auf alle Möglichkeiten zugreifen zu können, wenn die Rolle noch nicht automatisch installiert ist. Sie finden die Rolle im Server-Manager über *Verwalten | Rollen und Features hinzufügen* bei *Datei-/Speicherdienste | Datei und iSCSI-Dienste.*

7.1 Ordnerfreigaben richtig planen und durchführen

Nach dem Anlegen des Ordners wird der Benutzergruppe Zugriff über das Dateisystem erteilt und zusätzlich noch auf Freigabeebene. Die Benutzerkonten kommen dann wiederum in die Benutzergruppe. Das hat mehrere Vorteile:

Zunächst kann der Zugriff sehr leicht für neue Benutzer gewährt werden, indem deren Benutzerkonten in die Gruppe aufgenommen werden. Ist der Zugriff nicht mehr notwendig, muss das Benutzerkonto nur aus dieser Gruppe entfernt werden.

Durch das Zuweisen der Rechte für die Freigabe und zusätzlich noch für das Dateisystem ist außerdem sichergestellt, dass Benutzer immer nur genau die Rechte für das Verzeichnis haben, die die Gruppe haben soll. Beim Zugriff über das Netzwerk greifen die Rechte, die auf Freigabeebene festgelegt wurden. Zusätzlich werden über die Gruppe die Rechte verwendet, die auf Ebene des Dateisystems geregelt sind. Das stellt sicher, dass Benutzer bei verschachtelten Freigaben oder beim direkten Zugriff auf den Server nicht mehr Rechte erhalten, als sie tatsächlich benötigen.

Die Berechtigungen im Dateisystem sind in der Zugriffssteuerungsliste (Access Control List, ACL) von Ordnern gespeichert. Während der Anmeldung generiert Windows für den Benutzer ein Zugriffstoken, das die Sicherheits-ID (Security ID, SID) des Benutzerkontos enthält sowie die SIDs der Gruppen, in denen der Benutzer Mitglied ist.

Beim Zugriff auf eine Datei vergleicht Windows die Einträge des Tokens mit der ACL und ermittelt daraus die Berechtigung. Dazu addiert das System die Berechtigungen für jeden übereinstimmenden Eintrag. Ein Benutzer bekommt die Berechtigungen, die seinem Konto zugewiesen sind, sowie alle Berechtigungen, die den Gruppen zugewiesen sind, in denen er Mitglied ist.

Geben Sie einem Benutzerkonto die Berechtigung *Lesen* und bekommt zusätzlich eine Gruppe, in der dieser Benutzer Mitglied ist, die Berechtigung *Schreiben* zugewiesen, ergeben die effektiven Berechtigungen *Lesen* und *Schreiben*. Um die Berechtigungen zu setzen, wählen Sie in den Eigenschaften des Ordners oder der Datei die Registerkarte *Sicherheit*.

7.1.1 Sinnvolle Freigaben

Generell sollten Sie so viele Freigaben anlegen, wie Sie Abteilungen im Unternehmen haben. Beispiele dafür sind Buchhaltung, Vertrieb, Einkauf, Geschäftsführung und Personal. Dadurch können Sie durch die entsprechenden Gruppen schnell steuern, wer auf welche Daten zugreifen können soll. Darüber hinaus ist sinnvoll, einen Ordner namens »Alle Mitarbeiter« anzulegen, über den alle Benutzer des Netzwerks zugreifen können, um Daten auszutauschen, beispielsweise mit einer Freigabe auf einen Ordner namens »Transfer«, um etwa Dokumente oder Daten auszutauschen, die nicht heikel sind und auch nicht in diesem Verzeichnis bleiben sollen. Dieses sollte regelmäßig geleert werden, damit der Inhalt nicht unübersichtlich wird. Sie sollten auch nicht zu viele Freigaben anlegen, da ansonsten auch hier schnell die Übersicht leidet. Schlussendlich kann es sinnvoll sein, dass jeder Benutzer eine eigene Freigabe erhält, auf die nur er zugreifen kann. Das verhindert, dass Benutzer Dateien auf ihrem PC speichern und diese Dateien nicht gesichert werden. Sinnvollerweise sollten Sie in diesem Fall im Ordner »Freigaben« auf dem Server, auf dem sich Ihre Freigaben befinden, einen Unterordner mit der Bezeichnung »Benutzerordner« anlegen, in dem Sie die einzelnen Ordner ablegen. Die Ordner sollten den gleichen Namen wie das Benutzerkonto erhalten, zum Beispiel »joost«.

7.1.2 Benutzer und Organisationseinheiten anlegen

Vor der Freigabe eines Ordners steht beim Einsatz von Active Directory in kleinen Unternehmen das Anlegen der Benutzerkonten, die Zugriff erhalten sollen. Das erfolgt am besten über die Verwaltungskonsole *Active Directory-Benutzer und -Computer* (*dsa.msc*). Benutzerkonten sollten möglichst nicht innerhalb der Standardcontainer angelegt werden. Die Organisationseinheiten (Organizational Units, OU) ordnen in Active Directory die einzelnen Objekte. Über das Kontextmenü der Konsole kann eine neue OU angelegt werden (siehe Abbildung 7.2), zum Beispiel mit der Bezeichnung »Benutzer«. Generell lassen sich mehrere OUs anlegen, auch verschachtelt. Das macht bei kleinen Unternehmen meistens aber keinen Sinn. Durch das Verwenden einer eigenen Organisationseinheit ist es an dieser Stelle darüber hinaus möglich, später Gruppenrichtlinien zu definieren und an diese OU zu binden. Dadurch erhalten alle Benutzerkonten, die sich in dieser OU befinden, die Einstellungen der Gruppenrichtlinie zugeteilt.

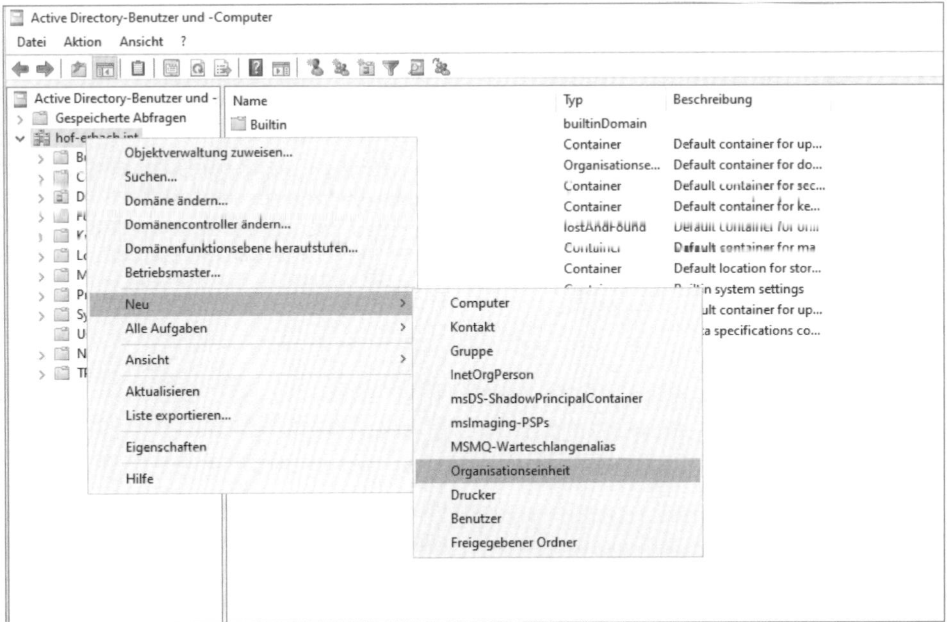

Abb. 7.2 Anlegen von neuen Organisationseinheiten

Über das Kontextmenü innerhalb der neuen OU können danach die Benutzerkonten angelegt werden. Hier sollten alle Felder gepflegt werden, also Name, Nachname und vollständiger Name und der Anmeldename im Netzwerk. Hier sollten der Nachname und der erste oder zweite Buchstabe des Vornamens verwendet werden (siehe Abbildung 7.3).

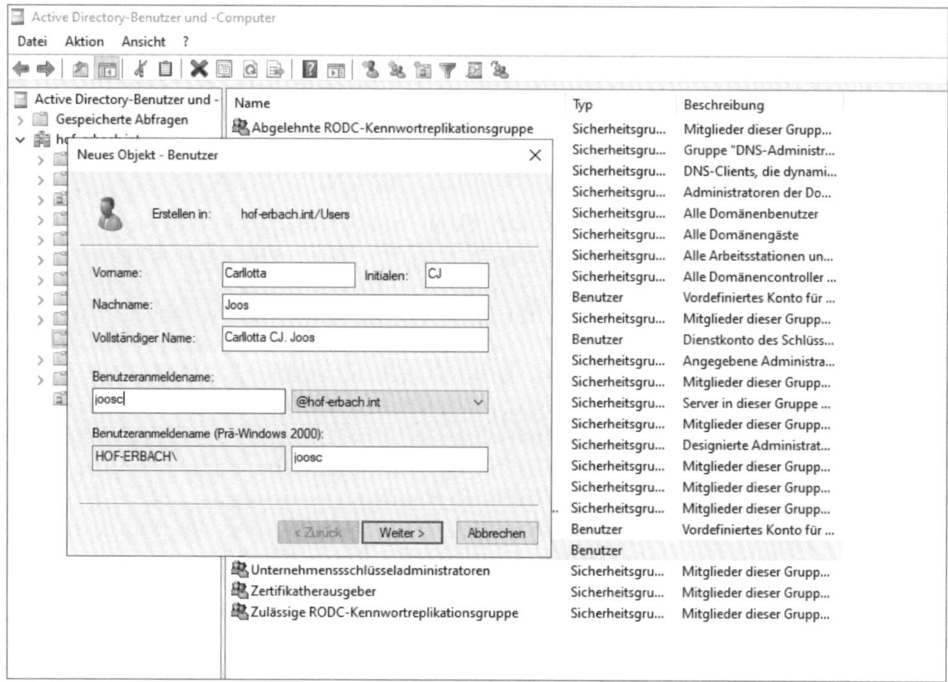

Abb. 7.3 Anlegen von neuen Benutzerkonten in Active Directory

Es gibt auch andere Möglichkeiten, den Namen aufzubauen, aber wichtig ist, dass die Zuweisung konsistent ist und alle Benutzer möglichst gleich aufgebaut sind. Auf der nächsten Seite wird das Kennwort des Benutzers festgelegt. Durch die Option *Benutzer muss Kennwort bei der nächsten Anmeldung ändern* kann sich der Benutzer zunächst mit dem vorgegebenen Kennwort anmelden, muss es danach aber sofort ändern (siehe Abbildung 7.4).

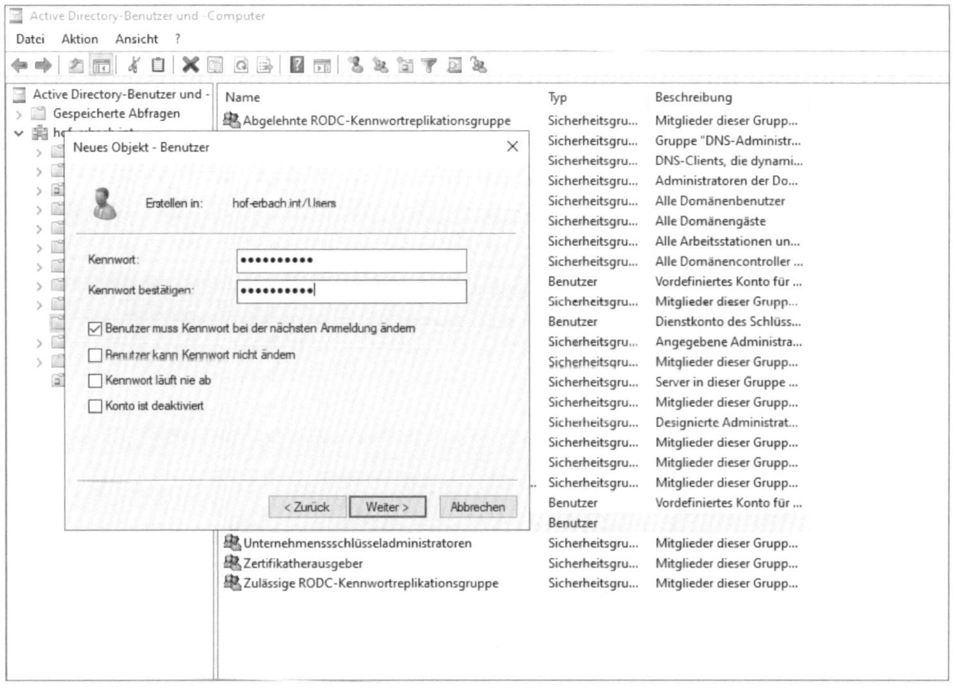

Abb. 7.4 Konfigurieren der Kennwörter für neue Benutzerkonten

7.2 Gruppen anlegen und Ordner freigeben

Wenn Benutzerkonten und Organisationseinheiten vorhanden sind, lassen sich Freigaben für Ordner erstellen und Rechte auf Basis von Gruppen definieren. Dadurch lassen sich Zugriffe leichter pflegen.

Vor der Freigabe von Ordnern und dem Erteilen von Berechtigungen können in der Verwaltungskonsole *Active Directory-Benutzer und -Computer* zunächst neue Gruppen angelegt werden, die für den Zugriff auf einen Ordner benötigt werden. Es ist zum Beispiel sinnvoll, für den Ordner »Buchhaltung« eine Gruppe mit der Bezeichnung »Buchhaltung« anzulegen (siehe Abbildung 7.5). Diese Gruppe erhält Zugriff auf Freigabeebene und auf Ebene des Dateisystems. Alle Benutzer der Buchhaltung werden in diese Gruppe aufgenommen. Gruppen lassen sich über das Kontextmenü einer OU anlegen, idealerweise in der gleichen OU, in der auch die Benutzerkonten angelegt wurden. Wenn es noch ordentlicher sein soll, kann auch eine eigene OU für Gruppen angelegt werden, auch unterhalb der Benutzer-OU.

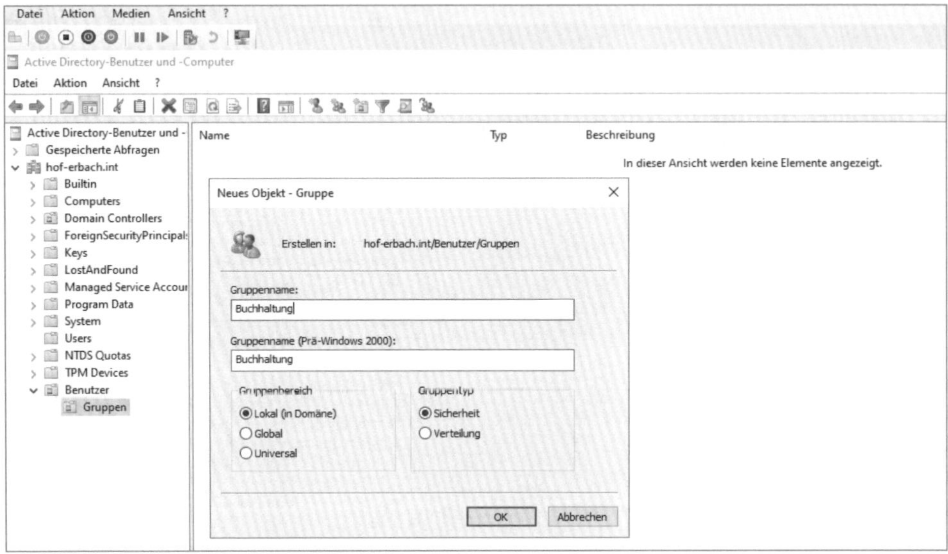

Abb. 7.5 Erstellen von neuen Gruppen für das Konfigurieren von Freigaben

Als Gruppenbereich kann in kleinen Umgebungen *Lokal (in Domäne)* genutzt werden, da es ohnehin nur eine Domäne gibt. In größeren Umgebungen werden dafür normalerweise globale Gruppen angelegt, die wiederum Mitglieder der lokalen Gruppen werden. Die lokalen Gruppen werden dann als Berechtigung für Ordner konfiguriert. Das hat den Vorteil, dass Freigaben von Benutzern aus mehreren globalen Gruppen in mehreren Domänen genutzt werden können. In kleinen Umgebungen ist dieser Schritt nicht nötig.

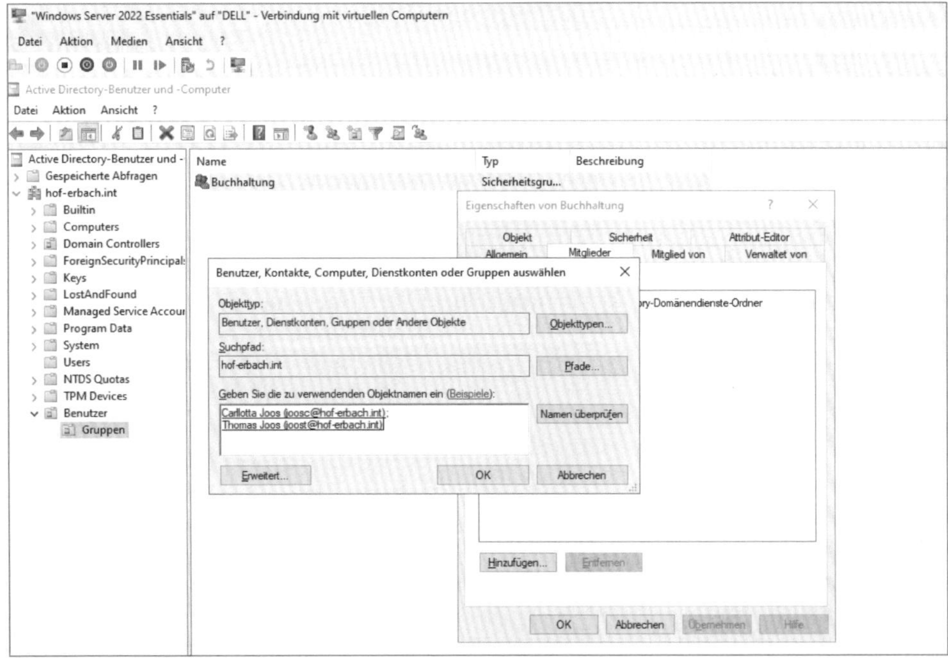

Abb. 7.6 Mitglieder zu Gruppen hinzufügen

Über das Kontextmenü von Gruppen steht der Menüpunkt *Eigenschaften* zur Verfügung. Auf der Registerkarte *Mitglieder* lassen sich mit *Hinzufügen* die Benutzer in Active Directory suchen, die Mitglieder der Gruppe sein sollen und damit Zugriff auf den Ordner erhalten (siehe Abbildung 7.6).

7.2.1 Ordner freigeben

Um einen Ordner freizugeben, sollten Sie möglichst einen Stammordner verwenden, der später im Netzwerk alle Freigaben enthält. Das hält Ordnung und schafft mehr Übersicht. Der Ordner kann zum Beispiel die Bezeichnung »Freigaben« erhalten. Innerhalb des Ordners können jetzt die einzelnen Ordner angelegt werden, die im Netzwerk freigegeben werden sollen, zum Beispiel »Buchhaltung«.

Über das Kontextmenü kann über *Eigenschaften* mit *Erweiterte Freigabe* die Konfiguration der Freigabe erfolgen (siehe Abbildung 7.7). Zunächst setzen Sie die Option *Diesen Ordner freigeben*. Über Berechtigungen erteilen Sie mit *Hinzufügen* zunächst der Gruppe »Buchhaltung« die Erlaubnis *Ändern*. Danach sollten noch die *Domänen-Admins* hinzugefügt werden und das Recht *Vollzugriff* erhalten. Natürlich können Sie hier auch festlegen, dass nicht Administratoren den vollen Zugriff erhalten sollen, sondern zum Beispiel eine andere Gruppe.

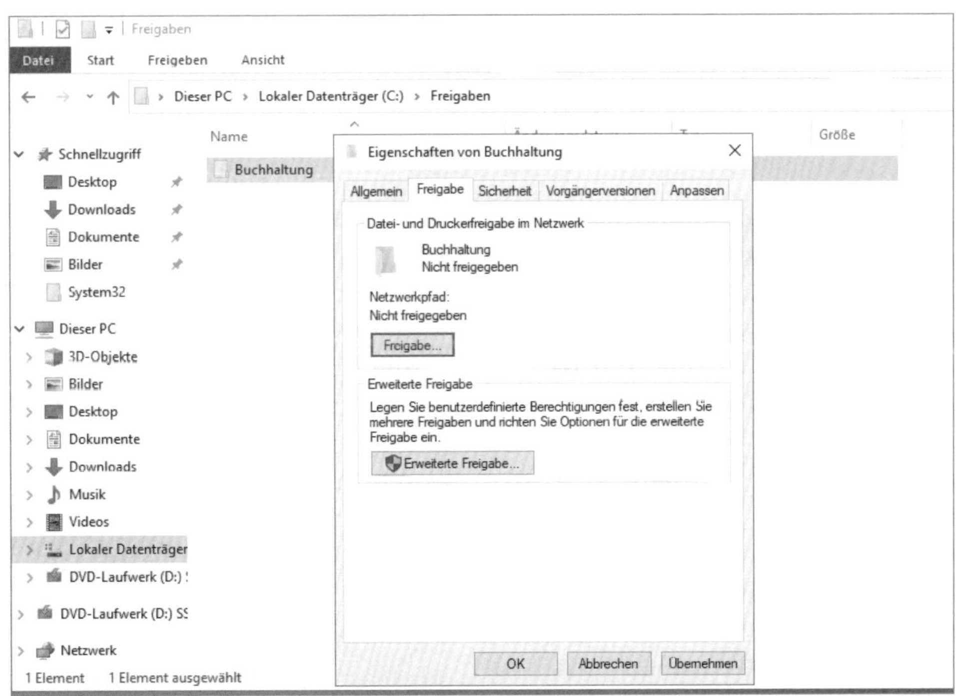

Abb. 7.7 Ordner in Windows Server 2022 freigeben

Die Mitglieder dieser Gruppe haben das Recht, Berechtigungen für den Ordner und die Freigabe zu verwalten. Dieses Recht sollten normale Anwender keinesfalls erhalten. Wenn Administratoren keinen Zugriff auf die Inhalte des Ordners erhalten sollen, legen Sie eine andere Gruppe an, in der die Benutzerkonten aufgenommen werden, die die Freigabe anpassen dürfen. Entfernen Sie danach die Gruppe »Jeder« aus der Gruppe der Berechtigten für die Freigabe. Bestätigen Sie alles, steht die Freigabe zur Verfügung und die Benutzer, die Mitglieder der entsprechenden Gruppen sind, haben das Recht, auf die Freigabe zuzugreifen.

Um neue Benutzer zu berechtigen, müssen Sie deren Benutzerkonten nur in die Gruppe aufnehmen. Umgekehrt können Sie Benutzerkonten entfernen, um den Zugriff auf den Inhalt der Freigabe zu sperren.

Es gelten grundsätzlich die engsten Einschränkungen der Zugriffsberechtigungen. Wenn ein Benutzer Vollzugriff auf eine Freigabe hat und einen Ordner auf dem PC nur lesen darf, darf er ihn tatsächlich nur lesen, auch wenn er per Vollzugriff über das Netzwerk zugreift. Hat er im Dateisystem *Vollzugriff* und wurde auf die Freigabe nur das Leserecht vergeben, darf er auf den Ordner über das Netzwerk nur lesend zugreifen. Er kann allerdings lokal auf dem Computer oder über andere überlappende Freigaben, die diese Einschränkung nicht haben, mit mehr Rechten zugreifen. Die Berechtigungen bilden daher immer eine Schnittmenge zwischen Freigabeberechtigungen und Berechtigungen auf dem Dateisystem (NTFS oder ReFS).

7.2.2 Berechtigungen im Dateisystem

Parallel zu den Freigaberechten können Sie in den Eigenschaften des Ordners über die Registerkarte *Sicherheit* Berechtigungen anpassen, und zwar für das Dateisystem selbst. Hier sollten Sie über *Erweitert* zunächst mit *Vererbung deaktivieren* und *Vererbte Berechtigungen in explizite Berechtigungen für dieses Objekt konvertieren* die Rechte für den Ordner festschreiben (siehe Abbildung 7.8). Klicken Sie danach auf *OK*.

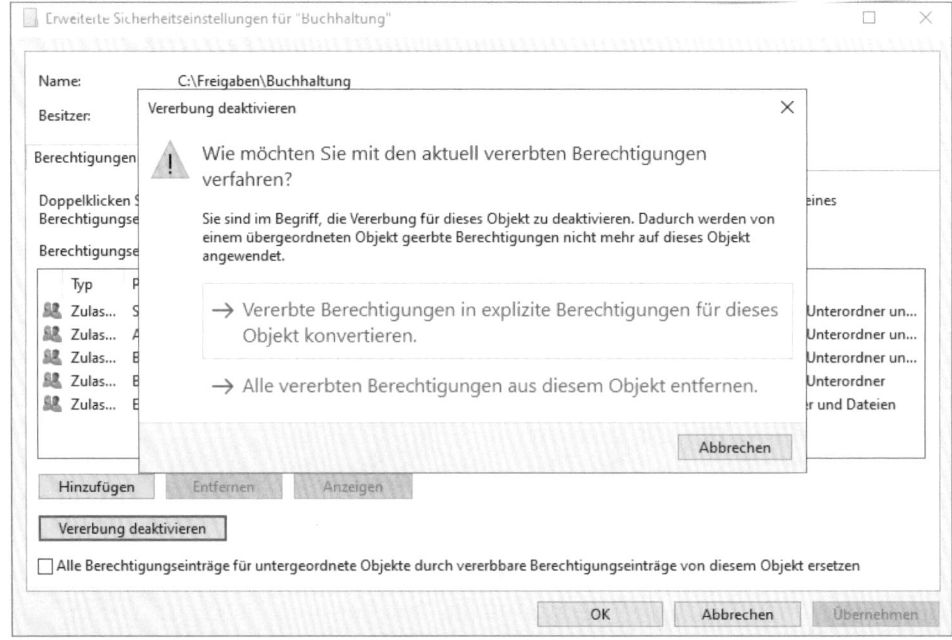

Abb. 7.8 Berechtigungen für freigegebene Ordner richtig setzen

Grundsätzlich gilt bei Ordnerstrukturen das Prinzip der Vererbung. Das heißt, eine Berechtigung, die ein Benutzer auf einen Ordner erhält, erhalt er auch auf die darin enthaltenen Verzeichnisse und Dateien. Weisen Sie einem Benutzerkonto die Berechtigung *Ändern* für einen Ordner zu, sehen Sie in den untergeordneten Ordnern, dass der Benutzer die gleichen Berechtigungen hat. Allerdings sind die entsprechenden Felder grau unterlegt. Damit wird angezeigt, dass die Berechtigungen nicht explizit in diesem Ordner zugewiesen werden, sondern vom übergeordneten Ordner vererbt sind.

Sie können für Unterordner einzelne Rechte verweigern. Wählen Sie auf der Registerkarte *Sicherheit* die Schaltfläche *Erweitert*. Mit der Schaltfläche *Vererbung deaktivieren* schalten Sie die Berechtigungsweitergabe ab. Anschließend können Sie bereits gesetzte Rechte übernehmen oder die Liste löschen lassen und neu setzen. Sie können über die Schaltfläche die Vererbung auch wieder aktivieren.

Wichtig ist noch das Kontrollkästchen *Alle Berechtigungseinträge für untergeordnete Objekte durch vererbbare Berechtigungseinträge von diesem Objekt ersetzen*. Aktivieren Sie diese Option, übernimmt Windows die hier gesetzten Rechte für alle Ordner und Dateien, die in dem aktuellen Ordner gespeichert sind. Windows setzt alle bereits konfigurierten Berechtigungen zurück. In der Liste der Berechtigungen sehen Sie den Vererbungsstatus von Berechtigungen in der Spalte *Geerbt von*.

Danach entfernen Sie über *Bearbeiten* alle Gruppen außer »SYSTEM« mit *Entfernen* und fügen mit *Hinzufügen* die Gruppen »Buchhaltung« und die von Ihnen vorgesehene Admin-Gruppe hinzu, zum Beispiel die »Domänen-Admins«. Die Gruppe »Buchhaltung« erhält das Recht *Ändern*, die Admins erhalten das Recht *Vollzugriff*, um auch die Berechtigungen ändern zu dürfen. Dabei haben Sie folgende Möglichkeiten (siehe Abbildung 7.9):

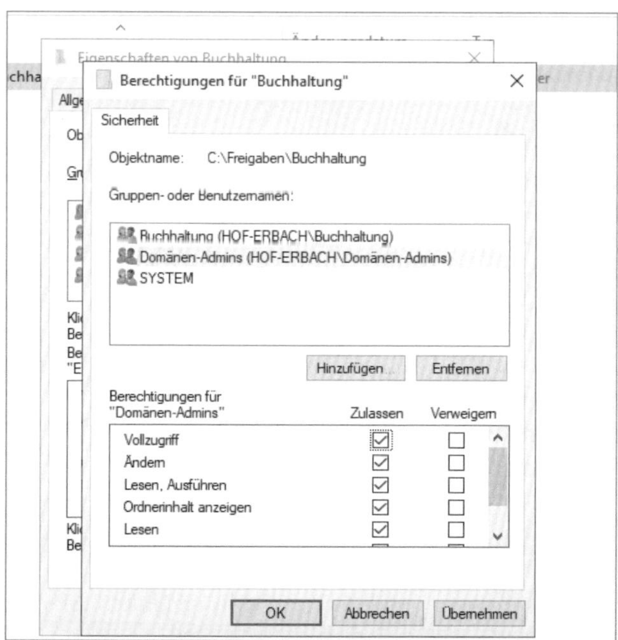

Abb. 7.9 Anpassen von Berechtigungen für Freigaben

- **Vollzugriff** erlaubt den vollen Zugriff auf den Ordner oder die Datei. Bei Ordnern bedeutet das, dass Benutzer Dateien hinzufügen und löschen dürfen. Bei Dateien stehen alle Funktionen zur Verfügung. Dazu gehört auch die Veränderung von Zugriffsberechtigungen. Mit diesem Recht sollten Sie vorsichtig umgehen.
- **Ändern** – Die Berechtigungen sind im Vergleich mit dem Vollzugriff auf das Schreiben, Lesen, Ändern und Löschen beschränkt. Benutzer können keine Berechtigungen erteilen, sonst aber alles mit den Dateien machen.
- **Lesen, Ausführen** – Für Programmdateien relevant, da diese ausgeführt werden dürfen. Fehlt dieses Recht, darf ein Benutzer keine Programme starten, die in diesem Ordner gespeichert sind.
- **Ordnerinhalt auflisten (nur bei Ordnern)** – Benutzer dürfen den Inhalt des Ordners anzeigen. Die Inhalte der Dateien im Ordner lassen sich aber nicht anzeigen.
- **Lesen** definiert, dass eine Datei gelesen, aber nicht ausgeführt oder geöffnet werden darf.
- **Schreiben** – Die Datei darf verändert, jedoch nicht gelöscht werden. Anwender dürfen nur Daten hinzufügen.

Bestätigen Sie alle Änderungen. Dadurch haben Sie sichergestellt, dass nur die Benutzerkonten, die Mitglied dieser Gruppen sind, über die Freigabe und über das lokale Dateisystem mit den gewünschten Rechten zugreifen dürfen. Damit Sie für den Ordner erweiterte Berechtigungen zuweisen können, müssen Sie entscheiden, wie weit sich diese Berechtigungen auswirken. Dazu wählen Sie aus der Liste *Übernehmen für* in den Eigenschaften eines Eintrags aus, in welchem Bereich sich die speziellen Berechtigungen auswirken sollen.

- **Nur diesen Ordner** – Die Berechtigungen werden nur für diesen Ordner gesetzt und gelten nicht für darin enthaltene Unterordner oder Dateien.
- **Diesen Ordner, Unterordner und Dateien** – Die Berechtigungen werden auf die komplette Ordnerstruktur angewendet und gelten für alle Ordner und Dateien unterhalb dieses Ordners.
- **Diesen Ordner, Unterordner** – Die Berechtigungen werden nur auf diesen Ordner und alle Unterordner gesetzt, Berechtigungen auf Dateien werden nicht gesetzt.
- **Diesen Ordner, Dateien** – Die Berechtigungen gelten nur für diesen Ordner und die darin enthaltenen Dateien.
- **Nur Unterordner und Dateien** – Die Berechtigungen werden nicht für diesen Ordner gesetzt, sondern nur auf darin enthaltene Dateien und andere Ordner.
- **Nur Unterordner** – Dieser Ordner wird von der Vergabe der Berechtigungen ausgenommen, nur darin enthaltene Ordner erhalten die Berechtigungen.
- **Nur Dateien** – Nur die in dem Ordner enthaltenen Dateien erhalten die Berechtigungen, nicht der Ordner selbst.

Setzen Sie nach der Auswahl die erweiterten Berechtigungen. Über die Schaltfläche *Alle löschen* können Sie die Liste der gesetzten Berechtigungen wieder löschen. Auch bei Dateien gibt es eine Unterteilung in Standard- und erweiterte Berechtigungen.

Sie können das von einer Arbeitsstation aus testen, indem Sie im Adressfeld des Explorers die Adresse *<Servername>**<Freigabename>* angeben. Nur Benutzerkonten, die sich in den entsprechenden Gruppen befinden, dürfen auf die Freigabe zugreifen.

Zusätzlich ist es möglich, einzelnen Benutzern oder Gruppen Berechtigungen zu verweigern, wobei die Verweigerung immer Vorrang hat. Auch wenn ein Benutzer in einer Gruppe Mitglied ist, die Berechtigungen auf einen Ordner hat, verweigert Windows den Zugriff, wenn er über eine Gruppe oder sein Benutzerkonto in der Verweigerungsliste eingetragen ist.

Beispiel

Auf eine Datei sollen alle Mitarbeiter der Buchhaltung (mit der Mitgliedschaft in der gleich benannten Gruppe) Zugriff erhalten. Eine Ausnahme machen dabei allerdings die Auszubildenden, die ebenfalls Mitglieder der Gruppe »Buchhaltung« sind.

Wenn der Gruppe »Buchhaltung« der Zugriff auf diese Datei erlaubt ist, erhalten auch die Auszubildenden Zugriff, da sie Mitglied der Gruppe sind. Um dies zu verhindern, können Sie der Gruppe »Auszubildende« den Zugriff verweigern. So erhalten die Auszubildenden zwar den Zugriff durch die Mitgliedschaft in der Gruppe »Buchhaltung«, der ihnen aber durch die Mitgliedschaft in der Gruppe »Auszubildende« für einzelne Unterordner oder Dateien verweigert wird.

7.2.3 Besitzer für ein Objekt festlegen

Der Objektbesitzer ist der Anwender mit den umfangreichsten Rechten für einen Ordner oder eine Datei. Vor allem wenn Anwender versehentlich auch den Administrator von der Berechtigungsliste streichen, kommt dem Objektbesitzer eine besondere Bedeutung zu. Dieser kann nämlich auf den Administrator geändert werden. So lassen sich versehentlich gesperrte Ordner durch die Hintertür wieder öffnen:

1. Um den Besitzer einer Datei festzustellen oder zu ändern, öffnen Sie zunächst die Eigenschaften des Objekts und wählen dort die Registerkarte *Sicherheit*.
2. Anschließend klicken Sie auf die Schaltfläche *Erweitert*.
3. Auf der Registerkarte *Berechtigungen* sehen Sie unter *Besitzer* den Inhaber dieses Objekts.
4. Um den Besitz zu übernehmen, klicken Sie auf *Ändern* und wählen dann das Konto in der Liste aus.
5. Wollen Sie den Besitzer nicht nur für diesen Ordner, sondern auch für alle Unterordner und darin enthaltenen Dateien ersetzen, aktivieren Sie das Kontrollkastchen *Besitzer der Objekte und untergeordneten Container ersetzen*.

7.2.4 Der Assistent zum Erstellen von Freigaben

Durch Eintippen von *shrpubw* im Startmenü rufen Sie den Assistenten zur Erstellung von Freigaben auf (siehe Abbildung 7.10).

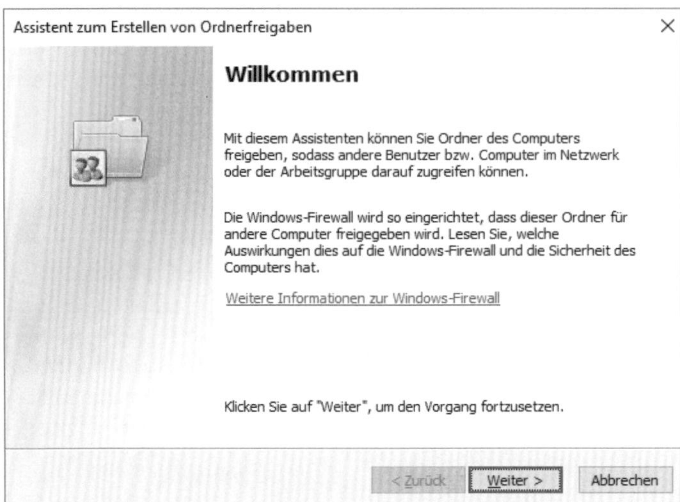

Abb. 7.10 Ordner lassen sich in Windows Server 2022 Essentials auch mit einem Assistenten freigeben.

Nach einem Klick auf *Weiter* können Sie im nächsten Fenster des Assistenten den Ordner auswählen, den Sie im Netzwerk zur Verfügung stellen wollen (siehe Abbildung 7.11).

Abb. 7.11 Festlegen des freizugebenden Verzeichnisses

Auf der nächsten Seite legen Sie den Freigabenamen sowie die Offlineverfügbarkeit der Freigabe fest. Mehr dazu erfahren Sie in den nächsten Abschnitten. Ist eine Freigabe offline verfügbar, kann sie zum Beispiel mithilfe von Offlinedateien synchronisiert werden. Das ist für mobile Computer sinnvoll. Verbinden sich die Benutzer wieder mit dem Netzwerk, synchronisiert Windows die Daten automatisch. Besser ist es aber hier, mit einem VPN zu arbeiten oder die Daten über andere Wege auszutauschen.

Auf der letzten Seite des Assistenten legen Sie schließlich fest, welche Berechtigungen Anwender über das Netzwerk auf die Freigabe bekommen sollen (siehe Abbildung 7.12). Über die Schaltfläche *Fertig stellen* wird die Freigabe abgeschlossen. Die Berechtigungen können Sie jederzeit ändern, wie in den vorhergehenden Abschnitten beschrieben. Außerdem können Sie mit *Berechtigungen anpassen* und *Benutzerdefiniert* direkt im Assistenten die Einstellung der Rechte steuern. Sie sollten an dieser Stelle genauso vorgehen wie beim Freigeben des Ordners »Buchhaltung« in diesem Kapitel. Entfernen Sie die Gruppe »Jeder« und nehmen Sie die Domänen-Admins oder eine andere Gruppe zur Verwaltung sowie die Gruppe für den Zugriff auf dieses Verzeichnis hinzu.

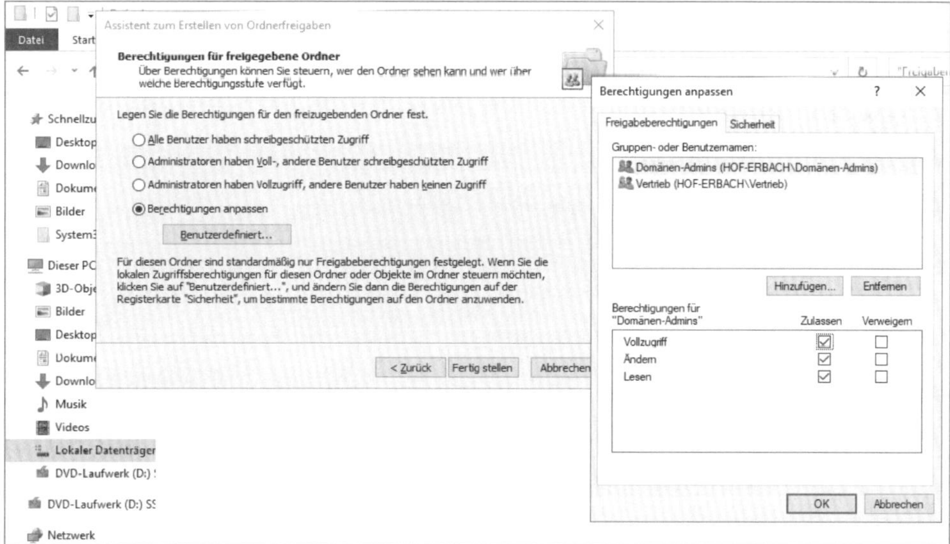

Abb. 7.12 Berechtigungen für eine neue Freigabe steuern

Der Assistent für die Freigabe von Verzeichnissen ist allerdings nicht in der Lage, auch die Berechtigungen im Dateisystem zu steuern. Diese Rechte sollten Sie nachträglich vergeben.

7.3 Freigaben verwalten, verbinden und Offlinedateien nutzen

Wenn die Freigaben erstellt sind, können Sie diese jederzeit über das Kontextmenü und die Eigenschaften anpassen. Berechtigungen steuern Sie in Zukunft einfach über die Aufnahme oder das Entfernen von Benutzerkonten aus den entsprechenden Gruppen.

7.3.1 Anzeigen aller Freigaben

Sie können in der Computerverwaltung alle Freigaben Ihres Servers verwalten. Die Computerverwaltung starten Sie über *compmgmt.msc*. Dort verbinden Sie sich auch mit anderen Servern. Neben den Freigaben sehen Sie an dieser Stelle auch den Geräte-Manager, die Datenträger, die Ereignisanzeige, die Aufgabenplanung und viele weitere Bereiche des Servers (siehe Abbildung 7.13).

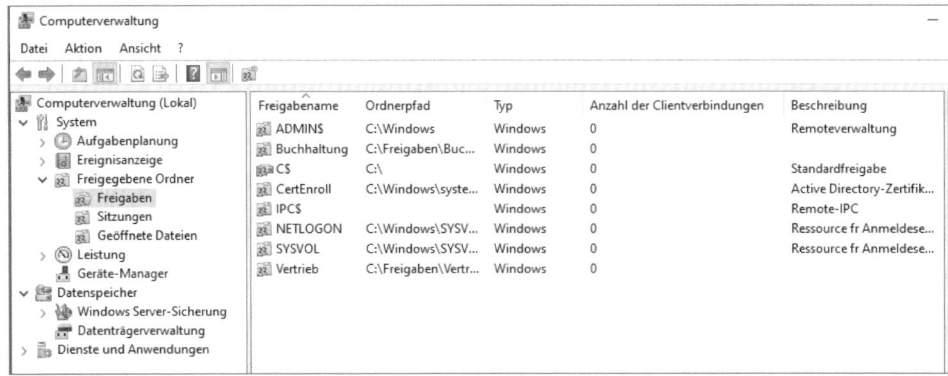

Abb. 7.13 Verwalten der Freigaben eines Servers

Sie sehen im Tool nicht nur die Freigaben, die Sie selbst erstellt haben, sondern auch die Standardfreigaben von Windows und Active Directory. In der Eingabeaufforderung sehen Sie Freigaben, wenn Sie den Befehl *net share* eingeben. Eine weitere Möglichkeit ist der Aufruf von *fsmgmt.msc*. Mit diesem Tool können Sie sich in der grafischen Oberfläche die geöffneten Dateien anzeigen lassen. Hier sehen Sie auch die verbundenen Benutzer und können Sitzungen trennen. Im Bereich *Freigegebene Ordner* stehen Ihnen an dieser Stelle drei verschiedene Einträge zur Verfügung, über die Sie Freigaben verwalten und überprüfen können:

- **Freigaben** – Wenn Sie auf diesen Eintrag klicken, werden Ihnen alle Freigaben angezeigt, die derzeit auf dem Computer verfügbar sind. Über das Kontextmenü zu diesem Eintrag können Sie neue Freigaben erstellen und über das Kontextmenü der einzelnen Freigaben lassen sich ihre Einstellungen konfigurieren.
- **Sitzungen** – Über diesen Eintrag werden Ihnen alle aktuell über das Netzwerk verbundenen Benutzer angezeigt. Sie können sie per Klick mit der rechten Maustaste vom Server trennen. Sie sehen an dieser Stelle den Namen der verbundenen Computer und die Benutzernamen. Daher ist es sinnvoll, möglichst mit Benutzernamen zu arbeiten, die schnell und unkompliziert auf den Benutzer schließen lassen. Das gilt auch für die Namen der Computer.
- **Geöffnete Dateien** – Hier werden alle Dateien angezeigt, die derzeit von verbundenen Benutzern über Freigaben auf dem Server geöffnet sind. Sie können die Dateien hier auch schließen (siehe Abbildung 7.14).

Freigegebene Ordner

Datei Aktion Ansicht ?

Freigegebene Ordner (Lokal)
Freigaben
Sitzungen
Geöffnete Dateien

Geöffnete Datei	Zugriff durch	Typ	Anzahl Sperren	Öffnungsmodus
C:\Freigaben\Buchhaltung\	joost	Windows	0	Lesen
C:\Freigaben\Buchhaltung\	joost	Windows	0	Lesen
C:\Freigaben\Buchhaltung\	joost	Windows	0	Lesen
C:\Freigaben\Vertrieb\		ws	0	Lesen
C:\Freigaben\Vertrieb\		ws	0	Lesen
C:\Freigaben\Vertrieb\		ws	0	Lesen
C:\Windows\SYSVOL\sysvol		ws	0	Lesen
C:\Windows\SYSVOL\sysvol		ws	0	Lesen
C:\Windows\SYSVOL\sysvol		ws	0	Lesen
C:\Windows\SYSVOL\sysvol\hof-erbach.in...	PC-BUHA-01$	Windows	0	Lesen

Geöffnete Datei schließen
Alle Aufgaben
Aktualisieren
Hilfe

Abb. 7.14 Verwalten der geöffneten Freigaben auf einem Server und das Trennen von Verbindungen

7.3.2 Auf Freigaben über das Netzwerk zugreifen

Wenn Sie eine Freigabe des Servers im Netzwerk auf PCs als Laufwerk verbinden wollen, öffnen Sie am besten den Windows-Explorer und klicken dann im Navigationsbereich auf *Computer* beziehungsweise *Dieser PC*. Wählen Sie im Menüband den Eintrag *Netzlaufwerk verbinden* aus, zum Beispiel über das Menü mit den drei Punkten (siehe Abbildung 7.15).

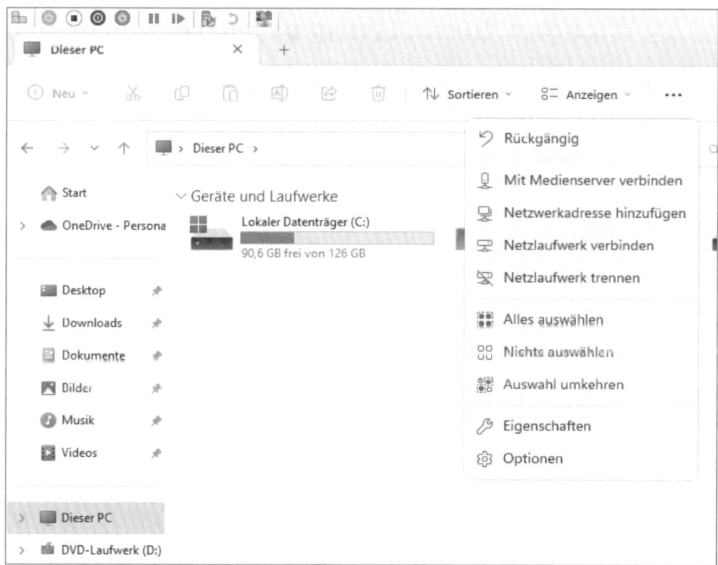

Abb. 7.15 Netzlaufwerke in Windows verbinden

Geben Sie als Nächstes den Freigabenamen im Feld *Ordner* ein. Die Syntax dazu lautet \\<*Computername oder IP-Adresse*>\<*Name der Freigabe*>. Alternativ klicken Sie auf *Durchsuchen* und dann doppelt auf den Computer, auf dem sich die Freigabe befindet, mit der Sie sich verbinden wollen. Klicken Sie auf *Fertig stellen*, öffnet sich eventuell ein Anmeldefenster, in dem Sie die Authentifizierungsdaten eines Benutzers auf dem Remotecomputer eingeben müssen. Verwenden Sie bei allen Arbeitsstationen am besten den gleichen Laufwerkbuchstaben, da Anwender sich meistens den Buchstaben, aber nicht den Namen der Freigabe merken.

Eine weitere Möglichkeit, Netzlaufwerke zu verbinden, steht Ihnen über die Eingabeaufforderung mit dem Befehl *net use* zur Verfügung. Eine Eingabeaufforderung öffnen Sie entweder durch Eintippen von *cmd* auf der Startseite oder durch einen Rechtsklick in die linke untere Bildschirmecke (oder [Win]+[X]) und das Anklicken des Befehls *Eingabeaufforderung* oder *Eingabeaufforderung (Administrator)*.

- **net use** zeigt alle derzeit verbundenen Netzlaufwerke an.
- **net use <Laufwerksbuchstabe>: /del** trennt das angegebene Netzlaufwerk. Verwenden Sie *, trennt Windows alle Netzlaufwerke.
- **net use <Laufwerksbuchstabe>: \\<Computer mit Freigabe>\<Freigabename>** – Durch Eingabe dieses Pfads verbinden Sie das Netzlaufwerk. Verwenden Sie *, aktiviert Windows den nächsten freien Buchstaben.

Sie können den Befehl auch mit der folgenden Syntax aufrufen:

net use <Laufwerksbuchstabe>: \\<Computer mit Freigabe>\<Freigabename> <Benutzername> <Kennwort>

Mit diesem Befehl können Sie ein Laufwerk mithilfe eines anderen Benutzers als dem derzeitig angemeldeten verbinden. Verbundene Netzlaufwerke zeigt Windows im Explorer an. Sie können verbundene Laufwerke per Rechtsklick wieder trennen.

7.3.3 Freigaben im Windows Admin Center verwalten

In Kapitel 3 haben Sie erfahren, wie Sie das Windows Admin Center nutzen, um den Server im Netzwerk über den Webbrowser verwalten zu können. Parallel finden Sie in Kapitel 3 die Möglichkeit, den Server (auch kostenlos) an Azure Arc anzubinden und dadurch über das Windows Admin Center im Azure-Portal ohne VPN remote zu verwalten. Auf beiden Wegen finden Sie im Windows Admin Center den Menüpunkt *Dateien & Dateifreigaben*. Öffnen Sie diesen Menüpunkt im Windows Admin Center, finden Sie über die Registerkarte *Dateifreigaben* alle angelegten Dateifreigaben auf dem Server (siehe Abbildung 7.16).

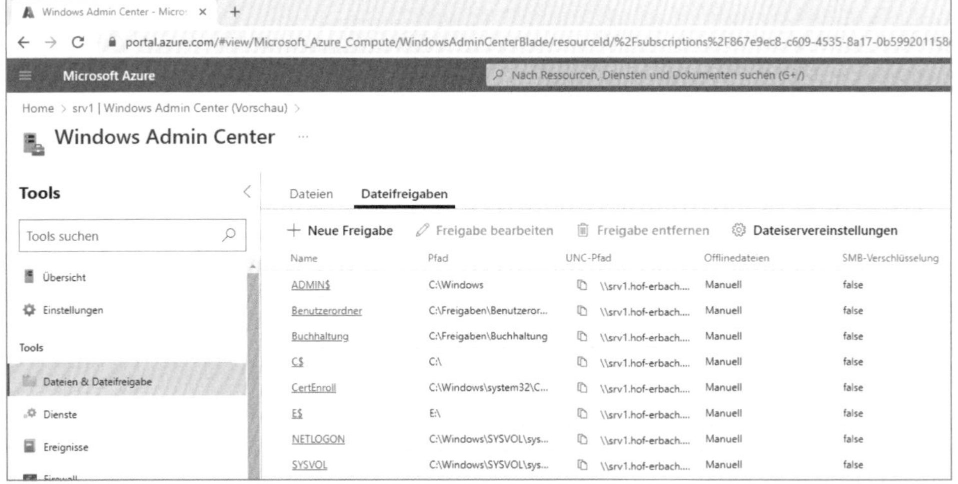

Abb. 7.16 Verwalten Ihrer Dateifreigaben im Windows Admin Center

Klicken Sie auf den Link einer Dateifreigabe im Windows Admin Center, können Sie auf der rechten Seite die Berechtigungen überprüfen und anpassen. Auch das geht mit dem Windows Admin Center über Azure Arc über das Internet, wenn Sie zum Beispiel unterwegs sind (siehe Abbildung 7.17).

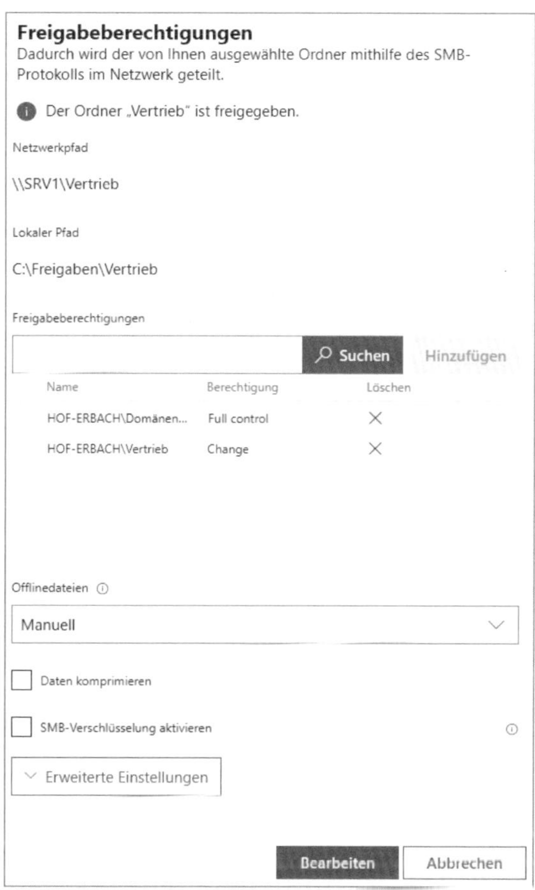

Abb. 7.17 Verwalten von Dateifreigaben über das Windows Admin Center

Über den Menüpunkt *Dateien* können Sie übrigens im Windows Admin Center Dateien oder Ordner auf den Server hoch- oder herunterladen. Das funktioniert im lokalen Rechenzentrum genauso wie über das Windows Admin Center beim Einsatz von Azure Arc und das Azure-Portal.

7.3.4 Offlinedateien für den mobilen Einsatz unter Windows 10/11

Mit Offlinedateien haben Sie die Möglichkeit, Dateien aus dem Netzwerk, zum Beispiel von einem Dateiserver, auch dann verfügbar zu machen, wenn Anwender mit einem Notebook oder Tablet unterwegs sind. Dazu wird auf dem Notebook eine Kopie der entsprechenden Datei erstellt, sodass diese ohne Netzwerkverbindung zur Verfügung steht und bearbeitet werden kann. Bei der nächsten Verbindung werden die Dateien mit dem Server synchronisiert, wodurch die Dateien auf dem Server und dem Notebook wieder übereinstimmen.

So funktionieren Offlinedateien

Die Verwaltung der Offlinedateien unter Windows 10/11 findet über das Synchronisierungscenter statt, das Sie durch Eingabe von *mobsync* im Startmenü aufrufen können. Über den Link *Offlinedateien verwalten* im Synchronisierungscenter öffnet sich ein neues Fenster, über das Sie entsprechende Einstellungen vornehmen (siehe Abbildung 7.18).

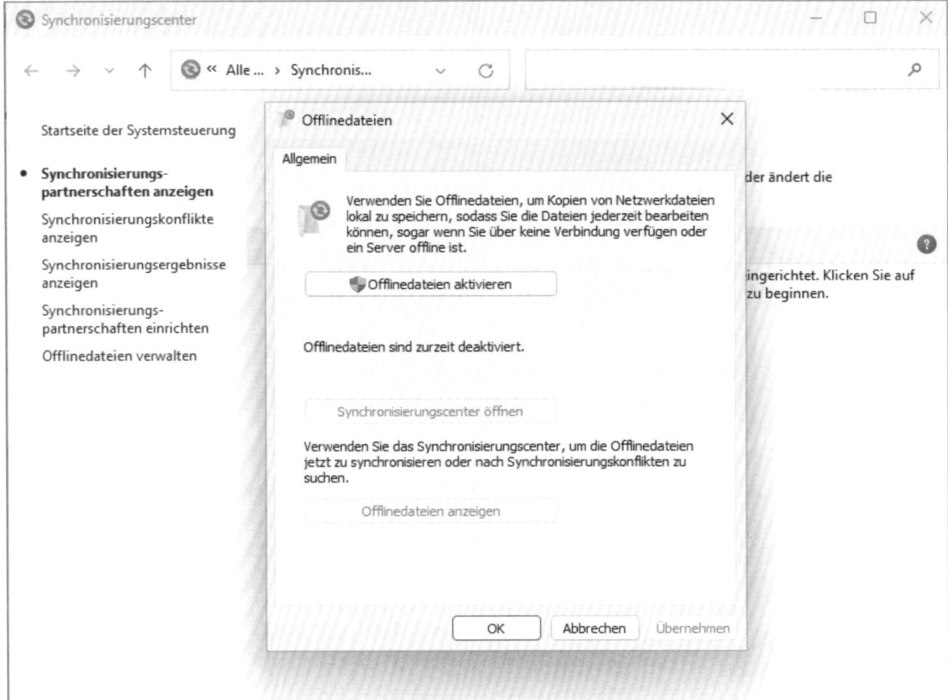

Abb. 7.18 Offlinedateien in Windows 10 und Windows 11 verwenden

Mit der Schaltfläche *Offlinedateien aktivieren* schalten Sie diese Funktion generell ein. Dazu müssen Sie sich mit Ihrem Benutzernamen an Active Directory authentifizieren. Danach können Sie im Fenster die Offlinedateien anzeigen, das Synchronisierungscenter öffnen und die Offlinedateien konfigurieren.

In den Eigenschaften jeder Offlinedatei können spezielle Einstellungen vorgenommen werden. Nachdem das System für den Offlinebetrieb aktiviert ist, können Sie Ordner und Dateien von Servern für den Offlinebetrieb verfügbar machen. Hier gibt es Steuerungsmöglichkeiten sowohl vom Client als auch vom Server aus.

Vom Client aus verwenden Sie den Befehl *Immer offline verfügbar*, der sich im Kontextmenü findet, wenn Sie eine Freigabe, eine Datei oder einen Ordner auf einem Server markiert haben, die oder der für den Offlinezugriff freigegeben ist (siehe Abbildung 7.19).

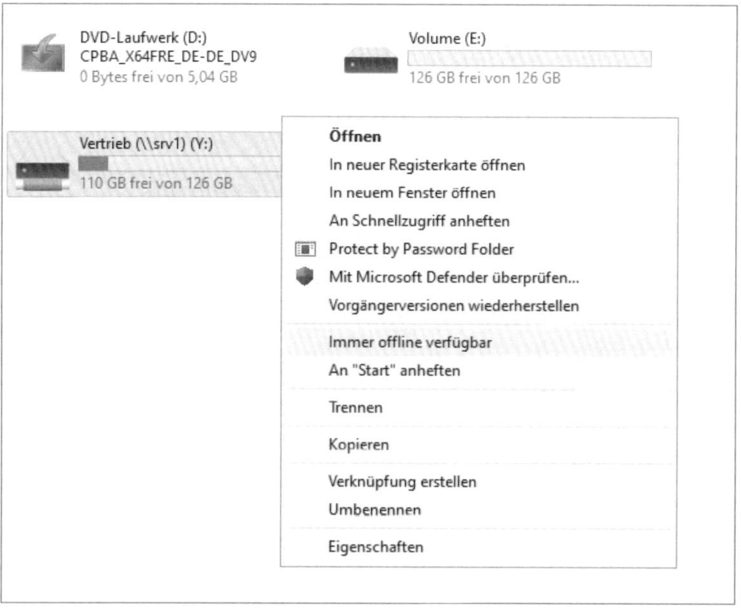

Abb. 7.19 Offlinedateien lassen sich für komplette Freigaben oder für Ordner und Dateien aktivieren.

Sie können auf diese Weise einzelne Dateien, ganze Ordner oder ein komplettes Netzlaufwerk offline verfügbar machen. Achten Sie aber darauf, dass es sich bei Offlinedateien um Kopien von Dateien aus dem Netzwerk handelt und der Speicherplatzbedarf mit der Anzahl der Offlinedateien zunimmt. Sie sollten daher möglichst nur Dateien offline verwenden, die Sie tatsächlich benötigen, nicht gleich alle auf einmal. Bei der ersten Auswahl dieser Option bereitet Windows den Computer vor und nimmt die Dateien und Ordner in den Offlinemodus mit auf.

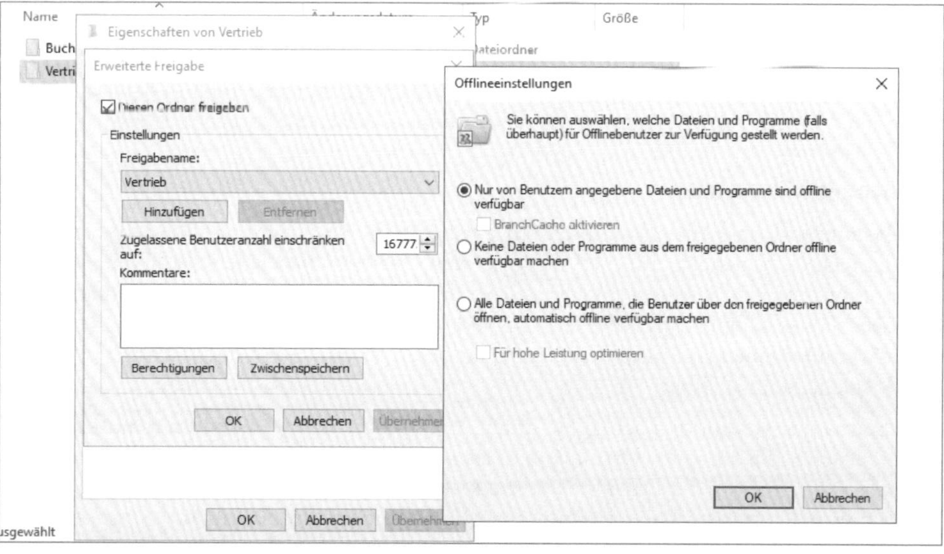

Abb. 7.20 Konfigurieren von Offlinedateien einer Freigabe in Windows Server 2022

Vom Server mit der entsprechenden Freigabe aus kann die Nutzung von Offlinedateien über die Freigabe gesteuert werden. Beim Erstellen von Freigaben findet sich die Option *Zwischenspeichern* in den erweiterten Einstellungen der Freigabe. Wenn Sie diese auswählen, können Sie steuern, ob das Zwischenspeichern von Dateien in dem freigegebenen Ordner zugelassen ist (siehe Abbildung 7.20). Standardmäßig ist es zugelassen. Das heißt, Freigaben lassen es zu, dass Anwender die Offlinedateien von Clients aus konfigurieren. Sie können das aber jederzeit deaktivieren.

Wenn die Option *Keine Dateien oder Programme aus dem freigegebenen Ordner offline verfügbar machen* aktiviert ist, erscheint der Befehl *Immer offline verfügbar* auf dem Client nicht. Es werden drei Varianten für das Zwischenspeichern von Dokumenten unterschieden:

- Mit *Nur von Benutzern angegebene Dateien und Programme sind offline verfügbar* können die Benutzer auswählen, indem sie die entsprechende Option im Kontextmenü der Freigabe oder des Ordners innerhalb der Freigabe verwenden.
- Die Option *Alle Dateien und Programme, die Benutzer über den freigegebenen Ordner öffnen, automatisch offline verfügbar machen* bewirkt, dass alle Dokumente und ausführbaren Dateien in dieser Freigabe lokal zwischengespeichert werden. In diesem Fall muss sich der Benutzer nicht mehr darum kümmern, die Dokumente offline verfügbar zu machen. Diese Einstellung ist aber selten sinnvoll.
- Über das Kontrollkästchen *Für hohe Leistung optimieren* lässt sich festgelegen, dass ausführbare Dateien aus dieser Freigabe auf dem Client verfügbar bleiben, wenn sie einmal genutzt wurden. In diesem Fall sollten die Zugriffsberechtigungen für die Freigabe auf *Lesen* gesetzt sein, um zu verhindern, dass Windows veränderte Programme zurückspeichert.

Sie können die Einstellungen der Synchronisierungseigenschaften von Offlinedateien im Synchronisierungscenter von Windows 10/11 anpassen. Dieses finden Sie über das Startmenü oder die Systemsteuerung. Das Tool starten Sie zum Beispiel durch die Suche von *mobsync* im Startmenü von Windows.

Bei der Synchronisation kann es zu Konflikten kommen. Dies ist immer dann der Fall, wenn eine Datei im Offlinebetrieb verändert wurde und mehr oder weniger gleichzeitig vor der Synchronisation auf dem Server ebenfalls verändert wurde. Der Client erkennt dies über einen Vergleich der Speicherungsdaten dieser Dateien und zeigt bei der Synchronisation Meldungen an. Bei einem Konflikt kann entweder die eigene Version der Datei übernommen oder die eigene Datei unter einem anderen Namen abgespeichert werden.

Arbeiten mit Offlinedateien

Als Bestätigung, dass eine Datei oder ein Ordner offline verfügbar ist, klicken Sie erneut mit der rechten Maustaste auf die Datei oder den Ordner. Überprüfen Sie, ob ein Häkchen neben *Immer offline verfügbar* angezeigt wird. Eine Kopie der Datei auf der Festplatte wird mit der Netzwerkkopie synchronisiert, sobald die Netzwerkverbindung wieder hergestellt wird. Wenn Sie eine Datei als Offlinedatei markieren, erhält sie ein neues Dateisymbol, das sie als solche kennzeichnet.

Den Status der Verbindung sehen Sie unten im Explorer-Fenster. Wenn der Status *Offline* lautet, arbeiten Sie an einer Offlinekopie der Datei auf dem Computer. Lautet der Status *Online*, arbeiten Sie an der Datei im Netzwerk. Außerdem zeigt Windows für offline verfügbare Ordner den grünen Kreis an und für nicht verfügbare Ordner ein X.

Wenn Sie mit Offlinedateien in verschiedenen Ordnern arbeiten, können Sie alle Dateien anzeigen, ohne jeden Ordner einzeln öffnen zu müssen:

1. Öffnen Sie wie beschrieben die Verwaltung der Offlinedateien in Windows über das Synchronisierungscenter und klicken Sie auf *Offlinedateien verwalten*.
2. Klicken Sie im Dialogfeld *Offlinedateien verwalten* dann auf die Schaltfläche *Offlinedateien anzeigen*.

Manchmal empfiehlt es sich, die Offlinedateien sofort zu synchronisieren, beispielsweise dann, wenn die Verbindung zum Netzwerk demnächst getrennt wird und sichergestellt sein muss, dass die neuesten Dateiversionen im Netzwerk gespeichert sind.

Wenn Sie erstmalig Offlinedateien einrichten, wird im Infobereich der Taskleiste neben der Uhr ein neues Symbol integriert, das das Synchronisierungscenter darstellt. Wenn Sie mit der rechten Maustaste auf das Symbol klicken, können Sie auf die wichtigsten Funktionen zugreifen, zum Beispiel *Alle synchronisieren*. Das Symbol befindet sich eventuell bei dem Pfeil links, über den Sie die weniger aktiven Symbole erreichen (siehe Abbildung 7.21).

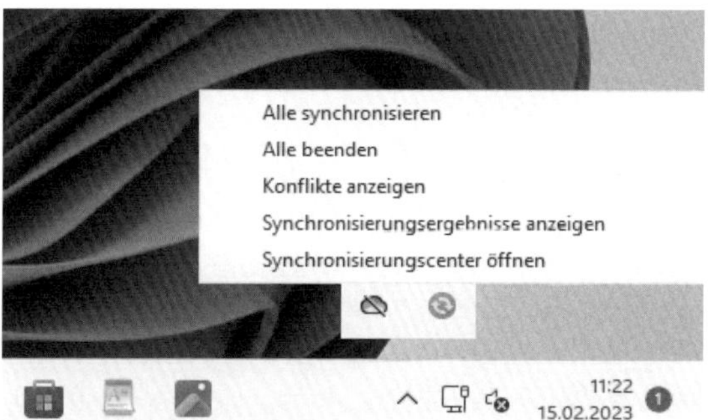

Abb. 7.21 Synchronisieren von Offlinedateien

Neben dieser Möglichkeit können Sie die Synchronisierung auch auf anderen Wegen erreichen. Öffnen Sie das Synchronisierungscenter und klicken Sie auf die Synchronisierungspartnerschaft *Offlinedateien* und dann in der Symbolleiste auf *Synchronisieren*.

Wenn Sie nur den Inhalt eines bestimmten Ordners synchronisieren möchten, öffnen Sie den Ordner im Explorer und klicken Sie mit der rechten Maustaste auf den Ordner oder die Datei. Wählen Sie anschließend *Synchronisieren*. Nachdem Sie Offlinedateien aktiviert und eingerichtet haben, werden diese als eine Synchronisierungspartnerschaft im Synchronisierungscenter angezeigt. Hierüber können Sie auch eventuelle Konflikte erkennen sowie weitere Einstellungen vornehmen. Sie erreichen den Zeitplan, die Konfliktanzeige und die Eigenschaften über das Kontextmenü.

Zusätzlich können Sie in den Eigenschaften eines offline verfügbaren Ordners auf der Registerkarte *Offlinedateien* seinen aktuellen Stand einsehen. Hier lässt sich auch seine Offlineverfügbarkeit steuern und die Synchronisierung aktivieren.

Wenn Sie im Synchronisierungscenter die Synchronisierungspartnerschaft der Offlinedateien öffnen, können Sie über die Schaltfläche *Zeitplan* genau einstellen, wann die Offlinedateien synchronisiert werden sollen (siehe Abbildung 7.22). Auf der ersten Seite des Assistenten legen Sie zunächst fest, für welche übergeordnete Netzlaufwerke Sie den Zeitplan für die Synchronisierung steuern wollen.

Auf der nächsten Seite bestimmen Sie, ob die Synchronisierung zeitabhängig oder nach einer bestimmten Aktion, zum Beispiel der Anmeldung am PC, erfolgen soll. Wählen Sie zur Synchronisierung die Option *Nach Zeitplan* aus, können Sie auf der nächsten Seite den Zeitpunkt der Synchronisierung definieren. Zusätzlich können Sie hier einstellen, wie oft die Synchronisierung stattfinden und in welchen Abständen sie wiederholt werden soll.

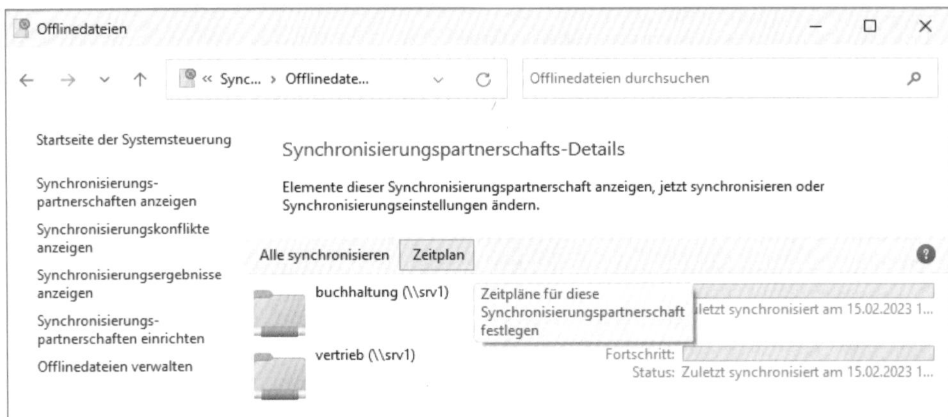

Abb. 7.22 Zeitplan für die Synchronisierung von Offlinedateien festlegen

Über den Assistenten lässt sich detailliert einstellen, wann die Synchronisierung starten soll und wann nicht. Hier können Sie vor allem für Notebooks Einstellungen vornehmen, die eine Synchronisierung verhindern, um die Akkulaufzeit zu erhöhen.

Wollen Sie als Synchronisierungsoption keine Zeiten konfigurieren, sondern spezielle Ereignisse, wählen Sie die Option *Beim Eintreten eines Ereignisses* (siehe Abbildung 7.23). Im Anschluss stellt Ihnen Windows 10/11 die Ereignisse zur Verfügung, die eine Synchronisierung auslösen. Über die Schaltfläche erreichen Sie die gleichen Detaileinstellungen wie bei der Synchronisierung nach Zeitplan.

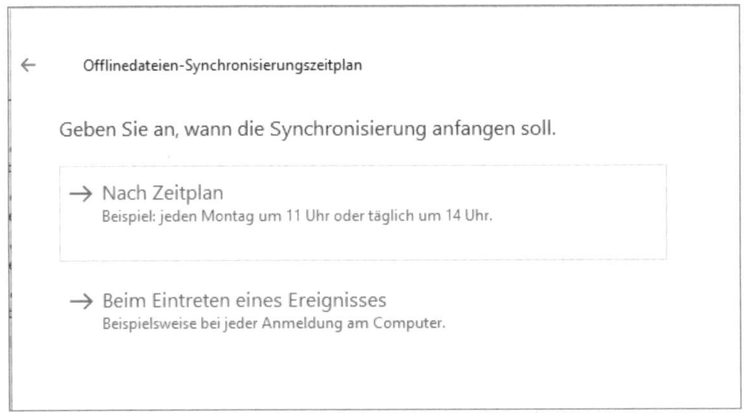

Abb. 7.23 Festlegen der automatischen Synchronisierung von Offlinedateien

Die Größe und Anzahl der Offlinedateien bestimmen den Umfang des verwendeten Speicherplatzes auf der Festplatte, den die Offlinedateien belegen. Um festzustellen, wie viel Speicherplatz sie belegen, öffnen Sie die Verwaltung der Offlinedateien und wechseln zur Registerkarte *Datenträgerverwendung*.

Über die Schaltfläche *Limits ändern* können Sie den Speicherplatz steuern, der auf dem Notebook für Offlinedateien zur Verfügung steht. Offlinedateien werden nur dann verschlüsselt, wenn Sie dies entsprechend auswählen. Sie können über die Registerkarte *Verschlüsselung* das Verschlüsseln von Offlinedateien aktivieren. Beim Verschlüsseln verschlüsseln Sie nur die auf dem Computer gespeicherten Offlinedateien, nicht die Netzwerkversionen der Dateien.

7.4 Datenaustausch zwischen macOS und Windows: Hybride Freigaben nutzen

In vielen Netzwerken ist der Datenaustausch über Freigaben immer noch der beste und einfachste Weg, um in Gruppen gemeinsam an Dokumenten zu arbeiten. Windows und macOS sind dabei in der Lage, auch auf Freigaben des jeweils anderen Systems zuzugreifen.

7.4.1 Freigaben in macOS erstellen und in Windows oder Linux nutzen

Während macOS auf SMB-Freigaben Ihres Servers zugreifen kann, ist es genauso möglich, auf einem Mac Freigaben zu erstellen, die wiederum für Windows und auch für Linux nutzbar sind. Nach der Freigabe auf dem Mac stehen die Daten im jeweiligen Verzeichnis im Netzwerk für andere Computer zur Verfügung. Auf die kopierten Daten kann durch die Synchronisierung mit iCloud anschließend auch von iPhone und iPad zugegriffen werden. Dadurch lassen sich Daten zwischen verschiedenen Systemen austauschen, auch zu iOS und iPadOS.

In macOS sind die Freigaben über den Link *Freigaben* in den Systemeinstellungen zu finden. Hier können Freigaben für den Bildschirm, aber auch Dateifreigaben erstellt werden. Das Freigeben von Druckern ist ebenfalls möglich. Nach dem Aufrufen der Freigeben-App kann die Option *Dateifreigabe* aktiviert werden (siehe Abbildung 7.24). Anschließend lassen sich Freigaben auf dem Mac erstellen. Die Einstellungen dazu sind über die Schaltfläche *Optionen* zu finden. Die Option *Dateien und Ordner über SMB teilen* muss aktiviert sein. Windows nutzt das SMB-Protokoll für den Zugriff auf die Freigaben. Auch die Berechtigungen lassen sich an dieser Stelle gleich setzen.

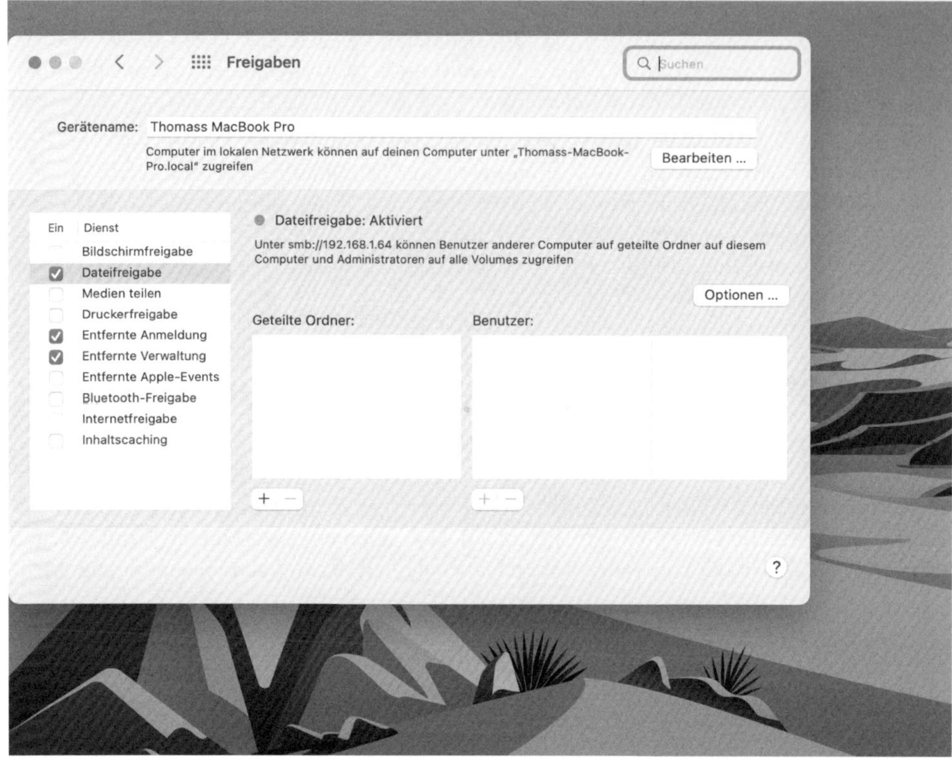

Abb. 7.24 Freigaben in macOS erstellen für den Zugriff von Windows-Nutzern

Über das Plus-Zeichen bei *Geteilte Ordner* lassen sich weitere Ordner hinzufügen. Bei *Benutzer* kann auswählt werden, welche Benutzer auf dem Mac zugreifen dürfen und welche Rechte sie erhalten sollen. Die Benutzer müssen sich beim Verbindungsaufbau mit einem Benutzerkonto auf dem Mac authentifizieren, bevor sie Zugriff auf die Daten erhalten.

7.4.2 Von Windows aus auf Freigaben in macOS zugreifen

In Windows können Anwender im Explorer über die Adresse *<IP-Adresse des Macs>* auf die Freigaben zugreifen. Das funktioniert bei SMB auf dem Mac genauso wie zwischen Windows-Rechnern.

Die IP-Adresse zeigt das Freigeben-Fenster auf dem Mac an. Natürlich funktioniert auch der Zugriff mit dem Namen, wenn die Namensauflösung im Netzwerk korrekt konfiguriert ist (siehe Kapitel 4). Sollen Anwender direkt auf einen Ordner zugreifen, verwenden sie die Adresse *<IP-Adresse>**<Name des Ordners>*. Auch das funktioniert in macOS auf dem gleichen Weg wie zwischen Windows-Rechnern. Als Authentifizierung wird der Benutzername verwendet, der auch auf dem Mac zur Verfügung steht, zum Beispiel »Thomas Joos«. Als Kennwort wird das Kennwort dieses Benutzers auf dem Mac verwendet. Die Namen sind auf dem Mac in den Systemeinstellungen auch bei *Benutzer:innen & Gruppen* zu sehen

Wollen Anwender das Verzeichnis auf dem Mac dauerhaft in Windows einbinden, rufen sie am besten im Windows-Explorer auf der Registerkarte *Computer* die Schaltfläche *Netzlaufwerk verbinden* auf. Danach werden die Verbindungsdaten auf dem gleichen Weg eingegeben wie zwischen Windows-Rechnern.

7.4.3 Vom Mac aus auf Windows-Freigaben zugreifen

Um in macOS auf Freigaben von Windows-Rechnern zuzugreifen, wird der Menüpunkt *Gehe zu* in der Menüleiste verwendet. Mit der Option *Mit Server verbinden* kann entweder direkt die Verbindung über die IP-Adresse und den Rechnernamen aufgebaut werden oder mit dem Assistenten das Netzwerk durchsucht werden (siehe Abbildung 7.25). Über die Schaltfläche *Verbinden* versucht Mac, die Freigabe zu öffnen. Nach dem erfolgreichen Verbindungsaufbau ist auch die Anmeldung mit einem Benutzerkonto möglich.

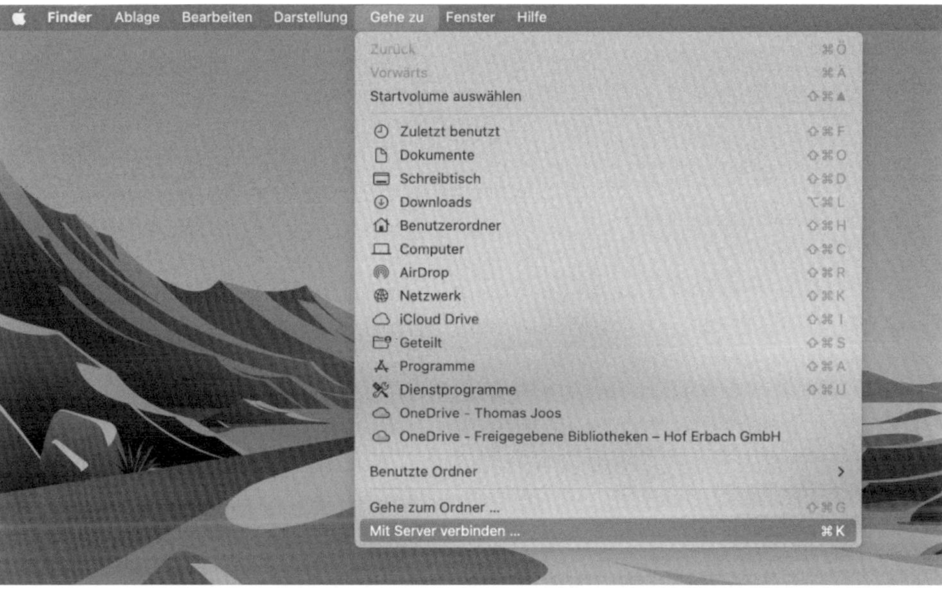

Abb. 7.25 Mit macOS auf Freigaben eines Windows-Servers zugreifen

7.5 Zusammenfassung

In diesem Kapitel habe ich Ihnen gezeigt, wie Sie mit Dateifreigaben in kleinen Netzwerken arbeiten. Damit können Anwender einfacher Daten untereinander austauschen, auch im eigenen Netzwerk. Im nächsten Kapitel gehe ich darauf ein, wie Sie Daten im Netzwerk sichern und sich vor Malware und Ransomware schützen.

Kapitel 8

Datensicherung und Schutz vor Ransomware

Windows Server 2022 verfügt über ein eigenes Sicherungsprogramm, mit dem Sie den Server und die Daten wiederherstellen können. Sie haben außerdem die Möglichkeit, den kompletten Server mit der Windows Server-Sicherung zu sichern und dabei auch SQL Server-Datenbanken oder andere Daten zu berücksichtigen. Das Programm sichert die Daten über den Volumeschattenkopiedienst (Volume Shadow Service, VSS) mit einer Technologie, die als Sicherung auf Blockebene (Block Level Backup) bezeichnet wird.

Sie können zur Sicherung eines einzelnen Servers durchaus auf das Bordmitteltool von Windows Server setzen, aber auch externe Tools nutzen. Der Nachteil von externen Tools besteht darin, dass Sie sie gesondert verwalten, aktualisieren und überwachen müssen.

Parallel dazu können Sie mit Azure Backup einen Clouddienst von Microsoft buchen, mit dem vor allem kleine Unternehmen die Daten ihres Servers unkompliziert und verschlüsselt in die Cloud sichern können. Dadurch erreichen Sie einen maximalen Schutz vor Ransomware. Die interne Windows Server-Sicherung arbeitet perfekt mit Azure Backup zusammen, weshalb Sie keinerlei Dienste eines Drittanbieters benötigen, um ihre Daten zuverlässig zu sichern und vor Ransomware zu schützen.

8.1 Datensicherungsstrategien und -lösungen

In größeren Netzwerken kümmert sich die IT-Abteilung mit speziellen Tools, Vorgehensweisen und mit geschultem IT-Personal um die Datensicherung. Dabei kommen oft umfangreiche und teure Lösungen zum Einsatz. In kleinen Unternehmen ist das meistens nicht möglich. Hier kümmern sich Mitarbeiter um das Backup, die ansonsten eine andere Tätigkeit im Unternehmen haben. Dazu kommt, dass oft das Budget für eine teure und komplexe Backup-Lösung fehlt, und auch Schulungen für IT-Themen sind in den meisten Fällen eher die Ausnahme als die Regel. Darum sollte die Lösung leicht bedienbar, aber dennoch so sicher wie möglich sein.

Durch immer häufiger werdende Cyberangriffe sollten auch in kleinen Unternehmen Backups die gleiche Rolle wie in großen Netzwerken einnehmen. Gehen Daten verloren, kann das einen ungeheuren finanziellen Verlust bedeuten. Besonders Ransomware hat in kleineren, meist ungeschützteren Netzwerken leichtes Spiel. Gleichzeitig gibt es in kleinen Unternehmen keine Sicherheitsexperten, die das Netzwerk effektiv schützen können. Zusätzlich kann es passieren, dass Benutzer versehentlich oder absichtlich Daten löschen, die sich ohne umfassendes Backupkonzept kaum mehr wiederherstellen lassen.

Wenn kleine Unternehmen ihre Daten sichern, dann meistens mit Backupsoftware, die die Daten auf externen Festplatten, immer seltener auf Band, oder auf andere Medien sichern. Diese Medien sind aber in den meisten Fällen nicht vor Ransomware geschützt. Beim Air-Gap-Ansatz hingegen werden die Backupdaten physisch von den anderen Daten getrennt. Dabei handelt es sich um ein Security-Konzept, bei dem Daten physisch voneinander getrennt werden, um sie vor Angriffen zu schützen. Was für große Unternehmen sinnvoll ist, macht auch bei kleinen Firmen mit Windows Server 2022 Essentials/Standard Sinn.

Dabei kann es sich um einen Speicherort in der Cloud handeln oder in einem anderen Netzwerk. Das garantiert natürlich keinen vollständigen Schutz, aber in jedem Fall mehr als bei der Sicherung der Daten auf externen Festplatten oder im gleichen Netzwerk. Dazu kommt, dass Sicherungsdaten möglichst nach dem WORM-Ansatz gespeichert werden sollten, also »Write Once Read Many«. Das stellt sicher, dass Ransomware auch dann die Backupdaten nicht verschlüsseln kann, wenn es einem Angreifer gelingt, trotz Air Gap auf die Backupdaten zuzugreifen.

8.1.1 Backup in die Cloud

Für KMU ist die Sicherung von Daten in die Cloud ein gangbarer Weg. Zunächst ist dadurch garantiert, dass die gesicherten Daten nicht durch Ransomware beeinträchtigt werden können, und es lassen sich dadurch auch größere Schäden wie Brände oder Überschwemmungen kompensieren, da zumindest alle Daten gesichert sind. Dazu kommt, dass sich der Anbieter um die Sicherheit der Infrastruktur kümmert und die Einrichtung wesentlich einfacher ist.

Beim Einsatz von cloudbasierten Sicherungslösungen können mehrfache tägliche Sicherungen durchgeführt werden. So geht nicht die Arbeit eines ganzen Tages verloren, wenn die tägliche Sicherung um 22 Uhr stattfindet, das Netzwerk aber um 18 Uhr von Ransomware befallen wird oder ein anderer Schaden eintritt. Wichtig ist bei der Sicherung von Backupdaten in die Cloud die Einhaltung der DSGVO und natürlich auch die Uploadgeschwindigkeit der Internetleitung.

Acronis Cyber Protect mit Acronis Cloud Storage

Für kleine und mittlere Netzwerke ist Acronis Cyber Protect (*https://www.acronis.com/de-de/products/cyber-protect*) eine Lösung, die günstig ist, aber auch schnell einsatzbereit. Zusammen mit Acronis Cloud Storage (*https://www.acronis.com/de-de/products/backup/cloud-storage*) sichert die Lösung Daten von lokalen Servern und Arbeitsstationen zuverlässig in die Cloud. Dadurch sind die Daten vor Elementarschäden und Ransomware weitgehend geschützt. Dazu kommt, dass Acronis Cyber Protect kontinuierliche Datensicherungen anbietet. Verloren gegangene Daten lassen sich so jederzeit wiederherstellen.

N-able Backup

N-able Backup (*https://www.n-able.com/de/products/backup*) geht noch weiter. Der Dienst ist komplett cloudbasiert und sichert Daten aus dem lokalen Rechenzentrum in die Cloud. Neben der Sicherung von physischen und virtuellen Computern kann N-able Backup

Daten auch aus Microsoft 365 sichern. Bei der Sicherung lassen sich die Daten mit AES-256-Bit-Verschlüsselung schützen. Die komplette Infrastruktur des Backups ist in der Cloud positioniert, auf den Rechnern muss nur die notwendige Agent-Software installiert werden.

Cohesity, Rubrik, Veritas und Commvault

Wer sich noch gründlicher vor Ransomware schützen will, kann auf Backup-Lösungen setzen, die aktive Komponenten gegen Ransomware einsetzen und die Backupdaten auch scannen, um Ransomware zu erkennen. Dazu kommt der WORM-Schutz, der sicherstellt, dass gesicherten Daten zwar gelesen, aber nicht mehr überschrieben werden können.

Cohesity (*https://www.cohesity.com/de/solutions/ransomware*) nutzt Machine Learning, um die gesicherten Daten zuverlässig vor Ransomware zu schützen. Der SaaS-Dienst unterstützt auch bei der schnellen Wiederherstellung. Einen ähnlichen Ansatz verfolgt Rubrik (*https://www.rubrik.com/de*). Diese Sicherungslösung scannt die Backupdaten ebenfalls nach Ransomware und unterstützt den WORM-Einsatz. Die Wiederherstellung ist mit solchen Produkten wesentlich schneller durchzuführen als mit Lösungen, die für diesen Einsatz nicht optimiert sind. Commvault (*https://www.commvault.com/de-de/ransomware*) bietet ebenfalls mehrere Schichten als Schutz vor Ransomware, das gilt auch für Veritas (*https://www.veritas.com/de/ch/solution/ransomware*). Alle diese Produkte haben den Schutz gegen Ransomware im Fokus und können Daten umfassend in die Cloud sichern.

Kostenlose Tools

Wem diese Lösungen zu teuer oder immer noch zu komplex sind, kann seine Daten auch mit kleinen, kostenlosen Tools schützen. Diese bieten zwar keinen umfassenden Schutz vor Ransomware, lassen sich mit etwas Einarbeitung aber immer noch für kleine Netzwerke nutzen. Beispiele dafür sind:

- Veeam Agent for Microsoft Windows Free (*https://www.veeam.com/de/windows-endpoint-server-backup-free.html*)
- Carbon Copy Cloner (*https://bombich.com*)
- Duplicati 2.0 (*https://www.duplicati.com*)
- EaseUS (*https://www.easeus.com/backup-software*)
- Areca Backup (*http://www.areca-backup.org*) ist eine Open-Source-Sicherungslösung auf Basis von Java.
- Personal Backup (*https://personal-backup.rathlev-home.de*) ist eine Freeware, die seit Jahren für den PC-Bereich als Sicherungslösung sehr bekannt ist.
- Paragon Backup & Recovery Community Edition (*https://www.paragon-software.com/de/free/br-free*)
- Vembu BDR Suite (*https://www.vembu.com/vembu-bdr-suite-free-edition*)
- MiniTool ShadowMaker Free (*https://www.minitool.com/backup/system-backup.html*)
- Macrium Reflect Free (*https://www.macrium.com/reflectfree*)

8.2 Grundlagen zur Datensicherung

Nach einem vollständigen Backup des Servers können einfach inkrementelle Sicherungen auf Blockebene erstellt werden. Diese benötigen deutlich weniger Platz als bei den Vorgängerversionen von Windows Server 2022.

Die Systempartitionen des Servers werden automatisch immer in alle Sicherungen integriert, sodass die auf diesen Partitionen gespeicherten Daten sehr leicht wiederhergestellt werden können. Auf diese Weise stellen Sie nicht nur Daten wieder her, sondern auch die Systemdateien von Windows Server 2022 und den installierten Serveranwendungen.

Mit der Windows Server-Sicherung lassen sich vollständige Server (alle Volumes), ausgewählte Volumes oder der Systemstatus sichern. Anschließend können Sie einzelne Volumes, Ordner, Dateien, bestimmte Anwendungen und den Systemstatus wiederherstellen. Mit der Verwaltungskonsole der Windows Server-Sicherung können Sie auch Sicherungen für Remotecomputer erstellen und verwalten. Damit Sie die Sicherung verwenden können, müssen Sie Mitglied der Gruppe *Administratoren* oder *Sicherungsoperatoren* sein.

Parallel oder alternativ zu den internen Möglichkeiten der Sicherung können Sie Ihre Daten mit Azure Backup in die Cloud sichern. Das hat den Vorteil, dass Sie diese Daten überall wiederherstellen können und gleichzeitig sicher vor Ransomware sind. In vielen Fällen verschlüsselt Ransomware die Daten auch von Datensicherungen. Daher sollten Sie in jedem Fall mehrere Sicherungen durchführen, damit Sie sicher sein können, dass zumindest noch eine Datensicherung funktioniert.

Beim Einsatz eines einzelnen Servers mit Windows Server 2022 Essentials/Standard brauchen Sie weder ein zusätzliches Tool für die Datensicherung noch einen Virenscanner. Die Bordmittel von Windows Server 2022 reichen dafür aus. Als Sicherungsziel nutzen Sie entweder (wechselnde) externe Festplatten oder Sie setzen auf einen Netzwerkspeicher wie ein zusätzliches NAS. Wenn Sie die Daten der Sicherung auf einer externen Festplatte speichern, müssen Sie bedenken, dass Datenträger durchaus kaputt gehen können. Hier kann es sinnvoll sein, die Sicherung auf mehrere Datenträger durchzuführen, damit bei Bedarf immer noch ein Datenträger verfügbar ist, wenn ein Sicherungsmedium kaputt geht.

Für höhere Geschwindigkeit können Sie auch auf SSD setzen. Sie sollten mindestens drei Sicherungsmedien nutzen, eines davon für die tägliche Sicherung. Einmal wöchentlich sollten Sie mit einem eigenen Sicherungsmedium für wöchentliche Sicherungen arbeiten und einmal im Monat sichern Sie mit einem weiteren Medium die Monatssicherung. Die Sicherungsmedien, die Sie nicht verwenden, sollten sich natürlich außerhalb des Gebäudes an einem sicheren Ort befinden.

Nutzen Sie Clouddienste wie Azure Backup, können Sie sich all dies sparen, da die Daten ohnehin sicher in der Cloud gespeichert sind. Sie ersparen sich dadurch die Verwaltung der Sicherungsmedien und vermeiden teure Fehler beim Umgang damit.

8.3 Windows Server-Sicherung installieren und konfigurieren

Damit Sie die Windows Server-Sicherung verwenden können, installieren Sie sie über den Server-Manager als neues Feature. In Windows Server 2022 gibt es dazu das Feature mit der Bezeichnung *Windows Server-Sicherung*. Dazu verwenden Sie im Server-Manager den Menüpunkt *Verwalten* | *Rollen und Features hinzufügen*.

Im Windows Admin Center können Sie zusätzlich Server über Azure Backup sichern. Dazu muss das Windows Admin Center aber an Microsoft Azure angebunden sein. Wie das geht, lesen Sie ebenfalls in diesem Kapitel.

8.3.1 Datensicherung in Windows Server 2022 einrichten

Nach der Installation starten Sie die Windows Server-Sicherung über das Menü *Tools* im Server-Manager mit dem Befehl *Windows Server-Sicherung*. Alternativ können Sie auf der Startseite nach *wbadmin.msc* suchen. Diese Konsole können Sie darüber hinaus in jeder Microsoft Management Console (MMC) laden.

Die Datensicherung sichert die Daten blockbasiert von den Datenträgern, nicht pro Datei. Standardmäßig führt das Tool immer vollständige Sicherungen durch. Über den Menübefehl *Aktionen* | *Leistungseinstellungen konfigurieren* können Sie aber auch inkrementelle Sicherungen aktivieren. Eine inkrementelle Sicherung sichert alle Daten, die sich seit der letzten Sicherung geändert haben. Unveränderte Daten werden nicht gesichert, da sich diese in einer vorherigen Sicherung befinden. Bei dieser Sicherungsart bauen die Datensicherungen aufeinander auf.

Zu einem gewissen Zeitpunkt benötigen Sie eine Vollsicherung, zum Beispiel freitags. Am Montag werden alle Daten gesichert, die sich seit Freitag verändert haben. Am Dienstag werden alle Daten gesichert, die sich seit Montag verändert haben.

Wenn Sie daher am Freitagmorgen eine vollständige Wiederherstellung durchführen müssen, werden erst die letzte Vollsicherung des letzten Freitags und dann alle Sicherungen bis zur aktuellen inkrementellen Sicherung benötigt. Das macht Sie abhängig von anderen Sicherungsmedien.

Der Vorteil dabei ist, dass jeder Sicherungsvorgang sehr schnell durchgeführt wird, da nur wenige Daten gesichert werden müssen. Bei inkrementellen Sicherungen sollten Sie auf jeden Fall einmal in der Woche eine Vollsicherung durchführen.

Nachdem die Sicherung und Verwaltungsprogramme installiert sind, können Sie eine Datensicherung einrichten. Wenn die Sicherungszeit und die Speicherkapazität ausreichen, sollten Sie in jedem Fall immer eine vollständige Sicherung durchführen.

Dadurch können Sie die Wiederherstellung immer mit jedem Sicherungsmedium durchführen und benötigen keine weiteren Sicherungsmedien für die Wiederherstellung.

Über den Menüpunkt *Benutzerdefiniert* können Sie für jeden Datenträger mit *Vollständige Sicherung* festlegen, dass der Server jeden Tag alle Daten sichert (siehe Abbildung 8.1). Das ist ein empfehlenswerter Weg, da dadurch alle Sicherungsmedien immer eine vollständige Sicherung umfassen und nicht von anderen Sicherungsmedien abhängen.

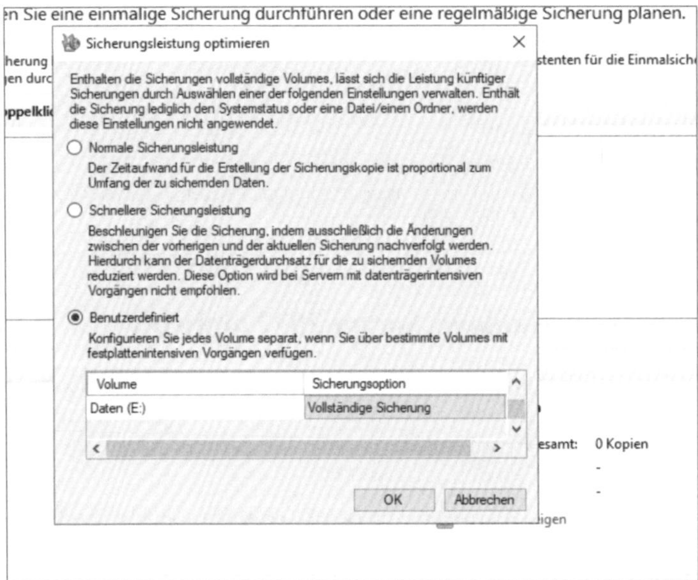

Abb. 8.1 Anpassen der Datensicherungsleistung in Windows Server 2022 Essentials/Standard

Achten Sie darauf, dass die zur Sicherung verwendete externe Festplatte keine Daten enthält. Vor der Sicherung wird der Datenträger durch das Sicherungsprogramm automatisch formatiert, wodurch alle bisher darauf gespeicherten Daten verloren gehen.

Um einen neuen Sicherungsauftrag zu erstellen, rufen Sie entweder über die Verwaltung die Konsole des Sicherungsprogramms auf oder geben im Startmenü den Befehl *wbadmin.msc* ein.

Einen neuen Auftrag erstellen Sie über *Aktion | Sicherungszeitplan*. Nach der Bestätigung der Begrüßungsseite wählen Sie auf der ersten Seite des Assistenten aus, ob Sie den kompletten Server sichern wollen oder benutzerdefinierte Volumes/Dateien auswählen möchten (siehe Abbildung 8.2). Bei der benutzerdefinierten Sicherung wählen Sie auf der nächsten Seite aus, welche Partitionen gesichert werden sollen.

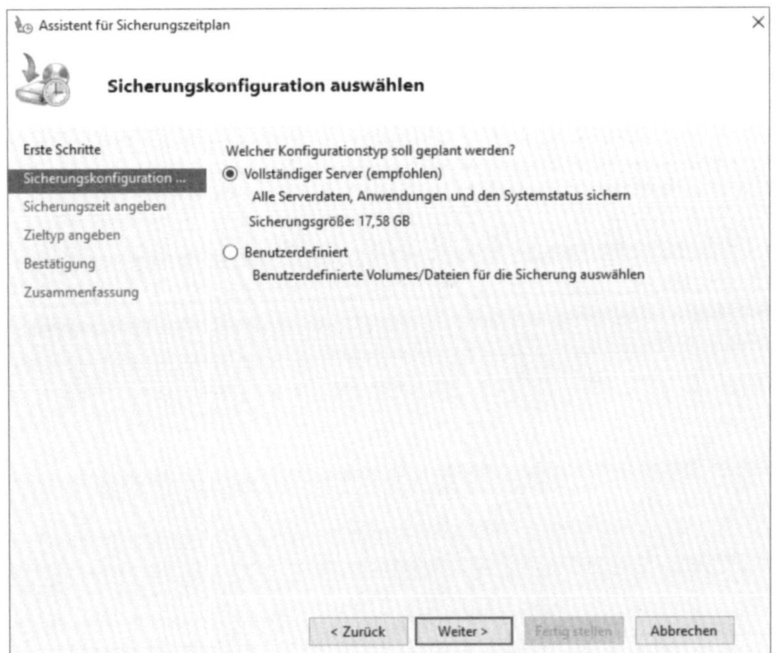

Abb. 8.2 Starten der Einrichtung einer Datensicherung

Auf der nächsten Seite legen Sie den Zeitplan fest, über den der Server gesichert werden soll. Hier definieren Sie, ob Sie die Sicherung mehrmals oder nur einmal pro Tag durchführen möchten. Wenn Sie auf Nummer sicher gehen wollen, sichern Sie mindestens zwei Mal am Tag die Daten. Dadurch ist der mögliche Datenverlust auf einen halben Tag begrenzt. Das kann für Anwender schon ärgerlich genug sein. Am nächsten Tag wechseln Sie das Sicherungsmedium und nutzen ein neues Medium. Sie können die Sicherung zum Beispiel um 12:00 Uhr zur Mittagszeit und zusätzlich noch um 21:00 Uhr oder später durchführen (siehe Abbildung 8.3). Dadurch haben Sie jeden Tag zwei vollständige Sicherungen zur Auswahl.

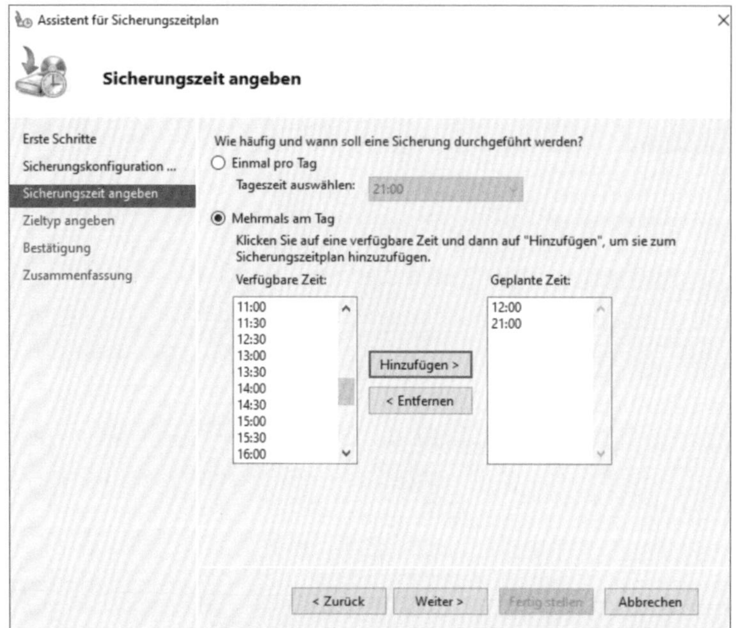

Abb. 8.3 Erstellen eines Sicherungszeitplans mit mehreren Sicherungen am Tag

Als Nächstes wählen Sie aus, wo Sie Daten sichern wollen, also das Zielmedium (siehe Abbildung 8.4). Haben Sie dieses ausgewählt, spezifizieren Sie die Auswahl auf den nächsten Seiten des Assistenten. Nutzen Sie hier eine leistungsstarke, externe Festplatte, die Sie idealerweise über USB 3.0 mit dem Server verbinden und die über ausreichend Kapazität verfügt.

Abb. 8.4 Auswählen der Sicherung von Daten auf externen Datenträgern

Nachdem Sie auf der nächsten Seite schließlich den Datenträger ausgewählt und auf *Weiter* geklickt haben, erscheint eine Meldung, die darauf hinweist, dass der Datenträger formatiert wird, damit das Sicherungsprogramm einen Überblick über seine Größe und Verfügbarkeit erhält. Die Formatierung wird aber nicht sofort, sondern erst nach der Einrichtung durchgeführt. Auf den nächsten Seiten erhalten Sie noch eine Zusammenfassung angezeigt (siehe Abbildung 8.5) und der Datenträger wird anschließend neu formatiert.

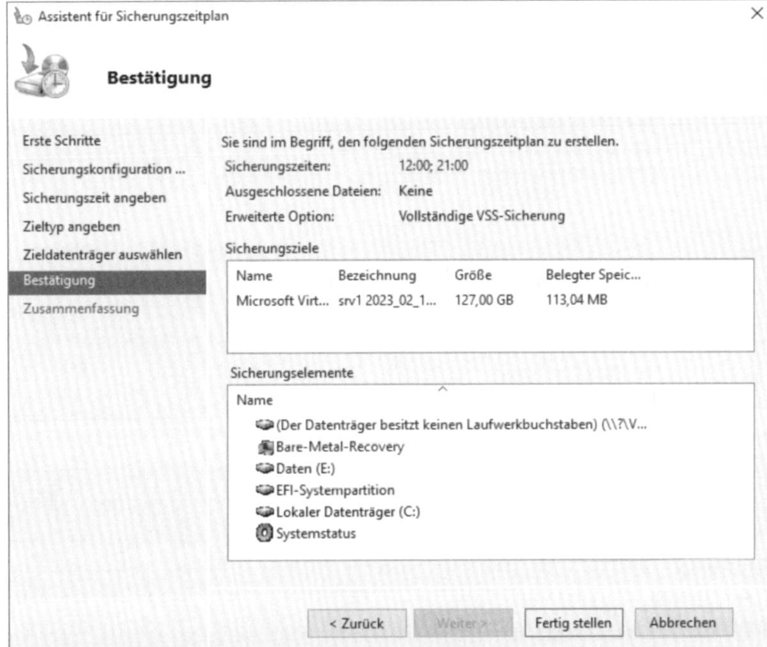

Abb. 8.5 Der Sicherungsassistent zeigt eine Zusammenfassung der Sicherungseinstellungen an.

Die Windows Server-Sicherung überwacht automatisch den Speicherplatz auf den Datenträgern, auf denen die Sicherungen abgelegt werden. Steht nicht mehr genügend Platz zur Verfügung, werden Sie entsprechend darüber informiert und die Sicherung wird nicht durchgeführt. Außerdem wird der Datenträger nicht mehr im Explorer des Servers angezeigt und steht ab jetzt ausschließlich für die Datensicherung zur Verfügung.

Die Einrichtung des Sicherungszeitplans ist damit abgeschlossen. Wollen Sie eine sofortige Sicherung durchführen, können Sie den entsprechenden Assistenten über das Menü *Aktion* starten. Der Assistent übernimmt auf Wunsch die Einstellungen der vorhandenen geplanten Sicherung, erlaubt aber auch eigenständige Einstellungen. Lassen Sie nach der Einrichtung die erste Sicherung als Einmalsicherung durchlaufen (siehe Abbildung 8.6).

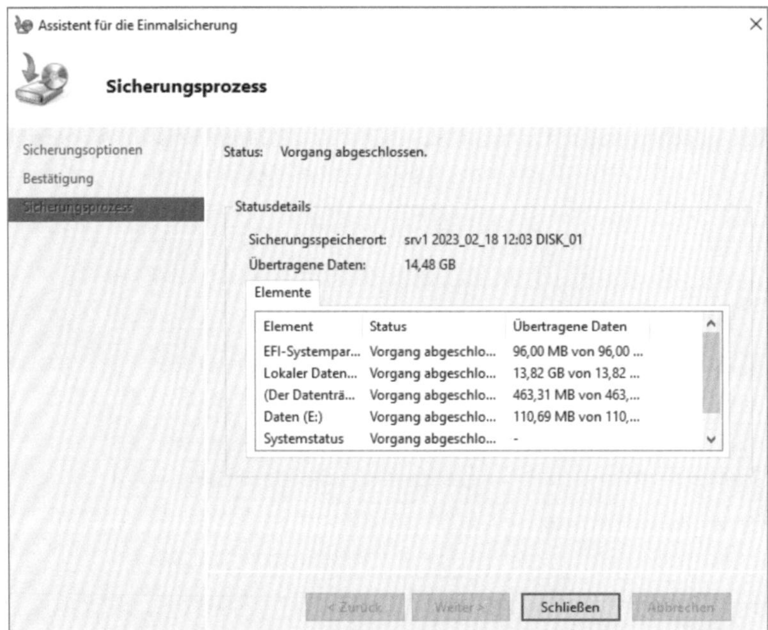

Abb. 8.6 Erfolgreich durchgeführte Datensicherung in Windows Server 2022

Wenn die Einmalsicherung fehlerfrei durchgelaufen ist, sollten auch die geplanten Sicherungen problemlos ablaufen. In der Verwaltungsoberfläche der Sicherungen ist zu sehen, welche Sicherungen durchgelaufen sind und wo es Probleme gab. Im unteren Bereich des Fensters sehen Sie, ob die letzte Sicherung erfolgreich abgelaufen ist und wann die nächste startet. Im Fenster ist auch zu erkennen, wie alt die älteste Sicherung ist. Durch einen Doppelklick auf eine der Sicherungen blendet das Fenster eine Information ein, welche Daten gesichert wurden (siehe Abbildung 8.7).

Um weitere Festplatten als Sicherungsziel zu definieren, werden diese zuerst an den Server angeschlossen. In der Befehlszeile können Sie mit dem folgenden Befehl die Datenträger anzeigen, die Windows Server-Backup sichern oder als Sicherungsziel nutzen kann:

wbadmin get disks

Für das neue Sicherungsziel ist an dieser Stelle auch die ID zu sehen, inklusive der geschweiften Klammern. Um die neue Festplatte als zusätzliches Sicherungsziel zu definieren, geben Sie den folgenden Befehl ein (siehe Abbildung 8.8):

wbadmin enable backup -addtarget:{e4c16d89-0000-0000-0000-000000000000}

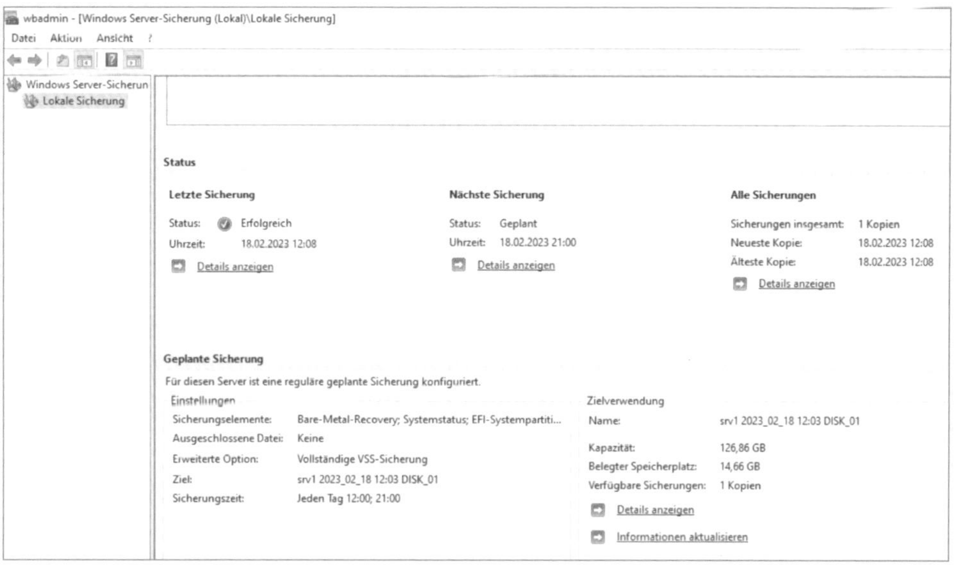

Abb. 8.7 Anzeigen der Sicherungsinformationen der Windows Server-Sicherung

Nach der Bestätigung sollte das zusätzliche Sicherungsziel funktionieren. Wichtig ist an dieser Stelle, dass Sie die richtige ID verwenden. Der Vorgang ist natürlich nur dann nötig, wenn die zusätzliche Festplatte nicht ohnehin erkannt wird. Diesen Vorgang wiederholen Sie für alle Festplatten, die Sie als Ziel für das Backup nutzen möchten.

```
PS C:\Users\Administrator> wbadmin get disks
wbadmin 1.0 - Sicherungs-Befehlszeilentool
(C) Copyright Microsoft Corporation. Alle Rechte vorbehalten.

Datenträgername: Microsoft Virtual Disk
Datenträgernummer: 0
Datenträger-ID: {2a501ed7-6d8f-4c50-a7a8-a1be6bcc1b8c}
Gesamter Speicher: 127.00 GB
Verwendeter Speicher: 17.11 GB
Volumes: EFI-Systempartition[(ohne Volumebezeichnung)],C:[]

Datenträgername: Microsoft Virtual Disk
Datenträgernummer: 1
Datenträger-ID: {60c6fd37-834f-463f-af75-e7e901f4642a}
Gesamter Speicher: 127.00 GB
Verwendeter Speicher: 816.56 MB
Volumes: E:[Daten]

Datenträgername: Microsoft Virtual Disk
Datenträgernummer: 2
Datenträger-ID: {1085fd94-f96c-415e-a165-58be78d313d7}
Gesamter Speicher: 127.00 GB
Verwendeter Speicher: 20.36 GB
Volumes: <nicht bereitgestellt>[srv1 2023_02_18 12:03 DISK_01]

Datenträgername: Microsoft Virtual Disk
Datenträgernummer: 3
Datenträger-ID: {17709af3-7c53-479c-b9a2-66f43e5717a6}
Gesamter Speicher: 127.00 GB
Verwendeter Speicher: 113.03 MB
Volumes: F:[Backup]

PS C:\Users\Administrator> wbadmin enable backup -addtarget:{17709af3-7c53-479c-b9a2-66f43e5717a6}
wbadmin 1.0 - Sicherungs-Befehlszeilentool
(C) Copyright Microsoft Corporation. Alle Rechte vorbehalten.

Als Speicherorte für geplante Sicherungen können Datenträger, Volumes oder
freigegebene Remoteordner verwendet werden. Es können mehrere Speicherorte für geplante Sicherungen
konfiguriert werden, diese müssen aber denselben Typ haben.
Für den aktuellen Plan wird/werden "Datenträger" als Sicherungsspeicher
verwendet. Durch Hinzufügen eines neuen Speichertyps werden die Speicherorte
vom Typ "Datenträger" entfernt.
Möchten Sie den Vorgang fortsetzen?
[J] Ja [N] Nein j
```

Abb. 8.8 Auslesen und Hinzufügen von zusätzlichen Sicherungszielen

8.3.2 Sicherung in der Eingabeaufforderung und PowerShell konfigurieren

Für Skripts steht das Befehlszeilentool *Wbadmin* für die Verwaltung der Sicherungen zur Verfügung. Über */?* erhalten Sie für jeden der unten aufgelisteten Befehle eine entsprechende Hilfe eingeblendet. Die wichtigsten Befehle für das Tool sind:

- **Wbadmin enable backup** erstellt oder ändert eine tägliche Sicherung.
- **Wbadmin disable backup** deaktiviert die tägliche Sicherung.
- **Wbadmin start backup** startet einmalig einen Sicherungsauftrag.
- **Wbadmin stop job** unterbricht eine laufende Sicherung oder Wiederherstellung.
- **Wbadmin get disks** zeigt aktuelle Datenträger an, die online sind.
- **Wbadmin get versions** zeigt Informationen über die verfügbaren Sicherungen an.
- **Wbadmin get items** zeigt die enthaltenen Daten einer Sicherung an.
- **Wbadmin start recovery** startet eine Wiederherstellung.
- **Wbadmin get status** zeigt den Status einer laufenden Sicherung oder Wiederherstellung an.
- **Wbadmin start systemstaterecovery** stellt den Systemstatus wieder her.
- **Wbadmin start sysrecovery/systemstatebackup** startet eine vollständige Systemsicherung, die später in den Computerreparaturoptionen wiederhergestellt werden kann.
- **Wbadmin delete systemstatebackup -keepversions:n** löscht alle Systemstatussicherungen bis auf die letzten *n* Versionen.
- **Wbadmin delete systemstatebackup -deleteoldest** löscht die jeweils älteste Systemstatussicherung.

Weitere Befehle zur Sicherung sind:

- **Vssadmin list shadows /for=x:** zeigt die vorhandenen Sicherungen für das Laufwerk *x:* an.
- **Vssadmin delete shadows /for=x: /oldest** löscht die jeweils älteste Sicherung des Laufwerks *x:*.

Neben *Wbadmin* können Sie die Datensicherung auch über die PowerShell steuern. Dazu müssen Sie in der PowerShell oder in PowerShell ISE zunächst die Befehle für die Datensicherung laden. Das verfügbare Modul für Windows Server 2022 trägt die Bezeichnung *WindowsServerbackup*.

Mit dem Befehl *Get-Command -Module WindowsServerbackup* sehen Sie in Windows Server 2022 die Cmdlets der PowerShell. Mit den drei folgenden Befehlen lassen Sie sich eine ausführliche Hilfe und Beispiele der Cmdlets in der PowerShell anzeigen:

- *Get-Help <Cmdlet_Name> -Detailed*
- *Get-Help <Cmdlet_Name> -Examples*
- *Get-Help <Cmdlet_Name> -Full*

Um eine neue Sicherung über die PowerShell zu erstellen, müssen Sie zunächst einen Sicherungssatz anlegen, also eine Richtlinie, die steuert, welche Daten der Server sichern soll.

8.4 Daten mit dem Sicherungsprogramm wiederherstellen

Wenn auf dem Server Sicherungen zur Verfügung stehen, besteht die Möglichkeit, einzelne Dateien und Ordner wiederherzustellen. Auch dazu verwenden Sie das Sicherungsprogramm. Wichtig ist an dieser Stelle, dass Sie den Datenträger mit der aktuellsten Sicherung mit dem Server verbinden.

8.4.1 Einzelne Dateien mit dem Sicherungsprogramm wiederherstellen

Eine Wiederherstellung starten Sie im Sicherungsprogramm von Windows Server 2022 über das Menü *Aktion*. Auch hier führt ein Assistent durch die einzelnen Schritte der Wiederherstellung. Bestätigen Sie zunächst seine Begrüßungsseite. Auf der nächsten Seite wählen Sie den Server aus, von dem Sie Daten wiederherstellen wollen (siehe Abbildung 8.9). Danach wählen Sie das Datum der Sicherung aus, von der Sie Daten wiederherstellen wollen (siehe Abbildung 8.10).

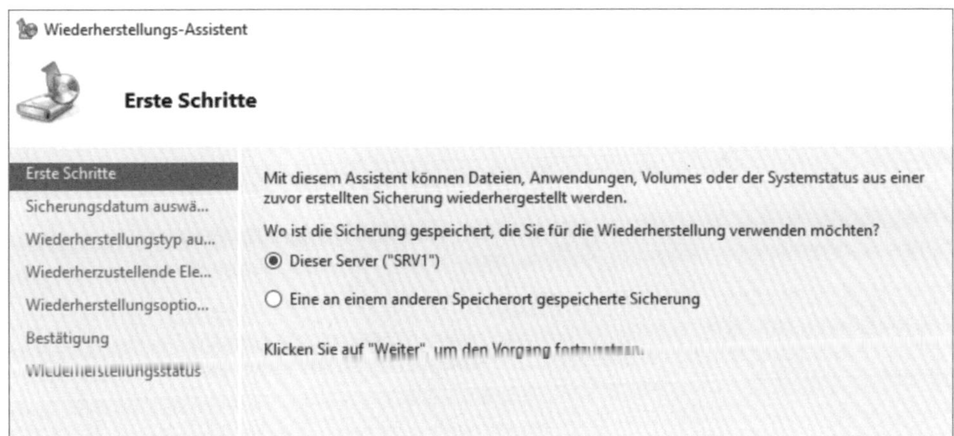

Abb. 8.9 Starten einer Wiederherstellung in Windows Server 2022

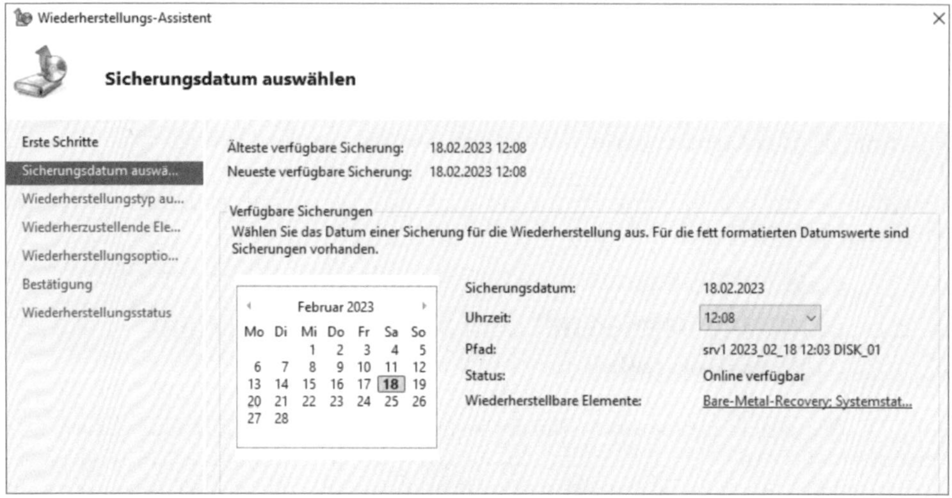

Abb. 8.10 Auswählen des Sicherungsdatums für die Wiederherstellung

Auf der nächsten Seite legen Sie fest, welche Daten Sie wiederherstellen wollen. Hier besteht die Möglichkeit, komplette Volumes oder nur einzelne Dateien und Ordner wiederherzustellen (siehe Abbildung 8.11). Erkennt der Sicherungsassistent gesicherte Anwendungen, zum Beispiel einen Datenbankserver, dann hat er online die Daten gesichert und erlaubt an dieser Stelle auch die Wiederherstellung. Dazu müssen Sie lediglich *Anwendung* auswählen und danach die erkannte Anwendung.

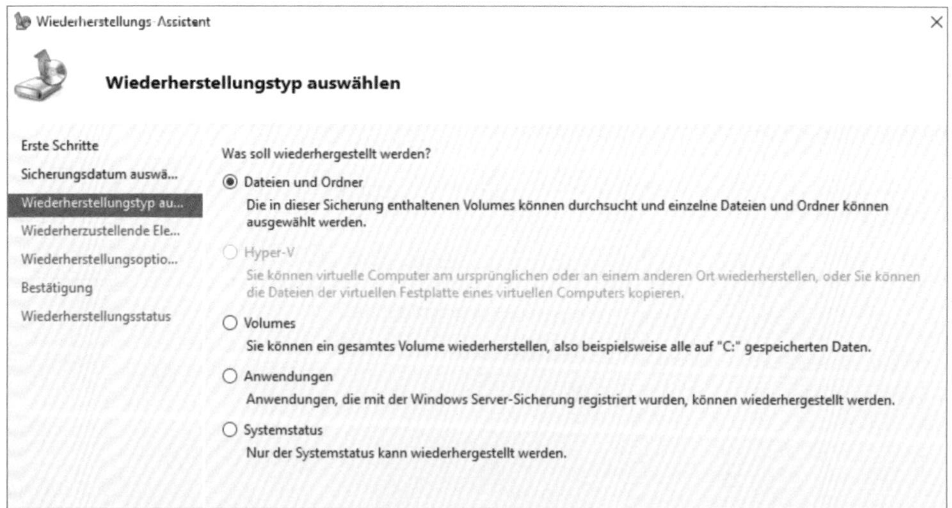

Abb. 8.11 Auswählen der Objekte, die Sie wiederherstellen wollen

Danach wählen Sie aus, was genau Sie wiederherstellen möchten. Hier können Sie komplette Ordner, aber auch einzelne Dateien wiederherstellen (siehe Abbildung 8.12).

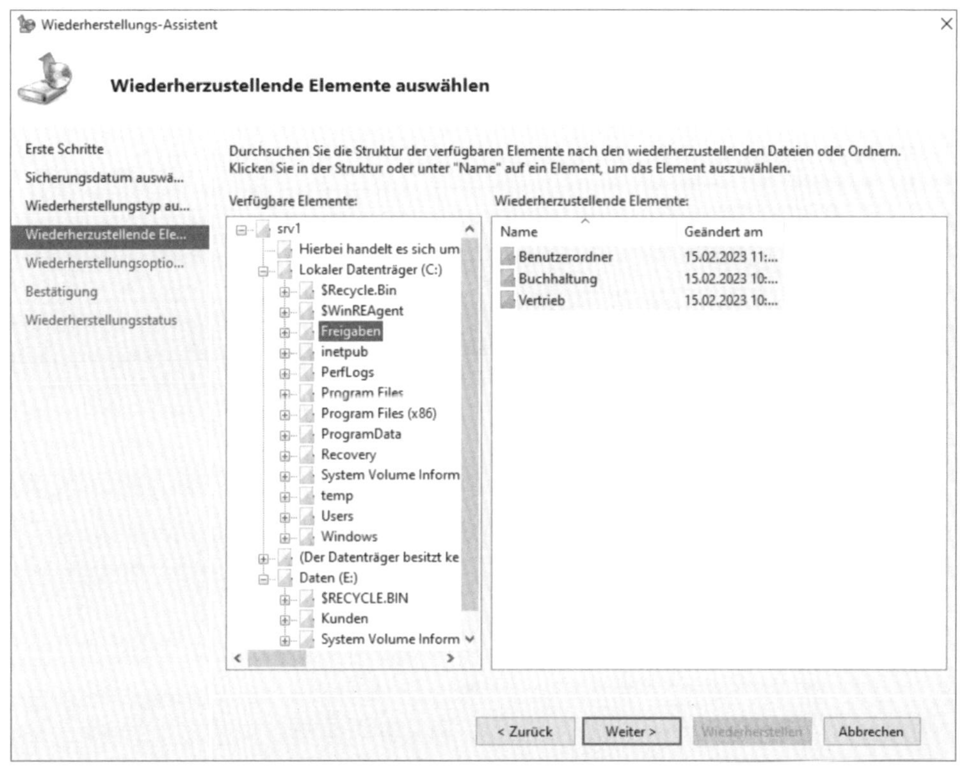

Abb. 8.12 Auswählen der Objekte, die Sie wiederherstellen möchten

Auf der nächsten Seite wählen Sie aus, wo Sie die Dateien wiederherstellen wollen, ob vorhandene Dateien überschrieben werden dürfen und ob die Berechtigungen und Sicherheitseinstellungen der Dateien ebenfalls wiederhergestellt werden sollen (siehe Abbildung 8.13).

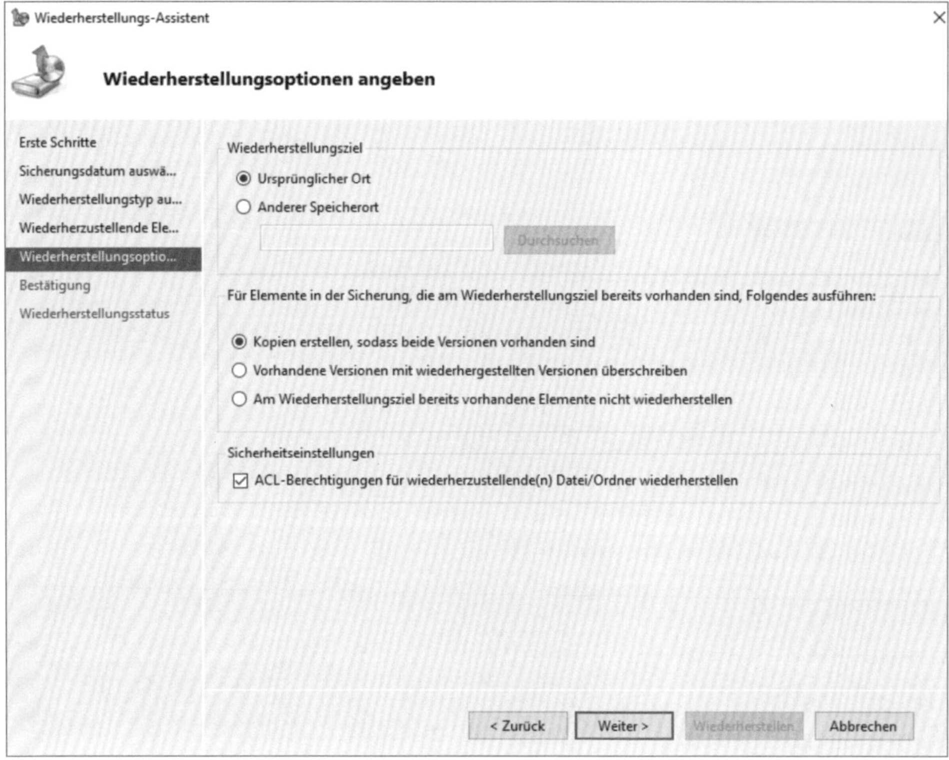

Abb. 8.13 Konfigurieren der Wiederherstellungsoptionen

Danach schließt der Assistent die Aufgabe ab und stellt die gewünschten Dateien wieder her. In der Verwaltungskonsole der Windows Server-Sicherung zeigt das Tool die erfolgreiche Wiederherstellung an.

8.4.2 Kompletten Server mit dem Sicherungsprogramm wiederherstellen

Haben Sie auf dem Server eine vollständige Datensicherung erstellt, können Sie damit den kompletten Server wiederherstellen, falls dieser zum Beispiel nicht mehr starten kann. Dazu muss der Datenträger mit der Sicherung mit dem Server verbunden und dieser mit der Windows Server 2022-DVD gebootet werden.

Bricht der Startvorgang von Windows Server 2022 zwei Mal ab, startet der Server auch ohne Installationsdateien automatisch den Wiederherstellungsmodus. Auch hier lässt sich die Wiederherstellung des Servers durchführen.

Auf der Startseite des Installationsassistenten klicken Sie auf *Weiter*. Auf der nächsten Seite wählen Sie *Computerreparaturoptionen* aus. In den Systemwiederherstellungsoptionen wählen Sie die Option zur Wiederherstellung einer Systemabbildsicherung aus. Dazu klicken Sie auf *Problembehandlung* (siehe Abbildung 8.14) und *Systemimage-Wiederherstellung*.

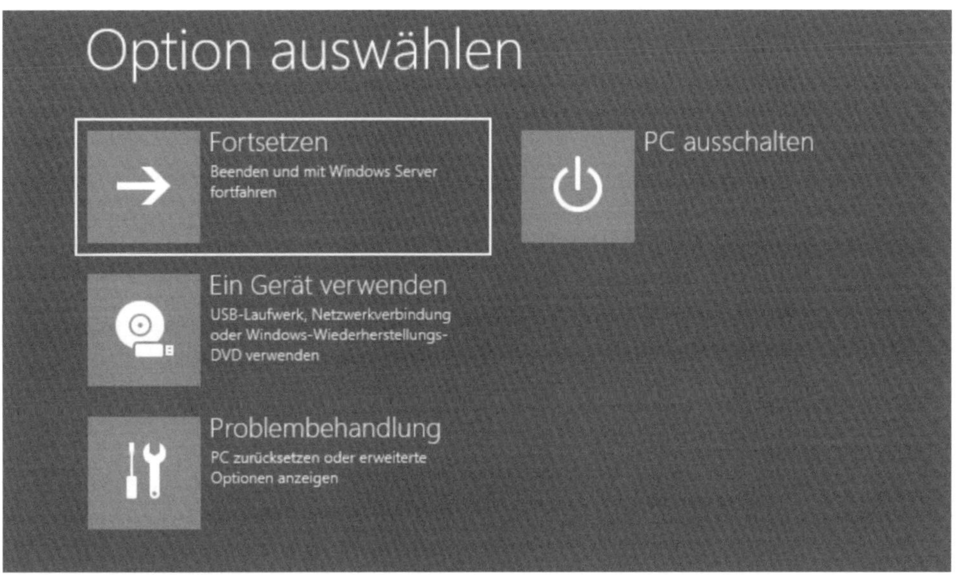

Abb. 8.14 Windows Server 2022 Essentials/Standard kann auf Basis einer vollständigen Sicherung wiederhergestellt werden.

Sie können anschließend auswählen, aus welcher Sicherung Sie den Server wiederherstellen wollen sowie die Datenträger, die wiederhergestellt werden sollen. Aktivieren Sie die Option *Nur Systemlaufwerke wiederherstellen*, dann führt der Sicherungsassistent die Wiederherstellung nur für das Systemlaufwerk durch, damit der Server wieder startet (siehe Abbildung 8.15). Das ist einer der Gründe, warum Sie die Daten des Servers idealerweise auf einem anderen Datenträger speichern sollten. Denn in diesem Fall lässt sich das Betriebssystem wiederherstellen, aber alle anderen Daten bleiben erhalten.

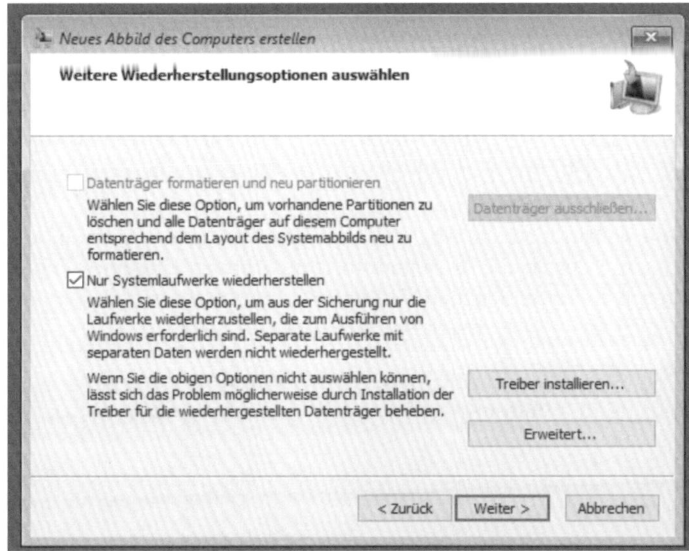

Abb. 8.15 Auswählen der Systemwiederherstellung in Windows Server 2022

Auf diese Weise können Sie das Betriebssystem wieder in einen lauffähigen Zustand zurückführen. Wichtig ist dazu, dass Sie die Bare-Metal-Restore-Möglichkeit bei der Sicherung ausgewählt haben. Diese wird automatisch ausgewählt, wenn Sie den Server vollständig gesichert haben. Daher ist es in jedem Fall empfehlenswert, wenn Sie jede Sicherung als vollständige Sicherung durchführen. Schließen Sie den Vorgang ab, stellt der Sicherungsassistent den Server wieder zum Zeitpunkt der verwendeten Datensicherung zurück.

Lassen Sie mehrere Daten wiederherstellen, wählen Sie als Nächstes aus, ob Windows den Datenträger formatieren und partitionieren soll oder ob Sie die Daten auf die bisherige Partition zurücksichern wollen. Über die Schaltfläche *Datenträger ausschließen* wählen Sie die Datenträger aus, die nicht wiederhergestellt werden sollen, weil diese zum Beispiel Datenbankdateien von SQL Server enthalten.

Über *Treiber installieren* lassen sich wichtige Treiber integrieren, die für die Wiederherstellung unter Umständen benötigt werden. In den Optionen unter *Erweitert* legen Sie fest, dass der Server automatisch nach der Wiederherstellung neu starten und Datenträger auf Defekte überprüfen soll.

Zum Abschluss erscheint eine Meldung, die darüber informiert, dass die Datenträger neu formatiert werden. Diese Meldung müssen Sie bestätigen, bevor die Wiederherstellung beginnt. Nach der Wiederherstellung steht der Server wieder zur Verfügung. Sie sollten danach den Status der Datenbanken überprüfen und unter Umständen aktuelle Sicherungen der SQL-Datenbanken wiederherstellen. Anschließend funktioniert der Server wieder.

8.5 Erweiterte Wiederherstellungsmöglichkeiten

In den folgenden Abschnitten lernen Sie verschiedene Möglichkeiten kennen, um Windows Server 2022 zu reparieren oder wiederherzustellen, falls der Server nicht mehr funktioniert. Um Windows Server 2022 wiederherzustellen, verwenden Sie entweder die Windows Server 2022-Installations-DVD oder drücken beim Bootvorgang die F8-Taste.

8.5.1 Schrittaufzeichnung – Fehler in Windows nachvollziehen und beheben

Windows Server 2022 bietet die Möglichkeit, Fehler in Windows aufzuzeichnen und für Spezialisten so aufzubereiten, dass sie den Fehler leicht nachvollziehen und überprüfen können. Diese schrittweise Aufzeichnung von Fehlern hat die Bezeichnung »Schrittaufzeichnung«.

Am schnellsten starten Sie die Schrittaufzeichnung, indem Sie *psr* im Startmenü eintippen. Es öffnet sich die Oberfläche, mit der Sie die Aufzeichnung durchführen. Um einen Fehler aufzuzeichnen und weitergeben zu können, gehen Sie folgendermaßen vor:

1. Tippen Sie *psr* auf der Startseite ein.
2. Klicken Sie nach dem Start des Tools auf *Aufzeichnung starten*.
3. Gehen Sie exakt die Schritte in Windows oder dem jeweiligen Programm durch, die zum Fehler führen.
4. Per Klick auf *Kommentar hinzufügen* können Sie eigene Hinweise einfügen, wenn der Fehler nicht schnell offensichtlich ist.
5. Haben Sie den Fehler nachgestellt, klicken Sie auf *Aufzeichnung beenden*.
6. Speichern Sie die Datei als ZIP-Archiv ab.

7. Das Tool speichert die eigentliche Aufzeichnung als *.mht*-Datei, die Sie mit dem Internet Explorer öffnen können. Extrahieren Sie die *.zip*-Datei per Rechtsklick oder klicken Sie doppelt auf die *.zip*-Datei und dann auf die *.mht*-Datei. Sie sehen die Aufzeichnung des Problems als Dokument, das jeder nachvollziehen kann.

8.5.2 Datensicherung über Ereignisanzeige starten

Mit Windows Server 2022 können Sie eine Datensicherung des Servers auf einem Netzwerkspeicher anlegen, zum Beispiel einem NAS-System. Als zusätzliche Möglichkeit können Sie nach der erfolgreichen Datensicherung weitere Sicherungsmaßnahmen im Netzwerk durchführen, zum Beispiel durch selbst erstellte Batchdateien auf Basis des Befehlszeilentools Robocopy. Sobald ein Sicherungsjob startet, protokolliert Windows Server 2022 einen Eintrag in der Ereignisanzeige.

An dieses Ereignis lässt sich sehr leicht eine Aufgabe über die Aufgabenplanung anbinden. Die Aufgabe wiederum kann eine Batchdatei starten, in der Daten auf verschiedene Freigaben im Netzwerk repliziert werden und andere Aktionen ablaufen. Die Einrichtung ist nicht sehr kompliziert und baut komplett auf Bordmittel von Windows Server 2022 auf.

Sie haben die Möglichkeit, über die Ereignisanzeige, zusammen mit der Aufgabenplanung, in Windows Server 2022 weitere Aktionen durchführen zu lassen. Wollen Sie nach bestimmten Ereignissen in der Ereignisanzeige noch Batchdateien oder Befehle ausführen, können Sie die Funktion in Windows Server 2022 nutzen, mit der sich Aufgaben an bestimmte Ereignisse anhängen lassen. Dazu klicken Sie mit der rechten Maustaste auf das Ereignis und wählen *Aufgabe an dieses Ereignis anfügen*. Das heißt, Windows startet die Aufgabe immer genau dann, wenn das entsprechende Ereignis auftritt.

Im folgenden Assistenten wählen Sie aus, welche Befehle Windows ausführen soll. Im ersten Fenster weisen Sie der Aufgabe einen Namen zu. Im zweiten Fenster sehen Sie noch einmal das Ereignis, zu dem Windows die Aufgabe startet. Im dritten Fenster wählen Sie die Option *Programm starten* aus. Als Nächstes geben Sie den Befehl und die Optionen ein, die Windows ausführen soll. Wollen Sie zum Beispiel nach der Sicherung verschiedene Aufgaben durchführen, etwa Replikationen mit Robocopy oder den Rechner herunterfahren oder auch beides, schreiben Sie am besten eine Batchdatei und lassen diese an dieser Stelle ausführen.

Ein Beispielskript könnte folgendermaßen aussehen (siehe Listing 8.1). Als Dateiendung verwenden Sie entweder *.bat* oder *.cmd*.

```
echo on
del C:\Users\thomas\Desktop\backup.log
robocopy "C:\Users\thomas\Documents" "x:\backup\dokumente" /mir /r:5
    /log+:C:\Users\thomas\Desktop\backup.log
robocopy "C:\Users\thomas\Pictures" "x:\backup\Pictures" /mir /r:5
    /log+:C:\Users\thomas\Desktop\backup.log
robocopy "C:\Users\thomas\Documents" "z:\backup\dokumente" /mir /r:5
    /log+:C:\Users\thomas\Desktop\backup.log
robocopy "C:\Users\thomas\Pictures" "z:\backup\Pictures" /mir /r:5
    /log+:C:\Users\thomas\Desktop\backup.log
robocopy "C:\Users\thomas\Documents" "u:\backup\dokumente" /mir /r:5
    /log+:C:\Users\thomas\Desktop\backup.log
robocopy "C:\Users\thomas\Pictures" "u:\backup\Pictures" /mir /r:5
    /log+:C:\Users\thomas\Desktop\backup.log
shutdown /s /t 30
```

List. 8.1 Erstellen einer Batchdatei zur Sicherung

So erhalten Sie immer eine 1:1-Kopie Ihrer wichtigsten Daten. Sie können ohne Weiteres auch mehrere Ordner sichern. Verwenden Sie in diesem Fall einfach den Befehl mehrmals nacheinander in einem Skript.

Haben Sie die Batchdatei ausgewählt, aktivieren Sie am Ende des Assistenten noch die Option *Beim Klicken auf "Fertig stellen", die Eigenschaften für diese Aufgabe öffnen.* Schließen Sie die Erstellung der Aufgabe ab, können Sie diese noch an Ihre Bedürfnisse anpassen.

Sie können die Aufgabe aber auch jederzeit ohne diese Option anpassen. Dazu starten Sie durch Eintippen von *Aufgabe* auf der Startseite die Aufgabenplanung. Die Aufgabe finden Sie über *Aufgabenplanungsbibliothek | Aufgaben der Ereignisanzeige.* Über das Kontextmenü rufen Sie die Eigenschaften der Aufgabe auf. Zunächst sollten Sie auf der Registerkarte *Allgemein* im unteren Bereich bei *Sicherheitsoptionen* ein Benutzerkonto auswählen, um die Aufgabe zu starten. Außerdem aktivieren Sie die Option *Mit höchsten Privilegien ausführen,* falls dies notwendig ist.

Auf der Registerkarte *Trigger* überprüfen Sie, ob die korrekte Ereignismeldung als Startwert ausgewählt ist. Bei *Aktionen* sollte Ihre Batchdatei erscheinen. Bei *Bedingungen* können Sie weitere Konfigurationen vornehmen, das gilt auch für die Registerkarte *Einstellungen.*

Alle Aufgaben, die Sie ausführen wollen, müssen Sie nur noch in die Batchdatei aufnehmen. Zur Sicherung und Replikation im Netzwerk bietet es sich zum Beispiel an, verschiedene Ordner an andere Ordner und Rechner im Netzwerk zu replizieren, am besten mit Robocopy. Anschließend können Sie den Rechner mit Shutdown herunterfahren lassen. Beide Tools gehören zum Lieferumfang von Windows Server 2022.

Wenn Sie Datei- oder Ordnernamen kopieren, die ein Leerzeichen enthalten, geben Sie den Pfad in Anführungszeichen an, zum Beispiel *robocopy "C:\Users\thomas\Documents" "x:\backup\dokumente" /mir.* Alle Optionen verwendet das Tool von links nach rechts. Nach meiner Erfahrung verwenden die meisten Administratoren die Option */mir,* weil so schnell und einfach eine Spiegelung eines Ordners angelegt wird. Um die Daten in einer Freigabe auf einen anderen Rechner zu spiegeln, schreiben Sie am besten ein Skript mit dem Befehl *robocopy <Quellordner> <Sicherungslaufwerk>:\<Sicherungsordner> /mir.*

Die Option */mir* kopiert nur geänderte Dateien und löscht Dateien im Zielordner, die im Quellordner nicht mehr vorhanden sind. Das heißt, der erste Kopiervorgang dauert recht lange, da erst alle Dateien kopiert werden müssen. Der zweite läuft aber deutlich schneller ab, da nur geänderte Dateien kopiert werden. Löschen Sie im Quellordner eine Datei, löscht der Kopiervorgang diese auch im Backupordner. So erhalten Sie immer eine 1:1-Kopie Ihrer wichtigsten Daten. Sie können ohne Weiteres auch mehrere Ordner sichern. Verwenden Sie in diesem Fall einfach mehrmals den Befehl nacheinander in einem Skript.

8.6 Windows-Abstürze analysieren und beheben

Bluescreens sind in Windows Server 2022 schon lange nicht mehr so häufig anzutreffen wie bei vorangegangenen Versionen. Was viele ärgert, soll das System jedoch schützen. Ein Bluescreen ist in fast allen Fällen kein Fehler, der durch Windows oder eine Anwendung verursacht wird. Hauptsächlich sind fehlerhafte Treiber schuld, dass Windows aufgibt und mit einem Fehler abstürzt. Außerdem kommen Bluescreens auch sehr oft dann vor, wenn Hardware defekt ist. Am häufigsten liegen dann Probleme mit dem Arbeitsspeicher oder einer überhitzten CPU vor. Ebenfalls weit verbreitet sind defekte Festplattencontroller oder Hauptplatinen. Auch wenn Windows an einem Dateizugriff scheitert, weil die Festplatte defekt ist, bedeutet das oft eine Ankündigung eines Plattenausfalls. Bei einem Bluescreen läuft Windows noch stabil genug, um den Fehler zu protokollieren und sich selbst sofort zu beenden.

Meistens erscheint eine achtstellige Hexadezimalzahl sowie eine kurze Beschreibung des Fehlers, oft IRQ_NOT_LESS_OR_EQUAL oder INACCESSIBLE_BOOT_DEVICE. Manchmal zeigt Windows auch die Datei an, die den Fehler verursacht hat – meistens eine *.sys*-Datei, also ein Treiber. Schreibt ein Treiber durch Programmierfehler in einen Arbeitsspeicherbereich, in dem sich bereits Daten eines anderen Treibers oder sogar des Systems befinden, stellt Windows sofort seinen Betrieb ein und meldet den Fehler als Bluescreen. Würde das System nicht so vorgehen, könnten durch die ungültigen Bereiche im Arbeitsspeicher Daten zerstört oder im Falle von Hardwaretreibern sogar die Hardware eines Computers in Mitleidenschaft gezogen werden.

Solche Kernelzugriffe von Treibern hat Microsoft nahezu abgeschafft, sodass Bluescreens in diesem Bereich eher selten auftreten. Verliert ein Teil des Arbeitsspeichers durch einen physischen Defekt jedoch Daten, kann auch unter Windows Server 2022 ein Bluescreen erscheinen.

Bluescreens gibt es ebenfalls unter UNIX oder Linux, werden hier aber als »Kernel panic« bezeichnet. Der Prozessor kann bei mangelnder Kühlung zu heiß werden und eine eventuelle Übertaktung den Effekt noch verstärken. In Windows Server 2022 gibt es das Windows-Speicherdiagnosetool, das Sie über den Befehl *mdsched* auf der Startseite aufrufen.

Windows Server 2022 ist standardmäßig so eingestellt, dass nach einem Bluescreen automatisch der Rechner neu startet. Dies hat den Vorteil, dass der Server dann recht schnell wieder zur Verfügung steht. Allerdings können Sie in diesem Fall auch die entsprechende Fehlermeldung nicht lesen.

8.6.1 Bluescreens im Griff behalten

Erscheint der Bluescreen nach jedem Start, verfängt sich der Computer in einer Schleife, da er nach jedem Bluescreen neu startet. Die möglichen Einstellungen, wie sich Windows nach einem Bluescreen verhalten soll, finden Sie unter *Systemsteuerung | System und Sicherheit | System | Erweiterte Systemeinstellungen*. Klicken Sie im Abschnitt *Starten und Wiederherstellen* auf die Schaltfläche *Einstellungen*. Sie erreichen den Bereich auch durch Eingabe von *sysdm.cpl* im Startmenü.

Über den Abschnitt *Systemfehler* lassen sich die Einstellungen vornehmen. Zunächst sollten Sie das Kontrollkästchen *Automatisch Neustart durchführen* deaktivieren, wenn Sie wollen, dass der Rechner bei der Anzeige des Bluescreens stehen bleibt. Über das Listenfeld *Debuginformationen speichern* wählen Sie aus, welche Art von Informationen das Betriebssystem protokollieren soll.

Am besten sind die Varianten *Automatisches Speicherabbild* oder *Kleines Speicherabbild* geeignet, da andere Informationen eher verwirrend sind. Hier legen Sie auch fest, in welchem Ordner das Speicherabbild mit dem Fehler abgelegt werden soll (siehe Abbildung 8.16). Um eine *.dmp*-Datei mit den nachfolgend genannten Tools zu analysieren, laden Sie diese ganz normal in das jeweilige Programm.

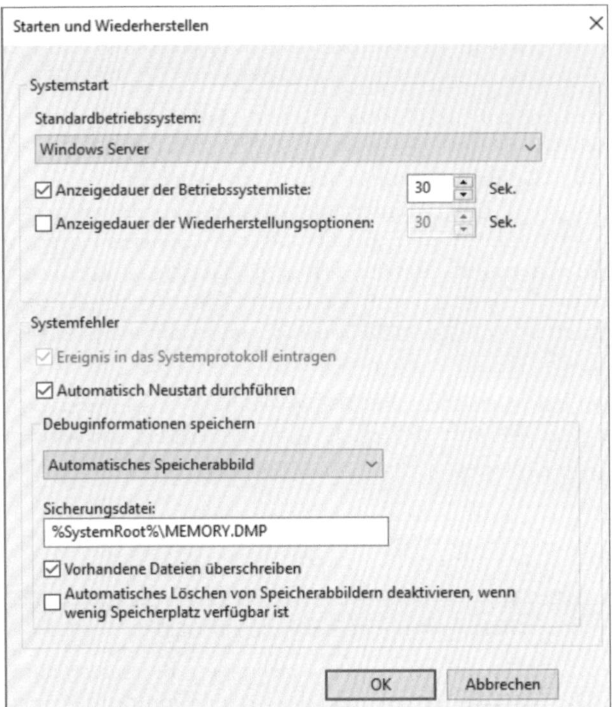

Abb. 8.16 Windows Server 2022 für Bluescreens anpassen

Eine gute Möglichkeit, um Bluescreens auf die Spur zu kommen, ist die Software BlueScreenView, die Sie von der Seite *http://www.nirsoft.net/utils/blue_screen_view.html* herunterladen können. Sie erhalten Informationen zu den Bluescreens und können schneller Fehler finden. Der Vorteil des Tools ist, dass Sie den Viewer nicht installieren müssen. Er lässt sich daher auch über einen USB-Stick aufrufen.

Das Tool analysiert die Datei *memory.dmp*, die Windows mit dem Bluescreen erzeugt. Liegt diese Datei im Ordner *C:\Windows\minidump*, liest das Tool sie automatisch ein. Findet es die Datei nicht, kopieren Sie *memory.dmp* von *C:\Windows* in den Ordner *C:\Windows\minidump*. Ist der Ordner nicht vorhanden, legen Sie ihn an. Nach dem Einlesen der Datei liefert der Fehler in der Spalte *Bug Check String* schon einen ersten Hinweis, den Sie für die Internetrecherche nutzen können.

Zusätzlich verwenden Sie noch den Code in der Spalte *Bug Check Code*. Klicken Sie doppelt auf *memory.dmp*, öffnet sich ein Detailfenster des Absturzes. Hat ein Treiber den Bluescreen verursacht, sehen Sie diesen in der Spalte *Caused by Driver*. Auch diese Information sollten Sie in die Recherche mit einbeziehen.

Können Sie den Bluescreen eingrenzen und erhalten über eine Suchmaschine nähere Informationen, zum Beispiel das Ändern bestimmter Registrykeys, sind Sie schon ein Stück weiter. Ist ein Treiber schuld am Fehler, installieren Sie eine aktualisierte oder ältere Version. Tritt ein Fehler bei Ihnen erst nach der Installation eines neuen Treibers auf, können Sie in Windows den vorherigen Treiber aktivieren, mit dem das System noch stabil lief. Das geht natürlich nur dann, wenn Windows noch startet und Sie den Geräte-Manager aufrufen können.

Haben Sie den Treiber über ein Installationsprogramm installiert oder wurde der Absturz nicht durch einen Treiber verursacht, sondern von einer von Ihnen installierten Anwendung, können Sie in Windows den Systemzustand von vor der Installation der Anwendung wiederherstellen. Um den Zustand zurückzusetzen, müssen Sie Windows starten oder den Rechner über die Windows-DVD oder einen Rettungsdatenträger booten und die Computerreparaturoptionen starten. Setzen Sie in diesem Fall den Systemwiederherstellungspunkt zurück.

Oft stürzt in Windows nur ein einzelner Prozess ab oder belegt zu viele Ressourcen. Finden Sie diesen Prozess und beenden ihn, läuft Windows Server 2022 in den meisten Fällen aber problemlos weiter:

1. Klicken Sie mit der rechten Maustaste auf die Taskleiste und wählen Sie im Kontextmenü den Befehl *Task-Manager*. Alternativ starten Sie den Task-Manager auch mithilfe von Strg+Alt+Entf und der Auswahl des entsprechenden Befehls. Aktivieren Sie im unteren Bereich immer die Option *Mehr Details*.
2. Wechseln Sie zunächst zur Registerkarte *Leistung* (siehe Abbildung 8.17). Manchmal verursachen Prozesse eine hohe CPU-Last von bis zu 100 % oder belegen den kompletten Arbeitsspeicher. Dauerhaft sollte die Belastung immer schwanken und nicht mehr als 30 bis 40 % betragen.

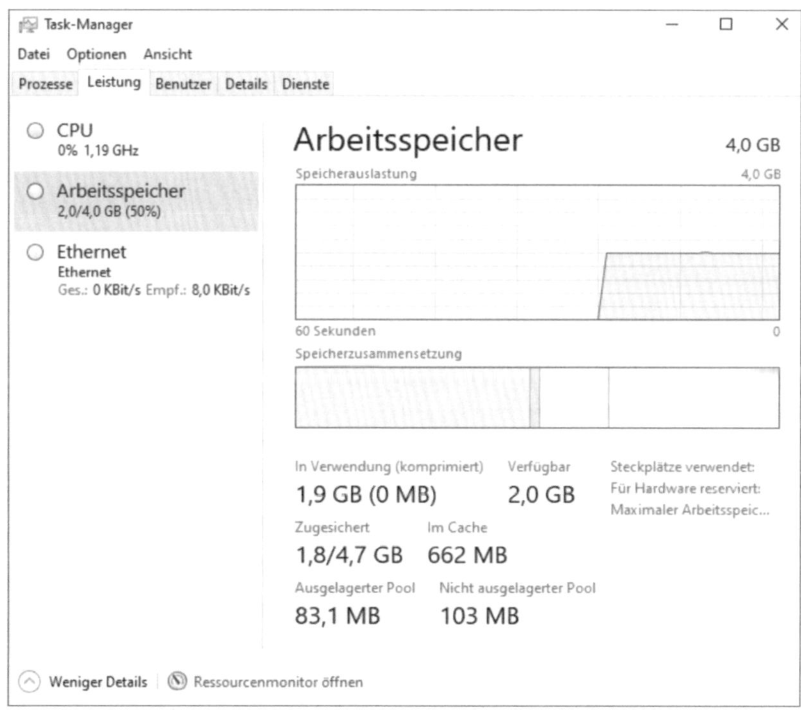

Abb. 8.17 Nutzung des Arbeitsspeichers oder der CPU in Windows Server 2022 überwachen

Rufen Sie anschließend die Registerkarte *Details* auf. Hier sehen Sie Programme, die gestartet sind, und bei *Status* die Meldung *Keine Rückmeldung*, wenn ein Programm nicht mehr funktioniert. Versuchen Sie, ein solches Programm mit *Task beenden* zu beenden.

Auch wenn keine hohe CPU-Last vorliegt, kann dennoch ein Prozess das System lahmlegen. Handelt es sich um einen Prozess, der eine hohe CPU-Last verursacht, klicken Sie auf die Spalte *CPU*. Der Task-Manager sortiert anschließend die Prozesse absteigend nach dem CPU-Verbrauch. Hier sehen Sie recht schnell, welcher Prozess das Problem verursacht.

Verursacht ein Prozess zu viel Last, können Sie ihn beenden. Aber Achtung: Dabei können auch ungespeicherte Daten verloren gehen. Bevor Sie einen Prozess beenden, suchen Sie nach dessen Namen im Internet, wenn Sie ihn nicht kennen.

Speichern Sie möglichst alle Programme, die noch reagieren, und beenden Sie diese ordnungsgemäß. Klicken Sie den Prozess mit der rechten Maustaste an und wählen Sie *Task beenden*. Teilweise erscheint noch eine Rückfrage nach einigen Sekunden, dann beendet Windows den Prozess.

Reagiert Windows wieder, sollten Sie möglichst alle noch offenen Programme beenden und Daten speichern. Starten Sie anschließend den Rechner neu, damit Windows wieder alle notwendigen Prozesse starten kann. Beenden Sie den Explorer, fehlt oft die grafische Oberfläche. Diese starten Sie dann einfach über den Task-Manager mit *Datei* | *Neuen Task ausführen* und der Eingabe von *explorer*.

8.6.2 Microsoft Windows File Recovery Tool

Mit dem Windows File Recovery Tool bietet Microsoft ein kostenloses Tool für die Befehlszeile an, mit dem sich gelöschte Dateien wiederherstellen lassen, auch dann, wenn sie sich nicht mehr im Papierkorb befinden. Das Tool eignet sich vor allem für Profis, die Aufgaben gerne in der Befehlszeile oder PowerShell durchführen.

Natürlich gibt es zahlreiche weitere Tools, die in der Lage sind, Daten in Windows 10/11 wiederherzustellen. Allerdings stammen diese von Drittherstellern, was die Verwendung in Unternehmensnetzwerken oft erschwert. Windows File Recovery (WinFR) ist ein Microsoft-Tool, das aus einer exe-Datei besteht und daher Systeme minimal belastet. In vielen Fällen ist WinFR problemlos dazu in der Lage, Daten wiederherzustellen, ohne dass Zusatztools notwendig sind.

Das Microsoft Windows File Recovery Tool steht über den App-Store zur Verfügung (*https://www.microsoft.com/de-de/store/r/windows-file-recovery/9n26s50ln705*). Nutzbar ist es ab Windows 10 Version 2004 (20H1). Nach der Installation können Anwender oder Administratoren in der Befehlszeile gelöschte Dateien schnell und einfach wiederherstellen. Die Verwendung benötigt aber eine Befehlszeilen- oder PowerShell-Sitzung mit erhöhten Rechten. Es gibt keine (offizielle) grafische Oberfläche für WinFR und das Tool ist komplett in englischer Sprache.

Dateien in Windows mit der Befehlszeile wiederherstellen

WinFR nutzt drei verschiedene Modi. Der Standardmodus verwendet eine MFT-Tabelle, um gelöschte Dateien zu finden. Der Modus ist sinnvoll, wenn noch Dateisatzsegmente (FRS) auf einem Datenträger vorhanden sind.

Der Segment-Modus kommt zum Einsatz, um statt der MFT-Tabelle verschiedene NTFS-Segmente auf einem Datenträger zu durchsuchen. Segmente sind verschiedene Dateiattribute wie Name, Größe, Typ oder das Datum.

Im Signaturmodus durchsucht WinFR den Datenträger nach Signaturen verschiedener Dateitypen. Es verfügt dazu über mehrere eingebaute Signaturen für gängige Dateitypen. Dieser Modus ist nicht geeignet, um kleine Dateien zu finden. Es ist der einzige Modus, der Laufwerke mit anderen Dateisystemen als NTFS unterstützt.

WinFR in der Praxis

Nach dem Aufrufen von *winfr.exe* zeigt das Tool in der Befehlszeile die verschiedenen Optionen an. Im Grunde genommen ist seine Syntax einfach, ermöglicht aber eine flexible Verwendung:

Winfr <Quelle> <Ziel> <Parameter> <Optionen>

Ein Beispiel für den Befehl ist:

winfr c: d:\restore /n C:\Users\thomas\Download.**

Bei diesem Befehl geben Sie an, dass Sie Daten vom C-Laufwerk wiederherstellen wollen, und zwar in das Verzeichnis *d:\restore*. Nach der Option */n* legen Sie fest, welches Verzeichnis und welche Dateien Sie wiederherstellen wollen. In diesem Beispiel stellt der Befehl alle gelöschten Dateien aus dem Verzeichnis *C:\Users\thomas\Download* wieder her.

Sie müssen darauf achten, dass es sich beim Quell- und Ziellaufwerk um unterschiedliche Laufwerke handelt. Verwenden Sie das gleiche Laufwerk, bricht der Vorgang mit einem Fehler ab. Nach dem Start des Befehls müssen Sie die Wiederherstellung noch mit *Y* bestätigen. Microsoft empfiehlt, am Ende der Pfadeingaben des zu scannenden Verzeichnisses noch einen Backslash zu setzen (\), auch wenn er normalerweise nicht mehr notwendig ist. Im ersten Schritt scannt WinFR das ausgewählte Verzeichnis, in der zweiten Phase stellt es die Dateien auf Basis der eingegebenen Filter wieder her.

Sie können an dieser Stelle auch mit Dateiendungen arbeiten oder genau definierten Dateinamen. Je größer der Filter gefasst ist, desto länger kann der Vorgang dauern. Es ist daher durchaus möglich, dass die Wiederherstellung mehrere Minuten dauert, was auch von der Größe der wiederherzustellenden Dateien abhängt. Wollen Sie den Vorgang abbrechen, verwenden Sie die Tastenkombination (STRG)+(C).

Grundsätzlich dürfen Sie für die Sicherung und Wiederherstellung nicht die gleiche Partition verwenden. Idealerweise nutzen Sie dazu eine andere Partition. Sie können zum Beispiel einen USB-Stick verwenden. WinFR kann Daten von Datenträgern mit NTFS, FAT, FAT32, exFAT und ReFS wiederherstellen. Neben HDDs kann es auch Dateien auf USB-Sticks, SSDs und auch von SD-Karten wiederherstellen. Wollen Sie zum Beispiel gelöschte Dateien auf einer SD-Karte anhand von JPEG- oder PNG-Signaturen zurückholen, können Sie den folgenden Befehl nutzen:

winfr E: K: /x /y:JPG,PNG /n \DCIM

Neben den in diesem Beispiel erwähnten Optionen stellt WinFR noch mehr zur Verfügung:

- **/r** – Segmentmodus (nur NTFS, Wiederherstellung über Dateisatzsegmente)
- **/n <Filter>** – Die Filtersuche starten
- **/x** – Signaturmodus (Wiederherstellung anhand von Datei-Headern)
- **/y:<Typ(en)>** – Bestimmte Erweiterungsgruppen wiederherstellen (nur im Signaturmodus, durch Komma getrennt)
- **/#** – Erweiterungsgruppen und Dateitypen im Signaturmodus anzeigen

- **/!** – Erweiterte Funktionen anzeigen
- **/p:<Ordner>** – Ziel des Wiederherstellungsprotokolls
- **/a** – Alle Benutzer-Eingabeaufforderungen akzeptieren
- **/u** – Nicht gelöschte Dateien wiederherstellen (nur im Standard-/Segmentmodus)
- **/k** – Systemdateien wiederherstellen (nur Standard-/Segmentmodus)
- **/o:<a|n|b>** – (a)lways, (n)ever oder keep (b)oth always (nur Standard-/Segmentmodus) überschreiben
- **/g** – Dateien ohne primären Datenstrom wiederherstellen (Standard: false, nur Standard-/Segmentmodus)
- **/e** – Ausschlussliste für Erweiterungen deaktivieren (nur Standard-/Segmentmodus)
- **/e:<Erweiterung>** – Bestimmte Erweiterung(en) deaktivieren (Standard-Erweiterungsliste entfällt) (nur Standard-/Segmentmodus)
- **/s:<sectors>** – Anzahl der Sektoren im Datenträger (nur im Segment-/Signaturmodus)
- **/b:<bytes>** – Anzahl der Bytes im Cluster (nur Segment-/Signaturmodus)
- **/f:<Sektor>** – Erster zu scannender Sektor (nur Segment-/Signaturmodus)

Die Optionen zeigen, dass WinFR durchaus auch von Profis sinnvoll einsetzbar ist, die Dateien wiederherstellen wollen, deren Wiederherstellung mit einfachen Mitteln nicht möglich ist. Wollen Sie PDFs und Word-Dateien aus einzelnen Verzeichnissen auf einem USB-Stick mit dem Laufwerkbuchstaben E wiederherstellen, verwenden Sie:

*Winfr C: E: /regular /n *.pdf /n *.docx*

Der reguläre Modus ist die standardmäßige Wiederherstellungsoption für nicht beschädigte NTFS-Laufwerke. Den Modus nutzen Sie mit der Option */regular*. Zusätzlich steht noch der erweiterte Modus zur Verfügung. Mit der Option */extensive* nutzen Sie den umfassenden/erweiterten Modus für eine gründliche Wiederherstellungsoption, die für alle Dateisysteme geeignet ist.

Alternativen zu WinFR

Die Stärke von WinFR liegt in seiner Einfachheit und dass es sich leicht in Windows integrieren lässt. Auch die umfangreichen Funktionen sind von Vorteil. Es gibt aber auch kostenlose Alternativen, die für die Wiederherstellung gelöschter Dateien sinnvoll sind.

Ein bekanntes Beispiel für die Datenrettung auf physischen Festplatten ist die Freeware **Recuva** (*http://www.piriform.com/recuva*). Der Hersteller bietet auch eine kostenpflichtige Version an. Recuva zeigt beim Starten einen Assistenten, der Sie bei der Wiederherstellung unterstützt. Im ersten Schritt kann das Tool den Datenträger nach gelöschten Dateien scannen. Hat der Oberflächenscan kein Ergebnis geliefert, können Sie den Datenträger mit einem Tiefenscan durchsuchen. Dieser Scan kann mehrere Stunden dauern. Nach dem Scannen zeigt das Tool die gelöschten Daten an, die wiederhergestellt werden können. Hier unterscheidet Recuva zwischen grün (leicht wiederherstellbar), gelb (teilweise defekt) oder rot (zerstört).

Zur Wiederherstellung von gelöschten Dateien können Sie ebenso die Freeware **Restoration** verwenden. Starten Sie das Tool per Rechtsklick auf *restoration.exe* mit Administratorrechten. Nach dem Start wählen Sie bei *Drives* die Festplatte aus, von der Sie Dateien wiederherstellen wollen. Tragen Sie bei *All or part of the file* zum Beispiel Dateiendungen wie

**.bmp* ein, wenn Sie nicht alle gelöschten Dateien anzeigen wollen, sondern nur bmp-Dateien. Klicken Sie danach auf *Search Deleted Files*. Anschließend durchsucht das Tool die Festplatte und zeigt wiederherstellbare Dateien an. Mit *Restore by Copying* können Sie Dateien wiederherstellen.

Ein weiteres kostenloses Tool zum Wiederherstellen von Dateien ist **PC Inspector File Recovery** (*http://www.pcinspector.de*). Das Tool bietet eine grafische Oberfläche zur Wiederherstellung von Dateien.

Photorec (*http://www.cgsecurity.org/wiki/PhotoRec_DE*) erfordert keine Installation, Sie können es von einem USB-Stick aus starten. Der Umgang mit dem Tool ist etwas komplizierter als mit anderen Tools. Dafür kann PhotoRec oft auch Dateien wiederherstellen, zu denen andere Programme nicht in der Lage sind. Um Dateien mit PhotoRec wiederherzustellen, entpacken Sie das Download-Archiv und starten *photorec_win.exe*. Wählen Sie die Festplatte und die Art der Partitionstabelle aus, von der Sie Daten wiederherstellen wollen. Meistens ist *Intel* die richtige Wahl für Windows-Betriebssysteme. Nach der Auswahl der Partitionstabelle wählen Sie die Partition aus, auf der die Daten gespeichert waren, die Sie wiederherstellen wollen. Neben der Auswahl der Partition müssen Sie noch das Dateisystem bestätigen.

8.7 Azure Backup

Microsoft bietet mit Azure Backup einen Dienst an, mit dem Sie die Daten Ihres Servers direkt in der Cloud verschlüsselt sichern können. Das hat den Vorteil, dass Sie die Daten überall wiederherstellen können und unabhängig von Sicherungsmedien sind. Die Verwaltung der Sicherungslösung ist auch für weniger geübte Admins problemlos möglich. Diese nehmen Sie am besten im Windows Admin Center vor. Hier können Sie den Server über einen Assistenten an Azure Backup anbinden.

Mehr Informationen dazu finden Sie auf der Seite *https://azure.microsoft.com/de-de/products/backup*. Natürlich sollte Ihre Leitung zum Internet so schnell und leistungsstark wie nur möglich sein, um auf Azure Backup zu setzen. Je größer die Datenmenge ist, die Sie sichern wollen, desto länger dauert die Sicherung, wenn Ihre Leitung nicht genug Leistung bietet.

Sie benötigen dazu ein Azure-Abonnement, das sich zunächst kostenlos abschließen lässt. Die Preise für die Sicherung in der Cloud finden Sie auf der Seite *https://azure.microsoft.com/de-de/pricing/details/backup*. Für kleine Unternehmen, die sich keine Sorgen um ihre Sicherung machen wollen, ist Azure Backup sicher ideal. Allerdings ist es generell empfehlenswert, parallel mindestens noch mit einem weiteren Datenträger den Server täglich vollständig zu sichern, um Wiederherstellungsaufgaben schneller durchführen zu können.

Sie können Azure Backup und die Windows Server-Sicherung parallel nutzen (siehe Abbildung 8.18). Nach der Einrichtung ist die Sicherung mit Azure Backup in die Verwaltungsoberfläche der Windows Server-Sicherung eingebunden und Sie können beide Systeme parallel nutzen.

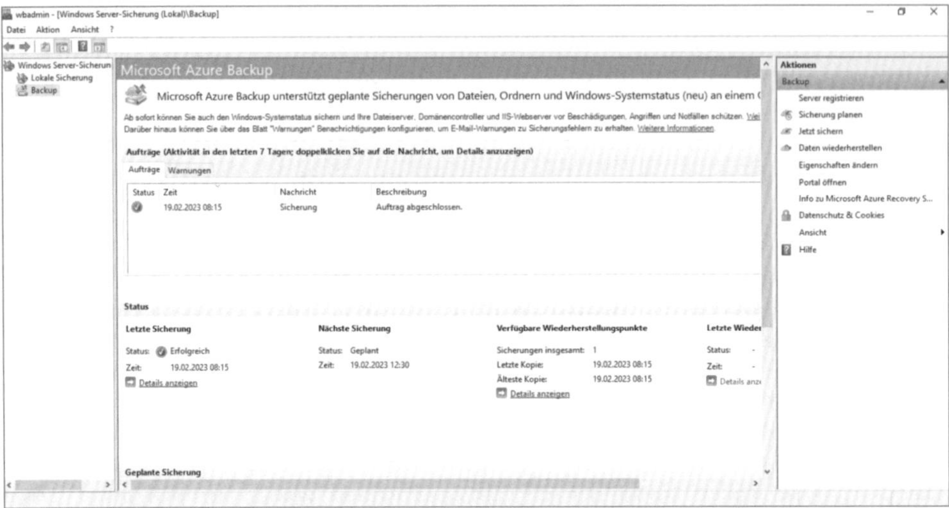

Abb. 8.18 Nutzen Sie die Windows Server-Sicherung parallel zu Azure Backup für eine ideale Datensicherung.

8.7.1 Windows Server-Sicherung und Azure Backup: Das perfekte Team gegen Ransomware

Für eine optimale Sicherung sollten Sie regelmäßig eine vollständige Sicherung des Servers durchführen, am besten zweimal pro Tag auf wechselnden, externen Datenträgern. Parallel dazu nutzen Sie Azure Backup, um Ihre wichtigsten Daten drei Mal am Tag in die Cloud zu sichern. Dadurch haben Sie am Tag für Ihre wichtigsten Daten fünf Zeitpunkte, zu denen Sie Dokumente und Dateien wiederherstellen können, parallel zu den Vorgängerversionen, die ich in Kapitel 6 und 7 vorgestellt habe.

Durch die Sicherung der Daten in Azure Backup schützen Sie sich weitgehend vor Ransomware. Wenn Ransomware oder andere Malware auf dem Server einfällt, haben Sie die Sicherungsmedien zur Verfügung, die zu dem Zeitpunkt nicht mit dem Server verbunden waren, und zusätzlich die Sicherungen in Azure Backup.

8.7.2 Windows Admin Center nutzen

Azure Backup sollten Sie zusammen mit dem Windows Admin Center nutzen. Das Windows Admin Center laden Sie kostenlos bei Microsoft herunter (*https://www.microsoft.com/de-de/windows-server/windows-admin-center*). Die Installation nehmen Sie am besten auf einer Arbeitsstation vor, zum Beispiel auf einer VM, die Sie ohnehin für die Verwaltung nutzen. Sie benötigen das Windows Admin Center nur zur Einrichtung und Verwaltung von Azure Backup. Nach der Einrichtung sichert der Server die Daten über einen speziellen Agent direkt in die Cloud.

Installieren Sie das Windows Admin Center auf der Arbeitsstation und öffnen Sie die Verwaltungsoberfläche. So können Admins im lokalen Rechenzentrum über eine Weboberfläche Server umfassend verwalten. Interessant ist auch die Anbindung an Microsoft Azure, um im lokalen Rechenzentrum Tools aus der Cloud zu nutzen. Kleine Unternehmen profitieren davon natürlich auch.

Neben der Datensicherung von lokalen Servern und deren Daten mit Azure Backup in der Cloud können Sie parallel Ihre lokalen Server mit Azure Monitor überwachen, mit Azure Update Management mit Patches versorgen und die Azure-Dateisynchronisation verwenden, um die Daten direkt in der Cloud zur Verfügung zu stellen. Dazu kommen Funktionen, um VMs von lokalen Hyper-V-Hosts mit der Cloud zu synchronisieren, zum Beispiel für mehr Verfügbarkeit. Container aus der Cloud können mit Azure Kubernetes Service mit dem Windows Admin Center an lokale Rechenzentren angebunden werden und lokale Netzwerke in die Cloud ausgedehnt werden, um bei Migrationen in die Cloud die lokalen IP-Adressen weiterhin nutzen zu können.

Alles, was für die Verwendung dieser Dienste notwendig ist, bringt das Windows Admin Center kostenlos mit. Nach der Installation ist es möglich, das Windows Admin Center-Gateway mit Azure zu verbinden. Dadurch können viele Azure-Dienste, teilweise kostenlos, im lokalen Rechenzentrum eingesetzt werden.

8.7.3 Windows Admin Center mit dem Server verbinden

In kleinen Unternehmen verbinden Sie zunächst das Windows Admin Center mit Ihrem Server, indem Sie bei *Hinzufügen* Ihren Server anbinden, wenn das nicht bereits geschehen ist (siehe dazu auch Kapitel 1, 2 und 3). Zunächst sollten Sie über das Zahnradsymbol oben rechts die Einstellungen des Windows Admin Centers aufrufen und bei *Updates* sicherstellen, dass Sie die neueste Version einsetzen. Wenn Sie mit *Hinzufügen* Ihren Server angebunden haben, können Sie die Anbindung an Azure durchführen, um die Sicherung zu konfigurieren (siehe Abbildung 8.19).

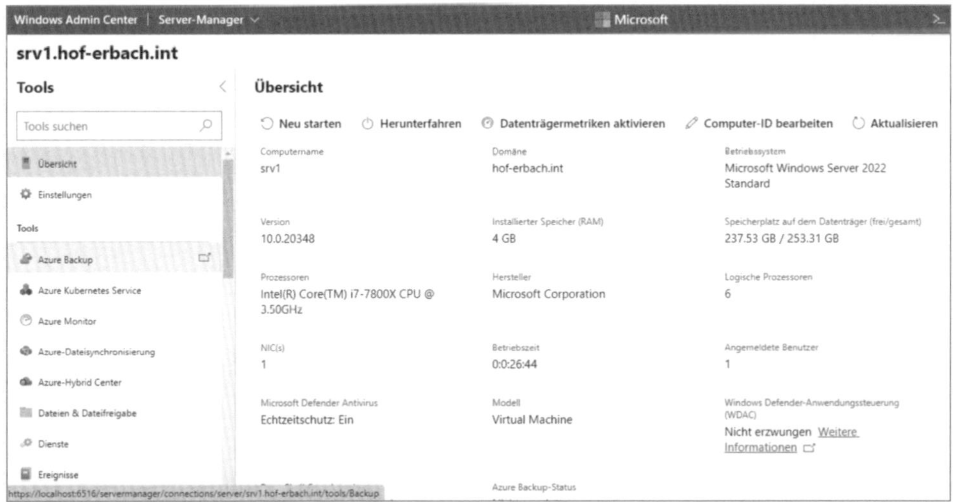

Abb. 8.19 Verwalten von Windows Server 2022 Essentials/Standard mit dem Windows Admin Center

8.7.4 Windows Admin Center kostenlos bei Azure registrieren

Um mit dem Windows Admin Center On-Premises-Funktionen aus Azure auch kostenlos im lokalen Rechenzentrum zu nutzen, muss das Windows Admin Center-Gateway beim jeweiligen Azure-Abonnement registriert werden. Das erfolgt nach der Installation im Windows Admin Center über den Bereich *Azure Hybrid Center* und dem Link *Registrieren Sie Ihr Windows Admin Center-Gateway*. Danach blendet das Admin Center ein Fenster ein, in dem zunächst die Anmeldung an Microsoft Azure erfolgt und danach das Windows Admin Center an das jeweilige Abonnement angebunden wird (siehe Abbildung 8.20).

Abb. 8.20 Registrieren von Windows Admin Center bei Microsoft Azure

Lassen Sie eine neue Active Directory-Anwendung für das Windows Admin Center erstellen. Die Vorgänge dazu dauern nur wenige Minuten. Nach der Registrierung des Windows Admin Center-Gateways bei Microsoft Azure muss in den Einstellungen des Windows Admin Centers bei *Konto* ein lokales Konto für den Server hinterlegt sein sowie ein Konto bei Microsoft Azure (siehe Abbildung 8.21).

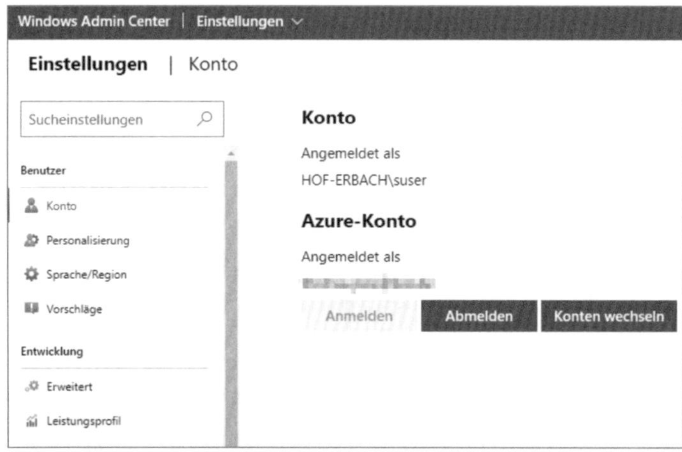

Abb. 8.21 Erfolgreiche Anmeldung an Microsoft Azure für die Einrichtung von Azure Backup

Wenn Azure und das Windows Admin Center miteinander verknüpft sind, stehen bei der Verbindung mit einem Server im Windows Admin Center bei *Azure-Hybrid Center* die verschiedenen Dienste zur Verfügung, mit denen sich Ressourcen aus Azure im lokalen Rechenzentrum nutzen lassen. Dazu gehört auch Azure Backup.

Dienste, die bereits im Einsatz sind, lassen sich über den Menüpunkt *Installierte Dienste* anzeigen und verwalten. Hier sind auch Links verfügbar, mit denen der jeweilige Dienst und die entsprechenden Einstellungen im Azure-Portal aufgerufen werden können.

8.7.5 Azure Backup einrichten

Über den Menüpunkt *Azure Hybrid Center* und der Schaltfläche *Einrichten* bei *Azure Backup* können Sie die Anbindung des Servers an Azure Backup vornehmen (siehe Abbildung 8.22). An dieser Stelle können Sie auch noch einmal einen Überblick über die Kosten erhalten.

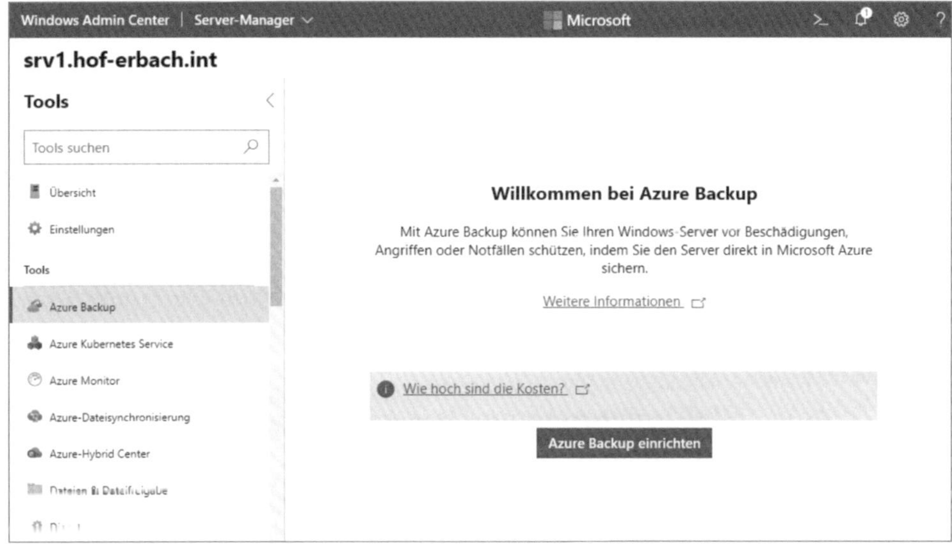

Abb. 8.22 Einrichten von Azure Backup mit dem Azure Admin Center

Mit der Schaltfläche *Azure Backup einrichten* konfigurieren Sie Azure Backup für den Server. Wichtig ist zunächst, dass die Anmeldung mit dem Windows Admin Center erfolgt ist. Bei *Schritt 2: Einrichten von Azure Backup* legen Sie fest, in welcher Region Sie Daten sichern wollen. Hier sollten Sie eine neue Ressourcengruppe und einen neuen Tresor für die Sicherung auswählen. Als *Standort* wählen Sie *West Europe* aus. Danach konfigurieren Sie bei *Schritt 3: Auswählen von Sicherungselementen und -zeitplan*, was Sie auf dem Server sichern wollen. In jedem Fall sollten Sie mindestens die Freigaben und die Daten sichern, die Anwender oder Serverdienste auf dem Server speichern. Eine vollständige Sicherung schadet nicht, muss aber nicht sein, wenn Sie zusätzlich mit der lokalen Sicherung arbeiten. Wählen Sie auch aus, in welchem Abstand Sie die Daten sichern wollen. Eine tägliche Sicherung, deren Daten mindestens zwölf Monate aufbewahrt werden, macht auf jeden Fall Sinn (siehe Abbildung 8.23).

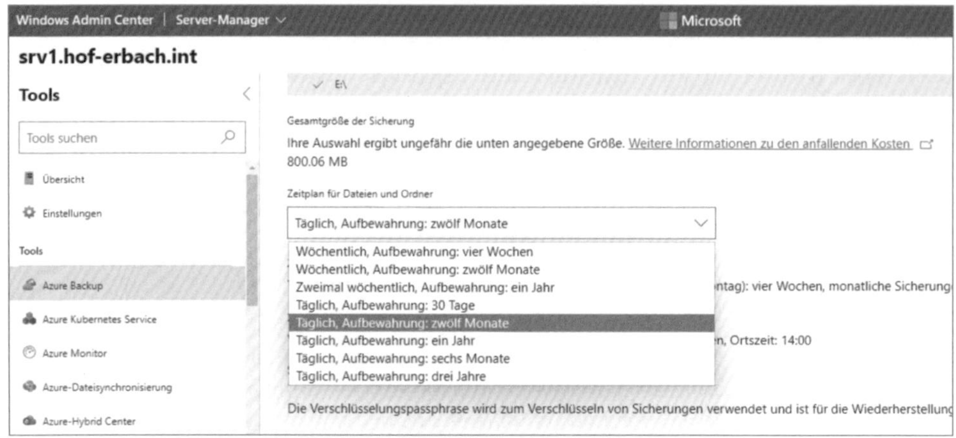

Abb. 8.23 Konfigurieren des Sicherungszeitplans von Azure Backup

Wichtig ist an dieser Stelle auch das Kennwort für die Verschlüsselung der Daten. Ohne die Kenntnis dieses Kennworts können keine Daten wiederhergestellt werden. Das stellt sicher, dass keine unbefugten Anwender oder Microsoft oder andere Dritte auf die Daten zugreifen können. Mit der Schaltfläche *Anwenden* beginnt die Einrichtung. Diese kann einige Minuten dauern. Für die Einrichtung der Sicherung wird auf dem Server der Agent für die Anbindung an Azure Backup installiert. Dieser stellt das Bindeglied zwischen dem Server und Azure dar. Sobald die Einrichtung erfolgt ist, lassen sich die Sicherung und auch die Wiederherstellung über das Windows Admin Center steuern, aber auch über das Azure Backup Center direkt im Azure-Portal. Die Einrichtung dauert einige Minuten. Danach ist der Server an Azure Backup angebunden.

8.7.6 Manuelle Einrichtung und Verwaltung von Azure Backup

Im Rahmen der Anbindung wird auf dem Server der Azure Recovery Services Agent installiert. Dieser dient der Verwaltung der Sicherung mit Azure Backup. Im Rahmen der Installation wird normalerweise eine Verknüpfung für den Assistenten auf dem Server installiert. Es wird aber auch eine Programmgruppe angelegt. Funktioniert die Anbindung an Azure Backup über das Windows Admin Center nicht wie geplant, können Sie über den Azure Recovery Services Agent den Server über das Tool registrieren (siehe Abbildung 8.24). Die Anmeldeinformationen, die Sie an dieser Stelle benötigen, können Sie im Azure-Portal herunterladen. Mehr dazu erfahren Sie auf den nächsten Seiten.

Starten Sie den Azure Recovery Services Agent auf dem Server und klicken Sie auf *Server registrieren*. Danach startet ein Assistent, mit dem Sie in der grafischen Oberfläche die Anbindung an Azure Backup vornehmen können. Sie benötigen dazu die Daten des Datentresors, in dem Azure Backup seine Daten sichert. Diese Daten finden Sie im Azure Portal über die Adresse *portal.azure.com*. Suchen Sie in Ihrem Portal – am besten im Suchfeld oben – nach *Azure Backup* und öffnen Sie das Azure Backup Center.

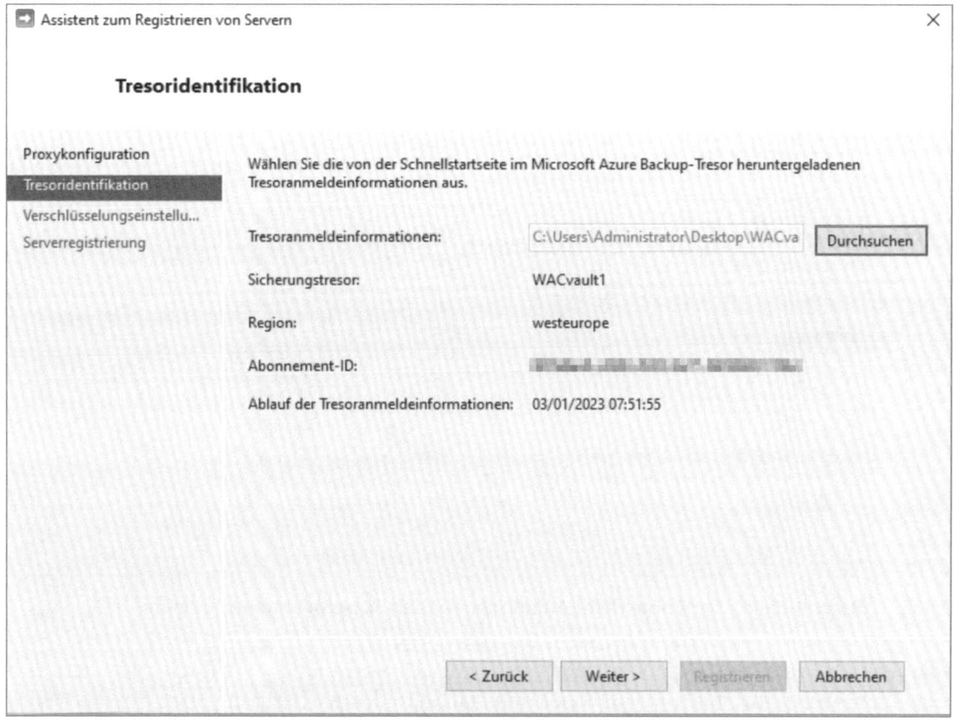

Abb. 8.24 Registrieren eines Servers in Azure Backup

Bei *Tresor* sind die angelegten Tresore zu finden und Sie können bei Problemen mit dem Windows Admin Center an dieser Stelle einen neuen Tresor erstellen. Verwenden Sie als Typ *Recovery Services Vault*. Bereits vorhandene Tresore finden Sie über den Link *Tresore* auf der linken Seite. Teilweise kann es passieren, dass der Einrichtungsassistent bei der Registrierung des Servers scheitert und er im Windows Admin Center abbricht. In diesem Fall wechseln Sie zur Oberfläche des Servers und führen über den Microsoft Azure Recovery Services-Agent (MARS) die Registrierung fort. Überprüfen Sie in diesem Fall, ob Ressourcengruppe und Tresor bereits erstellt wurden. Ist das der Fall, öffnen Sie den Tresor und klicken Sie auf *Sicherung* im oberen Bereich. Wählen Sie im Assistenten die Option *Lokal* aus und bei *Was möchten Sie sichern* mindestens die Option *Dateien und Ordner*. Grundsätzlich ist es sinnvoll, an dieser Stelle auch die Optionen *Systemstatus* und *Bare-Metal-Recovery* auszuwählen. Dadurch speichern Sie zwar mehr Daten in Azure, können Ihren Server aber über Azure Backup komplett wiederherstellen. Ist Ihnen das zu teuer, reicht natürlich die Sicherung der Freigaben und unter Umständen der Datenbanken aus. Danach klicken Sie auf die Schaltfläche *Infrastruktur vorbereiten*.

Auf der neuen Seite können Sie den MARS-Agent noch einmal herunterladen. Das ist in den meisten Fällen aber nicht notwendig. Der Agent wurde über das Windows Admin Center bereits installiert. Was Sie jedoch brauchen, sind die Tresoranmeldeinformationen, die Sie an dieser Stelle herunterladen können (siehe Abbildung 8.25).

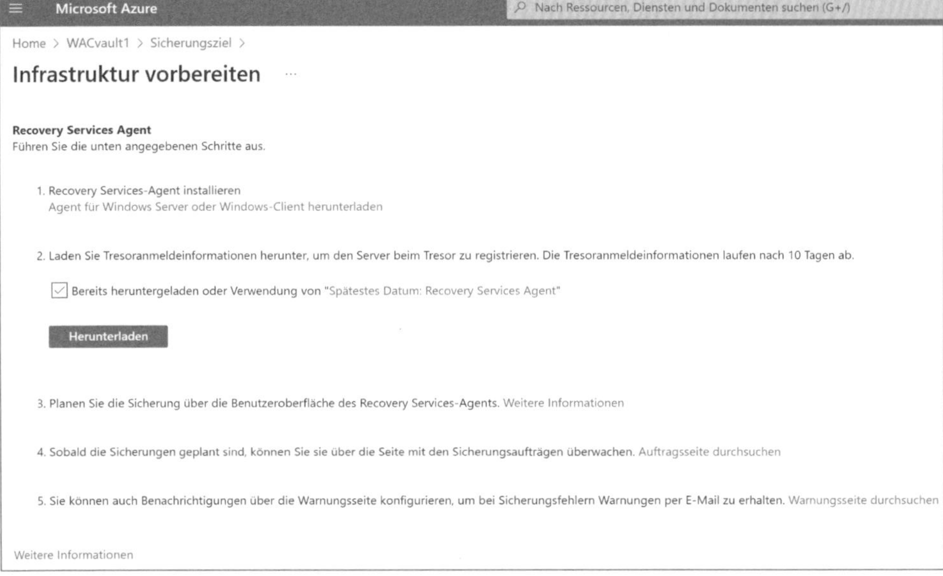

Abb. 8.25 Herunterladen der Anmeldeinformationen für den Sicherungstresor in Azure

Die Anmeldedatei des Tresors können Sie im MARS-Agent laden. Dadurch registriert sich der Agent mit Azure Backup. Auf der nächsten Seite des Assistenten geben Sie das Kennwort für die Verschlüsselung des Backups ein. Sie können an dieser Stelle auch eine Sicherungskopie des Kennworts speichern (siehe Abbildung 8.26). Dadurch verschlüsselt Azure Backup alle Datensicherungen, sodass diese nicht für Microsoft oder andere Unternehmen zugreifbar sind. Das schützt Ihre Daten vor fremden Zugriffen. Danach können Sie mit der Schaltfläche *Registrieren* die Registrierung des Servers neu beginnen.

Abb. 8.26 Registrieren Ihres Servers bei Azure Backup

An dieser Stelle sollte die Registrierung erfolgreich abgeschlossen werden. Danach können Sie im Agent einen Sicherungszeitplan hinterlegen (siehe Abbildung 8.27). Die Oberfläche und Verwaltung von Azure Backup entspricht der der Windows Server-Sicherung.

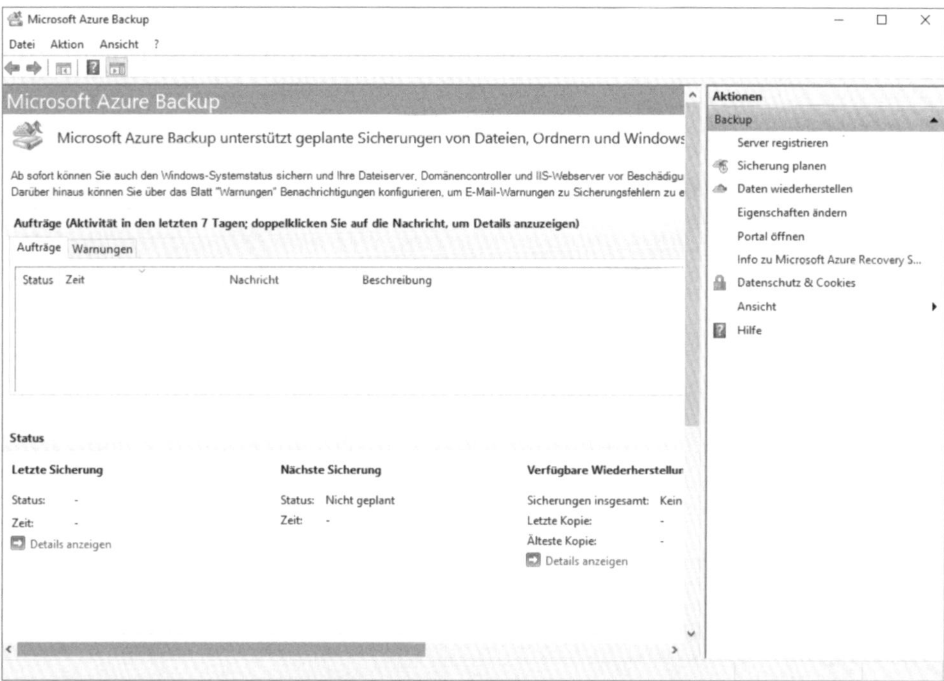

Abb. 8.27 Verwalten von Azure Backup auf Ihrem Server

Sobald Sie Azure Backup eingerichtet haben, können Sie die Cloud-Sicherung im Windows Admin Center über den Menüpunkt *Azure Backup* verwalten (siehe Abbildung 8.28). Hier können Sie im Webbrowser über den Menüpunkt *Wiederherstellungspunkte* ebenfalls Daten wiederherstellen.

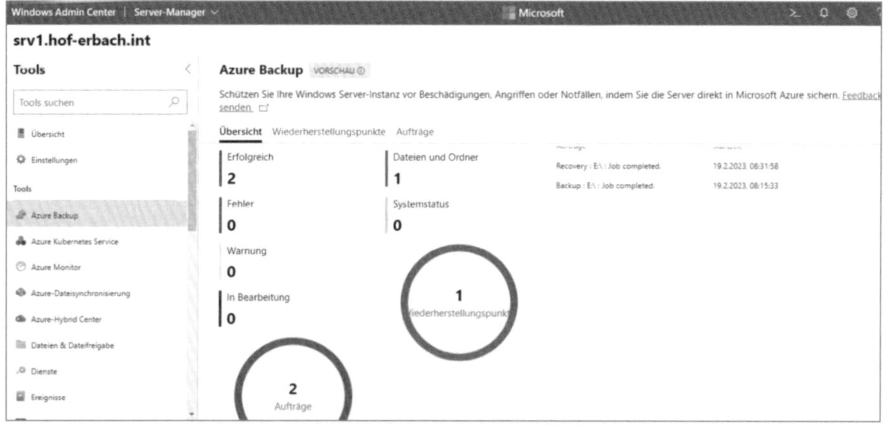

Abb. 8.28 Azure Backup im Windows Admin Center verwalten

8.7.7 Sicherungsplan für die Datensicherung zu Azure Backup erstellen

Über den Link *Sicherung planen* können Sie einen neuen Zeitplan für die Sicherung der Daten in Azure Backup erstellen. Im Assistenten zur Konfiguration der Sicherung wählen Sie *Elemente hinzufügen* (siehe Abbildung 8.29). Sie wählen an dieser Stelle mindestens den Ordner aus, in dem die Freigaben gespeichert sind, und andere Ordner auf dem Server, deren Daten Sie sichern wollen, zum Beispiel von Geschäftsanwendungen, die auf dem Server installiert sind. Natürlich können Sie mit *systemstate* auch Systemdateien sowie komplette Festplatten sichern.

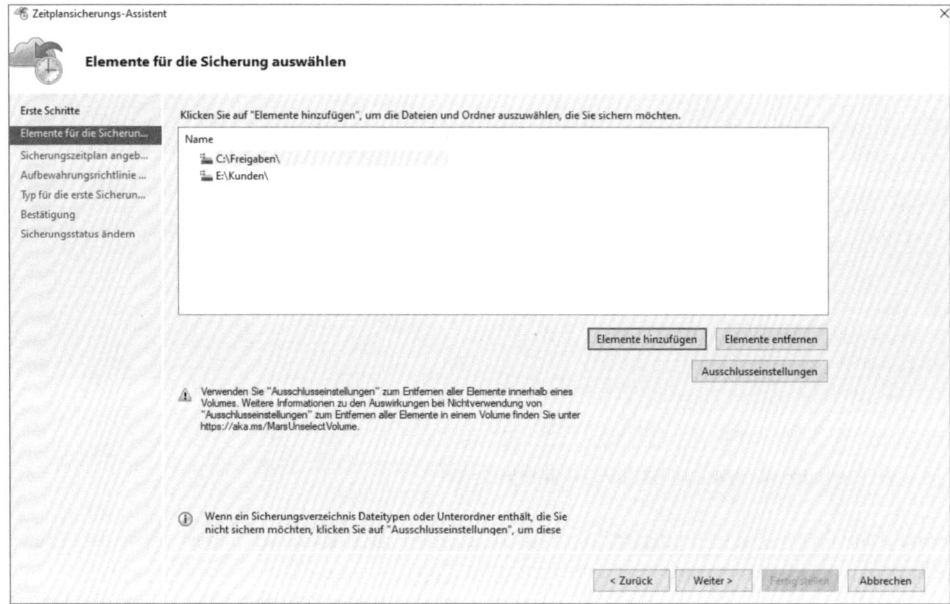

Abb. 8.29 Auswählen der Elemente, die Sie in Azure Backup sichern wollen

Auf der nächsten Seite können Sie drei Zeitpunkte täglich auswählen, an denen Azure Backup die Daten sichern soll. Verwenden Sie parallel noch die Windows Server-Sicherung, müssen Sie darauf achten, dass sich die Zeitpunkte nicht überschneiden. Es ist in jedem Fall sinnvoll, zumindest mittags gegen 12 bis 13 Uhr die Daten zu sichern, und unter Umständen noch einmal am Nachmittag gegen 16 Uhr und dann noch ein letztes Mal nachts, wenn die interne Sicherung abgeschlossen ist (siehe Abbildung 8.30).

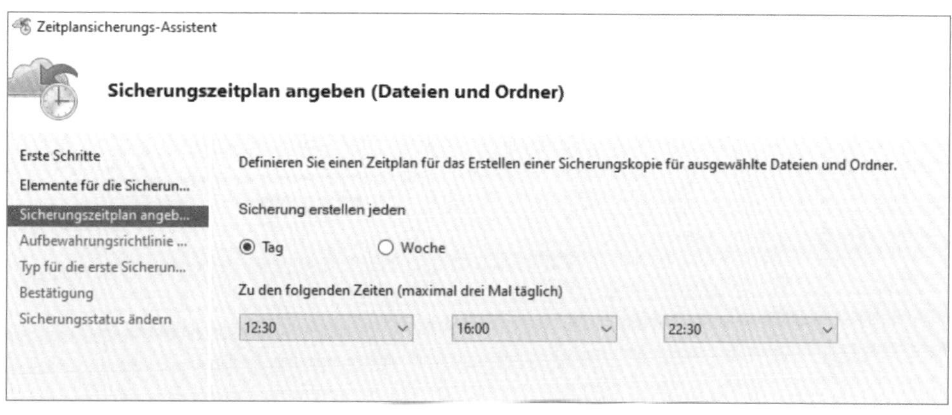

Abb. 8.30 Auswählen der Sicherungszeitpunkte für Azure Backup auf dem Server

Danach wählen Sie aus, wie lange die gesicherten Daten in Azure Backup aufbewahrt werden sollen. Sie können dadurch sicherstellen, dass nicht mehr benötigte Sicherungsdateien automatisch gelöscht werden, aber dennoch alle Sicherungsdaten vorhanden sind, damit Sie jederzeit wieder Daten herstellen können (siehe Abbildung 8.31).

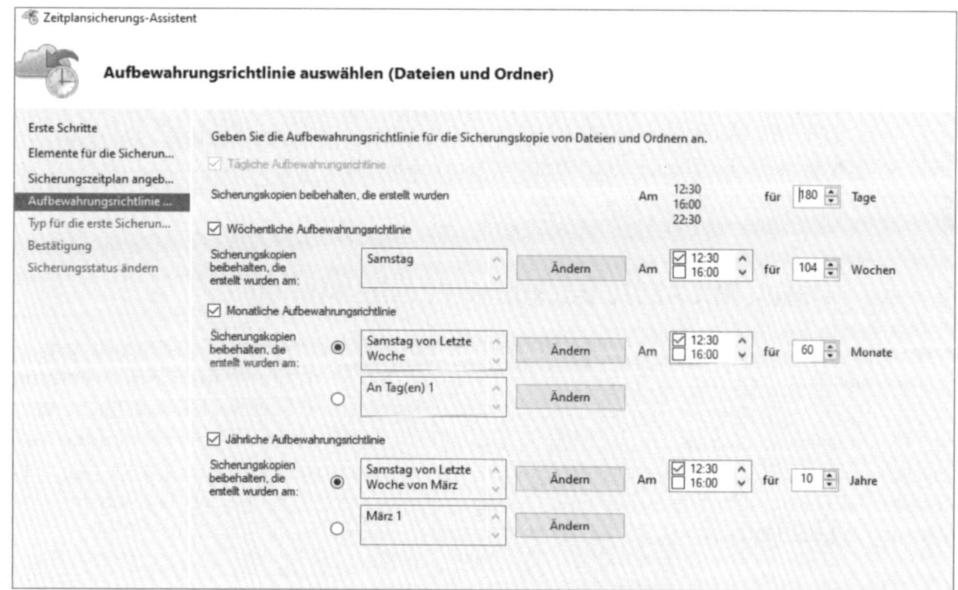

Abb. 8.31 Konfigurieren der Aufbewahrungsrichtlinien für Azure Backup

Auf der nächsten Seite wählen Sie die Option *Transfer over the network* für die erste Sicherung aus. Dadurch werden die Daten des Servers automatisch in die Cloud übertragen. Bestätigen Sie die Eingaben noch und schließen Sie den Assistenten ab. Der Zeitplan und dessen Sicherungen sowie der Zeitplan der nächsten Sicherung sind anschließend im Fenster zu sehen. Auf der rechten Seite können Sie mit *Jetzt sichern* die Datensicherung sofort starten. Die Einstellungen des Zeitplans können Sie in der Konsole jederzeit an Ihre Anforderungen anpassen. Sobald eine Sicherung abgeschlossen wurde, erhalten Sie die entsprechende Information im Fenster (siehe Abbildung 8.32).

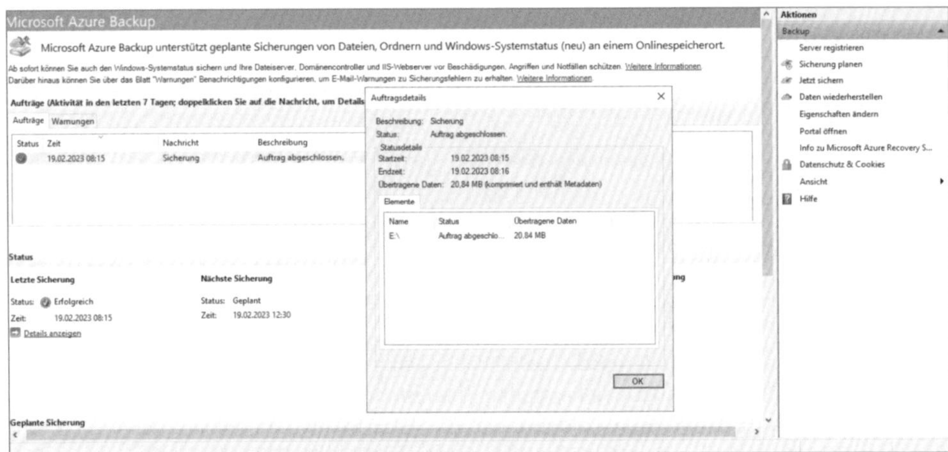

Abb. 8.32 Erfolgreich abgeschlossene Datensicherung in Azure Backup

Sobald Sie den Sicherungsplan erstellt haben, können Sie parallel zur Windows Server-Sicherung auf Azure Backup setzen. Natürlich können Sie auch nur auf Azure Backup setzen. Es ist aber durchaus sinnvoll, zwei verschiedene Systeme zu nutzen, vor allem wenn diese so perfekt harmonieren. Nach der ersten Einrichtung können Sie beide Sicherungen in der Verwaltungsoberfläche der Windows Server-Sicherung parallel verwalten. Das ist gleichzeitig ein perfekter Schutz gegen Ransomware.

8.7.8 Daten mit Azure Backup wiederherstellen

Um Daten mit Azure Backup wiederherzustellen, öffnen Sie entweder das Verwaltungsprogramm der Windows Server-Sicherung und wählen den Menüpunkt für die Verwendung von Azure Backup oder Sie starten gleich den Agent von Azure Backup. Klicken Sie danach auf *Daten wiederherstellen* und wählen Sie Ihren Server als Ziel der Wiederherstellung aus. Sie können an dieser Stelle einzelne Dateien, Ordner, Laufwerke/Volumes oder den Systemstatus des Servers wiederherstellen (siehe Abbildung 8.33). Danach wählen Sie das Datum und die Dateien aus, die Sie wiederherstellen wollen (siehe Abbildung 8.34).

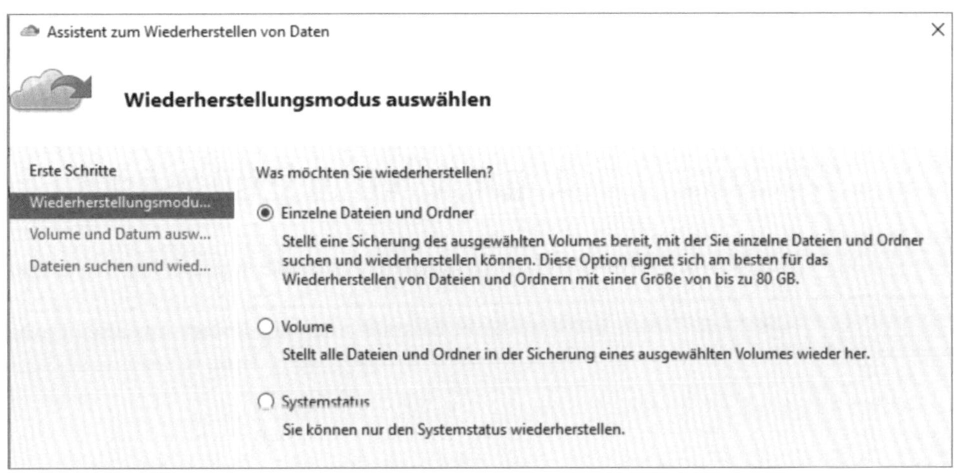

Abb. 8.33 Auswählen der Wiederherstellungsoptionen in Azure Backup

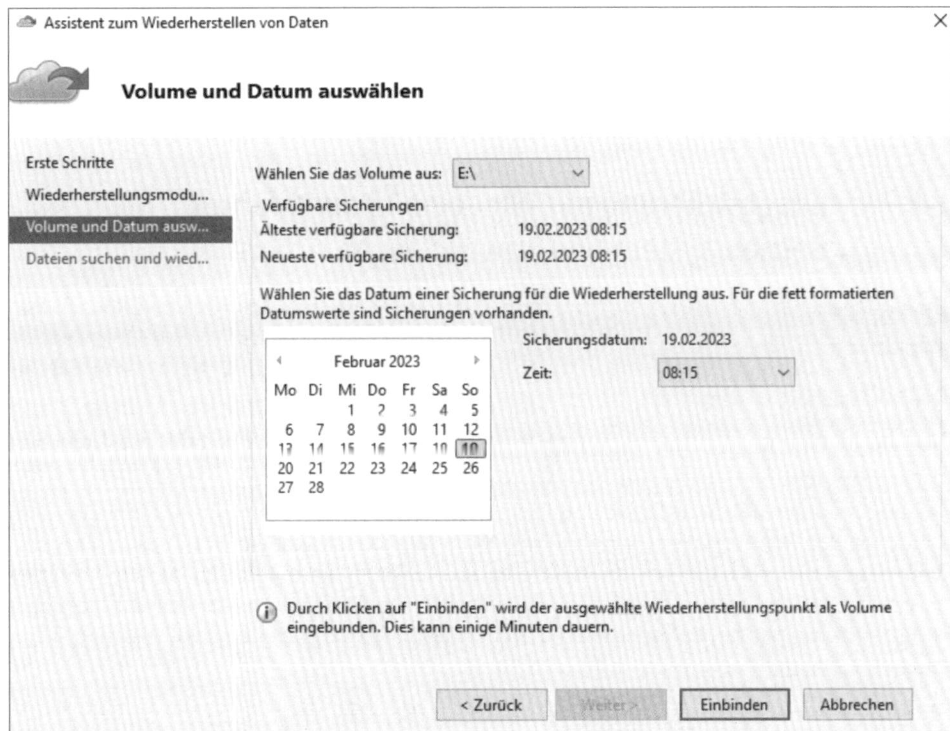

Abb. 8.34 Auswählen des Volumes und des Zeitpunkts zur Wiederherstellung

Haben Sie die Auswahl getroffen, öffnet der Azure Backup-Agent die entsprechende Datensicherung aus der Cloud und Sie können auswählen, welche Dateien Sie wiederherstellen wollen. Normalerweise bindet Azure Backup das Sicherungslaufwerk als Laufwerk im

Windows-Explorer ein und Sie können jetzt über den Windows-Explorer die gewünschten Dateien kopieren, wie andere Dateien auch. Mit *Bereitstellung aufheben* wird das Laufwerk wieder vom Server getrennt.

8.8 Windows 11 richtig mit Bordmitteln sichern

In kleinen Netzwerken kann es sinnvoll sein, auch die Arbeitsstationen zu sichern. Funktioniert eine Arbeitsstation nicht, können Sie diese aus der Sicherung unkompliziert wiederherstellen. Um Windows 11 zu sichern, sind nicht immer Zusatztools notwendig. In vielen Fällen reichen die Bordmittel aus, um zum Beispiel eine vollständige Imagesicherung zu erstellen.

Windows 11 verfügt die Möglichkeit, in der Systemsteuerung vollständige Imagesicherungen durchzuführen. Damit können komplette Rechner wiederhergestellt werden. Für das Erstellen eines Images oder zur Sicherung der Daten sind keine Zusatztools notwendig. Eine vollständige Imagesicherung hat auch den Vorteil, dass diese über die Installations-DVD von Windows 11 oder auch mit einem Rettungssystem jederzeit wiederhergestellt werden kann.

Für eine richtige Datensicherung von Windows 11 ist es immer ratsam, zunächst eine Imagesicherung mit allen Daten, Programmen und Einstellungen zu erstellen. Ist eine Wiederherstellung notwendig, kann das auf Basis dieser Sicherung erfolgen.

8.8.1 Imagesicherung mit Windows 11 durchführen: Betriebssystem und Anwendungen sichern

Eine Imagesicherung von Windows 11 findet in der Systemsteuerung über den Bereich *System und Sicherheit* und dann *Sichern und Wiederherstellen (Windows 7)* statt. Über *Systemabbild erstellen* kann die externe Festplatte oder Freigabe ausgewählt werden, auf die das System gesichert werden soll.

Hier können Sie auch eine Sicherung von Arbeitsstationen in eine Freigabe auf Ihrem Server durchführen. Dazu erstellen Sie eine eigene Freigabe, wie in Kapitel 7 beschrieben.

Nachdem ausgewählt wurde, welche Partitionen in die Imagesicherung mit eingebunden werden sollen, kann das Systemabbild mit *Sicherung starten* gespeichert werden. Der Vorgang dauert natürlich einige Zeit. Während der Sicherung kann mit dem System weitergearbeitet werden, allerdings bremst die Datensicherung Windows 11 aus. Sobald die Sicherung abgeschlossen ist, befindet sich auf dem externen Datenträger eine vollständige Sicherung aller Daten, Programme und Einstellungen.

Wenn ein Wiederherstellungsvorgang notwendig ist, kann dieser über die Systemwiederherstellung in Windows 11 erfolgen. Dazu reicht es aus, den Rechner mit dem Installationsdatenträger von Windows 11 zu booten und die Systemwiederherstellung zu starten. Die Wiederherstellung startet aber auch, wenn der Start von Windows 11 dreimal abbricht. Wenn die externe Festplatte verbunden ist, kann hierüber ebenfalls das komplette System wiederhergestellt werden. Dazu kann der Assistent auf die Dateifreigabe zugreifen oder Sie kopieren die Sicherung des Computers auf eine externe Festplatte, die Sie anschließend mit dem Computer verbinden.

8.8.2 Systemwiederherstellung und Wiederherstellungspunkte aktivieren

Ein weiterer, wichtiger Bereich einer ordentlichen Datensicherung von Windows 11 mit Bordmitteln ist der *Computerschutz*. Mit *sysdm.cpl* kann auf der Registerkarte *Computerschutz* mit *Konfigurieren* zunächst für jedes Laufwerk festgelegt werden, dass bei Änderungen im System ein Wiederherstellungspunkt erstellt wird. Geht etwas schief, kann Windows über das Aktivieren dieses Wiederherstellungspunkts wiederhergestellt werden. Über den Schieberegler kann noch festgelegt werden, wie viel Speicherplatz die Wiederherstellungspunkte einnehmen dürfen.

Mit der Schaltfläche *Erstellen* kann jederzeit manuell ein Wiederherstellungspunkt erstellt werden. Die Wiederherstellung eines Wiederherstellungspunkts kann über die Computerreparaturoptionen beim Starten mit einem Wiederherstellungsdatenträger oder einem Installationsdatenträger von Windows 11 erfolgen. In den Einstellungen des Computerschutzes kann dazu auch die Schaltfläche *Systemwiederherstellung* zum Einsatz kommen.

8.9 Zusammenfassung

In diesem Kapitel haben Sie gelernt, wie Sie mit der Windows Server-Sicherung in der grafischen Oberfläche, der Eingabeaufforderung und der PowerShell Daten sichern und wiederherstellen, notfalls auch den kompletten Server. Außerdem haben Sie erfahren, wie Sie mit Microsoft Azure oder dem Befehlszeilentool Robocopy manuell oder automatisiert Daten sichern.

Kapitel 9

Schutz vor Ransomware und Malware mit Bordmitteln erreichen

Im letzten Kapitel habe ich bereits ausführlich beschrieben, wie Sie mit der Windows Server-Sicherung und mit Microsoft Azure Backup Ihre Daten sichern und vor Ransomware schützen können. In diesem Kapitel zeige ich Ihnen, wie Sie sich mit Bordmitteln und unter Umständen mit ein paar wenigen kostenlosen Tools schützen. Alles, was Sie dazu brauchen, ist in Windows 10/11 und Windows Server 2022 enthalten. Teure externe Programme sind vollkommen unnötig, das Geld können Sie sich sparen, vor allem in kleinen und mittleren Unternehmen.

Externe Virenscanner erhöhen sogar die Sicherheitsgefahr, da sie unter Umständen nicht mit den Security-Schnittstellen zusammenarbeiten und potenzielle Sicherheitslücken öffnen. Beispiele dafür sind die Sicherheitslücken CVE-2022-26522 und CVE-2022-26523 in den Lösungen von Avast und AVG. Daher müssen Anwender auch diese Tools regelmäßig aktualisieren, was leider in den allermeisten Fällen nicht mit den Bordmitteln in Windows möglich ist.

9.1 Microsoft Defender gegen Malware

Bei verschiedenen Tests des unabhängigen Instituts AV-Test gehört Microsoft Defender zu den besten Scannern. Das bedeutet, dass in Windows 10/11 kein externer Virenscanner mehr notwendig ist. Das gilt uneingeschränkt auch für Windows Server 2022. AV-Test hat auch 2022 die meisten und vor allem die wichtigsten Virenscanner untersucht. Microsoft Defender hat 18 von 18 möglichen Punkten erreicht.

Da Microsoft Defender in Windows Server 2022 verfügbar ist, reicht es aus, wenn Sie die Sicherheitseinstellungen richtig setzen. Ich zeige Ihnen in diesem Kapitel einige wichtige Tipps für die richtigen Einstellungen des Malware-Scanners.

9.2 Microsoft Defender richtig konfigurieren

Generell ist Microsoft Defender nach der Installation von Windows 10/11 und Windows Server 2022 bereits richtig eingestellt. Es lohnt sich, dennoch einen Blick auf die Einstellungen zu werfen, um diese zu optimieren und zu überprüfen. Ich gehe nachfolgend von den Einstellungen in Windows 11 und Windows Server 2022 aus, die entsprechenden Optionen sind in Windows 10 aber an der gleichen Stelle zu finden, die Menüpunkte heißen teilweise nur etwas anders. Generell sollten Sie jedoch in Erwägung ziehen, Ihre PCs zu Windows 11 zu aktualisieren. Das geht kostenlos und stellt parallel auch noch sicher, dass alle PCs auf dem neuesten und sichersten Stand sind.

9.2.1 Windows-Sicherheit: der Viren- und Bedrohungsschutz

Zunächst sollten Sie sich in den Sicherheitseinstellungen durch Starten der App *Windows-Sicherheit* überzeugen, dass möglichst alle Einstellungen bei *Sicherheit auf einen Blick* ein grünes Icon haben (siehe Abbildung 9.1).

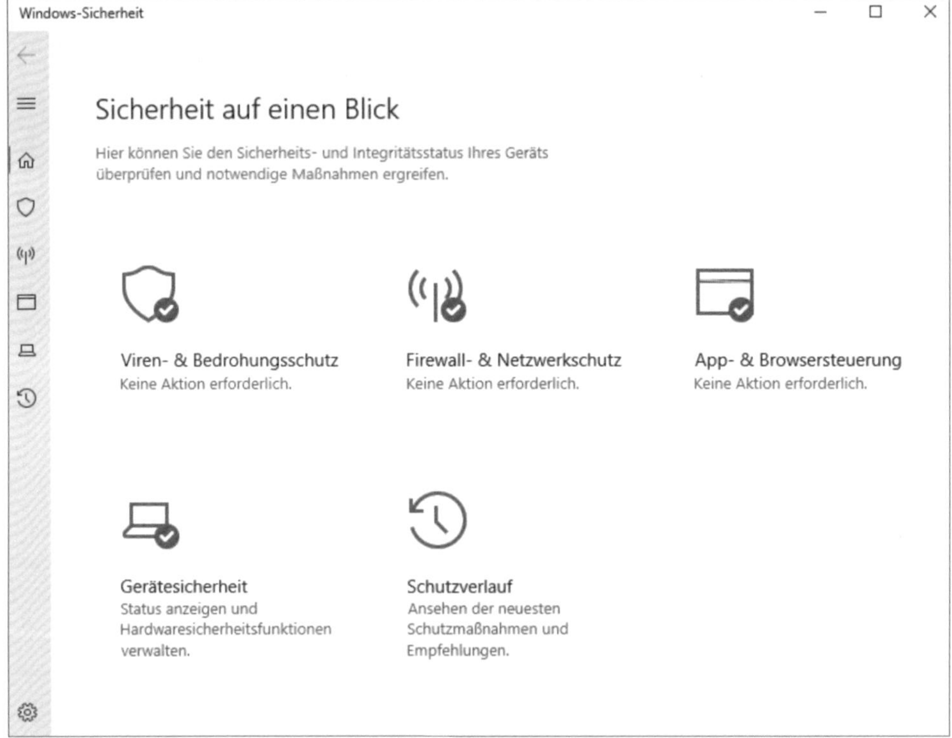

Abb. 9.1 Überprüfen der Sicherheit auf einen Blick im Windows Sicherheitscenter. Hier sollten alle Schutzfunktionen aktiviert sein.

Ist das nicht der Fall, überprüfen Sie, warum das so ist. Aktivieren Sie an dieser Stelle auch die *App- & Browsersteuerung*. Das und die folgenden Einstellungen sollten Sie auf allen Arbeitsstationen mit Windows 10/11 konfigurieren.

Bei einigen Einstellungen ist zum Beispiel ein Scan von PCs oder des Servers notwendig, um Befall von Malware auszuschließen. Klicken Sie dazu bei *Viren- & Bedrohungsschutz* auf die Schaltfläche zum Starten eines Scans. Mit *Schnellüberprüfung* wird dazu der Server auf Malware gescannt (siehe Abbildung 9.2). Danach klicken Sie auf *Aktivieren* bei den Einstellungen des Manipulationsschutzes. Das stellt sicher, dass Malware nicht den Scanner ausschaltet und dadurch Schaden anrichten kann.

Abb. 9.2 Schnellscan durchführen und Manipulationsschutz in Windows Server 2022 aktivieren

Danach sollten Sie bei *Einstellungen für Viren- & Bedrohungsschutz* auf *Einstellungen verwalten* klicken. Wichtig ist an dieser Stelle, dass die beiden Optionen *Echtzeitschutz* und *Cloudbasierter Schutz* aktiv sind (siehe Abbildung 9.3).

In diesem Bereich finden Sie auch den bereits erwähnten *Manipulationsschutz*, der eingeschaltet sein sollte, genauso wie *Automatische Übermittlung von Beispielen*. Diese Einstellungen schützen Ihren Server über Sicherheitsfunktionen aus der Microsoft-Cloud vollkommen kostenlos. *Manipulationsschutz* verhindert, dass Angreifer den Defender selbst übernehmen können.

Abb. 9.3 Überprüfen des Echtzeitschutzes von Defender in Windows Server 2022 und Windows 10/11

Auf der Hauptseite von *Viren- & Bedrohungsschutz* sollten Sie sicherstellen, dass bei *Updates für Viren- & Bedrohungsschutz* das letzte Update möglichst vom aktuellen Tag oder mindestens von den letzten beiden Tagen stammt. Ist die Aktualisierung länger her, stimmt etwas nicht. Mit *Nach Updates suchen* lässt sich Microsoft Defender aktualisieren (siehe Abbildung 9.4). Das Update sollte erfolgreich abgeschlossen werden. Die Aktualisierung erfolgt über Windows-Update. Daher sollten Sie auch die Aktualisierungen Ihres Servers optimieren. Mehr dazu lesen Sie in Kapitel 2, 3 und 13.

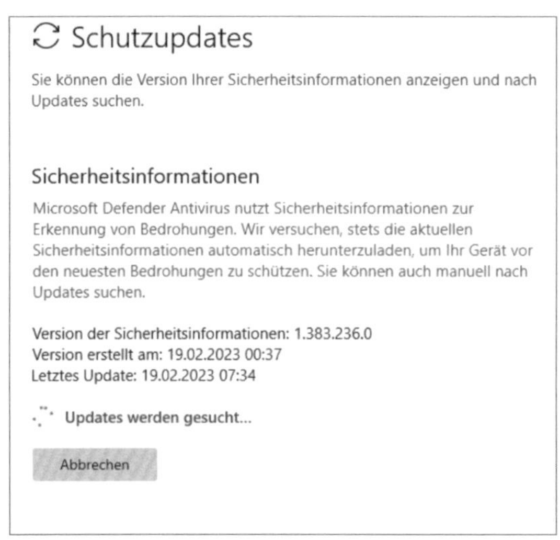

Abb. 9.4 Die Definitionsdateien von Microsoft Defender sollten automatisiert aktualisiert werden.

9.2.2 Ransomware-Schutz nutzen

Bei *Überwachter Ordnerzugriff* können Sie den Schutz für Ihre Daten noch um einige Stufen verbessern. Hier können Sie über *Geschützte Ordner* und dann *Geschützten Ordner hinzufügen* zum Beispiel die Ordner hinzufügen, in denen Sie die freigegebenen Ordner für Anwender erstellt haben (siehe Kapitel 7). Dadurch wird verhindert, dass externe Tools Änderungen an den Dateien vornehmen. Blockiert Windows auch Anwendungen, die Sie intern einsetzen, sehen Sie das über den Link *Blockierungsverlauf* und können an dieser Stelle das Programm freischalten (siehe Abbildung 9.5).

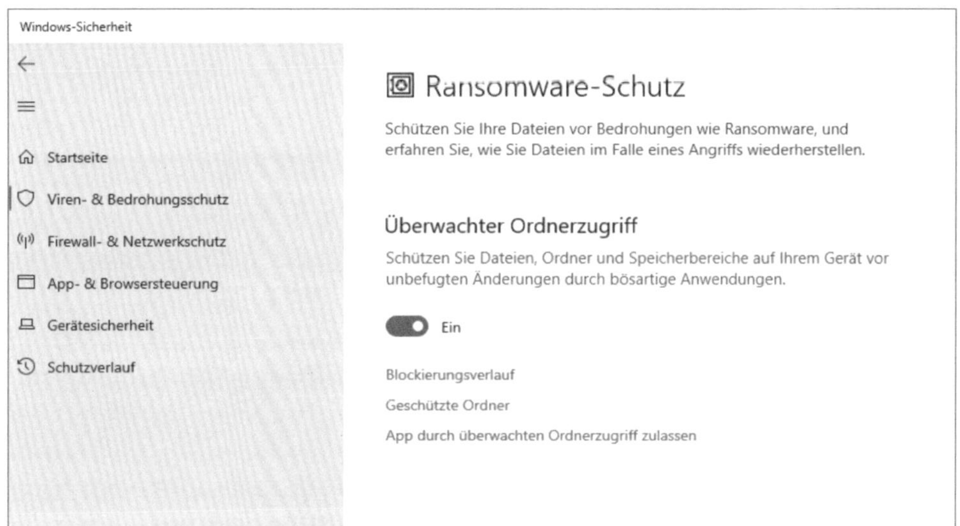

Abb. 9.5 Windows 10/11 und Windows Server 2022 verfügen über einen integrierten Schutz gegen Ransomware.

9.2.3 Scanoptionen in Microsoft Defender steuern und Scans durchführen

Auf der Hauptseite von *Viren- & Bedrohungsschutz* sollten bei *Aktuelle Bedrohungen* natürlich idealerweise keine Bedrohung zu sehen sein. Außerdem sollte die letzte Überprüfung nicht zu lange her sein. Über den Menüpunkt *Scanoptionen* lassen sich manuell Scans durchführen. Die *Schnellüberprüfung* scannt nur wichtige Ordner. Besser ist es, wenn Sie ab und an mal mit *Vollständige Überprüfung* den kompletten Rechner scannen lassen (siehe Abbildung 9.6). Das dauert einige Zeit, es ist jedoch sinnvoll, Windows regelmäßig vollständig zu scannen.

Abb. 9.6 Anpassen der Scanoptionen von Microsoft Defender in Windows Server 2022

9.2.4 Kernisolierung und andere Sicherheitsfunktionen aktivieren

Neben den Standardschutzfunktionen von Microsoft Defender finden Sie in der App *Windows-Sicherheit* weitere wichtige Einstellungen, die Sie schnellstmöglich aktivieren sollten, um die Sicherheit des Servers deutlich zu verbessern. Über *Gerätesicherheit* bei *Details zu Kernisolierung* aktivieren Sie den Schutz (siehe Abbildung 9.7). Wenn auf dem System Treiber zum Einsatz kommen, die nicht kompatibel sind, kann der Schutz nicht aktiviert werden. Die inkompatiblen Treiber zeigt die Windows-Sicherheit-App mit dem Link *Inkompatible Treiber überprüfen* an. Sie sollten diese Treiber idealerweise identifizieren und ersetzen. Durch die Kernisolierung und die anderen Schutzfunktionen in diesem Bereich lassen sich Ihre Server und die Arbeitsstationen zuverlässiger schützen.

Abb. 9.7 Die Kernisolierung lässt sich mit einem Mausklick aktivieren.

Standardmäßig ist die Kernisolierung nach der Installation von Windows Server 2022 und Windows 11 deaktiviert. Sie sollten diese Funktion so schnell wie nur möglich nach der Installation aktivieren. Nach der Aktivierung ist ein Neustart des Servers notwendig.

9.3 Sysinternals Process Explorer

Mit dem kostenlosen Tool Process Explorer von Microsoft Sysinternals können Sie Windows-Server und -Arbeitsstationen auf Virenbefall untersuchen. Neben der Auslastung des Systems lassen sich so Angreifer erkennen und bekämpfen.

Der kostenlose Sysinternals Process Explorer (*https://learn.microsoft.com/de-de/sysinternals/downloads/process-explorer*) kann die laufenden Prozesse auf Windows-Computern anzeigen, hilft bei der Analyse von Problemen und kann auch Viren suchen. Dadurch ist es möglich, unerlaubte oder sogar gefährliche Prozesse sowie Malware zu erkennen. Der Process Explorer kann dazu einzelne Prozesse online auf Virenbefall untersuchen.

Der Computer muss dazu mit dem Internet verbunden sein. Für die Suche nach Viren verwendet das Tool den Onlinedienst Virus Total (*https://www.virustotal.com/de*) mit Dutzenden Virenscanner-Engines. Wenn der Scanner einen Virus in einem Prozess findet, zeigt der Process Explorer das an und Sie können Gegenmaßnahmen ergreifen. In den meisten Fällen wird aber ohnehin Microsoft Defender aktiv.

9.3.1 Virensuche mit Process Explorer

Process Explorer muss nicht installiert werden. Das Tool ist daher mobil einsetzbar. Nach dem Download lässt es sich direkt über seine ausführbare Datei starten. Gleich nach dem Start zeigt es alle laufenden Prozesse auf dem jeweiligen Computer an (siehe Abbildung 9.8).

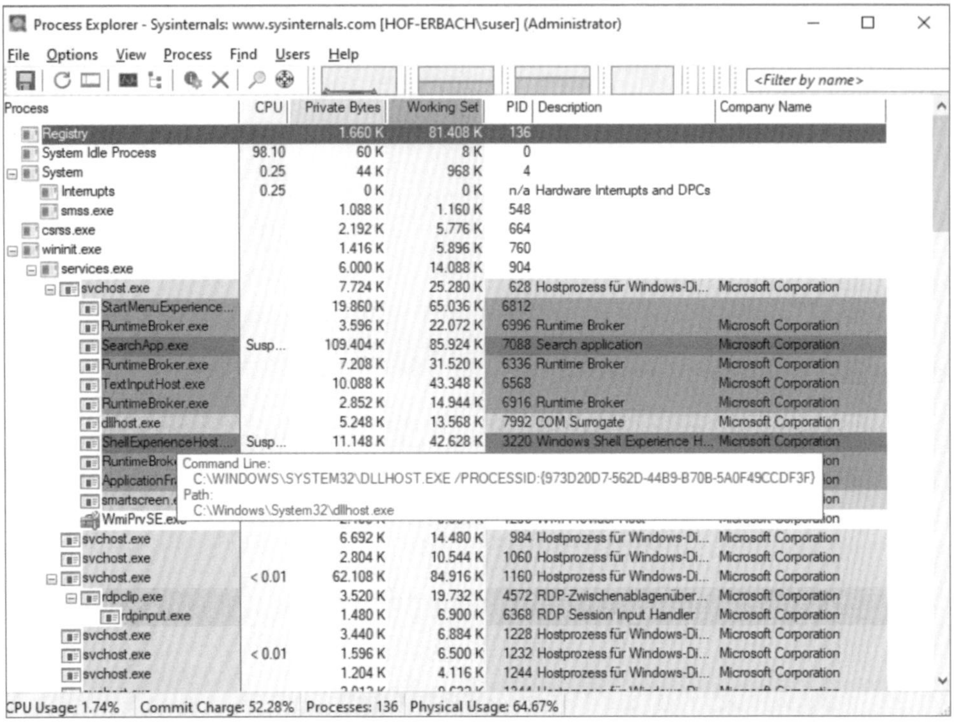

Abb. 9.8 Process Explorer hilft beim Messen der Auslastung von Servern und Arbeitsstationen.

Prozesse, die beim selben Benutzer laufen wie der Process Explorer, zeigt das Tool in Hellblau an. Prozesse, die mit einem Windows-Dienst in Verbindung stehen, zeigt es in Rosa an, und solche, die ausführbaren Code enthalten, der dem Computer gefährlich werden kann, in Violett. Diese Farbgebung hilft bei den ersten Schritten einer Analyse.

Wenn Sie mit dem Mauszeiger auf einen der Prozesse zeigen, sehen Sie Informationen wie dessen ausführbaren Dateien und deren Speicherort. Auch die Com-Klasse und die verwendeten DLLs sind hier zu sehen.

9.3.2 Prozesse nach Viren scannen

Process Explorer kann Prozesse in Windows steuern. Dazu steht sein Kontextmenü für die einzelnen Prozesse zur Verfügung. Über das Kontextmenü kann ein Prozess über den Menüpunkt *Check VirusTotal.com* nach Viren untersucht werden. Bei der ersten Verwendung müssen Sie noch die Lizenzbedingungen bestätigen. Bei weiteren Untersuchungen erscheinen sie nicht mehr.

Anschließend überträgt Process Explorer den Hashwert der Datei zu VirusTotal. Den Status dazu finden Sie in der Spalte *VirusTotal*. Erkennt VirusTotal den Hashwert, zeigt Process Explorer in der Spalte *VirusTotal* an, wie viele der Suchengines den Prozess als Virus eingestuft haben. Idealerweise sollte das Ergebnis *0/74* lauten (siehe Abbildung 9.9). Mit einem Klick auf den Link des Suchergebnisses im Process Explorer öffnet sich die VirusTotal-Webseite mit dem Ergebnis der einzelnen Suchengines. Mit dem Icon oben rechts untersucht VirusTotal die Dateien erneut.

Wenn Process Explorer einen Virus in einem Prozess findet, sollten Sie den Prozess nicht Hals über Kopf beenden. In den meisten Fällen verfügt Malware über weitere Möglichkeiten und Prozesse. Erkennt Malware, dass man ihr auf die Spur kommt, startet sie unter Umständen Aktionen, um auf dem System zu bleiben. Dazu gehört es zum Beispiel, einen neuen Prozess mit neuem Namen zu starten. Sinnvoll ist es zunächst, mit *Suspend* über das Kontextmenü den Prozess anzuhalten. Danach sollte der Computer gründlich auf Viren untersucht werden.

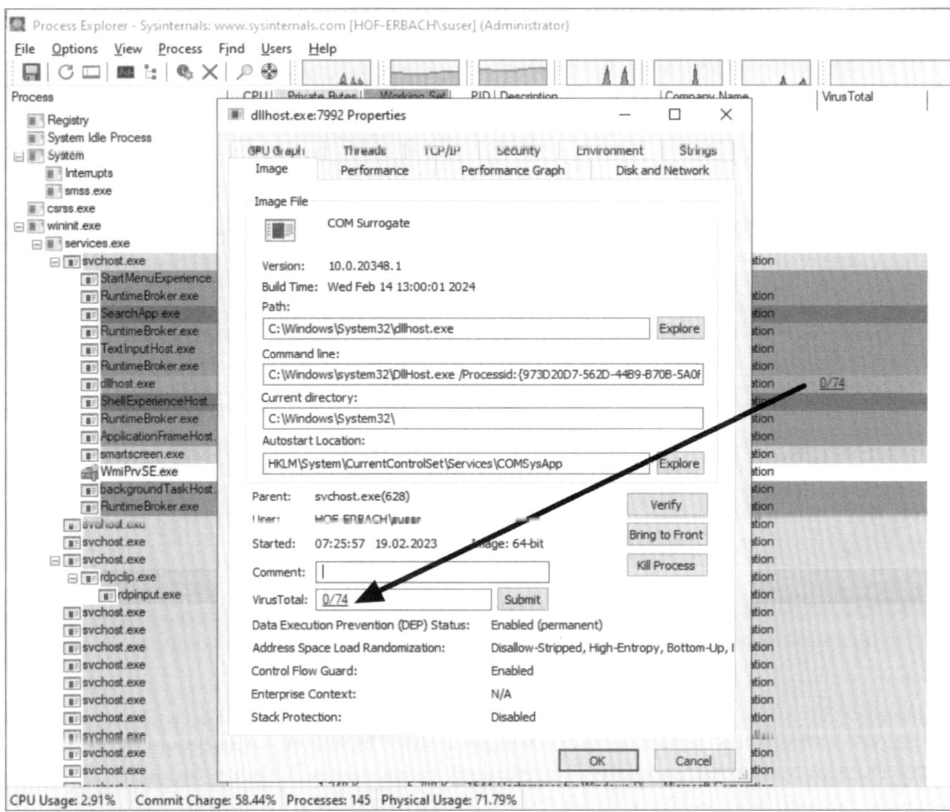

Abb. 9.9 Prozesse auf Windows-Servern und in Windows 10/11 nach Viren durchsuchen

Alle Prozesse eines Computers untersuchen

Es ist mit Process Explorer auch möglich, alle Prozesse eines Computers mit VirusTotal auf Viren zu untersuchen. Durch einen Klick auf *Options* | *VirusTotal.com* | *Check VirusTotal.com* scannt Process Explorer alle laufenden Prozesse automatisch nach Viren (Abbildung 9.10).

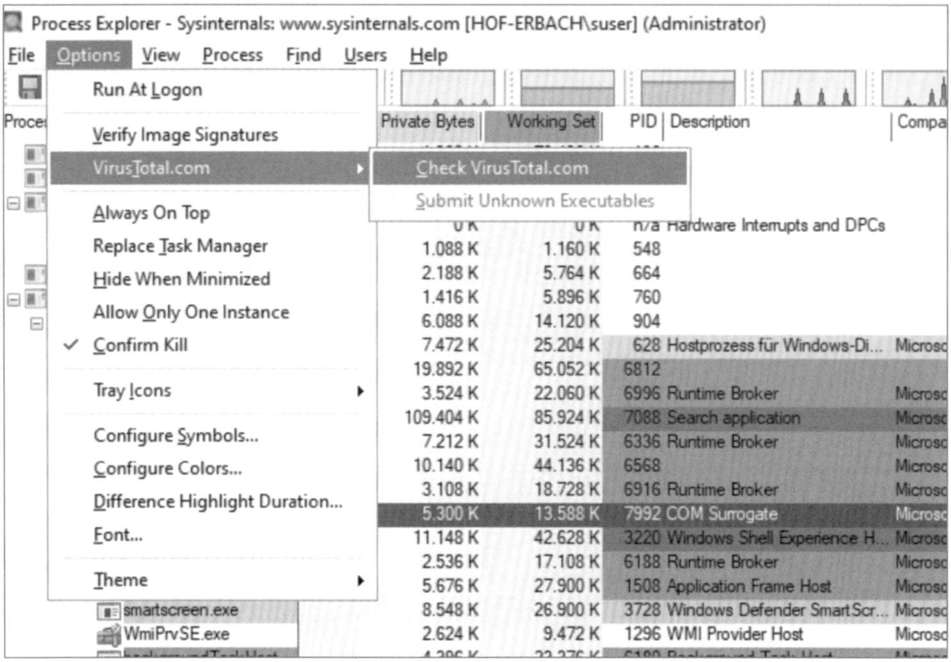

Abb. 9.10 Scannen aller Prozesse eines Servers oder einer Arbeitsstation nach Malware

Auch hier finden Sie das Ergebnis in der Spalte *VirusTotal*. Bei der Aktivierung dieser Funktion scannt Process Explorer automatisch nach jedem Start alle laufenden Prozesse auf Viren und zeigt das Ergebnis in der Spalte an. Das funktioniert natürlich nur, wenn auf dem Server eine Verbindung zum Internet aufgebaut werden kann.

Zusätzlich steht Ihnen die Option *Submit Unknown Executables* zur Verfügung. Bei diesem Vorgang lädt Process Explorer die komplette ausführbare Datei zu VirusTotal und überträgt nicht nur den Hashwert.

Über den Menüpunkt *Detail* auf der VirusTotal-Seite zeigt der Antivirendienst ausführlichere Informationen zur Datei an. Diese sind nicht nur aus Sicherheitsgründen interessant, sondern können auch darüber aufklären, von wem der Prozess stammt und welche Aufgabe er hat. Mit dem Menüpunkt *Community* stehen Kommentare anderer Benutzer von VirusTotal zur Verfügung, die dabei einzuschätzen helfen, um was es sich bei dem Prozess handelt, und bei einem Virusbefall, wie der Virus entfernt werden kann.

Parallel zu VirusTotal können Sie mit Process Explorer nach dem Prozess in einer Suchmaschine suchen. Das geht natürlich auch ohne Process Explorer, ist mit dem Tool aber über das Kontextmenü und der Auswahl von *Search Online* einfach. Dadurch lassen sich umfangreiche Informationen gewinnen. In den Eigenschaften eines Prozesses, die ebenfalls über das Kontextmenü im Process Explorer zur Verfügung stehen, sind auf der Registerkarte *Image* im Feld *VirusTotal* Informationen zu sehen. Auch hier können Sie den Prozess über die Schaltfläche *Submit* erneut zu VirusTotal übertragen.

Mit der Schaltfläche *Verifiy* können Sie prüfen, ob ein Prozess von demjenigen stammt, der als Entwickler und Hersteller hinterlegt ist. Oft verstecken sich Viren hinter bekannten Herstellernamen, die natürlich gefälscht sind.

9.4 Secured-Core-Funktionen auf dem Server aktivieren

Die neuen Secured-Core-Funktionen von Windows Server 2022 sollten Sie ebenfalls so schnell wie möglich nach der Installation aktivieren. Dadurch verbinden Sie die Sicherheitsfunktionen von Windows mit den Hardwarekomponenten Ihres Servers. Sie steuern und überwachen diesen Bereich am besten im Windows Admin Center. Sie haben im vorhergehenden Kapitel 8 gelesen, wie Sie mit dem Windows Admin Center Ihre Datensicherung und den Schutz vor Ransomware über Microsoft Azure Backup in der Cloud verbessern können. Das Windows Admin Center ist auch das ideale Mittel, um die Schutzfunktionen des Servers im lokalen Betrieb anzuzeigen und zu verbessern.

9.4.1 Secured-Core für ein sicheres Netzwerk

Secured-Core ist ein Sicherheitskonzept, das Microsoft aus Azure jetzt auch in lokale Rechenzentren auf Basis von Azure Stack HCI und Windows Server 2022 bringt. Da es sich bei Windows Server 2022 Essentials im Grunde genommen um die Installation von Windows Server 2022 Standard handelt, ist Secured-Core auch in der kleinsten Windows Server-Version enthalten. Mit Secured-Core kann Windows Server 2022 beim Booten und im laufenden Betrieb vor einer Vielzahl von Angriffen geschützt werden, unabhängig vom Patchstand des Servers. Dieser Schutz kostet nichts, nutzt aber die verschiedenen Sicherheitsfunktionen von Windows Server 2022 und unterstützt dazu auch moderne Hardware.

Dazu überwachen die Secured-Core-Komponenten bereits beim Starten des Servers, dass kein Rootkit die Kontrolle über das Betriebssystem und den Server übernommen hat. Einfach ausgedrückt kombiniert Secured-Core Sicherheitsfunktionen der Hardware und Firmware mit Sicherheitseinstellungen des Betriebssystems. Beim Einsatz von Secured-Core stellt der Server folgende Bereiche für die Sicherheit bereit:

1. Der Server wird sicher gebootet.
2. Schwachstellen der Firmware können nicht ausgenutzt werden.
3. Unberechtigter Zugriff auf Geräte und Daten wird zuverlässig blockiert.

Secured-Core ist auch mit einem virtuellen TPM möglich und kann daher bei VMs zum Einsatz kommen. Dadurch lassen sich virtuelle Server über Secured-Core schützen, zum Beispiel in VMware vSphere-Umgebungen.

Bezüglich der Hardware sind eine CPU mit aktivierten Virtualisierungserweiterungen, UEFI und Secure Boot und ein TPM-2.0-Chip notwendig. Das TPM ist dabei das zentrale Element, das auch die einzelnen Schlüssel und Informationen der verbauten Hardware speichert und sicher auslesen kann. Die Funktionen müssen im UEFI aktiviert werden.

Damit Windows Server 2022 als Secured-Core-Server zum Einsatz kommen kann, muss die Server-Hardware die Funktionen unterstützen. Dazu muss die Hardware für Windows Server 2022 und Secured-Core zertifiziert sein. Sie sollten darauf bereits beim Kauf der Hardware achten.

Mit Secured-Core-Server erhalten Unternehmen eine Kombination aus Hardware, Treiber, Software und Windows Server 2022. Generell sollte Windows Server 2022 nur auf Hardware installiert werden, die dafür zertifiziert ist und die Secured-Core-Funktionen umfassend unterstützt.

9.4.2 Secured-Core-Server und das Windows Admin Center

Secured-Core nutzt die Sicherheitsfunktionen HVCI, Boot DMA Protection, System Guard, Secure Boot, VBS und TPM 2.0. Damit ein Server als Secured-Core-Server definiert ist, müssen alle diese Sicherheitsfunktionen von der Hardware und der Software unterstützt werden und aktiviert sein. Die Aktivierung lässt sich mit dem Windows Admin Center durchführen und überprüfen.

Ich gehe in den nächsten Abschnitten darauf ein, wie sich die einzelnen Komponenten zusammensetzen und wie Sie diese einmalig aktivieren. Mit dem Windows Admin Center können Sie alle Server im Netzwerk daraufhin überprüfen, ob sie einzelne oder alle Secured-Core-Funktionen unterstützen.

Um die Secured-Core-Funktionen zu überwachen und zu steuern, ist die aktuelle Version des Windows Admin Centers und dessen Erweiterung *Security* notwendig. Nach dem Start des Windows Admin Centers verbinden Sie sich mit dem Server und öffnen auf der linken Seite den Menüpunkt *Sicherheit*. Über die Registerkarte *Secured-Core* finden Sie die Einstellungen und Funktionen. Hier ist zu sehen, ob die Hardware die einzelnen Funktionen unterstützt und ob diese in Windows Server 2022 aktiviert sind. Es ist auch möglich, die Funktionen an dieser Stelle zu aktivieren. Beim Überfahren mit der Maus zeigt das Windows Admin Center die genaue Bedeutung der Sicherheitsfunktion an.

9.4.3 Secured-Core-Funktionen überprüfen und konfigurieren

Unterstützt die Hardware des Servers einzelne Bereiche von Secured-Core nicht oder sind diese im UEFI/BIOS nicht aktiviert, zeigt das WAC die Meldung »Not supported« an. In diesem Fall sollte überprüft werden, ob die einzelnen Funktionen schlicht und ergreifend nicht aktiviert sind, zum Beispiel der TPM-Chip auf der Hauptplatine.

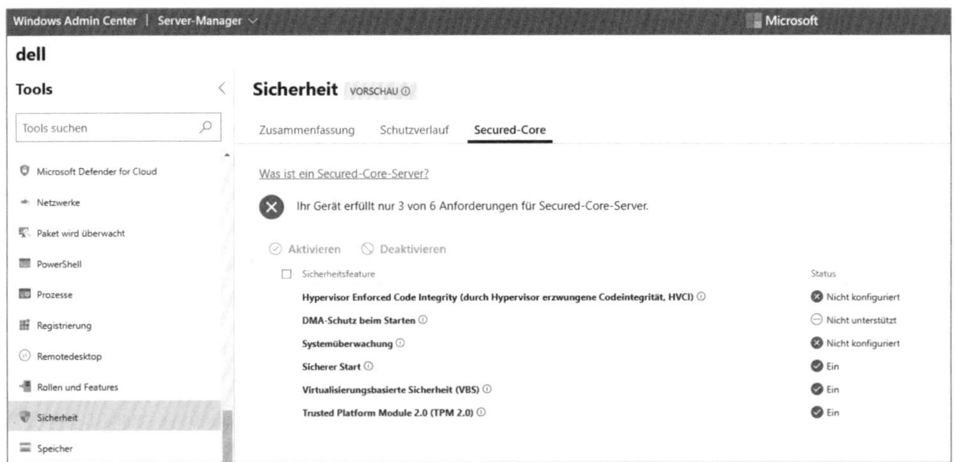

Abb. 9.11 Secured-Core-Funktionen in Windows Server 2022 einschalten

Wenn die Hardware die jeweilige Funktion für Secured-Core unterstützt, die Funktion in Windows aber noch nicht aktiviert ist, zeigt das Windows Admin Center an dieser Stelle »Not configured« oder »Nicht konfiguriert« an (siehe Abbildung 9.11). Im WAC lassen sich diese

Funktionen anschließend mit *Enable* oder *Aktivieren* dauerhaft einschalten und konfigurieren, wenn das notwendig ist. Ist ein Neustart notwendig, zeigt das WAC das ebenfalls an.

Wenn »Nicht unterstützt« für einen Bereich von Secured-Core angezeigt wird, dann kann die Funktion mit der aktuellen Hardware nicht zum Einsatz kommen. Generell sollten möglichst alle Funktionen unterstützt werden und aktiviert sein. Nur Funktionen mit dem Wert »Ein« sind aktiv und schützen den Server umfassend. Eine Verwaltung ist nicht notwendig, Sie müssen die Funktionen nur einmalig einschalten.

9.4.4 Secured-Core setzt auf Virtualization Based Security

Virtualization Based Security (VBS) ist ein zentrales Element bei Secured-Core. Hypervisor-Protected Code Integrity (HVCI) nutzt dazu Virtualisierungstechnologien von Prozessoren für den Aufbau einer sicheren Betriebsumgebung bis zum abgeschlossenen Start des Servers. Der Sinn hinter der Technik ist das sichere Abschotten von Anmeldedaten. Es ist nach Aktivierung der Technologie nicht mehr möglich, dass ein Angreifer Anmeldedaten von einem System abgreifen kann. Das System schützt zuverlässig vor Pass-the-Hash- oder Pass-the-Ticket-Angriffen. PtH-Angriffe zielen nicht auf die Kennwörter ab, sondern auf die Hashes, die in Active Directory erzeugt werden, nachdem sich ein Benutzer authentifiziert hat. Um Windows-Netzwerke vor diesen Angriffen zu schützen, kommen Technologien wie Hypervisor-Protected Code Integrity zum Einsatz.

Dazu sind ein TPM-Chip sowie ein aktuelles UEFI notwendig. Auf den meisten Servern sollten die beiden Technologien funktionieren. Die Computer müssen darüber hinaus mit Secure Boot gestartet werden. Hypervisor-Protected Code Integrity nutzt Virtualisierungstechnologien, um den Windows-Kernel zu schützen.

Der Schutz vor Direct Memory Access-Angriffe (DMA) in Windows Server 2022 ist ein weiterer, zentraler Bestandteil von Secured-Core. Mit der Technik kann Windows Server 2022 verhindern, dass durch Hotplug-PCI-Geräte oder auch integrierte PCI-Geräte Angriffe durchgeführt werden, zum Beispiel das Auslesen von Benutzerdaten. Bei solchen Angriffen wird Malware bereits während des Systemstarts auf die Server eingeschleust. Dadurch werden Sicherheitsmechanismen des Betriebssystems ausgehebelt. Mit Secured-Core ist das nicht mehr möglich. Die Optionen dazu sind bei *Update und Sicherheit* bei *Windows-Sicherheit* zu finden. Durch einen Klick auf *Windows-Sicherheit öffnen* steht die *Gerätesicherheit* zur Verfügung. Hier muss bei *Kernisolierung* der Speicherzugriffsschutz aktiviert werden. Die Optionen sind auch in der Systeminformation zu finden. Bei *Kernel-DMA-Schutz* muss die Option *Ein* angezeigt werden.

System Guard ist eine weitere Komponente von Secured-Core. Die Technik schützt die Integrität des Windows-Systems und kann verhindern, dass Malware Systemdateien manipuliert, auch beim Starten des Rechners. Dazu arbeitet das System mit Fingerabdrücken und schützt auch vor Angriffen auf die Firmware oder den Bootloader von Windows.

9.5 Microsoft Defender for Business

Mit Microsoft Defender for Business (Microsoft Defender für Unternehmen) stellt Microsoft seine Lösung für die Absicherung von Endpunkten bereit. Das Produkt soll Clients und Server gegen Malware, Ransomware, Phishing und andere Cyberbedrohungen schützen. Der Schutz erweitert die Möglichkeit von Microsoft Defender in Windows Server 2022.

Microsoft Defender for Business (*https://www.microsoft.com/de-de/security/business/endpoint-security/microsoft-defender-business?market=de*) ist eine Sicherheitslösung aus der Cloud, arbeitet mit Microsoft 365 zusammen und konzentriert sich vor allem auf KMU. Der Dienst wird pro Benutzer lizenziert. Die Preise liegen bei 2,50 Euro/Monat. Dafür kann ein Benutzer bis zu fünf Geräte an den Dienst anbinden und gegen Malware schützen. Microsoft Defender for Business kann bis zu 30 Tage kostenlos getestet werden. Parallel dazu können Sie für 2,50 Euro/Monat den Virenschutz auf dem Server erweitern. Das ist in jedem Fall sinnvoll, da dadurch Ihr komplettes Netzwerk vor Viren geschützt ist. Beim Einsatz eines Servers belaufen sich die Kosten auf lediglich 30 Euro/Jahr. Zwar reicht in den meisten Fällen der Standardschutz aus, allerdings kann im Unternehmenseinsatz eine zentrale und erweiterte Verwaltung durchaus Sinn ergeben.

Mit Microsoft Defender for Business können Benutzer zusätzlich ihre Endgeräte an den Malwareschutz in der Cloud anbinden. Neben Clients für Windows, Linux und macOS können auch Android und iOS an Microsoft Defender for Business angebunden werden.

9.5.1 Benutzer und Geräte an Microsoft 365 for Business anbinden

Nach dem Buchen des Dienstes können Sie die Lizenzen über das Microsoft 365 Admin Center verwalten. Dazu steht über den Bereich *Abrechnung/Lizenzen* die Verwaltung der über Microsoft 365 gebuchten Dienste zur Verfügung. Hier finden Sie auch *Microsoft Defender für Unternehmen* (siehe Abbildung 9.12).

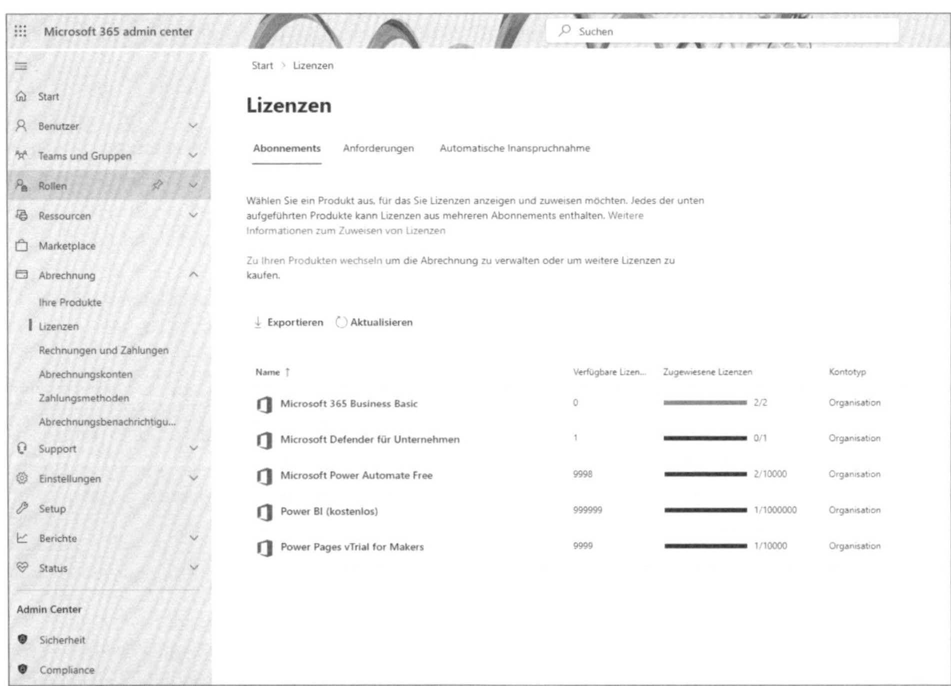

Abb. 9.12 Verwalten der Lizenzen für Microsoft 365 und Microsoft Defender for Business im Microsoft 365 Admin Center

Durch das Anklicken der Lizenzen lassen sich diese den einzelnen Benutzern zuweisen. Dazu weisen Sie bei *Microsoft Defender für Unternehmen* mit *Lizenz zuweisen* den gewünschten Benutzern die Lizenz für Defender for Business zu. Im Microsoft 365 Admin Center sehen Sie bei *Benutzer | Aktive Benutzer* über *Lizenzen und Apps* bei jedem Benutzer, welche Lizenzen zugewiesen sind (siehe Abbildung 9.13).

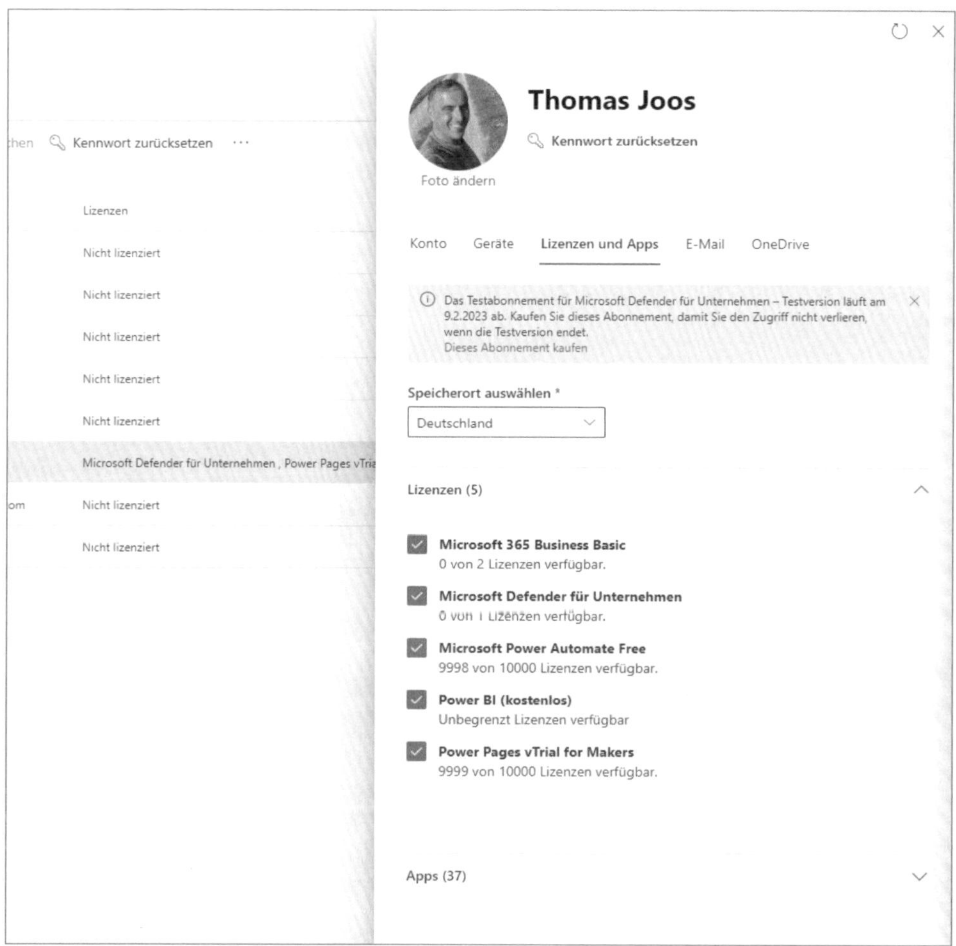

Abb. 9.13 Zuweisen von Benutzerlizenzen für Microsoft Defender for Business im Microsoft 365 Admin Center

Danach können Sie die Verwaltung von Microsoft Defender for Business über die Verwaltungsseite von Microsoft 365 Defender starten. Microsoft 365 Defender erreichen Sie am schnellsten über die URL *https://security.microsoft.com*. Hier finden Sie im Dashboard allgemeine und spezielle Sicherheitsinformationen zum Abonnement.

9.5.2 Geräte von Anwendern an Microsoft Defender for Business anbinden

Um Geräte manuell an Microsoft Defender for Business anzubinden, rufen Sie zunächst Microsoft 365 Defender auf. Den Link dazu sehen Sie im oberen Absatz. Über den Menüpunkt *Einstellungen* im unteren Bereich können Sie Microsoft 365 Defender anpassen. Mit einem Klick auf *Endpunkte* und dann der Auswahl von *Onboarding* lassen sich Clients automatisiert und manuell anbinden.

Als Erstes wählen Sie dazu bei *Wählen Sie das Betriebssystem aus, um den Onboarding-Prozess zu starten* zum Beispiel *Windows 10 und 11* aus, danach können Sie mit der Einstellung *Lokales Skript (für bis zu 10 Geräte)* bei *Bereitstellungsmethode* den manuellen Download aktivieren. Über den Link *Onboarding-Paket herunterladen* erfolgt schließlich der Download der Software. Der Download besteht aus dem Skript *WindowsDefenderATPLocalOnboardingScript.cmd*, das Sie im Archiv *WindowsDefenderATPOnboardingPackage.zip* finden. Das Skript sollte in einer Befehlszeile mit erhöhten Rechten gestartet werden (siehe Abbildung 9.14).

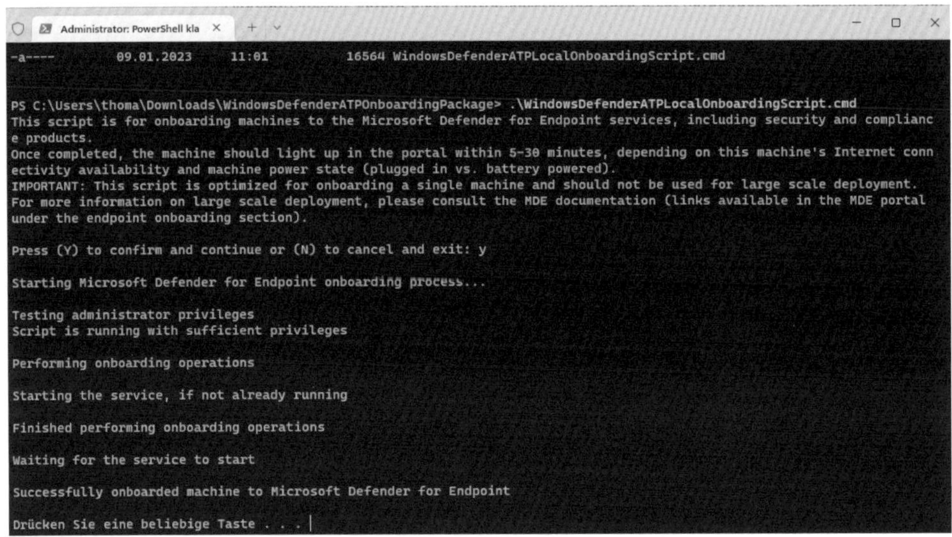

Abb. 9.14 Microsoft Defender for Business ist erfolgreich mit einem Rechner oder dem Server verbunden.

Nach dem Start muss die Anbindung mit *Y* bestätigt werden. Danach prüft das Skript, ob die Befehlszeile mit Administratorrechten gestartet wurde, und installiert die entsprechende Software. Der Vorgang sollte nicht unterbrochen werden, lässt sich aber jederzeit neu starten. Nach kurzer Zeit erscheint die Meldung, dass der Computer erfolgreich an Microsoft Defender for Business angebunden ist.

9.5.3 Erfolgreiche Anbindung an Microsoft Defender for Business testen

Im nächsten Schritt sollten Sie testen, ob die Anbindung an Microsoft Defender for Business geklappt hat. Dazu lassen Sie das Fenster nach der Ausführung geöffnet oder öffnen ein neues mit Administratorrechten. Zuvor sollte im Windows-Explorer der Ordner *C:\test-MDATP-test* angelegt werden. In der Befehlszeile können Sie danach mit dem folgenden Befehl testen, ob der Computer erfolgreich an Microsoft Defender for Business angebunden wurde:

powershell.exe -NoExit -ExecutionPolicy Bypass -WindowStyle Hidden $ErrorActionPreference = "silentlycontinue";(New-Object System.Net.WebClient).DownloadFile("http://127.0.0.1/1.exe", "C:\\test-MDATP-test\\invoice.exe");Start-Process "C:\\test-MDATP-test\\invoice.exe"

Nach der Eingabe des Befehls wird das Fenster automatisch geschlossen. Das Gerät sollte im Bereich *Geräte* mit seinem Namen erscheinen. Bis alle Daten ausgelesen sind, kann es einige Stunden dauern. Wichtig ist, dass bei *Onboarding-Status* der Status *Onboarding stattgefunden* erscheint und bei *Status der Sensorintegrität* der Wert *Aktiv*. Nach einiger Zeit sollten in den Optionen des Computers auf den verschiedenen Menüpunkten Informationen erscheinen und auch Warnungen ersichtlich sein.

Nach einigen Tagen sollten Sie hier vor allem die Informationen bei *Sicherheitsempfehlungen* und *Warnungen* überprüfen. Über *Zeitachse* lässt sich wiederum überprüfen, welche Programme Änderungen am Computer vorgenommen haben oder sicherheitsrelevante Aktionen durchgeführt haben. Anschließend können Sie in der Konfiguration auch Sicherheitsrichtlinien konfigurieren.

Schutz vor Ransom- und Malware

9.6 Active Directory auf dem Server absichern mit Tipps von PingCastle

Das kostenlose Tool PingCastle (*https://www.pingcastle.com*) kann ohne Installation Domänencontroller im Netzwerk auf Sicherheitslücken bei der Konfiguration von Active Directory untersuchen. Das Tool ist für kleine Unternehmen genauso sinnvoll wie bei großen Unternehmen. Wenn Sie auf Ihrem Server Active Directory installiert haben, können Sie mit PingCastle die Einstellungen scannen. Das Tool erstellt einen Bericht. Sicherheitslücken und Stabilitätsprobleme sollten Sie berücksichtigen und beheben. Dazu gibt das Tool auch verschiedene Tipps. In seinem Fokus stehen Sicherheitseinstellungen der Domänencontroller und von Active Directory. Es macht also Sinn, regelmäßig zu überprüfen, ob es in Active Directory Sicherheitslücken gibt, auch wenn Sie nur einen Server im Einsatz haben.

9.6.1 Domäne mit PingCastle scannen

Zunächst laden Sie das Tool als Archiv von der Seite *https://www.pingcastle.com*. Entpacken Sie das Archiv auf dem Server oder einer Arbeitsstation, die bereits Mitglied der Domäne ist. Starten Sie das Programm per Doppelklick. Die Scanvorgänge laufen in der Befehlszeile an. Nachdem Sie PingCastle gestartet haben, wählen Sie den Menüpunkt *1-healthcheck* aus (siehe Abbildung 9.15).

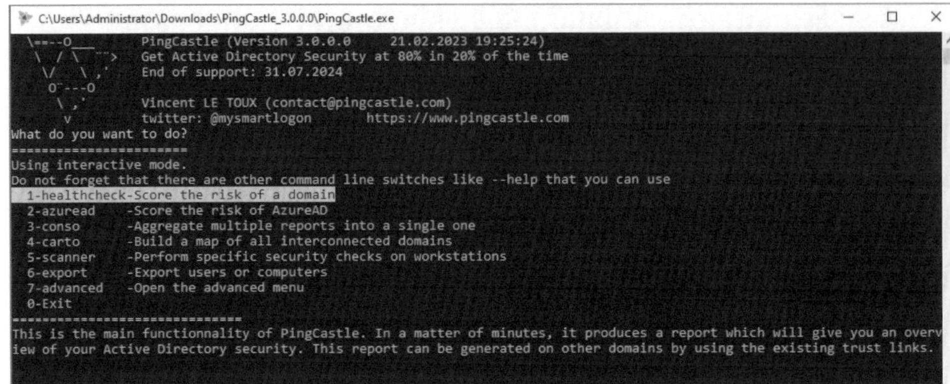

Abb. 9.15 PingCastle scannt die Sicherheitseinstellungen von Active Directory auf Ihrem Domänencontroller.

Wenn Sie den Menüpunkt ausgewählt haben, müssen Sie den FQDN Ihrer Active Directory-Domäne eingeben. Haben Sie das Tool auf dem Server selbst gestartet oder auf einer Arbeitsstation, die bereits Mitglied von Active Directory ist, erkennt PingCastle das und liest die Domäne automatisch aus. Sie müssen die Eingabe nur noch einmal bestätigen.

Die kostenlose Version darf nicht kommerziell genutzt werden. Wollen Sie PingCastle häufiger nutzen, was generell sinnvoll ist, lizenzieren Sie das Tool. Für einen ersten Test reicht die kostenlose Version aber aus.

Nach kurzer Zeit schließt PingCastle den Scan ab. Sie finden danach im Verzeichnis, aus dem Sie PingCastle gestartet haben, einen Bericht, der bei der Beseitigung von Sicherheitslücken unterstützt.

PingCastle scannt Active Directory mit mehreren Dutzend Regeln. Dazu gehört auch das Auffinden von veralteten und nicht mehr verwendeten Konten und Computern im Netzwerk. Berechtigungen und gespeicherte Kennwörter sowie Gruppenrichtlinien werden ebenfalls untersucht. Das Tool scannt die Konten in Active Directory auf abgelaufene Kennwörter und auf Konten, die kein Kennwort nutzen.

Wer umfangreichere Informationen zum Tool benötigt, findet im Verzeichnis eine PDF-Datei. PingCastle können Sie auch direkt in der Befehlszeile starten. Neben dem Standardstart können mit dem Programm natürlich mehrere Optionen verwendet werden. Die Option *--carto* erstellt zum Beispiel eine Karte der Umgebung. Das ist in kleinen Netzwerken jedoch meistens nicht notwendig.

Die Optionen finden Sie auch in der Hilfe. Für die meisten Umgebungen reicht es aber aus, zunächst mit *pingcastle.exe* den Standardmodus zu verwenden. Um einen Health Check der Umgebung automatisiert über die Befehlszeile durchzuführen, wird der folgende Befehl verwendet:

PingCastle --healthcheck --server mydomain.com

Für jede Active Directory-Umgebung legt PingCastle einen HTML-Bericht an. Dieser kann zum Beispiel im Browser geöffnet werden. Auch eine XML-Datei wird erstellt. Im Bericht ist eine Zusammenfassung zu sehen und eine Punktebewertung für einzelne Bereiche. Interessant sind die Bereiche *Stale Objects*, *Privileged Accounts* und *Anomalies* (siehe Abbildung 9.16). Hier zeigt PingCastle verschiedene Informationen an und die Punktzahl, mit der sich die Umgebung auf bis zu 0 Punkte im Risikolevel reduzieren lässt. Klicken Sie auf einen der Punkte, erhalten Sie eine umfassende Erklärung, warum PingCastle hier ein Problem sieht und wie Sie das Problem beheben können.

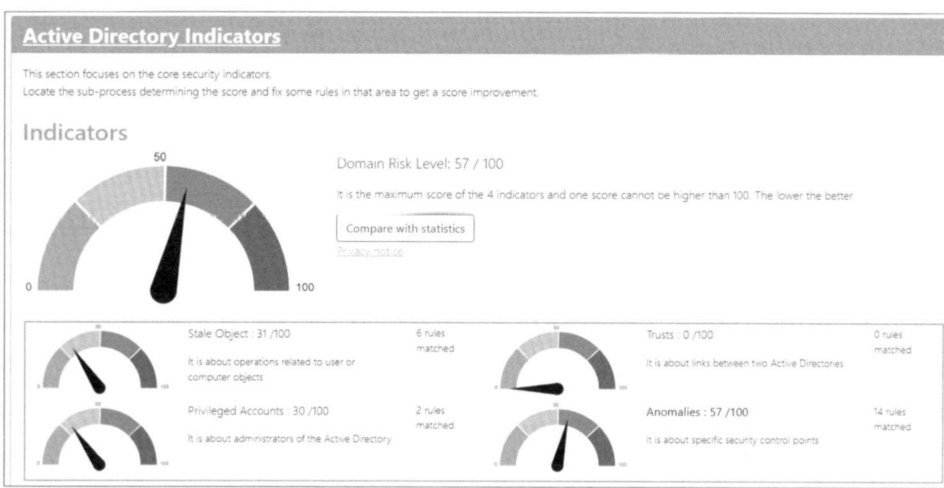

Abb. 9.16 PingCastle gibt einen Überblick zum Sicherheitsstatus von Active Directory.

Der Vorteil von PingCastle besteht darin, dass das Tool mit kleinen Umgebungen und wenigen bis hin zu nur einer Domäne genauso gut zurechtkommt wie mit großen Umgebungen und vielen Vertrauensstellungen. Starten Sie den interaktiven Modus ohne weitere Optionen, können Sie beim Scannen die Domäne eingeben, die das Tool scannen soll. Erfolgt der Start von PingCastle auf einem Computer, der Mitglied der Domäne ist, wird die entsprechende Domäne automatisch verwendet. Natürlich können Sie diese auch manuell eingeben.

Besonders wichtig ist der Text bei *Advised solution*. Hier zeigt PingCastle, wie sich das Problem beheben lässt (siehe Abbildung 9.17). Die Anleitung dazu wird in englischer Sprache angezeigt. Sie können den Text aber bequem auf Websites wie *deepl.com* kostenlos übersetzen lassen. Wenn Sie Einstellungen geändert haben, starten Sie den Scan erneut und können dadurch feststellen, wie sich nach und nach die Sicherheit in der Umgebung verbessert.

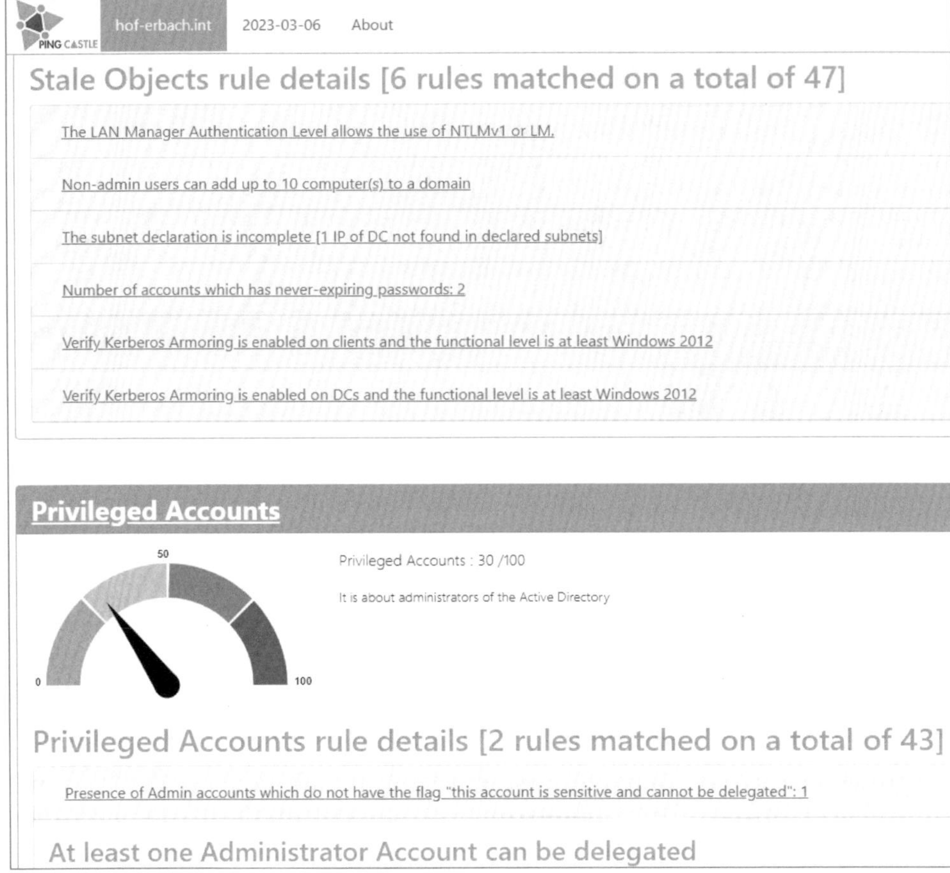

Abb. 9.17 PingCastle zeigt Informationen an, wie sich die Sicherheit im Netzwerk verbessern lässt.

9.7 Windows Defender Firewall nutzen

In Windows Server 2022 spielt die Windows Defender Firewall eine wichtige Rolle bei der Absicherung von Windows-Servern. In der neuen Version wurde die Bezeichnung der Firewall von Windows-Firewall zu Windows Defender-Firewall geändert, die Funktionen sind ansonsten weitgehend identisch.

Auch in der neuen Windows Server-Version ist die Firewall standardmäßig aktiviert. Die Konfiguration erfolgt im Grunde genommen genauso wie in Windows Server 2016/2019 oder auf Arbeitsstationen ab Windows 10/11. In den folgenden Abschnitten zeige ich Ihnen, welche erweiterten Möglichkeiten es für die Windows-Firewall gibt.

9.7.1 Windows Defender-Firewall mit Gruppenrichtlinien steuern

Mit Gruppenrichtlinien können Sie Firewallregeln erstellen und an mehrere Computer gleichzeitig verteilen. Sie finden die notwendigen Einstellungen in der Gruppenrichtlinienverwaltung über *Computerkonfiguration* | *Richtlinien* | *Windows-Einstellungen* | *Sicherheitseinstellungen* | *Windows Defender Firewall mit erweiterter Sicherheit.* Mehr dazu lesen Sie in Kapitel 10.

9.7.2 Firewallregeln für SQL-Server in der grafischen Oberfläche erstellen

Damit Anwendungen wie SharePoint oder SQL-Server auf einen Server zugreifen dürfen, müssen Sie zum Teil Firewallregeln erstellen. Wenn etwa die Firewall die beiden TCP-Ports 1433 und 1434, mit denen Clients eine Verbindung zum Server aufbauen, blockiert, brauchen Sie eine Firewallregel auf dem SQL-Server, die die Blockierung verhindert. Sie können die beschriebenen Wege in der PowerShell verwenden, aber auch die grafische Oberfläche nutzen. Eine solche Regel erstellen Sie wie folgt:

1. Geben Sie auf dem Server im Suchfeld des Startmenüs *wf.msc* ein.
2. Klicken Sie auf *Eingehende Regeln.*
3. Klicken Sie dann rechts auf *Neue Regel.*
4. Aktivieren Sie auf der ersten Seite des Assistenten zum Erstellen von neuen Firewallregeln die Option *Port.*
5. Aktivieren Sie auf der nächsten Seite die Optionen *TCP* und *Bestimmte lokale Ports.*
6. Geben Sie im Feld neben der Option *Bestimmte lokale Ports* den Wert *1433-1434* ein.
7. Aktivieren Sie auf der nächsten Seite die Option *Verbindung zulassen* und auf der folgenden Seite die Profile, für die Sie den Zugriff gestatten wollen. In sicheren Umgebungen reicht es auch aus, wenn Sie nur das Domänenprofil aktivieren.
8. Weisen Sie abschließend der Regel einen passenden Namen zu und bestätigen Sie die Erstellung.

Auf dem gleichen Weg erstellen Sie Regeln auch über die Konfiguration in den Gruppenrichtlinien. Erhalten Sie Fehler beim Netzwerkzugriff angezeigt, schalten Sie über die Standardeinstellung der Firewall in der Systemsteuerung noch die Remoteverwaltung des Servers frei. Sie finden die Einstellung in der Systemsteuerung unter *firewall.cpl* über den Link *Eine App oder ein Feature durch die Windows-Firewall durchlassen* (siehe Abbildung 9.18).

Abb. 9.18 Firewall in Windows Server 2022 Essentials/Standard verwalten

Einstellungen für Firewallregeln auf dem Server können Sie außerdem im Windows Admin Center über den Menüpunkt *Firewall* steuern (siehe Abbildung 9.19). In Kapitel 3 haben Sie gelernt, wie Sie das Windows Admin Center installieren und einrichten. Hier gibt es zusätzlich die Möglichkeit, über Azure Arc über das Internet remote und ohne VPN mit dem Windows Admin Center auf den Server zuzugreifen.

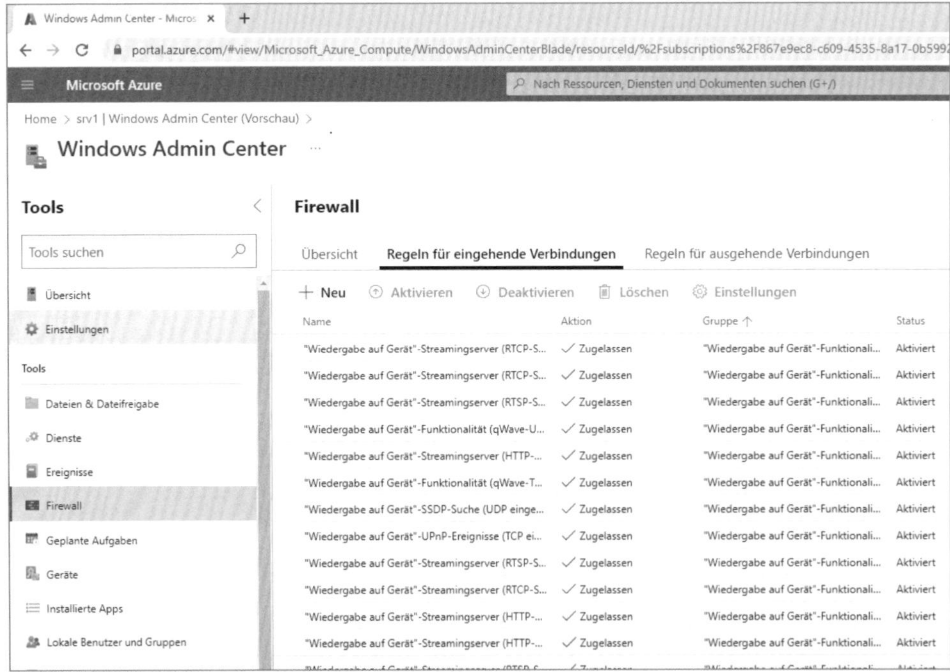

Abb. 9.19 Firewallregeln in Windows Server 2022 über das Windows Admin Center steuern

9.8 Die Sicherheit der Firewall über das Internet testen und tunen

Wenn die eigene Firewall so gut eingestellt ist wie nur möglich, stellt sich die Frage, ob der Schutz ausreichend ist und ob alle Ports nach außen so abgesichert sind wie geplant. Hier gibt es mehrere Webdienste, die das testen. Da es in kleinen und mittleren Unternehmen meistens keine Administratoren gibt, die sich umfassend mit den Einstellungen der eingesetzten Firewall auseinandersetzen, ist es sinnvoll, ab und zu sicherzustellen, dass es zumindest keine grundlegenden Sicherheitsgefahren gibt und das Netzwerk sowie der Server generell vor Angriffen aus dem Internet geschützt sind.

Neben dem Testen der offenen Ports ist es zusätzlich sinnvoll, die IP-Adressen, die von außen auf die Firewall zugreifen können, so weit wie nur möglich einzugrenzen. Mit GeoIP-Filtern ist das kein Problem. Dazu kommt das Blockieren von bekannten, verdächtigen IP-Adressen. Listen dazu gibt es kostenlos im Internet. Wer Zugriffsregeln dann noch zeitlich begrenzt und seine Firewall regelmäßig von außen testet, ist meistens auf der sicheren Seite, wenn es um externe Hackerangriffe geht.

9.8.1 GeoIP-Filter und Blockierlisten

Generell schadet es nicht, ab und zu einen Blick in die Liveansicht der Protokolldateien einer Firewall oder in die Historie des Verlaufs zu werfen (siehe Abbildung 9.20). Dadurch ist zu erkennen, welche Protokolle die Firewall auf Basis der verschiedenen Regeln verwirft und welche Pakete durch die Firewall dürfen. Hier sind oft etwas Nacharbeit und Optimierung sinnvoll, bevor sich Admins an das externe Testen machen.

Firewalls wie die bekannte Open-Source-Lösung OPNsense (*https://www.security-insider.de/was-ist-opnsense-a-1071195*) bieten dazu umfassende Möglichkeiten an, um lokale Netzwerke zu schützen. Sinnvoll ist zum Beispiel der Einsatz eines GeoIP-Blockers, über den Pakete aus bestimmten Ländern von vorneherein blockiert werden. Aus Ländern, von denen keine direkte Verbindung zur Firewall erwartet wird, muss auch keine Verbindung erlaubt sein.

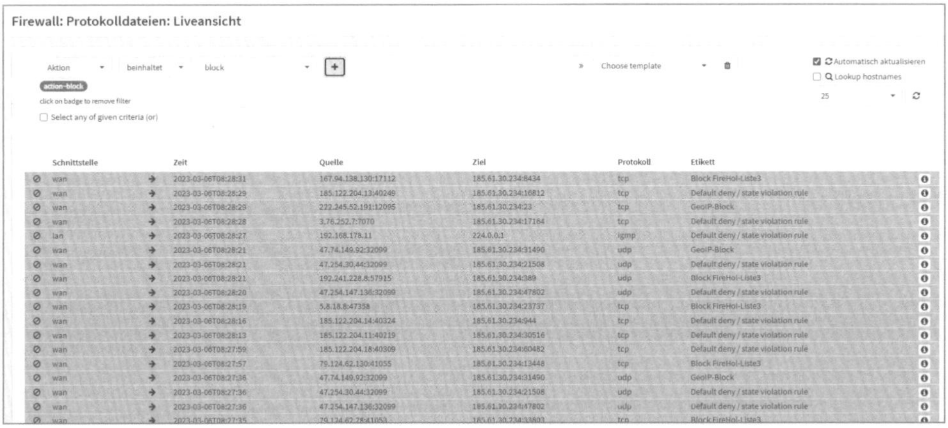

Schnittstelle	Zeit	Quelle	Ziel	Protokoll	Etikett
wan	2023-03-06T08:28:31	167.94.138.130:17112	185.61.30.234:8434	tcp	Block FireHol-Liste3
wan	2023-03-06T08:28:29	185.122.204.13:40249	185.61.30.234:16812	tcp	Default deny / state violation rule
wan	2023-03-06T08:28:29	222.245.52.191:12095	185.61.30.234:23	tcp	GeoIP-Block
wan	2023-03-06T08:28:28	3.76.252.7:7070	185.61.30.234:17164	tcp	Default deny / state violation rule
lan	2023-03-06T08:28:27	192.168.178.11	224.0.0.1	igmp	Default deny / state violation rule
wan	2023-03-06T08:28:21	47.74.149.92:32099	185.61.30.234:31490	udp	GeoIP-Block
wan	2023-03-06T08:28:21	47.254.30.44:32099	185.61.30.234:21508	udp	Default deny / state violation rule
wan	2023-03-06T08:28:21	192.241.228.8:57915	185.61.30.234:389	udp	Block FireHol-Liste3
wan	2023-03-06T08:28:20	47.254.147.136:32099	185.61.30.234:47802	udp	Default deny / state violation rule
wan	2023-03-06T08:28:19	5.8.18.8:47358	185.61.30.234:23737	tcp	Block FireHol-Liste3
wan	2023-03-06T08:28:16	185.122.204.14:40324	185.61.30.234:944	tcp	Default deny / state violation rule
wan	2023-03-06T08:28:13	185.122.204.11:40219	185.61.30.234:30516	tcp	Default deny / state violation rule
wan	2023-03-06T08:27:59	185.122.204.18:40309	185.61.30.234:60482	tcp	Default deny / state violation rule
wan	2023-03-06T08:27:57	79.124.62.130:41055	185.61.30.234:13448	tcp	Block FireHol-Liste3
wan	2023-03-06T08:27:36	47.74.149.92:32099	185.61.30.234:31490	udp	GeoIP-Block
wan	2023-03-06T08:27:36	47.254.30.44:32099	185.61.30.234:21508	udp	Default deny / state violation rule
wan	2023-03-06T08:27:36	47.254.147.136:32099	185.61.30.234:47802	udp	Default deny / state violation rule
wan	2023-03-06T08:27:35	79.124.62.78:41053	185.61.30.234:33803	tcp	Block FireHol-Liste3

Abb. 9.20 Ein Blick in Protokolldateien zeigt schnell, wie sinnvoll eine richtig konfigurierte Firewall ist.

Schutz vor Ransom- und Malware

Entsprechende Filterlisten stehen sogar kostenlos oder gegen Lizenzierung zur Verfügung, zum Beispiel bei Maxmind (*https://www.maxmind.com/en/geoip2-databases*), Spamhaus (*https://www.spamhaus.org/drop/drop.txt*) und Firehol (*https://github.com/firehol*) oder auch als erweiterte Liste bei Spamhaus (*https://www.spamhaus.org/drop/edrop.txt*).

9.8.2 Geöffnete Ports schließen

Generell sollten Firewalls so sicher wie nur möglich eingestellt sein. Dazu gehört es, nicht nur die offenen Ports so weit wie nur möglich einzugrenzen, sondern auch, Zeitpläne zu definieren, wann die Ports offen sein sollen. Wenn zum Beispiel bestimmte Internetverbindungen nicht dauerhaft benötigt werden – VPN oder Webdienste sind hier besonders interessant –, kann es sinnvoll sein, einen Zeitplan in die Regel einzubinden (siehe Abbildung 9.21).

Firewalls, wie zum Beispiel OPNsense (*https://opnsense.org*) sind dazu in der Lage. Die Firewall steht als Open Source kostenlos zur Verfügung und bietet auch die Möglichkeit zur Einwahl per VPN über OpenVPN oder WireGuard. Hier lassen sich Zeitpläne im System hinterlegen und für verschiedene Regeln nutzen. Dadurch können Sie zum Beispiel den Zugang zu OpenVPN auf Zeiten zwischen 5:30 und 20:00 Uhr beschränken. Zu anderen Zeiten bleibt der Port geschlossen und ist damit nicht angreifbar. Kommt zusätzlich ein anderer Port als der Standard-Port für die jeweilige Anwendung zum Einsatz, lässt sich der Schutz noch ausweiten.

Abb. 9.21 Vor allem bei kleinen Unternehmen macht es Sinn, mit Zeitplänen für offene Ports zu arbeiten, da hier viele Freigaben oft nicht dauerhaft benötigt werden.

9.8.3 ShieldsUP und Co helfen beim Testen der eigenen Firewall

Der bekannte Online-Dienst ShieldsUp (*https://www.grc.com/x/ne.dll?bh0bkyd2*) gehört seit Jahren zu den bekanntesten Diensten zum Testen der eigenen Firewall. Nach dem Start der Seite zeigt diese zunächst die IP-Adresse der Firewall an. Mit *Proceed* beginnt der Test. Auf der nächsten Seite kann über verschiedene Links ausgewählt werden, welche Ports der Dienst scannen soll. Idealerweise sollte *All Service Ports* ausgewählt werden. Es ist an dieser Stelle aber sinnvoll, weitere Ports zu testen, um sicherzustellen, dass nur gewünschte Ports offen sind.

9.8.4 Mit Portchecker.de einzelne Ports testen

Über die Webseite Portchecker.de (*https://portchecker.de*) können von extern einzelne Ports getestet werden. Dadurch kann sichergestellt werden, dass zum Beispiel bestimmte blockierte IP-Bereiche nicht auf einen Port zugreifen können oder die Firewall zu bestimmten Zeiten einen fest definierten Port nicht freischaltet. Neben den manuellen Tests kann mit *Quickscan* überprüft werden, ob weitverbreitete Ports auf der Firewall geöffnet sind. Ausweiten lässt sich dieser Test noch mit der Option *Long Scan*.

9.8.5 Diagnose der eigenen Firewall überprüfen

Die meisten Firewalls besitzen Funktionen für die Diagnose, zum Anzeigen des Status und vor allem für die Überwachung der aktuellen Sitzungen. Dadurch lässt sich überprüfen, welche IP-Verbindungen aktuell in der Firewall genutzt werden. Am Beispiel von OPNsense sind diese Informationen bei *Firewall | Diagnose* über *Sitzungen* und *Status* zu finden.

Neben Online-Tools ist es natürlich auch mit lokal installierten Tools möglich, eine Firewall zu testen. Sie brauchen dafür eine alternative Internetverbindung und einen PC, der nicht mit dem lokalen Netzwerk verbunden ist, das durch die Firewall geschützt wird. Mit der PowerShell lassen sich generell verschiedene Tests für Ports ausführen, auch über das Internet. Die Vorgehensweise ist im Beitrag »Mit der PowerShell nach offenen Ports suchen« (*https://www.security-insider.de/mit-der-powershell-nach-offenen-ports-suchen-a-3cb44529c6813f25db3df7da4249dc2f/*) beschrieben.

Darüber hinaus sind Open Source Intelligence-Tools (OSINT) in diesem Bereich eine wichtige Grundlage für das Testen der eigenen Firewall. In den Beiträgen »Die besten OSINT-Tools« (*https://www.security-insider.de/die-besten-osint-tools-a-e2575114477a9af924a533c25da8285c*) und »OSINT-Tools für Hosts, Ports und mehr« (*https://www.security-insider.de/osint-tools-fuer-hosts-ports-und-mehr-a-17ef040e3f87be3a762861b490ee07c6*) stelle ich Open-Source-Tools vor, bei denen zahlreiche Lösungen für externe Tests der Firewall und der veröffentlichten Dienste möglich sind.

9.9 Zusammenfassung

In diesem Kapitel habe ich Ihnen gezeigt, wie sich kleine Unternehmen vor Malware und Ransomware schützen können. Das nächste Kapitel geht darauf ein, wie Sie mit Gruppenrichtlinien auch wenige Arbeitsstationen optimal automatisieren, absichern und wichtige Einstellungen zentral vorgeben.

Kapitel 10

Gruppenrichtlinien

Mit Gruppenrichtlinien können Sie viele Sicherheitseinstellungen Ihres Servers und der Arbeitsstationen zentral verwalten. Dazu sind keine zusätzlichen Serverdienste notwendig, sondern alle relevanten Einstellungen lassen sich mit Bordmitteln vorgeben. Ich zeige Ihnen in diesem Kapitel die wichtigsten Einstellungen, die Sie mit Gruppenrichtlinien steuern können.

Durch das einmalige Setzen einer Gruppenrichtlinieneinstellung können Sie sicherstellen, dass alle Computer in Ihrem Netzwerk mit den bestmöglichen Sicherheitseinstellungen betrieben werden. Wenn Sie einen neuen Computer in die Domäne aufnehmen, erhält dieser automatisch alle Einstellungen zugewiesen, sodass Sie diese nicht manuell setzen müssen und auch nicht daran zu denken brauchen. Die Einstellungen, die Anwender im Windows Server 2022-Netzwerk erhalten, die Anpassungen an den Computern und die Ordnerumleitungen nimmt Windows Server 2022 über Gruppenrichtlinien vor. Sie können die Einstellungen direkt in diesen Richtlinien bearbeiten oder eigene setzen, um bestimmte Einstellungen zu automatisieren.

Mit den Richtlinien in Windows Server 2022 können Sie nicht nur Desktopeinstellungen anpassen, sondern auch sicherheitsrelevante Einstellungen und die Konfiguration von Programmen wie Microsoft Edge, Windows-Explorer oder Office-Programmen oder die Zuweisung von Sicherheitseinstellungen und Zertifikaten sowie die Konfiguration von Firewallregeln. Für diese Verwaltungsarbeiten stehen die Gruppenrichtlinien zur Verfügung.

10.1 Erste Schritte mit Richtlinien

Damit Sie Computer in Windows-Domänen aufnehmen können, muss Windows 10/11 in den Editionen Pro oder Enterprise installiert sein. Diese Versionen können auch Gruppenrichtlinien umsetzen. Windows 10/11 Home ist nicht in der Lage, Mitglied einer Active Directory-Domäne zu werden, und kann auch keine Gruppenrichtlinien umsetzen.

10.1.1 Verwaltungswerkzeuge für Gruppenrichtlinien

Die Konfiguration der Gruppenrichtlinien nehmen Sie mit dem Verwaltungsprogramm *Gruppenrichtlinienverwaltung* vor (siehe Abbildung 10.1). Sie finden es über das Menü *Tools* im Server-Manager oder der Programmgruppe *Windows-Verwaltungsprogramme* im Startmenü des Servers. Sie können das Tool mit *gpmc.msc* starten.

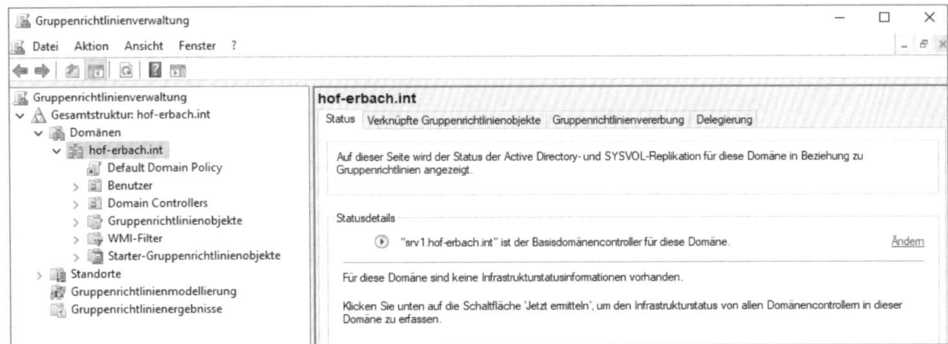

Abb. 10.1 Verwalten von Gruppenrichtlinien in Windows Server 2022

Hier finden Sie die bereits vorhandenen Standardrichtlinien für alle Benutzer und alle Computer mit der Bezeichnung »Default Domain Policy«. Diese sollten Sie möglichst nicht bearbeiten, sondern besser eine eigene Richtlinie erstellen. Dadurch können Sie Änderungen einfacher rückgängig machen, ohne die Standardeinstellungen negativ zu beeinflussen. Über das Kontextmenü einer Richtlinie können Sie deren Bearbeitung starten und Einstellungen ändern. Die Einstellungen, die Sie hier setzen, wenden wiederum die Client-Computer an, indem Sie die Einstellungen in die Registry importieren.

Eine Möglichkeit, um nach Gruppenrichtlinieneinstellungen zu suchen, ist die Internetseite Group Policy Search (*http://gpsearch.azurewebsites.net*). Sie können hier in einer Baumstruktur nach bestimmten Einstellungen suchen. Auf der rechten Seite sehen Sie für die entsprechende Einstellung die genaue Bezeichnung und vor allem den Registrykey und -wert, der geändert wird. Interessant ist das zum Beispiel, wenn Sie Einstellungen auf Rechnern vornehmen wollen, die keine Gruppenrichtlinien unterstützen. Sie können auf der Internetseite nach Gruppenrichtlinien suchen lassen.

10.1.2 Wichtige Begriffe für Gruppenrichtlinien

Bei der Verwendung eigener Einstellungen bietet es sich an, möglichst eigene Gruppenrichtlinienobjekte (Group Policy Objects, GPOs) zu erstellen. In einer GPO sind alle Einstellungen zusammengefasst, die Sie mit der jeweiligen Gruppenrichtlinie umsetzen wollen.

Nach dem Start verbindet sich die Konsole der Gruppenrichtlinienverwaltung (Group Policy Management Console, GPMC) automatisch mit der Domäne. Hier sehen Sie die verschiedenen Ordner, Richtlinien und Einstellungen. Über das Kontextmenü einer Richtlinie, zum Beispiel der *Default Domain Policy*, und der Auswahl von *Bearbeiten* startet der

Gruppenrichtlinienverwaltungs-Editor (siehe Abbildung 10.2). Dieser besteht aus zwei Hälften. Auf der linken Seite können Sie auswählen, für welchen Bereich Sie Einstellungen vornehmen wollen:

- Die Einstellungen unter *Computerkonfiguration* werden auf Server und PCs angewendet, sobald diese gestartet werden.
- Die Einstellungen unter *Benutzerkonfiguration* werden auf die Profile der einzelnen Anwender angewendet, sobald sich diese anmelden.

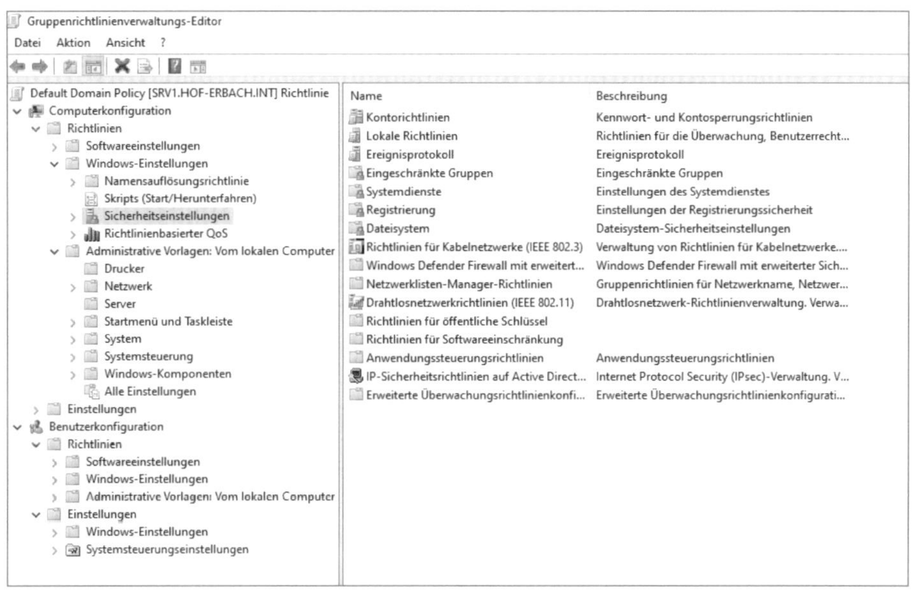

Abb. 10.2 Verwalten der Einstellungen einer Gruppenrichtlinie

Die Einstellungen sind jeweils in drei weitere Einträge unterteilt:

- **Softwareeinstellungen** – Über diesen Eintrag können Sie Applikationen automatisch verteilen lassen, deren Installation auf *.msi*-Dateien beruhen.
- **Windows-Einstellungen** – In diesem Bereich befinden sich die meisten Einstellungsmöglichkeiten. Für jede Einstellung finden Sie auch Erklärungen.
- **Administrative Vorlagen** – Hier finden sich Möglichkeiten zur Einstellung und Automatisierung von Windows Server 2022 und Windows 10/11. Sie können Einstellungen im Explorer, dem Desktop und vielen anderen Funktionen in Windows vornehmen. Administrative Vorlagen lassen sich erweitern, zum Beispiel mit Gruppenrichtlinieneinstellungen für Microsoft Office, zusätzliche Sicherheitseinstellungen oder Browser wie Google Chrome und Mozilla Firefox.

Klicken Sie sich durch die Einträge der Konsolenstruktur, werden auf der rechten Seite die einzelnen Einstellungen angezeigt, die in diesem Bereich verfügbar sind. Öffnen Sie die Einstellungen per Doppelklick, können Sie Änderungen vornehmen, die an die Benutzer bei der Benutzerkonfiguration oder die Server bei der Computerkonfiguration weitergegeben werden.

Eine Einstellung in den Gruppenrichtlinien kann verschiedene Zustände annehmen. Diese können Sie einzeln konfigurieren. Viele Einstellungen entsprechen dem folgenden Prinzip:

- **Aktiviert** – Die Konfiguration wird auf das Zielobjekt angewendet und weitergegeben. Wenn in der Einstellung der Richtlinie eine bestimmte Funktion deaktiviert wird und Sie die Gruppenrichtlinieneinstellung dazu aktivieren, bedeutet das die Deaktivierung des entsprechenden Features durch die Aktivierung der jeweiligen Einstellung.
- **Deaktiviert** – Die Konfiguration der Gruppenrichtlinie wird auf den Standard zurückgesetzt. Der entsprechende Eintrag wird in der Registry auf dem entsprechenden Computer gelöscht.
- **Nicht konfiguriert** – Die lokale Einstellung des Clients wird beibehalten und nicht durch die Gruppenrichtlinie geändert. Wenn die Einstellung einmal durch eine Richtlinie oder über eine Änderung der Registry gesetzt wurde, dann bleibt sie so, wie sie aktuell ist. Setzen Sie die Einstellung der Richtlinie auf *Deaktiviert*, werden die Einstellungen zurückgenommen.

Im Bereich *Hilfe* oder auf der Registerkarte *Erklärung* finden Sie eine ausführliche Erläuterung zu der Einstellung und deren Auswirkungen (siehe Abbildung 10.3). Bevor Sie eine Einstellung aktivieren, sollten Sie sich die Erklärung genau durchlesen. Bietet eine Richtlinie weitere Einstellungen, können Sie diese entsprechend über Menüs, Dropdownfelder oder der Eingabe von Werten konfigurieren.

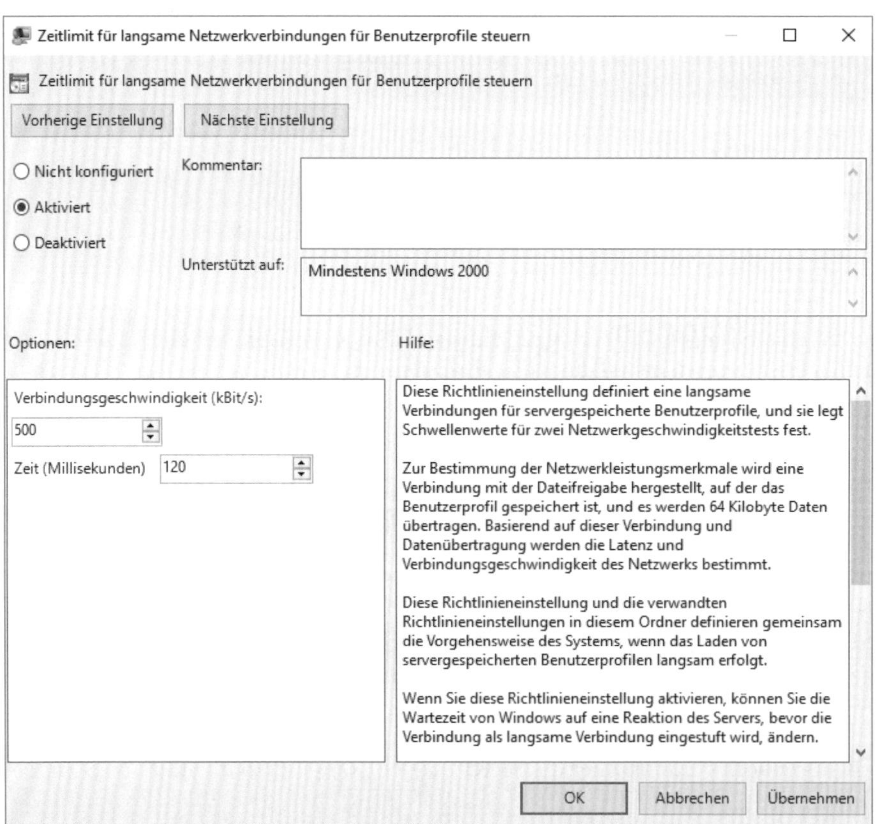

Abb. 10.3 Einstellungsmöglichkeiten für Gruppenrichtlinien verstehen

Sie setzen daher über eine Gruppenrichtlinie verschiedene Einstellungen. Sobald Sie die Richtlinie mit der Domäne verknüpfen, werden diese automatisch angewendet. Allerdings erst dann, wenn Sie ein neu erstelltes Gruppenrichtlinienobjekt mit einer OU in der Domäne verknüpfen. Die Default Domain Policy ist bereits mit der Domäne verknüpft und wird daher auf alle Computer und alle Benutzer automatisch angewendet. Unterhalb jeder Organisationseinheit werden später die Gruppenrichtlinien angezeigt, die mit ihr verknüpft wurden. In Kapitel 4 haben Sie gelernt, wie Sie neue Organisationseinheiten für die Benutzer erstellen. Diese Organisationseinheiten sind in der Gruppenrichtlinienverwaltung zu sehen.

Es ist sinnvoll, eine eigene Organisationseinheit für Computerkonten zu erstellen. Der Standard-Container *Computers* ist keine OU in dem Sinn, dass sich Gruppenrichtlinien daran binden lassen. Erstellen Sie daher in der Verwaltungskonsole *Active Directory-Benutzer und -Computer* eine neue Organisationseinheit mit der Bezeichnung *Arbeitsstationen* und verschieben Sie die vorhandenen Computerkonten über das Kontextmenü mit *Verschieben* in die neue OU (siehe Kapitel 4). Das Verschieben geht auch per Drag & Drop.

Sie können unterhalb von *Arbeitsstationen* eine weitere OU erstellen, zum Beispiel *Notebooks*, wenn Sie das für nötig erachten. Binden Sie eine Gruppenrichtlinie an diese OU, werden die Einstellungen nur für die Notebooks umgesetzt, die Sie in diese OU verschieben. Die Notebooks erhalten auch die Einstellungen der Gruppenrichtlinie der OU *Arbeitsstationen*. Wollen Sie das nicht, können Sie *Notebooks* auf der gleichen Ebene wie *Arbeitsstationen* erstellen, müssen dann aber alle Einstellungen, die identisch sind, doppelt setzen oder eine Richtlinie für beide OUs erstellen und diese mit beiden OUs verknüpfen, wie nachfolgend beschrieben.

In der Gruppenrichtlinienverwaltungskonsole sind alle Organisationseinheiten zu sehen, die Sie selbst erstellt haben. Benutzer und Computerkonten, die Sie in die Organisationseinheit verschieben, wenden die Gruppenrichtlinien an, die mit der jeweiligen OU verknüpft sind.

10.1.3 Aktuelle Gruppenrichtlinienvorlagen für Windows und Office hinterlegen

In Windows Server 2022 Essentials/Standard sind nicht alle Gruppenrichtlinieneinstellungen hinterlegt, die neue Windows-Versionen bieten. Wenn Sie im Netzwerk auf Microsoft Office 2016/2019/2021 oder Microsoft 365 setzen, sollten Sie hierfür die Vorlagendateien herunterladen und auf Ihrem Server integrieren. Das hat den Vorteil, dass Sie alle Einstellungen per Richtlinie umsetzen können, die Windows 10/11 und Office bieten.

10.1.4 Gruppenrichtlinien für Windows 11 22H2 und neuer

Sie finden die aktuellen Vorlagen von Windows 10/11 auf der folgenden Seite:

https://www.microsoft.com/en-us/download/104593

Führen Sie die MSI-Datei auf Ihrem Server aus. Lassen Sie die Installation aber nicht in das Standardverzeichnis durchführen, sondern in das Verzeichnis *C:\Windows\PolicyDefinitions*. In diesem Verzeichnis befinden sich die Gruppenrichtlinienvorlagen, die Sie mit diesem

Schritt aktualisieren. Wenn Sie wollen, können Sie in diesem Verzeichnis alle Sprachdateien-Ordner löschen, die Sie nicht brauchen. Die Ordner *de-de* und *en-us* sollten Sie im Ordner belassen. Die anderen können Sie auch belassen, wenn Sie den Speicherplatz nicht benötigen.

10.1.5 Gruppenrichtlinien für Office 2016/2019/2021 und Microsoft 365

Setzen Sie auch Microsoft Office/Microsoft 365-Apps ein, können Sie die Gruppenrichtlinienvorlagen auf dieser Seite herunterladen:

https://www.microsoft.com/en-us/download/details.aspx?id=49030

Laden Sie die 64-Bit-Variante herunter. Doppelklicken Sie auf die Installationsdatei und bestätigen Sie die Lizenzbedingungen. Wählen Sie hier ein temporäres Verzeichnis aus, zum Beispiel *C:\temp*. Kopieren Sie aus dem Unterverzeichnis *ADMX* des Archivs alle ADMX-Dateien in das Verzeichnis *C:\Windows\PolicyDefintions*. Kopieren Sie danach die ADML-Dateien aus dem Verzeichnis *de-de* in das Verzeichnis *C:\Windows\PolicyDefinitions\de-DE*. Dabei handelt es sich um die Sprachdateien der Gruppenrichtlinienvorlagen. Genauso gehen Sie mit den ADML-Dateien des Verzeichnisses *en-us* vor und den anderen Sprachen, die Sie unter Umständen noch benötigen. Anschließend stehen Ihnen in der Gruppenrichtlinienverwaltungskonsole (*gpmc.msc*) in den Einstellungen der Gruppenrichtlinien alle aktuellen Einstellungen zur Verfügung sowie die Einstellungen für Microsoft Office 2016/2019/2021 und die Microsoft 365-Apps.

10.1.6 Gruppenrichtlinien für Microsoft Edge, Google Chrome und Mozilla Firefox

In Unternehmen ist es generell sinnvoll, auf Microsoft Edge als Browser zu setzen. Der Browser ist für Windows 10/11 optimiert und direkt in das Betriebssystem integriert. Zu finden sind die Einstellungsmöglichkeiten über *Computerkonfiguration | Richtlinien | Administrative Vorlagen | Windows-Komponenten | Microsoft Edge*. Allerdings findet sich hier nur ein Bruchteil der Möglichkeiten. Sobald Sie die Vorlagen auf dem Server aktualisiert haben, können Sie für alle angebundenen Arbeitsstationen die Einstellungen vorgeben, die in den Vorlagen verfügbar sind.

Microsoft Edge mit Gruppenrichtlinien steuern

Dazu kommt die Möglichkeit, den Browser umfassend mit Gruppenrichtlinien anzupassen. Die dazu notwendigen Richtlinienvorlagen sind auf *https://www.microsoft.com/de-de/edge/business-pages/download* zu finden. Über *Windows-Richtlinie (64-Bit) herunterladen* lässt sich eine CAB-Datei herunterladen, die Sie mit Bordmitteln öffnen und extrahieren können. Darin befindet sich wiederum eine ZIP-Datei und darin das Verzeichnis *windows\admx*. Kopieren Sie die ADMX-Dateien in das Verzeichnis *C:\PolicyDefinitions*, genauso wie die Gruppenrichtlinienvorlagen von Office. Kopieren Sie danach die ADML-Dateien in die Sprachverzeichnisse für *de-de* und *en-us*.

Öffnen Sie danach die Gruppenrichtlinienverwaltungskonsole (*gpmc.msc*) und starten Sie die Bearbeitung einer Gruppenrichtlinie. Sie finden den Eintrag *Microsoft Edge* bei *Computerkonfiguration | Richtlinie | Administrative Vorlagen*.

Google Chrome mit Gruppenrichtlinien steuern

Nutzen Sie Google Chrome als internen Browser, können Sie auf dem gleichen Weg Gruppenrichtlinienvorlagen für Chrome auf der Seite *https://chromeenterprise.google/browser/download/#windows-tab* herunterladen. Die ADMX-Dateien finden Sie im extrahierten Archiv im Verzeichnis *Configuration\admx*. Kopieren Sie auch hier die ADMX-Dateien in das Verzeichnis *C:\PolicyDefinitions* und die ADML-Dateien in die Verzeichnisse *de-de* und *en-us*. Nachdem die Richtlinien zur Verfügung stehen, erreichen Sie die Einstellungen über *Computerkonfiguration | Administrative Vorlagen | Google | Google Chrome* und *Benutzerkonfiguration | Administrative Vorlagen | Google | Google Chrome*. Hier sind Unterordner zu sehen, über die wiederum die verschiedenen Einstellungen für Chrome erreichbar sind. Mehr zu den Einstellungsmöglichkeiten erfahren Sie weiter hinten in diesem Kapitel.

Chrome bietet zwei verschiedene Möglichkeiten an. Wenn Sie Einstellungen im Baum *Google Chrome* ändern, werden diese Einstellungen auf den Computern in Chrome umgesetzt, ohne dass Anwender die Einstellungen ändern können. Bei *Google Chrome Default Settings* (Google Chrome-Standardeinstellungen) lassen sich Einstellungen setzen, Benutzer können diese aber wieder ändern.

Idealerweise sollte eine eigene Gruppenrichtlinie für die Verwaltung von Chrome angelegt werden. Über die Richtlinien kann bei *Google Update* festgelegt werden, wie Chrome automatisch installiert werden soll. Umgesetzte Richtlinien werden in Chrome angezeigt, indem in der Adressleiste *chrome://policy* aufgerufen wird.

Mozilla Firefox mit Gruppenrichtlinien steuern

Auch Firefox kann im Unternehmenseinsatz recht umfangreich abgesichert werden. Dazu stellen die Entwickler Gruppenrichtlinienvorlagen zur Verfügung (*https://support.mozilla.org/en-US/kb/customizing-firefox-using-group-policy*). Auf der Seite »Firefox in einem Unternehmen nutzen« (*https://developer.mozilla.org/de/docs/Mozilla/Firefox/Nutzung_in_Unternehmen*) lassen sich weitere Informationen und Software herunterladen, um Firefox im Unternehmen einzusetzen.

Firefox wird für Unternehmen als Rapid Release (RR) und als Extended Support Release (ESR) eingesetzt. Bei RR handelt es sich jeweils um die aktuellste Version, die alle sechs Wochen erscheint. Die ESR-Version bleibt für 54 Wochen aktuell. Welche Version im Unternehmen eingesetzt wird, liegt also an dessen Anforderungen.

Mozilla hat die Einstellungen im Firefox-Browser so gesetzt, dass die Benutzerverfolgung auf Websites standardmäßig blockiert wird, ohne dass Anwender dies selbst vorgeben müssen. Die Entwickler wollen, dass Benutzer effektiv geschützt werden und nicht erst selbst die richtigen Einstellungen vornehmen müssen. Google Chrome, Microsoft Edge/IE und Safari von Apple haben ebenfalls eine Do-not-Track-Option.

Die Gruppenrichtlinienvorlagen von Mozilla Firefox liegen als ADMX-Dateien vor. Werden diese in das System eingebunden, wie die Vorlagen von zum Beispiel Google, stehen die Einstellungen über *Computerkonfiguration | Administrative Vorlagen | Mozilla | Firefox* zur Verfügung.

10.2 Gruppenrichtlinien verstehen und verwalten

Wenn Sie mit der Verwaltung von Gruppenrichtlinien beginnen, sollten Sie zunächst zwei Definitionen verstehen, die oft verwechselt werden. Beide Bereiche tauchen in der Gruppenrichtlinienverwaltung auf:

- Gruppenrichtlinienobjekte (Group Policy Objects, GPOs)
- Gruppenrichtlinienverknüpfungen

Allgemein wird oft von Gruppenrichtlinien gesprochen. Damit sind meist die GPOs gemeint. Ein GPO ist eine Gruppenrichtlinie, in der Einstellungen vorgenommen und gespeichert sind. Diese Einstellungen legen für Benutzer-PCs oder Benutzerkonten fest, wie sich die Systeme verhalten.

Diese Einstellungen sind innerhalb eines Containers, des GPOs, gespeichert. Damit diese Einstellungen angewendet werden, muss das GPO mit Organisationseinheiten oder einer Domäne verknüpft sein. Erst danach wenden die Computer in der Domäne die Einstellungen innerhalb des GPOs auf die entsprechende OU oder die ganze Domäne an. In diesem Fall spricht man von Gruppenrichtlinienverknüpfungen. Ein GPO kann nicht nur mit einer OU, sondern auch mit mehreren verknüpft sein. Wenn Sie Einstellungen in einem GPO ändern, wendet das GPO diese Änderungen auf alle verknüpften OUs an. Ändern Sie aber Einstellungen in einem GPO ab, das noch nicht mit einer OU verknüpft ist, übernehmen die Computer diese Änderungen nicht. Dies erfolgt erst dann, wenn das GPO verknüpft ist.

10.2.1 Neue Gruppenrichtlinie erstellen

Sie sollten die bereits vorhandene *Default Domain Policy* besser nicht ändern, sondern eine neue Richtlinie erstellen, in der Sie Ihre eigenen Einstellungen festlegen. Welche das sind, zeige ich Ihnen in diesem Kapitel. Verknüpfen Sie die Richtlinie mit einer OU, werden alle Einstellungen angewendet, die Sie gesetzt haben. Sie können zu Testzwecken eine OU namens »Test« anlegen und die neue GPO mit dieser OU verknüpfen. Ziehen Sie einen Testcomputer in diese OU, werden die Einstellungen auf dem Testrechner angewendet.

Um ein neues GPO zu erstellen, klicken Sie in der Gruppenrichtlinienverwaltung (*gpmc.msc*) auf den Knoten *Gruppenrichtlinienobjekte* und wählen im Kontextmenü den Befehl *Neu* aus (siehe Abbildung 10.4). Geben Sie dem GPO einen passenden Namen, der wiedergibt, welche Einstellungen mit diesem GPO verteilt werden, zum Beispiel »Sicherheitseinstellungen für Arbeitsstationen«.

Das GPO wird unter dem Menüpunkt *Gruppenrichtlinienobjekte* angezeigt. Hier finden Sie alle GPOs, die Sie erstellt haben oder die Windows Server 2022 bereits automatisch angelegt hat. Es kann durchaus sinnvoll sein, die verschiedenen Einstellungen, die ich in diesem Kapitel demonstriere, in verschiedene Richtlinien aufzuteilen. Funktioniert etwas nicht, können Sie eine Richtlinie abschalten, ohne andere Einstellungen zu beeinträchtigen.

Nach der Erstellung des Gruppenrichtlinienobjekts ist dieses in der Domäne vorhanden. Allerdings gibt das GPO keine Einstellungen weiter, da es noch nicht verknüpft ist und keinerlei Einstellungen enthält. Erst wenn Sie die Richtlinie mit einer Ihrer OUs verknüpfen, werden die Einstellungen weitergegeben.

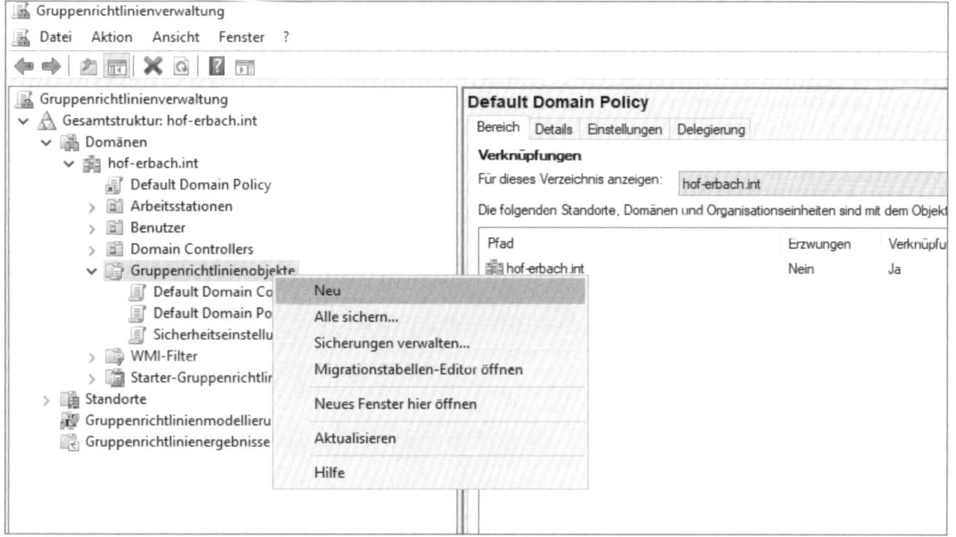

Abb. 10.4 Erstellen und Verwalten von neuen Gruppenrichtlinienobjekten

Der nächste Schritt besteht daher darin, die Gruppenrichtlinie zu bearbeiten und die Einstellungen vorzunehmen, die Sie an die Arbeitsstationen automatisiert verteilen wollen. Klicken Sie im Knoten *Gruppenrichtlinienobjekte* mit der rechten Maustaste auf das neu erstellte GPO und wählen Sie im Kontextmenü den Eintrag *Bearbeiten* aus. Damit öffnet sich der Gruppenrichtlinienverwaltungs-Editor, mit dessen Hilfe Sie die Einstellungen innerhalb des GPOs vornehmen. Der Gruppenrichtlinienverwaltungs-Editor besteht aus zwei Hälften. Auf der linken Seite können Sie auswählen, für welchen Bereich Sie Einstellungen vornehmen wollen. Gruppenrichtlinieneinstellungen nehmen Sie über den Knoten *Richtlinien* vor.

- Die Einstellungen unter *Computerkonfiguration* wenden PCs beim Starten an.
- Die Einstellungen unter *Benutzerkonfiguration* wendet Windows an, wenn sich ein Benutzer am PC anmeldet.

Wenn Sie sich durch die Knoten auf der linken Seite klicken, sehen Sie auf der rechten Seite die Einstellungen, die in diesem Bereich verfügbar sind. Öffnen Sie die Einstellungen einer Gruppenrichtlinie per Doppelklick, können Sie Konfigurationen vornehmen, die an die Benutzer bei der Benutzerkonfiguration oder die PCs bei der Computerkonfiguration weitergegeben werden. Die Weitergabe erfolgt aber erst dann, wenn Sie die GPO nach der Bearbeitung mit einer OU verknüpfen. Zu Beginn ist es sehr sinnvoll, dafür einen Testcomputer zu verwenden. Dabei kann es sich auch um einen virtuellen Computer handeln, den Sie zum Beispiel mit Hyper-V auf einer Arbeitsstation betreiben und in die Domäne aufgenommen haben.

10.2.2 GPO mit einem Container verknüpfen

Damit nach der Bearbeitung die Einstellungen in der Gruppenrichtlinie angewendet werden, müssen Sie diese mit einer OU oder der ganzen Domäne verknüpfen. Besser ist die Verknüpfung mit spezifischen OUs, von denen Sie genau wissen, dass sie exakt die Objekte enthalten, die Sie zum Beispiel mit *Active Directory-Benutzer und -Computer* in die OU verschoben haben. Klicken Sie zur Verknüpfung in der Gruppenrichtlinienverwaltungskonsole mit der rechten Maustaste auf die OU, mit der Sie dieses GPO verknüpfen wollen. Wählen Sie im Kontextmenü den Eintrag *Vorhandenes Gruppenrichtlinienobjekt verknüpfen* aus (siehe Abbildung 10.5). Sie können auch direkt in der Gruppenrichtlinienverwaltung neue Organisationseinheiten erstellen.

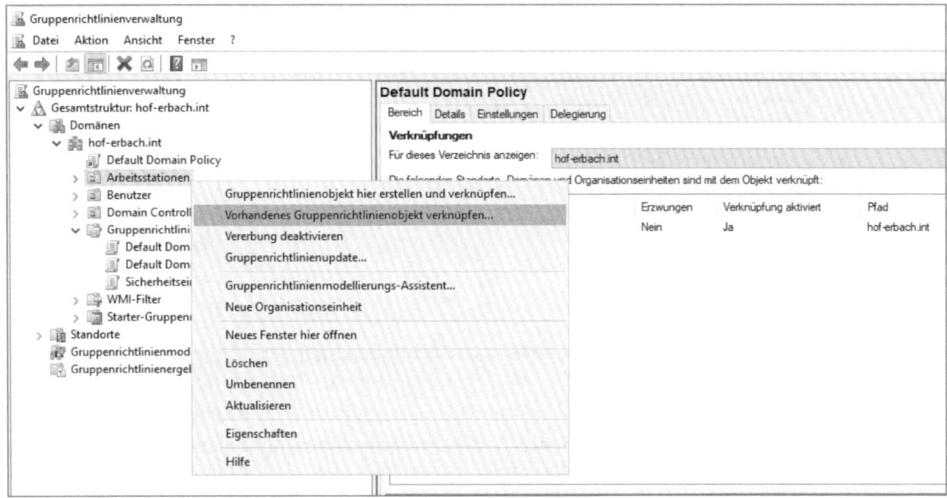

Abb. 10.5 Verknüpfen eines GPOs mit einem Container im Windows Server 2022-Netzwerk

Es öffnet sich ein Fenster, in dem Ihnen alle Gruppenrichtlinien angezeigt werden, die in der Domäne bereits konfiguriert sind. Wählen Sie in dem Fenster das GPO aus und bestätigen Sie mit *OK*. Nach der erfolgreichen Auswahl wird die Verknüpfung des GPOs unterhalb der Domäne beziehungsweise der entsprechenden Organisationseinheit angezeigt.

Sie können das GPO mit einer einzelnen OU verknüpfen oder mit so vielen, wie Sie wollen. Wenn Sie später eine Änderung an dem GPO vornehmen, wird diese Änderung automatisch an alle verknüpften OUs und den darin enthaltenen Objekten weitergegeben, also an die Computer und Benutzer.

In der Gruppenrichtlinienverwaltung erkennen Sie durch die Baumstruktur unter jedem Container und jeder OU, welche Gruppenrichtlinien verknüpft sind (siehe Abbildung 10.6). Ab diesem Moment ist das GPO aktiv, da Einstellungen innerhalb des GPOs vorgenommen wurden und es verknüpft ist. Als Nächstes können Sie testen, ob die Einstellungen auch übernommen wurden.

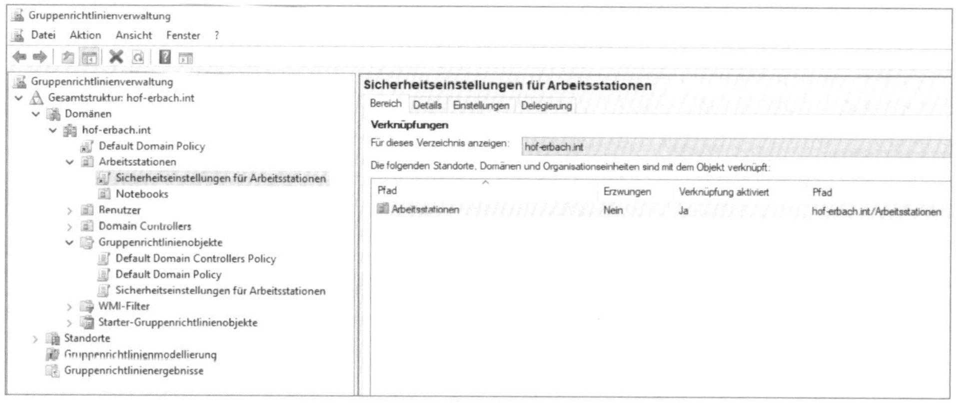

Abb. 10.6 Anzeigen der verknüpften GPOs

10.2.3 Gruppenrichtlinien erzwingen und Priorität erhöhen

Da Sie mehrere GPOs mit einer OU verknüpfen können, lässt sich die Priorität von Richtlinien so setzen, dass eine Richtlinie immer vor einer anderen gestartet wird. Außerdem besteht die Möglichkeit, eine Einstellung in einer Richtlinie zu setzen und in einer anderen wieder zurückzunehmen, zum Beispiel in einer untergeordneten OU.

Sie haben auch die Möglichkeit, eine Einstellung zu erzwingen. Das heißt, selbst wenn in untergeordneten OUs eine Einstellung wieder rückgängig gemacht wird, bleibt sie so gesetzt, wie in der erzwungenen Richtlinie konfiguriert. Sie können zum Beispiel die Einstellung aktivieren, dass nach einer gewissen Zeit der Bildschirmschoner auf den Arbeitsstationen aktiviert wird und Anwender ein Kennwort eingeben müssen, wenn der Bildschirm entsperrt werden soll. Das ist vor allem dann sinnvoll, wenn Anwender ihren Platz verlassen. Falls der Bildschirm nicht gesperrt ist, können andere Anwender ungehindert unter dem Namen des angemeldeten Benutzers Aktionen durchführen. Sie finden die Einstellungen für Bildschirmschoner unter *Benutzerkonfiguration | Richtlinien | Administrative Vorlagen | Systemsteuerung | Anpassung*. Auf der rechten Seite können Sie verschiedene Einstellungen vornehmen. Konfigurieren Sie die folgenden:

- *Bildschirmschoner aktivieren* auf *Aktiviert.*
- *Kennwortschutz für den Bildschirmschoner verwenden* ebenfalls auf *Aktiviert.*
- *Zeitlimit für Bildschirmschoner* auf *Aktiviert* und als Einstellung 600 Sekunden bis zur Aktivierung oder kürzer, wenn Sie das wollen (siehe Abbildung 10.7).
- *Ändern des Bildschirmschoners verhindern* auf *Aktiviert.*

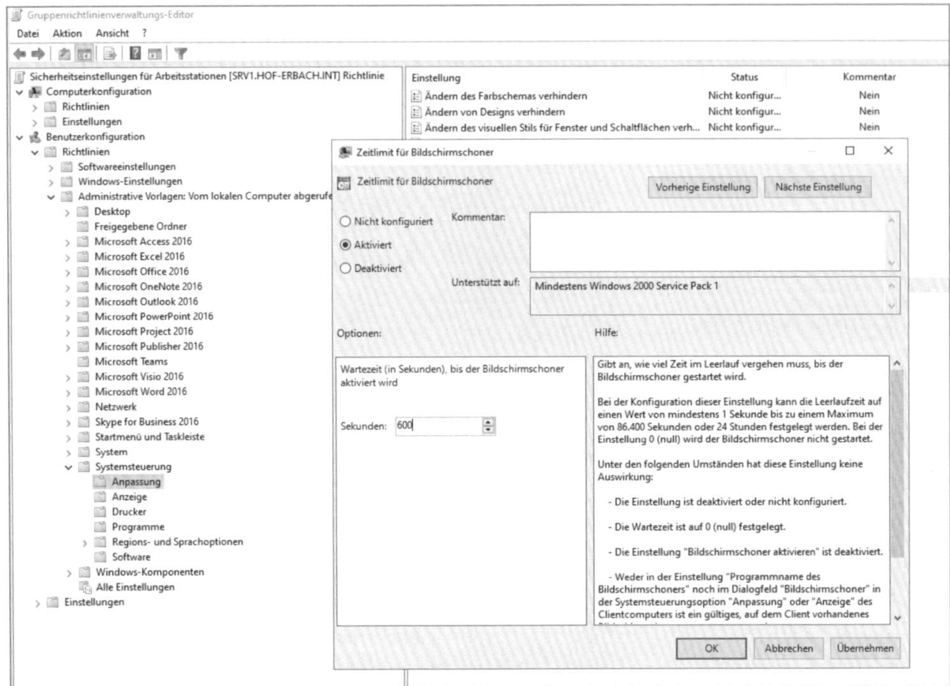

Abb. 10.7 Anpassen des Verhaltens des Bildschirmschoners in Windows 10/11

Haben Sie die gewünschten Eintragungen vorgenommen, können Sie den Gruppenrichtlinienverwaltungs-Editor wieder schließen. Verknüpfen Sie die erstellte Richtlinie mit der OU »Arbeitsstationen«, wenn Sie das noch nicht durchgeführt haben. Zunächst sollten Sie testen, ob Windows die Einstellungen übernimmt.

Wenn Sie nur die Richtlinieneinstellung für den Bildschirmschoner gesetzt haben, wie zuvor beschrieben, reicht es nicht aus, das GPO mit der OU für die Arbeitsstationen zu verbinden. Für Computerkonten, die sich in der OU »Arbeitsstationen« befinden, werden die Einstellungen umgesetzt, die Sie im Bereich *Computerkonfiguration* der Gruppenrichtlinien konfiguriert haben. Da die Einstellungen für den Bildschirmschoner aber die *Benutzerkonfiguration* betrifft, wendet Windows diese nur an, wenn sich ein Benutzer anmeldet. Dazu müssen Sie das GPO zusätzlich noch mit der OU verknüpfen, in der sich die Benutzerkonten befinden (siehe Kapitel 4).

Ich habe Ihnen in Kapitel 4 empfohlen, dass Sie die Benutzerkonten in eine eigene OU mit der Bezeichnung »Benutzer« verschieben. Klicken Sie die OU in der Gruppenrichtlinienverwaltung an und wählen Sie auch hier die Option *Vorhandenes Gruppenrichtlinienobjekt verknüpfen*. Wählen Sie die Richtlinie *Sicherheitseinstellungen für Arbeitsstationen* aus. Dadurch haben Sie das GPO mit zwei OUs verknüpft.

Ändern Sie Einstellungen im Bereich *Computerkonfiguration*, wendet Windows diese auf Objekte in der OU »Arbeitsstationen« an; wenn Sie Einstellungen für Benutzer bei *Benutzerkonfiguration* festlegen, dann wendet Windows diese bei der Anmeldung der Benutzer an. Klicken Sie in der Gruppenrichtlinienverwaltung auf das GPO unterhalb der Gruppenrichtlinienobjekte, sehen Sie auf der rechten Seite, dass diese für zwei OUs verknüpft ist. Wenn Sie noch eine Test-OU anlegen, dann können Sie die Richtlinie auch nur mit dieser

OU oder zusätzlich mit dieser OU verknüpfen. Auf der Registerkarte *Einstellungen* können Sie einen Bericht anzeigen lassen, der alle Einstellungen zeigt, die Sie mit dieser Richtlinie gesetzt haben. Bei *Benutzerkonfiguration | Richtlinien | Administrative Vorlagen | Systemsteuerung | Anpassung* sind die Einstellungen zu sehen, die Sie im Vorfeld gesetzt haben (siehe Abbildung 10.8).

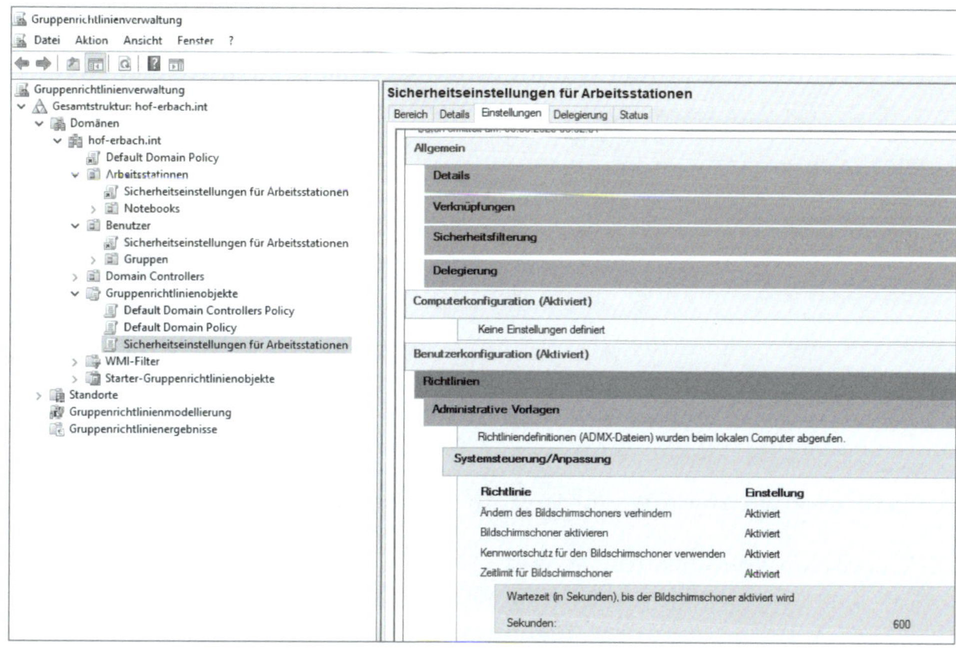

Abb. 10.8 Überprüfen der gesetzten Einstellungen einer GPO

Wenn Sie die Richtlinie erstellt und verknüpft haben, klicken Sie die OU in der Gruppenrichtlinienverwaltung an. Auf der rechten Seite sehen Sie alle Gruppenrichtlinien, die direkt mit der Domäne verknüpft sind. Markieren Sie die Verknüpfung der Bildschirmschonerrichtlinie und klicken Sie auf die Pfeile, bis die Verknüpfung ganz oben angeordnet ist. Dadurch werden diese Verknüpfung und die Einstellungen des verknüpften GPOs zuerst angewendet.

Durch die Vererbung von Gruppenrichtlinien besteht die Möglichkeit, dass die Einstellung einer Gruppenrichtlinie durch eine andere, die in einer untergeordneten OU definiert ist, überschrieben wird. Für Benutzer innerhalb einer OU gilt immer die zuletzt angewendete Richtlinie. Wenn also in der Default Domain Policy eine Einstellung gesetzt wird, die in der OU des Benutzers zurückgenommen wird, gilt das auch für den Benutzer. Wenn Domänenadministratoren wollen, dass gewisse Gruppenrichtlinien nicht überschrieben werden, besteht die Möglichkeit, die Einstellungen dieser Richtlinie zu erzwingen. In diesem Fall kann von untergeordneten Organisationseinheiten die Durchsetzung dieser Gruppenrichtlinie nicht verhindert werden.

Sie können eine Gruppenrichtlinie erzwingen lassen, indem Sie auf der rechten Seite der Gruppenrichtlinienverwaltung auf der Registerkarte *Verknüpfte Gruppenrichtlinienobjekte* die Verknüpfung mit der rechten Maustaste anklicken. Wählen Sie im daraufhin geöffneten Kontextmenü den Eintrag *Erzwungen* aus (siehe Abbildung 10.9).

Nach der Auswahl erscheint eine Meldung, in der Sie das Erzwingen der Richtlinie bestätigen müssen. Danach wird die Richtlinie als *Erzwungen* angezeigt. Dadurch haben diese Einstellungen für alle Benutzer der Domäne Gültigkeit und können in keiner OU aufgehoben werden.

Wenn Sie anschließend eine untergeordnete OU aktivieren, sehen Sie auf der rechten Seite auf der Registerkarte *Gruppenrichtlinienvererbung*, dass die Richtlinie auch hier als *Erzwungen* angezeigt wird. Das heißt, die Anwendung dieser Richtlinie kann nicht verhindert werden.

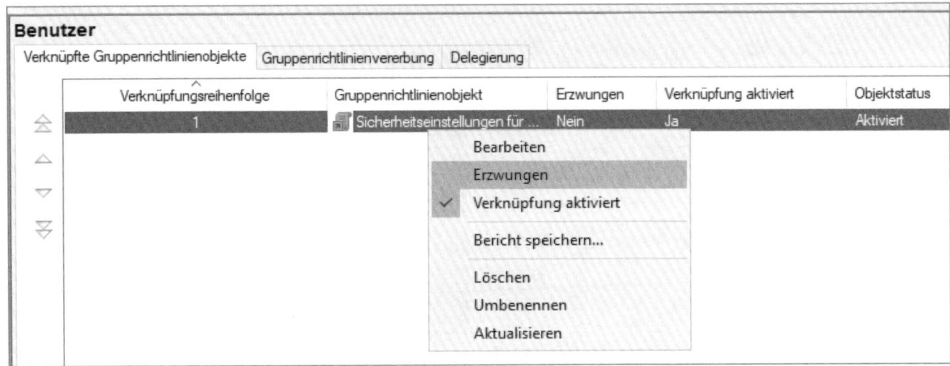

Abb. 10.9 Anzeige von erzwungenen Richtlinien in der Gruppenrichtlinienvererbung

Sie können die gesetzten Einstellungen testen, indem Sie versuchen, in Windows den Bildschirmschoner zu ändern. Sie erhalten die Meldung, dass die Änderungen durch den Administrator verboten wurden. Das zeigt, dass die Einstellungen funktionieren. Auf dieser Basis können Sie jetzt zahlreiche weitere Einstellungen vornehmen, die ich in diesem Kapitel noch ausführlich beschreiben werde.

10.2.4 Vererbung für Gruppenrichtlinien deaktivieren

Für manche Gruppenrichtlinien ist es unter Umständen sinnvoll, die standardmäßige Vererbung zu deaktivieren. Wenn Sie zum Beispiel in allen OUs einer Domäne Einstellungen weitergeben wollen, in einer bestimmten OU aber nicht, können Sie in dieser OU die Verwendung der Richtlinie deaktivieren, auch wenn diese mit der ganzen Domäne oder einer übergeordneten OU verknüpft ist.

Die Grenzen von Gruppenrichtlinien stellen immer Domänen dar. Über Domänen hinweg lassen sich keine Gruppenrichtlinien festlegen. Wenn Sie die entsprechende OU in der Gruppenrichtlinienverwaltung anklicken, können Sie auf der rechten Seite der Konsole auf der Registerkarte *Gruppenrichtlinienvererbung* erkennen, welche Verknüpfungen von übergeordneten OUs auf diese OU übernommen – also vererbt – werden. Sie können allerdings nicht die Vererbung einzelner Gruppenrichtlinien deaktivieren, sondern nur die Vererbung als Ganzes.

Klicken Sie dazu in der Gruppenrichtlinienverwaltung mit der rechten Maustaste auf die OU, für die Sie die Vererbung deaktivieren wollen, und wählen Sie im Kontextmenü den Eintrag *Vererbung deaktivieren* aus (siehe Abbildung 10.10). Nachdem Sie die Vererbung von Gruppenrichtlinien für eine OU deaktiviert haben, wird diese OU in der Gruppenrichtlinienverwaltung mit einem blauen Kreis und einem weißen Ausrufezeichen angezeigt.

Auf die gleiche Weise können Sie die Vererbung wieder aktivieren. Auf der Registerkarte *Gruppenrichtlinienvererbung* werden jetzt nur noch die Gruppenrichtlinien angezeigt, die erzwungen werden. Achten Sie darauf, dass Sie bei der Deaktivierung der Vererbung die Richtlinien manuell mit der OU verknüpfen. Erzwungene Gruppenrichtlinien lassen sich durch die Deaktivierung der Vererbung nicht deaktivieren. Diese Richtlinien bleiben immer aktiv.

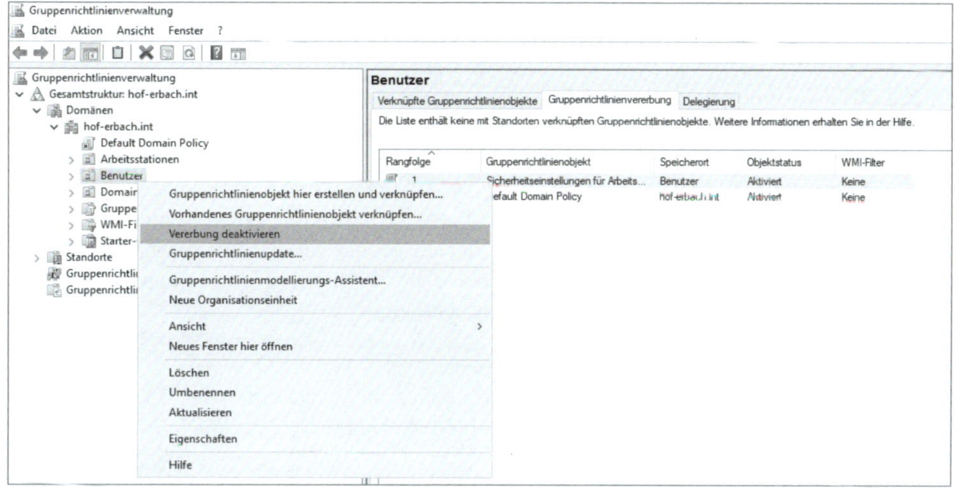

Abb. 10.10 Anpassen der Gruppenrichtlinienvererbung in Active Directory

10.3 Sicherheitseinstellungen in Windows

In den folgenden Abschnitten gehe ich auf wichtige Sicherheitseinstellungen ein, mit denen Sie Windows 10/11 in einem Netzwerk mit Windows Server 2022 sicher betreiben können. Dabei setze ich auf die Techniken, die Sie in den vorhergegangenen Abschnitten gelernt haben. Außerdem stelle ich in diesem Abschnitt mehrere Vorlagen von Microsoft vor, die Sie in Ihren Gruppenrichtlinien importieren können. Dadurch können Sie mit einer einzelnen Konfiguration sicherstellen, dass auf allen Arbeitsstationen die Einstellungen so gesetzt sind, wie von Microsoft empfohlen.

10.3.1 Sicherheitsvorlagen bei Microsoft herunterladen

Über den Link *https://www.microsoft.com/en-us/download/details.aspx?id=55319* können Sie die Dateien *Windows 11 version 22H2 Security Baseline.zip* und *Microsoft Edge v107 Security Baseline.zip* (oder neuere Versionen) herunterladen. Damit die Einstellungen an dieser Stelle funktionieren, müssen Sie zuvor die dazugehörigen ADMX-Dateien der Gruppenrichtlinien im Netzwerk integrieren, wie zu Beginn des Kapitels beschrieben. Setzen Sie noch Windows 10 im Netzwerk ein, finden Sie über den Link auch ZIP-Dateien für die entsprechenden Windows-Versionen. Laden Sie die ZIP-Datei für die Betriebssysteme herunter, die Sie im Netzwerk einsetzen. Aus Sicherheitsgründen sollten Sie jedoch auf die aktuellste Windows 11-Version setzen.

Extrahieren Sie im Anschluss die ZIP-Dateien in jeweils eigene Verzeichnisse. In den extrahierten Verzeichnissen für Windows 10/11 befindet sich der Ordner *templates* mit verschiedenen ADMX-Dateien. Diese kopieren Sie wieder in das Verzeichnis *C:\PolicyDefinitions* und die Sprachdateien in das Verzeichnis *en-us*. Für einige Vorlagen gibt es keine deutschen Sprachdateien.

10.3.2 Vorlagen von Microsoft in eigene Richtlinien importieren

Im Anschluss können Sie die Empfehlungen von Microsoft bequem in Ihre eigene Richtlinie importieren. Dazu öffnen Sie den Gruppenrichtlinienverwaltungs-Editor und klicken die Richtlinie *Sicherheitseinstellungen für Arbeitsstationen* im Ordner *Gruppenrichtlinienobjekte* mit der rechten Maustaste an. Wählen Sie aus dem Menü *Einstellungen importieren*, startet ein Assistent. Diesen klicken Sie weiter bis zu *Sicherungsverzeichnis*. Hier wählen Sie das Verzeichnis *GPO* aus, das zu dem extrahierten Archiv gehört. Auf der nächsten Seite des Assistenten zeigt dieser die Einstellungen an, die Sie importieren können. Wählen Sie hier nacheinander die verschiedenen Einstellungen aus.

Noch einfacher geht es, wenn Sie auf dem Server die PowerShell öffnen und in das Verzeichnis *Scripts* des Archivs wechseln. Führen Sie den Befehl *.\Baseline-ADImport.ps1* aus (siehe Abbildung 10.11). Danach importiert das Skript alle empfohlenen Einstellungen in eigene Gruppenrichtlinien.

```
Administrator: Windows PowerShell

PS C:\Users\Administrator\Downloads\Windows-11-v22H2-Security-Baseline\Scripts> .\Baseline-ADImport.ps1
Importing the following GPOs:

MSFT Internet Explorer 11 - Computer
MSFT Internet Explorer 11 - User
MSFT Windows 11 22H2 - BitLocker
MSFT Windows 11 22H2 - Computer
MSFT Windows 11 22H2 - Credential Guard
MSFT Windows 11 22H2 - Defender Antivirus
MSFT Windows 11 22H2 - Domain Security
MSFT Windows 11 22H2 - User

{44F5CA90-3837-4570-8106-108151A83D43}: MSFT Internet Explorer 11 - Computer

DisplayName      : MSFT Internet Explorer 11 - Computer
DomainName       : hof-erbach.int
Owner            : HOF-ERBACH\Domänen-Admins
Id               : 32c09c78-1767-4b9a-9df1-793d9ee73e0a
GpoStatus        : UserSettingsDisabled
Description      :
CreationTime     : 08.03.2023 10:24:02
ModificationTime : 08.03.2023 10:24:03
UserVersion      : AD-Version: 1, SysVol-Version: 1
ComputerVersion  : AD-Version: 1, SysVol-Version: 1
WmiFilter        :

{6604C026-7CFF-4769-BBC8-9E08C5A8E3FC}: MSFT Internet Explorer 11 - User
DisplayName      : MSFT Internet Explorer 11 - User
DomainName       : hof-erbach.int
Owner            : HOF-ERBACH\Domänen-Admins
Id               : dd734133-d5bc-46fd-8949-76cebd07c9a4
GpoStatus        : ComputerSettingsDisabled
Description      :
CreationTime     : 08.03.2023 10:24:04
ModificationTime : 08.03.2023 10:24:04
UserVersion      : AD-Version: 1, SysVol-Version: 1
ComputerVersion  : AD-Version: 1, SysVol-Version: 1
WmiFilter        :

{A41A085C-562E-43DD-BC6F-D06721340A26}: MSFT Windows 11 22H2 - BitLocker
DisplayName      : MSFT Windows 11 22H2 - BitLocker
DomainName       : hof-erbach.int
Owner            : HOF-ERBACH\Domänen-Admins
```

Abb. 10.11 Importieren der Microsoft-Empfehlungen für mehr Sicherheit von Windows 11 in der PowerShell

Sie finden nach dem Import die Richtlinien im Ordner *Gruppenrichtlinienobjekt* in der Gruppenrichtlinienverwaltungskonsole (siehe Abbildung 10.12). Die Richtlinien sind aber noch nicht verknüpft und werden daher nicht angewendet.

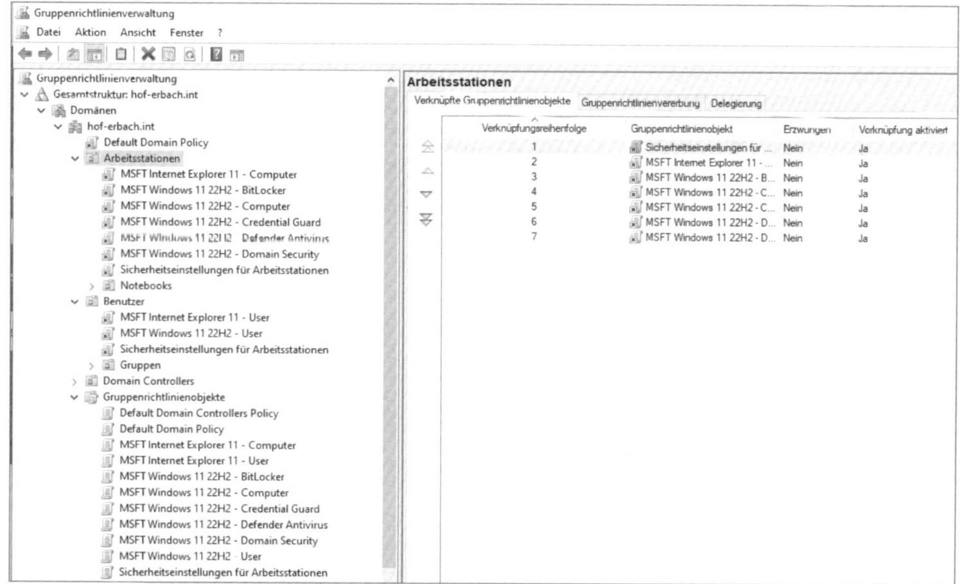

Abb. 10.12 Neue Gruppenrichtlinien von Microsoft für die Sicherheit des eigenen Netzwerks

Verknüpfen Sie die Richtlinien auf dem gleichen Weg wie die von Ihnen selbst erstellte Richtlinie. Alle Richtlinien mit der Endung *User* verknüpfen Sie mit der OU, in der sich die Benutzerkonten befinden. Alle anderen GPOs verknüpfen Sie mit der OU, in der sich die Computerkonten befinden. Starten Sie die Computer neu, werden die Richtlinien automatisch angewendet. Sie können bei der Verknüpfung von GPOs an eine OU auch mehrere Richtlinien auf einmal auswählen, wenn Sie die STRG-Taste gedrückt halten. Sie sehen in Abbildung 10.13 die einzelnen Verknüpfungen mit den entsprechenden OUs.

Sobald die Richtlinien mit der OU der Computerkonten und der OU für die Benutzer verbunden sind, werden diese angewendet, wenn der Computer neu startet und sich Benutzer anmelden. Parallel dazu können Sie eigene Einstellungen für Ihre selbst erstellte Richtlinie umsetzen. Natürlich können Sie jederzeit die Einstellungen der Microsoft-Vorgaben ändern.

Neben den Vorlagen und Gruppenrichtlinien für Windows 10/11 sollten Sie an dieser Stelle im gleichen Verzeichnis der Edge-GPO die Richtlinien ebenfalls importieren lassen. Dadurch können Sie Microsoft Edge im Netzwerk als Browser einsetzen und mit Microsoft-Empfehlungen absichern. Verknüpfen Sie die Richtlinien mit der Endung *Computer* immer mit der OU, in der sich die Computerkonten befinden, und Richtlinien mit der Endung *User* mit der OU, in der die Benutzerkonten gespeichert sind.

Auf dem gleichen Weg importieren Sie später die Richtlinien, die für Windows Server 2022 gelten. Damit können Sie Ihren und alle weiteren Server sichern, wenn Sie diese in das Netzwerk integrieren.

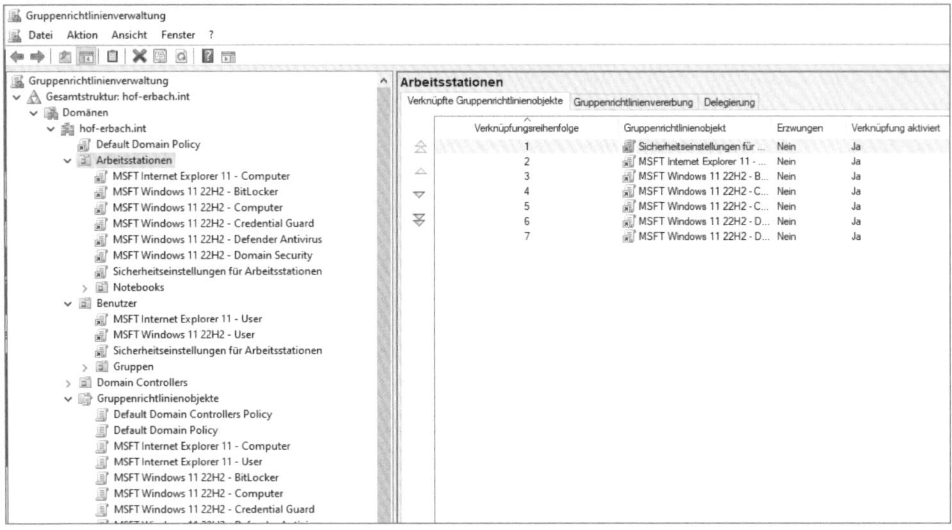

Abb. 10.13 Erfolgreich verknüpfte Gruppenrichtlinien

10.3.3 Windows Server 2022 Essentials mit Richtlinien absichern

Parallel dazu sollten Sie sicherstellen, dass Ihre Server im Netzwerk ebenfalls nach Microsoft-Empfehlungen abgesichert sind. Dazu laden Sie von der Seite *https://www.microsoft.com/en-us/download/details.aspx?id=55319* die Datei *Windows Server 2022 Security Baseline* herunter. Sie müssen dazu teilweise auf der Downloadseite bis ganz nach unten scrollen.

Betreiben Sie neben Ihrem Server mit Windows Server 2022 Essentials noch weitere Server, sollten Sie für diese ebenfalls eine eigene OU anlegen und die Computerkonten in diese OU verschieben. Wenn Sie nur den einen Server betreiben und dieser parallel als Domänencontroller im Einsatz ist, erstellen Sie eine neue Gruppenrichtlinie für die Empfehlungen und binden Sie die Richtlinie an die OU *Domain Controllers* an. An diese OU ist bereits die Standardrichtlinie *Default Domain Controller Policy* gebunden, die Sie aber möglichst nicht ändern sollten. Auch die Default Domain Policy wird auf alle Computer und Benutzer der Domäne angewendet. Diese sollten Sie ebenfalls möglichst nicht verändern.

Security-Baseline für Windows Server 2022 importieren

Laden Sie die Baseline für Windows Server 2022 herunter und extrahieren Sie die ZIP-Datei. Öffnen Sie eine PowerShell-Sitzung auf dem Server und wechseln Sie in das Verzeichnis *Scripts* des extrahierten Verzeichnisses. Geben Sie *.\Baseline-ADImport.ps1* ein und lassen Sie das Skript ausführen. Dabei werden die Gruppenrichtlinien in Active Directory importiert, aber noch nicht verknüpft. Erhalten Sie die Meldung, dass das Skript nicht digital signiert ist, geben Sie den folgenden Befehl ein:

Set-ExecutionPolicy -ExecutionPolicy Unrestricted

Lassen Sie danach alle GPOs importieren und bestätigen Sie die Signierwarnungen, damit die PowerShell die Skripts ausführt. Brauchen Sie danach keine PowerShell-Skripts mehr, sollten Sie die Ausführung von Skripts gleich wieder mit dem folgenden Befehl verhindern:

Set-ExecutionPolicy -ExecutionPolicy Restricted

Normalerweise sollten Skripts remote signiert sein. Wenn Sie ab und zu Skripts benötigen, verwenden Sie zuvor:

Set-ExecutionPolicy -ExecutionPolicy RemoteSigned

Funktioniert das Skript nicht, vergewissern Sie sich, dass es wirklich vertrauenswürdig ist, und geben Sie danach den folgenden Befehl ein:

Set-ExecutionPolicy -ExecutionPolicy Unrestricted

Wenn die Ausführung abgeschlossen ist, lassen Sie die Ausführung von Skripts wieder mit dem folgenden Befehl verhindern. Das ist übrigens auch auf Arbeitsstationen sinnvoll, um den Rechner vor gefährlichen Skripts zu schützen:

Set-ExecutionPolicy -ExecutionPolicy Restricted

Um die Skriptausführung auf allen Arbeitsstationen zu verhindern, passen Sie die von Ihnen erstellte Gruppenrichtlinie für die Arbeitsstationen an und wechseln in der Bearbeitung zu folgendem Pfad:

Computerkonfiguration | Richtlinien | Administrative Vorlagen | Windows-Komponenten | Windows PowerShell

Öffnen Sie die Einstellung *Skriptausführung aktivieren*. Setzen Sie den Wert auf *Deaktiviert*. Sobald die Richtlinie neu angewendet wird, zum Beispiel durch einen Neustart, im laufenden Betrieb oder durch Eingabe von *gpupdate* in der Eingabeaufforderung, führen die Computer keine PowerShell-Skripts mehr aus. Der Schutz ist nicht umfassend, schützt aber zumindest grundlegend vor böswilligen Skripts.

Gruppenrichtlinien für Windows Server 2022 verknüpfen

Wenn die Richtlinien erfolgreich importiert wurden, finden Sie diese in der Gruppenrichtlinienverwaltung über den Menüpunkt *Gruppenrichtlinienobjekte*. Klicken Sie mit der rechten Maustaste auf den Container *Domain Controller* und wählen Sie *Vorhandenes Gruppenrichtlinienobjekt verknüpfen*. Lassen Sie die folgenden Richtlinien verknüpfen:

- *MSFT Windows Server 2022 Defender Antivirus*
- *MSFT Windows Server 2022 Domain Controller*
- *MSFT Windows Server 2022 Domain Controller Virtualization Based Security*

Die Richtlinien werden danach zusammen mit der Default Domain Policy unterhalb der Domänencontroller angezeigt. Parallel dazu sollten Sie die folgende Richtlinie ganz oben mit der Domäne verknüpfen:

- *MSFT Windows Server 2022 Domain Security*

Nutzen Sie noch weitere Server in einer eigenen OU, dann sollten Sie mit dieser die folgenden GPOs verknüpfen:

- *MSFT Windows Server 2022 Defender Antivirus*
- *MSFT Windows Server 2022 Member Server*
- *MSFT Windows Server 2022 Credential Guard*

Damit die Richtlinien angewendet werden, lassen Sie am besten danach den Server neu starten.

Probleme nach der Einbindung von Richtlinien beheben

Sollten nach der Verknüpfung von Gruppenrichtlinien Probleme mit Serveranwendungen auftreten, dann löschen Sie die Verknüpfungen (nicht die GPOs) und starten Server und Arbeitsstationen neu. Danach werden die Richtlinien nicht mehr angewendet. Verknüpfen Sie anschließend nach und nach die Richtlinien wieder, um das Problem einzugrenzen.

Vor dem Löschen von Verknüpfungen reicht es aber meistens aus, wenn Sie in der Gruppenrichtlinienverwaltung die entsprechenden Verknüpfungen mit der rechten Maustaste anklicken und danach den Menüpunkt *Verknüpfung aktiviert* anklicken. Dadurch wird die Verknüpfung etwas heller dargestellt und der Haken vor *Verknüpfung aktiviert* verschwindet – die Verknüpfung ist jetzt deaktiviert. In diesem Fall wendet Windows die Richtlinie nicht mehr an, bis Sie sie wieder aktivieren. Sie können in der Befehlszeile mit *gpupdate* eine Aktualisierung durchführen, aber meistens ist ein Neustart des Servers oder der jeweiligen Arbeitsstationen notwendig.

Navigieren Sie nach der Verknüpfung der Gruppenrichtlinien durch die verschiedenen Einstellungen, werden viele davon ausgegraut. Das sind die Einstellungen, die automatisch durch die Richtlinien nach den Microsoft-Empfehlungen gesetzt werden.

10.3.4 Datenschutz bei Windows 11 verbessern

Wer sich mit dem Datenschutz in Windows 11 beschäftigt, sollte die verschiedenen Möglichkeiten nutzen, die Microsoft selbst auf der Seite »Windows-Datenschutzkonformität: Ein Leitfaden für IT- und Compliance-Experten« (*https://learn.microsoft.com/de-de/windows/privacy/windows-10-and-privacy-compliance*) beschreibt. Die Einstellungen sind für Windows 11 angepasst worden. Im Folgenden stelle ich die wichtigsten davon vor.

Schreckgespenst TPM

Ohne aktivierten TPM-2.0-Chip auf der Hauptplatine des PCs lässt sich Windows 11 nicht installieren, zumindest nicht ohne Anpassungen an der Registry, die Microsoft allerdings jederzeit wieder ändern kann. Ich bin in Kapitel 2 und 3 auf Möglichkeiten eingegangen, das TPM zu umgehen, wenn ältere Rechner keine Sicherheitschips zur Verfügung stellen. Für Microsoft ist der TPM-Chip ein wesentlicher Grundpfeiler für die Windows-Sicherheit, da viele Sicherheitsfunktionen den Chip nutzen, um Manipulationen am Betriebssystem zu verhindern. Das ist für die Sicherheit zwar durchaus sinnvoll, allerdings sind Datenschützer eher skeptisch. Generell bieten TPM-Chips Hintertüren für Geheimdienste und andere Regierungsbehörden.

Die Daten eines TPM-Chips sind außerdem zugänglich für Hacker, da die Verschlüsselungsfunktionen des Chips nicht umfänglich sicher sind. Ein TPM-Chip ist daher auch ein mögliches Einfallstor für Datenspione. Das sollte bei der Aktivierung des Chips und der Aktualisierung zu Windows 11 beachtet werden.

Das Bundesamt für Sicherheit in der Informationstechnik (BSI) sieht den Einsatz des TPM-Chips in Windows 11 bezüglich des Datenschutzes durchaus kritisch. Durch den Chip sind Benutzer und PC nicht mehr anonym, sondern eindeutig verifizierbar. Das ist aus Sicht von Microsoft bezüglich der Werbung natürlich sehr gut, allerdings aus Sicht des Datenschutzes weniger. Einfach ausgedrückt, kann ein TPM-Chip einen PC eindeutig identifizieren.

Da an einem PC meistens nur eine begrenzte Menge an Personen arbeitet, sind auch diese identifizierbar und daher nicht mehr anonym. Wer daher in jedem Fall anonym einen PC betreiben möchte und dennoch Windows 11 installieren will, muss das TPM deaktivieren.

O&O ShutUp für die Verbesserung des Datenschutzes verwenden

Generell ist der Datenschutz in Windows 11 noch auf einer ähnlichen Ebene wie in Windows 10. Wer das Betriebssystem mit einem verbesserten Datenschutz betreiben will, kommt daher kaum um Zusatztools herum. Gruppenrichtlinien helfen an dieser Stelle nicht. Hier ist es sinnvoll, auf jedem PC die Einstellungen über Sicherheitstools zu verbessern.

Das bekannte Tool O&O ShutUp, das bereits in Windows 10 die Datenschnüffelei von Microsoft weitgehend unterbindet, gibt es auch in einer Version für Windows 11. Mit O&O ShutUp10++ (*https://www.oo-software.com/de/shutup10*) können mit wenigen Klicks die schlimmsten Spionagefunktionen in Windows 10 und Windows 11 abgeschaltet werden. Erfreulich ist, dass das Tool aus einer einzelnen Datei besteht und nicht installiert werden muss. Nach dem Start wählen Sie bei *Aktionen* den Menüpunkt *Nur empfohlene Einstellungen anwenden* aus (siehe Abbildung 10.14).

Abb. 10.14 Datenschutz in Windows 10/11 mit dem kostenlosen Tool O&O Shutup verbessern

Sollten nach der Änderung Probleme auftreten, lässt sich diese jederzeit über *Alle Änderungen rückgängig machen* auf den Standard zurücksetzen. Teilweise ist nach den Änderungen ein Neustart notwendig und Windows setzt ab und zu die Einstellungen einzelner Optionen selbst wieder zurück. In diesem Fall führen Sie das Tool auf den entsprechenden Computern einfach erneut aus.

Diagnose und Feedbackeinstellungen steuern

Für eine Verbesserung des Datenschutzes ist nicht immer ein Tool notwendig, auch wenn O&O ShutUp gründlicher arbeitet als Gruppenrichtlinien oder manuelle Einstellungen. Wer aber keinen Zusatztools vertraut, kann auch manuell einiges verbessern, was nach der Installation von Windows 11 notwendig ist.

Mit der Tastenkombination [⊞]+[i] öffnen sich die Einstellungen von Windows 11. Das Menü ist noch ähnlich zu Windows 10, Microsoft hat aber einiges angepasst. Die Datenschutzeinstellungen sind über den Menüpunkt *Datenschutz und Sicherheit* zu finden. Hier ist es sinnvoll, alle Optionen mindestens einmal durchzugehen und offensichtliche Datenschutzprobleme zu umgehen.

Bei *Diagnose und Feedback* sind zum Beispiel Einstellungen zu finden, die für den Nutzer kaum Sinn haben. Die Einstellung *Optionale Diagnosedaten senden* sollte generell ausgeschaltet sein (siehe Abbildung 10.15).

Abb. 10.15 Anpassen der Datenschutzeinstellungen in Windows 11

An dieser Stelle lassen sich auch gleich gesammelte Daten löschen. Einstellungen dazu finden sich in den Gruppenrichtlinien von Windows 11 und Windows Server 2022 im Pfad *Computerkonfiguration | Administrative Vorlagen | Windows-Komponenten | Datensammlung und Vorabversionen*. Auch hier sind die Sammelaktionen von Windows deaktivierbar. Sie können das zum Beispiel in Ihrer selbst erstellten Gruppenrichtlinie zur Anwendung für Arbeitsstationen anpassen.

Bei *Datenschutz und Sicherheit* sind unterhalb von *Windows-Berechtigungen* die Optionen bei *Allgemein* ebenfalls sehr wichtig. Zunächst lässt sich hier die persönliche Werbe-ID deaktivieren. Auch verschiedene vorgeschlagene Inhalte können deaktiviert werden. Generell sollten alle Optionen unterhalb von *Windows-Berechtigungen* überprüft werden. In den meisten Fällen ist es nur notwendig, die jeweiligen Einstellungen zu aktivieren oder zu deaktivieren.

Auch bei *Aktivitätsverlauf* sind wichtige Optionen zu finden. Hier kann gesteuert werden, dass Windows den Verlauf der Aktivitäten von Anwendern speichert und auf anderen Geräten verfügbar macht. Die Synchronisierung erfolgt über das Microsoft-Konto. Wer das nicht will, da die Synchronisierung natürlich über die Microsoft-Cloud stattfindet, kann die Funktion an dieser Stelle abschalten. Außerdem können die Daten an dieser Stelle gelöscht werden.

10.3.5 Microsoft Store, Cortana und Datensammlungen in Windows 10/11 sperren

Um auf Rechnern den App-Store zu sperren, damit andere Anwender keine Apps installieren, können Sie den Gruppenrichtlinienverwaltungs-Editor verwenden. Dieser steht zwar in den Editionen Pro und Enterprise von Windows 10/11 zur Verfügung, allerdings funktioniert die Sperrung des Stores nur in Windows 10/11 Enterprise und Education. In Windows 11 Pro funktioniert die Einstellung zum Zeitpunkt des Schreibens des Buches (Herbst 2023) nicht.

Navigieren Sie zu *Computerkonfiguration | Administrative Vorlagen | Windows-Komponenten | Store*. Aktivieren Sie die Richtlinieneinstellungen zur Deaktivierung des kompletten Stores oder nur das automatische Herunterladen von Updates. Starten Anwender nach der Einrichtung den Store, erscheint eine entsprechende Meldung.

Unternehmen, die Windows 10/11 Enterprise nutzen, können weitere Sicherheitseinstellungen setzen, die in Windows 10/11 Pro nicht verfügbar sind. Besonders interessant ist in diesem Bereich die Richtlinieneinstellung *Computerkonfiguration | Richtlinien | Administrative Vorlagen | Windows-Komponenten | Datensammlung und Vorabversionen*. Diese Einstellungen können Sie nutzen, um den Datenschutz zu verbessern, da Windows 10/11 durch die Aktivierung weniger Daten ins Internet sendet.

Über Gruppenrichtlinieneinstellungen lässt sich Cortana generell recht gut steuern. Dazu nutzen Sie bei *Computerkonfiguration | Administrative Vorlagen | Windows-Komponenten | Suche* die Einstellung *Nicht im Web suchen und keine Webergebnisse in der Suche anzeigen*. Durch die Aktivierung dieser Option wird verhindert, dass Anwender über Cortana im Internet nach Informationen suchen. Bei solchen Suchvorgängen werden Informationen des lokalen Rechners in das Internet gesendet und in der Cloud gespeichert. Das ist nicht immer im Interesse des Unternehmens.

In der Richtlinieneinstellung *Cortana zulassen* können Sie mit der Option *Deaktivieren* Cortana per Richtlinie komplett deaktivieren. Die Standard-Suche in Windows funktioniert danach problemlos weiterhin.

Mit der Einstellung *Cortana auf dem Sperrbildschirm zulassen* wird festgelegt, ob die Cortana-Funktion auf Windows 10/11-Rechnern erlaubt sein soll. Diese bietet die Möglichkeit, Cortana auch dann zu nutzen, wenn der Rechner gesperrt ist.

10.3.6 Sicherheitseinstellungen für das Netzwerk steuern

Manchmal kann es passieren, dass Windows 10/11 oder Windows Server 2022 den aktuellen Netzwerktyp nicht erkennt und so einen falschen (öffentlich, privat oder Arbeitsplatz/Domäne) verwendet. Dies äußert sich in Problemen beim Netzwerkzugriff, vor allem bei Notebooks oder Heimarbeitsplätzen. Sie haben in Windows 10/11 Pro und Enterprise die Möglichkeit, über Gruppenrichtlinien nicht identifizierte Netzwerke manuell zuzuordnen:

1. Navigieren Sie zu *Computerkonfiguration | Windows-Einstellungen | Sicherheitseinstellungen | Netzwerklisten-Manager-Richtlinien*.
2. Öffnen Sie die Einstellung *Nicht identifizierte Netzwerke*.
3. Legen Sie hier die Einstellung fest, die Sie wünschen.

Die Einstellungen sind in der Einstellungen-App von Windows 10/11 über *Netzwerk und Internet* zu finden. Durch einen Klick auf den Netzwerktyp (Ethernet) und der Auswahl des Netzwerks kann das Netzwerkprofil durch einen Klick geändert werden.

Das Netzwerkprofil kann auch über die Registry geändert werden. Die Einstellungen dazu sind im Pfad *HKEY_LOCAL_MACHINE\SOFTWARE\Microsoft\Windows NT\CurrentVersion\Networklist\Profiles* zu finden. Für jede Netzwerkverbindung gibt es ein eigenes Profil. Unterhalb des Profils gibt es den Eintrag *Category*. Durch Änderung des Eintrags auf *0* handelt es sich um ein öffentliches Netzwerk. Mit *1* wird das Netzwerkprofil auf *Privat* gesetzt. Nach der Änderung sollte der Rechner neu gestartet werden.

Standardmäßig erreichen Universal-Apps das Internet nur direkt. Wenn Sie einen Proxyserver einsetzen, sollten Sie im System Änderungen vornehmen, damit die Apps eine Verbindung mit dem Internet herstellen können. Da in solchen Umgebungen normalerweise Windows 10/11 Pro oder Enterprise im Einsatz sind, können Sie die Einstellungen über Gruppenrichtlinien setzen.

Navigieren Sie dafür zu *Computerkonfiguration | Administrative Vorlagen | Netzwerk | Netzwerkisolation*. Auf der rechten Seite finden Sie die Einstellungen, um die Apps über einen Proxy mit dem Internet zu verbinden. Aktivieren Sie die Einstellung und geben Sie die URL und den Port ein, auf dem der Proxy auf Anfragen wartet.

Mit Windows Defender SmartScreen kann Windows 10/11 verschiedene Bereiche schützen. Dazu gehören Apps, die Anwender installieren oder aus dem Store herunterladen, aber auch Webseiten und Downloads, die mit Microsoft Edge genutzt werden. Windows Defender SmartScreen kann über das Windows Defender Security Center oder mit Gruppenrichtlinien gesteuert werden.

Die Einstellungen sind über *Computerkonfiguration | Richtlinien | Administrative Vorlagen | Windows-Komponenten | Windows Defender SmartScreen* zu finden. Hier können Sie den Schutz von Windows, aber auch von Microsoft Edge steuern. Aktivieren Sie an dieser Stelle die verschiedenen Einstellungen.

10.3.7 Überwachter Ordnerzugriff – Schutz vor Ransomware

Eine nützliche Funktion in Windows 10/11 ist der überwachte Ordnerzugriff. Dieser soll verhindern, dass zum Beispiel Ransomware Dateien und Ordner verschlüsselt oder nicht berechtigte Anwender Einstellungen ändern. Die Option kann in der Windows Sicherheit-

App über *Viren- & Bedrohungsschutz* und dann bei *Einstellungen für Viren- & Bedrohungsschutz* mit der Option *Ransomware-Schutz* aktiviert werden (siehe Abbildung 10.16). Arbeiten Unternehmen mit Microsoft 365, was sehr empfehlenswert für die einfache Zusammenarbeit ist, können Anwender an dieser Stelle ihren OneDrive for Business-Speicher anbinden und zumindest lokale Daten durch eine Synchronisierung mit der Cloud sichern. Besser ist es aber, wenn die Daten der Anwender auf dem Server gesichert werden und Sie die Sicherung parallel mit Azure Backup vor Ransomware schützen, wie in den Kapiteln 6, 7 und 8 beschrieben.

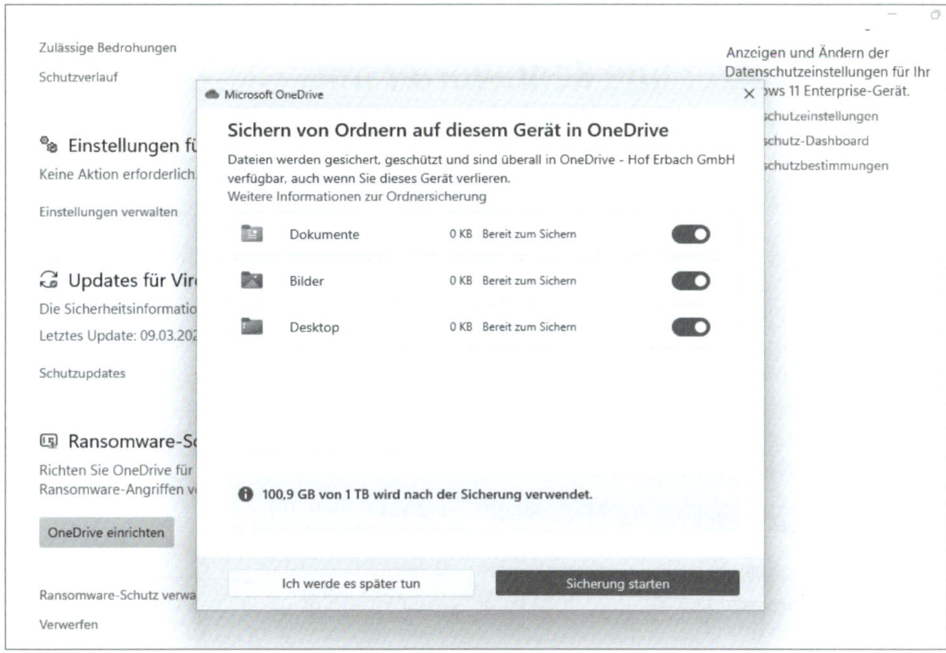

Abb. 10.16 Lokal gespeicherte Dateien vor Ransomware schützen

Die Einstellungen sind zum Beispiel sinnvoll für mobile Benutzer, die Daten auf ihrem Notebook speichern.

Sie können Einstellungen in diesem Bereich auch über Gruppenrichtlinien konfigurieren. Die vorhandenen Optionen stehen bei *Computerkonfiguration | Richtlinien | Administrative Vorlagen | Windows-Komponenten | Microsoft Defender Antivirus | Microsoft Defender Exploit Guard | Überwachter Ordnerzugriff* zur Verfügung. Hier kann konfiguriert werden, welche lokalen Ordner geschützt werden sollen, welche Anwendungen Änderungen vornehmen dürfen und ob der überwachte Ordnermodus nur überwachen soll oder Änderungen auch blockieren.

Generell stehen bei *Microsoft Defender Exploit Guard* noch weitere Einstellungen zur Verfügung, die Windows 10/11-Rechner besser vor Angreifern schützen. Windows 10/11 bietet einen Exploit-Schutz, der vor unbekannten Angreifern schützen soll. Auch hier finden sich die neuen Einstellungen in der Einstellungen-App über das Windows Security Center.

10.3.8 Firewalleinstellungen über Gruppenrichtlinien setzen

Auf Client-PCs erstellen Sie neue Regeln in der Windows-Firewall über die erweiterte Konsole. Diese starten Sie durch Eingabe von *wf.msc* auf der Startseite. Sie können aber auch über Gruppenrichtlinien Firewallregeln erstellen und an die Clients verteilen. Sie finden die Einstellungen über *Computerkonfiguration | Richtlinien | Windows-Einstellungen | Sicherheitseinstellungen | Windows-Firewall mit erweiterter Sicherheit*. Hier können Sie eingehende und ausgehende Regeln festlegen. Die Oberfläche dazu ist die gleiche wie bei der lokalen Verwaltung der Firewall.

10.4 Benutzer und Kennwörter mit Gruppenrichtlinien absichern

Durch das Festlegen von sicheren Kennwörtern oder der Verhinderung zur Speicherung von Anmeldedaten lässt sich Windows im Netzwerk wesentlich sicherer betreiben. Unabhängig davon, ob Unternehmen mit lokalen Anmeldungen oder der Authentifizierung mit Active Directory arbeiten, macht es Sinn, die Struktur von Kennwörtern über Richtlinien zu steuern. So kann festgelegt werden, wie kompliziert die Kennwörter von Anwendern sein sollen, wann diese geändert werden müssen und ob Anmeldenamen lokal gespeichert werden. Hier kann es sinnvoll sein, ein neues GPO zu erstellen und dieses nach Abschluss mit der Domäne ganz oben in der Gruppenrichtlinienverwaltungskonsole zu verknüpfen. Die Richtlinie kann die Bezeichnung »Kennwortschutz« erhalten und enthält nur Einstellungen für die Kennwörter in Active Directory.

Alternativ können Sie dazu auch die Default Domain Policy anpassen. Generelle Einstellungen für die Kennwörter sind in der Default Domain Policy bereits im Pfad *Computerkonfiguration | Richtlinien | Windows-Einstellungen | Sicherheitseinstellungen | Lokale Richtlinien | Kontorichtlinien | Kennwortrichtlinien* zu finden. Hier sind schon sichere Einstellungen hinterlegt, die Sie aber an Ihre Anforderungen anpassen können (siehe Abbildung 10.17):

- **Kennwort muss Komplexitätsvoraussetzungen entsprechen** – Bei dieser Option muss das Kennwort mindestens sechs Zeichen lang sein. Es darf maximal zwei Zeichen enthalten, die auch in der Zeichenfolge des Benutzernamens vorkommen. Außerdem müssen drei der fünf Kriterien von komplexen Kennwörtern erfüllt sein:
  - Großbuchstaben (A bis Z)
  - Kleinbuchstaben (a bis z)
  - Ziffern (0 bis 9)
  - Sonderzeichen (zum Beispiel ! & / %)
  - Unicodezeichen (€, @, ®)
- **Kennwortchronik erzwingen** – Hier können Sie festlegen, wie viele Kennwörter im Active Directory gespeichert bleiben sollen, die ein Anwender bisher bereits verwendet hat. Wenn Sie diese Option wie empfohlen auf 24 setzen, darf sich ein Kennwort erst nach 24 Änderungen wiederholen.

- **Kennwörter mit umkehrbarer Verschlüsselung speichern** – Bei dieser Option speichert Windows die Kennwörter so, dass die Administratoren sie auslesen können. Sie sollten diese Option deaktivieren. Dazu müssen Sie die Richtlinieneinstellung definieren und auf *Deaktiviert* setzen.
- **Maximales Kennwortalter** – Hier legen Sie fest, wie lange ein Kennwort gültig bleibt, bis der Anwender es selbst ändern muss.
- **Minimale Kennwortlänge** – Der Wert legt fest, wie viele Zeichen ein Kennwort mindestens enthalten muss. Dafür wird ein Wert von acht Zeichen empfohlen.
- **Minimales Kennwortalter** – Hier steuern Sie, wann ein Anwender ein Kennwort frühestens ändern darf, also wie lange es mindestens aktuell sein muss. Diese Option ist zusammen mit der Kennwortchronik sinnvoll, damit die Anwender das Kennwort nicht so oft ändern, dass sie wieder ihr altes verwenden können. Microsoft empfiehlt an dieser Stelle einen Wert von 2.

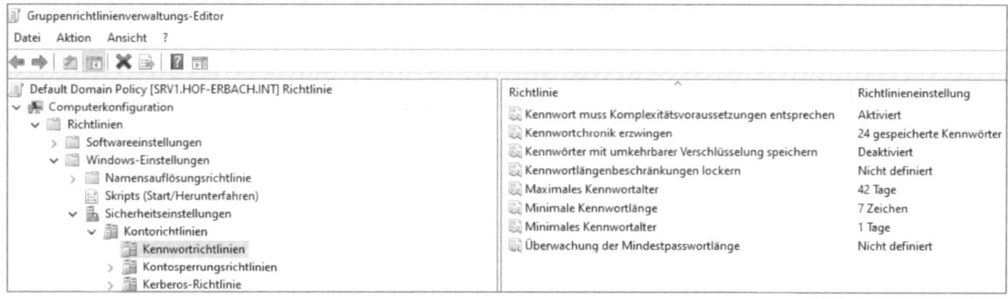

Abb. 10.17 Anpassen der Kennwortrichtlinien in der Default Domain Policy

In der PowerShell können Sie die aktuellen Einstellungen für die Kennwörter über das Cmdlet *Get-ADDefaultDomainPasswordPolicy* anzeigen lassen.

Wichtige Einstellungen für mehr Sicherheit von Kennwörtern sind im Bereich *Computerkonfiguration | Richtlinien | Windows-Einstellungen | Sicherheitseinstellungen | Lokale Richtlinien | Sicherheitsoptionen* zu finden. Wenn Sie die Microsoft-Richtlinie für Domain Security importiert haben, wie in den vorhergehenden Abschnitten beschrieben, sind auch hier noch Einstellungen für Richtlinien gesetzt, zum Beispiel die Notwendigkeit, mehr Zeichen zu verwenden. Diese Einstellungen überschreiben teilweise die unsicheren Einstellungen der Default Domain Policy.

Mit der Richtlinie *Interaktive Anmeldung: Anwender vor Ablauf des Kennworts zum Ändern des Kennworts auffordern* wird festgelegt, wie viele Tage vor dem Ablauf eines Kennworts die Anwender bereits eine Meldung erhalten, um ihr Kennwort zu ändern.

Mit *Interaktive Anmeldung: Anzahl zwischenzuspeichernder vorheriger Anmeldungen (für den Fall, dass der Domänencontroller nicht verfügbar ist)* steuern Sie, ob Windows Anmeldungen zwischenspeichern soll, und wenn ja, wie viele verschiedene Anmeldungen. Das ermöglicht die Anmeldung an Rechnern, wenn kein Domänencontroller erreicht werden kann.

Mit *Interaktive Anmeldung: Benutzerinformationen anzeigen, wenn Sitzung gesperrt ist* können Sie verhindern, dass am PC zu sehen ist, welcher Benutzer derzeit angemeldet ist, wenn dieser den Bildschirm gesperrt hat. Über die Richtlinie lässt sich festlegen, dass Domäne und Benutzer, nur der Benutzer oder keinerlei Informationen angezeigt werden sollen.

Interaktive Anmeldung: Letzten Benutzernamen nicht anzeigen legt fest, dass bei der Anmeldung an Windows-Rechnern immer Benutzername und Kennwort angegeben werden müssen. Windows speichert bei Aktivierung keine Benutzernamen, was die Sicherheit deutlich erhöht, vor allem wenn sich an Rechnern Administratoren anmelden.

Mit den Richtlinieneinstellungen *Konten: Administratorkonto umbenennen* und *Konten: Gastkonto umbenennen* können das Gastkonto und das Administratorkonto auf Rechnern umbenannt werden. Dadurch kann ebenfalls die Sicherheit von Rechnern deutlich erhöht werden.

Sie können über die Richtlinie *Konten: Microsoft-Konten blockieren* festlegen, dass sich Benutzer nur mit bereits vorhandenen Microsoft-Konten an Windows anmelden dürfen (*Benutzer können keine Microsoft-Konten hinzufügen*) oder gar keine Anmeldung mit Microsoft-Konten erlaubt ist (*Benutzer können keine Microsoft-Konten hinzufügen oder sich damit anmelden*).

Im oberen Bereich der Richtlinien und Sicherheitsoptionen sind die Richtlinien für die Benutzerkontensteuerung zu sehen. Über diese Richtlinien lässt sich das Verhalten der Benutzerkontensteuerung für Rechner ab Windows 7 festlegen.

Mit *Benutzerkonfiguration | Administrative Vorlagen | System | STRG+ALT-ENTF (Optionen)* können Sie festlegen, welche Optionen den Anwendern zur Verfügung stehen, wenn sie diese Tastenkombination nutzen.

10.4.1 Mit Lithnet Password Protect und Filtern Kennwörter in Active Directory schützen

Die Sicherheit der Anmeldekonten in Active Directory ist zu einem großen Teil von den Kennwörtern abhängig, die Anwender nutzen. Über Gruppenrichtlinien lassen sich zahlreiche Einstellungen vorgeben, mit denen die Sicherheit der Kennwörter zumindest zum großen Teil wesentlich verbessert werden kann. Allerdings lässt sich über die Gruppenrichtlinien nicht steuern, dass Anwender vor bereits geleakten Kennwörtern oder Zeichenfolgen aus geleakten Kennwörtern geschützt werden. Mit Bordmitteln lässt sich diese Sicherheit nicht optimal herstellen. Das Tool Lithnet Password Protection (LPP) (*https://lithnet.io/products/password-protection*) ist darum eine sinnvolle Ergänzung.

Mit Password-Filtern in Active Directory lassen sich weitere Schutzmaßnahmen einbinden, durch die Benutzer daran gehindert werden, Kennwörter zu verwenden, die bereits als gehackt im Internet bekannt sind. LPP bindet sich an diese Filter in Active Directory an und verhindert durch Gruppenrichtlinien, dass Benutzer geleakte Kennwörter nutzen. Dazu kann das Tool auch mit einer vorgefertigten Liste von Kennwörtern aktualisiert werden. LPP und die Liste stehen als Open Source auf GitHub zur Verfügung (*https://github.com/lithnet/ad-password-protection/wiki*). Die Konfiguration kann übrigens auch mit der PowerShell erfolgen.

Es ist auch möglich, mit kostenlosen Tools wie Specops Password Auditor (*https://specopssoft.com/de/lp/active-directory-passwort-audit-kostenlos-herunterladen-bsi-richtlinien-fuer-passwoerter*) das Active Directory nach geleakten Kennwörtern zu untersuchen, allerdings geht das nur nachträglich, also wenn die Kennwörter bereits im Einsatz sind.

LPP in Betrieb nehmen

Der erste Schritt bei der Verwendung von LPP besteht darin, das Tool auf einem Domänencontroller zu installieren. Durch die Installation werden die Password-Filter in Active Directory erweitert. Dazu kommen zusätzliche ADMX-Dateien, mit denen sich die Gruppenrichtlinien zum Schutz von Kennwörtern deutlich erweitern lassen.

Nach der Installation stehen die neuen Gruppenrichtlinieneinstellungen bei *Computerkonfiguration | Richtlinien | Administrative Vorlagen | Lithnet | Password Protection for Active Directory* zur Verfügung (siehe Abbildung 10.18). Beim Einsatz mehrerer DCs sollte darauf geachtet werden, dass die ADMX-Dateien des Tools auf allen Domänencontrollern zur Verfügung stehen. Wenn Sie im Netzwerk nur einen Domänencontroller einsetzen, ist das nicht notwendig.

Hier lassen sich ergänzende Einstellungen für Gruppenrichtlinien umsetzen, die für die Kennwörter angewendet werden. Darunter sind die Einstellungen, zu verhindern, dass Anwender Kennwörter nutzen dürfen, die im Speicher von LPP als kompromittiert hinterlegt sind. Die Datenbank mit den geleakten Kennwörtern lässt sich auf den Domänencontrollern lokal ablegen, sodass für die Überprüfung keine Online-Verbindung notwendig ist.

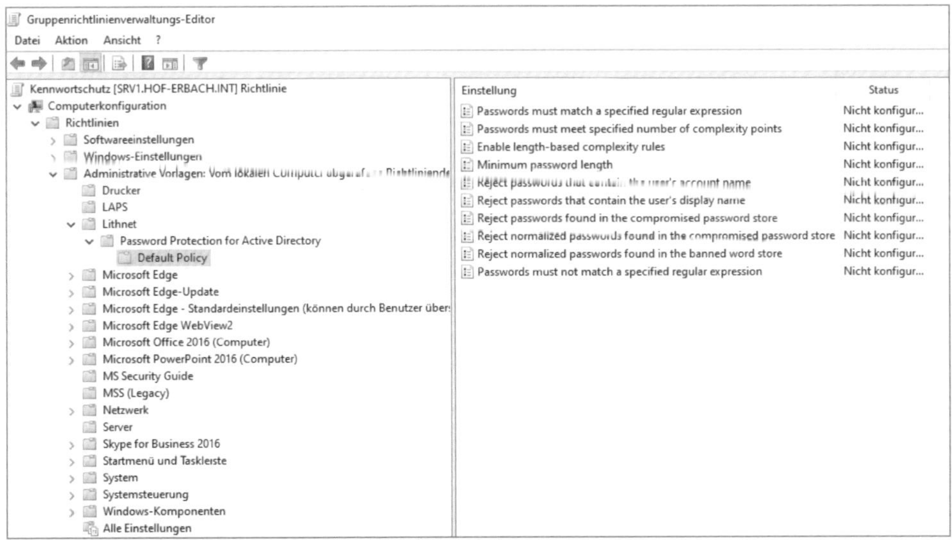

Abb. 10.18 Erweitern der Kennwortsicherheit im Netzwerk

Sie können die Anpassungen in der von Ihnen erstellten Richtlinie vornehmen, die Sie mit der ganzen Domäne verknüpft haben, oder mit der Default Domain Policy beziehungsweise der Richtlinie, die Sie von Microsoft importiert haben, wie in den vorhergehenden Abschnitten beschrieben.

LPP und die HaveIBeenPwned-Datenbank

LPP kann auf die Daten der Datenbank HaveIBeenPwned (HIBP) zugreifen, in denen gehackte Kennwörter gespeichert sind (*https://haveibeenpwned.com*). Soll die Datenbank auf den lokalen Domänencontrollern zum Einsatz kommen, muss mit einem Speicherplatz von über 20GB auf den Domänencontrollern gerechnet werden. Diesen Umfang hat die Datenbank mit gehackten Kennwörtern mittlerweile und die Tendenz ist wachsend.

Erstellen des Verzeichnisses und Importieren der darin gespeicherten Daten in die Richtlinien erfolgen über die PowerShell zum Beispiel mit den folgenden Befehlen:

mkdir C:\password-protection\store

Import-Module LithnetPasswordProtection

Open-Store -Path "C:\password-protection\store"

Benötigt wird die NTLM-formatierte Liste von HIBP. Diese hat eine Größe von etwa 12–14GB (*https://haveibeenpwned.com/Passwords*). Wenn die Datei heruntergeladen ist, lässt sie sich über die PowerShell in den lokal erstellten Store von LPP einbinden:

Import-CompromisedPasswords -Filename "c:\password-protection\hashes.org-2022.txt"

Es ist möglich, jederzeit Kennwörter in die Liste aufzunehmen. Auch das wird in der PowerShell durchgeführt, zum Beispiel mit:

Add-CompromisedPassword -Value p@ssw0rd

Um zu überprüfen, ob ein Kennwort in der Liste steht, kann in der PowerShell der folgende Befehl genutzt werden:

Test-IsCompromisedPassword -Value p@ssw0rd

In den Gruppenrichtlinieneinstellungen von LPP sollte vor allem die Einstellung *Reject passwords found in the compromised password store* aktiviert und die beiden Einstellungen darin gesetzt werden. Sobald die Richtlinien angewendet werden, können Anwender keine Kennwörter mehr verwenden, die im Store hinterlegt sind. Auch die anderen Einstellungen in diesem Bereich können gesetzt werden. Für jede Einstellung zeigt die Vorlage eine Hilfe. Sinnvoll ist es zum Beispiel, zu verhindern, dass Anwender ihren Benutzernamen in das Kennwort mit einbinden (*Reject passwords that contan the user's account name*). Es macht Sinn, sich die einzelnen Möglichkeiten dazu genauer anzuschauen und diese entsprechend zu setzen.

10.5 Gruppenrichtlinien testen und Fehler beheben

Im Anschluss an die Konfiguration und die Anbindung von Richtlinien daran können Sie die Gruppenrichtlinie auf einer Windows-Arbeitsstation mit *gpupdate* in der Eingabeaufforderung übertragen oder die Arbeitsstation neu starten.

10.5.1 Einstieg in die Fehlerbehebung von Gruppenrichtlinien

Beim Einsatz von Gruppenrichtlinien ist es notwendig, zu überprüfen, ob Einstellungen auf den Clients überhaupt verwendet werden und wie sie sich auswirken. Eine Fehlersuche bei Gruppenrichtlinien ist ebenfalls eine häufige Aufgabe, wenn bestimmte Einstellungen oder ganze Richtlinien nicht mehr wirksam sind. Sie sehen in der Beschreibung der meisten Richtlinien, mit welchen Betriebssystemen sie kompatibel sind.

Sie haben die Möglichkeit, die Verwaltungswerkzeuge von Gruppenrichtlinien, also vor allem die Gruppenrichtlinienverwaltungskonsole, auf einem Clientrechner zu installieren. Der Vorteil dabei ist, dass Sie Testtools nicht auf Servern installieren müssen, sondern Arbeitsstationen von Administratoren verwenden können. Auf einem Admin-PC sind Zusatztools wesentlich besser aufgehoben als auf einem Server.

Damit Clientcomputer Richtlinien anwenden, benötigen PCs keine zusätzliche Software. Entweder ist der Computer kompatibel mit der entsprechenden Richtlinieneinstellung oder nicht. Windows 10/11 und Windows Server 2022 bieten die Möglichkeit, Gruppenrichtlinien über die Windows PowerShell zu verwalten. Dazu steht das PowerShell-Modul *GroupPolicy* zur Verfügung, das Sie mit dem Befehl *Import-Module GroupPolicy* in die Windows PowerShell ISE oder eine normale PowerShell-Sitzung importieren können. Die wichtigsten Cmdlets können Sie sich anzeigen lassen, wenn Sie *Get-Command *gpo** eingeben.

Mit dem Befehl *Help <Cmdlet>* erhalten Sie eine Hilfe zum entsprechenden Cmdlet, zum Beispiel *Help New-GPO*. Für viele Cmdlets gibt es noch die Option *Help <Cmdlet> -Detailed*. Dieser Befehl bietet mehr Informationen. Mit dem Befehl *Help <Cmdlet> -Examples* lassen sich Beispiele für den Befehl anzeigen. Das funktioniert für alle Befehle in der PowerShell.

Um eine Gruppenrichtlinie lokal zu testen, können Sie sie auf einer Windows-Arbeitsstation mit *gpupdate* in der Eingabeaufforderung übertragen. Alternativ starten Sie die Arbeitsstation neu. Wenn Sie die Einstellungen korrekt vorgenommen haben, können Sie feststellen, ob die Arbeitsstation oder der Server die Richtlinie angewendet hat.

Sie sollten bei der Einführung von Richtlinien immer eigene Gruppenrichtlinien anlegen und bereits vorhandene Standardrichtlinien nicht bearbeiten. Das hat den Vorteil, dass bei einem Problem auf jeden Fall der Weg frei bleibt, die eigenen Richtlinien zu deaktivieren.

10.5.2 Vorgehensweise bei der Fehlerbehebung von Gruppenrichtlinien

Falls Gruppenrichtlinien nicht funktionieren, können die Ursachen sehr unterschiedlich sein. Sie sollten Schritt für Schritt untersuchen, wo das Problem liegen könnte. Legen Sie am besten für die unterschiedlichen Einstellungen verschiedene Gruppenrichtlinien an und verknüpfen Sie diese mit der entsprechenden OU oder der ganzen Domäne. Bei der Überprüfung helfen außerdem folgende Punkte:

- Stellen Sie sicher, dass die Clients den DNS-Server verwenden, auf dem die SRV-Records von Active Directory gespeichert sind.
- Überprüfen Sie mit *Nslookup* in der Eingabeaufforderung, ob auf den Clients die Namensauflösung zur Domäne funktioniert.
- Überprüfen Sie die Ereignisanzeige auf Fehler.

- Ist der Benutzer/Computer in der richtigen OU, auf der die Richtlinie angewendet wird?
- Versuchen Sie, die Richtlinie auf eine Sicherheitsgruppe anzuwenden? Dies ist nicht ohne Weiteres möglich und erfordert einige Nacharbeit.
- Stimmt die Vererbung? In welcher Reihenfolge starten die Gruppenrichtlinien?
- Haben Sie etwas an der standardmäßigen Vererbung der Richtlinie verändert?
- Haben Sie irgendwo *Erzwungen* oder *Vererbung deaktivieren* aktiviert?
- Geben Sie auf dem PC in der Eingabeaufforderung als angemeldeter Benutzer *gpresult > gp.txt* ein, um sich das Ergebnis der Richtlinie anzeigen zu lassen.

Das Windows-MMC-Snap-In *Richtlinienergebnissatz* bietet eine grafische Oberfläche und wertet die angewendeten Richtlinien aus. Sie können sich den Richtlinienergebnissatz auf einer Arbeitsstation über *MMC* | *Datei* | *Snap-In hinzufügen* | *Richtlinienergebnissatz* ansehen. Eine weitere Möglichkeit ist die Eingabe von *rsop.msc*.

Mit dem Assistenten können Sie die Gruppenrichtlinien übertragen und sich in der grafischen Oberfläche alle angewendeten anzeigen lassen. Sie starten die Überprüfung über den Menübefehl *Aktion* | *Abfrage aktualisieren.*

Auf der Internetseite *http://www.gruppenrichtlinien.de* finden Sie weiterführende Informationen und Tipps rund um den Einsatz von Gruppenrichtlinien und der Fehlerbehebung. Schauen Sie sich auf dieser Seite um, wenn Sie planen, Gruppenrichtlinien einzusetzen.

Auch auf der englischsprachigen Seite *https://sdmsoftware.com/gpoguy* finden Sie ausführliche Informationen und Tools für Gruppenrichtlinien. Im deutschsprachigen Gruppenrichtlinien-Forum von Microsoft (*https://social.technet.microsoft.com/Forums/de-DE/home?forum=gruppenrichtliniende*) erhalten Sie ebenfalls umfassende Informationen.

Auf einem Computer können Sie in der Eingabeaufforderung mit dem Tool *gpresult /h <HTML-Datei>* einen HTML-Bericht erstellen, der anzeigt, welche Gruppenrichtlinien der Client anwendet und welche Einstellungen enthalten sind. Mit der Option */x* erstellen Sie wiederum eine *.xml*-Datei, die Sie in Programmen oder Skripts einlesen können. Ein Beispiel ist der Befehl *gpresult /h c:\temp\test.html*. Anschließend können Sie die Datei im Browser öffnen und sich den Bericht anzeigen lassen.

10.5.3 Policy Analyzer zur Fehlerbehebung nutzen

Mit dem Policy Analyzer aus dem Microsoft Security Compliance Toolkit (*https://www.microsoft.com/en-us/download/details.aspx?id=55319*) können Administratoren Gruppenrichtlinien effektiv analysieren und Fehler erkennen. Das Tool ist vor allem dann sinnvoll, wenn mehrere Gruppenrichtlinien im Einsatz sind, da alle Einstellungen parallel überprüft werden. Das hilft dabei, genau festzustellen, in welcher Richtlinie Probleme auftreten. Allerdings hat das Tool vor allem die Analyse einzelner Richtlinien im Fokus.

Policy Analyzer liest die Richtlinien ein und zeigt in einer Tabelle alle Registry-Einstellungen an, die umgesetzt werden. Das Tool muss nicht installiert werden. Nach dem Download muss lediglich seine EXE-Datei gestartet werden. Danach kann es verwendet werden.

Beim Starten des Tools kann ausgewählt werden, welche Richtlinien analysiert werden sollen. Auch lokale Richtlinien lassen sich einbinden. Danach wird angezeigt, welche Einstellungen gesetzt und welche Registry-Werte angepasst werden. Erkennt das Tool Konflikte, wird das im Fenster angezeigt. Die Daten lassen sich auch in CSV-Dateien und in Excel exportieren.

Um Richtlinien einzubinden, wird das Tool geöffnet. Anschließend kann über die Schaltfläche *Add* eine Richtlinie hinzugefügt werden. Danach wird über *File* die entsprechende Richtlinie ausgewählt. Der Pfad zu den Richtlinien in Active Directory-Domänen entspricht *\\joos.int\SYSVOL\joos.int\Policies*.

Im Anschluss wird die Liste gespeichert. Erscheinen Fehler beim Einlesen von Gruppenrichtlinien, ist es sinnvoll, die englischen ADML-Dateien (*en-us*) auf den Domänencontrollern zu verwenden. Das ist generell immer zu empfehlen, wenn mit zusätzlichen Richtlinien gearbeitet wird, zum Beispiel für neue Windows 10/11-Versionen. Auch wenn deutsche Rechner zum Einsatz kommen, haben die ein oder anderen Tools Probleme mit den deutschen ADML-Dateien. In diesem Fall müssen Sie zusätzlich die en-us-ADML-Dateien kopieren. Aktuelle Versionen des Policy Analyzers kommen allerdings mit deutschen Sprachdateien zurecht. Auch der zentrale Speicher von Gruppenrichtlinien in Active Directory stellt keine Probleme dar.

Im Policy Analyzer ist der Bereich der Registry zu sehen, der betroffen ist, sowie der genaue Schlüssel, der Name der Einstellung und der genaue gesetzte Wert. Das Tool ist in der Lage, verschiedene Versionen von Gruppenrichtlinien zu vergleichen. Administratoren können also Datensicherungen von Gruppenrichtlinien importieren und diese miteinander oder mit der aktiven Richtlinie sowie lokalen Richtlinien vergleichen. Vor allem bei der Verwendung von lokalen Richtlinien in Verbindung mit Gruppenrichtlinien bietet das Tool wertvolle Hilfe bei der Analyse.

Policy Analyzer liest die Beschreibungen von Richtlinien ein. Können Sie aus dem Registry-Wert nicht gleich erkennen, um welche Einstellung es sich handelt, brauchen Sie diese lediglich anzuklicken. Danach erscheint im unteren Bereich des Fensters die entsprechende Erklärung.

Über den Menüpunkt *View* können Sie Filter erstellen und die Anzahl an Objekten festlegen, die das Tool anzeigen soll. Auch eine Volltextsuche ist integriert, mit der sich die importierten Richtlinien einfacher durchsuchen lassen.

10.5.4 Datensicherung und Wiederherstellung von Gruppenrichtlinien

Beim Einsatz von Gruppenrichtlinien sollten Sie diese in regelmäßigen Abständen sichern. Vor allem, wenn Sie eigene Richtlinien erstellen, bietet sich eine solche Sicherung an. Sichern Sie am besten die Gruppenrichtlinie immer in einen speziellen Ordner auf der lokalen Festplatte und kopieren Sie danach diesen Ordner auf einen Datenträger im Netzwerk, damit bei Ausfall einer lokalen Festplatte die Sicherung noch zur Verfügung steht.

Mit der Gruppenrichtlinienverwaltung (GPMC) können Sie einzelne Gruppenrichtlinien sichern und wiederherstellen, ohne eine Datensicherung von Active Directory verwenden zu müssen. Da die Datensicherung von Gruppenrichtlinien in Dateien gespeichert wird, können Sie sie auch zum Erstellen neuer Gruppenrichtlinien verwenden, indem Sie gesicherte Gruppenrichtlinien in neu erstellte importieren.

Um eine Datensicherung einzelner oder aller Gruppenrichtlinien durchzuführen, klicken Sie in der GPMC auf den Knoten *Gruppenrichtlinienobjekte*. Dieser Knoten enthält alle Gruppenrichtlinien. Klicken Sie mit der rechten Maustaste auf eine Gruppenrichtlinie und wählen Sie im Kontextmenü den Eintrag *Sichern* aus. Sie können auch direkt auf den Knoten *Gruppenrichtlinienobjekte* klicken und im Kontextmenü den Eintrag *Alle sichern* auswählen, um sämtliche Gruppenrichtlinien einer Domäne auf einmal zu sichern (siehe Abbildung 10.19). Bei der Sicherung von Gruppenrichtlinien werden die Einstellungen in eine Datei exportiert. Diese Datei können Sie zur Wiederherstellung importieren.

Abb. 10.19 Sichern aller Gruppenrichtlinien in Active Directory

Danach erscheint ein Fenster, in dem Sie einen Ordner auf der Festplatte auswählen und eine Beschreibung der Sicherung hinterlegen können. Nach der Bestätigung Ihrer Eingaben beginnt der Sicherungsassistent mit der Datensicherung der Gruppenrichtlinie und speichert diese im ausgewählten Ordner der Festplatte (siehe Abbildung 10.20). Jede Datensicherung erhält eine eindeutige GUID.

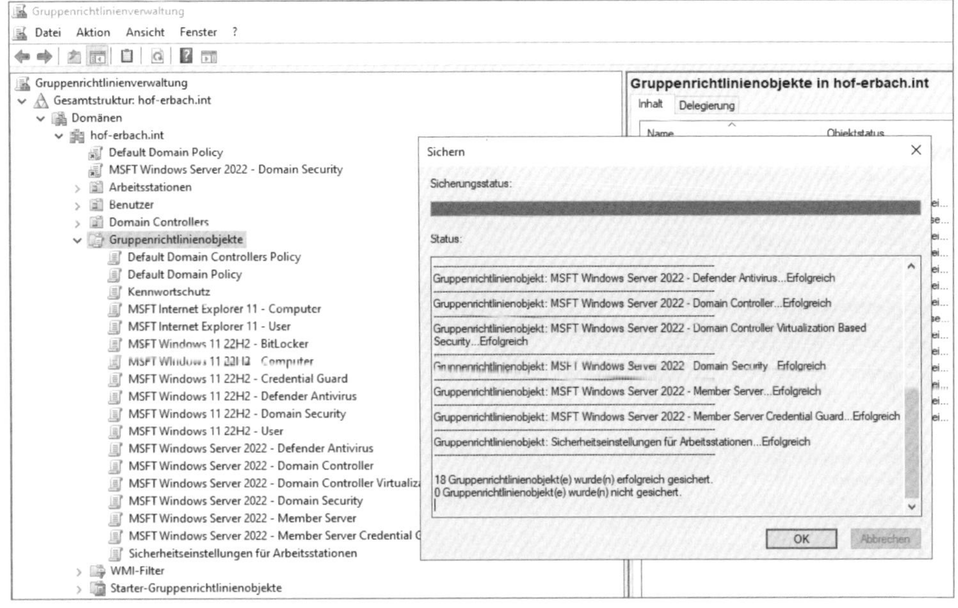

Abb. 10.20 Erfolgreiche Sicherung aller Gruppenrichtlinien

Die Verwaltung der gesicherten Gruppenrichtlinien findet allerdings nicht über das Dateisystem statt, sondern ebenfalls mit der GPMC. Klicken Sie in der GPMC mit der rechten Maustaste auf den Knoten *Gruppenrichtlinienobjekte*. Wählen Sie im daraufhin geöffneten Kontextmenü den Befehl *Sicherungen verwalten* aus. Mit diesem Kontextmenübefehl können Sie alle Datensicherungen der Gruppenrichtlinien an zentraler Stelle verwalten (siehe Abbildung 10.21).

Wenn Sie mehrere Sicherungen vorgenommen haben und zahlreiche Gruppenrichtlinien verwalten müssen, können Sie in diesem Fenster das Kontrollkästchen *Für jedes Gruppenrichtlinienobjekt nur die neueste Version anzeigen* aktivieren. In diesem Fall werden alle Datensicherungen ausgeblendet, die vor der aktuellsten Sicherung des einzelnen GPOs angelegt wurden.

Sie können die einzelnen Sicherungen markieren und sich über die Schaltfläche *Einstellungen anzeigen* die Einstellungen in der Richtlinie ansehen, die Sie zum Zeitpunkt der Sicherung gesetzt hatten. Die Einstellungen werden Ihnen als HTML-Datei angezeigt. Bei der Wiederherstellung einer Gruppenrichtlinie werden die Daten der exportierten Datei wieder in die produktive Richtlinie importiert. Sie können eine Wiederherstellung durchführen, falls Sie die Gruppenrichtlinie versehentlich gelöscht haben oder einen älteren Versionsstand wiederherstellen möchten.

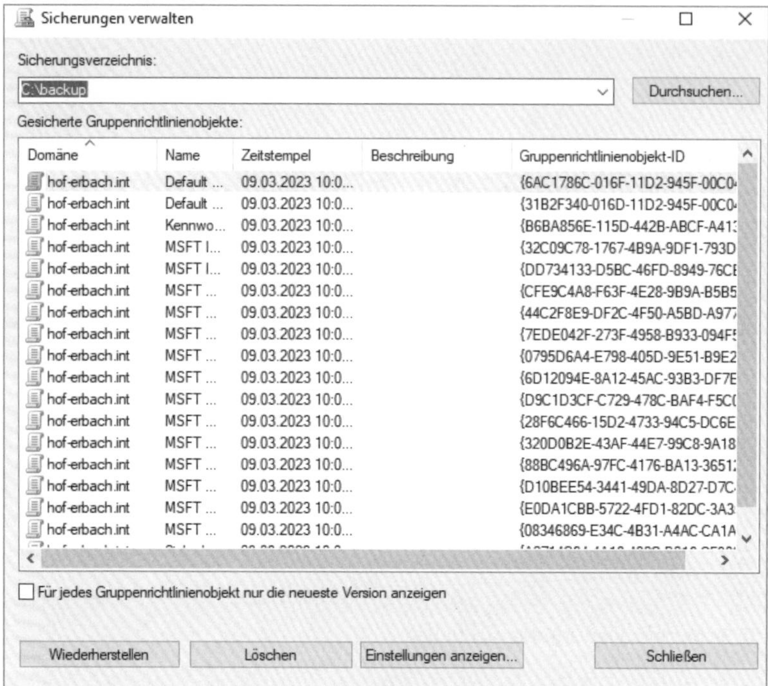

Abb. 10.21 Verwalten der Datensicherungen von Gruppenrichtlinien in Active Directory

Bei der Wiederherstellung einer Gruppenrichtlinie stellt Windows, neben den Einstellungen der Richtlinien, auch die Berechtigungen für das Gruppenrichtlinienobjekt sowie, falls vorhanden, die Verknüpfungen der WMI-Filter wieder her. Um eine Gruppenrichtlinie zu restaurieren, klicken Sie in der Verwaltung der Sicherungen auf die Schaltfläche *Wiederherstellen*.

10.5.5 Gruppenrichtlinien mit der PowerShell sichern und wiederherstellen

Das Sichern und Wiederherstellen von Gruppenrichtlinien mit der PowerShell ist sinnvoll, wenn die Richtlinien automatisiert gesichert werden sollen. Um Richtlinien zu sichern, kann das Cmdlet *Backup-GPO* (*https://learn.microsoft.com/de-de/previous-versions/windows/powershell-scripting/hh967480(v=wps.630)*) verwendet werden. Es sichert alle GPOs. Der Befehl sieht zum Beispiel folgendermaßen aus:

Get-GPO -All | Backup-GPO -Path C:\backup\GPO

Das Verzeichnis muss im Vorfeld vorhanden sein und sollte auch in die Sicherung des Servers mit eingebunden werden.

Auch die Wiederherstellung kann automatisiert werden. Der Befehl in der PowerShell ist *Restore-GPO*. Er kann alle Gruppenrichtlinien auf einmal wiederherstellen:

Restore-GPO -All -Path C:\backup\GPO

Um die Sicherung mit *Backup-GPO* zu automatisieren, besteht der einfachste Weg darin, auf dem Domänencontroller eine neue Aufgabe zu erstellen und den PowerShell-Befehl direkt oder als Skript zu hinterlegen. Die Sicherung sollte zusätzlich noch mit der Netzwerksicherung und mit Azure Backup erfasst werden. Hier reicht es aus, das Verzeichnis zu sichern, in dem *Backup-GPO* die Sicherungsdateien erstellt.

10.6 Sicherheit in Office 2016/2019 und Office 2021 mit GPOs einstellen

Ich habe Ihnen zu Beginn des Kapitels gezeigt, wie Sie die Gruppenrichtlinienvorlagen für Office in das Netzwerk implementieren. Diese Vorlagen schützen Office 2016/2019 und auch Office 2021 sowie die Microsoft 365-Apps. Nutzen Sie Microsoft Office im Unternehmen, sollten Sie in jedem Fall die Sicherheitseinstellungen für Office zentral mit Gruppenrichtlinien absichern.

Die Vorlagen stehen bei Microsoft zum Download auf der Seite *https://www.microsoft.com/en-us/download/details.aspx?id=49030* zur Verfügung. Am Anfang des Kapitels finden Sie die Anleitungen dazu, wie Sie die Vorlagen importieren. Es ist generell sinnvoll, für die Absicherung von Office ein neues GPO zu erstellen und dieses im Anschluss mit der OU der Benutzer und der Computer zu verknüpfen. In diesem GPO sollten nur Sicherheitseinstellungen für Microsoft Office gesetzt werden, um den Überblick nicht zu verlieren.

Innerhalb der Richtlinie finden Sie die Einstellungen von Office über *Computerkonfiguration | Richtlinien | Administrative Vorlagen* und *Benutzerkonfiguration | Richtlinien | Administrative Vorlagen*. Über die Gruppenrichtlinien setzen Sie auch Sicherheitseinstellungen für die verschiedenen Office-Programme. Auch die Steuerung von Updates spielt hier eine wichtige Rolle. Diese konfigurieren Sie über *Computerkonfiguration | Richtlinien | Administrative Vorlagen | Microsoft Office 2016 (Computer) | Aktualisierungen* (siehe Abbildung 10.22). Die Einstellungen gelten auch für Office 2019 und Office 2021 sowie für die Microsoft 365-Apps.

Auf der rechten Seite starten Sie die generelle Aktualisierung von Office über Windows-Update mit *Automatische Updates aktivieren*. Zusätzlich können Sie die Optionen *Option zum Aktivieren oder Deaktivieren von Updates ausblenden* sowie *Updatebenachrichtigungen ausblenden* aktivieren.

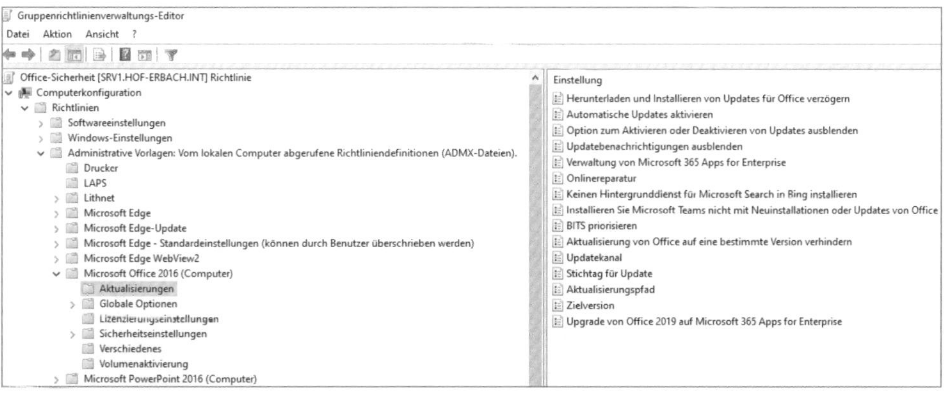

Abb. 10.22 Absichern von Office mit Gruppenrichtlinien

10.6.1 Sicherheit in Office 2021 einstellen mit GPOs und automatische Bereitstellung

Mit Office 2021 stellt Microsoft weiterhin eine Offline-Version ohne Abonnement zur Verfügung. Die Offline-Installation von Office 2021 hat keinerlei Abo-Zwang oder eine erzwungene Anbindung an die Cloud. Allerdings muss hier auch darauf geachtet werden, dass nicht alle Funktionen in der LTSC-Version von Office 2021 verfügbar sind, sondern dazu die Version aus Microsoft 365 notwendig ist. Die besten Teamworkfunktionen haben Anwender also nur dann, wenn sie mit Microsoft 365 arbeiten und Daten in OneDrive, OneDrive for Business oder SharePoint Online in Microsoft 365 speichern.

Generell sind die Automatisierungsfunktionen von Office 2021 weitgehend identisch mit Office 2016/2019. Auch die Gruppenrichtlinien lassen sich identisch umsetzen und im Office Deployment Tool sowie den Gruppenrichtlinienvorlagen sind immer auch Konfigurationsdateien von Office 2016/2019 dabei. Setzen Sie auf verschiedene Versionen von Office, können Sie daher mit einer einzelnen Richtlinie alle Installationen auf einmal absichern.

10.6.2 Gemeinsames Bearbeiten von Dokumenten aktivieren

Um das gemeinsame Bearbeiten an Dokumenten zu nutzen, wird im ersten Schritt ein Dokument erstellt und an einem Ort in der Cloud gespeichert, der den Zugriff unterstützt. Für Unternehmen mit Microsoft-Produkten ist an dieser Stelle natürlich SharePoint Online in Microsoft 365 ideal, es lassen sich Dokumente aber auch in OneDrive und OneDrive for Business speichern. Das gemeinsame Bearbeiten funktioniert vor allem dann, wenn sich die Benutzerkonten im gleichen Microsoft 365-Abonnement befinden und sich natürlich mit ihrem Azure Active Directory-Konto anmelden.

In der Menüleiste am oberen Rand lässt sich anschließend die automatische Speicherung aktivieren. Außerdem stehen hier beim Einsatz von SharePoint Online auch Funktionen der SharePoint-Bibliotheken zur Verfügung, zum Beispiel die verschiedenen Versionen. Über die Taste *Teilen* oben rechts im Menüband startet ein Assistent, der dabei unterstützt, andere Personen einzuladen. In macOS trägt die Schaltfläche die Bezeichnung *Freigeben*. Danach kann über ein Dropdownmenü ausgewählt werden, ob der eingeladene Benutzer das Dokument auch bearbeiten darf oder ob er nur die geänderten Abschnitte lesen darf. Nach dem Anklicken von *Freigeben* erhält der jeweilige Benutzer eine E-Mail.

Auf Anforderung kann bei *Änderungen automatisch teilen* neben *Immer* auch *Nie* oder *Mich fragen* aktiviert werden. Dadurch hat der Hauptautor immer die Kontrolle darüber, wer an Dokumenten arbeiten darf. Klickt der Anwender das Dokument in einem Office 2021-Programm an, kann er mitarbeiten. Der Ersteller des Dokuments darf die Rechte zum Bearbeiten über das Kontextmenü jederzeit widerrufen.

Unten rechts steht darüber hinaus auch die Möglichkeit zur Verfügung, mit *Einen Freigabelink abrufen* das Teilen des Dokuments über einen Link zu steuern. Der Link kann über beliebige Wege verteilt werden. Sobald mehrere Personen gemeinsam an einem Dokument arbeiten, sehen die Benutzer in der Menüleiste oben die einzelnen Benutzerkonten. Es ist hierüber auch möglich, einen Chat zu öffnen, zum Beispiel in Microsoft Teams. Durch einen Klick auf ein Benutzer-Icon zeigt Office 2021 an, wo der jeweilige Benutzer derzeit Änderungen am Dokument vornimmt, sodass durch einen Klick diese Änderungen angezeigt werden können. Alle Eingaben, die Anwender an einem geteilten Dokument durchführen, sehen die anderen Benutzer des Dokuments in Echtzeit.

10.6.3 Click-To-Run-Installer

Abonnenten von Microsoft 365 erhalten Office 2021 weiterhin mit der Bezeichnung »Microsoft 365-Apps«. Dabei handelt es sich um die gleiche Version wie die LTSC-Variante, es gibt aber mehr Funktionen, zum Beispiel Teamfunktionen.

Office 2021 – und damit Microsoft 365 – wird ausschließlich mit dem Click-To-Run-Installer installiert. MSI-Dateien gibt es nicht mehr. Das macht die generelle Anpassung der Installation etwas umständlicher, aber immer noch machbar. In Deutschland wird diese Installationsvariante auch als »Klick-und-Los« bezeichnet.

Die automatisierte Bereitstellung von Office 2021 können Sie mit dem kostenlosen Office Deployment Tool (*https://www.microsoft.com/en-us/download/details.aspx?id=49117*) umsetzen. Das ist auch für kleine Unternehmen sinnvoll, da Sie dadurch die Bereitstellung von Office vereinheitlichen und automatisieren können.

Im Archiv des Deployment Tools sind verschiedene XML-Dateien zu finden, die die Bereitstellung von Microsoft 365 und Office 2019 sowie Office 2021 steuern. Dazu kommt die Datei *setup.exe*, die für die automatisierte Bereitstellung genutzt werden kann. Diese sind das zentrale Mittel, um Office 2021 automatisiert und damit auch mit der idealen Sicherheit auf die Rechner zu bringen. Die anschließende Absicherung erfolgt dann mit Gruppenrichtlinien, die wiederum über die kostenlosen Vorlagen zur Verfügung stehen. Mit den verschiedenen XML-Dateien steuern Sie, welche Programme aus dem Office-Paket Sie installieren wollen. Auch andere Einstellungen lassen sich hier vorgeben, die bereits während der Installation eine Rolle spielen. Generell sollten auf den PCs nur die Programme installiert werden, die der Benutzer auch benötigt. Dadurch lässt sich die Sicherheit schon deutlich verbessern.

10.6.4 Office 2021 automatisiert installieren und konfigurieren

Ein wichtiger Schritt bei der Absicherung von Office 2016, 2019 und 2021 besteht darin, die Installation so optimal und sicher wie möglich durchzuführen. Da die Automatisierungstools und Funktionen bei allen drei Versionen weitgehend identisch sind, können Sie mit den Anleitungen in diesem Abschnitt auch die Versionen 2016 und 2019 installieren und konfigurieren.

Die Installation wird mit einem Doppelklick gestartet. Während des Vorgangs erscheinen keine weiteren Fenster, das Installationsprogramm installiert automatisch alle Programme in einem vorgegebenen Pfad auf Basis der Optionen, die im Vorfeld festgelegt werden.

Anpassen lässt sich die Installation zum Beispiel über XML-basierte Konfigurationsdateien, die mit dem Office Deployment Tool bereitgestellt werden. Es gibt etwa eine Datei speziell für die Bereitstellung der LTSC-Variante von Office 2021. Über die XML-Datei steuern Sie, welche Programme aus dem Installationspaket das Office-Programm auf dem Rechner installieren soll. Auch Einstellungen wie die Aktivierung oder die Angabe des Produktschlüssels können Sie hier vorgeben. Das Installationsprogramm kann die Installationsdateien herunterladen und automatisiert installieren. Dazu nutzen Sie zum Beispiel folgende Befehle aus dem Deployment Tool:

setup.exe /download configuration-Office2021Enterprise.xml

Nach dem Download wird Office 2021 so installiert, wie in der Konfigurationsdatei aufgelistet:

setup /configure configuration.xml

Eine Beispiel-Konfiguration sieht folgendermaßen aus:

<Configuration>

<Add SourcePath="D:\Temp\off2021\" OfficeClientEdition="32" Channel=" Perpetual-VL2021">

<Product ID="ProPlus2021Volume">

<Language ID="en-us" />

<Language ID="de-de" />

</Product>

<Product ID="ProofingTools">

<Language ID="de-de" />

</Product>

</Add>

<Logging Level="Debug" Path="D:\Temp\Office2021x32" />

<RemoveMSI All="True" />

<Display Level="None" AcceptEULA="TRUE" />

</Configuration>

Die Bereitstellung von Office 2021 erfolgt also weitgehend mit dem Office Deployment Tool und der Anpassung der XML-Datei. Microsoft beschreibt den Vorgang auf der Seite »Deploy Office LTSC 2021« genauer (*https://learn.microsoft.com/en-us/deployoffice/ltsc2021/deploy*).

Verschiedene Optionen für die automatische Bereitstellung nutzen

In der Zeile *<Add SourcePath="c:\temp\Office\" OfficeClientEdition="32"* > legen Sie den Pfad fest, in den das Installationsprogramm die Installationsdateien für Office speichern soll. Außerdem steuern Sie hier, ob Sie die 32-Bit- oder die 64-Bit-Version installieren wollen.

In der Spalte *<Product ID="ProPlusRetail">* legen Sie fest, welche Edition von Office 2021 installiert werden soll. Hier können Sie folgende Editionen auswählen:

- ProPlusRetail
- ProfessionalRetail
- HomeStudentRetail
- HomeBusinessRetail
- O365ProPlusRetail
- O365HomePremRetail
- O365BusinessRetail
- O365SmallBusPremRetail
- VisioProRetail

- ProjectProRetail
- SPDRetail

Wichtig ist außerdem die Spalte *<Language ID="de-de" />*. Diese Option legt fest, in welcher Sprache das Installationsprogramm die neue Office-Version installiert. Nutzen Unternehmen mehrere Sprachen, lassen sich diese in eigene Zeilen integrieren:

<Language ID="de-de" />

<Language ID="en-us" />

Im Bereich *<ExcludeApp ID="Access" />* sind die Office-Programme zu finden, die von der Installation ausgeschlossen sind. Jedes Programm, das der Installationsassistent nicht installieren soll, erhält eine eigene Spalte.

Zusätzlich können Sie in der XML-Datei den Produktschlussel angeben:

<Product PIDKEY="xxxxx-xxxxx-xxxxx-xxxxx-xxxxx-">

Die automatische Aktivierung von Office 2021 lässt sich über die Steuerdatei ebenfalls festlegen:

<Property Name="AUTOACTIVATE" Value="1" />

Zusätzlich lässt sich die Installation protokollieren:

<Logging Level="Standard" Path="%temp%" />

10.6.5 Gruppenrichtlinien für Office 2016/2019/2021 und Microsoft 365

Microsoft stellt zur Absicherung von Office 2016/2019/2021 auf der Seite *https://www.microsoft.com/en-us/download/details.aspx?id=49030* Gruppenrichtlinienvorlagen zur Verfügung, mit denen Sie Office 2016/2019/2021 absichern können. Ich habe Ihnen in den vorhergehenden Abschnitten bereits gezeigt, wie Sie diese in Windows Server 2022 Essentials integrieren.

Der Download wird zwar in englischer Sprache vorgenommen, die Beschreibungen der Gruppenrichtlinien liegt aber auch in Deutsch vor. Die ADMX-Dateien sind für Office 2016, 2019 und 2021 einsetzbar, auch wenn die Dateien nur die Versionsnummer 16 tragen. Interessant ist diese Version, da Sie dadurch auch direkt in der Registry an den gleichen Pfaden Einstellungen für Office hinterlegen können. Die Einstellungen der Gruppenrichtlinien für Office 2016/2019 funktionieren in den meisten Fällen auch in Office 2021.

Die Einstellungen werden für Office 2016, 2019 und 2021 im gleichen Pfad der Registry gespeichert. Das ist der Pfad *HKCU\SOFTWARE\Policies\Microsoft\Office\16.0* für Benutzereinstellungen und *HKLM\SOFTWARE\Policies\Microsoft\Office\16.0* für Computereinstellungen. In den Beschreibungen ist meistens noch Office 2016 als Text enthalten. Sie können davon ausgehen, dass die entsprechende Einstellung auch für Office 2019 und 2021 gilt. Dadurch kann Office 2021 Pfade, Vorlagen und alle anderen Standard-Einstellungen aus vorhergehenden Richtlinien übernehmen.

Die Vorlagen werden in Active Directory integriert. Nach dem Download entpacken Sie das Archiv und kopieren die ADMX-Dateien in das Verzeichnis *C:\PolicyDefinitions* auf den Domänencontrollern im Netzwerk, genauso wie andere Vorlagen, die Sie nachträglich integrieren. Die ADML-Dateien speichern Sie in das entsprechende Sprachverzeichnis in *C:\Po-*

licyDefinitions, zum Beispiel in das Verzeichnis *de-de*. Auf den Domänencontrollern befinden sich danach also alle ADMX-Dateien zur Erstellung von Gruppenrichtlinien und alle notwendigen ADML-Dateien für die jeweilige Sprache. Die wichtigsten Sprachen, die durch die Gruppenrichtlinien unterstützt werden, sind Bestandteil des Archivs. Arbeiten Sie mit einem zentralen Speicher für Gruppenrichtlinien, müssen Sie die Dateien an den jeweiligen Ort kopieren, an dem sich die ADMX- und ADML-Dateien befinden.

Die Office-Programme erscheinen nach der Installation direkt im Startmenü. Grundsätzlich ist es empfehlenswert, dass Sie für die Steuerung von Office eine neue Gruppenrichtlinie erstellen, über die Sie ausschließlich Einstellungen für Office und die enthaltenen Programme konfigurieren. Da die Pfade mittlerweile die gleichen sind, setzen die Einstellungen alle aktuellen Office-Versionen um, also Office 2016, 2019 und 2021.

Neben den Aktualisierungen können Sie auch Sicherheitseinstellungen in Office vornehmen. Die Konfigurationen dazu finden Sie über *Computerkonfiguration | Richtlinien | Administrative Vorlagen* und *Benutzerkonfiguration | Richtlinien | Administrative Vorlagen | Microsoft Office 2016 | Sicherheitseinstellungen*.

Auch unter *Benutzerkonfiguration | Richtlinien | Administrative Vorlagen und Benutzerkonfiguration | Richtlinien | Administrative Vorlagen | Microsoft Office 2016 | Datenschutz | Trust Center* finden Sie wichtige Einstellungen. Über das Dialogfeld *Datei öffnen/speichern* definieren Sie sichere Speicherorte, in denen Anwender Dokumente aus den Office-Programmen speichern können.

Denken Sie später daran, das GPO für die Sicherheitseinstellungen von Office mit der OU für die Computerkonten und zusätzlich mit der OU für die Benutzerkonten zu verknüpfen. Unterhalb der Menüs für einzelne Office-Programme, zum Beispiel Outlook, können Sie ebenfalls Sicherheitseinstellungen vorgeben, die wiederum nur für das entsprechende Programm gelten. Unter *Benutzerkonfiguration | Richtlinien | Administrative Vorlagen | Microsoft Outlook 2016 | Sicherheit | Trust Center* konfigurieren Sie ebenfalls wichtige Einstellungen, zum Beispiel den Umgang mit Makros. Mehr zur Steuerung des Makro-Schutzes über Gruppenrichtlinien erfahren Sie im nächsten Abschnitt. Über *Sicherheit | Einstellungen für den automatischen Download von Bildern einschränken* legen Sie zentral fest, wie sich Outlook beim Herunterladen von Bildern verhalten soll. Über *Verschiedenes* können Sie unterhalb von Outlook auch Konfigurationen von PST-Dateien auf den Clientrechnern anpassen. Sie können hier zum Beispiel festlegen, dass gelöschte Daten in PST-Dateien genullt, also überschrieben werden.

10.6.6 Makros mit Richtlinien steuern

Makros stellen in Netzwerken eine gewisse Gefahr da, weil Office-Programme über externen Code Aktionen ausführen. Das gilt auch noch in Office 2021. Dabei kann es sich durchaus um gefährliche Skripts handeln. Es ist also sinnvoll, mit Gruppenrichtlinien die Makros entsprechend zu steuern. Natürlich sind VBA-Makros auch eine Stärke von Office, denn hier lassen sich viele Aufgaben schnell und einfach automatisieren. Virenscanner bieten aber nicht immer Schutz vor Makroviren, sodass Sie auch über interne Office-Mechanismen für mehr Sicherheit sorgen sollten.

Im Trust Center legen Sie wiederum fest, wie sich die Office-Programme in Bezug auf Makros verhalten sollen. Dazu findet sich hier der Menüpunkt *Makroeinstellungen* (siehe Abbildung 10.23).

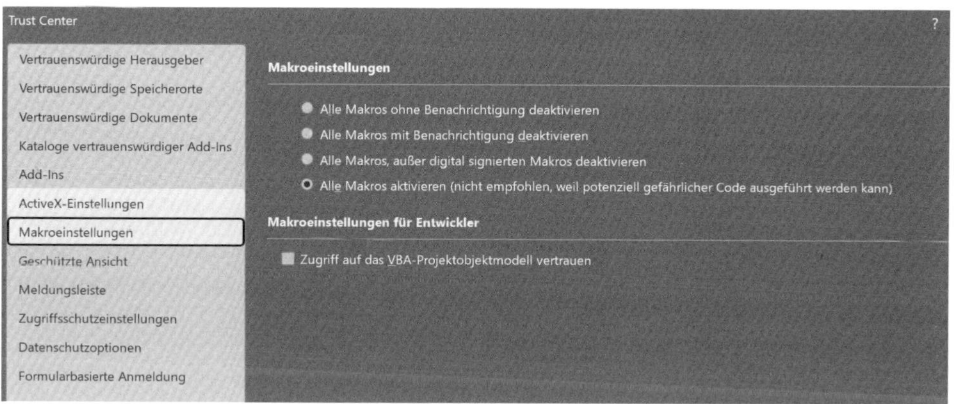

Abb. 10.23 Makroeinstellungen in Microsoft Office 2021 steuern

Manche Dokumente enthalten Programmcode, der die Ausführung von bestimmten Funktionen von Viren erst ermöglicht. Solche Makros basieren beispielsweise auf VBA und können auch gefährlichen Code enthalten. Aus diesem Grund benachrichtigen Office-Programme bei digital signierten Makros, bevor diese ausgeführt werden. Bei diesen Makros ist der Ersteller durch ein Zertifikat authentifiziert.

Makros, die über keine Signatur verfügen, blockiert Office ohne eine Meldung. Anwender können die Einstellungen für Makros im Trust Center definieren, wie bereits oben beschrieben. Hier können Sie zum Beispiel einstellen, dass Sie bei nicht signierten Makros Informationen erhalten oder dass Office auch signierte Makros ohne Meldung blockiert.

Die Einstellungen lassen sich ebenso über Gruppenrichtlinien steuern. Sie finden sie bei *Benutzerkonfiguration | Richtlinien | Administrative Vorlagen | Microsoft Office 2016 | Sicherheitseinstellungen*. Hier kann mit *VBA für Office-Anwendungen deaktivieren* die Ausführung für VBA blockiert werden. Das geht jedoch nicht für alle Computer.

Wenn einige Anwender Makros auf Basis von VBA benötigen, lassen sich für jede Office-Anwendung eigene Einstellungen vornehmen. Am Beispiel von Word wird das über *Benutzerkonfiguration | Richtlinien | Administrative Vorlagen | Microsoft Word 2016 | Word-Optionen | Sicherheit | Trust Center* gesteuert. Hier können Sie die gleichen Einstellungen vornehmen wie bei der manuellen Konfiguration für Makros im Trust Center. Wenn ein Office-Programm ein Makro blockiert, erhalten Anwender einen Hinweis und können das Makro generell ausführen lassen. Erlauben Sie nur signierte Makros, können Anwender nicht signierte Makros nicht ausführen.

Über Gruppenrichtlinien legen Sie auch fest, ob die Office-Programme Makros in externen Dokumenten anders behandeln sollen als Makros in internen Dokumenten. Dazu gibt es die Option *Ausführung von Makros in Office-Dateien aus dem Internet blockieren*. Bei *Benutzerkonfiguration | Richtlinien | Administrative Vorlagen | Microsoft Word 2016 | Word-Optionen | Sicherheit* finden Sie die Option *Automatisierungssicherheit*. Hierüber können Sie festlegen, dass Makros vor der Ausführung immer erst von einem Virenscanner überprüft werden müssen.

Gruppenrichtlinien

10.6.7 Office 2021 aktualisieren

Sobald Office 2021 installiert ist, spielt die Aktualisierung der einzelnen Produkte eine wichtige Rolle. Microsoft stellt über Windows-Updates Aktualisierungen für Office zur Verfügung. Diese sollten möglichst schnell installiert werden, damit Sicherheitslücken so bald wie möglich geschlossen sind. Manuell lassen sich Office-Programme über die Registerkarte *Datei* bei *Konto* mit einem Klick auf *Updateoptionen* aktualisieren. Hier können Sie auch manuell nach Updates suchen, diese herunterladen und installieren (siehe Abbildung 10.24).

Abb. 10.24 Office aktualisieren, um Sicherheitslücken zu schließen

In den meisten Fällen zeigen Office-Programme Informationsfenster an, bevor die Aktualisierung beginnt, und ebenso die erfolgreiche Installation der Updates. Grundsätzlich können Anwender während der Aktualisierung weiter mit dem Office-Programm arbeiten.

Über die Gruppenrichtlinien setzen Sie Sicherheitseinstellungen für die verschiedenen Office-Programme. Auch die Steuerung von Updates spielt hier eine wichtige Rolle. Diese konfigurieren Sie über *Computerkonfiguration | Richtlinien | Administrative Vorlagen | Microsoft Office 2016 (Computer) | Aktualisierungen.*

Auf der rechten Seite starten Sie die generelle Aktualisierung von Office über Windows-Update mit *Automatische Updates aktivieren.* Zusätzlich können Sie die Optionen *Option zum Aktivieren oder Deaktivieren von Updates ausblenden* sowie *Updatebenachrichtigungen ausblenden* aktivieren.

AutoUpdate in macOS nutzen

Office 2021 steht auch für macOS zur Verfügung. Hier sollten Sie ebenfalls Sicherheitseinstellungen vorgeben. Bereits in der Vorgängerversion von Office 2021 hat Microsoft automatische Updates für seine Office-Programme in macOS angeboten. Leider laufen die Updates noch immer nicht über den App-Store und interne Funktionen in Microsoft Office, sondern über ein eigenes Tool.

Dieses startet automatisch, wenn Sie ein Office-Programm öffnen. Manuell wird es über den Menüpunkt *Hilfe | Auf Updates überprüfen* gestartet. Vor allem auf MacBooks ist es sinnvoll, Updates im Netzwerk zu starten, bevor unterwegs die Updatemeldung erscheint. Die Updates sind häufig mehrere Hundert MB groß und werden nacheinander installiert. In den Einstellungen kann festgelegt werden, dass die Updates automatisch installiert werden.

Über den Menüpunkt *Word | Einstellungen | Sicherheit* lassen sich zum Beispiel Einstellungen zur Sicherheit und zur Datenspeicherung in Office 2021 vornehmen. Bevor produktiv mit Office gearbeitet wird, sollten Sie sich diese Einstellungen ansehen.

10.7 Zusammenfassung

In diesem Kapitel bin ich ausführlich darauf eingegangen, wie Sie Gruppenrichtlinien mit Windows Server 2022 verwenden und damit Arbeitsstationen mit Windows 10 und Windows 11 automatisch konfigurieren und absichern. Es macht auch in kleinen Netzwerken Sinn, wichtige Einstellungen zentral vorzugeben und zu automatisieren. Im nächsten Kapitel zeige ich Ihnen, wie Sie Updates im Windows-Netzwerk verwalten.

Kapitel 11
Windows-Updates automatisieren

Die Steuerung von Updates spielt für Ihren Server mit Windows Server 2022 Essentials/Standard eine genauso wichtige Rolle wie für die Arbeitsstationen mit Windows 10 und Windows 11. In diesem Kapitel zeige ich Ihnen die Installation von Updates für Ihren Server und Ihre Arbeitsstationen.

Dabei können Sie direkt auf die Update-Server von Microsoft zugreifen. Der Betrieb eines eigenen Update-Servers macht bei kleinen Unternehmen in den meisten Fällen keinen Sinn, da Sie diesen verwalten und absichern müssen. Besser ist es, wenn alle Clients und der Server sich direkt bei Microsoft aktualisieren. Ich beschreibe in diesem Kapitel die Aktualisierung mit Windows 11, für Windows 10 gelten aber in den meisten Fällen die gleichen Einstellungen, nur die Menüpunkte werden etwas anders bezeichnet.

11.1 Update-Steuerung in Windows 11

Mit jedem Patchday, und auch teilweise dazwischen, erscheinen Updates für Windows 11. Es ist sehr empfehlenswert, Updates zeitnah zu installieren, da Microsoft regelmäßig Fehler beseitigt, das Betriebssystem verbessert und vor allem Sicherheitslücken schließt.

Bereits direkt nach der Aktualisierung von Windows 10 zu Windows 11 stehen zahlreiche Updates zur Verfügung. Die Steuerung der Installation kann in der lokalen Einstellungs-App erfolgen, aber auch mit Gruppen- und lokalen Richtlinien. Ich zeige Ihnen in diesem Kapitel alle Möglichkeiten.

Wenn lokale Richtlinien gesetzt sind (siehe Kapitel 10), zeigt Windows 11 in der Updatesteuerung der Einstellungs-App bei *Windows Update | Erweiterte Optionen* über *Konfigurierte Updaterichtlinien* ganz unten im Fenster die einzelnen Optionen an, die von Administratoren gesetzt wurden. Das hilft IT-Profis auch beim Finden von Fehlern.

11.1.1 Windows-Updates mit der Einstellungs-App konfigurieren

Am einfachsten erfolgt die Bereitstellung der Updates über die Einstellungs-App von Windows 11. Nach der Installation von Windows 11 ist es sinnvoll, die Rechner zuerst manuell zu aktualisieren und danach die Automatisierung über Richtlinien zu definieren, damit die Computer immer auf dem neuesten Stand sind. Hier lassen sich die Aktualisierungen von Windows 11 über den Menüpunkt *Windows Update* steuern. An dieser Stelle ist auf einen Blick zu sehen, ob Updates zur Verfügung stehen und wann Windows das letzte Mal danach gesucht hat. Mit der Schaltfläche *Nach Updates suchen* kann manuell nach neuen Updates gesucht werden. Die zuletzt installierten Updates sind bei *Updateverlauf* zu finden (siehe Abbildung 11.1).

Über den Menüpunkt *Updates aussetzen* ist es möglich, bis zu fünf Wochen die Suche und Installation nach Updates zu pausieren. Die Pause wird beim Update-Icon angezeigt. Sie können die Pause jederzeit mit *Updates fortsetzen* beenden. Dadurch sucht Windows 11 sofort nach neuen Updates und bietet deren Installation an. Es ist aber auf keinen Fall empfehlenswert, die Installation von Updates zu pausieren.

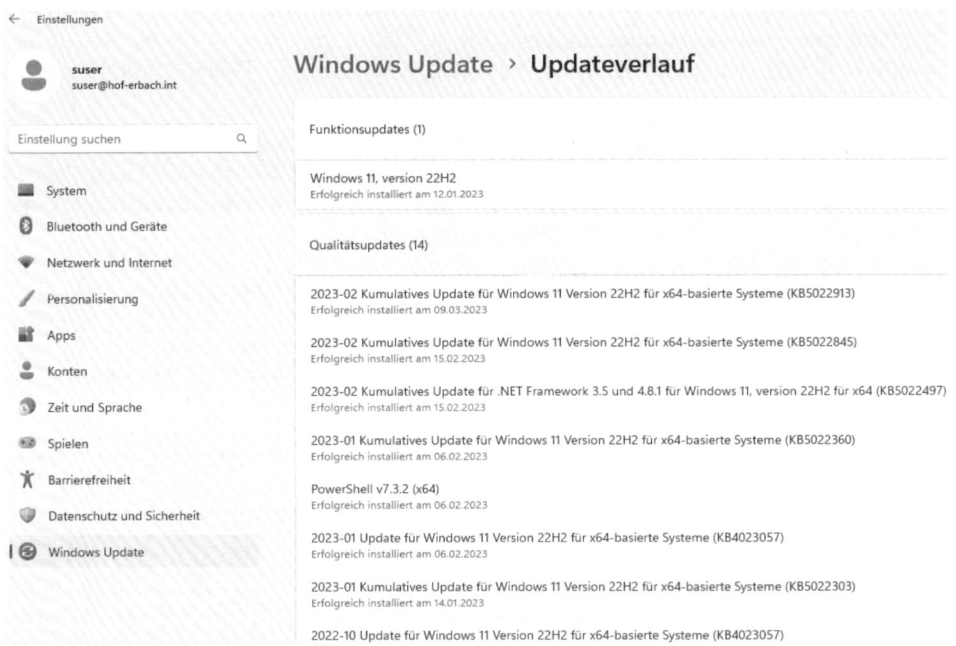

Abb. 11.1 Überprüfen des Updateverlaufs

Über *Erweiterte Optionen* kann festgelegt werden, dass auch Updates für Treiber, Office-Programme und andere Apps durch Windows Update heruntergeladen werden. Die Installation dieser Updates wird anschließend über Windows Update gesteuert und ist für Anwendungen von Drittanbietern möglich.

Sind im Netzwerk mehrere PCs im Einsatz, auf denen Windows 11 installiert ist, kann bei *Übermittlungsoptimierung* in den *Erweiterten Optionen* die Einstellung *Downloads von anderen PCs zulassen* auf *Ein* gesetzt werden. Mit *Geräte in meinem lokalen Netzwerk* können Windows 11-PCs danach untereinander Updates austauschen (siehe Abbildung 11.2). Bei

Erweiterte Optionen lässt sich festlegen, mit welchen maximalen Bandbreiten das passieren soll. Bei *Aktivitätsmonitor* ist wiederum eine Statistik zu sehen, welche Datenmengen davon in der Vergangenheit betroffen waren.

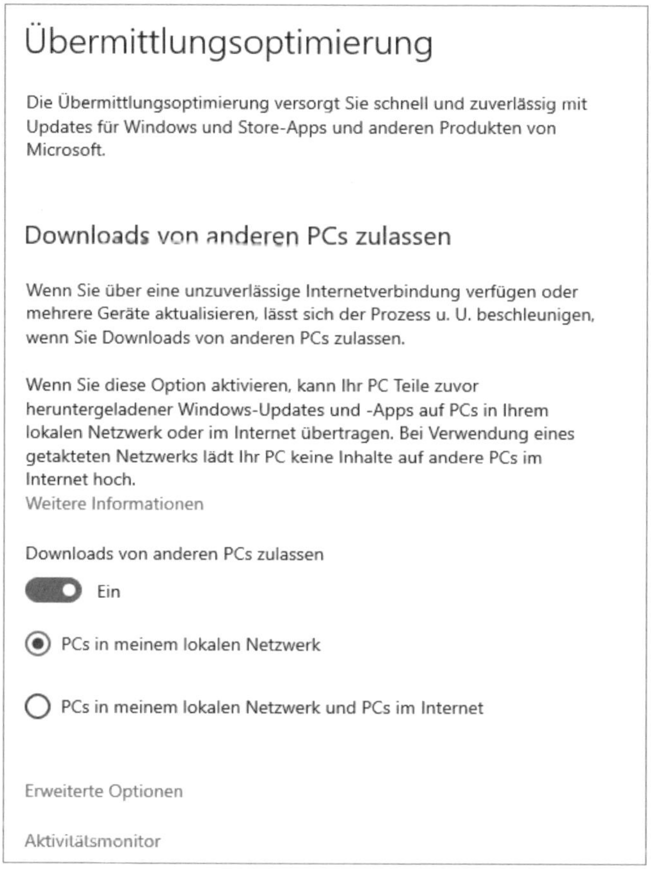

Übermittlungsoptimierung

Die Übermittlungsoptimierung versorgt Sie schnell und zuverlässig mit Updates für Windows und Store-Apps und anderen Produkten von Microsoft.

Downloads von anderen PCs zulassen

Wenn Sie über eine unzuverlässige Internetverbindung verfügen oder mehrere Geräte aktualisieren, lässt sich der Prozess u. U. beschleunigen, wenn Sie Downloads von anderen PCs zulassen.

Wenn Sie diese Option aktivieren, kann Ihr PC Teile zuvor heruntergeladener Windows-Updates und -Apps auf PCs in Ihrem lokalen Netzwerk oder im Internet übertragen. Bei Verwendung eines getakteten Netzwerks lädt Ihr PC keine Inhalte auf andere PCs im Internet hoch.
Weitere Informationen

Downloads von anderen PCs zulassen

Ein

PCs in meinem lokalen Netzwerk

PCs in meinem lokalen Netzwerk und PCs im Internet

Erweiterte Optionen

Aktivitätsmonitor

Abb. 11.2 Windows 11-PCs können heruntergeladene Updates im lokalen Netzwerk verteilen.

11.1.2 Updates deinstallieren

Generell kann man Updates wieder deinstallieren, zumindest einige. Die Konfiguration dazu ist über *appwiz.cpl* zu finden. Hier zeigt Windows 11 alle installierten Programme an, die sich an dieser Stelle auch wieder deinstallieren lassen. Auf der linken Seite steht der Menüpunkt *Installierte Updates anzeigen* zur Verfügung. Sie sehen hier die Updates, die Windows 11 deinstallieren kann, und Sie können sie nach der Markierung von *Deinstallieren* wieder von Windows 11 löschen (siehe Abbildung 11.3).

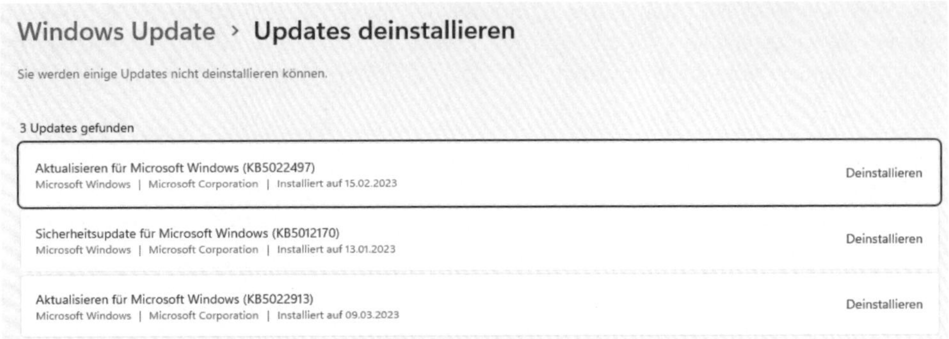

Windows Update › Updates deinstallieren

Sie werden einige Updates nicht deinstallieren können.

3 Updates gefunden

Aktualisieren für Microsoft Windows (KB5022497)
Microsoft Windows | Microsoft Corporation | Installiert auf 15.02.2023
Deinstallieren

Sicherheitsupdate für Microsoft Windows (KB5012170)
Microsoft Windows | Microsoft Corporation | Installiert auf 13.01.2023
Deinstallieren

Aktualisieren für Microsoft Windows (KB5022913)
Microsoft Windows | Microsoft Corporation | Installiert auf 09.03.2023
Deinstallieren

Abb. 11.3 Einige Updates lassen sich von Windows 11 wieder deinstallieren.

Wurde auf dem PC ein neues Windows-Build installiert, können Sie dieses ebenfalls eine Zeit lang deinstallieren. Die Einstellungen dazu sind in der Einstellungs-App bei *System | Wiederherstellung* aufgeführt. Mit der Schaltfläche *Zurückkehren* ist die Deinstallation von neuen Windows-Builds möglich, aber nur einige Zeit. Danach deaktiviert Windows 11 die Optionen wieder. Wie Sie Windows-Builds deinstallieren, zeige ich Ihnen im nächsten Abschnitt. Das funktioniert auch bei der Aktualisierung von Windows 10 zu Windows 11 oder von einer älteren Version von Windows 11 zu Windows 11 22H2 oder neuer.

11.2 Rollback von Windows 11 auf Windows 10 oder zu älterer Windows 11-Version

Die Aktualisierung zu Windows 11 lässt sich direkt als Update von Windows 10-Rechnern durchführen. Das gilt auch für Updates wie Windows 11 22H2. Noch einige Tage nach der Aktualisierung zu Windows 11 können Sie ohne große Probleme zu älteren Windows 11-Versionen oder Windows 10 zurückkommen.

Parallel dazu stellt Microsoft die Möglichkeiten zur Verfügung, Windows 11 zurückzusetzen. Im Gegensatz zur Deinstallation von Windows 11 erhalten Sie beim Zurücksetzen aber keine Windows 10-Installation, sondern eine Windows 11-Installation, die einer Neuinstallation entspricht. Diese Techniken sollten Sie verstehen, wenn Sie mit den Installationsdateien hantieren. Die verschiedenen Reparatur- und Deinstallationsmöglichkeiten stehen direkt in Windows 11 zur Verfügung, aber auch in den Computerreparaturoptionen. Diese starten automatisch, wenn Windows 11 dreimal nicht richtig startet.

11.2.1 Windows 11 updaten

Microsoft stellt die kostenlose Aktualisierung zu Windows 11 und auch neuere Versionen von Windows 11 wie 22H2 über Windows Update als Feature-Update zur Verfügung. Die Installation kann direkt in Windows 10/11 erfolgen, es ist zuvor keine weitere Installation notwendig. Sie können die Installation aber auch über die Installationsdateien von Windows 11 durchführen. Bei beiden Varianten haben Sie danach die gleichen Möglichkeiten zur Deinstallation oder Reparatur des Betriebssystems.

Vor der Aktualisierung zu Windows 11 oder zu Windows 11 22H2 über Microsoft Update in Windows 10 sollten Sie generell zunächst prüfen, ob die Hardware auch optimal unterstützt wird. Das kleine Open-Source-Tool WhyNotWin11 des Entwicklers Robert C. Maehl (*https://github.com/rcmaehl/WhyNotWin11*) testet ohne Installation, ob die Hardware eines Computers für Windows 11 geeignet ist. Auf vielen Rechnern ist ein TPM-Modul verbaut, aber nicht im UEFI/BIOS aktiviert. Das sollte vor der Aktualisierung zu Windows 11 nachgeholt werden, um Probleme zu vermeiden.

Wenn im PC kein TPM verbaut ist, kann über den Typ der Hauptplatine herausgefunden werden, ob TPM-Chips nachgerüstet werden können. In den meisten Fällen kosten solche Module zwischen 40 und 100 Euro. Den Hersteller der Hauptplatine und den Typ des Motherboards finden Sie zum Beispiel in der Befehlszeile von Windows mit dem Befehl *wmic baseboard get product,Manufacturer,version* heraus. Auch das Tool CPU-Z liefert ohne Installation entsprechende Ergebnisse.

Generell ist die Aktualisierung zu Windows 11 nur dann sinnvoll, wenn der Computer auch für das Betriebssystem geeignet ist und entsprechende Treiber vorliegen. In den meisten Fällen funktionieren Treiber für Windows 10 aber auch für Windows 11.

Sobald das Update zur Verfügung steht, sehen Sie in Windows Update ein Fenster. Mit *Herunterladen und installieren* beginnt die Aktualisierung. Mit *Vorerst bei Windows 10 bleiben* blendet Windows das Update aus. In diesem Fall kann auf dem Rechner auch Windows 10 21H2 oder 22H2 als Update installiert werden. Sie können aber jederzeit Windows 11 neu installieren, zum Beispiel über das Media Creation Tool.

Die eigentliche Installation von Windows 11 beginnt bei der Aktualisierung erst, wenn Sie die Installation mit *Jetzt neu starten* beginnen oder mit *Abends neu starten* auf eine Zeit verschieben, in der Sie nicht arbeiten. Nach der Bestätigung muss in Windows Update zunächst mit *Jetzt neu starten* die Installation von Windows 11 explizit gestartet werden. Erst ab dieser Stelle steht der PC nicht mehr zur Verfügung, weil die Aktualisierung zu Windows 11 erfolgt. Die Installation dauert einige Minuten. Danach steht Windows 11 zur Verfügung.

11.2.2 Windows 11 zurücksetzen

Windows 11 bietet die Möglichkeit, etwa nach einem Virenbefall oder Absturz zurückgesetzt zu werden. Aber Achtung: Haben Sie von Windows 10 zu Windows 11 aktualisiert und setzen Windows 11 zurück, erhalten Sie eine neue Windows 11-Installation, nicht Windows 10. Sie können von dieser zurückgesetzten Installation auch nicht mehr zu Windows 10 zurückgehen. Das sollten Sie bei der Reparatur oder Deinstallation von Windows 11 berücksichtigen.

Es gibt mehrere Varianten, um Windows 11 zurückzusetzen, wenn das Betriebssystem nicht mehr funktioniert. Startet Windows 11 nicht mehr, kann die Wiederherstellung auch über die Computerreparaturoptionen durchgeführt werden. Diese starten automatisch, wenn das Betriebssystem dreimal nicht richtig starten kann.

Aber auch innerhalb von Windows 11 können Sie das Betriebssystem zurücksetzen. Dabei können Sie auch die Daten auf dem Computer löschen lassen. Nach dem Zurücksetzen befindet sich Windows 11 im Auslieferungszustand, es handelt sich also um eine Neuinstallation. Die notwendigen Installationsdateien kann Windows herunterladen.

Um Windows 11 im laufenden Betrieb zurückzusetzen, rufen Sie die Einstellungs-App auf. Über den Menüpunkt *System* ist der Menüpunkt *Wiederherstellung* zu finden. Mit *Zurück* können Sie anschließend von Windows 11 zu Windows 10 wechseln. In Windows 11 22H2 trägt dieser Menüpunkt die Bezeichnung *Zurückkehren*.

Um den PC zurückzusetzen, steht die Schaltfläche *PC zurücksetzen* zur Verfügung. In Windows 11 22H2 trägt dieser Menüpunkt die Bezeichnung *Diesen PC zurücksetzen*. Dadurch startet ein Assistent, der das Zurücksetzen steuert. Im nächsten Schritt können Sie auswählen, ob Windows 11 in den Auslieferungszustand zurückversetzt werden soll (*Alles entfernen*) oder ob Sie installierte Programme, Daten und Einstellungen erhalten wollen (*Eigene Dateien beibehalten*). Wenn Windows 11 nicht mehr ordnungsgemäß funktioniert, ist die Auswahl von *Alles entfernen* umfangreicher und wahrscheinlich erfolgreicher.

Im Rahmen der Zurücksetzung benötigt Windows 11 die Installationsdateien. Mit der Schaltfläche *Cloud-Download* lassen sich diese direkt aus dem Internet bei Microsoft herunterladen. Alternativ können Sie auch lokale Daten verwenden. Dafür steht die Option *Lokale Neuinstallation* zur Verfügung. Beim Download müssen Sie darauf achten, dass mindestens 4 GB an Daten notwendig sind. Der Speicherplatz dafür muss auf dem PC vorhanden sein.

Bevor der Assistent das Zurücksetzen beginnt, erscheint eine Zusammenfassung und Sie können an dieser Stelle noch ändern, ob der PC komplett zurückgesetzt werden soll oder ob Dateien erhalten bleiben sollen. Im nächsten Schritt des Assistenten informiert Windows, dass die Installation von Updates nicht rückgängig gemacht werden kann. Wenn der Rechner von Windows 10 zu Windows 11 aktualisiert wurde, können Sie nach dem Zurücksetzen von Windows 11 das Betriebssystem nicht mehr deinstallieren. Hier kann es sinnvoll sein, zu Windows 10 zurückzukehren, statt Windows 11 zurückzusetzen und sich den Weg zurück zu Windows 10 zu verbauen.

Wenn Sie nicht die komplette Zurücksetzung wählen, sondern die Dateien und Apps beibehalten wollen, können Sie in den Einstellungen überprüfen, welche Apps dennoch neu installiert werden müssen. Wenn Sie alle Fragen des Assistenten beantwortet haben, beginnt er mit seiner Arbeit und setzt Windows 11 zurück. Dazu müssen Sie die Schaltfläche *Zurücksetzen* anklicken. Ab diesem Moment kann der Vorgang nicht mehr angehalten werden. Wenn Neustarts notwendig sind, startet der Assistent Windows automatisch neu. Im Rahmen der Aktionen setzt sich Windows 11 zurück und kann neu eingerichtet werden.

11.2.3 Windows 11 über Computerreparaturoptionen wiederherstellen

Startet Windows 11 nicht mehr, können Sie das Zurücksetzen auch über die Computerreparaturoptionen durchführen. Nach dem dritten fehlerhaften Bootvorgang startet Windows 11 die automatische Reparatur. Mit *Erweiterte Optionen* stehen verschiedene Werkzeuge für die Wiederherstellung zur Verfügung. Hier können Sie auch zu Windows 10 zurückkehren. An dieser Stelle können Sie das Zurücksetzen und das Deinstallieren steuern.

In den erweiterten Optionen steht die *Problembehandlung* zur Verfügung. Dahinter finden Sie verschiedene Werkzeuge zur Wiederherstellung von Windows 11. Um Windows 11 zurückzusetzen, wählen Sie bei *Problembehandlung* die Option *Diesen PC zurücksetzen*. Hier verwechseln viele Benutzer die Option mit dem Deinstallieren von Windows 10, vor allem wenn sie den Rechner von Windows 10 zu Windows 11 aktualisiert haben. Bei *Erweiterte*

Optionen stehen zusätzliche Funktionen zur Wiederherstellung zur Verfügung. Bei *Updates deinstallieren* können Sie wiederum von Windows 11 zu Windows 10 zurückwechseln. Das ist etwas verwirrend, sollte aber beachtet werden, da Sie bei falscher Auswahl den Fehler nicht mehr rückgängig machen können.

Wenn Sie Systemwiederherstellungspunkte erstellt haben, lassen sich diese über *System wiederherstellen* aktivieren und zur Wiederherstellung nutzen. Das geht also auch in den Computerreparaturoptionen, nicht nur mit *rstrui.exe* innerhalb von Windows. Bei der Auswahl von *Diesen PC zurücksetzen* stehen die gleichen Optionen zur Verfügung wie beim Zurücksetzen von Windows 11 direkt aus der Einstellungs-App heraus. Auch hier können Sie direkt aus der Cloud herunterladen. Dazu muss der Computer natürlich mit dem Internet verbunden sein.

Beim Zurücksetzen in den Computerreparaturoptionen ist es auch möglich, auszuwählen, ob der PC im eigenen Besitz verbleiben (*Nur meine Dateien entfernen*) oder an andere Benutzer weitergegeben werden soll (*Laufwerk vollständig bereinigen*). Beim zweiten Vorgang löscht Windows 11 die Dateien vollständig. Nach dem erfolgreichen Herunterladen von Windows 11 und dem Zurücksetzen des Betriebssystems startet Windows 11 wieder im ursprünglichen Zustand. Haben sich Viren oder Ransomware auf dem PC befunden, sind die Dateien ebenfalls gelöscht. Allerdings können Sie jetzt nicht mehr zu Windows 10 zurückkehren. Wollen Sie sich den Weg offenhalten, sollten Sie besser Windows 11 deinstallieren und zu Windows 10 zurückkehren. Dabei bleiben sowohl Ihre Daten als auch die installierten Anwendungen zum Zeitpunkt der Aktualisierung zu Windows 11 erhalten.

11.2.4 Update zu Windows 11 rückgängig machen

Wer mit dem Update von Windows 10 zu Windows 11 nicht zufrieden ist, kann die Aktualisierung mit Bordmitteln rückgängig machen und Windows 10 wiederherstellen. Das geht mit den gleichen Werkzeugen wie das Zurücksetzen von Windows 11 zum Auslieferungszustand.

Wenn Windows 10 zu Windows 11 aktualisiert wird, speichert das Betriebssystem die alte Betriebssysteminstallation einige Tage lang und kann diese wiederherstellen. Bei diesem Vorgang wird Windows 11 deinstalliert und Windows 10 wiederhergestellt. Daten gehen dabei keine verloren und auch die Einstellungen des Betriebssystems bleiben erhalten. Natürlich ist es dennoch sinnvoll, vor der Deinstallation eine Sicherung des Computers durchzuführen.

Systemdateien für die Deinstallation von Windows 11 berücksichtigen

Die Deinstallation von Windows 11 ist nicht ewig möglich. Nach einiger Zeit löscht Windows die Deinstallationsdaten vom System. Danach ist das Deinstallieren von Windows 11 nicht mehr möglich. Auch wenn Sie diese Daten manuell gelöscht haben, ist das Zurückkehren zu Windows 10 nicht mehr möglich. Die Daten lassen sich über die Datenträgerbereinigung löschen, die mit *cleanmgr.exe* startet, und auch verschiedene Optimierungstools löschen die Daten, weil sie natürlich Speicherplatz verbrauchen. Nach dem Start des Tools können Sie die Schaltfläche *Systemdaten bereinigen* nutzen. Nach der Auswahl von *Windows Update-Bereinigung* lassen sich zwar mehrere Gigabyte an Daten freigeben, allerdings können nach der Bereinigung keine Deinstallationen mehr durchgeführt werden.

Windows 11 in den Systemeinstellungen deinstallieren

Die Deinstallation von Windows 11 können Sie direkt im Betriebssystem selbst vornehmen. Öffnen Sie dafür die Einstellungs-App. Das Aussehen und die Aufteilung der Menüpunkte hat Microsoft im Vergleich zu Windows 10 überarbeitet. Generell funktioniert das Downgraden von Windows 11 zu Windows 10 noch genauso wie von Windows 10 zu Windows 7 oder Windows 8.1.

Um Windows 10 wiederherzustellen und Windows 11 zu deinstallieren, verwenden Sie den Menüpunkt *System*. Danach ist links der Menüpunkt *Wiederherstellung* zu finden. Hier sind verschiedene Möglichkeiten integriert, um Windows 11 zu reparieren oder zu deinstallieren. Mit dem Menüpunkt *Zurück* oder *Zurückkehren* können Sie es vom Rechner entfernen. Hier startet ein Assistent, der durch die Deinstallation führt und natürlich versucht, diese zu verhindern, weil Microsoft will, dass seine Kunden bei Windows 11 bleiben.

Der Menüpunkt *Zurück* oder *Zurückkehren* ist aber nur dann verfügbar, wenn die Systemdateien zur Deinstallation von Windows 11 nicht entfernt wurden. Sind die Dateien nicht mehr verfügbar, ist der Menüpunkt deaktiviert und Sie können Windows 11 nicht deinstallieren. Microsoft entfernt diese Dateien automatisch, das lässt sich auch nicht verhindern.

Im nächsten Schritt müssen Sie einen Grund angeben, warum Sie Windows 11 wieder vom Rechner deinstallieren wollen. Wer keinen angeben will, kann einfach *Anderer Grund* anklicken. Mit *Weiter* erscheint die nächste Seite des Assistenten. Im folgenden Schritt bietet er noch an, Updates zu deinstallieren, anstatt Windows 11 komplett zu deinstallieren. Mit *Nein, danke* fährt der Assistent mit der Deinstallation von Windows 11 fort. Im nächsten Schritt informiert er darüber, welche Folgen die Deinstallation von Windows 11 haben kann. Die Einstellungen, die Sie direkt in Windows 11 vorgenommen haben, sind nach der Deinstallation natürlich weg. Das Betriebssystem befindet sich nach dem Deinstallieren auf dem Stand vor der Aktualisierung zu Windows 11. Alle Einstellungen, Daten und Apps sind weiterhin vorhanden. Mit *Weiter* wechselt der Assistent zur nächsten Seite.

Wer sein Kennwort in Windows 11 geändert hat, kann das neue nach der Deinstallation nicht weiterverwenden. Für die Anmeldung an Windows 10 ist das alte Kennwort notwendig. Wenn das Kennwort nicht verändert wurde, ist es natürlich in Windows 10 noch das gleiche wie in Windows 11.

Bis zu dieser Stelle können Sie den Assistenten mit *Abbruch* beenden, es werden keinerlei Änderungen durchgeführt. Soll Windows 11 bestimmt deinstalliert werden, startet der Assistent die Wiederherstellung von Windows 10 mit der Schaltfläche *Zu Windows 10 zurückkehren*. Ab diesem Moment können Sie den Vorgang nicht mehr rückgängig machen. Windows 11 wird deinstalliert und Windows 10 wieder auf den Stand gebracht, an dem das Betriebssystem direkt vor der Aktualisierung zu Windows 11 war. Nach einigen Minuten startet Windows 10 und Sie können mit dem System wieder arbeiten. Diesen Zustand können Sie nicht mehr rückgängig machen. Daher kann es sinnvoll sein, vor der Deinstallation von Windows 11 eine Imagesicherung des Rechners durchzuführen. In diesem Fall können Sie durch das Wiederherstellen der Imagesicherung auch Windows 11 wiederherstellen. Allerdings können Sie innerhalb der Imagesicherung die Funktion zur Deinstallation von Windows 11 nicht archivieren. Nach einiger Zeit verliert auch die Imagesicherung die Möglichkeit, Windows 11 zu deinstallieren.

Nacharbeiten bei der Deinstallation von Windows 11

Wenn Sie Windows 11 von einem Rechner deinstalliert haben, sollten Sie im ersten Schritt über Windows Update die aktuellen Updates für Windows 10 installieren. Auch Qualitätsupdates für Windows 10 zeigt der Assistent anschließend an und erlaubt die Installation, zum Beispiel die Aktualisierung zu Windows 10 21H2 und neuer. Natürlich sollten Sie auch überprüfen, ob Windows 10 noch aktiviert ist. Das können Sie durch Aufrufen von *slui.exe* herausfinden. Auch die installierten Anwendungen, Treiber und die Daten sollen überprüft werden.

Windows 11 startet nicht mehr: Windows 10 wiederherstellen

Wenn Windows 11 nach der Aktualisierung von Windows 10 nicht mehr startet, kann die Deinstallation auch über die Systemreparatur von Windows erfolgen. Diese startet automatisch, wenn der Start von Windows 11 dreimal missglückt.

Um Windows 11 über diesen Weg zu deinstallieren, verwenden Sie den Menüpunkt *Problembehandlung*. Die Reparatur von Windows 11 erfolgt anschließend mit *Diesen PC zurücksetzen*. Dabei wird aber nicht Windows 11 deinstalliert, sondern auf den Standardstand zurückgebracht. Wollen Sie Windows 11 deinstallieren, ist die Option *Erweiterte Optionen* der richtige Menüpunkt.

An dieser Stelle lassen sich verschiedene Maßnahmen durchführen, um Windows 11 zu reparieren. Wer das Betriebssystem aber deinstallieren und Windows 10 wiederherstellen will, wählt den Menüpunkt *Updates deinstallieren*. Um Windows 11 zu deinstallieren und Windows 10 wiederherzustellen, wählen Sie den Menüpunkt *Aktuelles Funktionsupdate deinstallieren*. Auf der nächsten Seite kann der Vorgang mit der Schaltfläche *Funktionsupdate deinstallieren* gestartet werden. Danach deinstalliert der Assistent Windows 11 und stellt Windows 10 wieder her, genauso wie bei der Deinstallation von Windows 11 innerhalb der Einstellungs-App.

11.3 Gruppenrichtlinieneinstellungen für Windows-Updates richtig setzen

Einstellungen für Windows Update lassen sich in Active Directory-Umgebungen mit Gruppenrichtlinien verteilen. Das gilt auch für neue Einstellungen in Windows 11 oder Windows Server 2022. Sie können für die Steuerung der Updates entweder die Richtlinie verwenden, die Sie zur generellen Absicherung der Arbeitsstationen erstellt haben, oder Sie verwenden eine neue Richtlinie, in der Sie nur die Update-Einstellungen konfigurieren.

Die Konfiguration der automatischen Updates in den Gruppenrichtlinien nehmen Sie in der Gruppenrichtlinienverwaltung unter *Computerkonfiguration* | *Richtlinien* | *Administrative Vorlagen* | *Windows-Komponenten* | *Windows Update* vor. Dazu sollten Sie die neuesten Vorlagen verwenden, wie in Kapitel 10 beschrieben.

11.3.1 Automatische Updates konfigurieren

Zur Konfiguration spielt vor allem das Updateverhalten eine Rolle, das Sie über *Automatische Updates konfigurieren* bei *Computerkonfiguration | Richtlinien | Administrative Vorlagen | Windows-Komponenten | Windows Update* festlegen. Aktivieren Sie die Richtlinie und setzen Sie die Einstellungen nach Ihren Anforderungen. Dabei stehen folgende Möglichkeiten zur Verfügung:

- *Vor Herunterladen und Installation benachrichtigen* – Mit dieser Option benachrichtigt Windows vor dem Download und vor der Installation der Updates. Dazu blendet das Betriebssystem ein Symbol in der Taskleiste ein. Diese Einstellung ist nicht empfehlenswert, da hier die Benutzer selbst aktiv werden müssen.
- *Autom. Herunterladen, aber vor Installation benachrichtigen* – Mit dieser Option führt der Client automatisch den Download der Updates durch, eine Installation findet aber nicht automatisch statt. Diese Einstellung ist optimal für den Server, aber für Arbeitsstationen ist auch diese Einstellung nicht ideal.

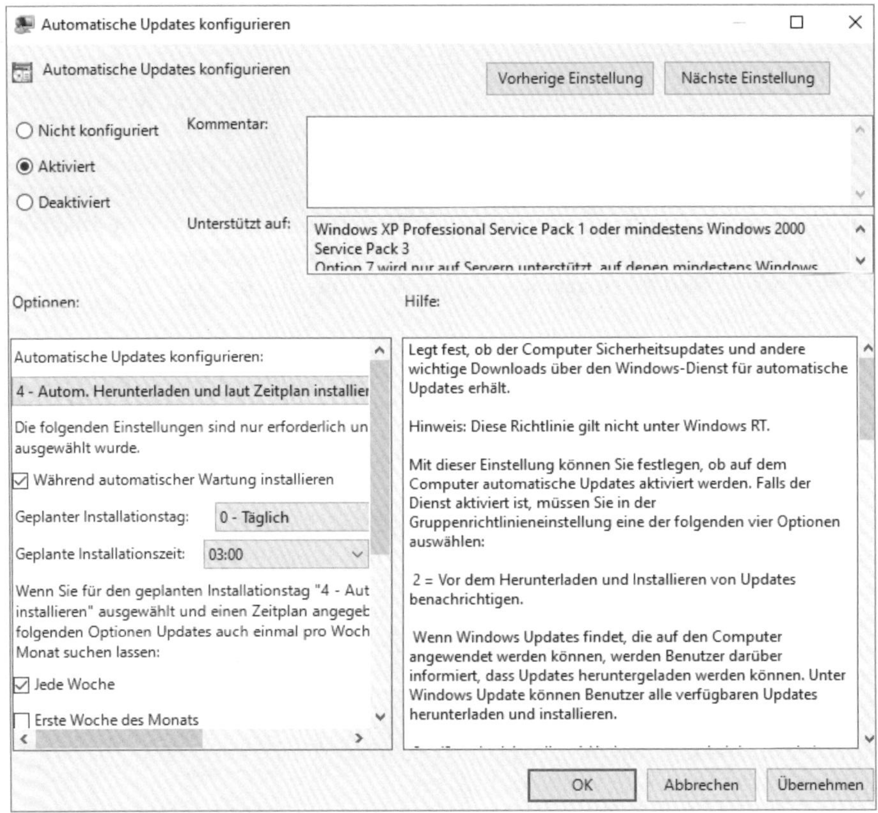

Abb. 11.4 Automatische Updates für Windows 10/11 konfigurieren

- *Autom. Herunterladen und laut Zeitplan installieren* – Mit dieser Installation versorgt sich der Client vollkommen automatisch mit den notwendigen Updates. Wenn die Clients zum Zeitpunkt der Aktualisierung nicht eingeschaltet sind, startet Windows beim nächsten Start die Aktualisierung. Diese Einstellung sollten Sie für Ihre Arbeitsstationen nutzen (siehe Abbildung 11.4).
- *Lokalen Administrator ermöglichen, Einstellung auszuwählen* – Mit dieser Option lassen Sie zu, dass lokale Administratoren lokale Einstellungen selbst anpassen können. Das ist meistens nicht sinnvoll, außer Sie wollen als Admin für Ihre Umgebung die Updates lieber selbst steuern.

Setzen Sie danach noch die Richtlinie *Automatische Updates sofort installieren* auf *Aktiviert*. Die Einstellung *Empfohlene Updates über automatische Updates aktivieren* sollten Sie ebenfalls einschalten.

Wenn Sie das GPO mit der Domäne verknüpfen, führen alle Computer und Server in der Domäne die Aktualisierung aus. Wollen Sie verhindern, dass der Server automatisch neu startet, erstellen Sie einfach ein eigenes GPO für die Server und verknüpfen dieses mit dem Container »Domain Controller« und beim Einsatz weiterer Server an die jeweilige OU mit den Servern. Hier können Sie dann anstatt *Autom. Herunterladen und laut Zeitplan installieren* die Option *Autom. Herunterladen, aber vor Installation benachrichtigen* verwenden.

11.3.2 Probleme bei der Installation von Updates beheben

Funktioniert die Aktualisierung von Windows 11 nicht ordnungsgemäß, finden Sie in den Einstellungen die Möglichkeit zur Problembehandlung. Dazu navigieren Sie zu *System | Problembehandlung | Andere Problembehandlungen* und wählen *Windows Update | Ausführen* aus.

11.4 Zusammenfassung

Dieses Kapitel beschreibt, wie Sie sicherstellen, dass auf dem Server und den Arbeitsstationen immer die aktuellsten Updates installiert sind. Das reduziert Sicherheitsprobleme deutlich. Im nächsten Kapitel zeige ich Ihnen, wie Sie Windows Server 2022 Essentials optimal überwachen können.

Kapitel 12
Überwachung und Fehlerbehebung

In diesem Kapitel erfahren Sie, welche Bordmittel und Zusatztools Ihnen bei der Überwachung von Windows Server 2022 behilflich sein können. Sie lernen außerdem die Überwachung der Serverdienste in Windows Server 2022 kennen und erfahren, wie Sie Fehler erkennen und beheben können.

12.1 Fehlerbehebung in Windows Server – Ereignisanzeige

Alle Fehler und Aktionen von Windows werden in den Ereignisanzeigen festgehalten und stehen Administratoren zur Verfügung, um Fehler zu beheben. Anhand des Ereignisprotokolls können Sie nach Ereignissen suchen, die auf Probleme hinweisen. Darüber hinaus dienen diese Informationen zur Diagnose von Problemen. Sie können nach Programm- und Systemaktionen suchen, die zu einem Problem führen, und Details herausfinden, die Ihnen bei der Ermittlung der Grundursache behilflich sind. Zugleich lassen sich anhand dieser Informationen Leistungsprobleme beurteilen und beheben. Sie sollten in regelmäßigen Abständen auf Datenbankservern nach Einträgen suchen, da Sie hier frühzeitig Fehler erkennen können. Diese Vorgehensweisen können Sie sowohl für die Arbeitsstationen nutzen als auch für Ihren Server oder für mehrere Server im Netzwerk.

12.1.1 Ereignisanzeige nutzen

Sie rufen die Ereignisanzeige durch Eingabe von *eventvwr.msc* im Suchfeld der Taskleiste auf.

Unter Windows Server 2022 können Sie im Startmenü direkt mit dem Tippen von *eventvwr.msc* beginnen oder über [Win]+[R] das Dialogfeld *Ausführen* aufrufen und dort den Programmnamen eingeben.

Die Ereignisanzeige sehen Sie auch unterhalb des Knotens *Diagnose* im Server-Manager. In Windows Server 2022 finden Sie die Ereignisanzeige im Menüpunkt *Tools*. Unter dem Knoten *Windows-Protokolle* ist weiterhin der Zugriff auf die vertrauten Anwendungs-, System- und Sicherheitsprotokolle möglich. Klicken Sie direkt auf den Knoten *Ereignisanzeige*, sehen Sie eine Zusammenfassung aller Serverfehler im rechten Bereich (siehe Abbildung 12.1).

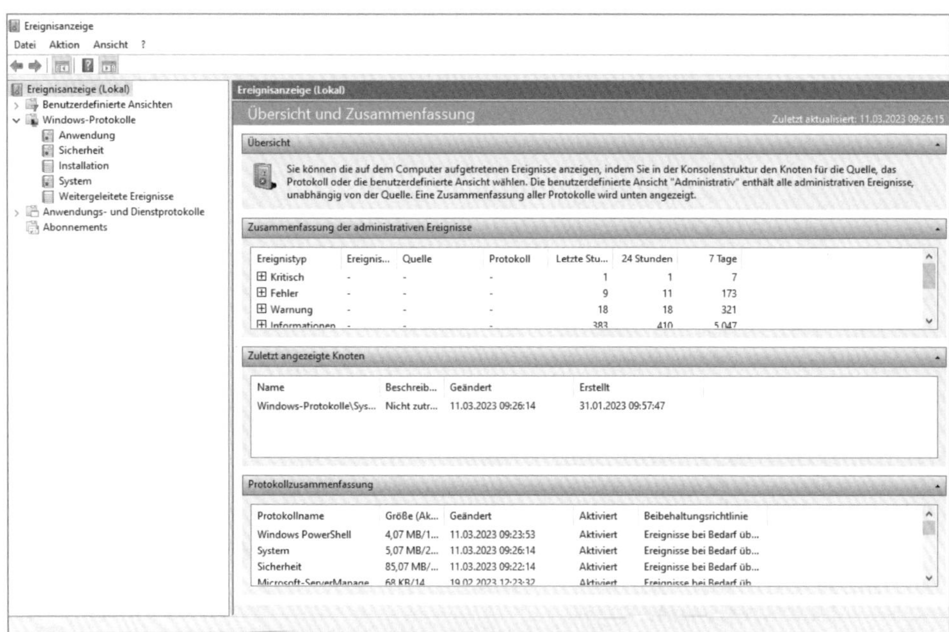

Abb. 12.1 Anzeigen der Ereignisprotokolle in Windows Server 2022

Im Knoten *Anwendungs- und Dienstprotokolle* finden Sie zahlreiche Protokolle zu den einzelnen Serverdiensten in Windows Server 2022. Über den Knoten *Benutzerdefinierte Ansichten* lassen Sie sich Filter für alle installierten Serverrollen anzeigen (siehe Abbildung 12.2).

Unter dem Knoten *Benutzerdefinierte Ansichten* werden administrative Ereignisse angezeigt. Hier finden Sie alle Fehler und Warnungen aus den verschiedenen Protokolldateien, die für Administratoren von Interesse sind. Windows Server 2022 bietet die Möglichkeit, weniger interessante Ereignisse herauszufiltern, sodass Sie sich auf jene Ereignisse konzentrieren können, die wichtig sind. Klicken Sie eine Meldung an, erhalten Sie im unteren Bereich ausführlichere Informationen. Wenn Sie ein Ereignisprotokoll aufrufen, erhalten Sie im mittleren Bereich des Fensters eine Zusammenfassung aller Einträge, deren detaillierte Informationen Sie per Doppelklick auf einzelne Meldungen anzeigen lassen können. Auf Basis dieser Fehlermeldung sehen Sie, welche Probleme Windows Server 2022 mit einzelnen Komponenten erkannt hat. Sie sollten regelmäßig die Ereignisanzeigen auf Fehler überprüfen, da Sie hier schnell Probleme finden können, bevor diese gravierende Auswirkungen haben.

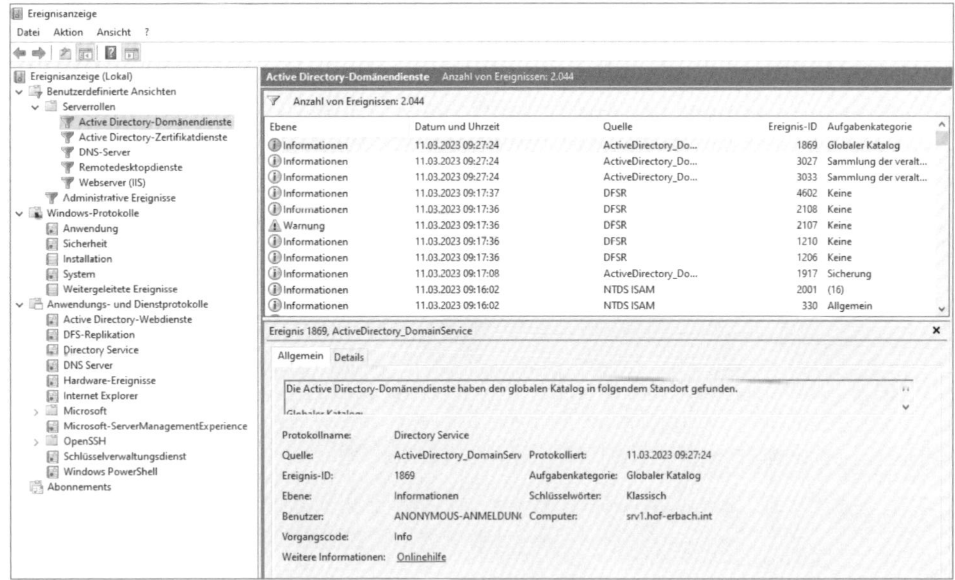

Abb. 12.2 Anzeigen von Meldungen gefiltert nach Serverrollen

Haben Sie den Fehler genauer eingegrenzt und Fehlermeldungen in der Ereignisanzeige und der Diagnose gefunden, suchen Sie im Internet gezielt nach diesen Fehlern. In den meisten Fällen sind die gleichen Fehler bei anderen Servern aufgetaucht und wurden bereits gelöst.

Klicken Sie ein Protokoll mit der rechten Maustaste an, können Sie weitere Einstellungen vornehmen. Im Kontextmenü werden Ihnen zahlreiche Möglichkeiten angezeigt:

- **Gespeicherte Protokolldatei öffnen** – Über diesen Menübefehl können Sie eine Protokolldatei öffnen, die Sie über die Option *Ereignisse speichern unter* abgespeichert haben. Dadurch lassen sich Protokolle per E-Mail versenden und andere Benutzer können den Inhalt überprüfen.
- **Benutzerdefinierte Ansicht erstellen** – Über diesen Menübefehl können Sie die Ereignisanzeigen anpassen und als benutzerdefinierten Filter ablegen. In diesem Fall werden Ihnen nur noch die Ereignisse in Ihrer gespeicherten Ansicht angezeigt.
- **Benutzerdefinierte Ansicht importieren** – Mit dieser Optionen werden zuvor exportierte Ansichten auf einem Server wieder importiert und sind auf diese Weise schnell verfügbar.
- **Protokoll löschen** – Wählen Sie diesen Menübefehl aus, wird nicht das Protokoll gelöscht, sondern sein Inhalt. Sie erhalten zuvor noch eine Meldung, ob das Protokoll wirklich gelöscht werden soll und ob Sie es vorher speichern möchten. Speichern Sie das Protokoll zuvor, entspricht dies der Option *Ereignisse speichern unter*.
- **Aktuelles Protokoll filtern** – Dieser Menübefehl wird verwendet, wenn Sie keine eigene Ansicht des Protokolls erstellen möchten, sondern nur die aktuelle Ansicht gefiltert werden soll. Dadurch können Sie zum Beispiel nach einem bestimmten Fehler suchen und überprüfen, wann dieser aufgetreten ist.

- **Eigenschaften** – Über die Eigenschaften können Sie die Größe der einzelnen Protokolle festlegen beziehungsweise bestimmen, wie sich Windows Server 2022 beim Erreichen der maximalen Ereignisprotokollgröße verhalten soll.
- **Alle Ereignisse speichern unter** – Diese Option speichert die Ereignisse in einer *.evtx*-Datei.
- **Aufgabe an dieses Protokoll anfügen** – Mit dieser Option können Sie über die Aufgabenplanung automatisch Aktionen und Skripts starten, wenn in den Ereignisanzeigen bestimmte Fehler auftauchen. Solche Aufgaben lassen sich auch an einzelne Ereignisse anfügen.

Überprüfen Sie in der Ereignisanzeige, ob Fehler gemeldet werden, die mit dem Problem in Zusammenhang stehen können, wenn Sie eine Fehlerbehebung durchführen. Überprüfen Sie auch, ob parallel zu diesem Fehler in anderen Protokollen der Ereignisanzeige Fehler auftreten, die zur gleichen Zeit gemeldet werden, also unter Umständen auf einen Zusammenhang schließen lassen. Stellen Sie fest, wann der Fehler in der Ereignisanzeige das erste Mal aufgetreten ist. Überlegen Sie genau, ob zu diesem Zeitpunkt irgendetwas verändert wurde (auch auf Basis der Ereignisprotokolle).

Schauen Sie in anderen Protokollen der Ereignisanzeige nach, ob der Fehler mit anderen Ursachen zusammenhängt. Ein Fehler tritt selten ohne vorherige Änderung der Einstellung oder aufgrund defekter Hardware auf, sondern meist durch Änderungen am System oder der Installation von Applikationen und Tools. Durch die Filtermöglichkeiten der Ereignisanzeige in Windows Server 2022 können Fehler oft sehr genau eingegrenzt werden.

Ereignisse im Windows Admin Center anzeigen

In Kapitel 3 haben Sie erfahren, wie Sie das Windows Admin Center lokal installieren, um Ihren Server remote zu verwalten. Über den Menüpunkt *Ereignisse* stehen im Windows Admin Center alle Ereignisse zur Verfügung und Sie können damit im Webbrowser sogar remote die Ereignisse auf dem Server überprüfen (siehe Abbildung 12.3).

Mit der Schaltfläche *Exportieren* können Sie die jeweilige Ereignisanzeige im Windows Admin Center auf Ihren lokalen Computer als *.evtx* -Datei herunterladen. Das funktioniert auch über das Internet. Die Ereignisanzeige können Sie dadurch auf Ihrem lokalen Computer öffnen und mit lokalen Werkzeugen analysieren.

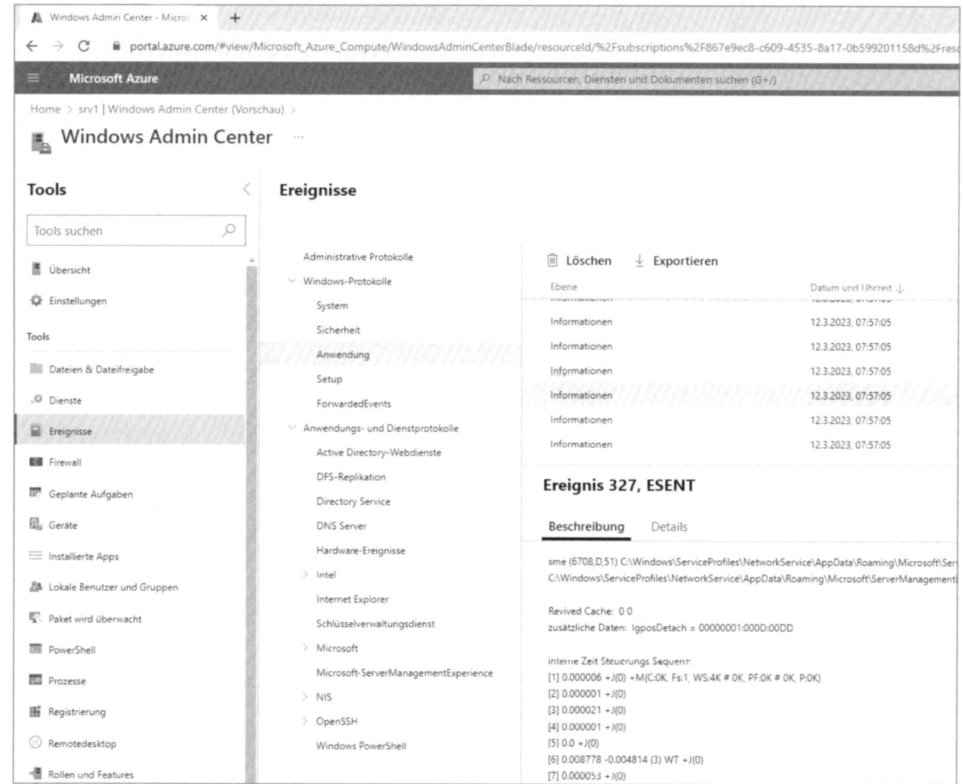

Abb. 12.3 Anzeigen der Ereignisanzeigen im Windows Admin Center, auch über das Internet

Ereignisanzeige mit der PowerShell anzeigen

Sie können mit der PowerShell die Ereignisanzeige auf Computern anzeigen lassen. Dazu wird das Cmdlet *Get-EventLog* verwendet. Mit den Optionen *system*, *application* und *security* lassen sich die einzelnen Ereignisanzeigen öffnen. Das Sicherheitsprotokoll lässt sich allerdings nur anzeigen, wenn die PowerShell-Sitzung mit Administratorrechten gestartet wurde.

Wird auf diesem Weg die ganze Ereignisanzeige ausgelesen, wird es schnell unübersichtlich. Sie können aber zum Beispiel nur die aktuellsten Meldungen anzeigen, zum Beispiel mit folgendem Befehl: *Get-EventLog system -Newest 100.* Reicht dieser Filter nicht aus, lässt er sich noch so erweitern, dass er nur die Fehlermeldungen anzeigt:

Get-EventLog system -Newest 100 | here-Object {$_.entryType -Match "Error"}

Der Filter lässt sich noch ausbauen, sodass er die Meldungen optimal formatiert und nur die gewünschten Informationen anzeigt:

```
Clear-Host
$Event = Get-Eventlog -Logname system -Newest 1000
$logError = $Event | Where {$_.entryType -Match "Error"}
$logError | Sort-Object EventID |Format-Table EventID, Source, TimeWritten, Message -auto
```

Überwachung und Fehlerbehebung

Interessant in diesem Zusammenhang ist die Möglichkeit, nach bestimmten Quellen filtern zu lassen:

Get-EventLog System -Newest 10 -Source "Service" | Format-Table TimeWritten, Source, EventID, Message -auto*

Auch nach der ID lässt sich filtern:

Get-EventLog -Logname system -InstanceId 7040 -Newest 10

Eigene Ereignismeldungen erzeugen

Sie können über die Eingabeaufforderung mit dem Befehl *eventcreate.exe* eigene Einträge in den verschiedenen Ereignisanzeigen erstellen. Beispielsweise lässt sich dieser Befehl für eigene Skripts oder Batchdateien verwenden. Die Syntax für den Befehl lautet:

Eventcreate [/S <Computername> [/U <Benutzername> [/P <Kennwort>]]] /ID <Ereignis-ID>

[/L <Protokollname>] [/SO <Quelle>] } /T Typ /D <Beschreibung>

Als Typ stehen *SUCCESS*, *ERROR*, *WARNING* und *INFORMATION* zur Verfügung.

Ein Beispielevent ist:

Eventcreate /T Information /ID 523 /L System /D "Anwendung Thomas 1 erfolgreich installiert"

Diese Informationen lassen sich dann wieder mit der PowerShell auslesen. Soll nur der Text der Ereignismeldung angezeigt werden, kann dieser gesondert gefiltert werden:

Get-EventLog System -Newest 1 |fl Message

12.2 Überwachung der Systemleistung

Über den Eintrag *Leistung* in der Konsolenstruktur des Server-Managers oder durch Eingabe von *perfmon.msc* können Sie sich die aktuelle Systemleistung Ihres Servers mit verschiedenen Tools und Ansichten anzeigen lassen. Über den Link *Ressourcenmonitor öffnen* sehen Sie eine detaillierte Ansicht des aktuellen CPU-Verbrauchs, des Arbeitsspeichers, der Datenträger und des Netzwerkverkehrs (siehe Abbildung 12.4). In Windows Server 2022 finden Sie das Programm über den Menüpunkt *Tools* im Server-Manager.

Die Gesamtleistung eines Systems wird durch verschiedene Faktoren begrenzt. Hierzu zählen etwa die Zugriffsgeschwindigkeit der physischen Datenträger, die für alle laufenden Prozesse zur Verfügung stehende Speichermenge, die Prozessorgeschwindigkeit und der Datendurchsatz der Netzwerkschnittstellen.

Nachdem die einschränkenden Faktoren auf der Hardwareseite identifiziert wurden, kann der Ressourcenverbrauch einzelner Anwendungen und Prozesse überprüft werden. Anhand einer umfassenden Leistungsanalyse, die sowohl die Auswirkungen von Anwendungen als auch die Gesamtkapazität berücksichtigt, können IT-Experten einen Bereitstellungsplan entwickeln und an die jeweiligen Anforderungen anpassen. Durch Erweitern der *Ressourcenübersicht* können Sie zusätzliche Informationen anzeigen und überprüfen, welche Ressourcen von welchen Prozessen genutzt werden.

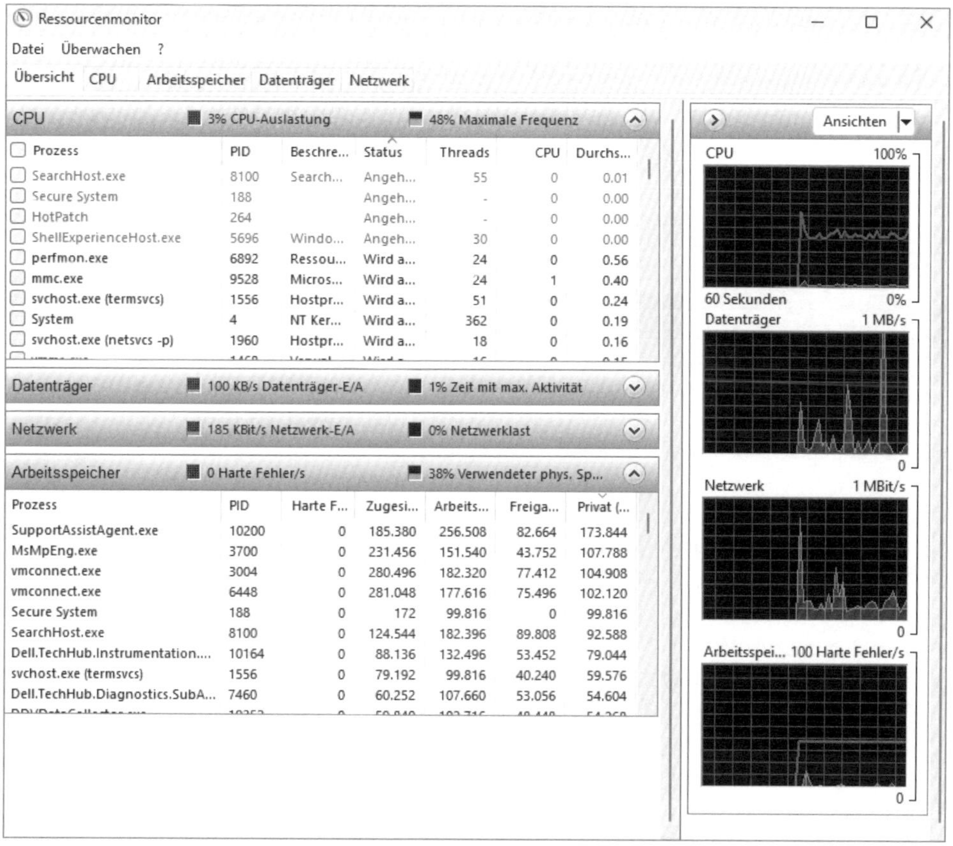

Abb. 12.4 Anzeige des Ressourcenmonitors in Windows Server 2022

Der Bereich mit der Ressourcenübersicht enthält vier animierte Diagramme, die die Auslastung der CPU-, Datenträger-, Netzwerk- und Speicherressourcen des lokalen Computers in Echtzeit anzeigen. Unter den Diagrammen befinden sich vier erweiterbare Bereiche, in denen Einzelheiten zur jeweiligen Ressource angezeigt werden. Klicken Sie zur Anzeige dieser Informationen auf den Abwärtspfeil rechts neben dem jeweiligen Balken.

12.2.1 Die Leistungsüberwachung

Klicken Sie im Server-Manager auf den Eintrag *Tools | Leistungsüberwachung*, können Sie den Server noch genauer überwachen lassen, indem Sie verschiedene Leistungsindikatoren hinzufügen.

Sie können das Tool auch durch Eingabe von *perfmon.msc* starten.

In der Leistungsüberwachung werden die integrierten Leistungsindikatoren grafisch dargestellt. Sie können Daten in Echtzeit oder Verlaufsdaten anzeigen und Leistungsindikatoren entweder per Ziehen/Ablegen hinzufügen oder benutzerdefinierte Datensammlergruppen (Data Collector Sets, DCS) erstellen. Die Leistungsüberwachung unterstützt verschiedene Ansichten für die visuelle Überprüfung der Daten in Leistungsprotokollen (siehe Abbildung 12.5).

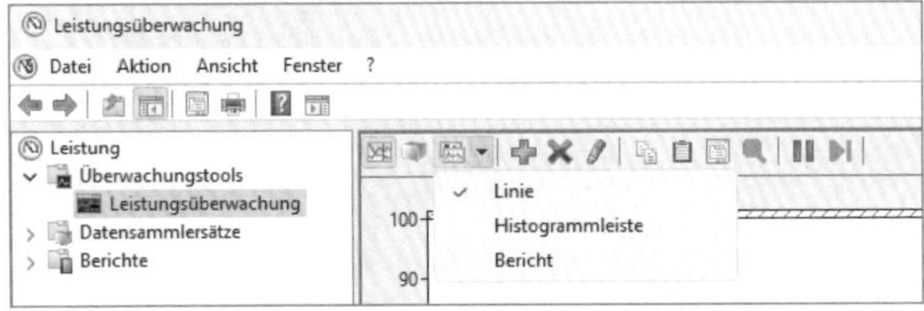

Abb. 12.5 Die verschiedenen Ansichten der Leistungsüberwachung nutzen

Die Auswahl *Bericht* bietet mehr Übersicht als die anderen Optionen in der Liste. Außerdem können Sie benutzerdefinierte Ansichten in Form von Datensammlergruppen für die Verwendung in Leistungs- und Protokollfunktionen exportieren.

Über das grüne Pluszeichen in der Symbolleiste können Sie weitere Leistungsindikatoren einblenden lassen. Wählen Sie zunächst den entsprechenden Indikator aus und klicken Sie auf *Hinzufügen*. Sie können eine Beschreibung der Indikatorengruppe anzeigen, die aktuell in der Liste ausgewählt ist. Aktivieren Sie dazu das Kontrollkästchen *Beschreibung anzeigen* in der unteren linken Ecke des Fensters. Wenn Sie eine andere Gruppe auswählen, wird die zugehörige Beschreibung angezeigt.

Sie können die verfügbaren Indikatoren einer Gruppe anzeigen, indem Sie auf den Abwärtspfeil rechts neben dem Gruppennamen klicken. Zum Hinzufügen einer Indikatorengruppe markieren Sie den Gruppennamen und klicken auf die Schaltfläche *Hinzufügen* (siehe Abbildung 12.6).

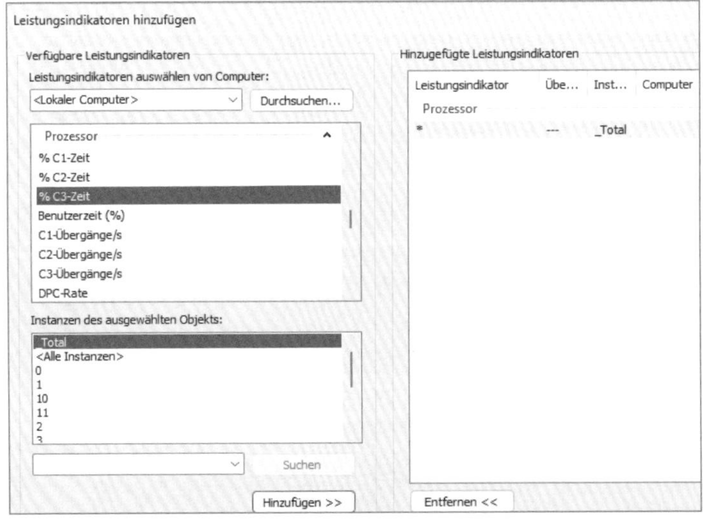

Abb. 12.6 Hinzufügen von Leistungsindikatoren zur Leistungsüberwachung

Nachdem Sie einen Gruppennamen markiert haben, können Sie die enthaltenen Leistungsindikatoren anzeigen. Markieren Sie einen Indikator in der Liste, bevor Sie auf *Hinzufügen* klicken, wird nur dieser Indikator hinzugefügt.

Sie können einen einzelnen Indikator hinzufügen, indem Sie auf das Pluszeichen neben dem Gruppennamen klicken, den gewünschten Indikator markieren und danach auf *Hinzufügen* klicken. Möchten Sie mehrere Indikatoren einer Gruppe auswählen, klicken Sie bei gedrückter Strg-Taste auf die Namen in der Liste. Sobald alle gewünschten Indikatoren ausgewählt sind, klicken Sie auf *Hinzufügen*.

Möchten Sie nur eine bestimmte Instanz eines Indikators hinzufügen, markieren Sie einen Gruppennamen in der Liste, wählen den gewünschten Prozess in der Liste im Bereich *Instanzen* des gewählten Objekts aus und klicken auf *Hinzufügen*. Derselbe Indikator kann von mehreren Prozessen generiert werden. Bei Auswahl einer Instanz protokolliert der Server nur die Indikatoren, die der gewählte Prozess erzeugt. Wenn Sie keine Instanz auswählen, protokolliert er alle Instanzen des Indikators.

Sie können nach Instanzen eines Indikators suchen, indem Sie die Indikatorengruppe markieren oder die Gruppe erweitern und den gewünschten Indikator markieren, den Prozessnamen in das Feld unterhalb der Instanzenliste für das gewählte Objekt eingeben und auf *Suchen* klicken. Der eingegebene Prozessname wird in der Dropdownliste für eine weitere Suche angeboten.

12.2.2 Indikatorendaten in der Leistungsüberwachung beobachten

Standardmäßig zeigt die Leistungsüberwachung die Daten in Form eines Liniendiagramms. Abgebildet werden Daten über einen Zeitraum von zwei Minuten. Die Abtastung erfolgt von links nach rechts. Die X-Achse ist beschriftet.

Mithilfe des Diagramms lassen sich Änderungen an den Aktivitäten der einzelnen Indikatoren über einen kurzen Zeitraum beobachten. Sie können Details für einen bestimmten Indikator anzeigen, indem Sie im Diagramm mit der Maus auf die entsprechende Indikatorlinie zeigen. Mit dem Dropdownlistenfeld in der Symbolleiste können Sie die Anzeige für die aktuelle Datensammlergruppe ändern.

In der Histogrammansicht sehen Sie Daten ebenfalls in Echtzeit und Balkenform. In dieser Ansicht lassen sich Änderungen an den Aktivitäten der einzelnen Indikatoren beobachten. Die Berichtansicht enthält die Werte für den ausgewählten Indikator in Textform. Unter dem Ansichtsfenster befindet sich eine Legende mit Angaben zu den einzelnen Leistungsindikatoren. Über die Kontrollkästchen der einzelnen Zeilen können Sie steuern, welche Indikatoren in der Ansicht dargestellt werden.

Haben Sie eine Zeile in der Legende ausgewählt, können Sie sich die zugehörige Indikatorlinie optisch hervorheben, indem Sie auf der Symbolleiste auf die Schaltfläche *Markierung* klicken. Durch erneutes Klicken auf diese Schaltfläche wird die ursprüngliche Anzeige wiederhergestellt.

Sie können die Eigenschaften für die Anzeige eines Indikators ändern. Klicken Sie dazu mit der rechten Maustaste auf die entsprechende Zeile in der Legende und wählen Sie im Kontextmenü den Eintrag *Eigenschaften*. Daraufhin wird das Dialogfeld *Eigenschaften von Leistungsüberwachung* mit aktivierter Registerkarte *Daten* geöffnet. Passen Sie die Eigenschaften mithilfe der Einträge in den Listenfeldern an. Mit der Schaltfläche *Anzeige fixieren* auf der Symbolleiste können Sie die Anzeige einfrieren, um die aktuelle Aktivität zu überprüfen. Wenn Sie die Anzeige wieder aktivieren möchten, klicken Sie auf die Schaltfläche *Fixierung der Anzeige aufheben*. Per Klick auf die Schaltfläche *Daten aktualisieren* kann die Anzeige schrittweise durchlaufen werden.

Halten Sie die Anzeige des Liniendiagramms an und starten diese wieder, ändert sich der auf der X-Achse dargestellte Zeitraum. Die Leistungsüberwachung arbeitet mit *Objekten*, die sich beobachten lassen. Für jedes dieser Objekte wie zum Beispiel den Prozessor gibt es eine Reihe von Leistungsindikatoren wie *Prozessorzeit* oder *Interrupts/s*. Für einzelne Objekte gibt es zudem mehrere Instanzen. Dies ist zum Beispiel beim Prozessor der Fall, wenn mit einem Multiprozessorsystem gearbeitet wird. Beim Objekt *Prozesse* wird eine Instanz für jeden aktiven Prozess definiert.

12.2.3 Sammlungssätze nutzen

Die Echtzeitanzeige ist nur eine Möglichkeit, die Leistungsüberwachung zu nutzen. Nachdem Sie eine Kombination aus Indikatoren zusammengestellt haben, können Sie diese als *Sammlungssätze* (Data Collector Set, DCS) speichern. Um einen Sammlungssatz zu erstellen, beginnen Sie mit der Anzeige der Leistungsindikatoren. Erweitern Sie in der Konsole die Hierarchiestruktur, klicken Sie mit der rechten Maustaste auf *Leistungsüberwachung* und rufen Sie im Kontextmenü den Untermenübefehl *Neu* | *Datensammlersatz* auf. Daraufhin wird der Assistent für die Erstellung einer neuen Datensammlergruppe gestartet.

Die neue Datensammlergruppe enthält alle Indikatoren, die in der aktuellen Ansicht ausgewählt sind. Möchten Sie nicht den Standardbenutzer verwenden, klicken Sie im dritten Schritt des Assistenten auf die Schaltfläche *Ändern* und geben den Namen und das Kennwort des gewünschten Benutzers ein. Der Sammlungssatz muss unter dem Konto eines Benutzers mit Administratorrechten ausgeführt werden. Über das Kontextmenü starten Sie einen Datensammlersatz. Nach dem Beenden erstellt der Satz einen Bericht, den Sie sich im Server-Manager anzeigen lassen können.

Ein Sammlungssatz erstellt eine Protokolldatei. Diese können Sie sich nach dem Beenden über den Bereich *Datensammlersätze* | *Benutzerdefiniert* aufrufen. Sie haben die Möglichkeit, für jeden Satz Speicheroptionen zu konfigurieren. Klicken Sie in der Liste des Fensters mit der rechten Maustaste auf den Namen des Sammlungssatzes und wählen Sie im Kontextmenü den Eintrag *Eigenschaften*.

Auf der Registerkarte *Allgemein* können Sie eine Beschreibung oder Schlüsselwörter für die Datensammlergruppe eingeben. Auf der Registerkarte *Verzeichnis* ist der Stammordner als Standardordner festgelegt, in dem alle Protokolldateien für die Datensammlergruppe gespeichert sind. Mit *Zeitplan* geben Sie an, wann mit der Datensammlung begonnen wird.

Auf der Registerkarte *Stoppbedingung* können Sie Kriterien für Bedingungen angeben, bei denen die Datensammlung angehalten wird. Wenn Sie auf der Registerkarte *Zeitplan* ein Ablaufdatum festgelegt haben, das nach einer auf der Registerkarte *Stoppbedingung* definierten Bedingung liegt, hat die Stoppbedingung Vorrang.

12.2.4 Speicherengpässe beheben

Performanceprobleme können eine Reihe unterschiedlicher Ursachen haben. Ein Problem bei der Performanceanalyse ist, dass die Beseitigung eines Engpasses oft zum nächsten Engpass führt. Dafür gibt es viele Beispiele. Wenn mehr Speicher bereitsteht, zeigt sich oft, dass auch die Prozessorauslastung bereits an der Kapazitätsgrenze ist. Es gibt nun einige grundsätzliche Regeln für den Einsatz von Hauptspeicher. Die erste Regel lautet: Viel hilft viel, sowohl beim Hauptspeicher als auch beim Cache.

Die zweite Regel besagt, dass die Auslagerungsdatei am besten auf einer anderen physischen Festplatte als die Systempartition, die Datenbankdateien und die Transaktionsprotokolle aufgehoben ist.

Im Ressourcenmonitor sehen Sie auf der Registerkarte *Arbeitsspeicher* die verschiedenen laufenden Prozesse und deren verbrauchten Arbeitsspeicher. Am schnellsten starten Sie den Ressourcenmonitor durch Eingabe von *perfmon* im Suchfeld der Taskleiste.

Arbeitsspeicher mit der Leistungsüberwachung optimieren und überwachen

Die Überwachung des Arbeitsspeichers übernehmen Sie am besten ebenfalls mit der Leistungsüberwachung. Auf Servern bieten sich folgende Leistungsindikatoren an:

- **Arbeitsspeicher: Verfügbare Bytes** gibt an, wie viele Bytes an Arbeitsspeicher derzeit für die Verwendung durch Prozesse verfügbar sind. Niedrige Werte können ein Anzeichen dafür sein, dass insgesamt zu wenig Arbeitsspeicher auf dem Server vorhanden ist oder dass eine Anwendung keinen Arbeitsspeicher freigibt.
- **Arbeitsspeicher: Seiten/s** gibt die Anzahl der Seiten an, die wegen Seitenfehlern vom Datenträger gelesen oder auf den Datenträger geschrieben wurden, um Speicherplatz aufgrund von Seitenfehlern freizugeben. Ein hoher Wert kann auf überhöhte Auslagerungen hindeuten. Überwachen Sie auch *Seitenfehler/s*, um sicherzustellen, dass die Datenträgeraktivität nicht durch Auslagern verursacht wird.

Diagnose des Arbeitsspeichers

Häufig sind die Probleme auf einem Server auf defekten Arbeitsspeicher zurückzuführen. In Windows Server 2022 ist daher ein spezielles Diagnoseprogramm integriert, das den Arbeitsspeicher ausführlich auf Fehler überprüft (siehe Abbildung 12.7). Sie können das Tool über *mdsched* aufrufen. Es steht auch in der Programmgruppe *Verwaltung* zur Verfügung und – wenn Sie den Server mit der DVD oder einem USB-Stick starten – über die *Computerreparaturoptionen*.

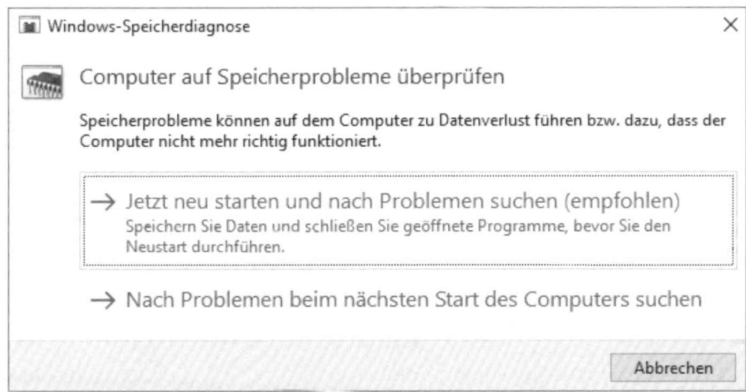

Abb. 12.7 Diagnose des Arbeitsspeichers bei Problemen mit dem Server durchführen

Überwachung und Fehlerbehebung

Sie können entweder den Server sofort neu starten und eine Diagnose durchführen oder festlegen, dass die Diagnose erst beim nächsten Systemstart durchgeführt werden soll. Während der Speicherdiagnose prüft das Programm, ob der eingebaute Arbeitsspeicher Fehler aufweist, was eine häufige Ursache für ungeklärte Abstürze ist.

Nachdem der Test abgeschlossen ist, startet der Server automatisch neu und meldet das Ergebnis über ein Symbol im Infobereich der Taskleiste. Über die Funktionstaste F1 gelangen Sie zu den Optionen der Überwachung und können verschiedene Überprüfungsmethoden auswählen und mit F10 starten. Ist der Test beendet, startet der Server automatisch wieder. Sie müssen daher nicht warten, bis der Test abgeschlossen ist, damit der Server wieder zur Verfügung steht.

12.2.5 Prozessorauslastung messen und optimieren

Auch die Prozessorleistung kann einen Flaschenhals darstellen. Zu wenig Hauptspeicher kann die Konsequenz haben, dass der Prozessor sehr stark belastet wird. Denn die Auslagerung von Seiten und viele andere Vorgänge gehen natürlich nicht spurlos am Prozessor vorbei. Er hat an der Verwaltung des Arbeitsspeichers einen relativ hohen Anteil. Da Engpässe beim Hauptspeicher typischerweise deutlich kostengünstiger zu beheben sind als solche beim Prozessor, sollte diese Situation zunächst untersucht werden.

Die Auslastung ist kein Problem, wenn sie kurzzeitig über 90 % liegt oder wenn das gelegentlich vorkommt. Zum Problem wird sie, wenn sie über längere Zeiträume in diesem Bereich liegt. Aber auch dann muss man mit der Analyse noch etwas vorsichtig sein. Bei Mehrprozessorsystemen gilt das Augenmerk vor allem den Leistungsindikatoren aus dem Objekt *System*. Dort werden Informationen von mehreren Systemkomponenten zusammengefasst.

So kann dort beispielsweise die Gesamtbelastung aller Prozessoren ermittelt werden. Ergänzend ist aber auch hier der Leistungsindikator *Prozessorzeit* des Objekts *Prozessor* von Bedeutung. Wenn viele verschiedene Prozesse ausgeführt werden, ist eine einigermaßen gleichmäßige Lastverteilung fast sicher. Bei einem einzelnen Prozess ist dagegen die Aufteilung in einigermaßen gleichgewichtige Threads wichtig. Ein Thread ist eine Ausführungseinheit eines Prozesses. Wenn ein Prozess mehrere Threads verwendet, können diese auf unterschiedlichen Prozessoren ausgeführt werden. Die Verteilung erfolgt entsprechend der Auslastung der einzelnen Prozessoren durch das System.

Eine hohe Zahl von Warteschlangen bedeutet, dass mehrere Threads rechenbereit sind, ihnen aber vom System noch keine Rechenzeit zugewiesen wurde. Die Faustregel für diesen Wert ist, dass er nicht allzu häufig über 2 liegen sollte. Wenn die Auslastung des Prozessors im Durchschnitt relativ gering ist, spielt dieser Wert nur eine untergeordnete Rolle.

Eine konstant hohe CPU-Nutzungsrate macht deutlich, dass der Prozessor eines Servers überlastet ist. Überwachen Sie in der Leistungsüberwachung von Windows Server 2022 den Leistungsindikator *Prozessor: Prozessorzeit (%)*. Dieser Leistungsindikator überwacht die Zeit, die die CPU zur Verarbeitung eines Threads benötigt, der sich nicht im Leerlauf befindet. Ein konstanter Status von 80 bis 90 % ist zu viel. Bei Multiprozessorsystemen sollten Sie für jeden Prozessor eine eigene Instanz dieses Leistungsindikators überwachen. Dieser Wert stellt die Summe der Prozessorzeit für einen bestimmten Prozessor dar.

Zusätzlich können Sie die Prozessornutzung aber auch über *Prozessor: Privilegierte Zeit (%)* überwachen. Dieser gibt den prozentualen Anteil an der Gesamtzeit an, die der Prozessor benötigt, um Windows-Kernelbefehle, wie die Verarbeitung von E/A-Anforderungen von SQL Server, auszuführen. Sollte dieser Leistungsindikator bei hohen Werten für die Leistungsindikatoren *Physischer Datenträger* dauerhaft hoch sein, sollten Sie die Installation eines schnelleren oder effizienteren Datenträgers planen.

- **Prozessor: Benutzerzeit (%)** gibt den prozentualen Anteil an der Gesamtzeit an, die der Prozessor benötigt, um Benutzerprozesse wie die des SQL-Servers auszuführen.
- **System: Prozessor-Warteschlangenlänge** zählt die Threads, die auf Prozessorzeit warten. Ein Prozessorengpass entsteht, wenn die Threads eines Prozesses mehr Prozessorzyklen benötigen, als zur Verfügung stehen. Wenn viele Prozesse versuchen, Prozessorzeit zu beanspruchen, sollten Sie einen schnelleren Prozessor installieren.

12.2.6 Der Task-Manager als Analysewerkzeug

Ein weiteres wichtiges Werkzeug für die Analyse der Performance ist der Windows Task-Manager. Dieser zeichnet sich dadurch aus, dass er mit sehr wenig Aufwand genutzt werden kann. Sie können den Task-Manager durch einen Klick mit der rechten Maus auf die Taskleiste über deren Kontextmenü aufrufen.

Alternativ können Sie den Task-Manager über das Menü aufrufen, das mit der Tastenkombination `Strg`+`Alt`+`Entf` erscheint, oder über *taskmgr* im Suchfeld der Taskleiste. Direkt lässt er sich über die Tastenkombination `Strg`+`⇧`+`Esc` starten.

Im Task-Manager finden Sie folgende Bereiche:

- **Prozesse** gibt einen Überblick über die aktuell laufenden Anwendungen. Angezeigt wird der Status dieser Anwendungen. Darüber hinaus können Sie über das Kontextmenü der Anwendungen steuern, wie diese angezeigt werden sollen. Außerdem können Sie hier laufende Anwendungen (Tasks) beenden.
- **Leistung** gibt einen schnellen Überblick zum aktuellen Leistungsverbrauch des Computers. Dahinter verbirgt sich ein kleiner Systemmonitor, der die wichtigsten Informationen zur Systemauslastung in grafischer Form zur Verfügung stellt. In kleinen Fenstern wird die Auslastung der CPU und des Speichers zum aktuellen Zeitpunkt und im Zeitablauf dargestellt. Darunter findet sich eine Fülle von Informationen rund um die aktuelle Speichernutzung (siehe Abbildung 12.8).
- **Benutzer** liefert Informationen über die aktuell gestarteten Programme der angemeldeten Benutzer auf dem Computer.
- **Details** liefert einen Überblick über die derzeit aktiven Prozesse. Dabei handelt es sich nicht nur um Anwendungen, sondern auch um die gesamten Systemdienste, die im Hintergrund ausgeführt werden. Mehr zu den Diensten sehen Sie auf der Registerkarte *Dienste*. Zu jedem dieser Prozesse werden Informationen über die Prozess-ID (PID), den aktuellen Anteil an der Nutzung der CPU, die insgesamt in dieser Arbeitssitzung konsumierte CPU-Zeit sowie die aktuelle Speichernutzung angezeigt. Gerade diese letzte Information ist von besonderem Interesse, da sie darüber informiert, in welchem Umfang Anwendungen den Hauptspeicher tatsächlich nutzen – ohne dass man komplexe Parameter überwachen muss. Auch hier können Prozesse über die entsprechende

Schaltfläche wieder beendet werden. Sie sollten damit allerdings sehr vorsichtig sein, da das Beenden eines Dienstes dazu führen kann, dass Ihr System nicht mehr korrekt ausgeführt wird.

- **Dienste** zeigt Informationen zu den Systemdiensten an.

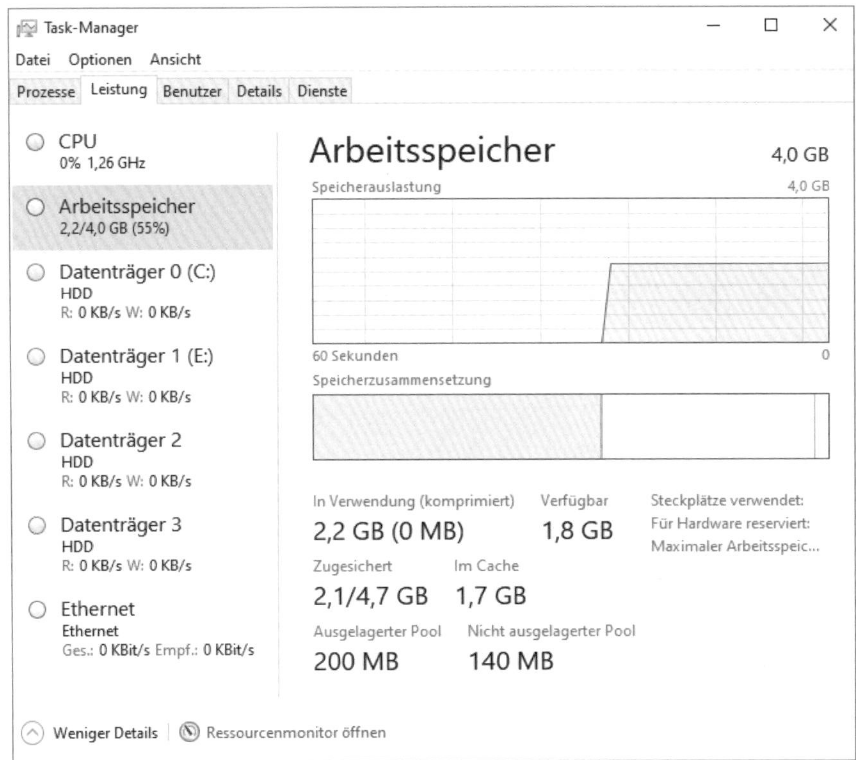

Abb. 12.8 Systemdiagnose in Windows Server 2022

Von besonderem Interesse ist dabei das Verhältnis von insgesamt zugesichertem virtuellem Speicher und dem physisch vorhandenen Hauptspeicher. Wenn mehr virtueller Speicher zugesichert ist, als im System vorhanden ist, muss auf jeden Fall ausgelagert werden. Eine optimale Systemgestaltung führt dazu, dass ausreichend physischer Hauptspeicher vorhanden ist beziehungsweise der Mittelwert des zugesicherten virtuellen Speichers zumindest nicht wesentlich über dem physischen Hauptspeicher liegt.

12.2.7 Laufwerke und Datenträger überwachen – Leistungsüberwachung und Zusatztools

Der folgende Abschnitt geht auf Tools ein, mit denen Sie Datenträger und Laufwerke in Windows Server 2022 überwachen können. Auf diesem Weg können Sie eventuellen Problemen mit den Servern vorgreifen. Sie können aber mit der Windows-Leistungsüberwachung, die ich in diesem Kapitel an den verschiedenen Stellen behandelt habe, ebenfalls die Datenträger im System überwachen.

Die folgenden zwei Leistungsindikatoren können überwacht werden, um die Datenträgeraktivität zu bestimmen:

- **Physikalischer Datenträger: Zeit (%)** – Prozentsatz der Zeit, den der Datenträger für Lese-/Schreibaktivitäten benötigt. Wenn der Leistungsindikator einen hohen Wert besitzt, überprüfen Sie noch *Physikalischer Datenträger: Aktuelle Warteschlangenlänge*, um festzustellen, wie viele Anforderungen auf einen Datenträgerzugriff warten. Die Anzahl der wartenden E/A-Anforderungen sollte das Anderthalb- bis Zweifache der Anzahl der Spindeln, aus denen sich der physische Datenträger zusammensetzt, nicht überschreiten. Wenn *Aktuelle Warteschlangenlänge* und *Zeit (%)* durchgängig sehr hoch sind, müssen Sie den Datenträger entlasten, weitere Datenträger einsetzen und die verschiedenen Datenbankdateien aufteilen oder einen weiteren Server hinzufügen (siehe Kapitel 4).
- **Physikalischer Datenträger: Durchschnittliche Warteschlangenlänge des Datenträgers** – Überwachen Sie den *Arbeitsspeicher: Seitenfehler/s*, damit die Datenträgeraktivität nicht durch Auslagern verursacht wird. In diesem Fall liegt das Problem nicht am Datenträger, sondern an fehlendem Arbeitsspeicher.

Wenn Sie über mehr als eine logische Partition auf derselben Festplatte verfügen, sollten Sie statt der Leistungsindikatoren für physische Arbeitsspeicher die Leistungsindikatoren für logische Datenträger verwenden. Haben Sie die Datenträger mit hoher Lese-/Schreibaktivität festgestellt, können Sie zum Beispiel mit *Logischer Datenträger: Bytes geschrieben/s* den Fehler weiter eingrenzen.

12.3 Aufgabenplanung – Windows automatisieren

Die Aufgabenplanung wird durch einen eigenen Menüpunkt in der Computerverwaltung (*compmgmt.msc*) konfiguriert. Sie können sie auch über *Systemsteuerung | System und Sicherheit | Verwaltung | Aufgabenplanung* oder über das Suchfeld der Taskleiste durch Eintippen von *taskschd.msc* aufrufen (siehe Abbildung 12.9).

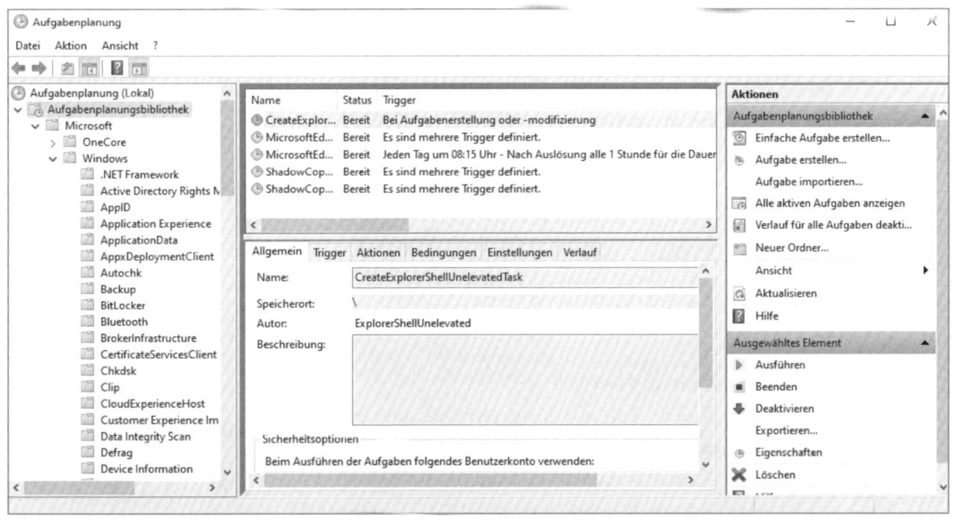

Abb. 12.9 Aufgabenplanung in Windows Server 2022

Parallel dazu können Sie die Aufgaben eines Servers über den Menüpunkt *Geplante Aufgaben* im Windows Admin Center verwalten (siehe Abbildung 12.10). Das funktioniert auch remote über das Internet mit Azure Arc (siehe Kapitel 3).

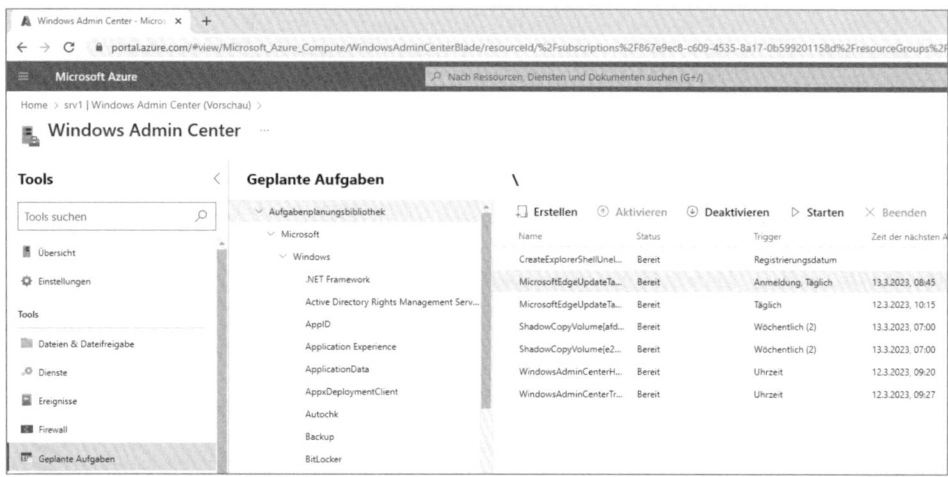

Abb. 12.10 Aufgaben lassen sich mit dem Windows Admin Center ebenfalls verwalten.

12.3.1 Aufgabenplanung verstehen

Das Hauptfenster in der Mitte der Aufgabenplanung ist in drei Bereiche untergliedert. Sie können die einzelnen Menüs ausblenden, wenn Sie auf den kleinen Pfeil am Ende des Balkens klicken. Klicken Sie auf den obersten Punkt *Aufgabenplanung*, ändert sich der Inhalt des mittleren Fensters:

- **Übersicht über die Aufgabenplanung** – Hier wird ein kurzer Hilfetext angezeigt, der die Möglichkeiten des Aufgabenplaners erläutert. Da dieser Text sich nicht dynamisch ändert, können Sie diesen Bereich normalerweise ausblenden.
- **Aufgabenstatus** – Dieser Bereich zeigt alle Aufgaben an, die auch von Windows Server 2022 intern durchgeführt werden. Sie können einzelne Aufgaben anzeigen lassen und erkennen, wann diese ausgeführt wurden.
- **Aktive Aufgaben** – Hier werden alle Aufgaben angezeigt, die zwar aktiv, aber noch nicht durchgeführt sind. Sie können per Doppelklick auf die einzelnen Aufgaben deren Konfiguration überprüfen und abändern. Sie sehen hier auch einige Systemaufgaben. Um die Einstellungen der Aufgabe zu ändern, zum Beispiel den Zeitpunkt des Starts, können Sie im neuen Fenster, in dem ihre Konfiguration angezeigt wird, doppelt auf die Aufgabe klicken. Es öffnet sich ein weiteres Fenster, über das Sie die Einstellungen anpassen können.

Die Einheit für Vorgänge in der Aufgabenplanung ist ein *Task*. Ein solcher Task besteht aus verschiedenen Startbedingungen, einschließlich Triggern, Bedingungen und Einstellungen sowie einer oder mehreren Aktionen:

- **Trigger** sind Kriteriensätze, bei deren Erfüllung ein Task ausgeführt wird. Sie können zeit- oder ereignisabhängig sein und es können Parameter wie Startzeitpunkte und Wiederholungskriterien angegeben werden (siehe Abbildung 12.11).

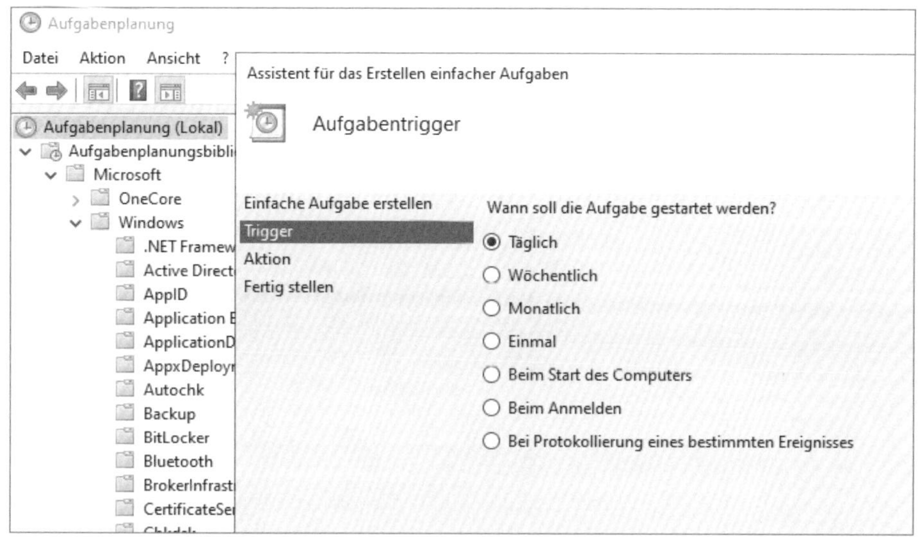

Abb. 12.11 Einfache Aufgaben in Windows Server 2022 erstellen

- **Bedingungen** schränken Tasks so ein, dass sie nur ausgeführt werden, wenn sich der Computer in einem bestimmten Zustand befindet. Ein Task wird nur ausgeführt, wenn ein Trigger erfüllt ist und alle für den Task definierten Bedingungen wahr sind. Beispielsweise können Sie mithilfe von Bedingungen erreichen, dass ein Programm beim Eintreten eines Ereignisses nur gestartet wird, wenn das Netzwerk verfügbar ist, oder dass eine Aktion zu einem bestimmten Zeitpunkt nur gestartet wird, wenn der Computer im Leerlauf ist.
- **Einstellungen** legen die Ausführungsoptionen fest. Dadurch können Sie beispielsweise angeben, wie häufig eine fehlschlagende Aktion wiederholt werden soll.
- **Aktionen** sind die auszuführenden Befehle, wenn die Trigger und Bedingungen erfüllt sind. Mit einer Aktion können Sie etwa ein Programm starten oder eine E-Mail senden.

Wenn Sie eine Aufgabe aufgerufen haben, sehen Sie auf der rechten Seite der Managementkonsole, welche speziellen Aufgaben Sie durchführen können. Sie können zum Beispiel eine Aufgabe exportieren, um diese auf einem anderen Rechner zu importieren. Sie können Aufgaben deaktivieren, löschen oder sofort starten lassen.

In Windows Server 2022 können Sie Tasks, die abhängig vom Auftreten von Ereignissen gestartet werden sollen, sehr einfach mit dem Taskplaner-Assistenten einrichten. Ein Administrator kann in der Ereignisanzeige das als Trigger zu verwendende Ereignis auswählen und mit nur einem Klick den Taskplaner-Assistenten starten, um den Task einzurichten.

Durch die nahtlose Integration der Taskplaner-Benutzeroberfläche in die Ereignisanzeige können Sie einen durch ein Ereignis ausgelösten Task mit wenigen Mausklicks erstellen. Klicken Sie das Ereignis mit der rechten Maustaste an und wählen Sie die Option *Aufgabe an dieses Ereignis anfügen* (siehe Abbildung 12.12).

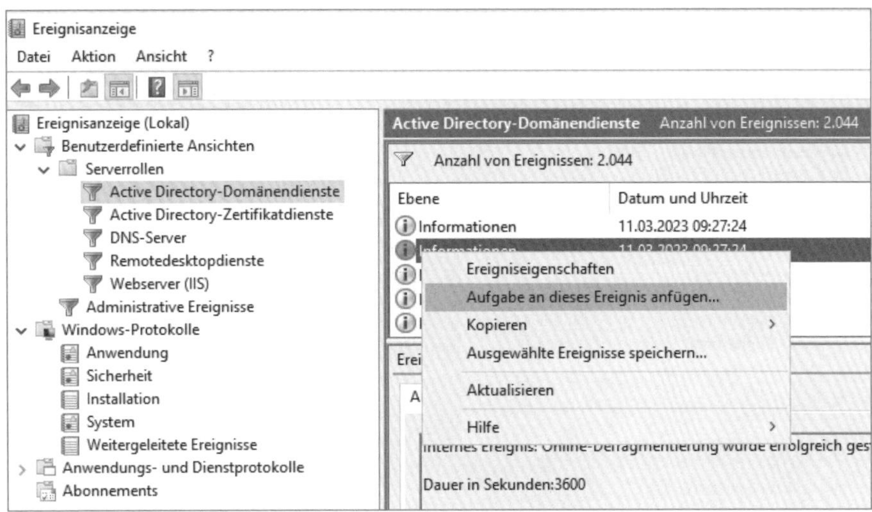

Abb. 12.12 Aufgaben lassen sich automatisiert beim Auftreten bestimmter Ereignisse starten.

Über Ereignisse hinaus unterstützt der Taskplaner von Windows Server 2022 weitere Triggertypen, beispielsweise solche, die Tasks starten, wenn der Computer startet, sich ein Benutzer anmeldet oder sich der Computer im Leerlauf befindet. Mithilfe weiterer zusätzlicher Trigger können Administratoren Tasks einrichten, die abhängig vom Sitzungsstatus gestartet werden, zum Beispiel beim Herstellen oder Trennen einer Verbindung mit Remotedesktop oder beim Sperren und Entsperren einer Arbeitsstation. Mit dem Taskplaner können Sie Tasks weiterhin abhängig von Datum und Uhrzeit auslösen.

Im Taskplaner können Sie Trigger genauer anpassen und so detailliert festlegen, wann Tasks gestartet und wie häufig sie ausgeführt werden sollen. Ein Administrator kann einem Trigger eine Verzögerung hinzufügen oder einen Task einrichten, der nach dem Auftreten des Triggers in regelmäßigen Intervallen wiederholt wird.

Für jeden Task lassen sich mehrere Bedingungen definieren. Durch Bedingungen können Sie Tasks so einschränken, dass sie nur ausgeführt werden, wenn sich der Computer in einem bestimmten Zustand befindet. Beispielsweise können Sie mit dem Taskplaner erreichen, dass ein Programm beim Eintreten eines Ereignisses nur gestartet wird, wenn das Netzwerk verfügbar ist, dass eine Aktion zu einem bestimmten Zeitpunkt nur gestartet wird, wenn der Computer im Leerlauf ist, oder dass eine Aktion beim Anmelden nur gestartet wird, wenn sich der Computer nicht im Akkubetrieb befindet.

In Windows Server 2022 können mit einem bestimmten Task mehrere Trigger verbunden werden. Beispielsweise gilt eine bestimmte Fehlerbedingung möglicherweise nur beim Auftreten von drei verschiedenen Ereignissen als erfüllt. Ein Administrator kann einfach einen Task definieren, der nur gestartet wird, wenn alle drei Ereignisse auftreten. Für Tasks können nicht nur mehrere Trigger erforderlich sein, mit einem einzelnen Task können auch mehrere Aktionen gestartet werden.

Mit dem Taskplaner brauchen Sie beim aufeinanderfolgenden Ausführen von Tasks keine Vermutungen mehr anzustellen. Ein Administrator muss beispielsweise immer nachts um 1:00 Uhr einen bestimmten Batchprozess ausführen und nach dessen Abschluss seine Ergebnisse drucken. Vor Windows Server 2008 waren zum Automatisieren dieses Prozesses zwei Tasks erforderlich: ein um 1:00 Uhr gestarteter Task zum Ausführen der Batchdatei und ein zweiter Task zum Drucken der Ergebnisse. Sie mussten die Dauer zur Ausführung des Batchprozesses schätzen und den Drucktask so einrichten, dass er nach einem angemessenen Zeitraum gestartet wird.

Wenn der Batchprozess beim Starten des Druckprozesses noch nicht abgeschlossen war (oder sogar fehlschlug), wurden die Ergebnisse nicht gedruckt. Mit Windows Server 2022 ist dieses Szenario einfach zu verwalten. Ein einzelner Task kann definiert werden, mit dem der Batchprozess um 1:00 Uhr ausgeführt wird und nach dessen Abschluss die Ergebnisse gedruckt werden.

Der Taskplaner stellt die Ausführung von Tasks auch dann sicher, wenn sich ein Computer zum geplanten Zeitpunkt im Stand-by-Modus befindet. Durch die Funktionalität, durch die der Taskplaner einen Computer zum Ausführen eines Tasks aus dem Stand-by-Modus oder Ruhezustand reaktivieren kann, können Sie die Vorteile der verbesserten Stromsparmodi von Windows Server 2022 nutzen, ohne darauf achten zu müssen, ob wichtige Tasks pünktlich ausgeführt werden.

Neben dem Reaktivieren eines Computers zum Ausführen eines Tasks können Sie nun durch eine Option festlegen, dass ein Task ausgeführt wird, sobald der Computer verfügbar ist. Wenn Sie diese Option aktivieren und der geplante Ausführungszeitpunkt eines Tasks nicht eingehalten wurde, wird dieser beim nächsten Einschalten des Computers vom Taskplaner ausgeführt.

Für Administratoren, die statt mit der grafischen Oberfläche bevorzugt mit der Eingabeaufforderung arbeiten, wurde das Befehlszeilentool *Schtasks* so erweitert, dass es auch die in Windows Server 2022 neu hinzugekommenen Funktionen umfasst.

12.3.2 Erstellen einer neuen Aufgabe

Um eine manuelle Aufgabe zu erstellen, stehen Ihnen drei Möglichkeiten zur Verfügung. Nachdem Sie die Aufgabenplanung gestartet haben, werden auf der rechten Seite die Aktionen angezeigt, die Sie durchführen können (siehe Abbildung 12.13). Um eine neue Aufgabe zu erstellen, gibt es drei Möglichkeiten:

- **Einfache Aufgabe erstellen** – Mithilfe dieser Aktion wird ein Assistent gestartet, der Sie bei der Erstellung einer neuen Aufgabe unterstützt.
- **Aufgabe erstellen** – Wenn Sie diese Aktion auswählen, öffnet sich ein Aufgabenfenster, in dem Sie auf verschiedenen Registerkarten ohne Unterstützung von Assistenten die Aufgabe konfigurieren können.
- **Aufgabe importieren** – Mit dieser Option können Sie Aufgaben importieren, die Sie vorher auf dem gleichen PC oder einem anderen Computer exportiert haben.

Wenn Sie den Assistenten zum Erstellen einfacher Aufgaben starten, können Sie zunächst die Bezeichnung der Aufgaben sowie deren Beschreibung festlegen. Auf der nächsten Seite des Assistenten bestimmen Sie, wann diese Aufgabe durchgeführt werden soll.

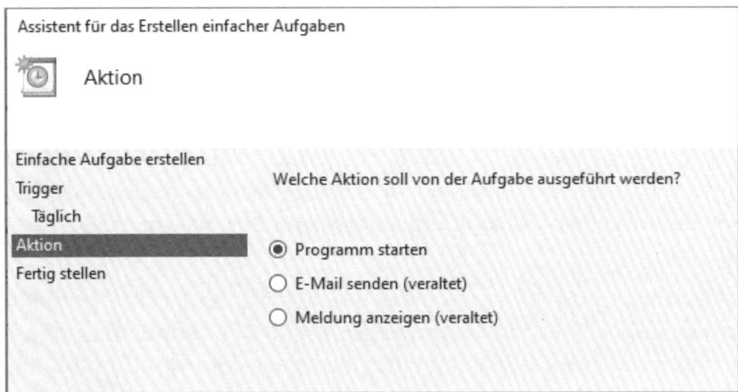

Abb. 12.13 Festlegen der Aktionen beim Starten einer Aufgabe

Abhängig von der Auswahl des Aufgabentriggers können Sie die Ausführung der Aufgabe auf dem nächsten Fenster detailliert spezifizieren. Haben Sie beispielsweise die tägliche Ausführung einer Aufgabe definiert, können Sie auf der nächsten Seite festlegen, zu welcher Uhrzeit sie durchgeführt werden soll.

Als Nächstes legen Sie fest, welche Aktion diese Aufgabe durchführen soll. Sie können entweder ein Programm starten, was die häufigste Aufgabe ist, eine E-Mail schicken oder eine Meldung anzeigen lassen. Als ausführbares Programm können Sie zum Beispiel eine Batchdatei starten lassen.

Auf der nächsten Seite des Assistenten wird Ihnen nochmals eine Zusammenfassung angezeigt. Sie können sich nach der Fertigstellung die Eigenschaften der Aufgabe anzeigen lassen und alle Werte anpassen, wenn Sie nachträglich Änderungen vornehmen wollen.

Nachdem Sie die Aufgabe erstellt haben, wird diese bei den aktiven Aufgaben angezeigt. Sie können auf eine dieser Aufgaben doppelklicken, um das zugehörige Konfigurationsfenster zu öffnen. Hier lässt sich die Aufgabe konfigurieren oder sofort starten. An dieser Stelle können Aufgaben gelöscht oder lediglich deaktiviert werden.

Erstellen Sie eine neue geplante Aufgabe in Windows, können Sie PowerShell-Skripts hinterlegen. Dazu müssen Sie die PowerShell als ausführende Datei definieren und anschließend noch die folgende Syntax verwenden:

Als *Aktion* legen Sie bei *Programm/Skript* den Befehl *powershell.exe* fest. Bei *Argumente hinzufügen* tragen Sie die folgende Zeile ein:

-Command "&<Pfad in dem sich das Skript befindet>"

12.4 Prozesse und Dienste überwachen

Der nächste Abschnitt geht vor allem auf Tools ein, mit denen Sie die laufenden Prozesse auf dem Server überwachen und anzeigen lassen können. Insbesondere bei der Systemdiagnose sind die Folgenden nützlich.

12.4.1 Dienste in der PowerShell verwalten

Das Verwalten, Überprüfen, Starten und Beenden von Systemdiensten ist eine Aufgabe, die Administratoren häufig auf verschiedenen Servern durchführen müssen. In vielen Fällen wird hier auf die grafische Oberfläche gesetzt.

Am schnellsten rufen Sie die Verwaltungsoberfläche der Systemdienste in Windows durch die Eingabe von *services.msc* auf. Hier ist die Verwaltung der Systemdienste aber meistens nicht so effektiv möglich wie in der PowerShell. Dort können Systemdienste schnell überprüft und gestartet werden, da nicht erst der Start der grafischen Oberfläche notwendig ist.

Wer häufiger Systemdienste auf Windows-Servern verwaltet, setzt idealerweise auf einen Mix aus grafischer Oberfläche (*services.msc*), PowerShell und Eingabeaufforderung. Letztere wird allerdings immer weniger genutzt, da hier nicht sehr viele Möglichkeiten zur Verfügung stehen. In der PowerShell können Sie mit dem Befehl *Get-Help *-Service* alle Cmdlets zur Steuerung von Systemdiensten in Windows anzeigen.

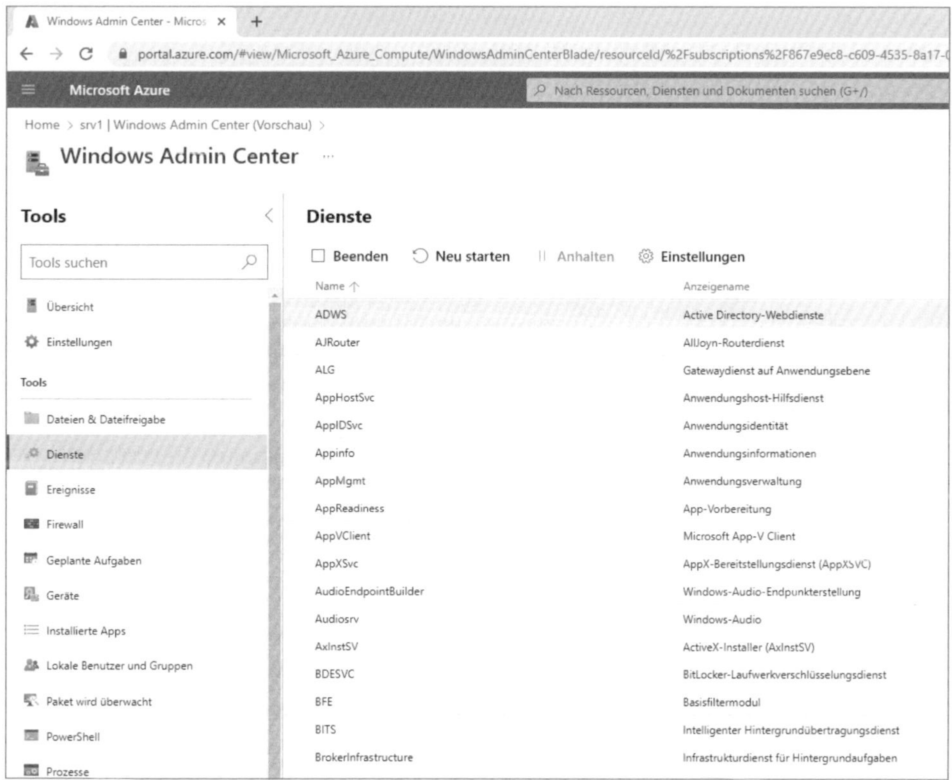

Abb. 12.14 Verwalten von Systemdiensten über das Windows Admin Center, auch über das Internet zur Remoteverwaltung

In Kapitel 3 lernten Sie die Installation und Einrichtung des Windows Admin Centers zur Verwaltung des Servers über den Webbrowser kennen. Interessant ist an dieser Stelle auch die Anbindung an Azure Arc. Dadurch können Sie Ihren Server von überall sicher über das Internet mit dem Windows Admin Center verwalten. Dazu sind kein VPN und keine andere Anbindung notwendig. Im Windows Admin Center ist dazu links der Menüpunkt

Dienste zu finden (siehe Abbildung 12.14). Das gilt für das Windows Admin Center im lokalen Rechenzentrum genauso wie bei seiner Verwendung über die Cloud. Sie sehen an dieser Stelle alle Dienste und können sie bei Problemen neu starten, beenden oder ihre Einstellungen anpassen.

Systemdienste in der PowerShell starten

Zusätzlich besteht die Möglichkeit, durch Pipelines bestimmte Dienste auf einmal neu zu starten. In der grafischen Oberfläche können immer nur einzelne Dienste gestartet werden. Ein Beispiel wäre das Starten aller Systemdienste von Microsoft Exchange, wenn diese nicht ordnungsgemäß funktionieren. Dazu rufen Sie zunächst mit Get-Service *Exchange* den Namen der Systemdienste auf, die mit Microsoft Exchange zusammenhängen. Über eine Pipeline können Sie die Namen gleich an *Start-Service* weitergeben. Dienste, die nicht gestartet sind, werden auf diesem Weg gestartet und Sie erhalten eine Information, welcher Dienst bereits gestartet ist, nicht gestartet werden kann oder erfolgreich gestartet werden konnte:

Get-Service *Exchange* | Start-Service

Dienste in der PowerShell und Befehlszeile steuern

Dienste können Sie in der PowerShell mit den Cmdlets *Start-Service*, *Stop-Service*, *Get-Service* und *Set-Service* überprüfen, starten und beenden. Durch die Pipeline-Funktionen in der PowerShell können die Ergebnisse eines PowerShell-Befehls an andere Cmdlets übergeben werden. Hier gibt es eine Vielzahl an Möglichkeiten.

Neben der PowerShell können Sie die Befehlszeilentools *net start* und *net stop* nutzen. Die Befehle funktionieren in der PowerShell, unterstützen aber natürlich nicht die Pipeline und andere Vorteile, die mit ihr möglich sind. Aber auch diese Befehle können zusammen mit der PowerShell genutzt werden, zum Beispiel, um eine Liste der gestarteten Dienste anzuzeigen und in einer Textdatei zu speichern. In der Eingabeaufforderung sehen Sie die gestarteten Dienste über *net start*. Mit *net start >dienste.txt* werden alle gestarteten Dienste in die Datei *dienste.txt* gespeichert.

Eine weitere Möglichkeit ist der Befehl *sc query*, der mehr Informationen als *net start* liefert, aber ebenfalls nicht so viele Daten, wie die PowerShell anzeigen kann. Um alle Dienste und deren Status in der PowerShell anzuzeigen, verwenden Sie *Get-Service*. Auch hier können Sie die Ausgabe in eine Datei umleiten, zum Beispiel mit *Get-Service >c:\temp\dienste.txt*. Wollen Sie umfassendere Informationen zu Diensten anzeigen, leiten Sie *Get-Service* zunächst mit der Pipeline zum Cmdlet *Format-List* um, beispielsweise mit *Get-Service |fl >c:\temp\dienste.txt*. Mit *Get-Service* können Sie die Dienste anzeigen, von denen ein Dienst, nach dem Sie suchen, abhängt. Dazu verwenden Sie den Parameter *-RequiredServices*:

Get-Service "WinRM" -RequiredServices

Anzeigen der Abhängigkeiten eines Systemdienstes

Sie können mit dem Parameter *-DependentServices* wiederum alle Dienste anzeigen, die vom angegebenen Dienst abhängen. Wenn Sie einen Dienst starten wollen, der aber nicht starten kann, weil Dienste nicht gestartet sind, von denen er abhängt, können Sie die Dienste herausfinden und ebenfalls gleich starten:

Get-Service samss | Foreach { Start-Service $_.name -passthru; Start-Service $_.DependentServices -passthru}

Dienste lassen sich in der Eingabeaufforderung über *net stop <Dienstname>* stoppen und über *net start <Dienstname>* starten. Auch mit *sc* können Dienste gestartet und beendet werden. Eine Hilfe des Befehls wird angezeigt, wenn Sie in der PowerShell oder Eingabeaufforderung nur *sc* eingeben.

Das geht alles natürlich auch in der PowerShell mit *Stop-Service* und *Start-Service*. Die PowerShell bietet hier zusätzlich noch die Möglichkeit, Dienste mit *Restart-Service* zu beenden und neu zu starten. In der Befehlszeile müssen Sie dazu die beiden Befehle *net stop* und *net start* mit *net stop <Dienst> && net start <Dienst>* kombinieren.

Dienste in der PowerShell über das Netzwerk anzeigen

Mit der PowerShell zeigen Sie alle Dienste eines Computers mit *Get-Service* an. Um nach bestimmten Diensten zu suchen, verwenden Sie den Platzhalter * zusammen mit dem Text, den Sie suchen. Der Befehl *Get-Service *Exchange** zeigt zum Beispiel alle Systemdienste mit dem Text *Exchange* an. Sie können bestimmte Texte aus der Suche ausschließen, zum Beispiel:

*Get-Service -Name *Exchange* -Exclude "Hyper-V"*

Sollen nur gestartete Dienste angezeigt werden, verwenden Sie:

Get-Service | Where-Object {$_.Status -eq "Running"}

Auch die beendeten Dienste können Sie auf diesem Weg anzeigen:

Get-Service | Where-Object {$_.Status -eq "Stopped"}

Um Dienste sortiert nach ihrem Status anzuzeigen, verwenden Sie wieder Pipelines und übergeben die Ausgabe von *Get-Service* an das Cmdlet *Sort-Object*.

Get-Service | Sort-Object status

Das Cmdlet *Get-Service* ist in der Lage, alle diese Informationen über das Netzwerk von anderen Computern abzufragen. Dazu verwenden Sie bei den verschiedenen Cmdlets und Befehlen aus den vorangegangenen Abschnitten noch den Parameter *-Computername*, zum Beispiel:

Get-Service -Computername dc01 | Where-Object {$_.Status -eq "Stopped"}

Über diesen Weg können Sie den Status von verschiedenen Systemdiensten auf den einzelnen Servern im Netzwerk überprüfen, zum Beispiel mit:

Get-Service spooler -ComputerName dc01, dc02, dl20

Um ausführlichere Informationen zu einem Dienst anzuzeigen, übergeben Sie das Ergebnis von *Get-Service* an das Cmdlet *Select-Object* und lassen sich mit dem Platzhalter * alle Informationen anzeigen:

*Get-Service "Altaro.HyperV.WAN.RemoteService.exe"| Select-Object **

Anzeigen von ausführlicheren Informationen für Dienste in der PowerShell

Mit einem kleinen Skript können Sie überprüfen, ob ein bestimmter Dienst auf einem Computer existiert:

```
if (Get-Service "<Name des Dienstes>" -ErrorAction SilentlyContinue)
{
Write-host "ServiceTest exists"
}
```

Dienste starten, beenden und neu starten

Die Parameter und Möglichkeiten von *Get-Service* lassen sich zum großen Teil mit den Cmdlets zum Dienste-Starten (*Start-Service*), Dienste-Beenden (*Stop-Service*) oder Dienste-Neustarten (*Restart-Service*) verwenden. Mit *Start-Service* können Dienste direkt über ihren Dienstnamen gestartet werden, zum Beispiel:

Start-Service -Name "eventlog"

Sollen Dienste mit ihrem Anzeigenamen gestartet werden, nutzen Sie den Parameter *-DisplayName*:

*Start-Service -DisplayName *remote**

Mit *Start-Service* kann der Start eines Dienstes simuliert werden, um die Auswirkungen anzuzeigen, ohne ihn tatsächlich zu starten. Dazu verwenden Sie am Ende des Befehls den Parameter *-WhatIf*. Diese Möglichkeiten gelten auch für das Cmdlet zum Beenden von Diensten *Stop-Service*.

Auch die Parameter, die *Start-Service* bietet, können mit *Stop-Service* arbeiten. Kann ein Dienst nicht beendet werden, verwenden Sie den Parameter *-Force*. In diesem Fall werden aber alle Dienste beendet, die von diesem Dienst abhängen. Das Cmdlet *Restart-Service* kann mit den erwähnten Parametern und Möglichkeiten arbeiten, um Dienste neu zu starten.

Wollen Sie mehrere Dienste, die gestartet sind, beenden, dann können Sie das ebenfalls in einem Befehl durchführen:

Get-Service bits,spooler | where {$_.status -eq 'running'} | Stop-Service -passthru

Mit dem Cmdlet *Set-Service* können die Einstellungen von Diensten angepasst werden. Mit der Option *-StartupType* setzen Sie den Starttyp eines Dienstes auf Automatisch (*Automatic*), Manuell (*Manuel*) oder Deaktiviert (*Disabled*):

Set-Service -Name "Altaro.HyperV.WAN.RemoteService.exe" -StartupType Automatic

Danach können Sie einen deaktivierten Dienst starten. Mit der Pipeline können Sie einen deaktivierten Dienst auf den Starttyp *Automatisch* setzen und dann gleich starten, zum Beispiel mit:

Set-Service -Name "Altaro.HyperV.WAN.RemoteService.exe" -StartupType Automatic | Start-Service -Name "Altaro.HyperV.WAN.RemoteService.exe"

Das funktioniert allerdings nicht immer. Startet der Dienst über die Pipeline nicht, starten Sie ihn danach mit *Start-Service* neu. Noch einfacher ist es, beim Anpassen eines Systemdienstes ihn gleich mit *Set-Service* zu starten. Dazu verwenden Sie den Parameter *-Status Running*:

Set-Service -Name "Altaro.HyperV.WAN.RemoteService.exe" -StartupType Automatic -Status Running -PassThru

Der Parameter *-PassThru* zeigt das Ergebnis an. Auch zum Pausieren von Diensten kann *Set-Service* verwendet werden:

Get-Service -Name "Altaro.HyperV.WAN.RemoteService.exe" | Set-Service -Status Paused

Nicht alle Dienste können angehalten und fortgesetzt werden. Unterstützt ein Dienst die Funktion nicht, erhalten Sie eine Fehlermeldung. Anhalten können Sie Dienste mit *Suspend-Service*:

Suspend-Service -Name "Altaro.HyperV.WAN.RemoteService.exe"

Sie können in der PowerShell überprüfen, welche Dienste pausiert und fortgesetzt werden können:

Get-Service samss | Format-List name, canpauseandcontinue

Um auf einem Computer alle Dienste anzuzeigen, die pausiert werden können, verwenden Sie:

Get-Service | Where-Object {$_.canpauseandcontinue -eq "True"}

Fortsetzen lassen sich Dienste mit dem Cmdlet *Resume-Service*. Neue Dienste erstellen Sie mit dem Cmdlet *New-Service*, zum Beispiel mit:

New-Service -Name "Test" -binaryPathName "C:\WINDOWS\System32\svchost.exe -k netsvcs"

12.4.2 Dateisystem, Registry und Prozesse überwachen – Sysinternals Process Monitor

Mit dem Sysinternals-Tool Process Monitor (*https://learn.microsoft.com/de-de/sysinternals/downloads/procmon*) können Sie in einer grafischen Oberfläche ausführlich und in Echtzeit alle Aktivitäten im Dateisystem, der Registry und der Prozesse/Threads überwachen und farblich markieren. Über Schaltflächen aktivieren Sie die einzelnen Überwachungsfunktionen durch einen Klick oder schalten diese wieder aus.

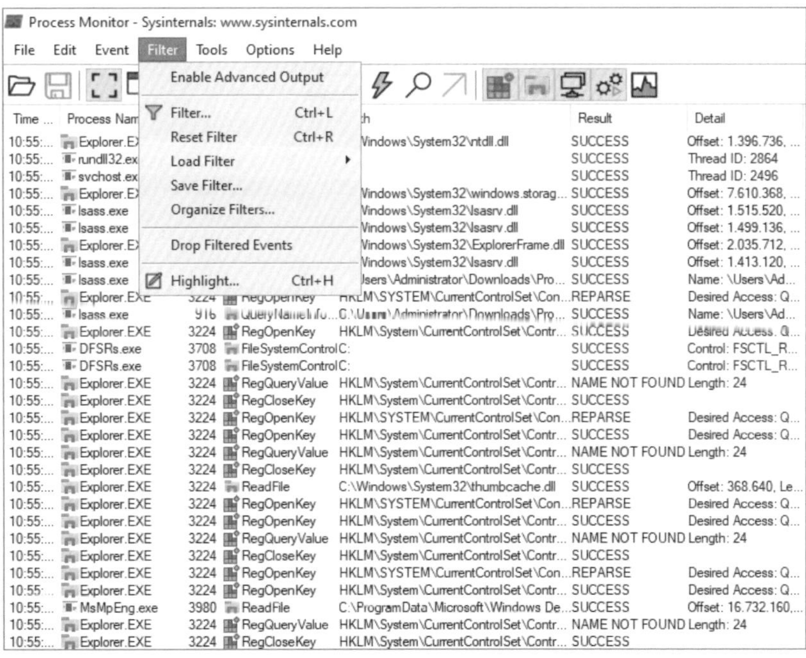

Abb. 12.15 Verwenden von Filtern für Process Monitor

Auch der Aufbau von TCP/IP-Verbindungen und den UDP-Verkehr, also den Netzwerkverkehr des Servers, lassen sich überwachen. Allerdings speichert der Process Monitor nicht den Inhalt der TCP-Pakete, sodass sich keine Daten auslesen lassen, sondern nur die reine Funktionalität des Netzwerks. Auf Wunsch kann Process Monitor mehr Informationen zu laufenden Prozessen anzeigen, zum Beispiel die zum Prozess gehörenden DLL-Dateien. Sie können mit Filtern die Anzeige anpassen und unnötige Informationen ausblenden oder den Fokus auf spezielle Daten legen (siehe Abbildung 12.15).

Im Menü *Tools* stehen verschiedene Ansichten zur Verfügung. Das Tool kann den Bootvorgang von Servern überwachen, da es sehr früh startet. Alle Ergebnisse lassen sich dabei in eine Datei umleiten. Kann Windows nicht starten, lässt sich durch Analyse dieser Datei der Fehler schnell finden.

Haben Sie die Anzeige angepasst, besteht die Möglichkeit, die Daten über das Menü *File* zu speichern. Auf einem anderen Rechner können Sie die Ausgabe jederzeit über das aktuelle Fenster wieder laden und Filter setzen sowie das Ergebnis durchsuchen.

Neben der Möglichkeit, die aktuelle Ausgabe zu speichern, lassen sich über *File | Export Configuration* die Einstellungen des Tools exportieren. Die Einstellung können Sie dann auf einem anderen Rechner wieder importieren, um sie nicht neu eingeben zu müssen. Im Menü steht dazu der *Import*-Befehl zur Verfügung.

Klicken Sie doppelt auf einen Eintrag, öffnet sich ein Fenster mit weiteren Informationen, die sehr detailliert die Arbeit des Prozesses und die dabei verwendeten Dateien beschreiben. Klicken Sie im Informationsfenster auf der Registerkarte *Process* oder *Stack* wiederum auf eine der beteiligten Dateien des Prozesses, können Sie von dieser Datei Informationen anzeigen lassen, zum Beispiel Version und Speicherort (siehe Abbildung 12.16).

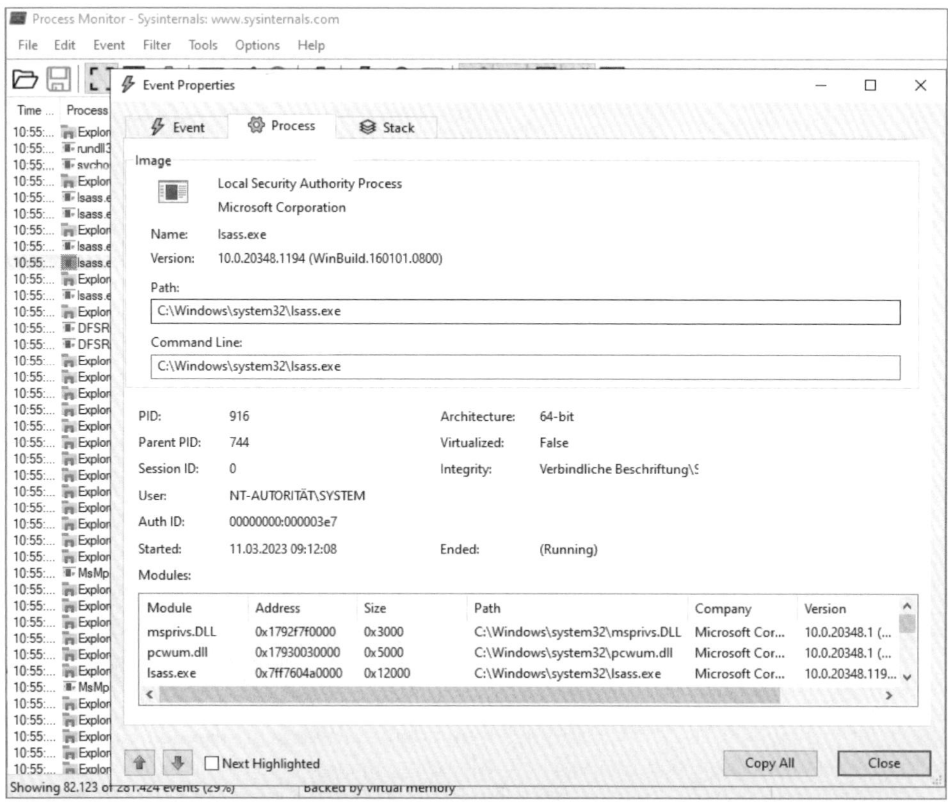

Abb. 12.16 Anzeigen weiterer Informationen zu Prozessen und beteiligten Dateien

Die Details eines Prozesses können Sie ebenfalls als CSV-Datei abspeichern, um sie später weiter zu analysieren. Wie bei *Autoruns* von Sysinternals (*https://learn.microsoft.com/en-us/sysinternals/downloads/autoruns*) haben Sie im Process Monitor die Möglichkeit, über das Kontextmenü eine Onlinesuche zum ausgewählten Prozess durchzuführen. Über das Kontextmenü können Sie einen Prozess und dessen Ausgabe farblich hervorheben.

Über das Kontextmenü eines Prozesses können Sie alle überwachten Vorgänge, die vor dem Prozess stattgefunden haben, ausblenden, indem Sie die Option *Exclude Events Before* auswählen. Weitere Möglichkeiten sind das Einblenden nur eines einzelnen Prozesses und der Vorgänge, die dieser durchführt. Filter erstellen Sie über den Menübefehl *Filter* | *Filter*. Erstellen Sie komplexe Filter, können Sie diese über den Menübefehl *Filter* | *Save Filter* abspeichern und über den Menübefehl *Filter* | *Load Filter* jederzeit erneut aufrufen.

Wollen Sie zum Beispiel nach dem Prozess filtern, der ein bestimmtes Fenster auf dem Desktop geöffnet oder ein Programm gestartet hat, ziehen Sie das Fadenkreuzsymbol in der Symbolleiste des Process Monitor mit der Maus auf das Fenster, dessen Prozess Sie anzeigen wollen. Anschließend erstellt Process Monitor automatisch einen Filter.

Wollen Sie den Speicherort einer Datei anzeigen oder im Registrierungs-Editor direkt zum ausgewählten Schlüssel wechseln, klicken Sie im Process Monitor den entsprechenden Eintrag mit der rechten Maustaste an und wählen im Kontextmenü den Eintrag *Jump To* (siehe Abbildung 12.17).

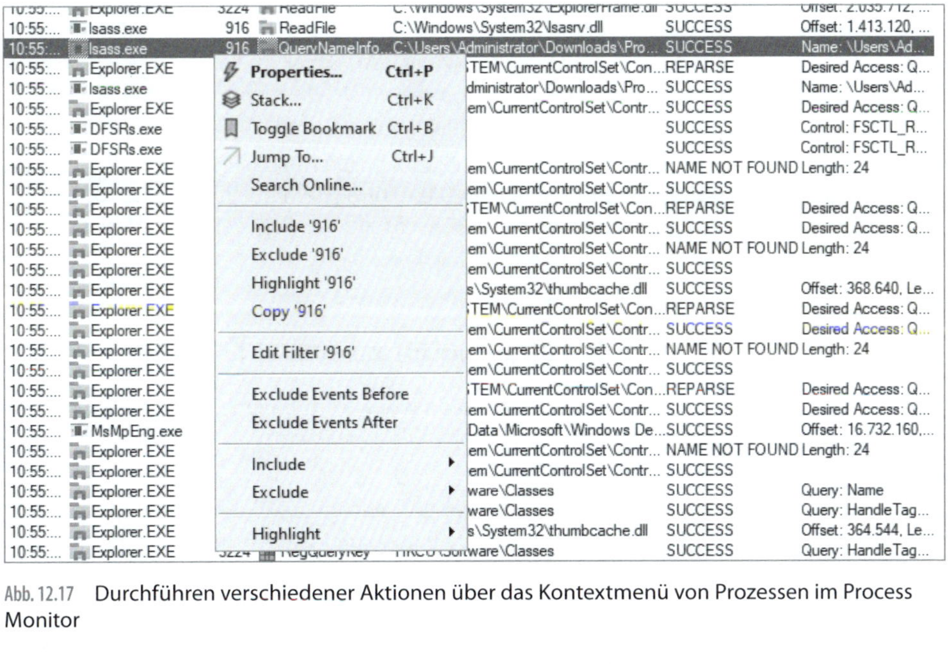

Abb. 12.17 Durchführen verschiedener Aktionen über das Kontextmenü von Prozessen im Process Monitor

Mit der Tastenkombination `Strg`+`T` rufen Sie den Process Tree auf. Hier erhalten Sie eine ähnliche Ansicht wie mit dem Process Explorer (*https://learn.microsoft.com/en-us/sysinternals/downloads/process-explorer*) und sehen gestartete Prozesse sowie deren Abhängigkeiten. Auch hier zeigt Process Monitor – falls möglich – das Symbol der Anwendung des Prozesses an.

Klicken Sie im Process Tree mit der rechten Maustaste auf einen Tracevorgang, können Sie über das Kontextmenü und der Auswahl von *Go To Event* zum aktuellen Vorgang springen, den der Prozess ausführt und den Process Monitor überwacht.

Wenn Sie Probleme mit einem Server haben und Hilfe benötigen, ist oft ein gespeicherter Tracevorgang von Process Monitor notwendig. Dazu starten Sie Process Monitor, erstellen Filter oder arbeiten mit dem Standardfilter und speichern dann den Tracevorgang mit *File | Save* ab. Anschließend erscheint ein Fenster, in dem Sie auswählen, welches Format Sie beim Speichern verwenden und welche Events der Speichervorgang enthalten soll.

Gespeicherte Tracevorgänge können Sie mit *File | Open* wieder öffnen und bearbeiten. Wenn Sie auf einem 32-Bit-System einen Tracevorgang speichern und auf einem 64-Bit-System öffnen wollen, müssen Sie Process Monitor (*Procmon.exe*) über die Eingabeaufforderung mit der Option */run32* starten.

Process Monitor speichert in der Datei nicht nur die Daten des Tracevorgangs, sondern auch den Namen des Computers, das Betriebssystem, die Anzahl der Prozessoren und den Arbeitsspeicher sowie den Systemtyp (32-Bit oder 64-Bit). Öffnen Sie einen gespeicherten Vorgang, können Sie diese Informationen über *Tools | System Details* ansehen.

Neben der Überwachung eines laufenden Systems können Sie Process Monitor so konfigurieren, dass es den Bootvorgang überwacht. Um einen solchen Vorgang auszuführen, wählen Sie im Menü *Options* den Befehl *Enable Boot Logging.*

Bei diesem Vorgang erstellt das Tool einen Treiber, der mit dem Systemstart gestartet wird. Dieser protokolliert alle Startvorgänge von Prozessen und Dienste, die vor der Benutzeranmeldung starten, und speichert die Daten im *Windows*-Ordner in der Datei *procmon.pmb.* Starten Sie Process Monitor das nächste Mal, erkennt er, dass eine Protokollierung des Bootvorgangs stattgefunden hat, und öffnet die entsprechende Datei.

Bestandteil des Downloadpakets ist eine englischsprachige Hilfedatei, die den Umgang mit dem Tool detailliert erläutert. Funktioniert die Darstellung der Hilfe nicht, rufen Sie die Eigenschaften der Datei in *procmon.chm* auf. Wechseln Sie zur Registerkarte *Allgemein* und aktivieren Sie ganz unten die Schaltfläche *Zulassen.*

12.4.3 Laufende Prozesse analysieren – Process Explorer

Ein wichtiges Tool für die Analyse der laufenden Prozesse auf einem Computer ist Process Explorer (*https://learn.microsoft.com/en-us/sysinternals/downloads/process-explorer*) von Sysinternals.

Process Explorer zeigt Prozesse in einem Fenster und darunter weitere Informationen zum aktuellen Prozess an, zum Beispiel einen aktuellen Zugriff auf Ordner. Das Tool enthält wesentlich mehr Informationen als der Task-Manager in Windows. Klicken Sie auf die Messfenster im oberen Bereich, blendet der Process Explorer ein Systeminformationsfenster ein, das ähnliche Informationen enthält wie der Task-Manager, nur diese viel umfangreicher auf verschiedenen Registerkarten darstellt (siehe Abbildung 12.18).

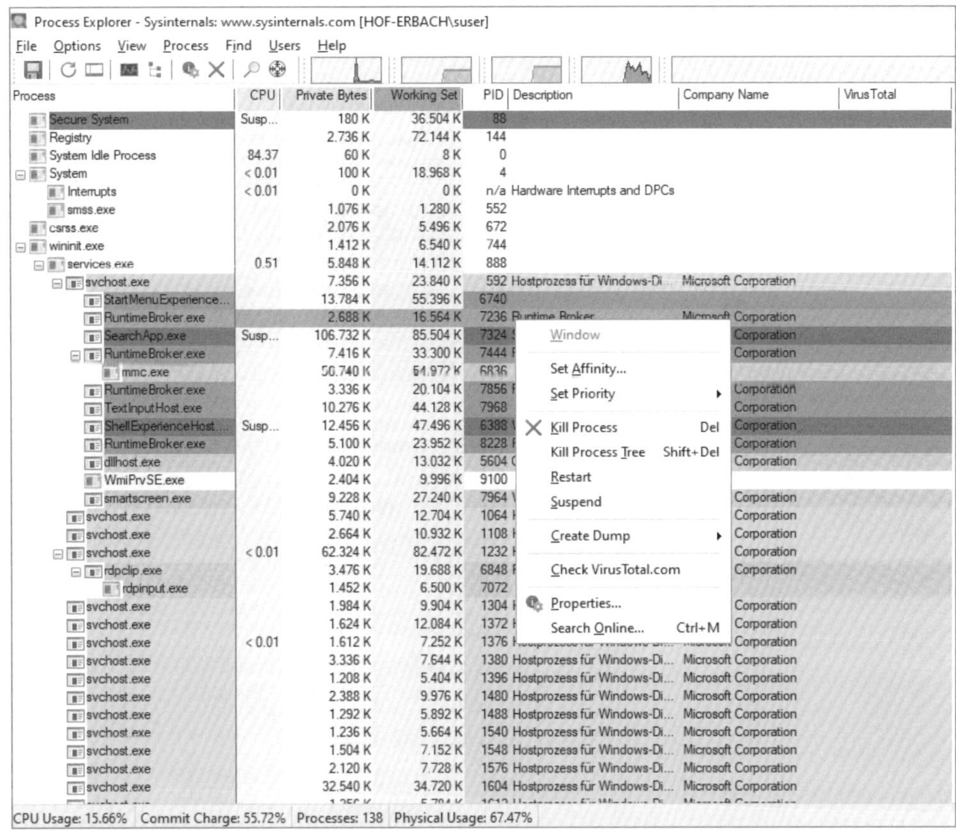

Abb. 12.18 Systemüberwachung mit Process Explorer

Damit Sie alle notwendigen Daten anzeigen können, müssen Sie Process Explorer über das Kontextmenü mit Administratorrechten starten.

Das Programm zeigt Prozesse in verschiedenen Farben an. Prozesse, die im gleichen Benutzerkontext laufen wie Process Explorer selbst, stellt es in Hellblau dar. Pinkfarbene Prozesse sind Prozesse, die einen oder mehrere Windows-Dienste unterstützen. Eine weitere Farbe ist Violett. Damit werden Prozesse gekennzeichnet, die unter Umständen ausführbaren Code enthalten, um das System anzugreifen.

Viren und Trojaner verwenden solchen Code, um sich in das System einzuschleusen. Die Anzeige ist nicht immer korrekt, da es viele falsche Erkennungen gibt. Es schadet aber nicht, die einzelnen Prozesse zu überprüfen, zum Beispiel über das Kontextmenü mit dem Befehl *Search Online*.

Durch diese Auswahl startet der Browser und verwendet die hinterlegte Standardsuchmaschine im Internet, um nach dem Prozess zu suchen. Auf diese Weise finden Sie verschiedene Quellen und können den Prozess leicht identifizieren.

Über das Kontextmenü können Sie die Priorität von Prozessen erhöhen, um mehr Systemressourcen zuzuteilen oder Prozesse sowie ganze Prozessbäume zu beenden, zum Beispiel bei verdächtigen oder abgestürzten Prozessen. Wenn ein Prozess als aktives Fenster auf dem Desktop vorhanden ist, können Sie diesen über den Kontextmenübefehl *Window* anzeigen lassen oder minimieren.

Mit dem Befehl *Set Affinity* im Kontextmenü eines Prozesses können Sie festlegen, welche CPUs oder CPU-Kerne er nutzen darf. Mit dem Kontextmenübefehl *Properties* rufen Sie die Detailansicht eines Prozesses auf. Hier erhalten Sie auf verschiedenen Registerkarten ausführliche Informationen zum aktuellen Prozess und seiner ausführenden Datei angezeigt.

Auf den verschiedenen Registerkarten sehen Sie zum Beispiel die ausführende Datei oder den Verbrauch der Systemressourcen. Auf der Registerkarte *TCP/IP* werden Ihnen die Netzwerkverbindungen oder die vom aktuellen Prozess aufgerufenen Verbindungen ins Internet angezeigt.

Mit einer braunen Farbe werden Prozesse gekennzeichnet, die durch Aufgaben in Windows ausgelöst wurden. Prozesse, die .NET Framework auf dem Rechner nutzen, stellt Process Explorer in Gelb dar. Dunkelgraue Prozesse sind aktuell pausiert, also gestartet, aber nicht aktiv.

Die Farben der Anzeige passen Sie über den Menübefehl *Options | Configure Colors* an.

Markieren Sie eine Zeile im Sysinternals-Tool Process Explorer, können Sie diese mit der Tastenkombination `Strg`+`C` in die Zwischenablage kopieren.

Beim Starten zeigt Process Explorer zunächst die Standardspalten an (siehe Tabelle 12.1).

Spalte	Beschreibung
Process	Hier sehen Sie die laufenden Prozesse und die Prozessbäume mit aufbauenden Prozessen. Falls möglich, blendet Process Explorer auch das Symbol der zugeordneten Anwendung ein.
PID	Prozess-ID des Prozesses. Diese wird vom Betriebssystem zugewiesen.
CPU	Prozentuale CPU-Zeit, die der Prozess aktuell verwendet
Private Bytes	Die Anzahl an Bytes, die der Prozess benötigt und die andere Prozesse nicht mitverwenden können
Working Set	Der dem Prozess zugeteilte Arbeitsspeicher. Die Zuteilung übernimmt in Windows der Speicher-Manager.
Description	Beschreibung, die der Entwickler der ausführenden Datei des Prozesses beigefügt hat. Diese Informationen benötigen Administratorrechte.
Company Name	Entwickler des Prozesses

Tab. 12.1 Standardspalten des Process Explorer

Sie können die Größe der Spalten anpassen und die Reihenfolge per Ziehen/Ablegen verändern. Wollen Sie Spalten ausblenden oder zusätzliche Spalten anzeigen, klicken Sie mit der rechten Maustaste auf eine Spaltenüberschrift und wählen im Kontextmenü den Eintrag *Select Columns*.

Anschließend können Sie auswählen, welche Spalten Process Explorer anzeigen soll oder welche Sie ausblenden möchten. Die Sortierreihenfolge innerhalb einer Spalte können Sie ebenfalls anpassen, indem Sie auf die entsprechende Spaltenüberschrift klicken.

Die wichtigsten Informationen über die laufenden Prozesse sehen Sie in der ersten Spalte. Process Explorer ordnet die Prozesse nach deren Abhängigkeiten an und zeigt an, welche Prozesse von anderen gestartet wurden. Diese Anzeige erreicht das Tool über einen Process Tree.

Einzelne Strukturen können Sie ein- und ausklappen, indem Sie auf das Minus- oder Pluszeichen klicken. Fahren Sie mit der Maus über einen Prozess, zeigt Process Explorer den kompletten Pfad zur ausführenden Datei an. Auf diese Weise erhalten Sie mehr Informationen zu Diensten, die die Prozesse starten. Fahren Sie mit der Maus zum Beispiel über *taskhost.exe*, sehen Sie die Aufgaben der Aufgabenplanung, die den aktuellen Prozess gestartet haben.

Auf diesem Weg erhalten Sie zu den einzelnen Prozessen ganz unterschiedliche Informationen über die Anwendungen, die für diesen Prozess zuständig sind. Wenn Sie zum Beispiel über den Prozess des Internet Explorers fahren, sehen Sie, welche Registerkarte im Internet Explorer aktuell von diesem Prozess genutzt wird. Der Internet Explorer öffnet für verschiedene Registerkarten (Tabs) eigene Prozesse. Fahren Sie mit der Maus über den Prozess, zeigt Process Explorer die Beschreibung der aktuell geöffneten Internetseite an.

Ein häufiger Prozess ist *svchost.exe*. Dieser ist in den meisten Fällen mehrmals gestartet. Die Datei *svchost.exe* gibt es seit Windows 2000; sie liegt im *System32*-Ordner und wird beim Systemstart von Windows automatisch als allgemeiner Prozess gestartet. Der Prozess durchsucht beim Systemstart die Registry nach Diensten, die beim Systemstart geladen werden müssen. Dienste, die nicht eigenständig lauffähig sind, sondern über Dynamic Link Library-(DLL-)Dateien geladen werden, werden mithilfe der *svchost.exe* geladen.

Auch wenn Windows läuft, kommt die *svchost.exe* immer dann ins Spiel, wenn Dienste über DLL-Dateien geladen werden müssen. Das Betriebssystem startet *svchost*-Sessions, sobald solche benötigt werden, und beendet sie, wenn sie nicht mehr gebraucht werden. Da unter Windows die unterschiedlichsten Dienste parallel laufen, können mehrere Instanzen der *svchost.exe* gleichzeitig in der Prozessliste auftauchen.

Fahren Sie mit der Maus über einen Prozess, zeigt Process Explorer an, welche aktuellen Dienste oder Anwendungen von dieser Instanz der *svchost.exe* abhängen.

Über den Befehl *tasklist /svc* in der Eingabeaufforderung können Sie sich ebenfalls anzeigen lassen, welche Anwendungen auf *svchost.exe* zurückgreifen. Alternativ können Sie die mit *svchost.exe* verbundenen Dienste im Task-Manager anzeigen lassen. Gehen Sie dazu folgendermaßen vor:

1. Öffnen Sie den Task-Manager.
2. Holen Sie die Registerkarte *Details* in den Vordergrund.
3. Klicken Sie mit der rechten Maustaste auf eine Instanz von *svchost.exe* und klicken Sie dann auf *Zu Dienst(en) wechseln*. Die dem betreffenden Prozess zugeordneten Dienste werden auf der Registerkarte *Dienste* hervorgehoben.

Rufen Sie in Process Explorer über das Kontextmenü eines Prozesses den Befehl *Properties* auf, sehen Sie auf der Registerkarte *Services*, für welche Dienste dieser zuständig ist (dies gilt auch für *svchost.exe*).

In der Symbolleiste von Process Explorer sehen Sie ein Fadenkreuz. Klicken Sie mit der Maus auf das Kreuz und ziehen es auf ein Fenster im Desktop, markiert Process Explorer automatisch den Prozess, der für dieses Fenster verantwortlich ist.

Über den Menübefehl *Options/Replace Task Manager* können Sie den Standard-Task-Manager in Windows ersetzen. Rufen Sie diesen zukünftig auf, zum Beispiel über das Kontextmenü der Taskleiste, startet direkt Process Explorer. Auf dem gleichen Weg können Sie diese Option wieder rückgängig machen. Über den Menübefehl *View* | *Show Lower Pane* blenden Sie den unteren Bereich des Übersichtsfensters ein. Anschließend können Sie über den Menübefehl *View* | *Lower Pane View* konfigurieren, ob Sie im unteren Bereich die DLLs der Prozesse oder Handles anzeigen wollen.

Handles sind einfach ausgedrückt Zuteilungen des Betriebssystems, die Prozesse oder Anwendungen für Funktionen des Kernels erhalten, zum Beispiel der Zugriff auf den Arbeitsspeicher, Ein- oder Ausgabegeräte und so weiter. Da Prozesse und Anwendungen keinen direkten Zugriff auf den Kernel von Windows erhalten, sondern die benötigten Ressourcen zugeteilt bekommen, lassen sich diese Vorgänge überwachen. Benötigt der Prozess oder die Anwendung den Zugriff nicht mehr, wird der Handle wieder freigegeben, sodass andere Prozesse oder Anwendungen Zugriff auf die frei gewordenen Ressourcen erhalten.

Über das Menü *Process* können Sie ausgewählte Prozesse beenden, neu starten oder ihre Eigenschaften anzeigen. Über das Kontextmenü haben Sie die gleichen Möglichkeiten.

Mit der Tastenkombination [Strg]+[F] öffnen Sie ein Suchfenster. Tragen Sie hier einen Suchbegriff ein, um anzuzeigen, welche Prozesse oder DLLs dem Suchbegriff entsprechen und aktuell gestartet sind. Sie sehen, ob es sich um ein Handle oder eine DLL handelt. Auch hier können Sie die Suchergebnisse wieder über die entsprechenden Spaltenüberschriften sortieren lassen und die Reihenfolge ändern. Aktivieren Sie die DLL-Ansicht, werden Ihnen alle geladenen DLL-Dateien eines Prozesses angezeigt.

Über das Menü *View* oder das Symbol *System Information* in der Symbolleiste rufen Sie die Systeminformationen von Process Explorer auf.

12.4.4 Wichtige Informationen immer im Blick – BgInfo

Administratoren, die mehrere Server oder Computer von Anwendern im Netzwerk fernwarten, haben oft das Problem, dass nicht alle Informationen über den aktuell verbundenen Computer angezeigt werden, zum Beispiel IP-Adresse, Informationen zu den Laufwerken, Rechnernamen, Bootzeit etc. Auch wenn Anwender eine Fernwartung benötigen, ist es hilfreich, wenn sie auf dem Desktop den Namen ihres Computers, die IP-Adresse und weitere Informationen auf einen Blick sehen. In vielen Fällen ist es also für Administratoren extrem hilfreich, wenn auf dem Desktop des ferngewarteten Computers nützliche Informationen angezeigt werden, allerdings ohne dass diese die Anwender stören.

Ein hilfreiches Tool dafür ist BgInfo (*https://learn.microsoft.com/en-us/sysinternals/downloads/bginfo*) von Sysinternals. BgInfo kann Informationen in verschiedenen Schriftgrößen, Farben und anderen Formatierungen auf dem Desktop anzeigen.

Neben vorgegebenen Feldern können Sie eigene Abfragen erstellen und Informationen einblenden lassen. Diese Anzeige lässt sich vorkonfigurieren, als Konfigurationsdatei abspeichern und per Skript oder Gruppenrichtlinie an Computer im Netzwerk verteilen. Das

Tool verbraucht keinerlei Systemressourcen, sondern erstellt beim Start aus den gewünschten Informationen eine neue Desktopbitmap und beendet sich danach wieder. Im laufenden Betrieb ist es daher nicht gestartet.

Informationen zum Computer auf dem Desktop anzeigen

Nach dem Start von BgInfo können Sie konfigurieren, welche Daten Sie zukünftig anzeigen wollen, und diese als Konfigurationsdatei abspeichern. Die Konfiguration ist sehr einfach. Im Feld *Field* sehen Sie, welche Daten Sie in das Hintergrundbild einbinden können.

Klicken Sie auf ein Feld und dann auf *<-Add*, um es einzufügen. Verfügt ein Computer über mehrere Netzwerkkarten, bindet BgInfo diese mit ihren unterschiedlichen Konfigurationen wie IP-Adressen, MAC-Adressen und weiteren Daten automatisch mit ein. Über die Schaltfläche *Custom* können Sie eigene Felder definieren, indem Sie mit *New* eine neue Abfrage starten.

Sie haben im neuen Fenster die Möglichkeit, Umgebungsvariablen abzufragen, einen Registrywert, eine WMI-Abfrage oder Daten einer Datei. In den meisten Fällen ist dies aber nicht notwendig, da die Standardfelder schon viele Informationen umfassen.

Felder und Zeilen, die Sie nicht benötigen, können Sie im mittleren Fenster einfach löschen. Auch Leerzeilen können Sie einfügen wie in jeder Textverarbeitung. Einzelne Zeilen bearbeiten Sie mit den Formatierungswerkzeugen des Tools, die Sie im oberen Bereich finden. Hier können Sie Schriftgröße und Schriftart einstellen, Farben ändern und die Ausrichtung anpassen.

Haben Sie ausgewählt, welche Felder Sie anzeigen wollen, und diese formatiert, können Sie über die Schaltfläche *Background* festlegen, welches Hintergrundbild Sie mit diesen Informationen anpassen möchten. Standardmäßig verwendet BgInfo das Hintergrundbild des Desktops, das aktuell ausgewählt ist.

Über die Schaltfläche *Position* bestimmen Sie, an welcher Stelle des Hintergrundbilds BgInfo die Informationen aufnehmen soll. Da das Tool mehrere Monitore unterstützt, können Sie festlegen, auf welchem die Informationen zu sehen sein sollen. Über das Kontrollkästchen *Compensate for Taskbar position* (Ausgleich für Taskleistenposition) legen Sie die Position so fest, dass die Taskleiste den Text nicht überdeckt.

Über die Schaltfläche *Desktops* legen Sie fest, wo BgInfo die Informationen anzeigen soll. Standardmäßig sind die Daten erst ersichtlich, wenn sich ein Anwender anmeldet. Sie können noch die Einstellung *Update this wallpaper* für die Option *Logon Desktop for Console users* aktivieren. In diesem Fall werden die ausgewählten Informationen bereits am Anmeldebildschirm angezeigt, ohne dass sich Anwender anmelden müssen. Dies ist zum Beispiel für Server sinnvoll, wenn an der Konsole kein Administrator angemeldet ist.

Klicken Sie auf *Preview*, zeigt Windows eine Vorschau der Informationen an. Um diese wieder zu deaktivieren, klicken Sie noch einmal auf *Preview*. Um die Anzeige zu übernehmen, klicken Sie auf *Apply*. Mit *OK* übernehmen Sie die Einstellungen und schließen BgInfo.

Natürlich ist es nicht sinnvoll, eine Konfiguration immer wieder neu zu erstellen oder für jeden Computer einzeln anzufertigen. Aus diesem Grund haben Sie in BgInfo die Möglichkeit, die von Ihnen angepassten Daten über den Menübefehl *File* | *Save As* als *.bgi*-Datei abzuspeichern. Sie können anschließend BgInfo so starten, dass es diese *.bgi*-Datei als Konfigurationsdatei übernimmt und die ausgewählten Daten anzeigt. Dazu starten Sie BgInfo einfach mit dem Befehl:

bginfo <Name der .bgi-Datei> /timer:0

Geben Sie keine Konfigurationsdatei an, verwendet BgInfo die Standardkonfigurationsinformationen, die in der Registrierung im Pfad *HKEY_CURRENT_USER\Software\Winternals\BGInfo* gespeichert sind.

Die Option */timer:0* bewirkt, dass das BgInfo-Konfigurationsfenster nicht erscheint, sondern sofort die Informationen übernommen werden. Sie können diesen Befehl in ein Anmeldeskript übernehmen und auf diese Weise Daten wie die Anmeldezeit oder Bootzeit des Computers erfassen. Diese Zeiten sind nur dann aktuell, wenn Sie BgInfo bei jedem Systemstart oder jedem Anmelden starten lassen. BgInfo aktualisiert sich niemals dynamisch, sondern verwendet immer nur die Daten, die es beim Start vorfindet. Nach der Erstellung des neuen Hintergrundbilds beendet es sich wieder. Neben Skripts können Sie BgInfo mit der Aufgabenplanung in Windows während des Systemstarts und im laufenden Betrieb ständig aktualisieren lassen. Das ergibt allerdings nur dann Sinn, wenn Sie Felder anzeigen lassen, deren Informationen sich im laufenden Betrieb ändern. Neben der Option */timer* stehen in BgInfo weitere Möglichkeiten zur Verfügung:

- **/popup** – Geben Sie diese Option an, zeigt BgInfo ein Popupfenster an, das die Informationen enthält. Dieses können Anwender schließen.
- **/taskbar** – Bei dieser Option blendet BgInfo ein Symbol im Infobereich der Taskleiste bei der Uhr ein. Klicken Anwender auf das Symbol, erscheinen die gewünschten Informationen genauso wie bei der Option */popup*.
- **/all** ändert die Daten für alle aktuell angemeldeten Benutzer (zum Beispiel auf Terminalservern). Auf diese Weise erhalten also alle angemeldeten Anwender das neue Hintergrundbild.
- **/log** erstellt eine Protokolldatei über die Ausführung, in die das Tool auch Fehler schreibt. Diese Option ist sinnvoll, wenn Sie das Tool im laufenden Betrieb über den Aufgabenplaner häufiger starten lassen.
- **/rtf** erstellt eine *.rtf*-Datei. Diese Datei enthält auch die Formatierungen und Farbe zur Protokollierung.

12.4.5 Systeminformationen in der Eingabeaufforderung anzeigen – PsInfo

Wollen Sie über einen bestimmten Computer Informationen in der Eingabeaufforderung anzeigen, zum Beispiel zur eingebauten Hardware oder zu installierten Service Packs und Betriebssystemständen, können Sie das kostenlose Sysinternals-Tool PsInfo aus der PsTool-Sammlung nutzen (*https://learn.microsoft.com/de-de/sysinternals/downloads/psinfo*). PsInfo kann nicht nur Daten des lokalen Computers abfragen (dazu könnten Sie zum Beispiel *msinfo32* nutzen oder *systeminfo* in der Eingabeaufforderung), sondern auch Daten von Netzwerkcomputern.

Um Daten des lokalen Systems abzufragen, geben Sie einfach *psinfo* in der Eingabeaufforderung ein. PsInfo benötigt für die Abfrage von Remoteinformationen einen Remotezugriff auf die Registrierung des entsprechenden Computers, um Daten anzuzeigen. Das heißt, auf dem Computer muss der Systemdienst *Remoteregistrierung* gestartet sein. Außerdem muss das Benutzerkonto, mit dem Sie PsInfo ausführen, Zugriff auf den Remotecomputer haben.

Die Syntax des Tools lautet:

psinfo [[\\Computer[,Computer[,..] | @Datei [-u Benutzer [-p Kennwort]]] [-h] [-s] [-d] [-c [-t Trennzeichen]] [Filter]

Der Aufruf *psinfo proc* zeigt zum Beispiel nur Informationen über die Prozessoren an. Die Optionen von PsInfo finden Sie in Tabelle 12.2.

Optionen	Auswirkung
@Datei	Führt den Befehl auf allen Computern aus, die in der Textdatei angegeben sind. Schreiben Sie die einzelnen Computer jeweils in eine eigene Zeile.
-u	Benutzernamen für den Remotecomputer
-p	Kennwort für den Benutzer
-h	Liste der installierten Patches
-s	Liste der installierten Anwendungen
-d	Zeigt Informationen zu Datenträgern
-c	Ausgabe im CSV-Format
-t	Legt das Trennzeichen für die Ausgabe mit *-c* fest (standardmäßig Komma)
Filter	Ausgabe nach Felder filtern, die dem angegebenen Text entspricht

Tab. 12.2 Optionen von PsInfo

12.5 Zusammenfassung

In diesem Kapitel haben Sie verschiedene Möglichkeiten in Windows Server 2022 zur Überwachung der Systemleistung kennengelernt. Neben den Bordmitteln in Windows Server 2022 habe ich Ihnen auch verschiedene Zusatztools gezeigt, mit denen Sie Server überwachen. Die Aufgabenplanung sowie die Ereignisanzeige waren ebenfalls Thema dieses Kapitels.

Kapitel 13

Netzwerkeinstellungen, DHCP und Infrastruktur

In diesem Kapitel gehe ich auf Themen ein, die bezüglich Netzwerkeinstellungen, DHCP und Infrastrukturdiensten eine Rolle spielen. Sie können auf Ihrem Server DHCP aktivieren, auch wenn dieser Dienst besser auf dem Router oder der Firewall aufgehoben ist, mit dem Sie das Netzwerk mit dem Internet verbinden.

13.1 Grundlagen zur Netzwerkanbindung

Die Steuerung des Netzwerkverkehrs findet über die Einstellungen-App statt. Schneller erreichen Sie die Einstellungen durch Aufrufen von *ncpa.cpl*. Ist Ihr Server korrekt mit dem Netzwerk verbunden, zeigt Windows ein entsprechendes Symbol in der Taskleiste an. Klicken Sie auf das Symbol, sehen Sie weitere Informationen. Fahren Sie mit der Maus über das Symbol, zeigt Windows auch an, ob der Server über eine Internetverbindung verfügt (siehe Abbildung 13.1). Bei fehlender Internetverbindung erscheint eine Weltkugel, bei fehlender physischer Netzwerkverbindung eine Weltkugel mit zusätzlicher Anzeige, dass keine Verbindungen vorhanden sind.

Abb. 13.1 Erfolgreiche Netzwerkverbindung in der Taskleiste überprüfen

Eine wichtige Voraussetzung, um einen Server mit dem Netzwerk zu verbinden, ist zunächst, dass die Netzwerkkarte im Geräte-Manager erkannt und installiert ist. Sollte der Treiber Ihrer Netzwerkkarte nicht ordnungsgemäß installiert sein, ist in Windows Server 2022 wahrscheinlich kein Treiber für die Netzwerkkarte integriert. Sie sollten allerdings nicht einfach einen alten Treiber installieren, sondern auf der Homepage des Herstellers überprüfen, ob es einen aktuellen Windows Server 2022-Treiber gibt, und diesen installieren.

Den Geräte-Manager finden Sie in Windows Server 2022 über *Systemsteuerung | System und Sicherheit | System* und dann auf der linken Seite des Fensters über den Link *Geräte-Manager*. Alternativ tippen Sie *devmgmt.msc* in das Suchfeld der Taskleiste ein. Als weitere Möglichkeit rufen Sie, wie bei allen internen Verwaltungsprogrammen, das Schnellmenü mit [Windows]+[X] auf oder klicken mit der rechten Maustaste in die linke untere Ecke des Bildschirms. Der Geräte-Manager steht auch über das Windows Admin Center zur Verfügung.

Sollte Ihre Netzwerkkarte im Bereich *Andere Geräte* eingetragen sein, wurde sie nicht erkannt und Sie müssen den Treiber manuell installieren. Wird die Karte im Bereich *Netzwerkadapter* ohne Fehler angezeigt, wurde sie korrekt installiert (siehe Abbildung 13.2).

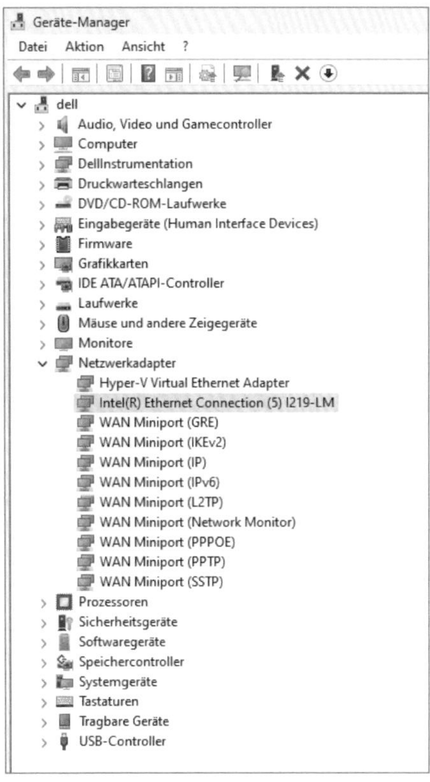

Abb. 13.2 Überprüfen der Installation der Netzwerkadapter in Windows Server 2022

13.1.1 Anbindung des Computers an das Netzwerk

Ist die Karte ordnungsgemäß installiert und haben Sie Ihren Server an das Netzwerk mit einem DHCP-Server angeschlossen, ist der Server bereits mit einer dynamischen IP-Adresse versorgt. Hier müssen Sie keine besonderen Einstellungen vornehmen, da Windows Server 2022 DHCP unterstützt, wie alle anderen Windows-Versionen vorher auch. In Kapitel 4 haben Sie erfahren, wie Sie die Netzwerkeinstellungen so setzen, dass diese mit Active Directory funktionieren. Es ist aber nach der Installation von Active Directory durchaus möglich, dass Einstellungen überprüft oder angepasst werden müssen. Ich zeige Ihnen nachfolgend, wie die Vorgehensweisen dazu sind.

Wenn Sie mit der rechten Maustaste auf das Netzwerksymbol in der Taskleiste neben der Uhr klicken, öffnet sich ein Kontextmenü und Sie können die Netzwerk- und Interneteinstellungen öffnen. Sie können die Verwaltung der Netzwerkverbindungen auch über den Befehl *ncpa.cpl* starten, den Sie im Suchfeld der Taskleiste eingeben.

Markieren Sie als Nächstes den Eintrag *Internetprotokoll, Version 4* und klicken Sie auf die Schaltfläche *Eigenschaften*. Hier können Sie jetzt eine ordnungsgemäße IP-Adresse vergeben.

13.1.2 Erweiterte Verwaltung der Netzwerkverbindungen

Die Bezeichnung von Netzwerkverbindungen können Sie über das Kontextmenü ändern. Klicken Sie eine Netzwerkverbindung mit der rechten Maustaste an, stehen Ihnen verschiedene Möglichkeiten zur Verfügung, um die Einstellungen zu verwalten oder Informationen anzuzeigen (siehe Abbildung 13.3).

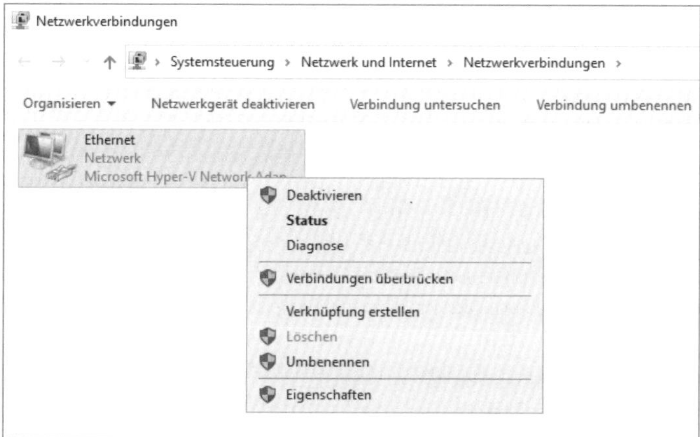

Abb. 13.3 Verwalten von Netzwerkverbindungen

Im Kontextmenü stehen Ihnen folgende Optionen zur Verfügung:

- **Deaktivieren** – Wenn Sie diese Option auswählen, wird die Verbindung zum Netzwerk getrennt, die Netzwerkkarte wird im Geräte-Manager deaktiviert. Die Karte verhält sich so, als wäre sie nicht installiert.
- **Status** – Wenn Sie diesen Menüpunkt auswählen, werden Ihnen ausführliche Informationen über die Konfiguration der Netzwerkverbindung angezeigt sowie die Datenpakete, die über das Netzwerk gesendet wurden. Sie erkennen, mit welcher Geschwindigkeit die Verbindung aufgebaut ist, wie lange die Netzwerkverbindung besteht und wie viele Datenpakete empfangen und gesendet worden sind. Klicken Sie auf die Schaltfläche *Details*, werden Ihnen ausführlichere Informationen über die Konfiguration der Netzwerkverbindung angezeigt. Sie erkennen die IP-Adresse, die MAC-Adresse sowie eine Vielzahl weiterer Informationen, die vor allem bei der Fehlersuche hilfreich sein können.
- **Diagnose** – Hiermit startet ein Assistent, der die Konfiguration des Adapters überprüft und Vorschläge zur Problemlösung unterbreitet.

- **Verbindungen überbrücken** – Wenn Sie diese Option aus dem Kontextmenü einer Netzwerkverbindung auswählen, können Sie den Server als Verbindung zwischen zwei Netzwerken einsetzen. Dazu wird eine Netzwerkkarte mit einem Netzwerk verbunden und eine zweite Netzwerkkarte mit einem anderen Netzwerk. Die beiden Netzwerkverbindungen müssen IP-Adressen in unterschiedlichen Subnetzen haben. Um eine Netzwerkbrücke aufzubauen, also zwei verschiedene Netzwerke physisch über den Server miteinander zu verbinden, müssen Sie zunächst die erste Verbindung auswählen, dann die `Strg`-Taste drücken und anschließend die zweite Verbindung auswählen. Wenn Sie dann im Kontextmenü die Option *Verbindungen überbrücken* auswählen, startet Windows Server 2022 den Assistenten zum Aufbau einer Netzwerkbrücke.

13.1.3 Eigenschaften von Netzwerkverbindungen und ihre erweiterte Verwaltung

Wenn Sie über das Kontextmenü einer Netzwerkverbindung die Eigenschaften aufrufen oder über ihren Status zur gleichen Konfiguration gelangen, können Sie das Verhalten der Netzwerkverbindung ausführlich einstellen.

Über die Schaltfläche *Konfigurieren* können Sie die Einstellungen der Netzwerkkarte anpassen. Diese Einstellungen haben zunächst nichts mit den Netzwerkprotokollen zu tun, sondern ausschließlich mit dem Verhalten der Netzwerkkarte im Netzwerk. Die Registerkarte *Allgemein* ist zunächst nicht so interessant, da hier nur einige wenige Informationen zur Netzwerkkarte angezeigt werden. Auf der Registerkarte *Erweitert* werden die Einstellungen angezeigt, die der Treiber der Netzwerkkarte unterstützt. Die angezeigten Optionen und Einstellungsmöglichkeiten sind je nach installierter Netzwerkkarte und zugehörigem Treiber unterschiedlich oder gar nicht vorhanden.

Auf der Registerkarte *Energieverwaltung* können Sie konfigurieren, ob Windows das Gerät zeitweise deaktivieren kann, wenn es nicht benötigt wird. Standardmäßig darf Windows Geräte ausschalten, um Energie zu sparen, zum Beispiel auch, um in den Energiesparmodus zu wechseln.

Der Dienst *QoS-Paketplaner (Quality Of Service)* in den Eigenschaften von Netzwerkverbindungen ist dafür zuständig, dass der Server immer genügend Ressourcen zur Verfügung stellt, um auf Netzwerkpakete zu antworten. Wenn Sie zum Beispiel viele Downloads gleichzeitig aus dem Internet durchführen und parallel eine große Datenmenge auf andere Server im Netzwerk verteilen, sorgt der QoS-Paketplaner dafür, dass eine minimale Anzahl an Bandbreite zur Verfügung bleibt.

Manche »Experten« raten dazu, diesen Dienst zu deinstallieren, da er selbst eine gewisse Bandbreite verbraucht. Allerdings benötigen die wenigsten Anwender heutzutage wirklich jede kleine Menge Bandbreite, sondern profitieren besser davon, dass die Verbindung stabil bleibt. Wenn Sie das Gefühl haben, Ihr Server ist im Netzwerk zu langsam, wird die Geschwindigkeit sicherlich nicht dadurch steigen, dass Sie diesen Dienst deaktivieren oder deinstallieren. Sie können dies aber ohne Probleme selbst testen und bei Leitungsproblemen den QoS testweise deaktivieren.

In den Eigenschaften von Geräten ist auch die Registerkarte *Ereignisse* interessant. Hier sehen Sie für jedes Gerät, wann neue Treiber installiert wurden oder sonstige wichtige Ereignisse dieses Gerät betreffend eingetreten sind.

13.1.4 Eigenschaften von TCP/IP und DHCP

Für den Fall, dass kein DHCP-Server für das automatische Zuweisen einer IP-Adresse zur Verfügung steht, bestimmt Windows Server 2022 eine Adresse in der für Microsoft reservierten IP-Adressierungsklasse, die von 169.254.0.1 bis 169.254.255.254 reicht. Sie haben für Ihren Server aber ohnehin eine statische IP-Adresse konfiguriert, wie ich in den ersten Kapiteln dieses Buches erläutert habe. Auf dem gleichen Weg können Sie aber auch Arbeitsstationen mit Windows 10/11 steuern.

Diese Adresse verwendet der Computer, bis ein DHCP-Server erreichbar ist oder Sie eine statische IP-Adresse festlegen. Bei dieser Methode verwendet Windows Server 2022 kein DNS, WINS oder Standardgateway, da sie nur für ein kleines Netzwerk mit einem einzigen Netzwerksegment entworfen ist. Das gilt auch für Windows 10/11.

WINS steht für Windows Internet Name Service und ist der Vorgänger der dynamischen DNS-Aktualisierung. Während DNS für die Namensauflösung mit voll qualifizierten Domänennamen zuständig ist, löst WINS NetBIOS-Namen auf. Diesen Dienst benötigen Sie mit Windows 10/11 und Windows Server 2022 nicht mehr.

IPconfig verwenden

Es können Situationen auftreten, in denen Sie die IP-Adressinformationen für einen bestimmten Server anzeigen müssen. Dies ist der Fall, wenn Ihr Server beispielsweise nicht mit anderen Computern im Netzwerk kommuniziert oder wenn andere Server nicht mit Ihrem Server kommunizieren können. In solchen Situationen müssen Sie die IP-Adresse der anderen Server kennen, um die Ursache des Problems zu bestimmen.

Im Dialogfeld *Eigenschaften von Internetprotokoll (TCP/IP)* können Sie statische TCP/IP-Informationen anzeigen. Windows enthält ein Befehlszeilentool mit der Bezeichnung *Ipconfig*, um TCP/IP-Informationen anzuzeigen. Mit diesem Dienstprogramm werden die TCP/IP-Konfigurationsoptionen auf einem Host überprüft, aber nicht festgelegt.

Zu diesen Optionen zählen die IP-Adresse, die Subnetzmaske und das Standardgateway. Die Befehlssyntax für dieses Dienstprogramm lautet *ipconfig*. Starten Sie das Programm am besten über eine Eingabeaufforderung (*cmd*). Mit Ipconfig können Sie jedoch nicht bestimmen, ob die IP-Adresse mithilfe der statischen oder der dynamischen Methode zugewiesen wurde.

Ausführlichere Informationen erhalten Sie mit Ipconfig, wenn Sie zusätzlich die Option */all* angeben. Auf dem Bildschirm werden die Informationen zu allen TCP/IP-Konfigurationsoptionen angezeigt. Nun sehen Sie, ob DHCP aktiviert ist. Ist dies der Fall und wird eine IP-Adresse für einen DHCP-Server angezeigt, bedeutet es, dass die IP-Adresse mithilfe von DHCP bezogen wurde.

Zusätzlich lassen sich beim Aufruf von Ipconfig noch die beiden Optionen */renew* und */release* angeben:

- **ipconfig /release** entfernt die IP-Adresse vom Client und fordert keine neue an. Wenn ein Client Probleme hat, eine Verbindung mit einem DHCP-Server herzustellen, sollten Sie immer zuerst die IP-Adresse beim Client zurücksetzen.
- **ipconfig /renew** fordert vom DHCP-Server eine erneute Verlängerung des Lease oder eine neue IP-Adresse an. Sollte der Befehl nicht funktionieren, geben Sie zunächst *ipconfig /release* ein.

Mit dem Bordmitteltool GetMac können gezielt die MAC-Adressen der lokalen Netzwerkadapter, aber auch von Netzwerkadaptern von anderen Computern im Netzwerk angezeigt werden.

Der Befehl *getmac* zeigt die MAC-Adressen der lokalen Adapter an.

Mit *getmac /s <Computername>* werden die MAC-Adressen von anderen Computern angezeigt. Für die Anzeige muss der entfernte Computer auf eine RPC-Anfrage antworten.

Verwenden von Befehlszeilentools für Netzwerkinformationen

Mit Befehlszeilentools können Sie schnell Informationen über Ihren Server und Ihre Arbeitsstationen abrufen sowie diese zur Diagnose von Netzwerkproblemen einsetzen. Die Befehle in diesem Thema beziehen sich auf TCP/IP-Netzwerke. Ich gehe in diesem Abschnitt auf die häufigsten Fragen zur Ermittlung von Netzwerkinformationen in der Eingabeaufforderung ein.

- **Wie ermittle ich den Computernamen?** – Geben Sie in der Eingabeaufforderung *hostname* ein.
- **Wie ermittle ich die IP-Adresse meines Computers?** – Geben Sie in der Eingabeaufforderung *ipconfig* ein.
- **Wie ermittle ich die physische Adresse meines Computers (MAC-Adresse, Media Access Control)?** – Geben Sie in der Eingabeaufforderung *ipconfig /all* ein. Falls Ihr Server mit mehreren Netzwerkadaptern ausgestattet ist, wird die physische Adresse für jeden Adapter einzeln aufgeführt.
- **Wie erhalte ich eine neue IP-Adresse?** – Geben Sie in der Eingabeaufforderung *ipconfig /release* ein. Hierdurch geben Sie Ihre aktuelle IP-Adresse frei. Geben Sie in der Eingabeaufforderung als Nächstes *ipconfig /renew* ein, um eine neue IP-Adresse zu erhalten.
- **Wie löse ich anhand des DNS-Namens (Domain Name System) eine IP-Adresse auf?** – Geben Sie in der Eingabeaufforderung *ping <DNS-Name>* ein. Dieser Vorgang wird Reverse-Lookup genannt.
- **Wie teste ich die Kommunikation mit einem anderen Server?** – Geben Sie in der Eingabeaufforderung *ping <IP-Adresse>* des zu testenden Computers ein.

Weitere wichtige Optionen von Ipconfig sind folgende:

- **ipconfig /registerdns** erneuert die Registrierung des Clients am konfigurierten DNS-Server, wenn für die DNS-Zone die dynamischen Updates aktiviert sind.
- **ipconfig /displaydns** zeigt den lokalen DNS-Cache an, auch die zuletzt geöffneten Internetseiten und aufgelösten DNS-Namen. Löschen Sie den Verlauf im Browser, sind die Daten dennoch an dieser Stelle vorhanden. Sie müssen den lokalen DNS-Cache getrennt löschen, indem Sie *ipconfig /flushdns* verwenden.
- **ipconfig /flushdns** löscht den lokalen DNS-Cache.

Um Probleme mit Netzwerkeinstellungen zu beheben oder in Windows Netzwerkeinstellungen schneller zu erreichen, können auch Tools aus der grafischen Oberfläche direkt in der Eingabeaufforderung gestartet werden. Das hat den Vorteil, dass Sie mit einem Befehl schnell in eine wichtige Einstellung springen und danach in der Eingabeaufforderung weiterarbeiten können. Für den Netzwerkbereich spielen zum Beispiel folgende Befehle eine wichtige Rolle:

- *Ncpa.cpl* – Netzwerkeinstellungen in Windows direkt aufrufen
- *Sysdm.cpl* – Wichtige Systemeinstellungen, wie Remotedesktop und Domänenmitgliedschaft
- *Firewall.cpl* – Standardeinstellungen der Windows-Firewall
- *Wf.msc* – Erweiterte Einstellungen der Windows-Firewall
- *Shrpubw.exe* – Assistent zum Freigeben von Verzeichnissen
- *Certlm.msc* – Lokale Zertifikate des Computers
- *Certmgr.msc* – Lokale Zertifikate des Anwenders

Korrekte Namensauflösung mit Nslookup in IPv4 und IPv6 testen

Treten in einem Microsoft-Netzwerk Fehler auf oder wollen Sie den Internetzugang testen, verwenden Sie das Befehlszeilentool *Nslookup*. Wenn ein Servername mit Nslookup nicht aufgelöst werden kann, sollten Sie überprüfen, wo das Problem liegt:

1. Ist in den IP-Einstellungen des Computers der richtige DNS-Server als bevorzugt eingetragen?
2. Optional beim Einsatz in Active Directory: Verwaltet der bevorzugte DNS-Server die Zone, in der Sie eine Namensauflösung durchführen wollen?
3. Optional beim Einsatz in Active Directory: Wenn der Server diese Zone nicht verwaltet, ist dann in den Eigenschaften des Servers ein Server eingetragen, der die Zone auflösen kann?
4. Optional beim Einsatz in Active Directory: Wenn eine Weiterleitung eingetragen ist, kann dann der Server, zu dem weitergeleitet wird, die Zone auflösen?
5. Optional beim Einsatz in Active Directory: Wenn dieser Server nicht für die Zone verantwortlich ist, leitet er dann wiederum die Anfrage weiter?

An irgendeiner Stelle der Weiterleitungskette muss ein Server stehen, der die Anfrage schließlich auflösen kann, sonst kann der Client keine Verbindung aufbauen und die Abfrage des Namens wird nicht erfolgreich sein.

Sobald Sie *Nslookup* aufgerufen haben, können Sie beliebig Servernamen auflösen. Wenn Sie keinen vollwertigen DNS-Namen (Fully Qualified Domain Name, FQDN) eingeben, sondern nur den Computernamen, ergänzt der lokale Rechner automatisch den Namen durch das primäre DNS-Suffix des Computers beziehungsweise durch die in den IP-Einstellungen konfigurierten DNS-Suffixe.

In der PowerShell kann mit *Get-DnsClientCache* der DNS-Cache ausgelesen und mit *Clear-DnsClientCache* gelöscht werden. Um auf einem Windows-Computer den verwendeten DNS-Server anzuzeigen, wird das Cmdlet *Get-DNSClientServerAddress* verwendet. Um sich die komplette Netzwerkkonfiguration anzeigen zu lassen, steht das Cmdlet *Get-NetIPConfiguration* zur Verfügung.

Wenn Sie *Nslookup* aufrufen, um Servernamen aufzulösen, wird als DNS-Server immer der Server befragt, der in den IP-Einstellungen des lokalen Rechners hinterlegt ist. Sie können von dem lokalen Rechner aus aber auch andere DNS-Server nach der Auflösung befragen. Geben Sie dazu in der Eingabeaufforderung *nslookup <host> <server>*, also zum Beispiel *nslookup www.microsoft.de 192.168.178.223*, ein. Bei diesem Beispiel versucht Nslookup, den Host *www.microsoft.de* mithilfe des Servers 192.168.178.223 aufzulösen.

Damit Nslookup auch den korrekten Namen des DNS-Servers in Active Directory anzeigt, muss der DNS-Server in der Forward-Lookupzone der Domäne registriert sein. Außerdem sollten Sie eine Reverse-Lookupzone erstellen, in der die IP-Adressen der Domäne registriert sind.

Zusätzlich können Sie noch Einstellungen in der IPv6-Konfiguration der Netzwerkkarte auf dem DNS-Server vornehmen. Hier hat Windows Server 2022 die lokale Adresse des Servers hinterlegt. Diese trägt die Bezeichnung *::1*, was 127.0.0.1 in IPv4 entspricht. Aktivieren Sie für IPv6 die Option *DNS-Serveradresse automatisch beziehen*. Danach erhalten Sie auch für DNS-Server in Active Directory den korrekten Namen und die IPv4-Adresse zurück.

Sie können mit Nslookup sehr detailliert die Schwachstellen Ihrer DNS-Auflösung testen. Wenn Sie mehrere Hosts hintereinander abfragen wollen, müssen Sie nicht jedes Mal den Befehl *nslookup <Host> <Server>* aufrufen, sondern können Nslookup mit dem Befehl *nslookup -<Server>* starten, wobei der Eintrag *<Server>* der Name oder die IP-Adresse des DNS-Servers ist, den Sie befragen wollen, zum Beispiel *nslookup -server 192.168.178.223*. Geben Sie den Befehl *nslookup* ohne weitere Parameter ein, können Sie in der Oberfläche mit *server 192.168.178.223* den Standardserver für das aktuelle Fenster auf den DNS-Server setzen.

Wenn Sie in der PowerShell Namensabfragen durchführen, können Sie gleich die Netzwerkverbindungen testen. Zwar können Sie weiterhin das Tool *ping.exe* nutzen, aber in der PowerShell finden Sie mit *Test-Connection* ein besseres Tool. *Test-Connection* kann zum Beispiel mehrere Rechner auf einmal testen. Dazu geben Sie einfach den Befehl ein und danach eine Liste der Rechner, die Sie überprüfen wollen. Wollen Sie den Befehl in eine Zeile schreiben, zum Beispiel für Skripts, verwenden Sie die Syntax:

Test-Connection -Source <Quelle1>, <Quelle2> -ComputerName <Ziel1>, Ziel2>

Mit dem Befehl lassen Sie also auf einmal von mehreren Quellcomputern aus mehrere Zielcomputer scannen. Sie können aber auch nur einen Rechner testen, indem Sie *Test-Connection <Name oder IP-Adresse>* eingeben.

Das Cmdlet hilft dabei, offene Ports zu testen. Ein Beispiel für den Befehl ist:

Test-NetConnection dc01 -port 135

In diesem Beispiel wird überprüft, ob auf dem Server *dc01* der Port 135 geöffnet ist. Mit dem Cmdlet *Test-NetConnection -DiagnoseRouting* kann auf einem Server das Routing getestet werden.

13.1.5 Routen verfolgen in der Eingabeaufforderung – Pathping und Tracert

Mit dem Bordmittel-Tool Pathping (*https://learn.microsoft.com/de-de/windows-server/administration/windows-commands/pathping*) können in Windows die einzelnen Abschnitte nachverfolgt werden, die Pakete zu einer bestimmten IP-Adresse benötigen. Gleichzeitig versucht Pathping, den DNS-Namen von IP-Adressen in Erfahrung zu bringen.

Dadurch lassen sich Probleme bei Netzwerkverbindungen schnell finden und auch die IP-Adressen der Gateways in Erfahrung bringen und genau feststellen, warum Pakete nicht zugestellt werden. Insgesamt kann Pathping bis zu 30 Abschnitte nachverfolgen. Hier pingt der Befehl alle Stationen an und zeigt im Anschluss eine Statistik an. Pathping erweitert die Möglichkeiten von Tracert und Ping. Auch Tracert liefert Informationen zu den einzelnen Hops von Paketen.

Mit dem Befehl *$ip = Invoke-RestMethod* ***http://ipinfo.io/json*** *| Select -exp ip* wird die externe IP-Adresse des Netzwerks in der Variablen *$ip* gespeichert. Durch Eingabe von *$ip* kann die Adresse ausgegeben werden.

13.2 Mit der PowerShell Netzwerkprobleme lösen

Mit PowerShell-Cmdlets und -Skripts können Netzwerkprobleme eingegrenzt und behoben werden. Es lohnt sich, die Möglichkeiten der verschiedenen Netzwerk-Cmdlets zu kennen, um Fehlerquellen zu erkennen und Probleme zu lösen.

Wenn Netzwerkverbindungen nicht funktionieren oder Pakete verloren gehen und dadurch die Leistung von Servern und Workloads einbricht, ist die PowerShell ein guter Weg, um einen Fehler zunächst einzugrenzen. Häufig können Fehler auf diesem Weg bereits behoben oder zumindest zu dem Gerät nachverfolgt werden, wo sie entstehen.

13.2.1 Get-NetIPAddress und Get-NetIPConfiguration

Für eine Nachverfolgung von Datenpaketen spielen auch die lokalen IP-Adressen des Computers eine Rolle, von der die Befehle ausgeführt werden. Informationen zu den lokalen IP-Adressen werden mit *Get-NetIPAddress | Format-Table* angezeigt. Informationen zu den verbauten Netzwerkadaptern erhalten Sie mit *Get-NetAdapter*. Um die Netzwerkgeschwindigkeit eines Adapters anzuzeigen, können Sie *Get-NetAdapter | Select interfaceDescription, linkSpeed* verwenden. Dadurch wird schnell ersichtlich, ob Leistungsprobleme durch eine fehlerhafte Verbindung verursacht werden.

Um die IP-Konfiguration der verschiedenen Netzwerkschnittstellen anzuzeigen, können Sie *Get-NetIPConfiguration -All* verwenden. Wer noch mehr Informationen benötigt, ruft diese mit *Get-NetIPConfiguration -Verbose* ab.

13.2.2 Test-NetConnection: Routen nachverfolgen und Verbindungen überprüfen

In der Eingabeaufforderung wird häufig auf TraceRT oder Pathping gesetzt, um Routen nachzuverfolgen. Die PowerShell-Cmdlets in diesem Bereich bieten aber einige Vorteile. Zunächst werden hier wesentlich mehr Informationen angezeigt als in der Eingabeaufforderung. Vor allem bei der Behebung von komplexen Netzwerkproblemen spielt das eine wichtige Rolle. Dazu kommt die Möglichkeit, mit Pipelines mehrere Cmdlets miteinander zu verknüpfen, um Fehler zu filtern.

Um Netzwerkverbindungen zu einem Netzwerkgerät zu prüfen, wird in der PowerShell zunächst auf *Test-NetConnection* gesetzt. Mit *Get-Help Test-NetConnection -Detailed* wird eine Hilfe für das Cmdlet angezeigt.

Ein erster Verbindungstest wird mit *Test-NetConnection <IP-Adresse>* durchgeführt, zum Beispiel *Test-NetConnection 192.168.1.1*. Der Befehl zeigt zunächst Namen und IP-Adresse des Netzwerkgeräts an, die verwendete Netzwerkschnittstelle auf dem Computer sowie die Quell-IP-Adresse. Sie sehen die erfolgreiche Ping-Verbindung genauso wie die Antwortzeit. Für eine erste Analyse sind diese Informationen auf jeden Fall hilfreich.

Um mehr Informationen zu erhalten, kann das Cmdlet mit Parametern erweitert werden. Mit *Test-NetConnection www.microsoft.de -InformationLevel Detailed* werden ausführlichere Informationen für die Verbindung angezeigt. Hier können auch Routen und die Verbindungen genauer gemessen werden. Neben Namen und Adressen sehen Sie hier auch die Hops.

Um die Route der Pakete nachzuverfolgen, steht der Parameter *-TraceRoute* zur Verfügung, zum Beispiel mit *Test-NetConnection www.microsoft.de -TraceRoute*. Hier zeigt der Befehl alle Hops an, die das Paket durchläuft, sowie die Ping-Informationen dazu. Eine noch genauere Analyse von Routen können Sie mit den folgenden Parametern von *Test-NetConnection* erreichen:

Test-NetConnection -ComputerName www.contoso.com -DiagnoseRouting -InformationLevel Detailed

In diesem Zusammenhang kann auch die lokale Routingtabelle eine Rolle spielen. Diese können Sie in der PowerShell mit dem Cmdlet *Get-NetRoute* anzeigen lassen. Ausführlichere Informationen erhalten Sie mit *Get-NetRoute | Format-List -Property **. Sollen nur IPv6-Routen angezeigt werden, ist der Befehl *Get-NetRoute -AddressFamily IPv6* sinnvoll. Das funktioniert auch für IPv4. Um den nächsten Hop der Standard-Router anzuzeigen, verwenden Sie *Get-NetRoute -DestinationPrefix "0.0.0.0/0" | Select-Object -ExpandProperty "NextHop"*.

13.2.3 Get-NetTCPConnection: Ports und TCP-Verbindungen testen

In der PowerShell kann überprüft werden, ob die Verbindung zu einem bestimmten Port aufgebaut werden kann. Dadurch können Fehler gut eingegrenzt werden, da hier genau getestet werden kann, ob eine Verbindung vom Quell- zum Zielcomputer über einen bestimmten Port funktioniert:

Test-NetConnection www.microsoft.de -Port 80 -InformationLevel "Detailed"

Test-NetConnection -ComputerName "www.contoso.com" -ConstrainInterface 5 -DiagnoseRouting -InformationLevel "Detailed"

Um aktuelle TCP-Verbindungen auf dem Computer anzuzeigen, verwenden Sie *Get-NetTCPConnection*. Hier sind auch die geöffneten Ports zu sehen.

13.3 Netzwerkeinstellungen für Active Directory

Ich bin in den vorhergehenden Kapiteln bereits darauf eingegangen, welche Netzwerkeinstellungen für Active Directory eine Rolle spielen. Im folgenden Abschnitt zeige ich Ihnen, wie Sie die Einstellungen auf dem Windows-Server oder auch auf den Arbeitsstationen richtig setzen.

13.3.1 Netzwerkeinstellungen für die Domänenaufnahme konfigurieren

Um einen Windows Server 2022-Server oder eine Arbeitsstation mit Windows 10/11 in Active Directory zu integrieren, rufen Sie zunächst die Verwaltung der Netzwerkverbindungen auf. Am schnellsten geht das, wenn Sie nach *ncpa.cpl* suchen. Alternativ rufen Sie das Netzwerk- und Freigabecenter über das Kontextmenü der Netzwerkverbindung auf dem Desktop auf und klicken auf *Adaptereinstellungen ändern.*

Ändern Sie die IP-Einstellungen so ab, dass der Server einen DNS-Server in der Active Directory-Struktur verwendet. Um die Verbindung zu testen, öffnen Sie eine Eingabeaufforderung auf dem Client und geben *nslookup <FQDN des Domänencontrollers>* ein. Lassen Sie anschließend den Server noch den Domänencontroller anpingen.

13.3.2 Domänenaufnahme durchführen

Zur Domänenaufnahme starten Sie am schnellsten *sysdm.cpl* im Startmenü. Klicken Sie danach auf der Registerkarte *Computername* auf *Ändern.* Geben Sie bei *Computername* den Namen des Computers ein, den er später in der Domäne erhalten soll. Aktivieren Sie dann die Option *Domäne* bei *Mitglied von* und tragen Sie den DNS-Namen der Domäne ein, der der Client beitreten soll.

Als Letztes müssen Sie sich noch an der Domäne authentifizieren. Bei erfolgreicher Eingabe wird der Server in die Domäne aufgenommen. Wie bei den Vorgängerversionen von Windows müssen Sie den Server nach der Domänenaufnahme neu starten.

Haben Sie den Server nach der Domänenaufnahme neu gestartet, melden Sie sich mit einem Benutzernamen an der Domäne an.

Sie können Server auch in der PowerShell benennen, neu starten und in Domänen aufnehmen. Dazu verwenden Sie diese Cmdlets:

- *Rename-Computer -Name [Computername]*
- *Add-Computer -DomainName [Domänenname]*
- *Restart-Computer*

13.3.3 Domänenaufnahme testen

Auf dem Domänencontroller öffnen Sie in Windows Server 2022 den Server-Manager und dann über das Menü *Tools* das Snap-In *Active Directory-Benutzer und -Computer.* Hier sehen Sie in der OU *Computers* den neuen Server und können dessen Eigenschaften aufrufen. Auf der Registerkarte *Betriebssystem* sehen Sie den Stand des Betriebssystems.

Um sich mit einem Windows Server 2022-Server oder in Windows 10/11 an Active Directory anzumelden, klicken Sie auf *Anderer Benutzer.* Geben Sie bei der ersten Anmeldung den Benutzernamen in der Syntax *<NetBIOS-Name der Domäne>\<Benutzernamen>* oder *<Benutzer>@<Domäne>* ein, wenn es den gleichen Benutzernamen auch auf dem lokalen Server gibt.

Über die Schaltfläche *Erweitert* in den Eigenschaften des TCP/IP v4-Protokolls und auch in IPv6 erreichen Sie weitere Einstellungen, um die Namensauflösung per DNS oder WINS im Netzwerk optimal zu konfigurieren. Normalerweise werden Sie hier keine Einstellungen vornehmen müssen, da bereits die Standardeinstellungen ausreichen. Für manche Netzwerke kann jedoch eine Nachjustierung sinnvoll sein. Ob das bei Ihnen notwendig ist, erfahren Sie auf den folgenden Seiten. In kleinen Netzwerken ist das meistens nicht notwendig, es ist aber sinnvoll, diese Einstellungen zu kennen, um bei Bedarf Anpassungen vornehmen zu können.

Auf der Registerkarte *DNS* werden notwendige Einstellungen vorgenommen, um Windows Server 2022 besser in eine Windows-Domäne einzubinden (siehe Abbildung 13.4). Für eine generelle Aufnahme von Windows Server 2022 oder Windows 10/11 in eine Domäne sind hier keine Änderungen nötig. Zunächst sind standardmäßig immer nur die folgenden Optionen aktiviert:

- *Primäre und verbindungsspezifische DNS-Suffixe anhängen*
- *Übergeordnete Suffixe des primären DNS-Suffixes anhängen*
- *Adressen dieser Verbindung in DNS registrieren*

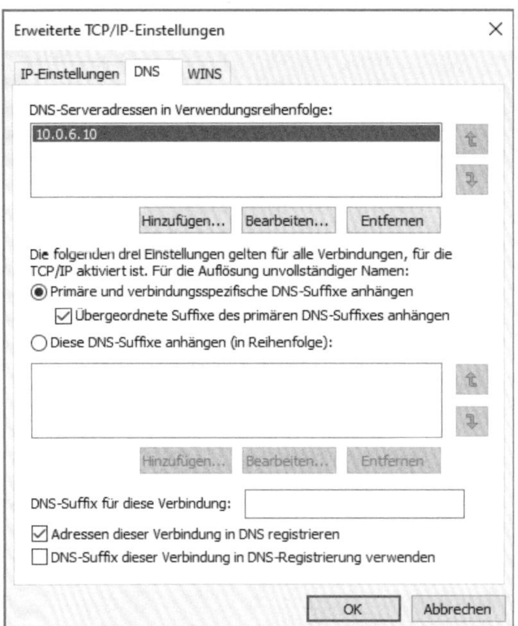

Abb. 13.4 Konfigurieren der erweiterten DNS-Einstellungen in Windows Server 2022

Die einzelnen Optionen spielen bei der Namensauflösung in einer DNS-Infrastruktur eine erhebliche Rolle:

- **Primäre und verbindungsspezifische DNS-Suffixe anhängen** – Durch die Aktivierung dieser Option wird festgelegt, dass der Rechner versucht, bei der Auflösung von Rechnernamen immer automatisch das konfigurierte primäre DNS-Suffix des eigenen Computernamens anzuhängen. Wollen Sie zum Beispiel einen Rechnernamen mit der Bezeichnung *dc01* auflösen, versucht der Rechner eine Namensauflösung nach *dc01.contoso.int*, wenn das primäre DNS-Suffix des Computers *contoso.int* ist.

- **Übergeordnete Suffixe des primären DNS-Suffixes anhängen** – Diese Option bedeutet, dass auch die Namen von übergeordneten Domänen bei der Namensauflösung verwendet werden. Wenn Sie zum Beispiel in einer untergeordneten Domäne mit der Bezeichnung *muenchen.de.contoso.int* einen Servernamen *dc05* auflösen wollen, versucht der Rechner zunächst die Auflösung über *dc05.muenchen.de.contoso.int*, falls dies das primäre DNS-Suffix des Computers ist. Im Anschluss wird versucht, den Namen über *dc05.de.contoso.int* und dann über *dc05.contoso.int* aufzulösen, da diese Domänen der Domäne *muenchen.de.contoso.int* übergeordnet sind.
- **DNS-Suffix für diese Verbindung** – Zusätzlich haben Sie noch die Möglichkeit, in diesem Bereich ein weiteres beliebiges DNS-Suffix einzutragen. Wenn der Rechner den eingegebenen Namen bei seinem konfigurierten DNS-Server nicht über sein eigenes primäres DNS-Suffix finden kann, versucht er es mit dem DNS-Suffix in diesem Feld. Wollen Sie zum Beispiel den Servernamen *dc06* auflösen, versucht der Server zunächst die Auflösung in *dc06.contoso.int*, sofern das sein primäres DNS-Suffix ist. Tragen Sie im Feld *DNS-Suffix für diese Verbindung* noch ein Suffix in der Form *muenchen.de.microsoft.int* ein, versucht der Server, auch den Namen nach *dc06.muenchen.de.microsoft.int* aufzulösen.
- **Adressen dieser Verbindung in DNS registrieren** – Auch diese Option ist bereits standardmäßig aktiviert. Ein DNS-Server hat die Möglichkeit, Einträge dynamisch zu registrieren. Durch dieses dynamische DNS müssen Hosteinträge nicht mehr manuell durchgeführt werden. Sobald sich ein Rechner im Netzwerk anmeldet, versucht er, seinen FQDN beim konfigurierten DNS-Server automatisch einzutragen, sofern diese Option nicht deaktiviert wurde. Dieser Punkt ist für die interne Namensauflösung in einem Active Directory-Netzwerk von sehr großer Bedeutung.

Außer den standardmäßig aktivierten Optionen gibt es noch weitere Möglichkeiten, die Sie in diesem Fenster konfigurieren können:

- **Diese DNS-Suffixe anhängen** – Wenn Sie diese Option aktivieren, können Sie DNS-Suffixe konfigurieren, nach denen unvollständige Rechnernamen aufgelöst werden. Aktivieren Sie diese Option, werden weder das primäre DNS-Suffix des Servers noch die DNS-Suffixe dieser Verbindung verwendet. Es werden die DNS-Suffixe in der Reihenfolge angehängt, die im Feld *Diese DNS-Suffixe anhängen (in Reihenfolge)* konfiguriert sind. Achten Sie bei der Konfiguration darauf, dass möglichst das DNS-Suffix der Windows-Domäne, in der dieser Server Mitglied ist, als Erstes in dieser Liste eingetragen ist. Diese Option wird häufig verwendet, um die Namensauflösung in Gesamtstrukturen mit mehreren Strukturen zu lösen. Dazu werden in der Reihenfolge alle Strukturen der Gesamtstruktur eingetragen, um eine Namensauflösung innerhalb des Active Directory zu gewährleisten. Vor allem beim Einsatz von Exchange-Servern ist diese Option sehr nützlich, wenn diese über mehrere Strukturen und Domänen verteilt sind. Standardmäßig ist diese Option nicht aktiviert.
- **DNS-Suffix dieser Verbindung in DNS-Registrierung verwenden** – Wenn Sie diese Option aktivieren, wird der Server-Name im DNS mit seinem Computernamen und seinem primären DNS-Suffix registriert, also seinem FQDN (Fully Qualified Domain Name). Zusätzlich wird auch beim DNS-Server der Name mit dem DNS-Suffix registriert, das im Bereich *DNS-Suffix für diese Verbindung* konfiguriert ist. Diese Option ist ebenfalls nicht standardmäßig aktiviert.

Wenn Sie schnell und effizient Servernamen in verschiedenen DNS-Zonen auflösen wollen, aktivieren Sie auf dem Server in den IP-Einstellungen über die Schaltfläche *Erweitert* auf der Registerkarte *DNS* die Option *Diese DNS-Suffixe anhängen (in Reihenfolge)*. Tragen Sie als Nächstes zuerst den Namensraum der eigenen Struktur ein und hängen Sie danach die Namensräume der anderen Strukturen an.

Der Sinn dieser Konfiguration ist die schnelle Auflösung von Servern in den anderen Strukturen. Wenn Sie zum Beispiel den Domänencontroller *dc1* in der Struktur *contoso.int* auflösen wollen, müssen Sie immer *dc1.contoso.int* eingeben, wenn Ihr Server nicht Mitglied dieser Struktur ist. Diese Einstellung ist nur optional, erleichtert aber die Stabilität der Namensauflösung in Active Directory. Sie sollten diese Einstellung auf jedem Domänencontroller sowie auf jedem Exchange-Server in Ihrer Gesamtstruktur und auch auf Computern von Administratoren oder Powerusern durchführen, die ständig eine Verbindung zu anderen Domänen aufbauen müssen. Zuerst sollten immer die eigene Domäne und der eigene Namensraum eingetragen werden, bevor andere Namensräume abgefragt werden.

Wenn Sie diese Maßnahme durchgeführt haben, können Sie durch Eingabe des Befehls *nslookup* den Effekt überprüfen. Sie können an dieser Stelle lediglich *dc1* eingeben. Der Server befragt seinen bevorzugten DNS-Server, ob ein Server mit dem Namen *dc1.contoso.int* gefunden wird, wenn es sich hier um Ihr primäres DNS-Suffix handelt. Da dieser Server unter Umständen in dieser Domäne nicht vorhanden ist, wird der nächste Namensraum abgefragt.

Viele Administratoren tragen auf ihrem DNS-Server einfach einen neuen statischen Hosteintrag ein, der auf die IP-Adresse des Servers des anderen Namensraums zeigt. Diese Vorgehensweise ist aber nicht korrekt, auch wenn sie grundsätzlich funktioniert. Es wird in diesem Fall nämlich nicht der richtige DNS-Name des entsprechenden Servers zurückgegeben, sondern der Servername mit der Zone des DNS-Servers, in die der Server als Host eingetragen wurde. Vor allem in größeren Active Directories sollten Administratoren darauf achten, die Konfigurationen so vorzunehmen, dass sie auch formal korrekt sind. Das hilft oft, unbedachte Probleme zu vermeiden.

Wenn Sie zum Beispiel in der Zone *microsoft.com* einen neuen Eintrag *dc1* für den Domänencontroller *dc1.contoso.com* erstellen, der auf die IP-Adresse des Servers verweist, wird der Name als *dc1.microsoft.com* aufgelöst, obwohl der eigentliche Name des Servers *dc1.contoso.com* ist. Dadurch funktioniert zwar die Auflösung, aber es wird ein falscher Name zurückgegeben.

Öffnen Sie nach der Konfiguration beziehungsweise der Aufnahme des Computers in die Domäne eine Eingabeaufforderung und geben Sie den Befehl *nslookup* ein. Die Eingabe des Befehls darf keinerlei Fehlermeldungen verursachen. Es muss der richtige FQDN des DNS-Servers und seine IP-Adresse angezeigt werden. Sollte das nicht der Fall sein, gehen Sie Schritt für Schritt vor, um den Fehler einzugrenzen:

1. Überprüfen Sie, ob das primäre DNS-Suffix mit dem Zonennamen übereinstimmt. Das primäre DNS-Suffix der Domäne wird automatisch beim Aufnehmen in die Domäne zugewiesen.
2. Stellen Sie als Nächstes fest, ob die IP-Adresse des DNS-Servers korrekt in den IP-Einstellungen des Computers eingetragen wurde.

13.4 DHCP-Server einsetzen

DHCP steht für Dynamic Host Configuration Protocol. Mit diesem Serverdienst können Arbeitsstationen von einer zentralen Stelle aus automatisch mit IP-Adressen versorgt werden. Wenn Ihr Internetrouter oder Ihre Firewall DHCP unterstützt, macht es Sinn, diesen Dienst auszulagern. Sie können DHCP aber auch auf dem Server selbst betreiben. Wichtig ist nur, dass es einen DHCP-Server im Netzwerk gibt, der die IP-Adressen verteilt, die Sie im Netzwerk nutzen möchten.

13.4.1 Installation eines DHCP-Servers

Der DHCP-Server-Dienst wird über den Server-Manager installiert. Um diese Funktion einem Server hinzuzufügen, installieren Sie über den Server-Manager die Rolle *DHCP-Server*. Dadurch installieren Sie auch die Verwaltungstools für DHCP. Wie alle anderen Rollen können Sie DHCP im Server-Manager über das Netzwerk installieren. Wie der Datenverkehr mit DHCP aussieht, sehen Sie in Abbildung 13.5.

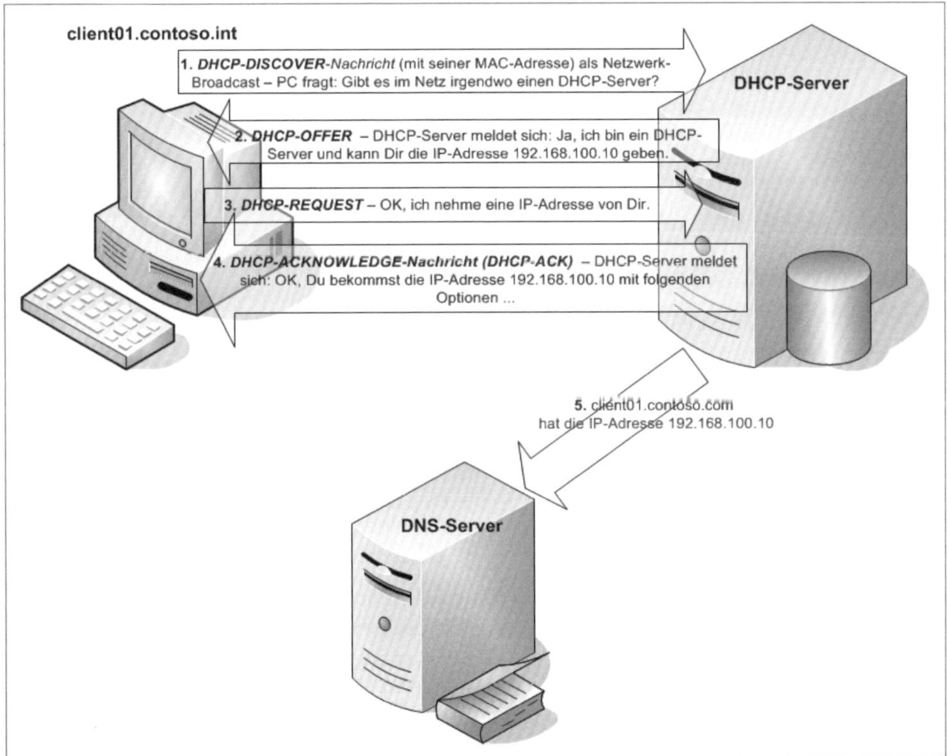

Abb. 13.5 Vereinfachte Darstellung des Datenverkehrs bei der Verwendung von DHCP

13.4.2 Grundkonfiguration eines DHCP-Servers

Haben Sie die Serverrolle installiert, starten Sie die Einrichtung über das Wartungssymbol oben rechts im Server-Manager. Über einen Assistenten nehmen Sie die Grundeinrichtung des DHCP-Servers vor. In den ersten Schritten legen Sie über den Assistenten die notwendigen Sicherheitsgruppen für DHCP an und autorisieren den Server in Active Directory. Erst nach der Autorisierung verteilt der Server IP-Adressen im Netzwerk. Den eigentlichen Dienst verwalten Sie über das Verwaltungsprogramm *DHCP*.

In den Eigenschaften von IPv4 und IPv6 legen Sie auf der Registerkarte *Erweitert* mit der Schaltfläche *Bindungen* fest, auf welchen Netzwerkkarten der Server auf DHCP-Anfragen antwortet (siehe Abbildung 13.6). Sind in einem Server mehrere Netzwerkkarten eingebaut, besteht die Möglichkeit, den Server auf mehrere dieser Schnittstellen hören zu lassen.

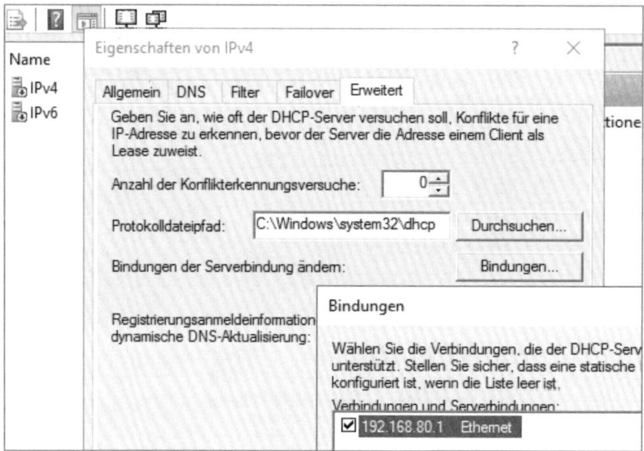

Abb. 13.6 Auswählen der Bindungen für einen DHCP-Server

Bereiche erstellen

Ein DHCP-Server verteilt bestimmte IP-Adressen auf Basis von Bereichen, die Sie im Kontextmenü von IPv4 oder IPv6 anlegen. Hier steuern Sie, welche IP-Adressen Computer von diesem DHCP-Server erhalten sollen. Zunächst geben Sie einen Namen und eine Beschreibung für einen Bereich an. Auf der nächsten Seite legen Sie die Start-IP-Adresse und die End-IP-Adresse sowie die Subnetzmaske des Bereichs fest (siehe Abbildung 13.7).

Als Nächstes legen Sie die IP-Bereiche innerhalb des neuen Bereichs fest, aus denen der Server keine IP-Adressen verteilen soll. Sie können in diesem Bereich auch nur einzelne IP-Adressen ausschließen oder die Antwort des Servers verzögern lassen, sodass unter Umständen andere DHCP-Server vorher auf die Anfragen von Clients antworten.

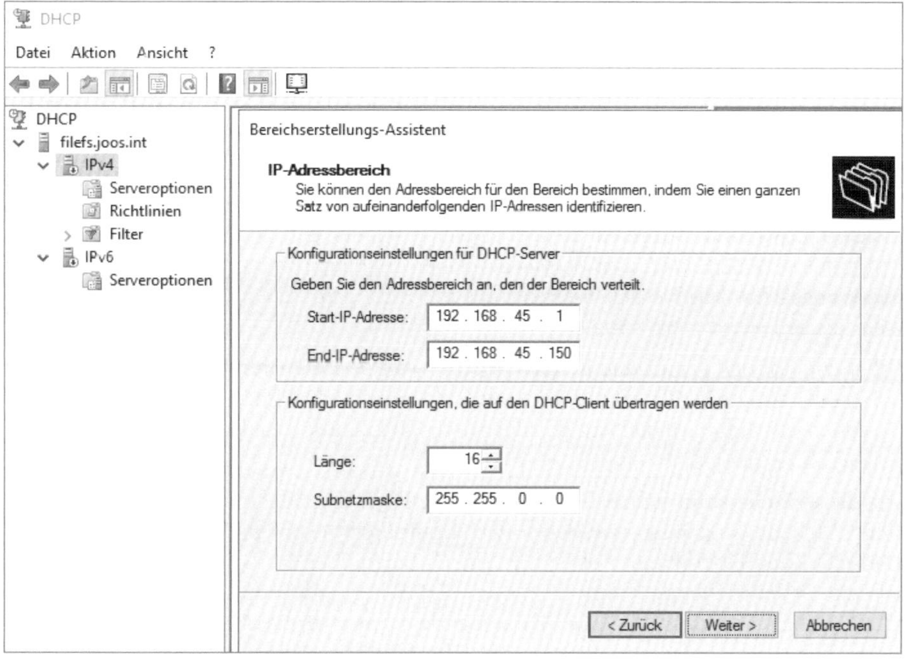

Abb. 13.7 Festlegen der Start- und End-Adresse eines Bereichs

Bei der Einrichtung des DHCP-Bereichs legen Sie im Anschluss die Leasedauer in Tagen/Stunden/Minuten fest. Diese Einstellung lässt sich nachträglich noch bearbeiten. Weist ein DHCP-Server einem Client eine IP-Adresse zu, dann ist diese Zuweisung immer auf einen gewissen Zeitraum beschränkt, die sogenannte Leasedauer, die in der Standardeinstellung acht Tage beträgt. Windows Server 2022 unterscheidet an dieser Stelle zwischen stationären (verkabelten) Computern, die erfahrungsgemäß länger mit dem Netzwerk verbunden sind, und mobilen (drahtlosen) Computern, also Notebooks von mobilen Mitarbeitern. Je länger die Leasedauer, umso länger wird eine IP-Adresse für einen Client reserviert. Abhängig von dieser Zeit durchläuft der DHCP-Client drei Phasen:

1. Nachdem die Leasedauer zur Hälfte abgelaufen ist, wendet sich der Client an den Server, um die erhaltene IP-Adresse erneut zu bestätigen. Ist der DHCP-Server betriebsbereit, wird die Leasedauer wieder auf ihren ursprünglichen Wert zurückgesetzt, also verlängert. Antwortet der Server nicht, wird der Client in regelmäßigen Abständen einen neuen Versuch unternehmen.
2. Steht nach Ablauf der Zeit der ursprüngliche DHCP-Server nicht mehr zur Verlängerung zur Verfügung, versucht der DHCP-Client nach $^7/_8$ der Leasedauer, irgendeinen DHCP-Server zu erreichen, der ihm eine neue IP-Adresse zuweisen kann. Auch diesen Versuch wiederholt er in regelmäßigen Abständen.
3. Nach Ablauf der Leasedauer muss der Client seine IP-Adresse freigeben und versucht nun weiter, einen DHCP-Server zu erreichen, der ihm eine neue IP-Adresse zuweist.

Bei ausreichend verfügbaren IP-Adressen sollte die Leasedauer möglichst hoch gesetzt werden, damit die Clients keine unnötige Netzwerklast erzeugen. Nur wenn die Anzahl der verfügbaren Adressen kleiner als die Gesamtzahl der Computer ist, sollte der Wert so niedrig gewählt werden (unter Umständen sogar im Stundenbereich), dass der DHCP-Server nicht mehr benötigte Adressen schnell wieder aus der Datenbank löschen und anderen Clients zuweisen kann. Nach der Installation des DHCP-Servers kann die Leasedauer noch genauer konfiguriert werden.

Wenn sich 400 mobile Benutzer mit einem Netzwerk verbinden können, in dem nur rund 240 freie Adressen verfügbar sind, führt das dazu, dass faktisch 160 IP-Adressen mehr benötigt würden. Wenn davon maximal 100 Benutzer gleichzeitig verbunden sind, lässt sich dieser Engpass durch eine sinnvolle Festlegung der Leasedauer umgehen. Die Leasedauer sollte sich in etwa an der durchschnittlichen Verweildauer der Benutzer im lokalen Netzwerk orientieren. Auch in einigen Servicebereichen, in denen immer neue Systeme an ein Netzwerk angeschlossen werden müssen und die ihre IP-Adressen über DHCP erhalten, sind sehr kurze Leasedauern sinnvoll.

Anschließend können Sie für den Bereich noch erweiterte Einstellungen wie Standardgateway, DNS oder andere DHCP-Optionen festlegen. Zunächst bestimmen Sie in den erweiterten Optionen das Standardgateway, das der Server an Clients verteilen soll.

Anschließend legen Sie die DNS-Einstellungen fest, die an die Clients verteilt werden sollen. An dieser Stelle kann neben DNS-Servern die DNS-Domäne mitgegeben werden, die den DHCP-Clients zugewiesen werden sollen. Computer, die bereits Mitglied der Domäne sind, erhalten den DNS-Namen ohnehin statisch bereits bei der Domänenmitgliedschaft zugewiesen. Alleinstehende Computer ohne DNS-Konfiguration können durch diese Funktion jedoch ebenfalls die DNS-Domäne des Unternehmens auflösen. Es schadet nicht, wenn Sie hier die Domäne eintragen (siehe Abbildung 13.8). Arbeiten Sie im Unternehmen mit mehreren DNS-Domänen innerhalb eines IP-Bereichs, besteht die Möglichkeit, den Eintrag an dieser Stelle leer zu lassen. Haben Sie die IP-Adresse der DNS-Server eingetragen, kann über die Schaltfläche *Auflösen* sichergestellt werden, dass die IP-Adresse des Servers stimmt und er erreicht werden kann.

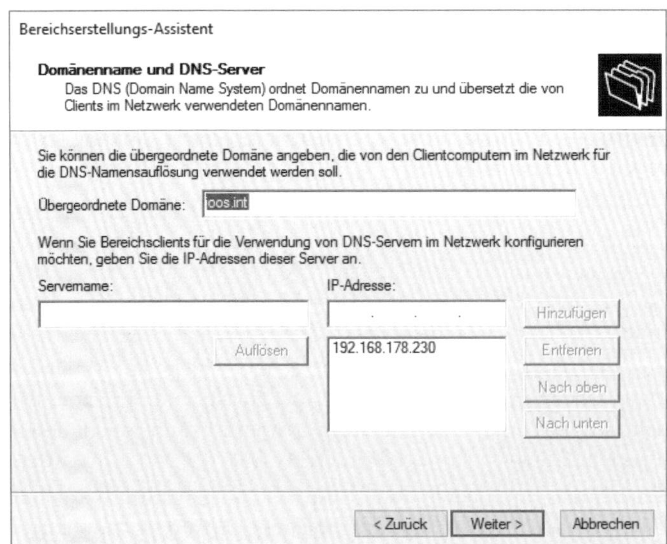

Abb. 13.8 Konfigurieren der DNS-Einstellungen für DHCP-Clients

Auf der nächsten Seite legen Sie die WINS-Server fest, die den Clients zugewiesen werden sollen. WINS spielt in modernen Netzwerken aber so gut wie keine Rolle mehr.

APIPA (Automatic Private IP Addressing)

Für den Fall, dass kein DHCP-Server für das automatische Zuweisen einer IP-Adresse erreicht werden kann, bestimmt Windows eine Adresse in der für Microsoft reservierten IP-Adressierungsklasse, die von *169.254.0.1* bis *169.254.255.254* reicht. Diese Adresse wird verwendet, bis ein DHCP-Server gefunden wird. Dieses Beziehen einer IP-Adresse wird als automatische IP-Adressierung bezeichnet (APIPA).

Bei dieser Methode wird kein DNS, WINS oder Standardgateway zugewiesen, da sie nur für ein kleines Netzwerk mit einem einzigen Netzwerksegment entworfen wurde. Um die APIPA-Funktion zu deaktivieren, müssen Sie in der Registrierung unter *HKEY_LOCAL_MACHINE\SYSTEM\CurrentControlSet\Services\Tcpip\Parameters* einen Schlüssel namens *IPAutoconfigurationEnabled* anlegen und ihm den Wert *0* zuweisen. Diese Konfiguration kann derzeit noch nicht über Gruppenrichtlinien verteilt werden. Generell wird empfohlen, die Einstellungen auf den Standardwerten zu belassen.

Nach der Erstellung eines DHCP-Bereichs in der Verwaltungskonsole können Sie jederzeit festlegen, wie der Server auf Anfragen reagieren soll, und feststellen, welche Adressen er bereits verteilt hat. Sie können über das Kontextmenü ebenfalls Einstellungen von Bereichen anpassen.

Auf der Registerkarte *Allgemein* können bei Bedarf der Name und die Beschreibung des Bereichs sowie die Start-IP-Adresse, die End-IP-Adresse und die Leasedauer verändert werden. Unter *Adresspool* ist der Adressbereich mit den ein- und ausgeschlossenen Adressen zu sehen. Bei *Adressleases* werden die derzeit vergebenen IP-Adressen, auch Leases genannt, im definierten Bereich angezeigt. Die Reservierungen beinhalten die IP-Adressen, die einer MAC-Adresse fest zugeordnet worden sind.

Zusätzlich zu den Einstellungen bei der Erstellung des Bereichs können Sie die Leasedauer auf *Unbegrenzt* setzen, wenn Sie die Eigenschaften des Bereichs aufrufen. Diese Einstellung wird jedoch nicht empfohlen. Die Registerkarte *DNS* entspricht exakt der Registerkarte *DNS* der Servereigenschaften, wobei die Bereichseinstellungen Vorrang vor den Servereinstellungen haben.

Wenn ein Bereich aktiviert ist, sollten Sie ihn erst dann deaktivieren, wenn die enthaltenen IP-Adressen nicht weiter im Netzwerk verfügbar sein sollen. Nach dem Deaktivieren eines Bereichs akzeptiert der DHCP-Server diese Adressen nicht mehr als gültig.

Wenn Adressen nur zeitweise deaktiviert sein sollen, können Sie durch Bearbeiten oder Ändern von Ausschlussbereichen in einem aktiven Bereich das gewünschte Resultat ohne ungewollte Nebeneffekte erzielen. Ausgeschlossene Bereiche lassen sich über das Kontextmenü des Eintrags *Adresspool* erzeugen.

Die Einstellungen eines Bereichs können Sie auch in der PowerShell abfragen. Dazu verwenden Sie den Befehl *Get-DhcpServerv4Scope*. Alle neuen Cmdlets zur Verwaltung von DHCP in Windows Server 2022 erhalten Sie durch die Eingabe von *Get-Command *dhcp**.

DHCP-Server autorisieren

Sobald der DHCP-Server Mitglied in einer Active Directory-Domäne ist, muss er in Active Directory autorisiert werden, falls diese Aktion nicht bereits während der Installation durchgeführt wurde. Daher erscheint der entsprechende Einrichtungsassistent in Windows Server 2022 direkt nach der Installation der Serverrolle.

Nur Mitglieder der Gruppe *Organisationsadmins* können standardmäßig DHCP-Server autorisieren. Dadurch ist sichergestellt, dass er IP-Adressen automatisch an die Clients verteilen kann. Nach der Installation wird ein DHCP-Server zunächst als *Nicht autorisiert* angezeigt, was Sie am roten Pfeil erkennen, der nach unten gerichtet ist, wenn Sie seine Verwaltung öffnen. Klicken Sie in der DHCP-Verwaltung mit der rechten Maustaste auf den Servernamen und wählen Sie im Kontextmenü den Befehl *Autorisieren* aus. Auf diesem Weg können Sie die Autorisierung auch wieder aufheben.

Wenn der DHCP-Serverdienst von Windows Server 2022 startet, fragt er zunächst Active Directory, um festzustellen, ob er sich in der Liste der autorisierten DHCP-Server befindet. Ist dies der Fall, sendet er eine *DHCPinform*-Nachricht in das Netzwerk, um festzustellen, ob es andere Verzeichnisdienste gibt und er bei diesen gültig ist. Falls der DHCP-Server keinen Eintrag in Active Directory vorfindet oder keinen Active Directory-Server finden kann, geht er davon aus, dass er nicht autorisiert ist, und beantwortet keine Clientanfragen. Dieser Mechanismus funktioniert allerdings nur dann optimal, wenn mit Active Directory gearbeitet wird.

Bei alleinstehenden Servern mit Windows Server 2022 und DHCP-Dienst kann der DHCP-Serverdienst nur genutzt werden, solange keine Active Directory-Domäne im Netzwerk gefunden wird. Der Schutz von Active Directory greift nicht, wenn andere, nicht auf Windows Server 2022 basierende DHCP-Server im Netzwerk sind, beispielsweise in einem Router.

Dynamische DNS-Updates konfigurieren

Damit der DHCP-Server für die Clients eine automatische DNS-Registrierung auf den DNS-Servern durchführen kann, müssen Sie ihn erst dafür konfigurieren. Wenn Sie die Eigenschaften von IPv4 oder IPv6 des DHCP-Servers aufrufen, können Sie auf der Registerkarte *DNS* konfigurieren, welche Einträge der DHCP-Server auf den DNS-Servern erstellen soll (siehe Abbildung 13.9).

Setzen Sie Clients ein, die kein dynamisches DNS unterstützen, sollten Sie in den Eigenschaften des DHCP-Servers auf der Registerkarte *DNS* das Kontrollkästchen *DNS-A- und -PTR-Einträge für DHCP-Clients, die keine Aktualisierungen anfordern* sowie zusätzlich die Option *DNS-A- und -PTR-Einträge immer dynamisch aktualisieren* aktivieren.

Ein Computer, dessen Leasedauer für die IP-Adresse abgelaufen ist, muss seine Adresse abgeben. Daher löscht der DHCP-Server in der Standardeinstellung auch die zugehörigen DNS-Einträge. Falls Sie die Einträge trotzdem behalten wollen, deaktivieren Sie das Kontrollkästchen *A- und PTR-Einträge beim Löschen der Lease verwerfen.*

Über die Schaltfläche *Konfigurieren* auf der Registerkarte *DNS* in den Eigenschaften des DHCP-Servers können Sie noch den Namenschutz aktivieren, der bereits existierende Einträge im DNS vor Änderungen schützt.

Abb. 13.9 Konfiguration der DNS-Anbindung eines DHCP-Servers

In der Gruppe *DnsUpdateProxy* in der Domäne befinden sich Computer, die als Proxy für die dynamische Aktualisierung von DNS-Einträgen fungieren können. DHCP-Server werden in diese Gruppen nicht automatisch aufgenommen. Sie sollten die Computerkonten der DHCP-Server in die Gruppe *DnsUpdateProxy* aufnehmen, wenn die DNS-Aktualisierung nicht funktioniert. Alternativ können Sie auf der Registerkarte *Erweitert* in den Eigenschaften für IPv4 oder IPv6 Anmeldedaten hinterlegen, die eine Aktualisierung ermöglichen.

Statische IP-Adressen reservieren

Einige Geräte, zum Beispiel Netzwerkdrucker, können nur sehr umständlich auf eine feste IP-Adresse konfiguriert werden, manche nutzen sogar nur DHCP. Damit sich aber die Anwender nicht täglich auf neue IP-Adressen der Drucker einstellen müssen, sollen die Adressen dennoch statisch sein. Da ein DHCP-Server aber immer auf eine Anfrage irgendeine Adresse aus seinem konfigurierten Bereich vergeben kann, muss diese nicht mit der dem Gerät zuletzt zugewiesenen übereinstimmen.

In einem solchen Fall bietet sich eine Reservierung an, bei der die Hardware- oder MAC-Adresse des Druckers oder sonstigen Netzwerkgeräts mit einer bestimmten IP-Adresse verknüpft wird. Fordert dieses Gerät nun eine IP-Adresse an, vergleicht der DHCP-Server die MAC-Adresse mit seiner Datenbank und weist ihm daraufhin, zwar dynamisch, aber doch immer wieder dieselbe Adresse zu.

Um eine Reservierung zu erstellen, klicken Sie unterhalb des Bereichs mit der rechten Maustaste auf den Eintrag *Reservierungen* und wählen im Kontextmenü den Befehl *Neue Reservierung* aus. Geben Sie als Nächstes den Namen der Reservierung ein. Anschließend muss die IP-Adresse, die diesem Gerät immer zugewiesen wird, sowie die MAC-Adresse angegeben werden. Bei Druckservern finden Sie diese in der Regel auf einem Gehäuseaufkleber. Auf Netzwerkkarten finden Sie diesen Aufkleber häufig ebenfalls vor, nur leider in den seltensten Fällen an der Außenblende.

Sie können die MAC-Adresse auch über die Eingabeaufforderung mit dem Kommando *ipconfig /all* ermitteln. Die MAC-Adresse wird in der Zeile *Physikalische Adresse* angezeigt.

Es kann sehr hilfreich sein, sich an einer zentralen Stelle alle MAC-Adressen in Ihrem Netzwerk anzeigen zu lassen. Mit der Batchdatei *getmac.bat*, die Sie auf der Seite *https://www.wintotal.de/download/getmac* herunterladen können, werden alle MAC-Adressen in einem Netzwerk in der Eingabeaufforderung ausgelesen. Geben Sie dazu den Befehl *getmac <Subnetz> <Startadresse> <Endadresse>* ein.

So werden zum Beispiel mit *Getmac 10.0.0 1 20* die MAC-Adressen aller Rechner im Subnetz *10.0.0* von der IP-Adresse *10.0.0.1* bis zur Adresse *10.0.0.20* ausgelesen. Danach werden die Ergebnisse in der Textdatei *used_ips.txt* ausgegeben, die im gleichen Ordner angelegt wird, aus dem Sie *getmac.bat* starten.

Mit diesem kostenlosen Tool erhalten Sie schnell alle verfügbaren MAC-Adressen in einem IP-Bereich. Öffnen Sie nach dem Scanvorgang die Textdatei *used_ips.txt*, um sich die MAC-Adressen der Clients anzeigen zu lassen.

Wenn Sie nach dem Erstellen einer Reservierung die Eigenschaften des neuen Objekts öffnen, können Sie alle Einstellungen bis auf die zuzuweisende IP-Adresse wieder ändern. Die zusätzliche Registerkarte *DNS* erlaubt es Ihnen, für dieses eine Gerät zu bestimmen, ob der DHCP-Server die dynamische Registrierung beim DNS-Server übernimmt.

Diese Registerkarte entspricht exakt der Registerkarte *DNS* in den Eigenschaften des DHCP-Servers. Im Kontextmenü der Reservierung finden Sie außerdem den Befehl *Optionen konfigurieren*. Neben den Möglichkeiten für den Server beziehungsweise für den Bereich können Sie zusätzlich zur IP-Adresse und zum Subnetz noch weitere Einstellungen übergeben.

Zusätzliche DHCP-Einstellungen vornehmen

Zur Konfiguration der Optionen öffnen Sie entweder die *Eigenschaften* der Serveroptionen oder der jeweiligen Bereichsoptionen. Serveroptionen haben für alle erstellten Bereiche Gültigkeit, während Bereichsoptionen nur für den Bereich gelten, für den sie konfiguriert wurden.

Um die Optionen zu bearbeiten, wählen Sie im Kontextmenü den Befehl *Optionen konfigurieren* aus. Aktivieren Sie nun das Kontrollfeld für die gewünschte Option und tragen Sie anschließend im Feld *Dateneingabe* jeweils die entsprechenden IP-Adressen, Namen oder Ähnliches ein. Die wichtigsten Optionen dabei sind:

- 003 Router (Standardgateway)
- 006 DNS-Server
- 015 DNS-Domänenname
- 044 WINS/NBNS-Server
- 046 WINS/NBT-Knotentyp

Wichtig ist die Überprüfung der Konsistenz der DHCP-Datenbank. Klicken Sie dazu mit der rechten Maustaste auf den Knoten *IPv4* oder *IPv6* und wählen Sie dann im Kontextmenü den Befehl *Alle Bereiche abstimmen* aus. Der Server überprüft daraufhin, ob die Inhalte der Bereiche und der Datenbank konsistent sind und keine Überschneidungen auftreten.

13.4.3 DHCP-Server mit Tools testen und Fehler finden

Die beiden bekanntesten Tools zur Fehlersuche auf DHCP-Servern sind *dhcptest.exe* (*http://files.thecybershadow.net/dhcptest*) und *dhcpcheck.exe* (*http://www.ks-soft.net/cgi-bin/phpBB/viewtopic.php?t=5274&highlight=dhcpcheck*).

Beide Tools sind schon etwas älter, funktionieren aber auch mit aktuellen DHCP-Servern. Es spielt dabei überhaupt keine Rolle, auf welchem Betriebssystem oder welcher Hardware der DHCP-Server betrieben wird. Sie müssen die Tools nicht installieren, sondern führen Sie über die Befehlszeile aus.

Der Vorteil von *dhcptest.exe* ist, dass das Tool alle gefundenen DHCP-Server im Netzwerk anzeigt und auch den kompletten Datenverkehr zwischen Client und Server. Dadurch lassen sich schneller Fehler erkennen und unbekannte Netzwerke auslesen. Soll zum Beispiel ein bestimmter DHCP-Server getestet werden, wird das Tool mit der Syntax *dhcpcheck.exe -host:<IP-Adresse>* aufgerufen. Wie bei *dhcptest.exe* muss jeder Datenverkehr über die Windows-Firewall freigegeben werden. Im Gegensatz zu *dhcptest.exe* zeigt *dhcpcheck.exe* aber nur an, ob der jeweilige DHCP-Server funktioniert. Weiterführende Informationen werden nicht angezeigt.

DHCP Find ist ebenfalls ein Windows-Tool mit grafischer Oberfläche (*http://www.roadkil.net/program.php/P10/DHCP%20Find*). Nach dem Start können Sie ein DHCP-Paket in das Netzwerk senden und erhalten im Fenster die Information, welche Antwort ein DHCP-Server gegeben hat.

Das Rogue DHCP Server Detection Tool (*http://m.majorgeeks.com/mg/getmirror/microsoft_rogue_dhcp_server_detection,1.html*) zeigt ebenfalls IP-Adressen an sowie deren Antwortzeit und die angebotene IP-Adresse. Für das Tool muss die entsprechende Netzwerkschnittstelle erst mit einer statischen IP-Adresse konfiguriert werden. Erst dann kann Rogue DHCP Server Detection auf die Schnittstelle zugreifen und die entsprechenden Server anzeigen.

Das Tool zeigt die in Active Directory autorisierten DHCP und deren IP-Adressen an. Es ist vor allem in Active Directory-Umgebungen interessant, da sich hier schnell ein Überblick darüber gewinnen lässt, welche DHCP-Server autorisiert sind und welche ohne Autorisierung IP-Adressen im Netzwerk verteilen.

Auch auf Linux-Clients kann der Datenverkehr zu DHCP-Servern mit WireShark überprüft werden. Um DHCP-Server über ein Tool zu testen, kann auf *dhtest* (*https://github.com/saravana815/dhtest*) gesetzt werden.

13.4.4 DHCP-Verkehr mit WireShark überprüfen

WireShark kann zum Beispiel dazu genutzt werden, zu überprüfen, ob DHCP-Server ordnungsgemäß funktionieren. Beim Abrufen einer IP-Adresse von einem DHCP-Server schicken Clients DHCP-Discover-Pakete in das Netzwerk, um zu überprüfen, ob es DHCP-Server gibt. Die DHCP-Server antworten mit DHCP-Offer-Paketen und dem Vorschlag einer IP-Adresse. Diese lässt sich sehr leicht mit WireShark überprüfen.

Danach senden Clients einen DHCP-Request, um eine IP-Adresse zu erhalten, und DHCP-Server senden eine DHCP-Acknowledge-Nachricht, um die Adresse zuzuweisen und zu bestätigen. Wenn ein Client seine IP-Adresse aufgibt, sendet er eine DHCP-Release-Nachricht an den DHCP-Server, von dem er eine Adresse erhalten hat. Funktioniert das Zuweisen einer IP-Adresse zu einem Client nicht, kann das mit WireShark überprüft werden. Die einfachste Vorgehensweise dazu ist folgende:

1. Die Aufzeichnung des Datenverkehrs in WireShark beginnen Sie über das Start-Icon. Danach startet der Computer, der eine IP-Adresse benötigt, oder im laufenden Betrieb wird das Aufgeben und das erneute Aufrufen einer IP-Adresse angestoßen, zum Beispiel in Windows mit *ipconfig /release* und *ipconfig /renew*. Die Netzwerkdaten kann WireShark aufzeichnen. Hat der Client seine IP-Adresse erhalten oder funktioniert der Vorgang nicht, weil der DHCP-Server nicht mit dem Client kommunizieren kann, wird die Messung mit WireShark beendet.
2. Über einen Klick auf die Spalte *Protocol* können Sie eine Sortierung durchführen, auch ohne Dateien zu speichern oder Filter zu sehen. Über das Protokoll »DHCP« finden Sie die einzelnen Nachrichten zwischen Client und DHCP-Server. Durch einen Klick auf ein Paket ist im unteren Bereich der Inhalt zu sehen. Hier sind die IP-Adressen und Namen der beteiligten Computer erkennbar.
3. Beim ersten Abrufen einer IP-Adresse sendet ein Client eine DHCPDISCOVER-Nachricht mit seiner MAC-Adresse als Broadcast in das Netzwerk. Das Paket erhalten alle DHCP-Server im Netzwerk. Die Absenderadresse ist 0.0.0.0, die Zieladresse 255.255.255.255. Wenn ein Client bereits über eine IP-Adresse verfügt hat, sendet er diese mit, um den Lease zu erneuern. DHCP-Server, die jetzt antworten, senden eine DHCPOFFER-Nachricht.

So lassen sich zuverlässig alle DHCP-Server im Netzwerk finden. Die DHCPOFFER-Nachricht enthält die vorgeschlagenen IP-Adressen für den Client. Bei der Nachricht werden auch andere Daten übermittelt:

»Renewal Time Value« gibt die Anzahl an Sekunden an, wann der Client sich mit *RENEW* neu beim DHCP-Server meldet, um seine IP-Adresse zu erneuern. Der Standard sind 50 % der Lease Time. Der Wert »Rebinding Time Value« gibt die Anzahl an Sekunden an, die der Client darauf wartet, ob er seine bisherige IP-Adresse behalten kann. Der Wert ist meistens 87,5 % der vollen Lease Time.

Clients sammeln die DHCPDISCOVER-Nachrichten und entscheiden dann, welche IP-Adresse akzeptiert wird. Dabei spielen Leasedauer und andere Faktoren eine Rolle. Der Server erhält dann eine DHCPREQUEST. Der DHCP-Server informiert den Client anschließend mit einer DHCPACK-Nachricht und bestätigt die IP-Adressen. Die anderen DHCP-Server senden eine DHCPNAK-Nachricht und ziehen die angebotene IP-Adresse wieder zurück. Dieser Datenverkehr kann in WireShark nachvollzogen werden.

13.4.5 Migration – Verschieben einer DHCP-Datenbank auf einen anderen Server

Manchmal müssen die DHCP-Datenbank und deren Inhalt auf einen neuen Server verschoben werden. Es können nur DHCP-Datenbanken derselben Sprachversion wiederhergestellt werden. Damit Sie diese Schritte ausführen können, müssen Sie auf dem DHCP-Quell- und -Zielserver Mitglied der Gruppe *Administratoren* oder der Gruppe *DHCP-Administratoren* sein. Um eine DHCP-Datenbank zu verschieben, gehen Sie folgendermaßen vor:

1. Sichern Sie die DHCP-Datenbank auf dem Quellserver über das Kontextmenü des Servers in der Verwaltungskonsole. Der DHCP-Dienst erstellt während des normalen Betriebs eine automatische Sicherungskopie der DHCP-Datenbank. Standardmäßig wird diese Kopie der Datenbanksicherung im Ordner *Windows\System32\Dhcp\Backup* gespeichert.
2. Beenden Sie den DHCP-Server. Dadurch wird verhindert, dass er nach dem Sichern der Datenbank neue Adressleases an Clients zuweist.
3. Deaktivieren Sie den DHCP-Serverdienst.
4. Kopieren Sie den Ordner mit der DHCP-Sicherungsdatenbank auf den DHCP-Zielserver.
5. Öffnen Sie auf dem Zielserver die DHCP-Verwaltungskonsole
6. Klicken Sie im Kontextmenü auf *Wiederherstellen*.
7. Wählen Sie den Ordner mit der DHCP-Sicherungsdatenbank aus und klicken Sie dann auf *OK*.

Eine weitere Möglichkeit, die DHCP-Daten zu exportieren, besteht über die Eingabeaufforderung. Geben Sie dazu die folgenden Befehle ein:

```
Netsh
Dhcp
Server <IP-Adresse des Quellservers>
Export <Pfad und Datei> all
```

Anschließend kopieren Sie die Datei auf den Zielserver und importieren die Datenbank wieder. Verwenden Sie dazu folgende Befehle:

1. Beenden Sie den DHCP-Server mit *net stop dhcpserver*.
2. Löschen Sie die Datei *dhcp.mdb* im Ordner *C:\Windows\System32\dhcp*.
3. Starten Sie den DHCP-Server mit *net start dhcpserver* neu.
4. Geben Sie *netsh* ein.
5. Geben Sie *dhcp* ein.
6. Geben Sie *server <IP-Adresse des Zielservers>* ein.
7. Geben Sie *import <Pfad der Datei>* ein.
8. Beenden Sie den DHCP-Server mit *net stop dhcpserver*.
9. Starten Sie den DHCP-Server mit *net start dhcpserver* neu.

13.5 Zusammenfassung

Ich habe mich in diesem Buch darauf konzentriert, Ihnen Vorgehensweisen zu zeigen, mit denen Sie Windows Server 2022 vor allem in kleinen Unternehmen einsetzen können. Die aktuellen Server-Versionen bieten natürlich noch deutlich mehr Möglichkeiten, mir war aber wichtig, Ihnen die Funktionen zu zeigen, die in KMUs besonders nützlich sind. Schauen Sie sich die einzelnen Kapitel genau an und setzen Sie das bei sich um, was Sie benötigen. Dadurch können Sie Windows Server 2022 effektiv in kleinen Unternehmen einsetzen.

Index

D

E

F

P

Q

R

S

T

U

V

W

X

Z